서문으로 보는

중국의
역사 사상

김형종 편역

편역자 김형종(金衡鍾)

현) 서울대학교 인문대학 동양사학과 교수(전공: 중국 근·현대사)

서울대학교 동양사학과를 졸업하고 동 대학원에서 석사 및 박사학위를 받았다. 1998년부터 서울대학교 인문대학 동양사학과 교수로 재직 중이다. 2017년 현재 한국 중국 근·현대사 학회 회장직(2016~2017 임기)을 맡고 있다.
저서로는 『淸末 新政期의 硏究: 江蘇省의 新政과 紳士層』, 『아틀라스 중국사』(공저), 『중국의 청사 공정 연구』(공저), 『중국 역사학계의 청사 연구 동향』(공저), 『중국의 청사 편찬과 청사 연구』(공저), 『동아시아 역사 속의 신해혁명』(공저), 『사료로 보는 아시아사』(공저) 등이 있다. 역서로는 『중국 현대 사상사의 굴절(중국 현대 사상사론)』, 『신중국사』(공역), 『진인각, 최후의 20년』(공역), 『국역 淸季中日韓關係史料』 1·2·3 등이 있고, 편역서로는 『1880년대 조선-청 국경 회담 자료 선역』이 있다.

서문으로 보는
중국의
역사 사상

초판 1쇄 발행 | 2017년 2월 28일

| 편역자 | 김형종 |

펴낸이	한영아
펴낸곳	위더스북
출판등록	2007년 12월 5일(제313-2007-000243호)
주소	(우: 08835) 서울시 관악구 복은길 43-11(신림동)
전화	02) 333-3696
팩시밀리	02) 324-3222
전자우편	paperplane@hanmail.net

값 35,000원
ISBN 978-89-962350-7-1 93910

이 출판물은 저작권법에 의해 보호를 받는 저작물이므로 무단 전재와 무단 복제를 할 수 없습니다.

「이 도서의 국립중앙도서관 출판시도서목록(CIP)은 서지정보유통지원시스템 홈페이지(http://seoji.nl.go.kr)와 국가자료공동목록시스템(http://www.nl.go.kr/kolisnet)에서 이용하실 수 있습니다.(CIP제어번호: CIP2017005230)」

서문으로 보는
중국의 역사 사상

김형종 편역

서문

지금 여기에 소개하고자 하는 것은 중국의 전통적인 역사서에 실린 약 20편 정도의 서문 (또는 거기에 준하는 문장)이다. 이 책의 가장 앞부분에 실린 너무도 유명한 사마천의 「태자공자서」가 『사기(史記)』의 맨 마지막 부분에 실려 있는 것에서도 짐작할 수 있지만, 오늘날의 상식과는 달리 서문이라는 것은 책의 가장 마지막 부분에 붙이는 것이 원래 정해진 형식이었다. 이러한 특성 때문에 서문은 그 책을 쓰게 된 필자의 집필 동기에 대해서뿐만 아니라 그 책에 실린 내용의 요점을 가장 잘 압축하여 제시해 주는 기능도 제공한다. 따라서 흔히 '소가 땀을 뻘뻘 흘리면서 운반하여 방을 가득 채울 정도[汗牛充棟]'라고 일컬어지는 방대한 중국의 역사 서적 가운데 일부 대표적인 것을 고르고 그 서문만을 모아서 읽는다면, 저 방대한 중국의 사학 전통과 유산에 대해 나름대로 요령 있게 접근할 수 있는 지름길을 보여 줄 수 있지는 않을까 하는 생각이 이 책을 펴내게 된 출발점이 되었다.

그런데 역사서에 실린 서론 20편 정도를 가지고 중국인의 역사 사상(중국 역사가의 역사에 대한 인식이나 관점)이나 기나긴 전통을 지닌 중국 역사학의 역사(사학사)를 일별한다는 것은 나름대로 장점을 가지고 있지만, 그렇다고 결코 완전한 것은 아니며 단점도 그에 못지않게 많다. 이러한 구상으로 그것을 포괄하는 것 자체가 일단은 편의주의적 발상이거니와, 실제 엄청나게 많은 수의 사서에 실린 것 가운데 일부의 서론만을 고른다는 일 자체도 결코 쉬운 일이 아니다. 또 그렇게 선정한 서론이 중국과 중국인의 역사 사상이나 역사의식을 온전하게 대변하는 것이라고 단정하기도 어렵다. 서론 형식이 아니더라도 얼마든지 그에 버금가는 문장도 얼마든지 찾아볼 수 있기 때문이다.

따라서 서문을 중심으로 중국의 역사의식이나 중국사학사를 이해한다는 원칙을 세우고 그것을 가능한 한 지키고자 하였지만, 실제 선정된 자료를 보면 「서문」 형식이 아닌 것도 상당한 수에 이를 수밖에 없었다. 이를테면 『문심조룡』 「사전(史傳)」 편과 같은 경우는 중국사학사에서 언급되는 일은 비교적 적지만, 위진 남북조 시대의 역사의식을 가장 잘 보여 주는 대표작이라는 점에서 그 시대의 것으로 유일하게 선정되었다. 청대 장학성의 『문사통의』 「사덕(史德)」 편도 서문보다는 오히려 더 장학성의 사학 사상을 대표할 수 있다고 보아 선정하였다. 청 말 캉유웨이(康有爲)의 『신학위경고(新學僞經考)』 및 『공자개제고(孔子改制考)』의 「서문」은 엄밀하게 보아 사서라고 하기 어려울 수 있지만, 근대 전환기의 학문·사학을 대표하는 작품으로 선정되었다. 아울러 량치차오(梁啓超)의 「중국사서론(中國史敍論)」이나 「신사학(新史學)」도 마찬가지로 「서문」은 아니지만, 근대 중국 역사학, 20세기 중국 역사학의 새로운 출발을 알리는 가장 중요한 저작이라 반드시 집어넣을 수밖에 없었다. 마오쩌둥(毛澤東)의 「중국 혁명과 중국 공산당(中國革命和中國共産黨)」 역시 현대 중국 역사학을 이해하는 데 기본적인 출발점이 되기 때문에 선정되었다.

물론 이렇게 서문을 통해 중국, 또는 중국인의 역사 사상과 중국사학사를 살펴본다는 생각은 필자의 독창적인 발상이 아니라 수십 년 전 대학원에서 은사이신 민두기 선생이 개설한 중국사학사 강의에서 영감을 받은 것이었다. 당시 『사기』에서부터 시작하여 『사통』이나 『통전』·『통지』·『문헌통고』나 『자치통감』 등 다양한 사서의 서문을 강독의 대상으로 읽게 되었던 것은 아주 보람 있었던 기억으로 남아 있기 때문이다. 역사학의 출발점은 사료이고, 본격적인 역사 서술을 위해서는 그 사료를 제대로 이해하는 것이 필수적인데, 이 때문에 중국사를 공부하는 경우 당연히 중국사학사에 대한 깊이 있는 이해가 필수적이라는 기본을 되새기게 된 것도 물론이다. 그리고 이때 더불어 같이 읽은 김육불(金毓黻)의 『중국사학사』는 오늘날의 입장에서 보아도 여전히 가장 수준 높은 사학사 개설서로 여겨지지만, 이런 자료들을 통해 얻은 중국사학사에 대한 기초 지식은 수십 년이 지난 지금에도 여전히 쓸모가 있고, 또한 역사학도로서 얻는 바가 많다는 점도 또한 크게 작용하였다.

따라서 대학원에서 자격 시험의 필수 과목인 중국사학사 수업을 필자가 개설하게 되었을 때 김육불의 『중국사학사』를 읽는 것 외에도 이러한 서문들을 각기 하나씩 골라 원문과 거기에 번역·주석을 붙인 문장을 제출하는 것을 과제로 지정하였다. 이 책은 여기에서 얻은 기초적인 보고서에서 출발한 것이다. 여기서 초고의 작성에 도움을 준 대학원생 여러분에게 감사의 뜻을 전하고 싶다. 이때 참고 교재로 이용한 것이 장위에(張越) 주편(主編)의 『중국사학사자료휘편(中國史學史資料彙編)』(北京師範大學出版社, 2009)인데, 여기에는 이 책에서 번역한 자료 대부분이 포함되어 있어 자료를 선정하는 데 큰 도움이 되었다.

그리고 이렇게 중국의 역사 사상이나 사학사에 대해서는 우리 학계에서도 꾸준히 관심을 기울여 오고 있었다는 점도 이 책을 펴내고자 한 하나의 좋은 출발점과 참조점이 될 수 있었다. 이를테면 중국사학사에 관한 개설서만 해도 탁용국, 『중국사학사 대요』(탐구당, 1989); 고국항(오상훈 등 옮김), 『중국사학사』 상·하(풀빛, 1998); 유절(劉節, 신태갑 옮김), 『중국사학사 강의』(신서원, 2000); 신승하, 『중국사학사』(고려대학교출판부, 2000); 이계명, 『중국사학사 강요』(전남대학교출판부, 2003); 중국사학사 편집조(김동애 옮김), 『중국사학사 1』(자작아카데미, 1998. 간디서원, 2006); 이종동(李宗桐. 조성을 옮김), 『중국사학사』(혜안, 2009); 이계명, 『중국사학사 요강』(전남대학교출판부, 2014) 등이 그것이다. 이것을 통해 중요한 사학사의 저작은 대부분 이미 소개되어 있는 셈이라고 하겠다.

　뿐만 아니라 여기 소개된 사적의 상당수는 전체가 이미 우리말로 번역되어 있어, 좀더 깊은 관심을 가진 독자라면 그것을 들춰 보는 것도 좋은 기회가 될 것이다. 이를테면 『사기』와 같은 경우는 이성규(李成珪) 편역(編譯), 『중국 고대 사회의 형성 사마천(司馬遷) 사기(史記)』(서울대학교출판부, 1996. 2007년 수정판)라는 저자의 식견이 돋보이는 역작이 이미 나와 있고 전체 번역본도 정범진 등 옮김, 『사기』(까치. 1994)에서 시작되어 여러 종류의 판본이 출간되고 있다. 『사기』의 일부만을 골라 소개하거나 사마천과 『사기』를 소개하는 교양서는 이루 헤아릴 수 없을 정도이다. 반고의 『한서』도 안대회 옮김, 『한서열전』(까치. 1997. 2010년 개역판)』; 홍대표 역, 『한서 열전』(범우사, 1997) 등 열전을 소개한 것 외에도 본기 부분까지 포함하는 진기환 역주, 『한서』 1·2(명문당, 2016) 등 여러 가지가 나와 있으며, 범엽의 『후한서』도 장은수 옮김, 『후한서 본기』(새물결, 2014)나 유홍휴 편저(이미영 옮김), 『후한서: 범엽의 인물 열전』(팩컴북스, 2013) 등으로 소개되고 있다.

　여기서 모두 소개하지는 못하였지만, 이상과 같은 책들은 이른바 오래전부터 고전의 대열에 올라 있었던 만큼 많은 관심을 받는 것은 사실 이상할 것도 없다. 사마광(司馬光, 권중달 옮김), 『자치통감(資治通鑑)』(1-31. 도서출판 삼화, 2007-2010)에 의해 『자치통감』 전체가 우리말로 번역된 것 역시 전통적으로 『사기』·『한서』와 더불어 가장 중요한 역사서로서 주목을 받았던 덕분이라 하겠다. 하지만 이 책에서도 그 일부가 소개되고 있는 『사통』이나 『문사통의』와 같은 전문적인 사학사의 고전이 소개된 것은 우리의 사학사에 대한 관심이 상당한 저변을 가지고 있음을 보여 준다. 유지기(劉知幾) 지음, 오항녕 옮김, 『사통』(역사비평사, 2012)과 유지기 지음, 이윤화 옮김, 『사통통석』(1-4, 소명출판사, 2013), 그리고 장학성(章學成) 지음, 임형석 옮김, 『문사통의』(책세상, 2005); 장학성 지음, 임형석 옮김, 『문사통의교주』(전 5책, 소명출판사, 2011) 등이 바로 그것이다. 또한 캉유웨이(康有爲) 지음, 김동민 역, 『공자개제고』 1-5(세창출판사, 2013)도 있다.

앞서 언급한 대학원 수업이 진행된 것은 한참 되었지만, 본문 원고의 완성은 필자의 여러 사정과 게으름, 그리고 부족한 능력 때문에 상당히 늦어질 수밖에 없었다. 오래 전에 출간되어야 하였지만, 실제 과제물로 제출된 보고서를 다시 점검하고, 원고의 전체 내용을 보완하면서 새로운 내용을 집어넣어 전체적인 틀을 잡고, 번역문과 주석에 대해 크게 손질을 가하면서 전반적인 통일성과 의미를 가질 수 있도록 하는 작업도 그리 만만한 것은 아니어서 꽤나 긴 시간을 필요로 하였다. 마침 작년 여름에 하나의 큰 과제를 마무리한 다음 다른 주제에 덤벼들기 전에 약간 틈이 생긴 것을 빌어 이 작업에 전력할 수 있게 된 것은 매우 다행스러운 일이었다. 지금까지 소개한 것처럼 크게 주목을 받아 오지는 않았지만, 중국의 역사 사상과 사학사에 대한 관심은 상당히 깊은 것이라고 하지 않을 수 없다. 여기에 다시 한 권의 자료집을 더하는 것이 이러한 관심을 계속 유지시키고 발전시키는 데 조금이나마 도움이 될 수 있기를 기대하는 바이다.

끝으로 인문학 서적의 출간이 결코 쉽지 않은 상황에서 이 책의 출판을 흔쾌히 허락해 주신 위더스북의 한영아 사장님께 깊은 감사를 드리는 바이다. 물론 이 책을 준비하면서 가정을 소홀히 한 남편과 아버지를 참고 받아들여 준 아내와 두 아이에게도 말로 표시하지 못할 미안함과 고마움과 함께 같이 있는 시간을 좀 더 늘리고 싶다는 안타까운 마음을 전달하고자 한다.

2016년 9월
김 형 종

❖ 이 책은 2007년 정부(교육과학기술부)의 재원으로 한국연구재단의 지원을 받아 수행된 연구임 (NRF-2007-361-AL0016).

차례

편역자 서문 ··· 4

01. 『사기(史記)』「태사공자서(太史公自序)」·· 10

02. 『한서(漢書)』「보임안서(報任安書)」·· 44

03. 『문심조룡(文心雕龍)』「사전(史傳)」·· 66

04. 『사통(史通)』「원서(原序)」·「육가(六家)」·「이체(二體)」······················ 86

    04-1. 『사통』「원서(原序)」·· 88

    04-2. 『사통』「육가(六家)」·· 92

    04-3. 『사통』「이체(二體)」·· 112

05. 『통전(通典)』「서(序)」·「진통전표(進通典表)」·「통전[원]서(通典[原]序)」········ 118

    05-1. 『통전(通典)』「서(序)」·· 120

    05-2. 『통전(通典)』「진통전표(進通典表)」···································· 122

    05-3. 『통전(通典)』「통전[원]서(通典[原]序)」································ 126

06. 『통지(通志)』「총서(總序)」·· 132

07. 『자치통감(資治通鑑)』「진자치통감표(進資治通鑑表)」·························· 172

08. 『자치통감음주(資治通鑑音注)』「신주자치통감서(新註資治通鑑序)」············ 180

09. 『문헌통고(文獻通考)』「자서(自序)」(選錄)······································ 198

10. 『독통감론(讀通鑑論)』「서론(敍論) 1-4」······································ 234

    10-1. 『독통감론(讀通鑑論)』「서론(敍論) 1」·································· 236

    10-2. 『독통감론(讀通鑑論)』「서론(敍論) 2」·································· 245

    10-3. 『독통감론(讀通鑑論)』「서론(敍論) 3」·································· 251

    10-4. 『독통감론(讀通鑑論)』「서론(敍論) 4」·································· 258

11. 『사고전서총목(四庫全書總目)』「사부총서(史部總序)」·························· 268

12. 『십칠사상각(十七史商榷)』「서(序)」 ·· 278
13. 『이십이사고이(二十二史考異)』「서(序)」 ·· 290
14. 『이십이사차기(二十二史箚記)』「자서[小引]」 및 「서(序)」 ················ 296
    14-1. 『이십이사차기(二十二史箚記)』「자서[小引]」 ···························· 298
    14-2. 『이십이사차기(二十二史箚記)』「서(序)」 ··································· 300
15. 『문사통의(文史通義)』「사덕(史德)」 ·· 306
16. 『교수통의(校讐通義)』「자서(自序)」·「원도(原道)」 ······························ 320
    16-1. 『교수통의(校讐通義)』「자서(自序)」 ·· 322
    16-2. 『교수통의(校讐通義)』「원도(原道)」 ·· 326
17. 『신학위경고(新學僞經考)』 및 『공자개제고(孔子改制考)』「서(序)」 ···· 332
    17-1. 『신학위경고(新學僞經考)』「서(序)」 ··· 334
    17-2. 『공자개제고(孔子改制考)』「서(序)」 ··· 345
18. 「중국사서론(中國史敍論)」(選錄), 「신사학(新史學)」(選錄) ················ 354
    18-1. 「중국사서론(中國史敍論)」(選錄) ··· 356
    18-2. 「신사학(新史學)」(選錄) ·· 373
19. 『마오쩌둥선집(毛澤東選集)』
    「중국 혁명과 중국 공산당(中國革命和中國共産黨)」 ······················· 402
20. 『중국통사(中國通史)』「도론(導論)」(選錄) ·· 430

출전 및 참고문헌 ·· 454
찾아보기 ·· 456

01 『사기(史記)』 「태사공자서(太史公自序)」

사마천(司馬遷)

◎ 『사기(史記)』

『사기』는 중국 역사상 첫 번째의 기전체(紀傳體) 통사(通史)로 처음에는 『태사공서(太史公書)』나 『태사공기(太史公記)』로 불렸다. 사마천이 부친인 사마담(司馬談)의 뒤를 이어 태사령(太史令)이 된 다음 쓰기 시작하여 10여 년의 시간에 걸쳐 완성하였다. 『사기』는 규모가 방대할 뿐만 아니라 체계도 완비되어 있어 중국 역사서의 전범(典范)이 되었으며, 동시에 문장과 서술이 뛰어나 빼어난 문학 작품으로도 인정받는다. 이후의 기전체 사서에 깊은 영향을 주어 역대 왕조의 정사(正史, 보통 24사로 불린다)는 모두 『사기』의 체제를 채용하였다. 상고 시대 전설의 인물인 황제(黃帝) 시절부터 시작하여 전한(前漢) 무제(武帝) 원수(元狩) 원년(元年)까지 약 3천 년에 이르는 긴 역사를 다루고 있으며, 전체 모두 130권으로 12본기(本紀)·10표(表)·8서(書)·30세가(世家)·72열전(列傳)으로 구성되어 있다. 자수는 약 52만 6,500자 정도이다. 그 가운데 본기와 열전이 주체가 되며, 역사상의 제왕 등 정치적 중심인물을 편찬의 중심축으로 삼아 각기 본기·세가·열전 부분에 배치하였다. 이것이 대부분의 분량을 차지하며 인물의 전기를 중심으로 삼고 있기 때문에 '기전체(紀傳體)'라고 하는데, 사마천이 바로 이러한 체제의 창시자이다. 본기는 왕조의 교체를 중심으로 제왕이나 그에 버금가는 인물의 행적을 담고 있으며, 표는 표 형식을 통해 계보나 인물이나 역사 사실을 간략하게 제시하고 있다. 서는 제도의 발전이나 예악 제도·천문·사회 경제 등 여러 방면의 내용을 기술한 것이고, 세가는 자손이 세습하는 왕후(王侯)나 특별히 중요한 인물의 사적을 담고 있고, 열전은 제왕과 제후 외에 각 방면의 대표 인물의 평생과 사적을 담은 전기, 이민족에 대한 기술로 이루어져 있다.

사마천

사마천(司馬遷, B.C. 45~?)은 자(字)가 자장(子長)으로 전한(前漢, 西漢) 시대 하양(夏陽, 오늘날의 陝西省 韓城 南) 출신이다. 일설에는 용문(龍門, 오늘날의 山西省 河津) 출신이라고도 한다. 전한 시대의 사관(史官), 사학가(史學家)이다. 사마담(司馬談)의 아들로 태사령(太史令)이 되었으나 흉노에 투항한 장군 이릉(李陵)을 변호하다가 한 무제의 노여움을 사 궁형(宮刑, 남자의 생식기를 베어 내어 고자로 만드는 형벌)을 받았지만, 나중에는 중서령(中書令)이 되었다. 사마천은 젊어서 공안국(孔安國)·동중서(董仲舒) 등 당대의 저명 학자로부터 배웠고, 전국 각지를 여행하며 풍속을 이해하고 전문(傳聞)을 채집하였다. 관직에 나가 처음에는 낭중(郞中)이 되어 서남(西南) 지방에 파견되기도 하였는데, 원봉(元封) 3(B.C. 108)년 태사령이 되어 부친의 유언에 따라 사서 저작의 완성을 위해 발분·노력하여 후세 사람들에게 사천(史遷), 태사공(太史公), 또는 '역사의 아버지'라고 불리기도 한다. 그는 "하늘과 인간의 관계를 탐구하고 고금의 변화를 관통하여 독자적인 일가의 학설을 이루겠다(究天人之際, 通古今之變, 成一家之言)."는 역사의식으로 중국의 첫 번째 기전체(紀傳体) 통사(通史)인 『사기(史記)』를 완성하였다.

01

『사기(史記)』「태사공자서(太史公自序)」¹

옛날 [전설의 오제 가운데 한 사람인] 전욱(顓頊)은 남정(南正) 중(重)에게 하늘에 관한 일을, 북정(北正) 여(黎)에게 땅에 관한 일을 각각 관장하도록 명하였다. [요·순임금의] 당우 시대에도 또한 중·여의 후손이 잇게 하여 다시 그 일을 맡겼으며, [이런 일이] 하·상 시대에까지 이르렀다. 따라서 중·여씨는 대대로 천문·지리에 관한 사무를 관장하였던 셈인데, 주대(周代)에 이르러 정백(程伯)에 봉해졌던 휴보(休甫)는 바로 그 후손이다. 그러나 주 선왕(宣王) 시기에 그들은 그 직분을 상실하고 사마씨(司馬氏)가 되었는데, 사마씨는 대대로 주나라의 사관(史官)을 지냈다. 주 혜왕(惠王)·양왕(襄王) 사이에 사마씨는 주를 떠나 진(晉)으로 갔다. 진의 중군(中軍) 수회(隨會)가 진(秦)으로 도망갈 때, 사마씨도 소량(少梁)으로 갔다. 사마씨가 주를 떠나 진(晉)으로 간 다음 [일족은] 나누어 흩어져서, 혹은 위(衛)에, 혹은 조(趙)에, 혹은 진(秦)에 살았다. 위에 있던 사람 가운데에는 중산국(中山國)의 상(相)이 된 사람도 있었다.

---

1 사마천(司馬遷), 『사기(史記)』(北京 : 中華書局, 1959. 1982. 中華書局 標點校勘本. 앞으로 인용되는 24사는 모두 이 판본을 따른다), 권130 「태사공자서(太史公自序)」에 수록되어 있다. 이 부분은 또한 이성규(李成珪) 편역(編譯), 『사마천(司馬遷) 사기(史記) – 중국 고대 사회의 형성(수정판)』 (서울대학교출판부, 2007)의 pp.95~105에 번역이 있으므로, 그것을 크게 참조하였다. 사마천의 저술의 동기와 목적, 사료의 비판과 취사선택, 그리고 『사기』의 구성과 서술의 특색에 대해서는 또한 이 책의 「사기 해설」 부분을 꼭 읽어 볼 필요가 있다.

2 오제(五帝) 가운데 하나인 전욱(顓頊)은 황제(黃帝)의 손자 창의(昌意)가 낳은 아들로, 이름은 고양(高陽)이며 황제가 죽은 다음 뒤를 이어 제(帝)가 되었다고 한다(『사기』 권1 「오제본기(五帝本紀)」, p.10. "黃帝崩, 葬橋山. 其孫昌意之子高陽立, 是爲帝顓頊也.").

3 당우(唐虞)는 도당씨(陶唐氏) 요(堯)와 유우씨(有虞氏) 순(舜)을 말하며, 곧 당우 시대란 요·순 시대 또는 태평성세를 의미한다. 요(堯)·순(舜)은 오제(五帝)에 속하는 전설상의 성군(聖君)이다.

4 하(夏)는 대략 B.C. 21세기에서 B.C. 16세기 무렵에 존재하였다고 일컬어지는 전설상의 최초 왕조를 말한다. 신석기 시대 후기나 청동기 시대 초기에 해당되며, 우(禹)임금의 아들인 곤(鯀)이 세운 최초의 세습 왕조로 일컬어진다. 나중에 상(商)에게 멸망당하였는데, 화하(華夏)라는 칭호는 중국의 대명사가 되기도 하였다. 상(商)은 대략 B.C. 1600년에서 B.C. 1046년까지 존속한 왕조로 태을(太乙, 湯)에서 제신(帝辛, 紂)까지 17대 31왕이었으며 약 600년 동안 유지되었다.

昔在顓頊,[2] 命南正重以司天, 北正黎以司地, 唐虞之際,[3] 紹重黎之後, 使復典之, 至于夏商,[4] 故重黎氏世序天地. 其在周,[5] 程伯休甫其後也.[6] 當周宣王時,[7] 失其守而爲司馬氏. 司馬氏世典周史. 惠襄之間,[8] 司馬氏去周適晉. 晉中軍隨會奔秦,[9] 而司馬氏入少梁.[10] 自司馬氏去周適晉分散, 或在衛, 或在趙, 或在秦. 其在衛者, 相中山.[11]

　조에 있던 사람들은 대대로 검술 이론을 전수하는 것으로 이름을 날렸는데, 괴외(蒯聵)는 그 후손이다. 진에 간 일족 가운데에는 사마착(司馬錯)이 있었는데 그는 장의(張儀)와 논쟁을 벌이기도 하였으며, 혜왕(惠王)이 [그의 의견을 받아들여] 그로 하여금 촉(蜀)을 치게 하였고, 이후 촉을 빼앗자 그 곳의 군수를 맡게 하였다. 착의 손자인 근(靳)은 무안군(武安君) 백기(白起)를 섬겼다. 이때 소량(少梁)은 하양(夏陽)으로 이름이 바뀌었다. 근은 무안군과 함께 조(趙)의 군대를 장평(長平)에서 격파하고 [항복한 趙軍을] 파묻어 죽였다가, 진(秦)에 귀환한 다음 모두 자결하라는 어명을 받고 두우(杜郵)

5　주(周)는 B.C. 11세기 중엽부터 B.C. 256년까지 30대 37왕으로 약 800년간 존속하였다고 하며 서주(西周)와 동주(東周) 시기로 구분된다. 서주는 호경(鎬京, 오늘날의 섬서성 西安 부근)을 수도로 하였으며 B.C. 771년 견융(犬戎)이 유왕(幽王)을 살해하여 서주를 멸망시켰다. 이듬해인 B.C. 770년 유왕의 태자가 낙읍(洛邑, 오늘날의 하남성 洛陽)으로 천도하였는데, 이 동천(東遷) 이후를 동주(東周)라고 칭한다.

6　휴보(休甫)는 주대(周代)에 정국(程國)의 백(伯)으로 봉해졌다고 한다. 본디 중과 여는 각각 그 선조가 소호와 전욱으로, 나온 바가 다르나 사마천이 그들을 합일시켜 사마씨의 조상으로 삼고자 하였으며, 실제로 사마씨는 여의 자손이었으며 후에 반표 등도 역시 사마천에 대해 마찬가지로 언급했다고 전해지기도 한다.

7　주 선왕(宣王, B.C. 872~B.C. 782)은 주의 11대 왕이다.

8　주 혜왕(惠王, B.C. 676~B.C. 652) 때 반란이 일어나고 혜왕과 그의 동생 양왕(襄王)이 화를 피해 도망했을 때 사마씨 역시 진(晉)으로 도피했다.

9　수회(隨會)는 범무자(范武子, B.C. 660~B.C. 583)를 가리킨다. 범무자의 자(字)는 계(季)이며, 본래 이름은 사회(士會)이고 범무자는 시호(諡號)이다. 또한 수(隨) 땅을 분봉 받은 것으로 수희(隨會), 범(范) 땅을 분봉 받았던 것으로 범회(范會)라고도 한다. 춘추 시대 진국(晉國)의 대부(大夫)였으며 진(晉) 양공(襄公) 사후 진을 떠나 진(秦)으로 갔다(B.C. 620).

10　소량(少梁)은 옛 양국(梁國)을 가리킨다. 진(秦)이 양국을 멸망시키고 이름을 바꾸어 소량이라 하였으며 이후에는 하양(夏陽)이라 하였다.

11　중산(中山)은 중산국(中山國)을 말한다. 전국 시대 북부에 있던 백적(白狄)의 선우부(鮮虞部)가 B.C. 414년 현재의 하북성 중·남부에 세운 제후국이다. B.C. 407년 악양(樂羊)에 의해 수도가 함락되었으며 이후 계속 항전했으나, 결국 B.C. 296년 조(趙)에 의해 멸망하였다.

에서 죽었으며, 화지(華池)에 묻혔다. 근의 손자는 창(昌)인데 창은 진(秦)의 주철관(主鐵官)이 되었다.

在趙者, 以傳劍論顯, 蒯聵其後也. 在秦者名錯, 與張儀爭論,[12] 於是惠王使錯將伐蜀, 遂拔, 因而守之.[13] 錯孫靳, 事武安君白起.[14] 而少梁更名曰:'夏陽'. 靳與武安君阬趙長平軍, 還而與之俱賜死杜郵, 葬於華池. 靳孫昌, 昌爲秦主鐵官.[15]

진시황 때 괴외의 현손(玄孫)인 앙(卬)은 무신군(武信君) 장이(張耳)의 부장(部將)이 되어 조가(朝歌)를 공격하여 점령하였다. [秦에 대항하여 봉기한] 제후들이 서로 왕을 칭할 때, 항우(項羽)는 그를 은왕(殷王)에 봉하였다. 그러나 한(漢)이 초(楚)를 정벌하자 앙은 한으로 귀부하였고, 한은 그의 봉지를 하내군(河內郡)으로 고쳤다. [한편] 사마창은 무택(無澤)을 낳았는데, 무택은 한의 시장(市長)이 되었다. 무택은 희(喜)를 낳았는데, 희는 오대부(五大夫)가 되었고 죽은 이후에 모두 고문(高門)에 장사지냈다. 희(喜)는 담(談)을 낳았는데, 담(談)은 태사공(太史公)이 되었다.

---

12 장의(張儀, ?~B.C. 309)는 연횡책(連橫策, 連衡策)을 주장한 전국 시대의 모사(謀士)로 위(魏) 나라 출신으로 소진(蘇秦)과 함께 귀곡자(鬼谷子)에게 수학하였다. 그는 소진에 의해 진(秦) 혜왕(惠王)을 만나게 되었는데, 혜왕은 그를 객경(客卿)으로 삼고 함께 제후를 정벌할 계획을 논하게 된다. 이후 그는 연횡책을 주창하여 위(魏)·조(趙)·한(韓) 등 동서로 닿은 6국을 설득하여 진을 중심으로 한 동맹 관계를 맺으려 하였다. 혜왕이 죽은 후에 즉위한 무왕(武王) 주위의 신하들이 모두 그를 참소하였고 이에 제후들이 다시 연횡을 배신하고 합종(合從)의 동맹을 맺게 되었다. 장의는 이후 위로 돌아가 상(相)이 되었으나 1년 만에 사망하였다(『사기』권70, 「장의열전(張儀列傳)」).

13 B.C. 316년 사마착(司馬錯)과 장의(張義)가 촉(蜀) 공격을 둘러싸고 논쟁을 벌였던 사건이다. 이때 사마착은 촉을 치자고 하였으나, 장의는 한(韓)을 공격하느니만 못하다고 반대하였다. 장의는 한을 공격하고 위(魏)·초(楚)와 친선을 유지하고 주(周)의 교외를 압박하여 주왕을 성토하여 천하(天下)를 얻는다는 이른바 '협천자론(挾天子論)'을 내세웠으나 서해(西海) 지역에서 얻을 수 있는 실질적 가치를 주장했던 사마착의 저지로 결국 촉에 대한 정벌이 이루어졌다.

14 백기(白起, ?~B.C. 257)는 뛰어난 용병술로 진 소왕(昭王)을 섬긴 무장이다. 한과 위를 공격하여 적병 24만을 참수하고 장군 공손희(公孫喜)를 사로잡는 등 혁혁한 공과를 세웠고, 초를 공격하여 그 도성을 함락시키고 경릉(竟陵)까지 진출하였는데 이때 무안군(武安君)으로 승작(昇爵)되었다. 군신들의 참소 등으로 소왕의 미움을 받아 이후 좌천되었을 때 백기가 좌천에 복종하지 않고 원한의 말을 남겼다는 것으로 소왕이 자살을 명하였다. 백기는 자신이 B.C. 260년 장평(長平)의 전투에서 조(趙)의 포로 수십만을 산 채로 묻은 것을 탄식하며 자살했다고 한다.

當始皇之時, 蒯聵玄孫卬爲武信君將而徇朝歌.[16] 諸侯之相王, 王卬於殷. 漢之伐楚, 卬歸漢, 以其地爲河內郡. 昌生無澤, 無澤爲漢市長.[17] 無澤生喜, 喜爲五大夫,[18] 卒, 皆葬高門. 喜生談, 談爲太史公.[19]

태사공께서는 당도(唐都)에게 천문을 배웠고 양하(楊何)에게는 역(易)을, 황자(黃子)로부터는 도론(道論)을 전수받았다. 태사공은 건원(建元)·원봉(元封) 연간(B.C. 140~110) 사이에 출사(出仕)하였으며, 학자들이 학문의 뜻을 제대로 터득하지 못하고 잘못된 것을 배우는 것을 안타깝게 여겨 육가(六家)의 요지를 논하는 저술을 남겼는데, 여기에서 다음과 같이 말씀하셨다.

太史公學天官於唐都,[20] 受易於楊何,[21] 習道論於黃子.[22] 太史公仕於建元·元封之閒,[23]

---

15 주철관(主鐵官)은 야철(冶鐵)·주철(鑄鐵)을 관정하던 관원이다.
16 조가(朝歌)는 지금의 하남성(河南省) 기현(淇縣) 지역으로, 이후 위(衛)의 수도가 되기도 하였다.
17 시장(市長)은 관직으로 시령(市令)이라고도 하는데, 시장(市場)의 일을 관장하였다.
18 오대부(五大夫)는 작(爵)의 등급으로 전국 시대 초(楚)·위(魏)에서 비롯되어 이후 진·한에서도 두어졌다. 20등급의 작 중 제9등급이었다. 원칙상 600석(石) 이상의 관리에게만 사여(賜與)되었는데 한 초에는 제7등급인 공대부(公大夫) 이상을 고작(高爵)으로 여겼으나 문제(文帝) 이후는 오대부 이상을 고작으로 정하였다. 고작으로 여겨진 오대부 이상의 유작자(有爵者)는 면역(免役)의 특권을 가졌다.
19 『속한지(續漢志)』「백관지(百官志)」에는 태사공(太史公)은 천지(天地)·성력(聖曆)을 관장하는 직책이라고 한다. 태사공은 신년력(新年曆)을 올리고 국가의 제사 등을 관장하고 길일 및 피해야 할 날 등을 올리는 것을 주된 업무로 하였으며, 재난 등이 일어나면 그것을 기록하는 것도 담당하였다. 한편 사마담이 태사승(太史丞)이 된 것을 가지고 태사령(太史令)이 되었다고 하였으며, '공'이라고 한 것은 사마천이 그 아버지를 높이기 위해서 붙인 것이라는 해석도 있다.
20 천관(天官)은 천문(天文)·천상(天象)을 말한다. 당도(唐都)는 한 문제·무제 시기의 방사(方士)로 일월오성(日月五星), 즉 일곱 별 사이의 거리와 머무는 장소 및 위도를 측정하여 하늘을 28개의 구역으로 나눴다. 그는 또한 무제의 명을 받아 원봉(元封) 연간 태초력(太初曆)을 제정하였다.
21 양하(楊何)는 산동성(山東省) 치천(淄川) 출신으로 자는 숙원(叔元)이다. 동무(東武) 출신의 왕동(王同)에게 『주역(周易)』을 배워 통달하였다.
22 황자(黃子)는 『사기』 권121 「유림열전(儒林列傳)」에 등장하는 황생(黃生)으로, 황로지술(黃老之術)을 좋아하였다고 한다. 「유림열전」의 「원고생전(轅固生傳)」에는 청하왕(淸河王)의 태부(太傅)인 제인(齊人) 원고생이 경제(景帝) 앞에서 황생과 탕·무왕의 수명(受命)에 관해 논쟁을 벌인 일이 기록되어 있다.

愍學者之不達其意而師悖,²⁴ 乃論六家之要指曰:

"『주역(周易)』「대전(大傳)」[즉 「계사(繫辭)」 하(下)]에 의하면 "모든 사물의 근본은 같아도 온갖 사고(思考)가 나오기 마련이며, 그 목적은 같아도 거기에 도달하는 길은 다르다."고 한다. 대저 음양가(陰陽家)·유가(儒家)·묵가(墨家)·명가(名家)·법가(法家)·도덕가(道德家)는 모두 좋은 정치를 구현하고자 노력하는 점에서는 같다. 다만 각기 다른 방법을 따르고, 그 강조하는 점이 서로 다를 뿐이다.

"『易大傳』²⁵: "天下一致而百慮, 同歸而殊塗."²⁶ 夫陰陽·儒·墨·名·法·道德, 此務爲治者也, 直所從言之異路, 有省不省耳."

"내가 살펴보기에 음양가는 길상(吉祥)을 크게 강조하고 여러 가지 기휘(忌諱)를 가르쳐 사람들이 여기에 구속되어 두려움이 많아지게 하려 한다. 그러나 그들이 계절의 변화에 순응하라고 하는 것은 놓칠 수 없는 장점이라 하겠다. 유가는 학문의 폭은 넓으나 요체를 제시하는 것이 적다. 수고로움은 많으나 성과가 적기 때문에 그 가르침을 모두 다 따르기가 어렵다. 그러나 그들이 군신(君臣)·부자(父子)의 예절을 설정하고, 부부(夫婦)와 어른과 아이[長幼] 사이의 구별을 적절히 강조한 것은 다른 무엇과도 바꿀 수 없는 점이다. 묵가(墨家)는 따르기 어려울 정도로 지나치게 검약을 강조하기 때문에, 그 가르침을 두루 실천하기는 어렵다. 그러나 농업 생산과 비용 절약을 강조한 그들의 가르침은 본받을 만하다. 법가(法家)는 엄격하나 은혜로운 점이 적다. 그러나 군신·상하 사이의 명분을 설정한 그 가르침은 고칠 수 없다. 명가(名家)는 엄밀한 논리에 제약을 받아 진실을 놓치는 일이 많다. 그러나 명(名)·실(實)의 관계를 바로잡아야 한다는 그 가르침은 잘 살피지 않으면 안 된다. 도가는 사람들의 정신을 전일(專一)

---

23 이것은 무제(武帝) 건원(建元) 연간부터 원봉(元封) 연간 사이(B.C. 140~110)를 가리킨다.
24 패(悖)는 혹(惑)과 같은 뜻으로 사패(師悖)란 미혹하게 하는 것, 잘못된 것을 모범으로 삼아 배우는 것을 뜻한다.
25 『역대전(易大傳)』은 『주역』「계사(繫辭) 하(下)」를 가리킨다.
26 이 구절은 『주역』「계사(繫辭) 하(下)」의 구절을 인용한 것이다. "天下同歸而殊塗, 一致而百慮." 수도(殊塗, 殊途)는 그 경로나 길이 같지 않음을 뜻한다.

하게 하고 보이지 않는 법칙과 조화되는 행동을 가르치며, 만물의 풍요로운 충족을 강조한다. 그 가르침은 자연에의 순응을 강조하는 음양가의 주장도 따랐고, 유가·묵가의 장점을 채택하였으며, 명가와 법가의 요점도 받아들여 시간에 따른 발전과 사물의 변화에 따르도록 가르치기 때문에 풍속을 확립하고 일을 처리하는 데 있어서 합당하지 않은 경우가 없으며, 원리는 간단하고 쉽게 실천할 수 있어 수고로움이 적어도 성과는 많다. 그러나 유가는 그렇지 못하다. 그들은 군주를 천하의 모범으로 삼고 군주가 선창하면 신하가 화답하고, 군주가 앞서면 신하가 따라야 한다고 생각한다. 이렇게 되면 곧 군주는 수고롭고 신하는 편안해지는 결과가 된다. 한편 대도(大道)의 요체라는 것은 남과 다툼이 없고 힘과 욕심을 버리고 총명함을 내세우지 않는 것이니, 이런 것들을 버리고 도술(道術)의 가르침에 자신을 맡기는 것이다. 대저 정신이란 너무 많이 쓰면 소모되어 버리고 육체도 너무 수고로우면 쇠약해지기 마련이다. 정신과 육체가 어지럽고 불안한데도 천지와 더불어 장구한 삶을 누리고자 한다는 것은 들어본 적이 없다."

"嘗竊觀陰陽之術, 大祥而衆忌諱,[27] 使人拘而多所畏; 然其序四時之大順, 不可失也. 儒者博而寡要, 勞而少功, 是以其事難盡從; 然其序君臣父子之禮, 列夫婦長幼之別, 不可易也. 墨者儉而難遵, 是以其事不可遍循[28]; 然其彊本節用,[29] 不可廢也. 法家嚴而少恩; 然其正君臣上下之分, 不可改矣. 名家使人儉而善失眞[30]; 然其正名實, 不可不察也. 道家使人精神專一, 動合無形, 贍足萬物. 其爲術也, 因陰陽之大順, 采儒墨之善, 撮名法之要, 與時遷移, 應物變化, 立俗施事, 無所不宜, 指約而易操,[31] 事少而功多. 儒者則不然. 以爲人主天下之儀表也, 主倡而臣和, 主先而臣隨. 如此則主勞而臣逸.

---

[27] 대상(大祥)은 대상(大詳)으로 음양지술(陰陽之術)을 뜻한다고 풀이된다.
[28] 편순(徧循)은 편순(遍循)과 같은 뜻으로 두루 따른다, 행한다는 뜻이다.
[29] 강본(强本)은 강본(彊本)으로도 쓰이는데, 농업 생산을 강화한다는 뜻이다.
[30] 검(儉)은 약속(約束)·제한(限制)·절제(節制)라는 뜻으로 보인다. 다른 번역에서는 "지나치게 명칭에 얽매어 쉽사리 진실을 놓친다."거나 "사람이 제약을 받아 쉽사리 사물에 대한 정확한 인식을 놓치게 한다."고 풀이하기도 한다. 이 문장의 아래쪽에서 명가에 대해 다시 설명이 추가되므로 그것을 참조할 필요가 있다.
[31] 지약(指約)은 그 뜻이 간략함을 가리킨다.

至於大道之要, 去健羨,[32] 絀聰明,[33] 釋此而任術. 夫神大用則竭, 形大勞則敝. 形神騷動, 欲與天地長久, 非所聞也."

"대저 음양가는 사계절, 팔괘의 위치[八卦位], 별자리 십이차(十二次), 이십사절기에 각각 따라야 할 교령(敎令)이 있으며, 거기에 순응하면 번창하고 역행하면 죽지 않으면 곧 망한다고 말하지만, 반드시 그렇지는 않다. 때문에 '사람들이 여기에 구속되어 두려움이 많아지게 한다.'라고 하였다. 무릇 봄에는 생명이 싹트고, 여름에는 성장하며, 가을에는 거두고, 겨울에는 저장하는데, 이는 천지의 큰 법칙이다. 여기에 순응하지 않으면 천하의 법도를 세울 수가 없으니 '계절의 변화에 순응하라는 것은 놓칠 수 없는 장점'이라고 한 것이다."

"夫陰陽四時·八位·十二度·二十四節各有敎令,[34] 順之者昌, 逆之者不死則亡, 未必然也, 故曰: '使人拘而多畏.' 夫春生夏長, 秋收冬藏, 此天道之大經也, 弗順則無以爲天下綱紀, 故曰'四時之大順, 不可失也.'"

"유가는 육예(六藝, 즉 六經)를 규범으로 삼는다. 육경에 대한 주석서는 너무나 많아, 여러 세대에 걸쳐 배워도 다 통달할 수도 없거니와 평생 그 규범을 체득할 수도 없다. 따라서 '학문의 폭은 넓으나 요체를 제시하는 것이 적고, 수고로움은 많으나 성과가 적다.'라고 한 것이다. 그러나 군신·부자 사이의 예절을 설정하고 부부 및 어른과 아이 사이의 구별을 적절히 강조한 것은 어떤 학파도 바꿀 수 없는 장점이다."

---

32 '거건선(去健羨)'을 '거건'과 '거선'으로 나누어, '거건'을 남과 다투지 않는 것, '거선'을 힘과 욕심을 버리는 것이라 풀이하기도 한다.

33 '출총명(絀聰明)'을 가리켜 '현인을 천거하지 않는 것[不尙賢]', '성을 끊고 지를 버리는 것[絕聖棄智]'이라 풀이하기도 한다.

34 12도(度)는 12차(次)를 말하는데, 하늘을 자미원·천시원·태미원의 세 구역으로 크게 구분하고, 목성이 11.86년에 하늘을 한 바퀴 돌아 제자리에 돌아오는 점에 착안하여 황도(黃道) 부근을 12등분으로 세분한 것이다. 한편 12차의 주변에 자리 잡은 다른 별들은 황도를 기준으로 28개의 기본적인 별자리로 지정되었는데 이를 28수(二十八宿)라 부른다. 팔위(八位)는 팔괘위(八卦位)이며 12도는 12차, 24절은 곧 중기(中氣)라고도 풀이된다.

"夫儒者以六蓺爲法.³⁵ 六蓺經傳以千萬數, 累世不能通其學, 當年不能究其禮, 故 '博而寡要, 勞而少功.' 若夫列君臣父子之禮, 序夫婦長幼之別, 雖百家弗能易也."

"묵가 또한 요(堯)·순(舜)의 도를 받들면서, '집은 세 자 높이의 단 위에 짓고 흙 계단은 세 개로 하였으며, 다듬지 않은 띠로 지붕을 덮고, 서까래도 다듬지 않은 나무를 사용하였다. 흙을 구워 만든 그릇에 음식을 담아 먹고 마셨으며, 거친 곡식과 나물국을 먹었다. 여름에는 풀로 만든 거친 옷을 입었고, 겨울에는 사슴 가죽옷을 입었다.'라고 그 덕행을 이야기한다. 묵가는 장례를 지낼 때 오동나무로 관을 만들되 두께가 세 치를 넘지 않았으며, 곡(哭)을 하면서도 그 슬픔을 다 하려고 하지는 않았다. 그들은 이러한 장례 예절[喪禮]을 모든 사람들에게 표준으로 제시하여 가르쳤다. 그러나 천하의 법도가 모두 이와 같다면, 높고 낮음[尊卑]을 구분할 수 없게 된다. 세상은 시대에 따라 변하며, 일 처리의 규범도 반드시 같을 수는 없다. 따라서 묵가는 '따르기 어려울 정도로 지나치게 검약을 강조'하였다고 한 것이다. 그러나 또한 '농업 생산과 비용 절약을 강조'하는 것은 곧 개인과 가족이 풍족해지는 길이 된다. 바로 이 점은 묵가의 장점이며 다른 어떤 학파도 부정할 수 없는 주장이다."

"墨者亦尙堯舜道, 言其德行曰: "堂高三尺, 土階三等, 茅茨不翦,³⁶ 采椽不刮.³⁷ 食土簋,³⁸ 啜土刑,³⁹ 糲粱之食,⁴⁰ 藜藿之羹.⁴¹ 夏日葛衣, 冬日鹿裘."⁴² 其送死,⁴³ 桐棺三寸, 擧

---

35 육예(六藝)는 보통『예경(禮經)』·『악경(樂經)』·『서경(書經)』·『시경(詩經)』·『역경(易經)』·『춘추(春秋)』등 유가의 육경(六經)을 가리킨다(『禮經』은 한대에는『의례(儀禮)』를 가리켰으나, 송대 이후에는『예기(禮記)』를 가리키게 되었다고 한다). 또한 학생에게 교육하던 여섯 가지 과목, 즉 예(禮)·악(樂)·활쏘기[射]·말 몰기[御]·글쓰기[書]·산수[數]를 가리키기도 한다.
36 모자(茅茨)는 띠로 엮은 지붕을 가리키며, '모자부전(茅茨不翦)'은 띠 풀로 이은 그대로 처마 끝을 가지런히 자르지 않은 것을 뜻한다. 띠는 볏과의 여러해살이풀이다.
37 채연(采椽)은 역최(櫟㮼), 즉 난간과 서까래를 뜻한다. '채연불괄(采椽不刮)'은 나무를 채취하여 서까래로 할 때 칼 따위로 껍질을 깎아내지 않는다는 뜻이다.
38 토궤(土簋)는 흙으로 만든 그릇, 뚝배기를 가리킨다.
39 형(刑)은 흙을 구워서 만든 국을 담는 그릇을 가리킨다.
40 여량(糲粱)은 도정을 많이 하지 않아 거친 현미(玄米)와 좁쌀[粟]을 말하는데, 거친 곡식으로 지은 거친 밥을 뜻한다.

音不盡其哀.⁴⁴ 敎喪禮, 必以此爲萬民之率. 使天下法若此, 則尊卑無別也. 夫世異時移, 事業不必同,⁴⁵ 故曰: '儉而難遵.' 要曰: '彊本節用', 則人給家足之道也. 此墨子之所長, 雖百長弗能廢也."

"법가는 가까운 사람과 먼 사람[親疏]를 구별하지 않고 귀한 사람과 천한 사람[貴賤]을 따지지 않으며 모두 법에 따라 판단하기 때문에 친한 사람을 친하게 여기고 높은 사람을 높이 여기는 도덕을 단절시켰다. 이는 일시적으로는 따를 수 있으나 오랫동안 이용할 수 있는 방책은 아니다. 그래서 '엄격하나 은혜로운 점이 적다.'라고 한 것이다. 그러나 군신 사이의 높고 낮음을 정하고 직분(職分)을 밝혀 서로 간섭하지 못하게 한 것은 다른 학파들이 고칠 수 없는 바이다."

"法家不別親疏, 不殊貴賤, 一斷於法,⁴⁶ 則親親尊尊之恩絶矣. 可以行一時之計, 而不可長用也. 故曰: '嚴而少恩.' 若尊主卑臣, 明分職不得相踰越, 雖百家弗能改也."

"명가는 지나칠 정도로 매우 세세히 살펴 그 대체(大體)가 통하지 않아, 사람들로 하여금 오히려 그 의미를 이해할 수 없게 만들고, 오로지 명칭에 매달려 진실을 놓치게 만든다. 그래서 그들은 '엄밀한 논리에 제약을 받아 진실을 놓치는 일이 많다.'라고 한다. 그렇지만 그들이 명칭에 맞는 실질을 추궁하고, 상호 참작하여 비교함으로써 잘못을 피하게 하는 점은 자세히 살펴두지 않으면 안 된다."

"名家苟察繳繞,⁴⁷ 使人不得反其意,⁴⁸ 專決於名而失人情, 故曰: '使人儉而善失眞.' 若夫控名責實, 參伍不失,⁴⁹ 此不可不察也."

---

41 여곽(藜藿)은 명아주와 콩잎으로, 매우 거친 음식 재료를 뜻한다.

42 이상의 내용 가운데 상당 부분은 『한비자(韓非子)』 「오두(五蠹)」 편에 나온다("堯之王天下也, 茅茨不翦, 采椽不斲, 糲粢之食, 藜藿之羹, 冬日麑裘, 夏日葛衣, 雖監門之服養, 不虧於此矣.").

43 송사(送死)는 장례를 처리하는 일을 가리킨다.

44 거음(擧音)은 사람이 죽었을 때 그를 애도하며 곡(哭)을 하는 것을 말한다.

45 사업(事業)은 사정의 성취, 공업(功業), 정사(政事), 사무(事務), 직업(職業)이나 가업(家業)·산업(産業), 노역이나 농경, 재능, 일정한 목표나 규모를 갖춘 체계적인 활동 등을 가리킨다.

46 일단(一斷)은 오로지 이에만 근거한다는 뜻이다.

"도가는 무위(無爲)를 주장하면서도 또한 '하지 않는 것이 없다(無不爲).'라고 하는데, 그 가르침은 실행하기는 쉬우나 그 말을 이해하기는 어렵다. 그 가르침은 허무(虛無)를 근본으로 삼고 자연과 시간의 변화에 순응하는 것을 행동의 원리로 제시한다. 그것은 어느 것도 완성된 상태로 여기지 않고, 어느 것도 불변의 형태로 보지 않기 때문에 만물의 실체를 통찰할 수 있다. 또한 물질을 앞세우거나 뒤로 젖혀 놓지 않기 때문에 만물을 지배할 수 있다. 법을 세우면서도 마치 세우지 않은 것과 같고, 시간의 변화에 따라 행동하며, 규범이 있으면서도 마치 없는 것 같고, 사물에 따라 맞추어 순응한다. 따라서 말한다. '성인의 가르침이 썩거나 없어지지 않는 것은 시간의 변화에 따르기 때문이다. 허(虛)는 도(道)의 영원한 규범이며, 거기에 순응하는 것은 군주가 지켜야 할 법도이다.' 그러면 모든 신하들이 각기 자신의 직분을 명확히 알고 임무를 수행하게 된다. 자신의 주장과 실제 행동이 부합하는 사람은 곧고 바른 사람이며, 그렇지 못한 사람은 빈 소리를 하는 사람이다. 빈말을 듣지 않으면 간악한 일이 발생하지 않으며, 현자와 못난 사람이 자연히 구별되어 흑백이 드러난다. [군주가] 쓰고자 하면 되는 것이니, 무슨 일인들 이루어지지 않겠는가? 이렇게 형체도 없고 어두운 대도와 하나가 되면, 천하를 밝게 비출 수 있으며, 무명(無名)의 상태로 다시 돌아갈 수 있다."

"道家無爲, 又曰: '無不爲,'[50] 其實易行, 其辭難知.[51] 其術以虛無爲本, 以因循爲用. 無成埶, 無常形, 故能究萬物之情. 不爲物先, 不爲物後, 故能爲萬物主. 有法無法, 因時

---

47 가찰(苛察)은 장황하고 지나칠 정도로 명확히 살피는 것, 격요(繳繞)는 번잡하게 얽매이는 것, 대체가 통하지 않는다는 뜻이다.

48 여기서 반(反)은 유추하거나 반성한다는 뜻으로 보인다.

49 참오(參伍)는 나누어 가르는 것[分劃]을 뜻한다. '공명책실, 참오부실(控名責實, 參伍不失)'은 명(名)을 끌어다 실(實)을 추궁하고 상호 간에 참작하여 사정을 명확히 알도록 한다는 것으로 해석되기도 한다.

50 무위(無爲)는 청정(淸淨)을 지키는 것, 무불위(無不爲)는 만물(萬物)을 생육(生育)하는 것으로 풀이되기도 한다. 『노자(老子)』제37장·48장에 관련 구절이 있다("道常無爲而無不爲." "爲學日益, 爲道日損, 損之又損, 以至于無爲, 無爲而無不爲.").

51 기실이행(其實易行)은 가르침을 행하기가 쉽다, 각자의 분수를 지키면 곧 그 가르침을 행하기 쉽다는 뜻이고, 기사난지(其辭難知)는 내용이 매우 깊고 미묘한 부분이 많아 알기 어렵다는 뜻이다.

爲業；有度無度, 因物與合.⁵² 故曰：'聖人不朽, 時變是守.⁵³ 虛者道之常也, 因者君之綱也.' 羣臣並至, 使各自明也. 其實中其聲者謂之：'端', 實不中其聲者謂之：'窾.'⁵⁴ 窾言不聽, 姦乃不生, 賢不肖自分, 白黑乃形. 在所欲用耳, 何事不成? 乃合大道, 混混冥冥.⁵⁵ 光燿天下, 復反無名."

"모든 사람에게 생명을 부여하는 것은 정신이며, 육체는 사람이 모습을 드러내는 형태이다. 정신은 너무 많이 쓰면 소모되어 버리고 육체는 너무 수고로우면 쇠약해지며, 정신과 육체가 분리되면 죽는다. 죽은 사람은 다시 살아나지 못하며 떠난 사람은 다시 돌아올 수 없다. 그러므로 성인(聖人)은 이것을 크게 중시하는 것이다. 이로 보면 정신은 생명의 근본이며, 육체는 생명을 담고 있는 그릇이라 하겠다. 정신과 육체를 먼저 안정시키지 않고서 '나는 천하를 다스릴 수 있다.'라고 한다면 무엇으로 그것이 가능하겠는가?"

"凡人所生者神也, 所託者形也. 神大用則竭, 形大勞則敝, 形神離則死. 死者不可復生, 離者不可復反, 故聖人重之. 由是觀之, 神者生之本也, 形者生之具也. 不先定其神[形], 而曰：'我有以治天下', 何由哉?"

태사공은 천문을 담당한 이후에는 백성을 직접 다스리는 일에 관여하지 않았다. 그의 아들이 천(遷)이다. [사마]천은 용문(龍門)에서 태어나 황하(黃河)의 북안 산록에서 농사도 짓고 가축도 키웠는데, 열 살이 되자 옛 문헌을 읽을 수 있었다. 스무 살에는 남쪽으로 양자강(揚子江)과 회수(淮水) 지방을 여행하면서 [浙江省의] 회계산(會稽山)에 올라가 우임금의 무덤[禹穴]을 찾아보기도 하고 [순임금이 매장되었다고 하는 湖南省 남부의] 구의산(九疑山)을 찾아보기도 하였으며, [호남성의] 완수(沅水)와 상수(湘

---

52 인물여합(因物與合)은 만물이 형성 정도에 따라서 서로 맞추어 간다는 뜻이다.
53 이 부분을 '성인의 가르침이 썩거나 없어지지 않는 것은 때에 따라 변화하기 때문이다(言聖人敎迹不朽滅者, 順時變化).'로 풀이하기도 한다.
54 관(窾)이란 공(空)과 같아 비었다는 뜻이다.
55 혼혼(混混)은 음양(陰陽)이 뒤섞여 나뉘지 않은 상태나 모양을 분별할 수 없고 불분명한 것을 뜻한다. 원기(元氣)의 모양으로 해석되기도 한다. 명명(冥冥)은 어두운 모양을 나타낸다.

水)를 배를 타고 내려가기도 하였다. 북쪽에서는 문수(汶水)와 사수(泗水)를 건너 옛 제(齊)·노(魯)의 수도인 임치(臨淄)와 곡부(曲阜)에서 그 학문을 배웠으며, 공자의 유풍을 살피고, 추(鄒)의 역산(嶧山)에서는 향사(鄕射)에 참여하였다. 파(鄱)·설(薛)·팽성(彭城)에서는 곤경에 빠지기도 하였으나 양(梁)과 초(楚)를 거쳐 귀환하였다. 그 후 사마천은 낭중(郎中)에 기용되어 파촉(巴蜀) 이남의 정벌에 참여하여 남으로 공(邛)·작(筰)·곤명(昆明)까지 따라갔다 돌아왔다.

太史公旣掌天官, 不治民. 有子曰: '遷'. 遷生龍門,[56] 耕牧河山之陽.[57] 年十歲則誦古文. 二十而南游江·淮, 上會稽, 探禹穴,[58] 闚九疑,[59] 浮於沅·湘[60]; 北涉汶·泗,[61] 講業齊·魯之都,[62] 觀孔子之遺風, 鄕射鄒·嶧[63]; 厄困鄱·薛·彭城,[64] 過梁·楚以歸.[65] 於是遷仕爲郎中,[66] 奉使西征巴·蜀以南,[67] 南略邛[68]·筰[69]·昆明.[70] 還報命.[71]

---

[56] 용문(龍門)은 풍익(馮翊) 하양현(夏陽縣, 오늘날의 陝西省 韓城市)을 가리킨다. 용문산은 하영현에 있으며, 하양현은 당대(唐代)에 한성현(韓城縣)으로 바뀌었다.

[57] 하산지양(河山之陽)은 황하(黃河)의 북쪽(陽), 용문산의 남쪽(陽)을 가리키는 것으로 보인다. 강의 북쪽, 산의 남쪽에 있는 곳은 보통 양(陽)이라는 명칭이 붙는다.

[58] 우혈(禹穴)은 우임금이 순수(巡狩)하다가 회계(會稽)에서 죽자 거기에 장사를 지냈다는 전설의 장소를 말한다. 오늘날의 절강성(浙江省) 소흥(紹興) 동남쪽에 위치하고 있다.

[59] 구의(九疑)는 순임금을 장사지낸 곳을 가리킨다고 한다.

[60] 완수(沅水)·상수(湘水)는 현재의 완강(沅江)과 상강(湘江)으로 호남성(湖南省)을 가로지르는 강이다.

[61] 문수(汶水)·사수(泗水) 모두 연주(兗州) 동북에서 흘러나와 남으로는 산동성(山東省)을 지나는 강이다.

[62] 강업(講業)은 학업을 익힌다, 배운다는 뜻이다. 제로지도(齊·魯之都)는 오늘날의 임치(臨淄)와 곡부(曲阜)를 말한다.

[63] 향사(鄕射)는 지역에서 이루어진 궁술 대회(弓術大會)로 보인다. 추(鄒)·역(嶧)은 산동성의 지명(오늘날의 鄒縣)으로 곡부와 가까워 여기에서 향사의 예를 거행하던 역산(嶧山)을 가리킨다.

[64] 파현(鄱縣)과 설현(薛縣)은 오늘날의 산동성 등주시(鄧州市) 부근, 팽성현(彭城縣)은 현재의 강소성(江蘇省) 서주시(徐州市)를 가리킨다.

[65] 양(梁)은 제후국 양(梁)으로 오늘날의 하남성(河南省) 상구시(商丘市) 남쪽 일대를 가리킨다.

[66] 낭중(郎中)은 전국 시대 때 처음으로 두어진 관직으로 진한도 이를 이어받았다. 황제의 시종(侍從)으로 광록훈(光祿勳)의 낭중령(郎中令) 소속이다.

[67] 파촉(巴蜀)은 선진 시대 오늘날의 사천성, 또는 거기에 존재하던 나라의 이름이다. 중경(重慶) 중심의 동쪽 지역은 파, 성도(成都) 중심의 서쪽 지역을 촉이라고 한다.

이 해(B.C. 110)에 천자[武帝]께서 처음으로 한(漢) 왕조를 위해 봉선(封禪)의 의식을 거행하였는데, 태사공은 낙양[周南]에 머물라는 명을 받아 그 의식에 참여할 수 없었다. 그리하여 발분(發憤)한 나머지 병이 들어 죽게 되었다. 그의 아들 천이 마침 돌아와 낙수(洛水)와 황하(黃河) 사이에서 아버지를 만나게 되었다. 태사공은 아들 천의 손을 잡고 울면서 말하였다.

是歲天子始建漢家之封,[72] 而太史公留滯周南,[73] 不得與從事, 故發憤且卒. 而子遷適使反, 見父於河洛之間. 太史公執遷手而泣曰:

"우리의 선조는 주 왕실의 태사(太史)로서 아주 먼 옛날 순임금의 시대와 하대(夏代)부터 천문을 관장하여 공명(功名)이 빛났다. 그 후 우리 집안이 기울었는데 그 전통이 나에게서 끝날 것인가? 너는 다시 태사가 되어 우리 조상의 직분을 계승하거라. 지금 천자께서 천년의 전통과 대업을 이으시어 태산(泰山)에서 봉선을 거행하셨는데 나는 따라가지 못하였다. 이것은 정말 운명인가 보다! 내가 죽으면 너는 반드시 태사가 되어야 한다. 태사가 되면 내가 저술하고자 한 것을 잊지 말아라. 대저 효(孝)란 부모를 섬기는 것에서 시작하여 군주를 섬기는 것이지만 그 최종 단계는 입신(立身)하는 것이다. 후세에 이름을 드날려 부모를 빛내는 것이 가장 큰 효도이다. 천하가 주공(周公)을 칭송하는 것도 그가 문왕(文王)·무왕(武王)의 덕을 논하고 찬양하는 노래를 지었고, 주

---

68 공(邛)은 공주(邛州, 오늘날의 사천성 邛峽 지역) 및 그 지역에 살던 이민족들을 가리킨다.
69 작(筰)은 공(邛)과 마찬가지로 사천 서남부 지역의 지명 및 그 지역에 살던 이민족을 가리킨다.
70 곤명(昆明)은 사천의 서남 지역으로 한대의 영역에서 최남단에 위치하고 있었다.
71 한은 원정(元鼎) 6년에 서남이(西南夷)를 평정하여 이 지역을 오군(五郡)으로 하였다. 여기서 다룬 내용은 그 이듬해인 원봉(元封) 원년의 일이라고 한다.
72 여기서 봉(封)은 봉선(封禪)을 뜻한다. 봉선이란 천자가 천명을 받은 것을 하늘에 고하는 제사로, 태산(泰山) 등 유서 깊은 곳에 단(壇)을 설치하여 거행하였던 제사이다. 임시적으로 행해졌던 제사[告祭]라는 면에서는 정기적인 교사(郊祀)와 구별되며, 또한 왕조의 기초가 굳어진 이후부터 특정의 산악에서 행한다는 점에서는 왕조 설립을 고하는 제천(祭天) 의례와도 다르다. 역사상 최초의 봉선은 시황(始皇) 28(B.C. 219)년에 행해졌던 것으로 보이며, 한에서는 사실상 무제가 처음으로 봉선을 하였다.
73 주남(周南)은 낙양(洛陽)을 가리킨다.

(周)·소(邵)의 노래를 널리 선전하여 태왕(太王)과 왕계(王季)의 깊은 사려(思慮)를 드러내었으며, 공유(公劉)의 행적까지 언급하여 후직(后稷)을 높이 받들었기 때문이다.

유왕(幽王, B.C. 781~771)·여왕(厲王, B.C. 878~828) 이후에 왕도(王道)가 무너지고 예악(禮樂)이 쇠퇴하자 공자께서는 사라진 옛 전통을 다시 복구·정리하여 『시경』과 『서경』을 논술하시고 『춘추』를 지으셨기 때문에 지금까지도 학자들은 그것을 본받고 있다. [『춘추』가 기록한 마지막 사건인] 획린(獲麟) 이래 400여 년이 흘렀는데 제후들은 서로 겸병하고 사관(史官)의 기록은 방기·폐절(廢絕)되었다. 이에 한이 흥기하여 해내(海內)가 통일되었으나 나는 태사로서 현명한 군주, 대의를 위해 목숨을 바친 충신들의 행적을 기록하지 않았으니, 천하의 사문(史文)이 폐기될까 심히 두렵다. 너는 이를 잘 명심하거라."

"余先周室之太史也. 自上世嘗顯功名於虞夏,[74] 典天官事. 後世中衰, 絕於予乎? 汝復爲太史, 則續吾祖矣. 今天子接千歲之統,[75] 封泰山, 而余不得從行, 是命也夫, 命也夫! 余死, 汝必爲太史;爲太史, 無忘吾所欲論著矣. 且夫孝始於事親, 中於事君, 終於立身. 揚名於後世, 以顯父母, 此孝之大者. 夫天下稱誦周公,[76] 言其能論歌文·武之德,[77] 宣周·邵之風,[78] 達太王·王季之思慮,[79] 爰及公劉, 以尊后稷也.[80] 幽·厲之後,[81] 王

---

[74] 상세(上世)는 선대(先代)나 아주 오래 전을 뜻한다.

[75] 천세지통(千歲之統)은 천년의 전통과 대업(大業)을 뜻한다. 서주의 성왕(成王)이 태산에 올라서 봉선했다는 것으로부터 한 무제의 봉선까지가 약 900여 년이다.

[76] 주공(周公)은 성은 희(姬)이고 이름이 단(旦)으로, 숙단(叔旦)이라고도 칭한다. 주를 세운 문왕(文王)의 아들이며 무왕(武王)의 동생이다. 무왕 및 무왕의 아들인 성왕(成王)을 도와 주의 기초를 확립하였다. 무왕이 죽은 뒤 나이 어린 성왕이 제위에 오르자 섭정(攝政)이 되어 주왕(紂王)의 아들 무경(武庚)과 주공의 동생 관숙(管叔)·채숙(蔡叔) 등이 동이(東夷)와 결탁하여 일으킨 반란을 소공(召公)과 협력하여 진압하고 낙읍(洛邑)을 동도(東都)로 건설하여 중원 통치의 중심으로 삼았으며, 상(商)의 왕족에게 노(魯)·송(宋) 지역을 분봉하여 주의 내외를 안정시켰다. 또한 주공은 예악과 법도를 제정하여 주 특유의 제도·문물을 창시한 것으로도 유명하며, 유가에서 대표적인 성인으로 치켜세우는 존재이기도 하다.

[77] 문왕(文王)은 이름이 희창(姬昌)이며, 서백(西伯)으로도 불린다. 계왕(季王)의 아들이며 무왕(武王)의 아버지이다. 상에서 크게 덕을 베풀고 강국으로서 이름을 떨친 계(季)를 뒤이어 점차 인근 적국들을 격파하였다. 상과는 화평을 유지하는 태도를 취하면서 제후들의 신뢰를 얻었는데, 후세 유가로부터는 이상적 군주라 칭송받았다. 무왕(武王, ?~B.C. 1043?)은 이름이 희발(姬發)이

道缺, 禮樂衰, 孔子脩舊起廢, 論『詩』[82]·『書』[83], 作『春秋』[84], 則學者至今則之. 自獲麟以來四百有餘歲,[85] 而諸侯相兼, 史記放絕. 今漢興, 海內一統, 明主賢君忠臣死義之士, 余爲太史而弗論載, 廢天下之史文, 余甚懼焉, 汝其念哉!"

며 문왕의 둘째 아들이었기에 중발(仲發)이라고도 한다. B.C. 1050년 무렵부터 관중(關中) 평야에 중심지를 둔 주족(周族)을 이끌었으며, B.C. 1048년 무렵에는 맹진(盟津)에서 제후(諸侯)들의 회맹(會盟)을 이끌며 서쪽의 제후들을 규합하였고, B.C. 1046년에는 부패한 상(商)의 주왕(紂王)을 토벌한다는 명분을 내세워 상을 멸망시키고 주를 건국하였다. 호경(鎬京, 오늘날의 陝西省 西安) 부근으로 도읍을 옮기고, 아버지인 희창(姬昌)에게 문왕(文王)이라는 시호(諡號)를 추존(追尊)하였다. 상의 주왕에게 간언을 하다 살해된 주왕(紂王)의 숙부 비간(比干)의 장례를 다시 치르고, 유폐되어 있던 기자(箕子)를 풀어 주었다. 또한 상을 멸망시키는 데 공을 세운 부족이나 공신들을 대규모로 분봉하여 봉건 제도를 실시하였다.

[78] 주소(周邵)는 주공(周公)과 소공(召公)을 말한다. 소공은 이름이 희상(姬奭)이다. 소(召, 오늘날의 陝西省 岐山) 지역을 식읍(食邑)으로 하여 소공이라고 부르며, 소공석(召公奭), 소백(召伯) 등으로도 불린다. 주 성왕 때에 삼공(三公)에 올라 태보(太保)의 직책을 맡았다. 무왕을 도와 주를 건국하였으며, 그 공으로 연(燕) 지역의 분봉을 받았다. 이후 주공과 더불어 주의 안정에 크게 기여하였다.

[79] 태왕(太王)은 문왕의 조상인 고공단보(古公亶父)의 시호(諡號)이다. 주족(周族)은 본래 빈(豳)에 거주하였는데, 고공단보가 기산(岐山) 아래로 옮겨가서 나라 이름을 주(周)로 하였으며 이때부터 세력이 창성하게 되었다고 한다. 왕계(王季)는 주 문왕의 아버지인 계력(季歷)를 가리킨다.

[80] 공유(公劉)는 주 문왕의 선조로, 후직(后稷)의 후손이라 전해진다. 후직(后稷)은 주의 선조(황제의 5대손)로, 전하는 바에 따르면 모친 강원(姜嫄, 帝嚳의 원래 妃)이 천제(天帝)의 행적을 따랐다가 잉태하여 아들을 낳았으나 일찍이 그를 버리고 기르지 않았기 때문에 기(棄)라고 불리게 되었다고 한다. 요·순(堯·舜)이 명하여 농사(農師)로 삼고 백성에게 농사를 가르치게 하였기 때문에, 기장[稷]과 보리[麥]의 재배를 시작한 것으로 간주되어 후직이라 칭하게 되었으며 농업의 신[稷神, 農神]으로 간주된다.

[81] 유려(幽厲)는 주의 유왕(幽王, B.C. 781~B.C. 771)과 여왕(厲王, B.C. 878~B.C. 828)을 가리킨다. 유왕은 주의 12대 왕으로 성격이 난폭하고 향락과 주색에 빠져 정사를 돌보지 않았는데 포사(褒姒)와 관련된 이야기는 특히 유명하다. 견융의 침공으로 여산(驪山) 기슭에서 살해되었다. 그가 살해됨으로써 폐위되었던 아들이 태자로 복위하여 평왕(平王)이 되었고, 이후 견융이 수도 호경을 자주 침범하자 수도를 낙양(洛陽)으로 옮기면서 서주(西周) 시대는 끝이 났다. 여왕은 10대 왕이다. 포악하고 사치스럽고 교만하여 백성들이 그를 비방하자 왕은 위(衛) 나라의 무당을 불러서 비방하는 자들을 감시하고, 무당이 보고하면 그들을 죽였다. 감시와 탄압이 심해지자 백성들은 감히 말을 하지 못하고 길에서 만나면 눈짓으로 뜻을 교환했으며, 제후들도 왕을 조회하러 오지 않았다. 마침내 3년 뒤에 제후들과 백성들은 반란을 일으켰다. 여왕은 도읍인 호경을 벗어나 체(彘, 오늘날의 山西省 霍州)로 피신하였고 그 곳에서 살해되었다.

천이 머리를 숙이고 울며 말하였다.

"소자(小子)가 불민(不敏)하오나 조상 대대로 내려온 옛 기록을 모두 논하겠습니다. 어찌 감히 빠뜨림이 있겠습니까?"

---

82 『시(詩)』는 『시경(詩經)』을 말한다. 중국 최초의 시가집(詩歌集)으로 선진 시대에는 『시』 또는 『시삼백(詩三百)』, 『삼백편(三百篇)』으로 불렸는데, 서주 초기부터 춘추 중엽까지 대략 5백 년 동안의 305편 시가(詩歌)를 모았다(6편은 제목만 있어 笙詩라고 불린다). 전한 초기에 유가 경전으로 존숭되어 『시경』으로 불리게 되었다. 지방의 민가(民歌)를 모은 15국의 국풍(國風) 160수, 조정의 악가(樂歌)를 모은 아(雅) 105편, 종묘 악가(宗廟樂歌)를 모은 송(頌) 40수로 구성되어 있다. 지금 전하는 『시경』은 모형(毛亨)·모장(毛萇)이 전한 『모시(毛詩)』이기도 하다. 공자는 『시경』에 대해 높은 평가를 하였으며("詩三百, 一言以蔽之, 思无邪." 『논어』 「위정(爲政)」, 심지어는 "시를 배우지 못하면 말을 제대로 할 수 없다("不學詩, 無以言." 『논어』 「요왈(堯曰)」)."라고 하였다.

83 『서(書)』는 『상서(尙書)』를 말한다. 『상서』는 한대 이전까지는 『서(書)』라 불렸으며, 이후 유가 사상의 지위가 상승됨에 따라 소중한 경전이라는 뜻을 포함시켜 『상서』라 하였고, 송대에 와서 『서경(書經)』이라 부르게 되었다. 우(虞)·하·상·주대의 역사적 내용들이 기록된 것으로 여겨지는 국가 정사(國家政事)에 관한 최초의 사료라고 할 수 있다. 원래 3,240편이던 것을 공자가 편집하여 100편으로 만들었다고 한다. 요임금 때부터 시작하여 진(秦)까지 이른다. 진시황(秦始皇)의 분서(焚書) 이후 남아 있던 29편(篇)을 한대의 문자체로 다시 옮긴 것을 『금문상서(今文尙書)』라고 한다. 한 무제 때 공자의 옛집 벽에서 다시 발견된 일부 45편은 전국 시대의 문자로 쓰인 것으로 이를 『고문상서(古文尙書)』라고 한다. 공안국(孔安國)이 정리한 이 『고문상서』는 이미 실전되었지만, 동진(東晉) 초 매색(梅賾)이 바친 공안국(孔安國)이 주를 단 『고문상서』(『孔傳古文尙書』) 46권 58편 가운데 33편이 『금문상서』와 같은 내용이라 이것이 진본 『고문상서』로 간주되었으나, 송대 이래 이를 위서(僞書)로 의심하게 되었다. 특히 청대 염약거(閻若璩)의 『고문상서소증(古文尙書疏証)』, 혜동(惠棟)의 『고문상서고(古文尙書考)』 등을 통해 위작임이 확인되었다. 이것이 현재의 통행본(通行本) 58편이다.

84 『춘추(春秋)』는 공자가 노의 사서 『노춘추(魯春秋)』에 근거하여 이를 수정·완성한 것으로 일컬어진다. 노 은공(隱公) 원(B.C. 722)년에서 애공(哀公) 14(B.C. 481)년까지 242년간의 역사를 기록하였다. 서술이 극히 간명하여 한 글자 한 글자를 이용하여 포폄(褒貶)의 의미를 담은 것으로 알려져 왔다. 포폄(褒貶)은 칭송하거나 비판하는 것을 통해 권선징악의 뜻을 나타낸다고 하는 것으로, 공자가 『춘추』를 저술한 까닭은 노의 사적을 통해 이를 행하기 위함이었다고 설명되기도 한다. 『춘추』에 주석[傳]을 단 것으로는 『좌씨춘추(左氏春秋)』·『공양전(公羊傳)』·『곡량전(穀梁傳)』이 '춘추삼전(春秋三傳)'으로 가장 잘 알려져 있다. 춘은 하를 포괄하고 추는 동을 포함하고 있으며, 년(年)을 기준으로 삼았으므로 『춘추』는 편년체 사서의 대표적인 출발점이 된다.

85 획린(獲麟)은 노 애공 때에 옹(雍)에서 백린(白燐)을 얻은 일을 가리킨다. 『춘추』가 기록한 마지막 사건(B.C. 481)에 해당된다. 사마천이 이 자서를 쓴 원봉 원년은 실제로는 약 371년이 지난 때이다.

遷俯首流涕曰:

"小子不敏, 請悉論先人所次舊聞, 弗敢闕."

태사공이 돌아가신 지 3년 뒤, 천이 태사령(太史令)이 되어 여러 역사 기록과 석실(石室)·금궤(金匱)의 책들을 읽게 되었다. 그 후 5년이 되는 해가 바로 태초(太初) 원년인데, 그 해 11월의 첫날 갑자일(甲子日) 동지(冬至)에 새로 개정된 달력을 명당(明堂)에 걸어 놓고 [群神을 받드는] 여러 제후들이 그것을 받았다.

卒三歲而遷爲太史令,[86] 紬史記石室金匱之書,[87] 五年而當太初元年,[88] 十一月甲子朔旦冬至, 天曆始改,[89] 建於明堂,[90] 諸神受紀.

태사공[사마천]은 말한다.

"아버님께서는 늘 말씀하셨다. "주공이 돌아가시고 5백 년 후에 공자께서 나오셨다. 공자가 돌아가신 지 이제 5백 년이 되었으니 누군가 그 뒤를 이어 세상을 밝히기 위하여 『역전(易傳)』을 바로잡고 『춘추』를 계승하여 『시경』·『서경』과 예악의 정신을 찾는 사람이 나와야 하지 않겠는가?" 이는 나를 염두에 두고 하신 말인가? 나를 염두에 두고 하신 말인가! [그렇다면] 내 어찌 감히 마다할 수 있겠는가?"

---

[86] 태사령은 무릉(茂陵) 현무리(顯武里)의 대부(大夫) 사마천인데, 나이는 28세이며 3년 6월 을묘(乙卯)에 제수하였으니 그 질석(秩石)이 600석이라는 기록이 있다.

[87] 주(紬)는 추(抽)나 철집(綴集)과 같은 뜻이다. 석실(石室)은 국가의 중요한 문헌·문서를 보관하던 장소, 금궤(金匱, 金櫃, 金鐀)는 중요한 문헌이나 문물을 수장하던 동제(銅製) 상자를 말한다. 결국 모두 국가에서 서적을 보관하던 장소를 가리키며, 나아가 구서(舊書)·고사(故事)를 뜻하기도 한다.

[88] 태초(太初)는 한 무제의 일곱 번째 연호이다. 태초 원년은 B.C. 104년이다.

[89] 이것은 이때 진력(秦曆)을 폐기하고 태초력(太初曆, 夏曆)을 사용하기 시작한 것을 말한다. 이 해에 달력을 개정하여 정월(正月)을 세수(歲首)로 삼았다.

[90] 명당(明堂)은 제왕이 짓는 가장 육중한 건축물로 정교(政敎)를 베풀고 대전(大典)을 베풀던 장소. 즉 제후와 만나고 정령을 발포하고, 제천(祭天) 행사를 치르고 조종(祖宗)을 제사지내는 장소이며, 나아가 하늘(天)과의 합덕의례(合德儀禮)를 거행하던 곳이다. 현궁(玄宮)·천궁(天宮)이라고도 한다. 천덕(天德)을 체현(體現)·감응(感應)하는 장소인 명당을 빌어 제왕은 신권(神權)을 빌어 군권신수(君權神授)를 내세울 수 있었다.

太史公曰: "先人有言[91]: '自周公卒五百歲而有孔子. 孔子卒後至於今五百歲, 有能紹明世, 正『易傳』,[92] 繼『春秋』, 本『詩』·『書』·『禮』·『樂』之際?' 意在斯乎! 意在斯乎! 小子何敢讓焉."

상대부(上大夫) 호수(壺遂)가 천에게 물었다.
"옛날 공자께서는 왜 『춘추』를 지었는가?"

上大夫壺遂曰[93]: "昔孔子何爲而作『春秋』哉?"

태사공은 말한다.
"제가 동중서(董仲舒)에게 들은 바에 의하면 '주의 왕도 정치가 쇠퇴하였을 때 공자께서 노의 사구(司寇)가 되었다. 그러나 제후들은 그를 박해하였고 대부(大夫)들은 그를 억압하였다. 공자께서는 자신의 주장이 채용되지 않고 도가 실현되지 않을 것을 알고 242년간의 역사적 사실에 시비논단을 가하여 천하의 모범을 세우고자 하여, 천자(의 잘못)도 비판하고 제후(의 잘못)도 비난하였으며 대부(의 잘못)도 성토함으로써 진정한 왕도를 제시하고자 하였을 뿐이다.'라고 합니다. 공자께서도 '나는 [시비를 포폄하는] 공언(空言)을 제시하고자 하는데, 그 구체적인 사실을 통하여 드러내는 것만큼 깊이 있고 적절하고도 분명한 방법은 없는 것 같다.'라고 하셨습니다. 대저 『춘추』는 위로는 삼왕(三王)의 도를 밝히고 아래로는 인간의 규범을 논하여, 의심스러운 것을 가려

---

[91] 선인(先人)은 사마담(司馬談)을 가리킨다. 또는 선대의 현인을 뜻한다는 풀이도 있다.

[92] 『주역(周易)』은 유가 경전 가운데 하나로, 고도로 추상화된 육십사괘(六十四卦)의 형식을 통해 보편적으로 존재하는 자연과 인간 사회 현상의 각종 변화를 표시하고, 아울러 괘사(卦辭)·효사(爻辭)·십익(十翼)을 붙여 간략하게 설명한 것인데, 보통 주(周)의 문왕(文王)이 풀이하였다고 일컬어진다. 중국의 전통 사상 속에서 자연 철학과 윤리적 실천의 근원으로 여겨지기도 한다. 『역전(易傳)』은 『주역(周易)』에서 경문(經文)을 이론·철학적으로 해석한 부분을 가리킨다. '경'을 주해한 부분이라는 의미에서 '전(傳)'이라고 하며, 또한 '십익(十翼)'이라고도 하는데 경문을 돕는다는 의미이다.

[93] 상대부(上大夫)는 고대 관계(官階)의 하나이다. 주나라와 제후국의 관계는 경(卿)·대부(大夫)·사(士)의 3등으로 나뉘었고 다시 각 등급 내에서 상·중·하의 3급으로 구분되었다. 호수(壺遂)는 첨사(詹事, 황후·태자의 일을 맡는 관직)였으며 질석이 2천 석이므로 상대부였다.

내고 시비를 분명히 하여 불확실한 것을 확정하고, 착한 것을 착하다고 하고 악한 것을 미워하며, 현자를 현명하다고 하고 모자란 사람을 천시하며, 망국(亡國)을 보존시키고 끊어진 대를 잇게 하고, 피폐한 것은 보수하고 폐기된 것을 재기시키는 왕도의 대원칙을 밝힌 것입니다."

太史公曰: "余聞董生曰[94]: '周道衰廢, 孔子爲魯司寇,[95] 諸侯害之, 大夫壅之. 孔子知言之不用, 道之不行也, 是非二百四十二年之中,[96] 以爲天下儀表, 貶天子, 退諸侯, 討大夫, 以達王事而已矣.'[97] 子曰: '我欲載之空言, 不如見之於行事之深切著明也.'[98] 夫『春秋』, 上明三王之道,[99] 下辨人事之紀, 別嫌疑, 明是非, 定猶豫, 善善惡惡, 賢賢賤不肖, 存亡國, 繼絶世, 補敝起廢,[100] 王道之大者也."

"『역경』은 천지·음양·사시·오행을 밝힌 것으로 변화에 대응하는 데 도움이 됩니다. 『예경(禮經)』은 인륜의 규범을 제시한 것이라 행동과 처신에 큰 도움을 줍니다. 『서경』

---

94 동생(董生)은 동중서(董仲舒, B.C. 179~B.C. 104)를 말한다. 동중서는 전한의 경학가이다. 광천(廣川, 오늘날의 河北省 景縣) 출신으로 『춘추공양전』을 전문으로 한 금문경학파(今文經學派)에 속하는데, 무제가 즉위하여 크게 인재를 구할 때, 현량대책(賢良對策)을 올려 인정을 받았다. 이후 그는 전한의 새로운 문교(文敎) 정책에 참여하였는데, '백가를 몰아내고 유술만을 존중하자(罷黜百家, 獨尊儒術).'는 대책을 무제가 받아들여 유학이 정통 이념으로 자리를 잡는 출발점이 되었다. 이후 오경박사(五經博士)가 설치되고, 사상이 점차 유가를 중심으로 통일된 것 등은 모두 이로부터 기인한 것이다.

95 사구(司寇)는 주의 육경(六卿) 가운데 하나로, 추관(秋官)을 대사구(大司寇)라 하였으며 형옥(刑獄)·규찰(糾察) 등의 일을 관장하였다고 한다. 공자도 일찍이 노의 사구가 되었으나 계씨(季氏)와 맞지 않아 이 관직을 버렸다고 한다.

96 시비(是非)는 여기서는 제후들의 득실(得失)을 포폄한 것이라는 것으로 풀이된다.

97 왕사(王事)는 조빙(朝聘), 회맹(會盟), 정벌(征伐) 등 천자의 대사를 말한다.

98 이 구절은 『사기』의 유명한 주석서 가운데 하나인 사마정(司馬貞)의 『사기색은(史記索隱)』에 의하면 『춘추위(春秋緯)』에 나오는 공자의 말을 사마천이 인용한 것이라고 하며, 공언(空言)은 곧 시비를 포폄하는 것을 의미한다(『사기』 권130, p.3298을 참조). 공언은 다양한 뜻으로 해석될 수 있지만, 구체적인 역사적 사실만을 기록하기 보다는 그에 대한 보다 추상적인 의론을 중심으로 하는 기록을 가리키는 것으로 보이는데, 이를테면 공언을 쓸데없는 말, 빈말로 풀이하면 그에 따라 구두점의 위치 역시 달라질 수 있다("我欲載之, 空言不如見之於行事之深切著明也.").

99 삼왕(三王)은 하·상·주 삼대의 군주로서 한의 우임금, 상 탕왕, 주 무왕을 가리킨다.

100 보폐(補敝)는 잘못된 것을 고친다는 뜻이고, 기폐(起廢)는 폐기된 것을 다시 회복시킨다는 뜻이다.

은 선왕의 행적을 기록하였으니, 정치에 큰 도움이 됩니다. 『시경』은 산천·계곡·짐승·초목과 길짐승·날짐승의 암·수컷을 기록한 것으로, 백성들의 감정을 잘 나타내고 있습니다. 『악경』은 즐거움을 표현하는 원리를 제시한 것으로서, 조화로운 감정을 표현하는 데 도움이 됩니다. 『춘추』는 시비를 가린 것으로, 사람을 다스리는 데 큰 도움이 됩니다. 따라서 『예기』는 인간의 행동을 절제하고, 『악경』은 조화를 이루게 하며, 『서경』은 과거의 역사를 전하고, 『시경』은 뜻[意]을 나타내도록 하며, 『역경』은 변화를 가르치고, 『춘추』는 대의[義]를 가르칩니다. 그러나 어지러운 세상을 바르게 되돌리는 데는 『춘추』보다 적절한 것이 없습니다. 『춘추』의 문자는 수만 자이나 그것이 제시하는 의미는 수천 가지나 됩니다. 만물이 흩어지고 모이는 원리가 모두 『춘추』에 있습니다. 『춘추』에는 군주를 시해한 사건이 36건, 망국의 기사가 52건이나 기록되어 있으며, 도망하지 않을 수 없어 사직을 보존치 못한 제후들의 기사는 이루 헤아릴 수 없을 만큼 많은데, 그 원인을 살펴보면 모두 근본을 잃었기 때문입니다. 고로 『역경』에서는 '터럭만한 실수가 천리의 차이를 가져온다.', '신하가 군주를 시해하고 자식이 아버지를 시해하는 것은 하루아침에 일어나는 것이 아니라 장기간에 걸쳐 점차 그런 분위기가 성숙되었기 때문이다.'라고 하였습니다."

"『易』著天地·陰陽·四時·五行, 故長於變; 『禮』經紀人倫, 故長於行; 『書』記先王之事, 故長於政; 『詩』記山川·谿谷·禽獸·草木·牝牡雌雄,¹⁰¹ 故長於風; 『樂』樂所以立, 故長於和; 『春秋』辯是非, 故長於治人. 是故『禮』以節人, 『樂』以發和,¹⁰² 『書』以道事, 『詩』以達意, 『易』以道化, 『春秋』以道義. 撥亂世反之正,¹⁰³ 莫近於『春秋』. 『春秋』文成數萬, 其指數千.¹⁰⁴ 萬物之散聚皆在『春秋』. 『春秋』之中, 弑君三十六, 亡國五十二, 諸侯奔走不得保其社稷者不可勝數.¹⁰⁵ 察其所以, 皆失其本已. 故易曰: '失之豪釐, 差以千里.'¹⁰⁶

---

101 빈모자웅(牝牡雌雄)은 원래 길짐승·날짐승의 암·수컷을 말한다.
102 발화(發和)는 조화로움, 화목함을 일으킨다는 뜻이다.
103 발난반정(撥亂反正)은 어지러운 세상을 다스리고 올바른 상태로 되돌려 놓는 것을 뜻한다.
104 『춘추』의 글자 수는 1만8천 자 정도이므로, 이 부분은 오류가 있는 것으로 보인다.
105 사직(社稷)은 토지신(土地神, 社)과 곡물신(穀物神, 稷)에게 제사를 지내던 곳으로, 사직은 제왕이 거처하는 공간인 수도에 있었으므로, 사직이 있어야만 도성으로서 인정받을 수 있었다.
106 호리(豪釐, 毫釐)의 호(豪)는 길고 가는 털로 아주 미세한 것을 비유하기도 하며, 나아가 무게나

故曰:'臣弑君, 子弑父, 非一旦一夕之故也, 其漸久矣.'[107]"

"따라서 군주가 된 사람은 반드시 『춘추』를 알지 않으면 안 됩니다. [그것을 모르면] 앞에서 참소하는 것도 깨닫지 못하고, 뒤에서 반적(反賊)이 일어나는 것도 알지 못합니다. 신하된 사람 [역시] 반드시 『춘추』를 알아야 합니다. [그것을 모르면] 정해진 규정만 지킬 뿐 그 타당성을 몰라 일에 변화가 생기면 적절히 대응할 줄 모릅니다. 군주나 아버지가 『춘추』의 대의에 통달하지 못하면 반드시 악행의 주모자란 오명을 쓰게 마련이며, 신하나 아들이 『춘추』의 대의에 통달하지 못하면 반드시 군주나 아버지를 시해하거나 그 자리를 찬탈하는 죄에 빠져 사형을 당하기 마련입니다. 이것은 모두 실제 선(善)이라고 판단하고 실천하면서 그 대의(실제의 善)를 모르는 데서 비롯되는 것이니, 그런 사람들은 도덕적인 시비판단을 받아도 감히 회피할 수 없는 것입니다. 대저 예의(禮義)의 정신에 통하지 못하면 군주가 군주답지 못하고 신하가 신하답지 못하며, 아버지가 아버지답지 못하고 자식이 자식답지 못하게 됩니다. 군주가 군주답지 못하면 [신하가 군주를] 범하고, 신하가 신하답지 못하면 주살당하며, 아버지가 아버지답지 못하면 무도(無道)하게 되며, 아들이 아들답지 못하면 불효하게 됩니다. 이 네 가지 행동은 천하의 가장 큰 잘못이니, 천하의 가장 큰 잘못을 저질렀다고 판정을 내려도 그것을 받아들일 뿐 감히 불평할 수 없는 것입니다. 그러므로 『춘추』는 예의의 근본입니다. 예란 미연에 (잘못을) 방지하는 것이고 법은 이미 저지른 후에 적용하는 것이므로, 법의 효용성은 쉽게 이해할 있으나 예에서 금지하는 이유는 알기 어렵습니다."

故有國者不可以不知『春秋』, 前有讒而弗見, 後有賊而不知. 爲人臣者不可以不知『春秋』, 守經事而不知其宜,[108] 遭變事而不知其權. 爲人君父而不通於『春秋』之義者, 必蒙首惡之名; 爲人臣子而不通於『春秋』之義者, 必陷篡弑之誅, 死罪之名. 其實皆以爲善,

---

길이의 단위로도 쓰인다. 리(釐) 역시 아주 미세한 것을 비유하기도 하며, 나아가 무게나 길이의 단위로도 쓰인다. 1리(釐)는 10호(毫), 1호(毫)는 10사(絲)이다. 본문의 내용은 『대대례기(大戴禮記)』「보부(保傳)」"『易』曰 : '正其本, 萬物理, 失之毫釐, 差之千里, 故君子愼始也.'"에서 나온 것으로 보인다. 지금의 『역경』에는 이러한 구절이 없다.

107 위의 구절은 『주역』「곤괘(坤卦) 문언(文言)」편에 나타난다.
108 경사(經事)는 경전에 규정되어 있는 상도(常道)를 말한다.

爲之不知其義, 被之空言而不敢辭.¹⁰⁹ 夫不通禮義之旨, 至於君不君, 臣不臣, 父不父, 子不子. 夫君不君則犯, 臣不臣則誅, 父不父則無道, 子不子則不孝. 此四行者, 天下之大過也. 以天下之大過予之, 則受而弗敢辭. 故『春秋』者, 禮義之大宗也. 夫禮禁未然之前, 法施已然之後 ; 法之所爲用者易見, 而禮之所爲禁者難知."

호수는 다시 묻는다.

"공자의 시대에는 위로는 현명한 군주가 없었고 아래로는 현자가 임용될 수 없었기에, 『춘추』를 지어 도덕적 기준을 제시하여 예의를 판단케 하였지만, 지금 그대는 위로는 현명한 군주를 만났고 아래로는 백관이 각기 직분을 지키고 있어 만사가 모두 갖추어져 합당한 질서를 이루고 있는데, 저술로써 도대체 무엇을 밝히고자 하는가?"

壺遂曰 : "孔子之時, 上無明君, 下不得任用, 故作春秋, 垂空文以斷禮義,¹¹⁰ 當一王之法. 今夫子上遇明天子, 下得守職, 萬事旣具, 咸各序其宜, 夫子所論, 欲以何明?"

태사공은 말한다.

"네 그렇습니다. 아니 그렇지 않습니다. 그렇지만은 않습니다. 아버님께서는 '복희씨(伏羲氏)는 지극히 순후(純厚)하였으나 역(易)의 팔괘를 만들었고, 요·순의 성세에도 『상서』가 기록되었으며, 예악도 만들어졌다. 탕왕과 무왕 시대의 융성함도 시인이 노래하였다. 『춘추』가 선을 드러내고 악을 비난하였으나 삼대(三代)의 덕을 추앙하고 주 왕실을 칭송한 것은 그것이 오로지 풍자하거나 비난하기 위한 것만은 아니었기 때문이다.'라고 말씀하신 바 있습니다. 한 왕조가 흥기한 이래 영명한 천자에 이르러 상서로운 부서(符瑞)를 획득하여 봉선의 의식을 올리고 역법[正朔]을 개정하였으며 의복의 색깔을 바꾸고 청화(淸和)한 기운 속에서 천명을 받아 그 은택은 무한히 널리 퍼져 나갔습니다. 그리하여 해외의 풍속이 다른 여러 민족들이 여러 차례의 통역을 거치면서 변경으로 찾아와 진상품을 바치기를 원하는 일도 이루 헤아릴 수 없을 정도로 늘었습니

---

109 이 공문(空文)은 도덕적 시비 판단의 기준, 또는 무고하게 비방하거나 헐뜯다, 껍데기뿐인 사문(史文)이라 풀이하기도 한다.
110 수(垂)는 유전(流傳)시키다, 전하다, 퍼지게 한다는 뜻이다.

다. 신하들이 그 성덕(聖德)을 힘써 칭송하고 있으나, 아직 그 뜻을 제대로 다 펴지 못하고 있습니다. 현명한 선비가 등용되지 못함은 군주의 수치이나, 주상(主上)께서 영명하고 성스러운데도 그 덕이 널리 퍼지지 않으면 그것은 신하의 잘못입니다. 저는 일찍이 그 일을 맡았으나 천자의 성명함과 성덕(盛德)을 방기하고 기록하지 않았으며, 공신(功臣)·세가(世家)와 현명한 대부들의 공적을 저술하지 않았으니 이는 아버님의 말씀을 저버린 것으로 이보다 더 큰 죄는 없습니다. 제가 말한 고사(故事)의 저술이란 대대로 전해 내려온 것을 가지런히 정리한 데 불과하며 이른바 '작(作, 王法의 制作)'이라 할 만한 것은 아닙니다. 귀하께서 그것을 『춘추』에 비교하는 것은 잘못입니다."

太史公曰: "唯唯, 否否,[111] 不然. 余聞之先人曰: '伏羲至純厚,[112] 作易八卦. 堯舜之盛, 『尙書』載之, 禮樂作焉. 湯·武之隆,[113] 詩人歌之. 『春秋』采善貶惡, 推三代之德,[114] 襃周室, 非獨刺譏而已也.' 漢興以來, 至明天子, 獲符瑞,[115] 封禪, 改正朔,[116] 易服色, 受命

---

[111] 유유(唯唯)는 겸손하고 공손하게 대답하는 모양이고, 부부(否否)는 어떤 말에 대응하여 '그렇지 않다, 그렇지 않다'라고 말하는 모양이다. 즉 유유부부는 '그렇기도 하고, 그렇지 않기도 하다'는 의미가 된다.

[112] 복희(伏羲)는 전설의 오제(五帝) 가운데 하나로 복희(宓羲)·포희(庖犧)·복희(虙犧)·포희(炮犧) 등으로 쓰기도 한다. 복희는 전설 속의 최초의 임금이자 중국 의학·약학의 시조로 알려져 있다. 인수사신(人首蛇身)의 신체로 여와(女媧) 씨와 결혼하였고, 점복 팔괘(占卜八卦)나 문자를 창조하였다고도 일컬어진다. 복희라는 이름은 『주역』 「계사」에 나오는데, 복희가 팔괘(八卦)를 처음 만들고, 그물을 발명하여 어획과 수렵의 방법을 가르쳤다고 하는 것이 그 내용이다.

[113] 탕무(湯武)는 탕왕(湯王)과 무왕(武王)을 가리킨다. 탕왕은 이(履) 또는 천을(天乙)·태을(太乙)로 탕(湯)은 자(字)이다. 성탕(成湯)이라고도 한다. 당시 하(夏)의 걸왕(桀王)이 학정을 하였으므로, 제후들의 대부분이 유덕(有德)한 성탕에게 복종하게 되어, 탕왕은 걸왕을 명조(鳴條)에서 격파하여 패사시키고 박(亳)에 도읍하여 국호를 상(商)이라 정하여, 제도와 전례를 정비하고 13년간 재위하였다고 일컬어진다.

[114] 삼대(三代)는 하·상·주 세 왕조나 그 시대를 가리키며, 유교에서 가장 이상적인 시대로 삼는 모범이기도 하다.

[115] 부서(符瑞)는 길상(吉祥)의 징조라는 뜻이다.

[116] 정삭(正朔)은 연초, 즉 정월(1월)과 월초, 즉 초하루(1일)를 가리킨다. 고래로 왕자가 정권을 얻으면 새로운 역법을 반포하는데, 정월과 초하루의 출발점을 새로 잡는 것을 개정삭(改正朔)이라고 한다. 상나라는 하나라의 12월을 정월로, 주나라는 11월을 정월로 삼았으며, 진·한은 10월을 정월로 바꾸었다. 한 무제가 다시 하정(夏正)으로 바꾼 이후 역대 제왕은 연호를 바꾼 일은 있지만, 정삭을 바꾼 일은 거의 없었다(측천무후와 태평천국의 경우만 예외). 정삭은 나아가 역법(曆

於穆淸,[117] 澤流罔極,[118] 海外殊俗,[119] 重譯款塞,[120] 請來獻見者,[121] 不可勝道. 臣下百官 力誦聖德, 猶不能宣盡其意. 且士賢能而不用, 有國者之恥;主上明聖而德不布聞, 有 司之過也. 且余嘗掌其官, 廢明聖盛德不載, 滅功臣世家賢大夫之業不述, 墮先人所 言, 罪莫大焉. 余所謂述故事, 整齊其世傳, 非所謂作也,[122] 而君比之於『春秋』, 謬矣."

이후 [사마천은] 그 저술에 전념하였으나 7년 후 이릉(李陵)의 화(禍)에 연루되어 옥에 갇히고 말았다. 그 때 그는 비감한 심정으로 탄식하며 말하였다. "이것은 내 죄이다! 이것은 내 죄이다! 신체가 훼손되었으니 다시는 등용될 수 없겠구나!"

於是論次其文. 七年而太史公遭李陵之禍,[123] 幽於縲紲,[124] 乃喟然而歎曰:"是余之罪也夫! 是余之罪也夫! 身毀不用矣."

[죄를 받고] 물러나서 깊이 성찰하며 말한다.

"무릇『시경』·『서경』이 뜻은 깊으나 말은 간략한 것은 [그 작자들이] 자신의 뜻을 [그 안에서] 표현하고자 하였기 때문이다. 옛날 주 문왕[西伯]은 유리(羑里)에 구금되자

法)을 가리키기도 한다.
117 목청(穆淸)은 청화(淸和), 즉 맑고 온화한 기운이라는 뜻이다.
118 망극(罔極)은 끝이 없다, 무궁무진하다는 뜻이다.
119 수속(殊俗)은 풍속과 습속이 다르다는 뜻이고, 풍속이 다른 먼 이방(異邦)을 가리키기도 한다.
120 관새(款塞)는 이민족이 변방에 와서 통교(通交)하기를 청하는 것을 이른다. 즉 새문(塞門)을 두 드리며 복종(服從)하러 온다는 뜻이다.
121 헌견(獻見)은 공물(貢物)을 바치면서 뵙기를 청한다는 뜻이다.
122 여기서 작(作)은 왕법(王法)의 제작(制作)이란 뜻으로 풀이된다.
123 사마천이 이릉(李陵)의 화(禍)를 당한 것은 천한(天漢) 3년의 일이므로 태초(太初) 원년으로부터 7년 뒤의 일이다. 이릉(李陵)은 전한 시대의 무장(?~B.C. 74)으로 젊은 시절부터 이광리(李廣利)와 함께 흉노와의 전쟁에 참가하여 여러 차례 공을 세웠다. 그러다 이광리의 별동대를 지휘하여 흉노의 배후를 기습하였으나 오히려 흉노에게 포위당하고 말았다. 이에 이릉은 부하들을 살리기 위해 흉노에 항복하였다. 이 소식을 들은 무제는 크게 노하여 이릉의 일족을 멸하였다. 이릉은 이 소식을 듣고 흉노에 완전히 투항하여 흉노 선우(單于)의 딸을 아내로 맞아 우교왕(右校王)으로 봉해졌으며, 선우의 고문으로 활약하다 병사하였다. 사마천은 흉노와의 전투에서 패하여 투항한 이릉을 옹호하다가 궁형(宮刑)에 처해지는 화를 입게 되었다.
124 유설(縲紲)은 범인을 묶는 포승줄을 말하며, 나아가 감옥에 가두다, 수감한다는 뜻이다.

『주역』을 풀이하였으며, 공자는 진(陳)·채(蔡) 사이에서 곤경에 처하자 『춘추』를 지었고, 굴원(屈原)도 쫓겨난 다음에 『이소(離騷)』를 지었다. 좌구(左丘)는 두 눈을 실명한 다음에 『국어(國語)』를 지었고, 손빈(孫臏)은 다리를 잘리는 형벌을 받은 다음에 『[손빈]병법』을 지었다. 여불위(呂不韋)가 촉(蜀)으로 유배된 다음에 『여씨춘추[呂覽]』가 세상에 전해졌으며, 한비자[韓非]는 진(秦)에서 수감되자 「세난(說難)」·「고분(孤憤)」 편을 지었다. 『시경』의 300편은 대체로 성현(聖賢)이 발분(發憤)하여 지은 것이다. 이들은 모두 마음속에 막히고 맺힌 바가 있었으나 그 뜻을 [직접] 표현할 수 없었기에 과거의 사실을 지어서 미래에 그 뜻을 전하였던 것이다."

退而深惟曰: "夫『詩』·『書』隱約者,[125] 欲遂其志之思也. 昔西伯拘羑里, 演周易; 孔子戹陳·蔡,[126] 作『春秋』; 屈原放逐,[127] 著『離騷』; 左丘失明,[128] 厥有『國語』;[129] 孫子臏脚,[130]

---

[125] 은약(隱約)은 뜻이 심오하나 말은 간결하다는 뜻이다.

[126] 진(陳)·채(蔡)는 춘추 시대 제후국으로, 오늘날의 하남 회양(淮陽) 지역과 신채(新蔡) 지역을 가리킨다.

[127] 굴원(屈原, B.C. 343?~278?)은 본명이 굴평(屈平), 자가 원(原)이다. 전국 시대 초 사람으로 중국 문학사에서도 높은 평가를 받는 유명한 시인(詩人)이다. 초사체(楚辭體)의 시가(詩歌)를 창조하였으며, 「이소(離騷)」, 「구장(九章)」, 「구가(九歌)」 등의 작품으로 유명하다. 학식이 뛰어나 초왕(楚王)의 좌상(左相)의 중책을 맡아 내정·외교에서 활약하였으나 법령을 입안하던 때 궁정의 정적들과 충돌하여, 중상모략으로 국왕 곁에서 멀어졌다. 「이소(離騷)」는 그 분함을 노래한 것이라고 한다.

[128] 좌구(左丘)는 춘추 말기 노의 학자 좌구명(左丘明, B.C. 502?~B.C. 422?)을 가리킨다. 그의 성은 구(丘)이고 이름은 명(明)인데, 부친이 좌사관(左史官)을 지냈기에 좌구명이라고 부른다고 한다(좌구가 성이고 명이 이름이라는 주장도 있으며, 그의 이름에 대해서는 역대로 수많은 논란이 있다). 노의 태사(太史)를 지냈으며 공자와 같은 시기이거나 약간 앞선 시기의 사람이다. '좌구실명(左丘失明)'이라는 사마천의 표현에 따라 나중 사람들이 '맹좌(盲左)'라고 부르기도 하였다. 『춘추』를 해석하기 위해 『좌전(左傳)』을 지었으며, 또한 『국어(國語)』 역시 좌구명의 작품이라고도 한다. 중국 전통 사학의 창시자로 불리는 그를 역대로 '문종사성(文宗史聖)'이나 '경신사조(經臣史祖)'로 받들었으며, 공자나 사마천도 그를 군자(君子)로 존중하였다. 『좌전(左傳)』은 『좌씨춘추(左氏春秋)』, 또는 『춘추좌씨전(春秋左氏傳)』(漢代)으로도 불린다. 공자의 『춘추』를 근간으로 한 편년체 사서, 또는 그 『춘추』의 해설서로 알려져 있는데, 춘추 시대의 구체적 사실을 『춘추』의 강목(綱目)에 따라 서술한 것이며, 유가의 대표적 경전 가운데 하나이다. 『좌전』은 대체로 『춘추』를 대강으로 하면서 구체적 사실을 가지고 『춘추』의 설명을 보충·수정한 것이다. 다만 『좌전』은 은공(隱公) 원(B.C. 722)년에서 애공(哀公) 14(B.C. 481)년까지 서술한 『춘추』와는 달리 애공 27(B.C. 468)년까지 기록하고 있다.

而論兵法；不韋遷蜀, 世傳『呂覽』¹³¹ ; 韓非囚秦,「說難」·「孤憤」¹³² ;『詩』三百篇, 大抵賢聖發憤之所爲作也. 此人皆意有所鬱結, 不得通其道也, 故述往事, 思來者."

그 후 마침내 도당(陶唐, 요임금 시대) 이래부터 획린(獲麟)에 이르기까지¹³³ 역사를 서술하였는데 [편의상] 황제(黃帝)의 시대부터 시작하였다.

---

129 『국어(國語)』(21권)는 최초의 국별체(國別体) 저작으로, 『좌전』을 쓰기 위하여 좌구명이 각국의 역사를 모아 찬술한 것이라 일컬어진다. 「주어(周語)」(3권), 「노어(魯語)」(2권), 「제어(齊語)」(1권), 「진어(晋語)」(9권), 「정어(鄭語)」(1권), 「초어(楚語)」(2권), 「오어(吳語)」(1권), 「월어(越語)」(2권)으로 구성되어 서주·춘추 시대 각국의 역사와 인물·사적·언론을 다루었다.

130 여기서의 손자(孫子)는 『손자병법(孫子兵法)』으로 유명한 손무(孫武)가 아닌 그의 후손 손빈(孫臏)을 가리킨다. 손빈은 전국 시대 제(齊)의 병법가로, 귀곡자(鬼谷子)로부터 병법을 배웠다고 한다. 함께 병법을 배운 방연(龐涓)이 위(魏) 혜왕(惠王)을 보좌하여 장군이 된 다음 손빈을 불러들였으나, 그의 재능을 보고 질투하여 모함함으로써 그에게 슬개골을 자르는 빈형(臏刑)을 받게 만들었으므로 손빈이라 불리게 되었다고 한다. 제로 탈출한 손빈은 제 위왕(威王)에게 중용되어 위의 군대를 대파하고 방연을 사살(射殺)하였다. 그가 지었다고 하는 『손빈병법(孫臏兵法)』의 존재는 전승으로만 전해졌으나, 1972년 산동 임기현(臨沂縣)의 은작산(銀雀山) 한묘(漢墓)에서 발견된 죽간(竹簡) 속에서 『손빈병법』이 발견되었다.

131 불위(不韋)는 여불위(呂不韋, ?~B.C. 235)를 가리킨다. 전국 시대 말기 진(秦)의 상국(相國)이 되었으나 태후(太後)의 간통 사건에 연루되어 자살하였다. 전국 말기의 귀중한 사료인 『여씨춘추(呂氏春秋)』를 편찬하였다. 그는 원래 상인 출신으로 이재(理財)에 뛰어나 대부호가 되었으며 이때 진의 서공자(庶公子)로 조(趙)의 수도 한단(邯鄲)에 볼모로 잡혀 있던 자초(子楚)를 만났고, 그에게 자신의 애첩을 바쳤는데 이후 자초가 진에 돌아가 장양왕(莊襄王)이 되었으며 애첩이 낳은 아들이 바로 이후의 진시황(秦始皇) 정(政)이라고 일컬어지기도 한다. 『여람(呂覽)』(26권, 160편)은 『여씨춘추』의 별칭으로 여불위가 문객(門客)들로 하여금 각각 들은 바를 적게 하여 집대성하였다. 「유시(有始)」, 「효행(孝行)」, 「신대(愼大)」, 「선식(先識)」, 「심분(審分)」, 「이속(離俗)」 및 「시군(恃君)」의 팔람(八覽)으로 구성되어 있는데, 그 내용은 도가의 황로 사상(黃老思想)을 중심으로 유가·명가·법가·묵가·농가·음양가 등 선진 시대(先秦時代) 제자백가(諸子百家)의 언론을 통합하여 이른바 잡가(雜家)의 대표작으로 불리기도 한다.

132 한비(韓非, B.C. 280?~233?)는 한비자(韓非子)로 불리는 전국 말기의 법가(法家) 사상가이다. 한(韓)의 서공자(庶公子) 출신으로, 젊어서 진(秦)의 이사(李斯)와 함께 순자(荀子)에게 배워 이후 법가 사상을 대성하였다. 『사기』에 의하면, 진시황이 한비의 저작인 「고분(孤憤)」·「오두(五蠹)」 편을 읽고 그를 꼭 만나고자 해서 진으로 불러 왔으나, 한비의 능력을 질투한 이사의 참소에 의해 옥사(獄死)하였다. 그가 저술했다고 하는 『한비자』 중 실제로 한비가 쓴 것으로 여겨지는 것은 「세난(說難)」·「고분(孤憤)」·「오두(五蠹)」 편이라고 한다.

133 태초 4(B.C. 101)년 무제는 백린(白麟)을 얻어 기린의 발[麟趾, 麟止] 모양의 기물을 기념으로 만들었다. 사마천이 린지에서 저술을 마쳤다고 한 것은 『춘추』가 획린의 기사로 끝난 것을 모방

於是卒述陶唐以來, 至于麟止,[134] 自黃帝始.[135]

…[중략]…[136]

우리 한 왕조는 오제의 유풍을 계승하고 삼대에 이어서 통일을 이룩하였다. 주의 왕도가 쇠퇴하자 진(秦)이 고문(古文)을 없애고 『시경』·『서경』 등을 불태웠기 때문에 명당·석실·금궤에 보존되었던 옥판(玉板)과 도적(圖籍)이 흩어지고 분실되었다. 그 후 한이 흥기하여 소하(蕭何)가 율령을 정비하고 한신(韓信)이 군법(軍法)을 마련하였으며, 장창(張蒼)이 역법과 도량형[章程]을 다듬고 숙손통(叔孫通)이 의례를 정립하였다. 학문이 다시 흥성하고 발전하며 『시경』·『서경』 등이 점차 다시 나타나게 되었다. 조참(曹參)이 개공(蓋公)을 천거하고 황로학(黃老學)을 실천한 이래 가의(賈誼)와 조조(晁錯)는 신불해(申不害)와 상앙(商鞅)의 학문을 해설하였으며, 공손홍(公孫弘)은 유학(儒學)으로 출세하였다. 이 백 년 사이에 천하에 남은 과거의 기록이 빠짐없이 태사공(太史公)에게 모였다. 사마담·사마천 부자는 양대에 걸쳐 태사의 직책을 계속 맡았다.

…[中略]…

維我漢繼五帝末流,[137] 接三代(統)[絶]業. 周道廢, 秦撥去古文,[138] 焚滅『詩』·『書』, 故

함으로써 자신을 저술을 『춘추』에 비견한 것이다. 이성규 편역, 『사마천 사기 – 중국 고대 사회의 형성(수정판)』(서울대학교출판부, 2007), p.101을 참조하라.

134 린지(麟止, 麟趾)는 무제가 옹(雍)에서 흰 기린을 얻었는데 황금으로 기린의 발 모양을 주조하여 '린지(麟止)'라고 불렀다는 데서 비롯되었다. 『사기』의 기록이 여기에서 끝나는데, 이는 『춘추』가 획린을 기록한 것을 마지막으로 하였던 것과 같다고 한다. 이 때문에 '린지'는 절필(絶筆)이라는 뜻도 가리키게 된다.

135 황제(黃帝)는 전설 속의 오제(五帝) 가운데 하나로, 중국을 통일하여 국가를 세운 최초의 군주이자 문자·의복·수레·거울·60갑자 등의 문물을 만들어 중국 문명을 창시한 인물로 숭배를 받고 있다. 이상적인 제왕의 모습으로 여겨져 전국 시대에는 황제의 정치에 관한 황학(黃學)이 학문으로 등장하였으며, 이는 이후 노자(老子)의 이론과 결합되어 황로학(黃老學)으로 발전하여 전한 초까지 크게 융성하기도 했다. 『사기』「오제본기(五帝本紀)」는 "황제는 소전(少典)의 아들로 성은 공손(公孫)이요, 이름은 헌원(軒轅)"이라고 기록하고 있다. 헌원이라는 이름은 수레와 수레 끌채라는 뜻으로 그가 수레를 발명했다는 신화의 내용과 관련되어 있다.

136 여기 생략된 부분은 『사기』 130권 70편의 서술 이유를 하나하나 설명한 부분인데, 너무 번쇄한 데다가 전체 분량과 다른 글과의 균형을 고려하여 생략하였다.

137 오제(五帝)는 전설상의 다섯 성군(聖君)을 말한다. 황제(黃帝), 전욱(顓頊), 제곡(帝嚳), 요(堯), 순(舜)을 가리킨다. 또는 소호(少皞), 전욱(顓頊), 고신(高辛), 당요(唐堯), 우순(虞舜)이라고도

明堂·石室·金匱·玉版圖籍散亂. 於是漢興, 蕭何次律令,¹³⁹ 韓信申軍法,¹⁴⁰ 張蒼爲章程,¹⁴¹ 叔孫通定禮儀,¹⁴² 則文學彬彬稍進, 『詩』·『書』往往閒出矣. 自曹參薦蓋公¹⁴³[三]言黃老, 而賈生·¹⁴⁴·晁錯¹⁴⁵明申·商,¹⁴⁶ 公孫弘以儒顯,¹⁴⁷ 百年之閒, 天下遺文古事靡不畢

하여 다섯 성원에 대해서는 논란이 있다. 그보다 이전 시대의 복희씨(伏羲氏), 여와씨(女媧氏), 신농씨(神農氏, 炎帝)라는 신화 속의 존재인 삼황(三皇, 또는 복희씨, 여와씨, 신농씨를 들기도 한다)과 더불어 삼황오제로 일컬어지기도 한다. 말류(末流)는 유풍(遺風)이라는 뜻이다.

138 발거(撥去)는 폐기한다는 뜻이다.

139 소하(蕭何, ?~B.C. 193)는 전한 고조 때의 재상으로 패군(沛郡) 풍현(豊縣) 출생이다. 어려서 패현의 공조(功曹)에 임용되어 현의 사무를 담당하던 주요 관리였는데, 유방의 봉기에 가담하여 모신(謀臣)으로 활약하면서, 한신(韓信)·장량(張良)·조참(曹參)과 함께 한의 개국 공신이 되었다. 진의 수도 함양(咸陽)에 입성하여 승상부의 도적문서(圖籍文書)를 입수하여 전국 산천의 험요(險要)와 군현(郡縣)의 호구(戶口)를 장악하고 초(楚)·한(漢)의 쟁패에서 승리를 거둘 수 있는 중요한 기틀을 마련하고 한 왕조 경영의 기초를 다졌다.

140 한신(韓信, ?~B.C. 196)은 전한 초의 무장으로 회음(淮陰, 오늘날의 江蘇省 淮陰) 출신이다. 진말의 난세에 처음에는 항량(項梁)·항우(項羽)를 섬겼으나 중용되지 않아 유방의 군대에 참가하였다. 승상 소하에게 인정을 받아 해하(垓下)의 싸움에 이르기까지 한의 군대를 지휘하여 크게 공을 세움으로써 제왕(齊王), 이어서 초왕(楚王)이 되었다. 그러나 한의 안정과 함께 개국 공신 및 이성 제후(異姓諸侯)들의 힘이 약화되는 과정에서 B.C. 201년 회음후(淮陰侯)로 격하되었다. B.C. 196년 반란에 가담하였다가 여후(呂後)의 부하에게 참살당하였다.

141 장창(張蒼)은 한의 승상이었으며 진(秦)의 주하방서(柱下方書) 출신으로, 유방이 거병하던 때에 그를 따랐다. 한이 개국한 이후, 주계관(主計官)이 되어 도량(度量)과 율력(律曆)의 순서를 정비하였다. 장정(章程)에서 장(章)은 역수(曆數)를 기록한 것이며, 정(程)은 권(權)·형(衡)·장(丈)·척(尺)·곡(斛)·두(斗) 등 통일된 도량형을 의미한다.

142 숙손통(叔孫通)은 진(秦), 전한 초기의 유학자로 호는 직사군(稷嗣君)이다. 처음에는 진에서 종사하였다가, 항우를 거쳐 유방에게 투항하였다. 유방은 그를 박사로 삼고, '직사군(稷嗣君)'의 칭호를 주었다. 숙손통은 고조를 섬기면서 조정·궁정의 의례[朝儀]를 제정하는 데 중요한 역할을 담당하였다. 혜제(惠帝) 때 종묘 등의 의법(儀法)을 정하고, 태자태부(太子太傅)로 전임되었다. 숙손통이 한 초에 황제의 의례 및 제사 등을 제정하고 이를 한 고조 앞에서 직접 시연하자 고조가 "이제야 내가 황제의 귀함을 알겠도다!"라고 감탄하였다는 유명한 일화가 있다.

143 조참(曹參, ?~B.C. 190)은 전한의 공신으로 패군(沛郡) 출신이며 원래 진의 옥리(獄吏)였으나, 유방이 거병하자 그를 따라 주로 군사 방면에서 활약하였다. 한의 대업에 이바지한 공으로 건국 후 평양후(平陽侯)로 책봉되고, 영포(英布, 黥布)의 반란 등을 평정하였다. 고조가 죽은 뒤 소하(蕭何)의 추천으로 상국이 되어 혜제(惠帝)를 보필하였다. 개공(蓋公)은 전한 교서(膠西, 지금의 山東省 高密縣) 사람으로, 황로학(黃老學)과 도가(道家) 학설에 정통하였으며 조참(曹參)의 스승이 되었다.

144 가생(賈生)은 가의(賈誼, B.C. 200~B.C. 169)를 가리키는데, 낙양(洛陽) 출신으로 전한 문제(文帝) 때의 학자 및 관료이다. 시문(詩文) 및 제자백가(諸子百家)에 정통하여 약관에 박사가 되

集太史公. 太史公仍父子相續纂其職.

사마천은 말한다.

"아아! 우리 선조께서는 일찍이 이 일을 맡아 요·순 때에 이미 이름을 날렸으며, 주대에도 다시 그 일을 관장하셨다. 그리하여 사마씨는 대대로 천문(天文)을 주관하였는데 나에게까지 이르렀구나. 황송하도다! 황송하도다!"

었다. 진대부터 내려온 율령·관제·예악 등의 제도를 개정하고 전한의 관제를 정비하기 위한 많은 의견을 상주했다. 그러나 주발(周勃) 등 당시 고관들의 시기로 장사왕(長沙王)의 태부(太傅)로 좌천되었다. 자신의 불우한 운명을 굴원(屈原)에 비유하여 「복조부(鵩鳥賦)」와 「조굴원부(弔屈原賦)」를 지었으며, 『초사(楚辭)』에 수록된 「석서(惜誓)」도 그의 작품으로 알려져 있다. 또한 『정론(政論)』 등의 저작 외에 진의 멸망 원인을 설명한 「과진론(過秦論)」 역시 널리 알려져 있다.

145 조조(晁錯, 鼂錯, B.C. 200~B.C. 154)는 전한 영천(潁川) 사람으로 신불해(申不害)·상앙(商鞅) 등의 법가(法家) 학설과 형명학(刑名學)을 익혀 태상장고(太常掌故)에 임용되었고, 진의 박사 복생(伏生)에게 사사하여 『상서』를 배웠다. 그는 흉노(匈奴)에 대한 정책으로 북변 방비를 위한 둔전책(屯田策)을 상주하였고, 재정 정책으로서 곡물을 납입하는 자에게는 벼슬을 주는 매작령(賣爵令)을 주장하였다. 경제(景帝) 때 어사대부(御史大夫)가 되어 중앙 집권 정책으로 제후 권력을 삭감시키려 하였으나, 오초칠국의 반란 때문에 피살당하였다.

146 신상(申商)은 신불해와 상앙을 가리킨다. 신불해(申不害, ?~B.C. 337?)는 전국 시대 한(韓)의 정치가이자 사상가이다. 형양현(滎陽縣, 오늘날의 河南省 滎陽)에서 출생하여 처음에는 정(鄭)의 하급 관리로 일하다가 뒤에 한(韓) 소후(昭侯)를 섬겨 재상으로서 15년간 나라를 다스렸다. 『사기』의 기록에 따르면 형명학·황로학을 좋아하였다고 하는데, 특히 군주와 신하의 사이를 '세(勢)'로 설명하여, 군주는 그가 생각하는 바를 신하가 알지 못하게 하는 것을 지배 원리로 삼아, 신하 및 백성을 효율적으로 다스려야 한다고 주장하였다. 한편 상앙(商鞅, ?~B.C. 338)은 전국 시대 말기 정치가로 위(衛) 공족(公族)의 서출(庶出)로 위앙(衛鞅) 또는 공손앙(公孫鞅)이라고도 한다. 일찍부터 형명학을 좋아하여 조예가 깊었다. 진(秦) 효공(孝公)에게 채용되어 B.C. 359년 변법(變法)의 책임자로 발탁되었고 부국강병의 계책을 세워 형법·가족법·토지법 등 여러 방면에 걸친 대개혁을 단행함으로써 후일 진 제국 성립의 기반을 세웠다. 진이 부강해지자 이웃한 위(魏)를 공격하여 대승을 거두었으며 그 공적으로 열후(列侯)에 봉해지고 상(商, 陝西省 商縣)을 봉토로 받으면서 상앙, 상군(商君)이라 불리게 되었다. 저서로는 『상군서(商君書)』가 있다.

147 공손홍(公孫弘, B.C. 200~B.C. 121)은 전한의 재상으로 자는 계(季)이고 제의 치천(菑川, 오늘날의 山東省 壽光) 출신이다. 집안이 가난하여 홀로 『춘추』를 익히고, 40세에 현량(賢良)에 추천되어 박사에 올랐다가 관직에서 물러났다. B.C. 130년에 다시 현량으로 추천되고, 문학 시험에 장원하여 박사에 임관되었다. 내사(內史)·어사대부(御史大夫)를 역임하여, 승상이 되고 평진후(平津侯)에 봉해졌는데, 최초로 승상이 봉후(封侯)가 된 사례였다.

曰: "於戱! 余維先人嘗掌斯事, 顯於唐虞, 至于周, 復典之, 故司馬氏世主天官. 至於 余乎, 欽念哉!¹⁴⁸ 欽念哉!"

　이에 천하에 흩어지고 잊혀 진 옛 전문(傳聞)을 수집·망라하여 제왕이 흥기한 처음 과 끝을 살피고 흥망성쇠를 고찰하였으며, 그 행적을 정리·저술하여 하·은·주 삼대의 개략적인 역사를 묘사하고, 진·한의 역사를 기록하였다. 위로는 헌원씨(軒轅氏)부터 아래로는 지금에 이르기까지 본기(本紀, 천자를 중심으로 한 연대기) 12편으로 나누어 순서대로 적었다. 그러나 같은 시대에도 세계(世系)가 다르고 연대가 불분명한 것이 있 어 표(表) 10편을 만들었다. [시대에 따른] 예악의 변화와 법률[律]·도량형[尺] 및 역법 의 개정, 전쟁의 권모술수[兵權], 산천, 귀신, 하늘과 인간의 관계 및 [경제의] 파탄과 발전에 관해서는 8편의 서(書)를 만들었다. 마치 30개의 살이 수레바퀴 차축[轂]을 중 심으로 도는 것처럼 28수(二十八宿) 별자리는 북극성을 중심으로 돌며 무궁히 운행하 는데, 이것을 가까이서 보필하는 신하들이 충성과 신의로서 도를 행하며 군주를 받드 는 것에 비유할 수 있으므로 30편의 세가(世家)를 만들었다. 대의를 돕고 대범하게 기회 를 놓치지 않고 천하에 공명을 세운 사람들을 위하여 열전(列傳) 70편을 지으니, 모두 130편, 52만6천5백 자에 달하는 『태사공서』가 되었다. 이러한 체제로서 유문(遺文)을 건져 육경의 누락을 보충하고 일가의 학설을 이루었는데, 육경에 대한 상이한 해설을 두루 참조하고 제자백가의 잡다한 기록[雜語]을 가지런히 정돈한 것이다. 그 정본(正 本)은 명산(名山)에 비장하고 부본(副本)을 경사(京師)에 비치하여 [그 진가를 알아줄] 성인·군자가 후세에 나오길 기대할 뿐이다. 이것이 [권 130 열전] 제70편의 내용이다.

　罔羅天下放失舊聞, 王迹所興, 原始察終, 見盛觀衰, 論考之行事, 略推三代, 錄秦 漢, 上記軒轅, 下至于玆, 著「十二本紀」, 旣科條之矣.¹⁴⁹ 並時異世, 年差不明, 作「十 表」. 禮樂損益, 律曆改易, 兵權·山川·鬼神, 天人之際, 承敝通變, 作「八書」. 二十八 宿環北辰,¹⁵⁰ 三十輻共一轂,¹⁵¹ 運行無窮, 輔拂股肱之臣配焉,¹⁵² 忠信行道, 以奉主上,

---

¹⁴⁸ 흠염(欽念)은 삼가 감사하다고 생각한다는 뜻이다.
¹⁴⁹ 과조(科條)는 항목을 순서대로 분류, 정리한다는 뜻이다.
¹⁵⁰ 28수(二十八宿)는 고대의 천문학에서 해와 달, 오성(五星)의 운행을 28개의 성구(星區)로 나누 어 그 위치를 설명하던 방법이다. 매 수(宿)마다 대표하는 항성이 있다.

作「三十世家」. 扶義俶儻,¹⁵³ 不令己失時, 立功名於天下, 作「七十列傳」. 凡百三十篇, 五十二萬六千五百字, 爲『太史公書』.¹⁵⁴ 序略, 以拾遺補藝,¹⁵⁵ 成一家之言, 厥協六經異傳,¹⁵⁶ 整齊百家雜語, 藏之名山, 副在京師, 俟後世聖人君子. 第七十.

태사공은 말한다.

"내가 황제 이래로부터 태초 연간에 이르기까지를 서술한 것은 모두 130편이다."

太史公曰: 余述歷黃帝以來至太初而訖, 百三十篇.

---

151 모든 별들이 북극성을 함께 감싸고 있는 것이 바퀴살이 차축(車軸, 轂)의 가운데를 향한 것과 같으므로, 군신(群臣)이 군주를 보위하는 것을 나타내는 것이라고 풀이된다.

152 고굉지신(股肱之臣)은 다리와 팔뚝에 비길 만한 신하라는 뜻으로, 임금이 가장 신임하는 중신(重臣)을 이른다.

153 숙당(俶儻)은 척당(倜儻)과 같은 뜻으로 호방하고 소탈하다, 대범하다는 뜻이다.

154 사마천이 『사기』를 완성한 이후 동방삭(東方朔)에게 보였는데 동방삭이 '태사공'이라고 이름을 붙여 이를 『태사공서』라고 부르게 되었다고 한다. 사마천이 자신의 아버지를 높이기 위해 책의 제목을 『태사공서』라고 하였다는 주장도 있다.

155 예(藝)는 곧 육예로, 육경을 가리킨다.

156 『육경』의 이전(異傳)이란 자하(子夏)의 『역전(易傳)』, 모씨(毛氏)의 『시(詩)』, 한영(韓嬰)의 『[한시]외전([韓詩]外傳)』, 복생(伏生)의 『상서대전(尙書大傳)』, 좌구명(左丘明)의 『국어(國語)』 등을 가리킨다.

02 『한서(漢書)』 「보임안서(報任安書)」

사마천(司馬遷)

◎ 『한서(漢書)』

『한서(漢書)』는 『전한서(前漢書)』라고도 하며 후한(後漢)의 반고(班固)가 편찬한 중국의 첫 번째 기전체 단대사(斷代史)로 『사기』 다음으로 가장 중요한 사서의 하나이다. 『사기』·『후한서(后漢書)』·『삼국지(三國志)』와 더불어 '전사사(前四史)'로 병칭되기도 한다. 『한서』는 한 고조 원(B.C. 206)년부터 신(新)의 왕망(王莽) 지황(地皇) 4(23)년까지 모두 230년의 역사를 다루었다. 12제기(帝紀), 8표(表), 10지(志, 『사기』의 '書'에서 바뀐 것), 70열전(列傳) 등 100편으로 구성되었는데, 나중에 120권으로 나뉘기도 하였으며, 약 80만 자 정도이다. 『한서』의 저자 반고(班固, 32~92)는 자가 맹견(孟堅)으로 우부풍(右扶風) 안릉(安陵) 출신이다. 『사기』의 뒤를 잇는 『후기』(65편, 『[사기]후전([史記]後傳)』이라고도 한다)를 지은 부친 반표(班彪)의 뜻을 이어받아 난대영사(蘭臺令史)가 되어 『사기』와 그 이후 사적을 기초로 널리 사료를 모아 『한서』를 지었다. 『한서』는 사기 이후 최초의 기전체 단대사(斷代史)로 높은 평가를 받게 되었고, 이후 기전체 정사(正史)의 표준이 되었다. 『한서』는 문장이 장엄하고 정리되어 있어 『사기』의 구어에 보다 가까운 문장과 선명한 대조를 이루는데, 『한서』 이후 모두 그 체례를 모방하여 기전체 단대사를 편찬하게 되었으므로 『한서』는 바로 그러한 체제를 개척한 출발점이 된다. 한의 화제(和帝) 시기에 완성되었는데, 약 40년 가까운 세월이 걸렸다. 다만 8표와 「천문지(天文志)」는 여동생인 반소(班昭)와 마속(馬續) 등이 공동으로 보완하여 작성하였으므로, 모두 네 사람의 손을 거친 셈이 된다. 『한서』는 이후 『사기』와 더불어 가장 훌륭한 역사서로 평가됨과 동시에 사마천과 반고는 사·반(史班), 또는 반·마(班馬)로 병칭되기도 한다.

◉ 「보임안서(報任安書)」

「보임안서(報任安書)」는 『사기』의 저자 사마천이 친구인 임안(任安, ?~B.C. 91?)에게 보낸 서한으로 『한서』 권62 「사마천전(司馬遷傳)」에 수록되어 있다(pp.2725~2737). 임안(任安, ?~B.C. 91?)은 전한 시대 형양(滎陽, 오늘날의 河南省 滎陽) 출신이다. 어렸을 때 가세가 빈곤하여 대장군 위청(衛靑)의 집에 들어가 사인(舍人)이 되었고, 후에 위청의 천거를 받아 낭중(郎中)에 발탁되고, 승진하여 익주자사(益州刺史)가 되었다. 정화(征和) 2(B.C. 91)년 무고(巫蠱)의 난이 발생하였을 때, 태자로부터 군사를 동원하여 자기를 도우라는 명령을 받았으나 그는 휘하의 군사를 움직이지 않았다. 태자의 난이 진압되자 한 무제는 임안이 태자의 난의 성공 여부에 따라서 거취를 정하려고 해서 사심을 갖고 불충의 죄를 저질렀다고 요참형을 판결했다. 임안은 이 사건이 일어나기 몇 년 전에 사마천에게 편지를 써서 온힘을 다하여 현능하고 의기 있는 선비들을 천거해야만 할 것이라고 한 바 있었다. 옥중의 임안이 처형되기 직전에야 사마천은 가까스로 편지 한 통을 써서 임안에게 답장으로 보냈는데, 이것이 바로 「보임안서(報任安書)」이다. 임안의 전기는 『후한서(後漢書)』 권109의 「유림전(儒林傳)」에 간단히 나와 있다.

02

『한서(漢書)』「보임안서(報任安書)」

소경(少卿) 족하

지난번 [몇 년 전]에 수고스럽게도 보내 주신 편지에서 사람과 교제할 때 신중히 하고 현명한 선비를 받들어 천거하는 것을 임무로 삼으라고 하셨는데, 가르치시는 뜻과 어기(語氣)가 간절하고 정성스러웠습니다. 당신의 말씀에 귀를 기울이지 않고 세상 사람들의 말에 따른다고 책망하시는 듯하나, 저는 감히 이렇게 하지는 않았습니다. 비록 재주나 덕이 없는 존재이지만, 저 또한 앞 시대의 덕망 높은 장자(長者)들이 남긴 기풍[遺風]에 대해 옆에서나마 들어 본 바가 있습니다. 지금 제 자신을 돌아보면 몸은 이미 망가지고 비천한 지위에 처해 있어 움직이기만 하면 비난을 받고 이익을 주고자 하면 도리어 손해를 끼치니, 가슴 속에 막히고 맺힌 바가 있지만 누구도 함께 말을 나눌 사람이 없습니다. 속담에서는 말합니다. "누구를 위해 이렇게 하는가? 누구에게 내 말을 들려줄 것인가?" 종자기(鍾子期)가 죽은 다음 [거문고의 명인] 백아(伯牙)는 [자기 음악을 알아주는 친구가 없다면서] 죽을 때까지 다시는 거문고를 연주하지 않았습니다. 왜 그랬겠습니까? 선비는 자신을 알아주는 사람을 위하여 힘을 다하고, 여자는 자신을 기쁘게 해 주는 사람을 위하여 단장을 한다고 합니다. 그런데 제 몸의 큰 바탕은 이미 크게 어그러졌기 때문에 수후주(隨侯珠)나 화씨벽(和氏璧) 같은 보물처럼 빛나는 재능을 품고 있고, 허유(許由)나 백이(伯夷) 같은 고상한 현인처럼 행동한다고 할지라도 끝내는 명예를 회복할 수는 없으며, 도리어 남에게 비웃음을 사서 스스로를 모욕하기에 충분할 뿐입니다.

少卿足下[1]

曩者辱賜書, 教以慎於接物,[2] 推賢進士爲務,[3] 意氣勤勤懇懇,[4] 若望僕不相師用,[5] 而

---

[1] 소경(少卿)은 임안(任安)의 자(字)이다. 족하(足下)는 아랫사람이 윗사람, 또는 동배끼리 서로 부를 때 쓰는 경사(敬詞)이다.

[2] 접물(接物)은 사물을 접하다, 타인과 교제한다는 뜻이다.

流俗人之言. 僕非敢如是也. 雖罷駑,⁶ 亦嘗側聞長者遺風矣.⁷ 顧自以爲身殘處穢, 動而見尤,⁸ 欲益反損,⁹ 是以抑鬱而無誰語.¹⁰ 諺曰: "誰爲爲之? 孰令聽之?" 蓋鍾子期死, 伯牙終身不復鼓琴.¹¹ 何則? 士爲知己用, 女爲說己容. 若僕大質已虧缺, 雖材懷隨·和,¹² 行若由·夷,¹³ 終不可以爲榮, 適足以發笑而自點耳.¹⁴

---

3 사마천은 38세 때에 태사령(太史令)을 맡았고, 47세 때 이릉의 사건으로 하옥되어 궁형을 받았으며, 출옥한 다음 중서알자령(中書謁者令)이 되었다. 「보임안서(報任安書)」는 이때 쓴 것이라고 하는데 중서령은 태사령보다 높은 관직이었고 무제는 그를 총애하고 신임하였다고 하지만, 실제로는 환관에 가까운 존재라 경멸을 받는 존재이기도 하였다. 임안은 이 편지를 써서 중서령의 지위를 이용하여 어진 선비를 추천하라고 권하였지만, 난감한 사마천은 줄곧 이에 답을 하지 않았다가, 임안이 하옥되어 사형 판결을 받게 되자 그때 가서야 이 답장을 쓰게 되었다.

4 근근간간(勤勤懇懇)은 정성스러운 모습을 형용한다.

5 망(望)은 여기서 원망한다는 뜻이다. 사용(師用)은 존중하고 받들어 중용한다는 뜻이다.

6 파노(罷駑)는 저열한 말[馬]을 뜻하는데, 사람의 재능이 저하된 것을 비유하기도 한다.

7 장자(長者)는 나이가 많거나 지위나 항렬이 높은 사람을 뜻하지만, 나아가 덕망이 높거나 귀한 신분의 사람을 가리키기도 하다. 남자의 존칭으로도 쓰인다. 유풍(遺風)은 전대나 전인이 남긴 풍교(風敎)·풍상(風尙)·풍도(風度)·풍속(風俗), 전대에 남긴 음악, 질풍(疾風)을 가리킨다.

8 우(尤)는 과실이나 허물, 또는 책망하다, 비난하다는 뜻이다.

9 욕익반손(欲益反損)은 원래 이익이 되는 바가 있을 것이라 생각했으나 결과는 도리어 손해를 보게 된다, 즉 원망과 실제 결과가 서로 어긋난다는 뜻이다.

10 수어(誰語)는 말을 나눌 사람이라는 뜻이다.

11 백아(伯牙)는 춘추 시대 진(晉)의 거문고의 명수[琴師, 琴仙]인데, 친구 종자기(鍾子期)가 죽자 자신의 음악을 알아줄 사람이 없다고 하면서 더 이상 거문고를 타는 것을 거부하였다. 이 고사에서 자기 속마음을 알아주는 친구를 가리키는 지음(知音)이란 단어가 생겨났다. 『열자(列子)』 「탕문(湯問)」 편이나 『순자(筍子)』 「권학(勸學)」 편 등에 이 고사가 나온다.

12 수화(隨和)는 수후주(隨侯珠)와 화씨벽(和氏璧)이라는 '춘추이보(春秋二宝)'를 가리킨다. 수후주는 춘추 시대 수(隨)의 진보(珍寶)였다. 화씨벽은 초의 변화(卞和)라는 사람이 형산(荊山)에서 옥박(玉璞)을 얻어 바친 것이라고 하는데, 중국 역사상 가장 저명한 미옥(美玉)으로 수백 년 동안 유전되면서 '무가지보(無價之寶)'로 여겨졌다.

13 유이(由夷)는 허유(許由)와 백이·숙제(伯夷·叔齊)를 가리킨다. 허유는 요(堯) 시절의 덕이 높은 은자로 요임금이 그 소문을 듣고 왕위를 물려주고자 했지만 산속으로 들어가 끝내 나오지 않았다고 하는 인물이고. 백이·숙제는 주 무왕이 은의 주왕(紂王)을 멸망시키자 신하가 천자를 토벌한 것에 반대하며 주나라의 곡식을 먹기를 거부하고 수양산에서 굶어 죽기를 택한 것으로 잘 알려져 있다.

14 자점(自點)은 스스로 오점을 남긴다는 뜻이다.

당신의 편지에 마땅히 일찍감치 답장을 해야 했으나, 마침 황상[漢 武帝]을 따라 동쪽 지방에 갔다가 돌아오느라, 또한 자질구레한 집안일에 밀렸고 서로 만나 보는 일도 드물어 결국에 가서는 직접 뵙고 제 속마음을 털어놓을 잠깐의 틈조차 없었습니다. 지금 당신께서는 앞날을 예측할 수 없는 중대한 죄를 지고 계시는데, 한 달이 지나면 [사형의 집행을 시작하게 되는] 음력 섣달이 됩니다. 저는 또한 천자를 따라 옹(雍) 땅으로 가야 하는데, 혹시라도 갑자기 꺼릴 수 없는 일이 일어날까 두렵습니다. 그렇게 되면 저는 끝내 분노와 번민을 털어놓아 가까운 사람을 깨우칠 수도 없게 될 것이고, 당신의 혼백은 홀로 무궁한 한을 품게 될 것입니다. 그래서 제 고루한 생각을 간략하게나마 말씀드리고자 하니, 오랫동안 답장을 하지 못한 것에 대해 아무쪼록 허물로 삼지 말아 주셨으면 합니다.

書辭宜答, 會東從上來,[15] 又迫賤事,[16] 相見日淺, 卒卒無須臾之間得竭指意.[17] 今少卿抱不測之罪, 涉旬月, 迫季冬,[18] 僕又薄從上上雍, 恐卒然不可諱.[19] 是僕終已不得舒憤懣以曉左右, 則長逝者魂魄私恨無窮.[20] 請略陳固陋. 闕然不報,[21] 幸勿過.

제가 듣건대, 자신의 수양을 늘리는 것은 지혜의 보고이며, 베풀기를 사랑하는 것은 인(仁)의 실마리이며, 받고 주는 것은 의리를 지키는 표지이며, 욕된 일을 당하였을 때 이를 부끄럽게 여기는 것이 용기의 결단이며, 공명을 세워 이름을 떨치는 것은 행동의 최고 목표라고 하였습니다. 선비[士]는 이런 다섯 가지 품덕을 갖춘 다음에야 세상에 몸을 기탁할 수 있고, 군자의 대열에 끼어들 수 있을 것입니다. 그러므로 이익을 탐하

---

15 회(會)는 여기서는 마침, 공교롭게도라는 뜻이다. 태시(太始) 4(B.C. 93)년 무제는 태산으로 동순에 나섰고 5월에 장안(長安)으로 돌아왔는데, 사마천은 이때 수행하였다.
16 천사(賤事)는 가정의 사사로운 일, 천한 일을 가리킨다.
17 졸졸(卒卒)은 분주하고 바쁜 모습을 형용한다. 수유(須臾)는 잠시, 잠깐의 뜻이다.
18 계동(季冬)는 겨울의 마지막 일주일, 음력 섣달을 말하는데, 한대에는 이 시기에 사형이 집행되었다.
19 불가휘(不可諱)는 여기서 죽음을 완곡하게 표현한 것이다. 임안은 이때 하옥되었다가 한 무제의 의해 사면을 받았지만, 2년 후 태자와 관련된 사건으로 요참형(腰斬刑)에 처해졌다.
20 장서(長逝)는 멀리 간다, 또는 서거(逝去)한다, 죽는다는 뜻이다.
21 궐연(闕然)은 부족하거나 빠뜨린 모양을 형용한다.

는 것보다 더한 재앙은 없고, 마음에 상처를 입는 것보다 더 고통스러운 슬픔은 없으며, 선조를 욕되게 하는 것보다 더 추한 행동은 없으며, 궁형(宮刑)을 받는 것보다 더 수치스러운 일은 없습니다. 형을 받고도 살아남은 사람은 남들과 같이 나란히 서 있을 수 있는 바가 아니며, 이런 일은 지금 세상에서만 그런 것이 아니라 아주 먼 오래전부터 그래 왔습니다. 옛날 위(衛) 영공(靈公)이 [환관인] 옹거(雍渠)와 더불어 [앞쪽의 같은] 수레에 탔으므로, [이에 모욕을 느낀] 공자께서는 [위를 떠나] 진(陳)으로 갔습니다. 상앙(商鞅)이 경감(景監)을 통해 국왕을 알현하[여 권력을 잡]자 조량(趙良)은 그를 위해 염려하였습니다. [환관] 조담(趙談)이 [한 문제와 함께 같은] 수레를 타자 원앙(袁盎)은 분노하[여 한 문제에게 이 일을 질책하]였습니다. 옛날부터 [사람들은 환관과 어울리는 것을] 수치스럽게 생각하였습니다. 중간 정도의 인재도 일에 환관이 관련이 되면 기분이 상하지 않음이 없는데, 하물며 의기가 드높은 선비라면 더 말할 나위가 있겠습니까? 지금 조정에 아무리 인재가 없다고 한들, 저같이 궁형을 받고 살아남은 사람더러 어찌 천하의 뛰어난 인물을 추천하라고 하겠습니까?

　僕聞之, 修身者智之府也, 愛施者仁之端也, 取予者義之符也,[22] 恥辱者勇之決也, 立名者行之極也. 士有此五者, 然後可以託於世, 列於君子之林矣. 故禍莫憯於欲利, 悲莫痛於傷心, 行莫醜於辱先, 而詬莫大於宮刑. 刑餘之人, 無所比數,[23] 非一世也, 所從來遠矣. 昔衛靈公與雍渠載, 孔子適陳[24]; 商鞅因景監見, 趙良寒心[25]; 同子參乘, 爰絲變色,[26] 自古而恥之. 夫中材之人, 事關於宦豎,[27] 莫不傷氣. 況忼慨之士乎! 如今朝雖乏人, 奈何令刀鋸之餘薦天下豪儁哉!

22　취여(取予)는 주고받는다는 뜻이다.

23　비수(比數)는 함께 병렬시킨다는 뜻이다.

24　공자가 위나라에 머문 지 한 달이 지났을 무렵, 위 영공과 그의 부인은 함께 수레를 타고 행차하였다. 그런데 환관인 옹거(雍渠)를 수레에 함께 태우고, 공자에게는 뒷 수레를 타고 따라오게 하면서 요란스레 저잣거리를 지나갔다(招搖市過之). 공자는 영공이 자신을 그처럼 대하는 것을 치욕으로 여기고 위나라를 떠나 진(陳)나라로 갔다. 이로 인해 '초요과시(招搖過市)'라는 말이 생겼다.

25　경감(景監)은 진(秦)의 환관으로 상앙을 진 효공에게 추천하였다. 반면 조량(趙良)은 진 효공 때의 사람으로 권력을 잡은 지 10년이 넘은 상앙에게 은퇴를 권한 바 있으나, 상앙은 이를 듣지 않았고, 결국 비참한 최후를 맞이하였다.

26　원사(爰絲)는 원사(袁絲), 즉 원앙(袁盎, B.C. 200~B.C. 150)이다. 그는 자가 사(絲)이며 전한 시

저는 선친께서 남기신 유업 때문에 경사(京師)에서 관리로서 일한 지 이미 이십여 년이 되었습니다. 그리하여 스스로 생각건대, 가장 먼저 충언을 받쳐 믿음을 받고 기묘한 대책이나 재능을 갖추었다는 평가를 얻음으로써 스스로 현명한 군주의 신뢰를 끌어내지 못하였으며, 그 다음으로는 황상을 위해 빠뜨리거나 부족한 것을 메우고 어질고 재능 있는 사람들을 불러들이거나 은거한 선비들의 재능이 세상에 드러나도록 하지도 못했습니다. 밖으로는 군대에 참여하여 성을 공략하고 들판에서 싸운 적도 없고, 적의 장수를 베고 깃발을 빼앗는 공도 세우지 못하였습니다. 마지막으로는 오랫동안 공적을 쌓아 높은 관직과 후한 녹봉을 받음으로써 종족이나 친구들에게 은혜나 영광을 베풀지도 못하였습니다. 네 가지 것 가운데 하나도 이룬 것이 없으니, 구차하게 비위를 맞추면서 그럭저럭 지내 왔고, 아무런 내세울 만한 장점도 없음을 여기에서 볼 수 있습니다. 예전에 저 역시 하대부(下大夫)의 대열에 끼어들어 외정(外廷)에서의 말단 논의에 끼어들 기회가 있었습니다. 그런데 그때를 이용해서 국가의 법도를 지키거나 최선을 다해 깊은 생각을 꺼내지도 못하였으며, 지금은 이미 불구의 몸으로 청소를 하는 노예가 되었으니 비천한 자리에 있다가 고개를 쳐들고 눈썹을 펴면서 시비를 논한다면 이 또한 조정을 가벼이 여기고 당세의 선비들을 부끄럽게 만드는 일이 아니겠습니까? 아! 아! 저 같은 사람이 또한 무슨 말을 할 수 있겠습니까? 무슨 말을 할 수 있겠습니까?

昔僕賴先人緒業,²⁸ 得待罪輦轂下,²⁹ 二十餘年矣. 所以自惟: 上之, 不能納忠效信, 有奇策材力之譽, 自結明主; 次之, 又不能拾遺補闕,³⁰ 招賢進能, 顯巖穴之士³¹; 外之,

---

대의 사람이다. 성정이 곧고 재능이 있어 한 문제(文帝)가 높이 평가하였으며, 무쌍국사(無雙國士)라 불렸다. 환관 조동(趙同)이 문제의 총애를 믿고 원앙을 비방하였는데, 문제가 마차를 타고 출행할 때 조동을 함께 태우자 원앙은 마차를 가로막고 그 잘못을 지적하여 문제가 즉시 조동을 마차에서 내리게 만들었다.

27 환수(宦豎)는 환관을 말한다. 수(豎)는 부림을 당하는 낮은 신하를 말한다.
28 서업(緒業)은 사업(事業), 유업(遺業)을 말한다.
29 대죄(待罪)는 처분을 기다린다는 뜻도 있지만, 관리로서 임직하는 것을 겸칭하는 말로도 자주 쓰인다. 연곡(輦轂)은 황제의 마차와 가마를 뜻하는데, 나아가 수도, 경사를 가리키기도 한다. 연곡지하(輦轂之下) 역시 마찬가지이다.
30 습유(拾遺)는 남이 버린 것을 줍는다는 뜻이고, 보궐(補闕)은 결여된 것을 보충하고, 군왕의 잘못을 바로잡는다는 뜻이다.
31 암혈지사(巖穴之士)는 은사(隱士)로 이들은 은사는 대부분 산에 거주하기 때문에 이런 명칭이 붙었다.

不能備行伍, 攻城野戰, 有斬將搴旗之功; 下之, 不能累日積勞, 取尊官厚祿,³² 以爲宗族交遊光寵. 四者無一遂, 苟合取容,³³ 無所短長之效, 可見於此矣. 鄕者,³⁴ 僕亦嘗廁下大夫之列,³⁵ 陪外廷末議,³⁶ 不以此時引維綱,³⁷ 盡思慮, 今已虧形爲埽除之隸,³⁸ 在闒茸之中,³⁹ 乃欲卬首信眉, 論列是非, 不亦輕朝廷, 羞當世之士邪? 嗟乎! 嗟乎! 如僕, 尙何言哉? 尙何言哉?

또한 사정의 원래 경위는 쉽사리 밝혀지는 것이 아닙니다. 저는 어릴 적에는 속박되지 않는 재주를 가지고 있었으나, 장성하고 나서는 향촌에서의 칭찬조차 들은 바가 없습니다. 주상께서는 다행히 선친과의 관계 때문에 얕은 재주나마 바칠 수 있도록 경비가 삼엄한 궁궐 속을 드나들 수 있게 해 주셨습니다. 하지만 머리 위에 그릇을 이고 있는 사람은 하늘을 쳐다볼 수 없다는 속담처럼 [다른 일을 돌볼 틈은 없다고] 생각하여, 빈객(賓客)과의 사귐을 단절하고, 집안의 일도 아예 잊어버린 채, 밤낮으로 모자라는 재주와 능력을 다하여 한마음으로 직무에 충실함으로써 주상의 총애를 얻고자 하였습니다. 그러나 이러한 제 소망과는 전혀 다른 방향으로 상황이 전개되었습니다.

且事本末未易明也. 僕少負不羈之才, 長無鄕曲之譽, 主上幸以先人之故, 使得奉薄技, 出入周衛之中.⁴⁰ 僕以爲戴盆何以望天,⁴¹ 故絕賓客之知, 忘室家之業, 日夜思竭其

---

32 존관후록(尊官厚祿)은 높은 관직과 후한 녹봉을 뜻한다.
33 취용(取容)은 남의 비위를 맞춰 영합함으로써 일신의 안전과 영달을 꾀한다는 뜻이다.
34 여기서 향(鄕)은 종전에, 원래라는 뜻이다.
35 사마천이 맡은 태사령은 관위가 낮아 하대부에 속한다.
36 외정(外廷, 外庭)은 군주가 일상적으로 정치를 돌보는 궁정 내부의 공적인 공간을 가리키며, 황제의 사적 공간인 내정(內廷)이나 금중(禁中)과 대비되는 용어이다. 나아가 조정의 신하들을 가리키기도 한다.
37 유강(維綱)은 사물을 묶는 줄과 그물을 당기는 벼리를 가리키는데, 나아가 강기(綱紀)·법도를 뜻하기도 한다.
38 휴형(虧形)은 손상된 신체, 불구의 몸을 뜻한다.
39 탑용(闒茸)은 평범하고 저열하다, 또는 저급하고 비열한 사람이나 말[馬]을 뜻한다.
40 주위(周衛)는 황제의 주변을 지키는 숙위(宿衛)들이 주밀(周密)하게 퍼져 있다는 뜻이다.
41 대분망천(戴盆望天)은 머리 위에 그릇을 이면 하늘을 볼 수 없고, 하늘을 보자면 머리 위에 그릇을 일 수 없다. 따라서 양자를 한꺼번에 겸하여 할 수 없는 상황을 가리킨다.

不肖之材力, 務壹心營職, 以求親媚於主上.⁴² 而事乃有大謬不然者.

저는 이릉(李陵)과 함께 궁중에서 일한 적도 있지만, 평소에 본래 서로 친하지 않았으며 취향도 서로 달라서 같이 술잔을 들고 은근한 정을 나눈 정도 없습니다. 그러나 제가 보기에 그는 당연히 뛰어난 인물[奇士]로, 부모님을 효도로 모시고, 선비와 사귈 때는 신의를 지키고, 재물을 앞에 두고는 청렴하였으며, 주고받는 일에는 도의를 중시하였고, 다른 사람에게 각기 나누어 양보함이 있었으며, 아랫사람에게는 공손하였으며, 언제나 분발하여 몸을 돌보지 않고 국가의 위급함을 구하기 위해 목숨을 바치고자 하였습니다. 평소에 그가 축적한 수양을 보고 저는 그가 국가를 위해 기여할 수 있는 선비로서의 풍도를 갖추고 있다고 생각해 왔습니다. 무릇 신하된 사람으로서 차라리 만 번 죽더라도 한 번 살아날 것을 고려하지 않겠다는 생각으로 나라의 어려움을 구하러 나서는 것, 이것만으로 이미 대단한 일입니다. 그런데 지금 그가 일 처리를 한 번 잘못하였다고 해서, 오로지 자기 몸과 처자식을 보전하는 데만 목을 매는 신하들이 이 틈을 타서 그의 단점을 지적하여 함정에 빠뜨리는 것을 보고 저는 마음속으로 정말 몰래 통탄하지 않을 수 없었습니다.

夫僕與李陵俱居門下,⁴³ 素非相善也, 趣舍異路,⁴⁴ 未嘗銜盃酒接殷勤之歡.⁴⁵ 然僕觀其爲人自奇士, 事親孝, 與士信, 臨財廉, 取予義, 分別有讓, 恭儉下人, 常思奮不顧身以徇國家之急. 其素所畜積也, 僕以爲有國士之風. 夫人臣出萬死不顧一生之計, 赴公家之難, 斯已奇矣. 今擧事壹不當, 而全軀保妻子之臣隨而媒孼其短,⁴⁶ 僕誠私心痛之.

---

42 친미(親媚)는 친하게 믿고 좋아한다는 뜻이다.
43 문하(門下)는 모인의 문정(門庭) 아래에 있다는 것으로, 식객(食客, 門客)이나 문생(門生, 弟子)를 가리키는데, 여기서는 궁정을 가리키는 것 같다. 사마천은 이릉과 더불어 시중조(侍中曹)라는 관서에서 같이 일한 적이 있다.
44 취사(趣舍)는 취사(趣捨), 취사(取舍)와 같은 뜻, 취하거나 버리는 것, 나아가 취향이나 기질을 뜻한다.
45 함배주(銜盃酒)는 같이 술을 마신다, 교제한다는 뜻이다.
46 매얼(媒孼, 媒糱, 媒蘖)은 누룩과 좀 벌레를 말하는데, 구실을 만들어 모함에 빠뜨림으로써 그 죄를 키우는 것을 비유한다.
47 융마(戎馬)는 호마(胡馬), 또는 북방 민족의 침입한 군대를 가리킨다.

또한 이릉이 지휘하고 있었던 보병은 5천이 채 되지 않았는데, 흉노의 땅 깊숙이 들어가 그 근거지인 왕정(王庭)에까지 이르렀습니다. 마치 호랑이 입에 미끼를 들이대는 것처럼 [유인의 임무를 맡았지만] 포악한 오랑캐들을 용감하게 도발하여, 수천 수만의 강적을 맞이하면서, 흉노 선우(單于)의 군대와 더불어 십여 일 동안 싸움을 계속하여 자기 부대보다 더 많은 적을 죽였습니다. 오랑캐는 죽어 가는 사람을 살려내거나 부상자를 도울 수조차 없었습니다. 가죽옷을 입은 흉노의 군장(君長)들은 모두 두려워 떨었으며, 그래서 [흉노의 선우는] 좌·우현왕(左·右賢王)과 활을 쏘는 사람들을 남김없이 불러 모아 나라 전체가 이릉의 군대를 공격하면서 포위하였습니다. 옮기며 싸우는 전투가 천 리에 걸쳤고, 화살은 다 떨어지고 길도 막혔는데 구원병은 도착하지 않았고, 다치거나 죽은 병졸은 마치 산처럼 쌓였습니다. 그러나 이런 상황에서도 이릉이 한 번 소리쳐 위로하면 사졸들은 몸을 떨쳐 일어나 눈물을 흘리지 않는 사람이 없었고, 얼굴에 유혈이 낭자한 채 피눈물을 삼키면서 화살 없는 활의 시위를 당겨 시퍼런 칼날에 맞서 북쪽을 향해 적과 죽을힘을 다해 싸웠습니다.

且李陵提步卒不滿五千, 深踐戎馬之地,[47] 足歷王庭,[48] 垂餌虎口, 橫挑彊胡,[49] 卬億萬之師,[50] 與單于連戰十餘日, 所殺過當. 虜救死扶傷不給, 旃裘之君長咸震怖, 乃悉徵左右賢王, 擧引弓之民, 一國共攻而圍之. 轉鬪千里, 矢盡道窮, 救兵不至, 士卒死傷如積. 然李陵一呼勞軍, 士無不起躬流涕, 沬血飮泣, 張空弮, 冒白刃, 北首爭死敵.

이릉이 아직 패배하기 전에, 사신이 보고를 올리자 한의 공경(公卿)·왕후(王侯)들은 술잔을 받들며 황상에게 축하를 하였습니다. 후에 며칠이 지나 이릉의 패전 소식이 들리자 주상은 이 때문에 음식을 드시면서도 단맛을 느끼지 못하셨으며, 조정에서 신하들과 회의를 하면서도 기쁜 안색을 보여 주지 않았습니다. 대신들은 근심하고 두려워하여 나아갈 바를 알지 못했습니다. 저는 그 비천함을 스스로 헤아리지 못하고 주상

---

48 왕정(王庭)은 서북방 유목 민족의 군장이 장막을 세워 나라의 기틀을 잡은 곳, 흉노 선우의 거처를 말한다.

49 횡도(橫挑)는 용감하게 도전한다, 도발한다는 뜻이다.

50 앙(卬)은 바라보다, 향하다, 격발하다, 노하게 하다는 뜻이다.

께서 아주 애통해 하시는 것만을 보고 정말 성심껏 어리석은 충정만을 바치고자 하였을 뿐이었습니다. 생각건대 이릉은 본래 달고 맛있는 음식을 거절하고 뭇 사람과 소량의 것도 나누어 누리는 등 사대부들을 너그럽게 대해 왔으므로 그들이 죽을힘을 다할 수 있었고, 그런 점에서 옛날의 명장(名將)이라도 이보다 더 할 수는 없었을 것입니다. 이릉 자신의 비록 패배하여 [흉노의 포로가 되었으나], 그 뜻을 살펴보건대 [패배한 죄를 갚을] 적당한 기회를 얻어 한(漢)에 보답하고자 하였을 것입니다. 일은 이미 어찌할 수 없게 되어 버렸지만, 그가 적진에 깊이 쳐들어가 그들의 예봉을 꺾은 공로는 또한 천하에 드러내기에 충분할 것입니다.

陵未沒時, 使有來報, 漢公卿王侯奉觴上壽. 後數日, 陵敗書聞, 主上爲之食不甘味, 聽朝不怡. 大臣憂懼, 不知所出. 僕竊不自料其卑賤, 見主上慘悽怛悼,[51] 誠欲效其款款之愚,[52] 以爲李陵素與士大夫絕甘分少,[53] 能得人之死力, 雖古名將不過也. 身雖陷敗, 彼觀其意, 且欲得其當而報漢. 事已無可柰何, 其所摧敗, 功亦足以暴於天下.

이러한 품은 뜻을 아뢰고자 하였으나 제게는 그럴 만한 길이 없었습니다. 그러다 마침 황상께서 신하들을 불러서 묻는 기회를 얻게 되자 이런 생각에 따라 이릉의 공적을 치켜 올려 주상의 뜻을 넓혀 드리고 이릉을 비방하는 사람들의 말을 막아 보고자 하였습니다. 그러나 제 뜻을 다 밝히지 못한 상태에서 성명하신 군주께서는 제 뜻을 깊이 따져 보지 않으시고 [한 무제가 총애한 李夫人의 오빠] 이광리(李廣利) 장군을 비방함으로써 이릉이 죄를 벗어나도록 변호한다고 생각하셔서 마침내 저를 형옥을 관장하는 관서에 넘겨 죄를 다스리도록 하셨습니다. 그리하여 마침내 제 절실한 충성심을 드러낼 수 없었고, 황상을 속였다는 죄명으로 판결을 받았습니다. 집안이 가난하여 스스로 돈을 내어 죄를 대신할 수 있을 만큼 [약 50萬錢의] 재물을 갖출 수 없었고, 벗들도 구해 줄 수 없었으며, [황상] 좌우의 측근들도 저를 변호하는 말을 한마디 해 주

---

51 참처(慘悽)는 비참하고 처량하다는 뜻이고, 달도(怛悼)는 근심하다, 슬퍼한다는 뜻이다.
52 관관(款款)은 정성스럽고 충실한 모습을 형용한다.
53 절감분소(絕甘分少)는 절소분감(絕少分甘)과 같은 뜻으로 달고 맛있는 음식을 거절하고, 뭇사람과 소량의 것을 나누어 누린다는 뜻으로 스스로의 이익만을 챙기지 않고 남을 대할 때 너그럽다는 뜻이다.

지 않았습니다. 제 몸은 나무도 돌이 아닌데 홀로 형옥의 관리와 짝을 이루어 깊은 옥 속에 갇히게 되었으니, 누구에게 하소연할 수 있었겠습니까? 이 일은 소경(少卿)께서도 친히 목격한 일입니다. 제 사정이 어찌 이렇지 않았겠습니까? 이릉은 살아서 항복함으로써 그 가문의 명성을 무너뜨렸고, 저 또한 [궁형을 받은 사람이 머무는] 잠실(蠶室)에서 굴욕을 맛보면서 거듭 천하의 웃음거리가 되고 있습니다. 정말 슬프고도 슬픕니다!

　僕懷欲陳之, 而未有路. 適會召問, 卽以此指推言陵功, 欲以廣主上之意, 塞睚眥之辭.[54] 未能盡明, 明主不深曉, 以爲僕沮貳師,[55] 而爲李陵游說, 遂下於理.[56] 拳拳之忠,[57] 終不能自列, 因爲誣上, 卒從吏議. 家貧, 財賂不足以自贖, 交遊莫救, 左右親近不爲壹言. 身非木石, 獨與法吏爲伍, 深幽囹圄之中, 誰可告愬者![58] 此正少卿所親見, 僕行事豈不然邪? 李陵旣生降, 隤其家聲,[59] 而僕又茸以蠶室,[60] 重爲天下觀笑. 悲夫! 悲夫!

　이런 일은 세상 사람들에게 일일이 밝히기 쉬운 일이 아닙니다. 선친은 천자로부터 분봉의 증표나 면책 특권의 단서(丹書)를 받을 만한 공적을 세운 일도 없고, 기록과 점복·제사[文·史·星·曆] 등을 관장하는 직책은 점을 치고 제사를 지내는 복축(卜祝)과 가까운 자리라 본디 주상께서 부리는 존재로 마치 광대처럼 길러졌으며, 세상 사람들

54　애자(睚眥)는 눈을 부릅뜨고 화가 나서 쳐다본다, 남을 똑바로 쳐다본다는 뜻으로 사소한 원한을 뜻한다.
55　이사(貳師)는 전한의 무장 이광리(李廣利)를 가리킨다. 궁정의 악인(樂人)이었던 여동생이 무제의 총애를 받고 아들을 낳자 장군이 되었다. B.C. 104년 장건(張騫)의 원정으로 사정이 알려진 서역(西域) 대완(大宛)의 이사성(貳師城)을 공략하고 한혈마(汗血馬)를 얻어 이사 장군으로 불리게 되었다. 그 후 4년간 고전하면서도 대완의 여러 성을 공략하고 서역 각국과의 통상의 길을 열어 그 공로로 해서후(海西侯)에 봉해졌다. 이후 흉노와의 싸움에 출전하였다가 패하여 전사하였다.
56　리(理)는 형옥을 관장하는 관서(官署)를 가리킨다. 진한대에는 정위(廷尉)가 형옥(刑獄)을 주관하였으며, 한대에도 네 차례 대리(大理)로 이름을 바꾼 적이 있지만 모두 다시 정위로 돌아갔으며, 북제(北齊) 이후 대리시(大理寺)로 명칭이 고정되었다.
57　권권(拳拳)은 성실하고 진지한 모습을 뜻한다.
58　고소(告愬)는 고소(告訴)와 같은 뜻, 즉 알려서 하소연한다는 뜻이다.
59　가성(家聲)은 가족 대대로 전해 내려오던 명성·명예를 말한다.
60　잠실(蠶室)은 궁형(宮刑)을 집행하고, 궁형을 받은 사람을 머무르게 하던 옥실(獄室)을 말한다.

도 이 자리를 가벼이 여깁니다. 가령 제가 법의 처분대로 주살을 당한다고 해도 마치 아홉 마리 소 가운데 털 한 가닥이 없어지는 것과 같으니, 땅강아지나 개미 한 마리가 죽는 일과 뭐가 다르겠습니까? 그리고 여론 또한 죽음으로써 절개를 지킨 사람으로 쳐주지도 않을 터이며, 단지 생각이 꽉 막히고 죄가 극에 달해 스스로 처벌을 피하지 못하고 결국 죽음을 당하였을 뿐이라고 여길 것입니다. 왜 그렇겠습니까? 평소에 제가 스스로 해 놓은 일이 그렇게 만들기 때문입니다.

事未易一二爲俗人言也. 僕之先人非有剖符[61]·丹書之功,[62] 文史星曆近乎卜祝之間,[63] 固主上所戲弄, 倡優畜之,[64] 流俗之所輕也. 假令僕伏法受誅, 若九牛亡一毛,[65] 與螻蟻何異?[66] 而世又不與能死節者比, 特以爲智窮罪極, 不能自免, 卒就死耳. 何也? 素所自樹立使然.

사람은 본디 한 번 죽을 뿐이지만, 태산(泰山)보다 무거운 죽음이 있는가 하면 혹은 기러기 털보다 가벼운 죽음이 있는데, 그 작용의 방향이 다르기 때문입니다. 가장 최상의 것은 조상을 욕되게 하지 않는 것이며, 그 다음은 자신을 욕되게 하지 않는 것, 그 다음은 도의와 체면을 욕되게 하지 않는 것이며, 그 다음은 말과 글[辭令]을 욕되게 하지 않는 것입니다. 그 다음은 몸을 굽혀 묶이는 치욕을 당하는 것이고, 그 다음은 죄수복으로 갈아입고 치욕을 받는 것, 그 다음은 족쇄를 차고 사슬에 묶여 회초리질을 당하는 치욕을 받는 것, 그 다음은 머리카락과 수염을 깎이고 형구가 채워지는

---

61 배부(剖符)는 배죽(剖竹)과 같은 뜻이다. 제왕이 제후·공신 등을 분봉할 때 대나무를 쪼개어 증표로 삼아 반쪽은 제후한테 주고 반쪽은 보관하였다가 후일의 신표로 삼았던 일을 가리킨다. 나아가 분봉하거나 관직을 주는 일을 가리키기도 한다.

62 단서(丹書)는 제왕이 공신에게 세습적 면죄의 특권을 허용하면서 내려주는 문서를 가리킨다.

63 문사성력(文·史·星·曆)은 천문 역법 관련 임무자로서의 태사(太史)와 문사(기록) 담당자로서의 태사(太史)의 직책을 합쳐 부르는 명칭이다. 고대의 사관(史官)은 주로 점복(占卜)과 연관된 업무를 담당하였고, 사마천 이전에는 사관의 역할이 아직 나누어지지 않았다. 복축(卜祝)은 점복(占卜)과 제사(祭祀)를 관장하는 사람을 가리킨다.

64 창우(倡優)은 음악과 가무, 잡기에 능한 예인(藝人)을 가리킨다.

65 구우일모(九牛一毛)는 아홉 마리 소의 몸에 있는 털 한 가닥이란 뜻으로 아주 작아 보잘 것 없는 것을 비유한다.

66 루의(螻蟻)는 땅강아지와 개미를 가리킨다.

치욕을 당하는 것, 그 다음은 피부가 헐고 손발을 잘리는 치욕을 당하는 것, 그리고 최하의 것은 궁형으로 가장 최악의 경우입니다.

人固有一死, 死有重於泰山, 或輕於鴻毛, 用之所趨異也. 太上不辱先, 其次不辱身, 其次不辱理色,[67] 其次不辱辭令,[68] 其次詘體受辱,[69] 其次易服受辱, 其次關木索被箠楚受辱,[70] 其次鬄毛髮嬰金鐵受辱,[71] 其次毀肌膚斷支體受辱, 最下腐刑,[72] 極矣.

"형벌은 대부(大夫)에게 올라가지 않는다."라고 「전(傳)」[『예기(禮記)』]에서는 말합니다. 이 말은 곧 선비는 절개를 지키기 위해서 힘쓰지 않으면 안 된다는 뜻입니다. 사나운 호랑이가 깊은 산에 있을 때는 모든 짐승이 두려워하지만, 함정이나 우리에 빠져 갇히면 꼬리를 흔들어서 먹이를 구걸하게 되니, 이것은 거듭되는 위세에 눌려서 점차 그렇게 되기 때문입니다. 그래서 땅에 줄을 긋고 그곳을 감옥이라 칭해도 선비는 감히 들어가려 하지 않으며, 나무를 깎아 형리(刑吏) 모습으로 만들어 놓아도 그 앞에서 감히 머리를 들고 대답하려 하지 않으니, [그런 치욕을 당하기 전에] 자결을 하겠다는 결심이 이미 선명한 것입니다. 손발이 나무 족쇄에 묶인 채 살이 터지도록 매질을 당한 다음 뇌옥에 갇혔을 때에는, 옥리를 보면 머리를 땅에 조아리고 옥졸을 보좌하는 형도(刑徒)만 보아도 두려워하며 떨었습니다. 왜 그런가 하면 거듭되는 위세에 눌려서 점차 그렇게 되기 때문입니다. 이미 이 지경에 이르고도 치욕을 당하지 않았다고 말하는 것은 이른바 낯짝이 두껍다는 것이니, 어찌 좋은 소리를 들을 수 있겠습니까?

傳曰: "刑不上大夫,"[73] 此言士節不可不厲也. 猛虎處深山, 百獸震恐, 及其在阱檻之中, 搖尾而求食, 積威約之漸也. 故士有畫地爲牢勢不入, 削木爲吏議不對,[74] 定計於鮮

---

67 이색(理色)은 도리와 안색, 즉 도의와 체면을 뜻한다.
68 사령(辭令)은 응대하는 말, 언사(言辭)나 문사(文辭)를 가리킨다.
69 굴체(詘體)는 팔다리를 굽히는 것, 나아가 포승이나 쇠사슬로 묶이는 것을 뜻하기도 한다.
70 관목(關木)은 족쇄를 채우는 것, 삭피(索被)는 동아줄로 묶이는 것, 추초(箠楚)는 회초리로 맞는 것을 뜻한다.
71 체모발영(鬄毛髮嬰)은 모발, 즉 머리카락과 수염들을 밀어 버리는 곤형(髡刑)을 뜻하며, 금철(金鐵)은 여기서 형구(刑具)를 가리킨다.
72 부형(腐刑)은 궁형(宮刑)을 말한다.
73 『예기(禮記)』 「곡례(曲禮) 상(上)」에 나오는 구절("禮不下庶人, 刑不上大夫.")로, 대부 이상의 귀

也.⁷⁵ 今交手足, 受木索, 暴肌膚, 受榜箠,⁷⁶ 幽於圜牆之中,⁷⁷ 當此之時, 見獄吏則頭槍地, 視徒隸則心惕息.⁷⁸ 何者? 積威約之勢也. 及已至此, 言不辱者, 所謂彊顔耳, 曷足貴乎!

　　주의 문왕은 한 지방을 아우르는 제후였으나, 유리(牖里)에 구금당하였고, 이사(李斯)는 [진의] 재상이었지만 몸소 오형(五刑)을 다 당하였습니다. 회음후 한신은 왕이었지만 [초나라 땅인] 진(陳)에서 형구에 묶였고, 팽월(彭越)과 장오(張敖)는 [제후가 되었으나] 남면(南面)을 하여 스스로를 고(孤)라고 칭하였다는 무고를 당하고, 결국 옥에 갇혀 죄를 받았습니다. 강후(絳侯) 주발(周勃)는 여씨(呂氏) 일족을 주살하여 [한의 황실을 구함으로써] 권세가 춘추 오패에 버금갈 정도가 되었지만 결국 청실(請室)에 구금되었으며, 위기후(魏其侯) 두영(竇嬰)은 대장군이었으나 붉은 색 수의를 입고 손·발·목에 형구를 차게 되었습니다. 계포(季布)는 스스로 쇠바퀴를 목을 두르는 겸형(鉗刑)을 받고 주씨 가문에 몸을 의탁하여 노예가 되었으며, 관부(灌夫)는 거실(居室)에 구금되어 치욕을 당하였습니다. 이런 사람들 모두 지위가 왕후장상에 이르렀고 명성이 이웃 나라에까지 알려졌으나, 죄를 입어 형벌을 받게 되었을 때 모두 스스로 [자살의] 결단을 내리지 못하였습니다. 먼지 구덩이 감옥 속에 갇히면 예나 지금이나 마찬가지로 어찌 치욕을 당하지 않겠습니까!

　　족이 누리는 특권을 가리킨다.
74　삭목위리(削木爲吏)는 조각한 나무 인형을 관리라고 내세운다는 뜻이다.
75　선(鮮)은 태도가 선명하다고 해석되기도 하지만, 보통 제 목숨대로 살지 않는다(不以壽終)로 해석되는 것 같다. 『좌전』 소공(昭公) 5년조의 기록에 '藏鮮者自西門'이라는 구절에 대해 두예(杜預)는 '不以壽終爲鮮'이라고 주를 붙이고 있기 때문이다. 그래서 선(鮮)은 진(殄)·진(盡)과 통하면서 결국 사(死)와 뜻이 통하지만, 정상적인 수명을 다하지 못하고 여러 가지 이유로 중간에 요절하는 것을 가리키게 된다. 따라서 '정계어선(定計於鮮)'은 피살되기 전에 자살을 결심한다는 뜻으로 풀이되는 것이다.
76　방추(榜箠)는 매질을 당한다는 뜻이다.
77　환장(圜牆)은 뇌옥, 감옥을 가리킨다.
78　여기서 도예(徒隸)는 옥졸(獄卒)을 돕는 형도를 가리킨다.
79　서백(西伯)은 서방 제후의 우두머리라는 뜻으로, 주 문왕을 가리킨다. 상(商)의 주왕(紂王)은 강성해진 그의 세력에 위협을 느끼고 유리(牖里, 「태사공자서」에는 羑里로 나온다)에 가두었지만 그는 거기서 천하의 이치를 탐구하여 중국 최초의 경서인 『주역』을 풀이하였다고 한다.

且西伯, 伯也, 拘牖里[79] ; 李斯, 相也, 具五刑[80] ; 淮陰, 王也,[81] 受械於陳 ; 彭越·張敖 南鄉稱孤,[82] 繫獄具罪 ; 絳侯誅諸呂,[83] 權傾五伯,[84] 囚於請室[85] ; 魏其,[86] 大將也, 衣赭 關三木 ; 季布爲朱家鉗奴[87] ; 灌夫受辱居室. 此人皆身至王侯將相, 聲聞鄰國, 及罪至罔

---

[80] 이사(李斯, B.C. 284~B.C. 208)는 초(楚) 출신으로 순자(荀子)에게 배운 법가류의 정치가로서, 진의 승상 여불위에게 발탁되어 객경(客卿)이 되었다. 통일 시대 진의 정국을 담당한 실력자로, 시황제가 죽은 다음 환관 조고(趙高)와 공모하여, 막내아들 호해(胡亥)를 2세 황제로 옹립하고 시황제의 장자 부소(扶蘇)와 장군 몽염(蒙恬)을 자살하게 하였는데, 얼마 후 조고의 참소로 투옥되어 함양의 시장터에서 요참(腰斬)으로 처형되었다(『사기』 권87 「이사열전(李斯列傳)」 "二世二年七月, 具斯五刑, 論腰斬咸陽市."). 『한서(漢書)』 「형법지(刑法志)」에 따르면 이 오형은 먼저 얼굴에 문신을 새기고 코를 자르며, 좌우 발꿈치를 베고, 곤장으로 쳐 죽인 다음, 그 머리를 내걸고, 저자거리에서 그 골육으로 육장(肉醬)을 담근다는 것이다("當三族者, 皆先黥劓, 斬左右趾, 笞殺之, 梟其首, 菹其骨肉于市."). 구(具)는 판결을 받다, 정안(定案)이 이루어진다는 뜻이다.

[81] 회음(淮陰)은 회음후(淮陰侯) 한신(韓信, B.C. 231~B.C. 196)을 가리킨다. 한신은 회음(오늘날의 강소성 淮陽) 출신으로, 전한의 개국 공신이자 걸출한 장군이었다. 초·한 전쟁 중 탁월한 군사적 재능을 발휘하여 제왕(齊王)이 되면서 유방이 한 왕조를 세우는 데 큰 공을 세웠다. 이후 병권을 놓은 다음 초왕(楚王)이 되었다가 모반죄로 고발당해 회음후(淮陰侯)로 강등되었다. B.C. 197년 진희(陳豨)가 모반을 하였을 때 그에 호응하려다가 여후(呂后)와 소하(蕭何)에게 유인되어 진(陳)에서 체포되고, 장락궁(張樂宮)에 끌려와 처형당하였다. 여기서 계(械)는 손발을 묶는 목제 형구를 말한다.

[82] 전한의 개국 공신이었던 양왕(梁王) 팽월(彭越), 조왕(趙王) 장오(張敖)는 고(孤)를 칭하고 모반을 꾀하였다는 무고 때문에 유방에 의해 숙청당하였다. 고(孤)는 왕이 자신을 낮추어 부르는 말이므로, 칭고(稱孤)는 제후왕이 되었다는 것을 뜻한다.

[83] 강후(絳侯)는 전한 초기의 공신이자 무장(武將)인 주발(周勃)을 말한다. 주발은 강소성 패현(沛縣) 출신으로 유방과 함께 병란을 일으켜 군공을 세웠으며 강후에 책봉되었다. 고조의 사후 여후(呂后)가 전권을 휘두르자 진평(陳平)과 힘을 합쳐 여씨 일당을 주살하고 문제를 옹립하여 승상이 되었다가, 봉지에 돌아갔다. 하지만 그는 자기가 주살될지도 모른다고 생각하여 항상 갑옷을 입고 집안사람들도 무기를 들고 지키게 하였다가 모반 혐의로 체포되어 장안에 끌려와 옥졸에게 수모를 당하는 고초를 겪고 재산을 모두 바쳐 뇌물로 쓴 다음 간신히 풀려났다.

[84] 오백(五伯)은 오패(五霸), 즉 춘추 오패를 가리킨다.

[85] 청실(請室)은 청실(淸室)과 같은 뜻으로 죄과를 세척하는 방이라는 뜻인데, 죄를 진 관리를 수금하는 뇌옥이나 대신이 죄를 저지르고 판결을 기다리는 곳을 가리킨다.

[86] 위기(魏其)는 한 문제의 황후였던 두태후(竇太后)의 조카 대장군 두영(竇嬰)을 가리킨다. 오초칠국(吳楚七國)의 난 평정에 공로가 있어 위기후(魏其侯)에 봉해졌다. 두태후가 세상을 떠나자 배경을 잃어서 차차 위신이 낮아졌으나, 경제 때 중랑장(中郎將)을 지내고 무제 때 태복(太僕)이었던 관부(灌夫)만은 두영에게 의리를 지켜, 잔치에서 그를 무시하는 사람들의 무례를 질책하였다. 무제 때 관부는 승상에게 득죄하여 거실(居室)에 구금당하였다가 처형당하였으며, 두영도

加, 不能引決自財.[88] 在塵埃之中, 古今一體, 安在其不辱也!

이로 말미암아 이야기하자면 용감함과 비겁함은 형세가 결정하는 것이며, 강함과 약함 역시 형세에 의한 것입니다. 이런 도리는 아주 분명한 것이니, 더 이상 뭐가 이상한 게 있겠습니까? 하물며 또한 사람은 법망의 제재를 받기 전에 일찌감치 자살을 하지 못하고, 점차 궁지에 몰리다가 결국 매질을 당하면서 고문을 받을 때가 돼서야 절개를 지키기 위해 자결을 생각하지만, 이것은 이미 너무 뒤늦은 일이 아니겠습니까? 그래서 옛 사람들이 그리하여 대부(大夫)에게 형벌을 가하는데 신중하였던 것은 아마도 이 때문일 것입니다.

由此言之, 勇怯, 勢也; 彊弱, 形也. 審矣,[89] 曷足怪乎! 且人不能蚤自財繩墨之外,[90] 已稍陵夷至於鞭箠之間,[91] 乃欲引節,[92] 斯不亦遠乎! 古人所以重施刑於大夫者, 殆爲此也.

무릇 인정(人情)이란 누구든 살려고 애쓰고 죽는 것을 싫어하며, 부모·형제를 생각하고 처자식을 돌보게 되어 있습니다. 의리(義理)에 격분한 사람은 당연히 이렇지 않지만, 그래도 여기에는 부득이한 이유가 있습니다. 지금 저는 불행히도 부모님을 일찍 여의고 가까운 형제도 없으며 홀몸으로 고립되어 살고 있는데, 소경(少卿)이 보시기에 제가 처자식에게 어떻게 대한다고 보십니까? 하물며 용감한 사람도 역시 반드시 절개를

관부를 구하기 위해 나섰다가 무고를 당해 하옥된 다음 사형에 처해졌다. 거실(居室)은 소부(少府) 소속의 관서(官署)로 죄를 지은 귀족을 구금·심문하는 곳이다.

87 계포(季布)는 초(楚)나라 사람으로 항우(項羽) 밑에서 무장(武將)으로 있으면서 여러 싸움에서 유방을 괴롭혔다. 항우가 망한 다음 고조가 천금으로써 그를 포섭하려 하였으나 그는 성을 바꾸고 곤형(髡刑)과 감형(鉗刑)을 받은 다음 한양(漢陽)의 주씨(周氏) 집에 팔려가 노비가 되어 은둔하였다. 나중에 낭중(郞中) 벼슬로 발탁되고 하동태수(河東太守)가 되었다.

88 자재(自財)는 자살한다, 스스로 결정을 내린다는 뜻이다.

89 심(審)은 상세하다, 자세하다, 상세히 살피다, 깨우치다, 알다는 뜻도 있지만, 여기서는 분명하다, 명백하다는 뜻이다.

90 승묵(繩墨)은 원래 목공이 직선을 그릴 때 쓰는 먹줄인데, 나아가 규거·준칙·법도·법률을 비유한다.

91 능이(陵夷)는 산고개가 점차 평탄해지는 모습을 말하는데, 나아가 점차 쇠락하다, 쇠퇴한다는 것을 뜻하며, 편추(鞭箠)는 채찍질을 당한다는 뜻이다.

92 인절(引節)은 절개를 지켜 자살을 한다는 뜻이다.

위해 죽고자 하지는 않는데, 겁 많고 나약한 [저 같은] 사람이 만약 절의(節義)를 앙모한다면, 또한 어떤 점에서든 스스로를 장려하며 노력하지 않겠습니까? 비록 연약하고 또한 구차하게 삶을 유지하려고 합니다만, 저 또한 삶을 버리고 죽음을 택하는 거취의 분별에 대해서는 자못 잘 알고 있습니다. 어찌 스스로 뇌옥에 갇혀 굴욕을 받는 데 탐닉할 수 있겠습니까? 또한 노비나 비첩과 같은 비천한 사람도 [굴욕을 받으면] 능히 자결할 수 있는데, 하물며 부득이한 처지에 몰린 제가 그것을 못할 리가 있었겠습니까? 그래도 굴욕을 참고 구차하게 삶을 유지하면서, 똥통[과 같은 더러운 감옥] 속에 빠져 있으면서도 그것을 마다하지 않은 이유는, 제 마음 속에 있는 것을 다 이루지 못한 바가 있어, 죽은 다음 후세에 제 문장[文采]을 드러내지 못할 것을 한(恨)으로 여겼기 때문입니다.

　　夫人情莫不貪生惡死, 念親戚, 顧妻子, 至激於義理者不然, 乃有不得已也. 今僕不幸, 蚤失二親, 無兄弟之親, 獨身孤立, 少卿視僕於妻子何如哉? 且勇者不必死節, 怯夫慕義, 何處不勉焉! 僕雖怯耎欲苟活,[93] 亦頗識去就之分矣, 何至自湛溺累紲之辱哉![94] 且夫臧獲·婢妾猶能引決,[95] 況若僕之不得已乎! 所以隱忍苟活, 函糞土之中而不辭者, 恨私心有所不盡, 鄙沒世而文采不表於後也.[96]

예로부터 부귀를 누렸으나 그 이름이 마멸(摩滅)된 사람은 이루 다 기록할 수 없을 정도로 많으며, 오로지 빼어나고 비상한 재주를 가진 사람만이 이름을 남겼습니다. 주문왕은 구금되자 『주역』을 확충하였으며, 공자는 곤경에 처하자 『춘추』를 지었으며, 굴원(屈原)은 군주에게 쫓겨난 다음에 『이소(離騷)』를 지었고, 좌구(左丘)는 두 눈이 실명한 다음에 『국어』를 지었습니다. 손빈(孫臏)은 두 정강이를 잘리는 형벌을 받은 다음 『[손빈]병법』을 저술하였고, 여불위(呂不韋)는 촉(蜀)으로 유배된 다음 [그가 편찬한] 『여씨춘추』가 세상에 전해졌습니다. 한비자(韓非子)는 진에서 구금되자 『세난(說難)』·

93　겁연(怯耎)은 겁이 많고 나약하다는 뜻이다. 연(耎)은 연(軟)의 옛 글자이다.
94　담익(湛溺)은 빠진다는 뜻이고, 누설(累紲)은 범인을 묶는 포승으로 나아가 포승에 묶여 죄인이 된다거나 뇌옥을 가리킨다.
95　장획(臧獲)은 노비의 천칭(賤稱)으로 장은 사내종, 획은 계집종을 가리킨다. 비첩(婢妾)은 첩과 시녀를 가리킨다.
96　문채(文采)는 문장의 아름다움이나 문학적 재능, 또는 문장이나 문사(文辭)를 뜻한다.

「고분(孤憤)」 편을 지었습니다. 『시경』에 있는 삼백 편의 시도 대부분 성현이 발분(發憤)하여 지은 것입니다. 이들은 모두 마음에 맺힌 바가 있고, 자기 뜻을 펴지도 못하였기 때문에 과거의 사실을 서술함으로서 후대 사람에게 희망을 붙이고자 하였던 것입니다. 이를테면 좌구명은 두 눈을 실명하고, 손빈은 다리가 잘려 평생토록 남에게 중용될 수 없었지만, 물러나 서적을 편찬함으로써 자신의 분노를 풀고, 공문(空文)을 남겨 이로써 스스로를 드러내고자 하였던 것입니다.

古者富貴而名摩滅, 不可勝記, 唯俶儻非常之人稱焉.[97] 蓋西伯拘而演周易;仲尼厄而作『春秋』;屈原放逐, 乃賦『離騷』;左丘失明, 厥有『國語』;孫子髕脚, 兵法修列;不韋遷蜀, 世傳『呂覽』;韓非囚秦,「說難」·「孤憤」;『詩』三百篇, 大氐賢聖發憤之所爲作也. 此人皆意有所鬱結, 不得通其道, 故述往事, 思來者. 及如左丘明無目, 孫子斷足, 終不可用, 退論書策以舒其憤, 思垂空文以自見.

최근 저는 삼가 겸손하지 못하게 무능한 문장에 스스로를 맡겨, 천하의 상실된 옛 기록[舊聞]을 수집하고, 그 실제 사적(事跡)을 고찰하면서, 그 흥망성쇠의 이치를 헤아려서 모두 130편을 저술하였는데, 이를 통해 또한 하늘과 인간의 관계를 탐구하고 고금의 변화를 관통하여 독자적인 일가의 학설[一家之言]을 이루고자 하였던 것입니다. 그러나 초고[草創]를 아직 다 완성하지 못하였는데 마침 이와 같은 재앙을 당하였으니, 아직 이루지 못한 것을 정말로 안타깝게 여겨 극형을 당하고서도 [살아남아서 이 책을 지을 수 있다는 것 때문에] 얼굴에 화난 표정을 짓지 않았습니다. 제가 진실로 이 책을 완성한 다음 [잠시] 명산(名山)에 감추어 두었다가, [나중에] 통도대읍(通都大邑)의 뜻이 맞는 사람에게 전해질 수 있다면 이전에 받은 치욕에 대한 빚을 보상받을 수 있을 터이니, 그렇게 되면 설사 만 번 도륙을 당한다 한들 어찌 후회가 있겠습니까?[98] 그렇지만 이것은 지혜로운 사람에게는 말할 수 있으나, 세상의 속된 사람에게는 말하기 어려운 일입니다.

---

97 숙당(俶儻, 俶倘)은 탁월하여 비범하다, 호쾌하고 소탈하여 구속을 받지 않는다는 뜻이다.
98 앞서의 「태사공자서」에서 사마천은 "그 정본(正本)은 명산(名山)에 비장하고, 부본(副本)을 경사(京師)에 비치하여 [그 진가를 알아줄] 성인·군자가 후세에 나오길 기대할 뿐이다."라고 말한 바 있다.

僕竊不遜, 近自託於無能之辭, 網羅天下放失舊聞, 考之行事, 稽其成敗興壞之理, 凡百三十篇, 亦欲以究天人之際, 通古今之變, 成一家之言. 草創未就,[99] 適會此禍, 惜其不成, 是以就極刑而無慍色. 僕誠已著此書, 藏之名山, 傳之其人通邑大都, 則僕償前辱之責, 雖萬被戮, 豈有悔哉! 然此可爲智者道, 難爲俗人言也.

또한 더러운 이름을 뒤집어쓰고 산다는 것은 쉽지 않은 일이며, 비천한 지위 역시 비방을 당하는 일도 잦습니다. 저는 말을 잘못 꺼냈다가 이런 재앙을 만나 거듭 향리에서 웃음거리가 되고 조상을 욕되게 하였으니, 무슨 면목이 있어 부모님의 무덤 앞에 다시 오를 수 있겠습니까? 비록 백 세대가 지난다 해도 치욕은 더욱 심해질 것입니다! 그리하여 하루에도 아홉 번 창자가 뒤틀렸으며, 집 안에 있으면 뭔가 잃어버린 것처럼 정신이 불안정하다가, 밖에 나가면 도대체 어디로 가야할지 모르는 사람처럼 우왕좌왕할 정도입니다. 매번 이 치욕을 생각할 때마다 등에 식은땀이 나서 옷이 젖지 않은 적이 없습니다. 저는 지금 바로 궁중의 신하가 되어 있으니, 어찌 스스로를 끌어다 산속에 몸을 숨기도록 할 수 있겠습니까? 그래서 단지 세속에 따라 부침을 거듭하고 시간의 흐름에 따라 위아래로 흔들리면서 그 미칠 것 같은 곤혹스러움을 견뎌 내고자 하고 있습니다. 지금 소경께서 제게 현명한 선비를 밀어 주라고 충고하셨지만, 이것은 어찌 제 속마음과 어긋나는 것이 아니겠습니까? 지금 비록 스스로를 아름답게 꾸며 그럴듯한 말로 자신을 [이러한 곤혹에서] 해탈시킨다고 한들, 아무런 이익도 없고 세상 사람들도 믿어 주지 않을 것이며, 단지 수치를 불러오기만 할 것입니다. 요컨대 죽고 난 다음에야 비로소 옳고 그름은 정해지는 것입니다. 이런 편지 글만 가지고는 제 뜻을 다 전할 수 없을 터입니다. 그래서 간단하게 제 얕은 생각을 말씀드렸습니다.

且負下未易居,[100] 下流多謗議. 僕以口語遇遭此禍, 重爲鄕黨戮笑,[101] 汙辱先人, 亦何面目復上父母之丘墓乎? 雖累百世, 垢彌甚耳! 是以腸一日而九回,[102] 居則忽忽若有

---

99 초창(草創)은 초고(草稿)를 말한다.
100 부하(負下)는 더러운 이름을 뒤집어쓴다는 뜻이다.
101 향(鄕)은 1만2,500가(家), 당(黨)은 500가를 말하는데, 나아가 향친이나 고향 사람을 가리키기도 한다. 육소(戮笑)는 웃음거리가 된다는 뜻이다.
102 구회(九回)는 구전(九轉)과 같은 뜻으로, 아주 고통스러움을 형용한다.

所亡.¹⁰³ 出則不知所如往. 每念斯恥, 汗未嘗不發背霑衣也. 身直爲閨閤之臣,¹⁰⁴ 寧得自引深臧於巖穴邪! 故且從俗浮湛,¹⁰⁵ 與時俯仰, 以通其狂惑.

今少卿乃敎以推賢進士, 無乃與僕之私指謬乎? 今雖欲自彫瑑,¹⁰⁶ 曼辭以自解,¹⁰⁷ 無益, 於俗不信, 祇取辱耳. 要之死日, 然後是非乃定. 書不能盡意, 故略陳固陋.

---

103 홀홀(忽忽)은 실의에 빠진 모양을 형용한다.
104 규합(閨閤)은 모두 궁중의 작은 문을 가리키며, 나아가 금궁(禁宮)을 말한다. 규합지신(閨閤之臣)은 환관을 말한다.
105 부담(浮湛)은 부침(浮沈)과 같은 뜻이다.
106 조전(彫瑑)은 애써 문장을 다듬어 꾸민다, 미화한다는 뜻이다.
107 만사(曼辭)는 그럴듯한 말, 아름다운 말이라는 뜻이다.

03 『문심조룡(文心雕龍)』 「사전(史傳)」

유 협(劉勰)

『문심조룡(文心雕龍)』

『문심조룡』은 남조(南朝) 양(梁)의 유협(劉勰)이 창작한 문학 이론서로 501~502년 사이에 완성되었다. 중국의 문학 이론 비평사에서 첫째가는 책이자, 엄밀하고 주도면밀한 체계와 내용으로 높은 평가를 받는다. 전체 모두 10권 50편(원래는 상하 2부, 각 25편이었다)으로 구성되어 있다. 공자(孔子)·유가(儒家)의 미학(美學) 사상을 기초로 도가(道家)를 아울러 채용하여 도(道)가 문학의 본원(本源)이며, 성인(聖人)이 문인이 배워야 할 모범이고, 경서(經書)가 문장의 전범이라고 주장하였다. 문장 작가의 개성을 재(才)·기(氣)·학(學)·습(習) 네 가지 방면으로 설명하면서, 문학의 형식과 내용, 계승과 형식의 관계를 계통적으로 서술하면서, 동시에 예술 창작의 사유에 대해서도 깊이 다루었다. 전체는 총론 5편, 문체론 20편, 창작론 19편, 비평론 5편, 총서 1편의 다섯 부분으로 구성되어 있다. 우리나라에도 최신호 역, 『문심조룡』(현암사, 1974. 현암신서 29); 이민수 역, 『문심조룡』(을유문화사, 1984) 등으로 일찍부터 여러 종류의 번역본이 나와 있다. 본문의 역주에는 용필곤(龍必錕) 역주(譯註), 『문심조룡전역(文心雕龍全譯)』(貴州人民出版社, 1992)도 참조하였다.

유협(劉勰)

유협(465?~520)은 자가 언화(彦和)로 남조 양(梁) 사람이다. 조적(祖籍)은 산동 거현(莒縣, 오늘날의 산동성 莒縣)인데 경구(京口, 오늘날의 강소성 鎭江)에서 태어났다. 현령(縣令)·보병교위(步兵校尉)·궁중통사사인(宮中通事舍人) 등의 관직을 거치면서 청명(淸名)하다는 평가를 받았고, 만년에는 산동의 거현에서 정림사(定林寺)를 세우기도 하였으나, 그가 이름을 떨친 것은 『문심조룡(文心雕龍)』이라는 책을 통해 중국 문학사·문학 비평사에서 독보적인 지위를 확보하였기 때문이다. 『문심조룡』(10권, 50편)은 상·하 각 25편(篇)으로 나뉘는데, 중국의 문학 이론 비평사에서 첫 번째로 나온 가장 엄밀한 체계를 갖추면서도 정밀한 내용을 갖춘 이론서로 평가된다.

03

『문심조룡(文心雕龍)』「사전(史傳)」[1]

    천지개벽의 시대는 혼돈스러웠을 뿐만 아니라 이미 아주 오랜 시간이 흘렀으니 오늘날에 살면서 이 옛 시대에 대해 알고자 한다면, 그것은 사적(史籍)에 의존해야 하는 것이 아닐까? 황제(黃帝)의 시대에는 창힐(蒼頡)이 사관(史官)의 자리를 맡아 문자 기록을 주재하였다고 하므로 사적의 유래는 아주 오래된 셈이다. 『예기(禮記)』 「곡례(曲禮)」 편에서는 말한다. "사관은 붓으로 기록을 한다[史載筆]." 이른바 사(史)라고 하는 것은 바로 부린다[使]는 뜻이다. 즉 제왕이 사관에게 좌우에서 붓을 가지고 기록하도록 부린다는 뜻이다. 옛적에 좌사(左史)는 전문적으로 제왕의 일을 기록하는 책임을 맡았고, 우사(右史)는 전문적으로 제왕의 말을 기록하는 책임을 맡았다. 말을 기록한 경전에는 『상서』가 있고, 일을 기록한 경전에는 『춘추』가 있다. 당우 시대의 역사는 『상서』의 「요전(堯典)」·「고요모(皐陶謨)」 등에 있고, 하·상(夏·商) 시대의 역사는 [『상서』의] 「탕고(湯誥)」·「감서(甘誓)」 등에 있다. 주(周)의 국운은 문왕 시대부터 점차 새롭게 바뀌기 시작하여 주공은 역사를 기록하는 법칙을 제정하였다. 이로부터 역법을 미루어 계산하여 연월을 편성·배치하고, 사계절 순서에 따라 사건을 기록하게 되었다. 제후들도 나라를 세우면 역시 각자 자신의 국사(國史)를 갖게 되었다. 좋은 일을 표창하고 실수나 잘못을 비평하면서 양호한 풍기를 수립한 것이다.

    開辟草昧,[2] 歲紀綿邈,[3] 居今識古, 其載籍乎?[4] 軒轅之世, 史有蒼頡,[5] 主文之職, 其

---

1 「사전(史傳)」편은 『문심조룡』 권4에 실려 있는데, 여기서부터 25권의 「서기(書記)」까지 10편은 모두 산문체의 문장·문체에 대한 논의이다. 이 「사전」 편은 크게 두 부분으로 나뉘는데, 첫 부분은 진·송(晉·宋) 이전의 사서(史書)를 다루면서 사전(史傳)의 함의, 사관의 설치와 춘추 전국 시대 사서의 편찬, 양한(兩漢) 시대와 위진 이래의 사서를 다루고 있다. 두 번째 부분은 바로 사서의 편찬에 대한 이론으로 사가(史家)로서의 임무와 요구 및 사서 편찬의 네 가지 큰 대강을 다루고 있다. 사학사의 각도에서 보면 이 「사전」편은 진·송 이전의 사서에 대해서 비교적 체계적인 서술을 하고 있어, 고대 사학의 이론에 일정한 기여를 하였다고 할 수 있다.

2 초매(草昧)는 천지개벽 때의 혼돈 상태, 또는 창시·초창 단계를 가리킨다. 시세가 혼란하고 암흑 같다는 것을 뜻하기도 한다.

來久矣.「曲禮」曰:"史載筆."[6] 史者, 使也. 執筆左右, 使之記也. 古者左史記事者, 右史記言者. 言經則『尚書』, 事經則『春秋』也.[7] 唐·虞流于「典」·「謨」, 商·夏被于「誥」·「誓」. 泊周命維新,[8] 姬公定法,[9] 紬三正以班歷,[10] 貫四時以聯事. 諸侯建邦, 各有國史, 彰善癉惡,[11] 樹之風聲.

　주는 평왕이 수도를 동쪽으로 옮긴 이후 쇠약해지기 시작하여 정치는 서주 시대의 태평성세에 미치지 못하였고, 법도가 문란해지고 윤리 도덕도 무너졌다. 그 무렵 공자는 선왕의 법도가 폐기되는 것을 염려하고 서주 시대의 예악 문화가 쇠락되는 것을 서글피 여겨 노나라에 조용히 머무르고 있을 때 봉황이 날아오지 않는 것을 한탄하였고, 오부지구(五父之衢)에 기린이 출현하였을 때에는 태평 시대에 태어나지 못하였다고 눈물을 흘렸다. 이에 [노로] 돌아가 노의 악관(樂官)과 음악에 대해 토론한 다음 '아'·'송' 등의 음악을 바로잡았고, 노의 사서에 기초하여 『춘추』를 편찬하였다. 그는 『춘추』에서 인물의 득실을 들어 칭송하거나 깎아내리는 포폄의 뜻을 밝혔고, 국가의 흥망을 검토하여 권고와 경계의 뜻을 드러내었다. 『춘추』에서 단 한 글자의 칭송이라도 받은 사람은 누구든 그것이 고관 후록(高官厚祿)보다 더 존귀한 것이 되었고, 한마디 비평이라도 받은 사람은 누구든 그것이 형구로 처형당하는 것보다 훨씬 치욕스러운 타격이 되었다. 하지만 그 정심한 취지는 그윽하게 숨어 있고 『춘추』의 경문 또한 몹시 간

3　면막(綿邈. 縣邈)은 요원하다, 장구하다, 아주 깊고 길다는 뜻이다.
4　재적(載籍)은 서적, 전적을 가리킨다.
5　창힐(蒼頡)은 황제(黃帝)의 신하로 한자(漢字)를 창조했다고 일컬어지는 전설 속의 인물이다.
6　「곡례(曲禮)」는 『예기』「곡례」 편을 말한다("史載筆, 士載言.").
7　『한서』 권30 「예문지(藝文志)」, p.1715에 나오는 구절이다("左史記言, 右史記事. 事爲『春秋』, 言爲 『尚書』, 帝王靡不同之."). 『예기』「옥조(玉藻)」 편에서는 "左史記動, 右史記言."이라고 나온다.
8　'주명유신(周命維新)'의 구절은 원래 『시경』「대아(大雅) 문왕(文王)」 편에 나온다("周雖舊邦, 其命維新.").
9　희공(姬公)은 주공(周公)을 말한다. 주공은 성이 희(姬)이고 이름은 단(旦)이다.
10　삼정(三正)은 하의 정건인(正建寅), 은의 정건축(正建丑), 주의 정건자(正建子)를 합칭하는 말로 세 왕조 시대의 역법을 말한다. 이를테면 건인(建寅)은 북두칠성의 자루 모양 부분의 운행으로 월(月)을 계산하는 것으로 이 자루 부분이 십이신(十二辰) 가운데 인(寅)의 부분에 오는 것이 하의 역법의 정월이다. 즉 건인은 하 역법의 정월을 1년의 시작, 즉 세수(歲首)로 삼는 방법을 가리킨다.
11　이 구절은 원래 『상서』「필명(畢命)」 편에 나온다("旌別淑慝, 表厥宅里, 彰善癉惡, 樹之風聲.").

략하였으므로, 공자와 동시대의 사람인 좌구명만이 그 미언대의(微言大義)를 알아차릴 수 있었다. 이에 그는 계통적으로 그 시작과 끝을 탐구하고 밝혀『좌전』의 체례(體例)를 창조할 수 있었다. 이른바 전(傳)이라고 함은 건네받아 넘겨준다[轉]는 것이다. 경전의 뜻을 이어 받아서 뒷사람에게 넘겨주는 것이었으므로, 『좌전』이야말로 성인이 쓴 저작에 아주 훌륭한 참고서이자, 또한 사서의 으뜸이 되었다.

自平王微弱, 政不及「雅」,[12] 憲章散紊, 彝倫攸斁.[13] 昔者夫子閔王道之缺, 傷斯文之墜, 靜居以嘆鳳,[14] 臨衢而泣麟.[15] 于是就太師以正『雅』・『頌』,[16] 因魯史以修『春秋』.[17] 舉得失以表黜陟, 徵存亡以標勸戒; 褒見一字, 貴逾軒冕[18]; 貶在片言, 誅深斧鉞.[19] 然睿旨幽隱, 經文婉約, 丘明同時, 實得微言. 乃原始要終,[20] 創爲傳体. 傳者, 轉也; 轉受經旨, 以授于後, 實聖文之羽翮,[21] 記籍之冠冕也.[22]

---

[12] 여기서 아(雅)는 『시경』의 「대아」・「소아」편을 말하는데, 여기에 반영된 태평성세를 가지고 주의 전성 시기를 비유한다.

[13] 이륜(彝倫)은 상륜(常倫)이라는 뜻이고, 유(攸)는 소(所)와 같은 뜻이다. 두(斁)는 무너진다, 패괴(敗壞)된다는 뜻이다.

[14] 탄봉(嘆鳳)은 공자가 제대로 된 시세를 만나지 못하였다고 한탄하였다는 뜻이다. 『논어』「자한(子罕)」편에 나온다("子曰 : '鳳鳥不至, 河不出圖, 吾已矣夫!'"). 봉황이나 하도는 길상(吉祥)을 표현해 주는 상징이다. 정거(靜居)는 한거(閑居)한다는 뜻으로 아직 관직에 나아가지 않았을 때를 뜻한다.

[15] 어떤 사람이 괴수를 잡았지만, 무엇인지 몰라 상서롭지 못하다고 오부지구(五父之衢)에 버렸는데, 공자가 가서 보고 태평성대의 출현을 상징하는 상서로운 동물인 기린(麒麟)임을 확인하고, 주나라가 무너지는 동란의 시대에 기린이 출현한 것을 한탄하면서 자신의 도가 이루어지지 못할 것임을 안타까워 했다는 고사를 말한다. 『춘추공양전주소(春秋公羊傳注疏)』 권28 애공(哀公) 14년조 기사, 『공총자(孔叢子)』「기문(記問)」, 『공자가어(孔子家語)』 권4 「변물(辯物)」 등에 나온다.

[16] 태사(太師)는 수석 악사를 가리킨다. 『논어』「팔일(八佾)」편에 공자가 노국의 태사와 음악을 논하는 기록이 나온다.

[17] 『맹자』「등문공(滕文公) 하(下)」편에 나온다("世衰道微, 邪說暴行有作, 臣弑其君者有之, 子弑其父者有之. 孔子懼, 作『春秋』.").

[18] 헌면(軒冕)은 대부(大夫) 이상 관원의 수레와 모자・복장을 말한다. 나아가 관위(官位)와 작록(爵祿), 또는 국군(國君)인 지위 높은 귀족을 가리키기도 한다.

[19] 부월(斧鉞)은 도끼와 큰 도끼를 말하지만, 나아가 형구(刑具)를 뜻하기도 한다.

[20] 『주역』「계사(繫辭) 하(下)」에 나오는 구절로 사물의 규율을 전면적으로 탐구한다는 뜻이다("易之爲書也, 原始要終以爲質也.").

[21] 우핵(羽翮)은 새의 깃털(鳥羽)이나 날개, 나아가 보좌나 보익한다는 것을 비유한다.

전국 시대에 이르러서도 사서를 편찬하는 관직은 여전히 존재하였다. 진시황이 칠국을 겸병하기까지, 전국 시대에는 수많은 계책과 모략이 있었다. 이러한 것들을 모아서 기록할 뿐 연대순으로 정리하지는 않았기 때문에 바로 간책(簡策)이란 말의 '책'에서 따와 『전국책(戰國策)』이라는 이름을 붙였다. 한 고조는 진과 항우를 멸망시키면서 오랜 시간에 걸친 군사적 업적을 쌓아 올렸다. 이에 육가(陸賈)는 이러한 옛일을 살펴 『초한춘추(楚漢春秋)』를 지었다. 전한의 태사 사마담에 이르러서는 대대로 사서를 편찬하는 임무만을 맡아 왔으며, [그의 아들] 사마천은 부친의 뜻을 이어받아 역대 제왕의 업적을 검토·서술하였다. 「요전(堯典)」에 비교하여 이를 '전(典)'이라고 한다면, 거기 쓴 제왕의 역사는 아주 잡다하여 모두 다 성현과 같은 인물들만은 아니었다. 또한 공자를 본떠 '경(經)'이라고 한다면, 그 문장 역시 성현이 쓴 『춘추』와 비교할 수 있는 것이 아니었다. 그래서 『여씨춘추』의 [십이기(十二紀)라는 서술] 방식을 받아들여 '기(紀)'라는 통칭을 붙였던 것이다. '기'라는 것은 '기강(紀綱)'이라는 뜻에서 붙인 것인데, 역시 일종의 아주 폭이 넓은 명칭이라 할 것이다. 그래서 '본기(本紀)'로 제왕의 일을 서술하고, ['세가(世家)'와] '열전(列傳)'으로 제후를 총괄[하고 각종 중요인물을 서술]하였으며, '팔서(八書)'로 사회·정치 체제를 기술하고, '십표(十表)'로 연표와 작위(爵位)를 늘어놓았다. 비록 옛날 사서와는 다른 방식이기는 하지만 도리어 역사적 사실들을 아주 조리 있게 처리할 수 있었다. 『사기』에서 사실대로 기록하고 조금도 숨기지 않은 장점이나, 깊고 넓으면서도 단정하고 우아한 논변을 펼 수 있었던 재능, 기이하고 특출한 것을 애호하여 유가 경전의 도리를 어긴 잘못, 그리고 체례의 부적절한 안배에 대해서는 반표(班彪)가 이미 [「사기론(史記論)」에서] 상세하게 평론한 바 있다.

　及至縱橫之世,[23] 史職猶存. 秦幷七王, 而戰國有策. 蓋錄而弗敍, 故卽簡而爲名也. 漢滅嬴·項,[24] 武功積年. 陸賈稽古,[25] 作「楚漢春秋」. 爰及太史談, 世惟執簡, 子長

22　관면(冠冕)은 제왕이나 관원이 쓰는 모자를 말하는데, 나아가 한인의 복식이나 관직·관료 가문을 가리키며, 으뜸을 비유하기도 한다.
23　종횡지세(縱橫之世)는 합종연횡(合縱連橫)의 계책이 난무하던 전국 시대를 가리킨다.
24　영(嬴)은 여기서 진시황을 가리키는데, 그의 성명은 영정(嬴政)이다. 항(項)은 항우(項羽)를 가리킨다.
25　육가(陸賈, B.C. 240~B.C. 170)는 전한의 관료로 항우·유방이 천하를 두고 쟁패할 때부터 막료로서 유방을 도와 능숙한 언변으로 제후들을 설득한 것으로 유명하여, 유방은 그를 '말 잘하는

継志,²⁶ 甄序帝勣,²⁷ 比堯稱'典',²⁸ 則位雜中賢²⁹; 法孔題經, 則文非元聖.³⁰ 故取式『呂覽』, 通號曰:'紀'.³¹ 紀綱之號, 亦宏稱也. 故「本紀」以述皇王,「列傳」以總侯伯,「八書」以鋪政体,「十表」以譜年爵, 雖殊古式, 而得事序焉. 爾其實錄無隱之旨,³² 博雅弘辯之才, 愛奇反經之尤, 條例蹉落之失,³³ 叔皮論之詳矣.³⁴

반고가 『한서』를 쓰기에 이르러서는 [사마천과 반표라는] 앞 시대 사가의 작업을 그대로 이어받았으며, 특히 사마천의 『사기』를 보기만 하면 반고가 거기에서부터 계발을 받은 바가 아주 컸다는 점을 바로 알 수 있다. 『한서』의 「십지(十志)」는 완비되어 있고 풍부하며, '찬사(贊辭)'나 '서언(序言)'도 아주 훌륭하고 아름다워, 화려함과 질박함이 우아하게 섞여 있고, 안에 포함된 뜻도 진실로 깊고 두텁다. 유가 성인과 경전의 단정하고 우아함을 본받았고, 조리가 아주 분명하고 내용이 풍부한 장점이나, 아버지의 이

선비[有口辯士]'로 칭송했다고도 한다. 남월왕(南越王) 조타(趙佗)를 설복하여 한에 귀부하도록 하였으며, 유학을 적극적으로 제창하면서 한 고조를 설득하기 위해 올린 글을 모은 『신어(新語)』라는 책을 남기기도 하였다. 『초한춘추(楚漢春秋)』(9권)는 유방·항우의 봉기부터 한 문제(文帝) 초기까지의 일을 다루었다. 사마천이 『사기』를 편찬할 때 참조했다고 하지만 당(唐) 이후로 산일되었고, 청대에 일문을 모은 집본이 전해진다.

26 자장(子張)은 사마천의 자(字)이다.
27 견서(甄序)는 심사·분별하여 서술한다는 뜻이다.
28 '전(典)'은 『상서』「요전(堯典)」·「순전(舜典)」을 가리킨다.
29 중현(中賢)은 일반적인 현인을 뜻한다.
30 원성(元聖)을 현성(玄聖)이라 하는 판본도 있다.
31 기(紀)는 실마리, 실 가닥의 첫머리, 그물의 줄(벼리)을 말한다. 나아가 사물의 단서, 엉클어진 실 뭉치를 간추린다는 것에서 다스리다, 정리하다는 뜻이기도 한다. 기강(紀綱)은 그물의 벼리, 또는 줄, 나아가 강령(綱領)·법도를 가리키기도 한다.
32 이기(爾其)는 연사(連詞)로 나아가 어떤 경우, 이를테면[至於. 至如]이라는 뜻이다.
33 준락(蹉落)은 잘못된 것이 뒤죽박죽 섞여 있다는 뜻이다. 여기서 조례(條例)는 체례(體例)를 말하는데, 사서 내부 문장의 구성·조직·편집 형식 등(이를테면 紀·傳·世家·表·書 등의 구분)을 가리키는 의미로 사용한다. 항우(項羽)나 여후(呂後)를 '본기'에 할당하고 농민 반란의 지도자 진섭(陳涉)을 '세가'에 할당한 것 등은 그 대표적인 체례의 '부당함'의 사례로 지적되기도 한다.
34 숙피(叔皮)는 반표(班彪, 3~54)를 말한다. 반표는 전한 말 후한 초의 사람으로 자가 숙피(叔皮)이고 부풍(扶風) 안릉(安陵) 출신이다. 관료 가문 출신으로 유학에 깊은 영향을 받았으며 박학하고 재주가 높아 사학 저술에 전념하여 『[사기]후전([史記]後傳)』 60여 편을 지었고, 그의 아들 반고가 『한서』를 지을 때 크게 의거하였다고 한다.

름을 내버리고 그 성취를 가로 챈 죄나 뇌물을 받고 써 준 허물에 대해서는 중장통(仲長統)이 이미 아주 상세하게 따진 바 있다.[35] 『좌전』의 역사 서술을 보면 『춘추』 경전의 본문 뒤에 붙이거나 가끔 경문 사이에 끼워 넣었고, 문자 면에서 비교적 간략하다는 장점을 갖추고 있지만, 중요한 씨족의 사건에 대해서도 제대로 파악하기 어렵다. 『사기』의 「열전」에 와서야 비로소 역사적 인물에 대해서 상세하게 기록하여 쉽게 읽어 볼 수 있게 되었으니, 이후 사가들은 이 방법을 그대로 모범으로 따르게 되었다.

한 혜제(惠帝)가 권력을 넘겨 여후(呂後)가 섭정을 한 것에 대해 『사기』와 『한서』는 모두 여후를 위해 「본기」를 세웠는데, 이것은 상리(常理)를 위반하여 충실함을 잃은 것이다. 왜 그런가? 복희씨 이래 여성 황제라는 것은 들어 본 적이 없기 때문이다. 한대에 이런 운명이 있었다고는 하지만, 이것은 후대의 모범이 되기는 어렵다. 주 무왕은 [상나라를 치러 나가기 위한] 출전에 앞서 이미 "암탉이 새벽에 울어서는 안 된다."라고 맹세한 적이 있다. 제(齊) 환공(桓公) 역시 회맹(會盟) 문서에서 "여성이 국사(國事)에 참여하는 것을 허용해서는 안 된다."라고 밝힌 바 있다. 선태후(宣太後)는 진(秦)의 국정을 어지럽혔고, 여후는 한 왕조를 위태롭게 하였다. 어찌 단지 국가의 대사를 남에게 넘겨주어 대신하게 하는 것 때문만이겠는가? 명호(名號)를 정하는 문제에 대해서는 또한 신중해야 하기 때문이다. 장형(張衡)은 사서 편찬에 종사할 때 사마천과 반고의 방식에 미혹되어 마침내 효원황후(孝元皇後)를 위해 「본기」를 세우고자 하였는데, 이 역시 몹시 잘못된 일이다. 이치상으로 따지면 혜제(惠帝)의 아들 유홍(劉弘)은 비록 황후의 아들이라고 둘러대기는 하였지만 결국 혜제의 후손이라는 점은 분명하였다. '젖먹이[孺子]' 유영(劉嬰)은 비록 나이가 어렸지만, 그야말로 바로 한 평제의 후계자였다. 따라서 유홍·유영 두 사람은 응당 [황제로서] 본기를 써야 하지만, 어디에 여후나 효원황후를 위해 「본기」를 써야 할 이치가 있다는 말인가?

及班固述『漢』, 因循前業, 觀司馬遷之辭, 思實過半.[36] 其「十志」該富,[37] '贊'·'序'弘麗,[38]

---

[35] 이 책에 실린 『통지(通志)』 「총서(總序)」에도 반고에 대한 정초(鄭樵)의 호된 평가가 잘 나와 있다.

[36] 『주역』 「계사 하(下)」에 나오는 구절로 생각을 계발하는 바 있어 분명히 깨우친 것이 아주 많다. 태반을 깨우쳤다는 뜻이다("知者觀其彖辭, 則思過半矣.").

[37] 「십지(十志)」는 「율력지(律曆志)」·「예악지(禮樂志)」·「형법지(刑法志)」·「식화지(食貨志)」·「교사지(郊祀志)」·「천문지(天文志)」·「오행지(五行志)」·「구혁지(溝洫志)」·「예문지(藝文志)」를 말한다. 해(該)는 완비되어 있다는 뜻이다.

儒雅彬彬,[39] 信有遺味. 至于宗經矩聖之典, 端緒豊贍之功, 遺親攘美之罪,[40] 征賄鬻筆之愆,[41] 公理辨之究矣.[42] 觀夫左氏綴事, 附經間出, 于文爲約, 而氏族難明. 及史·遷各傳, 人始區詳而易覽, 述者宗焉. 及孝惠委機, 呂後攝政,[43] 班史立紀, 違經失實, 何則? 庖犧以來,[44] 未聞女帝者也. 漢運所值, 難爲後法. "牝鷄無晨", 武王首誓[45]; "婦無

---

38 찬(贊)은 『한서』에서 기전의 말미에 '찬왈(贊曰)'이라고 하여 편찬자가 총괄하면서 자기 의견을 제시하는 부분을 가리키며, 서(序)는 표·지 등의 머리에서 설명을 한 부분을 가리킨다.

39 유아(儒雅)는 풍도가 온화하고 우아하다는 뜻이다. 빈빈(彬彬)은 문질빈빈(文質彬彬, 文質斌斌)으로 화려(文華)함과 질박(質朴)함이 적절하게 배합되어 있다. 화려하면서도 질박하다, 또는 형식과 내용이 잘 갖추어져 있다는 뜻이다. 즉 문아(文雅)함을 형용한다.

40 반고가 아버지가 쓴 『[사기]후전』에서 많은 것을 가져왔으면서도 그것을 전혀 밝히지 않은 점을 가리킨다.

41 반고가 돈을 받고 그 사람을 위해 써 준 일을 말한다. 유지기(劉知幾)의 『사통(史通)』 「곡필(曲筆)」 편에서도 "반고가 돈을 받고서야 비로소 썼다."는 논평을 가하고 있다.

42 공리(公理)는 중장통(仲長統, 179~220)을 말한다. 후한 말의 철학가·정론가인 그는 자가 공리(公理)로 산양군(山陽郡) 고평(高平, 오늘날의 산동성 微山縣) 사람이다. 어려서부터 총명하고 학문을 좋아하여 군서(群書)를 널리 읽었으며, 재주가 뛰어나고 호쾌하며 직언을 서슴지 않고 작은 예절에 구애받지 않아 사람들이 '광생(狂生)'이라 불렀다고 한다. 상서령(尙書令) 순욱(荀彧)의 천거를 받아 상서랑(尙書郞)에 임명되어 승상 조조(曹操)를 섬길 기회가 있었으나 중용되지 않았다고 한다. 저작으로 『창언(昌言)』이 있지만 이미 실전되어 그의 반고에 대한 평가가 어떤 내용인지는 확인이 곤란하다. 『후한서(後漢書)』 권49의 「열전」에 전기가 있다.

43 효혜(孝惠)는 한 혜제(B.C. 211~B.C. 188)로 전한의 제2대 황제이다. 고조 유방의 적장자로 모친은 여치(呂雉, 즉 呂後)인데, 재위 7년 만에 24세의 나이로 사망하였다. 시호(諡號)를 효혜(孝惠)라고 한다. 당초 고조는 총애하는 척 부인(戚夫人)과의 사이에 낳은 아들이 훨씬 자기를 닮았다고 보아 태자로 삼을 생각을 하였지만, 여후가 적극적으로 나서 태자가 폐위되는 것을 막았다. 고조가 죽자 혜제가 즉위하였고 인정을 베풀었지만, 우유부단한 데다가 모친 여후의 견제를 받아 억눌려 지내다가 일찍 세상을 뜨자, 여후가 이후 8년여에 걸친 전권 통치를 행사하게 되었다. 위기(委機)는 혜제가 권력을 제대로 행사하지 못하고 여후에게 맡기거나 넘겨 버렸다는 것을 가리킨다.

44 포희(庖犧)는 복희(伏羲)씨를 말한다.

45 빈계무신(牝鷄無晨)은 암탉은 새벽에 울지 않는다는 뜻으로 암탉이 수탉을 대신하여 울면 집안이 망하고 여자가 정권을 빼앗으면 나라가 망한다는 것을 뜻한다. 상나라의 주왕(紂王)이 달기(妲己)를 총애하여 마치 암탉이 새벽에 우는 것처럼 정치를 크게 무너뜨리게 했다는 것을 가리키는데, 주 무왕은 결국 상나라를 무너뜨리고 나서 이런 말을 하였다고 일컬어진다(『상서』 「목서(牧誓)」 "牝鷄無晨. 牝鷄之晨, 惟家之索."). 무왕은 상나라를 토벌하기 위해 목야(牧野, 오늘날의 河南省 淇縣 西南)에서 서사대회(誓師大會)를 열고 주왕의 죄상을 열거하여 군대를 이끌고 결전에 임하였다.

與國", 齊桓著盟46; 宣後亂秦,47 呂氏危漢:豈唯政事難假, 亦名號宜慎矣. 張衡司史,48 而惑同遷固, 元帝王后,49 欲爲立紀, 謬亦甚矣. 尋子弘雖僞, 要當孝惠之嗣50;孺子誠微, 實継平帝之体51; 二子可紀, 何有于二后哉?

후한대의 기전체 사서는 『동관한기(東觀漢記)』에서 비롯된다. 이후 원산송(袁山松)의 『후한서(後漢書)』나 장옥(張瑩)의 『후한남기(後漢南紀)』는 모두 몹시 치우치고 잡다해서 질서가 없다. 설형(薛瑩)의 『후한기(後漢紀)』나 사승(謝承)의 『후한서(後漢書)』 모두 아주 거칠고 잘못이 많아 믿음을 주기에 부족하다. 그러나 사마표(司馬彪)의 『속한서(續

---

46 부무여국(婦無與國)은 『춘추곡량전(春秋穀梁傳)』 희공(僖公) 18년조의 기사에 나온다. 제환(齊桓)은 제 환공(桓公, ?~B.C. 643)을 가리킨다. 제 환공은 관중(管仲)을 승상으로 삼아 개혁을 추진하여 제를 강국으로 만들었으며 B.C. 681년 역사상 처음으로 제후 간의 회맹(會盟)을 주도하면서 존왕양이(尊王攘夷)의 기치를 내건 것으로 유명하다.

47 선후(宣後)는 선태후(宣太後, ?~B.C. 265)로, 즉 진(秦) 소양왕(昭襄王)의 모친이다. 그가 즉위하였을 때 권력을 장악하여 전권을 휘둘렀다.

48 장형(張衡, 78~139)은 자가 평자(平子)로 남양(南陽) 서악(西鄂, 오늘날의 河南省 남양시) 출신으로 후한 시대의 뛰어난 문학가·수학가·발명가이기도 하다. 낭중(郞中), 태사령(太史令, 전후하여 14년 재직)·시중(侍中)·하간상(河間相) 등을 지냈다. 사마상여(司馬相如)·양웅(揚雄)·반고(班固)와 더불어 한부(漢賦)의 4대가(四大家)로 불리기도 한다. 또한 중국 천문학·기계 기술·지진학의 발전에도 큰 공헌을 하였는데 혼천의(渾天儀)·지동의(地動儀) 등을 발명하였다. 장형이 『동관한기』의 편찬에 간여하고, 원후를 위해 본기를 세워야 한다고 주장한 것은 『후한서』 권59 「장형전(張衡傳)」에 나와 있다.

49 원제 왕후(元帝王后)는 원평 이후(元平二后)라고 표기한 판본도 있다. 원제 왕후는 전한 원제(元帝)의 황후인 효원 황후(孝元皇後) 왕정군(王政君, B.C. 71~13)을 가리킨다. 그녀는 중국 역사상 수명이 가장 긴 황후 가운데 한 사람으로 황후·황태후·태황태후로 61년을 지냈다. 이 동안 외척의 발호가 초래되어 결국 평제(平帝) 사후 외척 왕망(王莽)이 정권을 찬탈하는 결과로 이어졌다.

50 유홍(劉弘)은 혜제(惠帝)의 아들이기 때문에 비록 황후의 아들이라고 거짓 내세우기는 하였지만 여하튼 혜제의 후사라는 뜻이다. 효혜제가 죽였을 때 황후에게는 아들이 없었기 때문에 후궁 미인의 아들인 유홍을 찾아내 여후가 황제로 옹립한 적이 있지만, 여후가 죽자 여씨 세력이 숙청당하고 유홍도 폐위되고 문제(文帝)가 그를 대신하였다.

51 유영(劉嬰, 5~25)은 비록 어린아이지만 그야말로 바로 한 평제(平帝)의 제위를 계승할 사람이라는 뜻이다. 유영은 전한 황실의 태자였지만, 황제가 되지 못하였다. 한 선제(宣帝)의 현손으로 왕망(王莽)에 의해 태자로 옹립되었지만 겨우 3년 동안만 태자 노릇을 하였고 왕망에 의해 '유자(孺子, 젖먹이)'라고 불리기도 하였다. 왕망이 권력을 찬탈하여 신(新)을 세우고 황제가 된 다음인 다섯 살 때부터는 가택에 연금되어 누구와도 이야기를 하지 못하면서 자라났기 때문에 말도 잘 못하는 바보처럼 컸다고 한다. 스무 살에 피살당하였다.

漢書)』는 상세하고도 진실 되며, 화교(華嶠)의 『후한서(後漢書)』도 정확하고도 온당하여 후한대 사서 가운데 으뜸이라 할 수 있다. 삼국 시대 세 나라에 대해서는 그 역사를 기록한 사서들이 잇따라 출현하였다. 이를테면 손성(孫盛)의 『위씨춘추(魏氏陽秋)』,[52] 어환(魚豢)의 『위략(魏略)』, 우부(虞傳)의 『강표전(江表傳)』, 장발(張勃)의 『오록(吳錄)』 같은 부류이다. 어떤 경우는 지나치게 높고 과장되어 믿음을 얻기 어렵고, 어떤 경우는 너무 성기고 느슨하여 요점을 잡기 어렵다. 오로지 진수(陳壽)의 『삼국지(三國志)』만이 문장의 형식과 내용이 모두 분명하고 매끄럽다.[53] 후한 말의 순욱(荀彧)이나 서진(西晉)의 장화(張華)가 『삼국지』를 『사기』·『한서』에 비교한 것은 결코 지나친 칭찬이 아니었다.

至于『後漢』紀傳, 發源『東觀』.[54] 袁·張所制, 偏駁不倫[55]; 薛·謝之作, 疏謬少信.[56] 若司馬彪之詳實,[57] 華嶠之准當,[58] 則其冠也. 及魏代三雄, 記傳互出. 『陽秋』[59]·『魏略』

---

[52] 원문은 『양추(陽秋)』로 되어 있으나 손성이 지은 『진양추(晉陽秋)』는 뒤에 다시 나오기 때문에 이것은 『위씨춘추(魏氏春秋)』를 가리키는 것으로 보인다.

[53] 원문은 『삼지(三志)』로 되어 있다.

[54] 동관(東觀)은 낙양의 남궁(南宮) 내에 있는 건물로 궁정의 자료·전적을 보관하고 서적 교정과 저술 등에 종사하던 장소였다. 『한기(漢記)』가 여기서 지어져, 이름을 『동관한기』라 부르기도 한다. 『동관한기』는 후한 때 여러 사람의 손을 거쳐 완성된 것으로, 범엽(范曄)의 『후한서』가 나오기 전에는 『사기』 『한서』와 더불어 '3사(三史)'라 불릴 정도였으나 이후 점차 잊혀졌다.

[55] 원(袁)은 원산송(袁山松, ?~401)을 가리킨다. 그는 진군(陳郡) 양하(陽夏, 오늘날의 하남성 太康) 출신으로 관료 가문에서 태어났으며, 박학하고 문장도 좋아 오군(吳郡, 오늘날의 江蘇省 蘇州)태수(太守)를 지낸 적이 있다. 『후한서』(100편)를 지은 바 있다. 장은 장형(張瑩, 857~933)을 말하는데, 자는 소문(昭文)이고 호는 선배(先輩)로 연강현(連江縣, 오늘날의 강소성 丹陽) 출신으로 이곳 최초의 진사이며, 관직이 예부상서에 이르렀다. 『사기정전(史記正傳)』(9권), 『후한기(後漢記)』(58권), 『후한남기(後漢南記)』(55권 또는 58권) 등을 지은 바 있다.

[56] 설(薛)은 설옥(薛瑩, 209?~283)을 가리킨다. 자가 도언(道言)으로 패현(沛郡) 죽읍(竹邑, 오늘날의 安徽省 濉溪) 출신인데, 삼국 시대 오(吳)의 문학가로 알려져 있다. 오와 진에서 관직을 거쳤으며, 『한기(漢紀)』를 지은 바 있다. 사(謝)는 사승(謝承, 182~254)을 가리킨다. 자는 위평(偉平)으로 회계(會稽) 산음(山陰, 오늘날의 浙江省 紹興) 출신이다. 삼국 오(吳)의 손권(孫權)의 황후 사부인(謝夫人)의 동생으로 박학다식하였으며, 후한의 역사 및 고향의 장고(掌故)에 대해서도 잘 알고 있었다고 한다. 『후한서』(143권)를 지은 바 있다.

[57] 사마표(司馬彪, ?~306)는 서진(西晉)의 사가로 자는 소통(紹統)인데, 하내(河內) 온현(溫縣, 오늘날의 하남성 溫縣) 출신의 황족이다. 『장자(莊子)』의 주를 짓고, 『구주춘추(九州春秋)』를 지었다. 또한 『속한서(續漢書)』를 지었지만, 범엽(范曄)의 『후한서』가 나오면서 그의 책은 점차 도태되고 그 가운데 팔지(八志) 부분만 범엽의 『후한서』에 편입되어 남아 있다.

之屬,⁶⁰『江表』·『吳錄』之類,⁶¹ 或激抗難徵,⁶² 或疏闊寡要, 唯陳壽『三志』, 文質辨洽,⁶³ 荀·張比之于遷固,⁶⁴ 非妄譽也.

　　진대(晉代)에 이르러 사서 편찬은 당시에 설치된 저작랑(著作郎)에 의해 이루어지게 되었다. 육기(陸機)의 『삼조기(三祖紀)』는 진 초의 역사를 썼으나 완성되지 못하였고, 왕소지(王韶之)⁶⁵가 『진기(晉紀)』로 진 말의 역사를 이어 쓰려 하였으나 동진(東晉) 말까지 마치지는 못하였다. 간보(干寶)의 『진기(晉紀)』는 정확하게 따지면서도 질서가 있고, 손성(孫盛)의 『진양추(晉陽秋)』는 간명하면서도 요점을 잘 짚는 것이 장점이었다. 『춘추』의 경전과 해설서를 살펴보면 모두 일정한 체례와 원칙이 있는데, 『사기』·『한서』 이

58　화교(華嶠, ?~293)는 자가 숙준(叔埈)으로 서진(西晉) 평원(平原) 고당(高唐, 오늘날의 山東省 高唐縣) 출신이다. 기전체의 『한후서(漢後書)』(97권, 혹은 『後漢書』)를 지었으나 지금은 전해지지 않는다.

59　손성(孫盛, 302?~374)은 동진(東晉) 태원(太原)의 중도(中都) 출신으로 자는 안국(安國)이다. 『진양추(晉陽秋)』, 『위씨춘추(魏氏春秋=魏氏陽秋)』를 지었다.

60　『위략(魏略)』은 위의 낭중(郎中) 어환(魚豢)이 개인적으로 편찬한 사서로 알려져 있는데, 위 원제(元帝) 때까지를 다루고 있다고 한다.

61　『강표』는 『강표전(江表傳)』을 가리킨다. 『강표전』의 작자는 서진(西晉) 사람 우부(虞溥)로, 그는 고평(高平) 창읍(昌邑) 사람인데, 효렴(孝廉) 출신으로 천거를 받아 관직에 나간 다음 파양내사(鄱陽內史)를 지냈다. 여기서 강표(江表)는 남방 육조(南方六朝)를 가리키는데 실제로는 양주(揚州) 또는 형주(荊州)나 손권(孫權)의 세력을 가리키기도 한다. 『오록(吳錄)』은 삼국 오(吳)의 역사를 기록한 사서로 진대(晉代)의 장발(張勃)이 지었다고 한다. 『삼국지(三國志)』 「오서(吳書)」 가운데 적지 않은 곳에서 이 책을 인용하였다고 한다.

62　격항(激抗)은 너무 높거나 굳세고 솔직하다는 뜻이다. 징(徵)은 믿음을 준다, 증명한다는 뜻이다.

63　변흡(辨洽)은 명변박흡(明辨博洽)의 준말로, 분명하고 매끄럽다는 뜻이다.

64　순·장은 순욱(荀彧, 163~212)과 장화(張華, 232~300)를 가리킨다. 순욱은 후한 말의 저명한 관료·전략가로 자는 문약(文若)이며 영천(潁川) 영음(潁陰, 오늘날의 河南城 許昌) 출신이다. 조조(曹操)가 북방을 통일함에 있어 으뜸가는 모신(謀臣)이자 공신(功臣)이었다. 상서령(尙書令)에 봉해지고 권력의 중심에서 십 수 년을 지내 '순령군(荀令君)'이라 불릴 정도였으나, 이후 조조와의 관계가 소홀해지면서 몰락하였다. 장화는 자가 무선(茂先)으로 범양(范陽) 방성(方城, 오늘날의 河北省 固安縣) 출신의 서진(西晉) 시대 문장가이자 관료이다. 좌저작랑(佐著作郎) 장사겸중서랑(長史兼中書郎) 등을 거쳤으며 서진이 조위(曹魏)를 대신한 다음에도 황문시랑(黃門侍郎), 사공(司空) 등의 관직에 올랐다. 『박물지(博物志)』, 『장화집(張華集)』(10권) 등의 저서가 있었으나 이미 산일되었다.

65　원문은 왕소(王韶)로 되어 있으나 왕소지(王韶之)가 적절한 명칭이다.

후에는 이렇게 사서 편찬의 기준이 될 만한 것이 없었다. 동진의 등찬(鄧粲)이 편찬한 『진기(晉紀)』에 와서야 비로소 다시 그러한 체례를 세우기 시작하였다. 그는 한·위 시대의 사서를 내치고 은·주 시대의 사서를 모범으로 삼았으니, 비록 호남의 상강(湘江) 연안이라는 벽지에 거주하는 시골 학자이면서도 [『상서』라는] 고대의 「전(典)」·「모(謨)」를 마음에 두고 있었던 것이다. 손성 역시 사서 편찬의 체례를 세웠는데, 또한 등찬의 그것을 기준으로 삼았다.

至于晉代之書, 繫乎著作. 陸機肇始而未備,[66] 王韶續末而不終,[67] 干寶述『紀』,[68] 以審正得序; 孫盛『陽秋』, 以約擧爲能. 按『春秋經傳』, 擧例發凡; 自『史』·『漢』以下, 莫有准的. 至鄧粲『晉紀』,[69] 始立條例. 又擺落漢魏, 憲章殷周, 雖湘川曲學,[70] 亦有心「典」·「謨」. 及安國立例,[71] 乃鄧氏之規焉.

원래 사서 편찬에서 근본적인 문제는 반드시 백가의 저작을 모두 관통하고 천추만세(千秋萬世)를 포괄하면서 역대 성쇠(盛衰)의 흔적을 드러내고 검토함으로써 흥망성쇠를 비추어 볼 수 있는 거울을 제공하는 것이다. 이를 통해 한 시대의 전장제도(典章制度)가 일월과 더불어 오랫동안 존속하게 되며, 왕도·패도를 통한 제왕의 업적 역시 천

---

[66] 육기(陸機, 261~303)는 자가 사형(士衡)이고 서진(西晉) 오군(吳郡, 오늘날의 강소성 蘇州)의 문학자, 서법가이기도 하다. 삼국 시대 오나라 승상이었던 육손(陸遜)의 손자이고 대사마(大司馬)였던 육항(陸抗)의 아들이다. 오와 서진에 출사하였다. 그의 시부 역시 형식이 아름답고 기교가 풍부해 사람들로부터 '육사형의 재능은 바다와 같다(陸才如海).'라는 평가를 받았다.

[67] 이것은 왕소지(王韶之)가 지은 『진기(晉紀)』를 가리킨다. 왕소지(王韶之, 380~435)는 자가 휴태(休泰)로 낭야(琅琊) 임기(臨沂, 오늘날의 산동성 임기시) 출신인 송의 관료이다. 관료 가문에서 태어나 어려서부터 사적(史籍)을 좋아하여 박학다식하였다고 한다. 스스로 『진안제양추(晉安帝陽秋)』를 지은 바 있어, 사직(史職)에 임해야 한다는 사람들의 추천으로 저작좌랑(著作佐郎)이 되었으며, 『진기(晉記)』(10권)를 지었다. 지금은 모두 산일되었다. 원문은 왕소(王韶)로 되어 있다.

[68] 간보(干寶, ?~336)는 자가 영승(令升)으로 동진(東晉) 신채(新蔡, 오늘날의 하남성 新蔡縣) 출신이다. 그가 지은 『진기(晉記)』(20권)는 일찍 실전되었다. 기타 『춘추좌씨의외전(春秋左氏義外傳)』, 『수신기(搜神記)』를 지었다.

[69] 등찬(鄧粲, ?~?)은 호남 장사(長沙) 출신으로 동진(東晉) 때의 사가(史家)이다. 사학에 뛰어나 『진기(晉紀)』(10편)를 지었고, 『노자(老子)』에 주를 달기도 하였다고 한다.

[70] 곡학(曲學)은 여기서는 한 구석에 치우친 학문이나 학식이 얕고 비루한 사람을 가리킨다.

[71] 안국(安國)은 앞서 나온 손성(孫盛)의 자이다.

지와 마찬가지로 영원히 빛나게 된다. 이 때문에 한 초에는 사관의 직무가 비교적 높은 평가를 받았다. 각 주군(州郡)·제후국(諸侯國)의 문서·장부는 가장 먼저 사서를 편찬하는 태사부(太史府)로 수집되었고, 이를 통해 나라를 다스릴 전체적인 기획에 대해 사관들이 상세하게 이해할 수 있었다. 또한 반드시 석실·금궤에 수장된 귀중한 문서·문헌을 열람하고, 남아 있는 찢어진 비단 문서나 일부만 남은 죽간 기록도 모두 검토하면서, 사관은 넓고 능숙하게 옛 시대의 사실을 고찰할 수 있었다. 따라서 의리를 확립하고 용어를 선정하는 데 있어 응당 경전을 준칙으로 삼았고, 권고하거나 경계하게 하는 것을 선택할 때에도 반드시 성인의 주장을 근거로 삼았다. 그런 다음에야 비로소 사실에 대한 해석과 평가가 분명해지고 정확해지면서, 쓸데없이 엄격하거나 지나치게 관대한 논평을 하지 않을 수 있었다.

原夫載籍之作也, 必貫乎百氏, 被之千載, 表徵盛衰,[72] 殷鑒興廢,[73] 使一代之制, 共日月而長存, 王霸之迹,[74] 幷天地而久大. 是以在漢之初, 史職爲盛. 郡國文計,[75] 先集太史之府, 欲其詳悉于體國也.[76] 閱石室, 啓金匱, 紬裂帛, 檢殘竹, 欲其博練于稽古也. 是立義選言, 宜依經以樹則; 勸戒與奪, 必附聖以居宗. 然後詮評昭整, 苛濫不作矣.[77]

그런데 기전체가 기본 형식이 되든, [편년체로] 연도에 따라 사실을 편성하든 간에

---

72 표징(表徵)은 게시한다, 표명한다는 뜻, 또는 밖으로 드러나 상징을 가리킨다.
73 은감(殷鑑, 殷監, 商鑑)은 은의 자손은 응당 하의 멸망을 감계(鑑戒)로 삼아야 한다는 뜻으로, 나중에는 후인의 감계가 될 수 있는 옛일을 가리키게 되었다. 『시경』「대아(大雅) 탕(蕩)」에 나온다 ("殷鑑不遠, 在夏後之世."). 나아가 은감불원(殷鑑不遠) 역시 앞사람의 실패의 교훈이 바로 눈앞에 있으니 응당 이것으로 경계해야 한다는 것을 뜻하게 되었다.
74 왕패(王霸)는 왕도(王道)와 패도(霸道), 즉 인의로 천하를 다스리는 방법인 왕도와 이에 대비되는 방법인 패도를 뜻한다. 왕도는 요·순·우·탕 등의 정도(政道)를 가리키고, 패도는 제 환공, 진(晉) 문공(文公) 등 춘추 오패의 정도를 가리킨다. 왕패지적(王霸之迹)은 결국 제왕의 업적을 가리킨다.
75 군국(郡國)은 한 초에 진대의 군현제를 계승하면서도 또한 제후를 분봉하는 제도를 시행하여 군현[郡]과 제후국[國]이 병존하던 것을 가리킨다. 군국은 따라서 전국 각지를 가리킨다.
76 체국(體國)은 나라를 창건하거나 다스리는 것, 전국적인 체제나 규획을 뜻한다.
77 가람(苛濫)은 지나친 엄격함과 지나친 관대함을 뜻한다.

사서의 문장은 공허한 의론[泛論]으로 채울 수 없고 사실에 따라 기록할 수밖에 없다. 다만 연대가 너무 오래된 옛날이면 같고 다름을 면밀하게 맞추기 어렵고, 사건도 너무 많이 쌓이면 시작과 끝이 소홀해지기 쉽다. 이런 점은 확실히 사료를 종합하여 사서를 편찬하는 일의 어려움이다! 또는 같은 사건이더라도 여러 사람이 관련된 경우 이 일을 모든 사람의 열전에 다룰 경우 중복이라는 단점을 피하기 어렵고, 만일 한 사람에게만 쓰면 두루 미치지 못하는 결점이 나타난다. 이것 또한 가볍고 무거움을 저울질하여 사료를 배치하는 일이 쉽지 않다는 점을 알려 준다! 따라서 후한의 장형이 지적한 『사기』·『한서』의 여러 가지 그릇되고 지나친 부분이나, 진대(晉代) 부현(傅玄)이 비평한 『동관한기』의 번쇄함 역시 이러한 종류에 속한다.

然紀傳爲式, 編年綴事,[78] 文非泛論, 按實而書.[79] 歲遠則同異難密, 事積則起訖易疏, 斯固總會之爲難也![80] 或有同歸一事, 而數人分功,[81] 兩記則失于復重, 偏擧則病于不周, 此又銓配之未易也! 故張衡摘史·班之舛濫,[82] 傅玄譏『後漢』之尤煩,[83] 皆此類也.

그런데 아주 먼 옛날의 역사까지 거슬러 올라가 서술할 경우, 시대가 멀어지면 거짓이 늘어날 수밖에 없다. [전국 시대의] 공양고(公羊高)는 "남으로부터 전해 들은 것은 서로 말이 다른 경우가 적지 않다."라고 이야기한 바 있고, 순자[荀況] 또한 "먼 것은 기록이 소략하고, 가까운 것은 기록이 상세하다."라고 한 바 있다. 요컨대 기록이 의심스럽다면 잠시 그 부분은 쓰지 않고 비워 두어야 하는데, 이것은 진실을 기록한 사서

---

78 철(綴)은 봉합한다, 연결시킨다, 나아가 저작을 한다거나 문자를 조직하여 문장을 만들거나 집록(輯錄)한다는 뜻이다.
79 안실(按實)은 실정을 조사하거나 확인한다, 또는 사실에 비춘다는 뜻이다.
80 총회(總會)는 모두 모은다, 종합하여 정리한다는 뜻이다.
81 분공(分功)은 여기서 한 사건에 여러 사람이 관계가 있다는 것을 뜻한다.
82 장형은 사마천·반고가 서술한 것이 전적과 들어맞지 않는 것이 십여 가지가 있다고 상서를 올린 적이 있다. 『후한서』 권59 「장형전(張衡傳)」, p.1940을 참조하라.
83 부현(傅玄, 217~278)은 자가 휴혁(休奕)으로 북지군(北地郡) 니양현(泥陽縣, 오늘날의 섬서성 銅川) 사람으로 서진 시대의 관료, 문장가이다. 시부나 산문, 사전(史傳)에 풍부한 저작을 남겼으나 『부현집』 15권) 지금은 전해지지 않고 집록(輯錄)된 저작만 남아 있다. 여기서 『후한』은 『동관한기』를 가리키는 것으로 보인다.

를 귀중하게 여기기 때문이다. 하지만 세상 사람들은 모두 기이한 이야기를 좋아하면서 그것이 실제 이치에 맞는지는 돌아보지 않는다. 전해들은 바를 가지고 그 일을 크게 과장하여 쓰려 하고, 먼 옛날의 일을 가지고 아주 상세하게 묘사하려고 한다. 이에 다른 이야기와 똑같은 것은 내버리고 남다른 것에 입각하고자 하며, 오히려 곁다리 이야기를 파고들고, 옛 사서에 기록이 없는 일이라면 꼭 자기 책에 집어넣어 전하려고 한다. 이것이 바로 사서에 잘못과 지나침이 뒤섞이는 근원이며, 먼 시대의 역사를 거슬러 올라가 서술할 때의 크나큰 폐단이다.

若夫追述遠代, 代遠多僞. 公羊高云:"傳聞异辭"[84];荀況稱:"錄遠詳近."[85] 盖文疑則闕, 貴信史也. 然俗皆愛奇, 莫顧實理. 傳聞而欲偉其事, 錄遠而欲詳其迹. 于是弃同卽異, 穿鑿傍說, 舊史所無, 我書則傳. 此訛濫之本源, 而述遠之巨蠹也.

자기 시대의 역사를 기록하고 편찬하는 경우에도 같은 시대라서 오히려 엉터리 서술이 많은 경우도 있다. 비록『춘추』에서 동시대의 인물인 노나라 정공(定公)과 애공(哀公)이 잘못한 부분에 대해서는 완곡하게 풍자한 적도 있지만, 공자도 일반적인 세태(世態)·인정(人情)에 대해서는 배려를 하지 않을 수 없었다. [당연히 다른 사서에서도] 공적과 영광이 현저한 귀족 가문이라면 평범하고 무능한 사람에 대해서도 아주 꾸며서

---

[84] 공양고(公羊高)는 전국 시대 제나라 사람으로『춘추공양전』의 작자이다. 자하(子夏)의 제자라고도 일컬어지는데『춘추』를 열심히 읽어 공양평(公羊平)에게 전하였다고 한다.『춘추공양전』은 처음에는 입으로만 유전되다가 전한의 경제(景帝) 때가 돼서야 문서로 옮겨져 세상에 퍼지게 되었다.『춘추공양전』은『공양춘추』또는『공양전』으로도 일컬어지는데, 금문 경학(今文經學)의 중요 경전이며,『춘추』의 미언대의(微言大義)를 해석하는 데 치중하여 역사 사실의 기록은 비교적 간단하다. 한편 공양고의 발언은『춘추공양전』의 은공(隱公) 원년(元年)조 기사에 나온다("所見異辭, 所聞異辭, 所傳聞異辭."). 직접 자기 눈으로 본 시대의 것과 남에게 들은 시대의 것, 그리고 남이 들은 바를 전해 준 시대의 것 세 단계를 구분하고 있다는 점에 주목할 필요가 있다.

[85] 순황(荀況)은 바로 순자(荀子, B.C. 313~B.C. 238)를 말한다. 순자는 전국 시대 말기 조(趙)의 사상가·교육가로 유가의 대표 인물 가운데 한 사람이며, 이름이 황(況)이고 자는 경(卿)이다. 당시 사람들이 '순경(荀卿)'으로 존칭하기도 하였다. 세 차례나 제의 직하학궁(稷下學宮)의 제주(祭酒)를 지낸 바 있다. 유가 사상을 발전시켜 성악론(性惡論)을 제창한 바 있는데, 항상 맹자의 성선설(性善說)과 비교되기도 한다. '녹원상근(錄遠詳近)'이란 구절은「순자(荀子)」에 나오지 않지만「비상(非相)」편에 나오는 구절("傳者久則論略, 近則論詳, 略則擧大, 詳則擧小. 愚者聞其略而不知其詳, 聞其詳而不知其大也. 是以文久而滅, 節族久而絕.")이 아마 비슷한 의미를 전달하는 것으로 보인다.

써 주지만, 곤란과 불행을 만난 사람은 비록 뛰어난 덕망을 지녔더라도 비웃어 조롱하기도 한다. 공정하지 못한 기준을 적용하면서 제멋대로 치켜 올리거나 깎아내려 붓을 제 맘대로 휘두르는 것이다. 이것 또한 자기 시대의 역사적 사실을 왜곡함으로써 사람들이 개탄하게 만드는 일이다! 따라서 먼 옛 시대를 이야기하면서 저렇게 거짓으로 비틀고, 가까운 시대를 다룰 때는 또 이렇게 굽히니, 사리를 명백히 분석하면서도 서술이 올바른 경우는 오로지 좌구명[의 『좌전』]뿐이었다!

至于記編同時, 時同多詭, 雖定・哀微辭,[86] 而世情利害. 勳榮之家, 雖庸夫而盡飾; 迍敗之士, 雖令德而嗤埋, 吹霜煦露, 寒暑筆端,[87] 此又同時之枉, 可爲嘆息者也! 故述遠則誣矯如彼, 記近則回邪如此, 析理居正, 唯素心乎![88]

윗사람이나 성현에 대해 그들의 결점을 감추고 꺼리는 것은 원래 공자의 성스러운 뜻이다. 왜냐하면 미세한 흠집은 아름다운 옥석의 가치를 크게 떨어뜨리지는 못하기 때문이다. 나쁜 사람의 잘못을 비평하여 징계하는 것이야말로 바로 우수한 사가가 응당 갖추어야 할 직필(直筆)의 임무이니, 농부가 잡초를 보면 반드시 호미로 김을 매는 것과 같다. 이러한 원칙이야말로 또한 만대에 걸쳐 반드시 줄곧 지켜야 할 공통의 준칙이다. 그래서 번잡한 사실들 가운데에서 핵심을 찾아내서 전체를 이끌도록 하는 방법, 힘써 믿을 만한 사실을 찾고 기이하고 색다른 주장을 배제하는 요령, 처음과 끝을 분명하게 서술하는 순서, 적절하게 사건·사례를 품평하는 기준 등과 같은 큰 줄거리를

---

[86] 정애미사(定哀微辭)는 공자가 『춘추』를 편찬하면서 노의 정공(定公)과 애공(哀公)의 부당한 점에 대해 다섯 차례나 지적하였다는 것을 가리킨다. 정공은 공무에 힘쓰지 않아 국보를 상실하였고, 애공 13년에 황지(黃池)에서 진후(晉候)·오자(吳子)를 만나거나 서쪽에서 기린을 얻는 일을 기록한 것에 공자의 미사(微辭)가 있었다는 것이다. 미사(微辭)는 다른 것을 가탁하여 그 말에 뚜렷하게 드러나지는 않지만 그 미세함을 살피는 자는 알아차릴 수 있다는 뜻이다. 즉 완곡하게 이야기하여 그 진의를 감추는 말을 가리킨다.

[87] 취상(吹霜)은 차가운 기운을 불어 서리를 만들고 후로(煦露)는 따뜻한 기운으로 이슬을 만든다는 것으로 붓을 놀려 임의로 포폄을 한다는 뜻이다. 한서필단(寒暑筆端) 역시 같은 뜻이다.

[88] 소심(素心)은 아마도 소신(素臣)의 잘못이거나 아니면 소신의 마음이라는 뜻으로 보인다. 소신(素臣)은 소왕(素王, 제왕의 자리에 있지 않지만 제왕이 될 만한 덕을 갖춘 사람으로 공자를 가리킨다)의 신하라는 뜻으로, 『좌전』을 지어 공자의 도를 서술한 좌구명(또는 유가 경전의 주소를 지은 경학가)을 이르는 말이다. 진(晋) 두예(杜預)의 『춘추경전집해(春秋經傳集解)』 「서(序)」("說者以爲仲尼自衛反魯, 修『春秋』, 立素王, 丘明爲素臣.")에 따른다.

제대로 장악할 수 있다면, 사서를 편찬하는 갖가지 도리를 바로 꿰뚫을 수 있을 것이다. 하지만 사가의 사명은 한 시대의 사실을 종합적으로 서술하면서 천하에 대해 책임을 지는 무거운 것이므로 언제나 갖가지 시비를 불러들이지 않을 수 없다. 붓을 잡고 사서를 편찬하는 작업의 부담은 이보다 더 힘든 것이 없다. 사마천과 반고는 아주 뛰어난 사가였음에도 불구하고 후세의 사서에서 그들을 꾸짖는 일도 아주 잦다. 그러니 만약 사가가 멋대로 자기 마음에 맡겨 그 사실을 기록하는 문장이 올바름을 잃게 된다면, 그것은 정말 위험한 일이 된다!

若乃尊賢隱諱,[89] 固尼父之聖旨, 蓋纖瑕不能玷瑾瑜也[90]; 奸慝懲戒, 實良史之直筆, 農夫見莠, 其必鋤也: 若斯之科, 亦萬代一准焉. 至于尋繁領雜之術, 務信棄奇之要, 明白頭訖之序, 品酌事例之條, 曉其大綱, 則衆理可貫. 然史之爲任, 乃彌綸一代,[91] 負海內之責, 而嬴是非之尤.[92] 秉筆荷担, 莫此之勞. 遷·固通矣, 而歷詆後世. 若任情失正文, 其殆哉!

[유협은] 말한다.

"사관은 황제 때부터 시작되었으되, 사서의 체제는 주공과 공자 시절에 갖추어졌다. [공자는] 대대로 거쳐 온 기록을 정리하여 『춘추』를 편찬하면서 선과 악을 모두 여기서 총괄하였다. 칭송하여 명성을 끌어올리거나 깎아내려 떨어뜨려 만고에 걸쳐 사람들의 마음을 움직였던 것이다. [그리고] 사서는 문장으로 보자면 좌구명을 모범으로 삼아 배워야 할 것이고, 서술로 보자면 남사씨나 동호의 직필(直筆) 정신을 따라야 할 것이다."

贊曰: 史肇軒黃, 體備周·孔. 世歷斯編, 善惡偕總. 騰褒裁貶,[93] 萬古魂動. 辭宗邱明, 直歸南·董.[94]

---

89 존현은휘(尊賢隱諱)는 『춘추공양전(春秋公羊傳)』 민공(閔公) 원년(元年)조에 나온다("『春秋』爲尊者諱, 爲親者諱, 爲賢者諱.").
90 섬하(纖瑕)는 사물의 작은 흠이나 사람의 작은 잘못을 가리킨다. 근유(瑾瑜)는 아름다운 옥석(美玉), 나아가 훌륭한 덕을 갖춘 현재(賢才)를 비유하기도 한다. 점(玷)은 이지러지다, 더럽히다, 욕되게 한다는 뜻이다.
91 미륜(彌綸)은 통섭(統攝)한다, 총괄(總括)한다, 관통한다는 뜻이다.
92 영(嬴)은 이익을 얻는다, 가득차거나 많다, 받아들인다, 접대한다, 이긴다는 뜻이다.
93 등포(騰褒)는 명성을 끌어올리고 칭송한다는 뜻이다.

94 남동(南董)은 남사(南史)와 동호(董狐)를 가리킨다. 남사는 춘추 시대 제의 사관으로 『좌전』 양공(襄公) 25년조의 기사에 나오는데, 조(趙)의 태사가 "최저가 군주를 시해했다."라고 기록하여 최저의 아들에게 죽임을 당하고 태사의 동생 역시 마찬가지로 이어 써서 죽임을 당하였지만, 또 다시 그 동생에게 쓰게 하였더니 마찬가지여서 그를 죽이지 못하였다는 고사와 연관이 있다. 남사씨는 태사들이 모두 죽었다는 소리를 듣고 자신이 가서 대신 쓰겠다고 죽간을 들고 가려 하였으나, 이미 이렇게 기록이 되었다는 이야기를 듣고 도중에 돌아왔다는 것이다("太史書曰:'崔杼弒其君.' 崔子殺之. 其弟嗣書而死者二人; 其弟又書, 乃舍之. 南史氏聞太史盡死, 執簡以往; 聞旣書矣, 乃還."). 이 때문에 사실을 직서(直書)하는 양사(良史)의 전형이 되었다. 동호(董狐) 역시 춘추 시대 진(晉)의 사관으로 권귀(權貴)를 두려워하지 않고 사실을 기록하는 데 용감하여 공자가 훌륭한 사관이라 칭송하였다고 한다. 『좌전』 선공(宣公) 2년조에 기사가 나온다("孔子曰:'董狐, 古之良史也, 書法不隱.'").

04 『사통(史通)』 「원서(原序)」·「육가(六家)」·「이체(二體)」

유지기(劉知幾)

◎ 『사통(史通)』

『사통』은 중국뿐만 아니라 전 세계적으로 가장 먼저라고 손꼽히는 역사학 이론에 대한 전문 서적으로 당대(唐代)의 유지기(劉知幾)가 편찬하였다. 이 책의 내용은 사서의 체례(體例)와 편찬 방법 및 원류와 이전 시대 역사 편찬의 득실 등을 다루고 있어 사학 이론과 사학 비평 두 가지를 겸하고 있다. 내편(內篇) 39편과 외편(外篇) 13편으로 구성되어 있으며 내편의 「체통(體統)」·「비무(紕繆)」·「이장(弛張)」 편은 송대에 이미 산실되어 지금은 49편만 남아 있다. 청대 포기룡(浦起龍)이 이전 시대 각종 판본을 모아 정리하고 교정한 『사통통석(史通通釋)』(1752년. 上海古籍出版社, 2009)이 가장 널리 알려져 있다. 우리나라에서도 최근 번역본이 나왔는데 오항녕 옮김, 『사통』(역사비평사, 2012)과 이윤화 옮김, 『사통통석』(1-4. 소명출판사, 2013)이 바로 그것이다.

◎ 유지기(劉知幾)

유지기(661~721)는 자가 자현(子玄)으로 팽성(彭城, 오늘날의 강소성 徐州) 출신이다. 명문가의 후손으로 태어나 어려서부터 훌륭한 교육을 받았고, 『좌전』·『사기』·『한서』·『삼국지』 등을 읽고 사학 방면에도 크게 흥미를 느껴 상당한 독서를 하였다. 그는 당 고종(高宗) 영륭(永隆) 원(680)년 진사(進士)가 된 이후 측천무후 장안(長安) 2(702)년부터 사관을 맡기 시작하여 기거주(起居注)를 편찬하고 저작좌랑(著作佐郎)·좌사저작랑(左史著作郎)·비서소감(秘書少監)·태자좌서자(太子左庶子)·좌산기상시(左散騎常侍) 등을 거치면서 아울러 국사를 찬수하는 일을 겸직하였다. 이 동안 『당서(唐書)』(80권), 『무후실록(武後實錄)』, 『씨족지(氏族志)』, 『성족계록(姓族繫錄)』(200권), 『예종실록(睿宗實錄)』(20권), 『중종실록(中宗實錄)』(20권) 등의 편찬에도 참여하였다. 『사통』(20권)은 경룡(景龍) 2(708)년부터 장안으로 소환되는 신룡(神龍) 원(710)년 사이에 집중적으로 저술된 것으로 보인다. 그는 현종 개원(開元) 9(721)년 아들의 유배 때문에 집정에게 가서 호소하였다가 황제의 노여움을 받아 호북(湖北)의 안주(安州)로 자천되었고, 거기에서 사망하였다.

04-1
『사통(史通)』「원서(原序)」

 장안(長安) 2(702)년, 나는 저작좌랑(著作佐郞)으로 국사(國史)를 찬수(纂修)하는 임무를 겸임하다가 얼마 되지 않아 좌사(左史)로 옮겨 문하성(門下省)에서 기거주(起居注)를 편찬하는 일을 맡았다. 그러던 중 중서사인(中書舍人)으로 승진하여 잠시 사관의 직책이 정지되었다가, 다시 바로 그 직책을 겸하게 되었다.

 長安二年,[1] 余以著作佐郞兼修國史,[2] 尋遷左史,[3] 於門下撰起居注.[4] 會轉中書舍人,[5] 暫停史任, 俄兼領其職.

 지금의 황상(中宗을 가리킨다)께서 즉위[복위]하여 저작랑(著作郞)·태자중윤(太子中允)·솔경령(率更令)이란 관직을 제수(除授)하셨는데, 수사(修史)의 직분을 겸임하는 것은 예전 그대로였다. 또한 황상께서 장안(長安)으로 돌아가게 되었지만, 나는 유후(留後)의 임무를 맡아 낙양(洛陽)에 머물렀다. 얼마 되지 않아 역마가 와서 경사로 들어오도록 불렀으므로, [장안에 들어가] 사관의 일을 전담하게 되었고, 이에 따라 관직도 비서소감(秘書少監)으로 옮겼다.

---

1 장안(長安, 701~705)은 측천무후(則天武后)의 연호로, 그녀가 정권을 장악한 지 19년째 되는 해이다.
2 저작좌랑(著作佐郞)은 종오품상(從五品上)의 관명이다. 직무는 비지(碑誌)·축문(祝文)·제문(祭文) 등을 짓는 일이다.
3 좌사(左史)는 종육품상(從六品上)의 관명으로 본래 명칭이 기거랑(起居郞)이었는데, 용삭(龍朔) 2(662)년에 좌사로 바뀌었다. 기거주(起居注)를 담당한다.
4 기거주(起居注)는 제왕의 언행을 기록한 것이다. 후한 이후 역대 제왕은 모두 기거주를 가지게 되었는데, 주로 밖으로 전해지지 않고 다만 국사 편찬의 기본 자료로서만 이용되었기 때문에 남아 있는 것은 많지 않다. 최초의 기거주는 한 문제 때의 『금중기거주(禁中起居注)』라고 하지만, 전문적인 인원이나 관직이 설치된 것은 아니었고, 진대(晉代)에 기거령(起居令)·기거랑(起居郞)·기거사인(起居舍人) 등의 관원이 기거주를 편찬하게 되었으며, 이러한 전통은 청대까지 이어졌다. 하지만 현재 청대 이전의 기거주는 대부분 전해지지 않는다.
5 중서사인(中書舍人)은 종오품상(從六品上)의 관명이다. 중서성에서 조지(詔旨)·제칙(制勅)·책명(册名) 등의 기초를 담당하였다.

今上卽位,[6] 除著作郞·太子中允·率更令,[7] 其[兼]修史皆如故.[8] 又屬大駕還京,[9] 以留後在都.[10] 無幾, 驛徵入京, 專知史事, 仍遷秘書少監.[11]

스스로 생각건대 측천무후와 중종 두 분 황제를 섬겼고, 낙양·장안에서 관직에 종사하였으며, 전적(典籍)을 관리하는 벼슬을 두루 거쳤고, 역사를 기록하는 직무에 오래 머물렀다. 옛적에 후한의 마융(馬融)은 동관(東觀)에 세 번 들어갔으므로 영예롭다는 칭송을 받았으며, 진조(晉朝)의 장화(張華)는 두 번 사관을 맡아 훌륭하다는 평가를 받았다. 아! 나같이 못난 사람이 이 두 사람의 경력을 모두 겸할 수 있었다니! 이 때문에 제대로 직분을 수행하지 못할까 항상 염려하느라 편안히 휴식을 취할 겨를도 없었다. [그렇지만] 일찍이 사적을 편찬하고 남는 여가에 사서를 논평하면서 그에 관한 글쓰기를 멈추지 않았는데, 마침내 [그런 글들이] 광주리에 가득 차게 되었다. 이리하여 그것들을 분류하고 종류별로 모아 엮어서 순서를 매겼다.

自惟歷事二主, 從官兩京, 遍居司籍之曹,[12] 久處載言之職.[13] 昔馬融三入東觀,[14] 漢代

---

6 유지기는 당 중종(中宗) 경룡(景龍) 원년을 전후하여 위의 벼슬을 받았으므로, 이는 당 중종을 지칭한다(『구당서(舊唐書)』 권102 「유자현전(劉子玄傳)」, p.3168).

7 제(除)는 제수(除授), 즉 관직에 임명한다는 뜻이다. 저작랑(著作郞)은 삼국 시대부터 시작된 관직으로 중서성에 속하여 국사 편찬을 담당하는 관직이다. 저작좌랑은 저작랑의 속관이지만 저작랑을 가리키기도 한다. 태자중윤(太子中允)은 태자동궁(太子東宮)의 속관이고, 솔경령(率更令)은 태자솔경령으로 마찬가지로 종사품상의 품계를 지닌 동궁의 속관이다.

8 원래 '겸(兼)' 자가 있었는데 빠졌다고 보는 학자들도 있다. 또한 "~, 其兼. 修國史如故."로 구두점을 찍는 방법도 있다.

9 신룡 원년 낙양에서 복위한 중종은 측천무후 사후에 장안으로 옮겨 갔다(『구당서』 권7 본기 7 「중종(中宗)」, p.141 "(神龍)二年春正月丙申, 護則天靈駕還京.").

10 유후(留後)는 유대(留守)나 유대(留臺)라는 관직명으로 제왕이 수도를 떠난 다음 수도에서 정사를 총괄하는 임무를 맡았다. 당대 장안은 경사(京師), 낙양은 동도(東都)라 불다.

11 비서소감(秘書少監)은 비서성(秘書省)의 속관으로 비서성은 중앙 정부에서 경적과 도서, 국사·실록 등을 책임지는 관청이었고, 장관은 비서감이었다. 비서소감은 차관으로 종4품상 품계였다.

12 사적지조(司籍之曹)는 전적(典籍) 관리를 담당하는 관청 부서를 가리킨다.

13 재언지직(載言之職)은 사직(史職)을 말한다. 재언(載言)은 국가 회맹(國家盟會)의 말[辭]을 기록한다는 데서 나와 사사(史事) 기록을 가리키게 되었다. 『사통』 내편(內編) 권2에 「재언(載言)」 편이 있다.

14 마융(馬融, 79~166)은 특히 고문 경학에 뛰어난 후한대의 통유(通儒)로 정현(鄭玄) 등 수많은 제

稱榮; 張華再典史官,[15] 晉朝稱美. 嗟予小子, 兼而有之! 是用職思其憂,[16] 不遑啓處.[17] 嘗以載削餘暇,[18] 商榷史篇,[19] 下筆不休, 遂盈筐篋. 於是區分類聚, 編而次之.

옛적 한대의 유자들이 함께 모여서 경전과 그 주석에 대해 논의하고 이에 대해 백호각(白虎閣)에서 결론을 내렸으므로, 그 책은 『백호통(白虎通)』이라는 이름을 갖게 되었다. 나 역시 사관(史館)에 있으면서 이 책을 완성하였으므로 편의상 『사통(史通)』이라는 제목을 붙였다. 또한 한 왕조는 사마천의 후손을 찾아서 사통자(史通子)라는 봉작을 주었으니, 사통이라 부르는 것도 그 유래가 오랜 것임을 알 수 있다. 뭇 사람의 논의를 널리 채집하여, 이것으로 이 책의 이름을 정하였다. 모두 합해 20권으로 다음과 같이 늘어놓으니, 합하여 약간의 말을 이루게 된다. 이때가 경술(庚戌)년, 경룡(景龍) 4(710)년 음력 2월이었다.

당(唐) 유지기 찬(撰).

昔漢世諸儒, 集論經傳, 定之於白虎閣, 因名曰: 『白虎通』.[20] 子旣在史館而成此書, 故便以『史通』爲目. 且漢求司馬遷後, 封爲史通子,[21] 是知史之稱通, 其來日久. 博采衆

자를 양성하기도 하였다. 부풍(扶風) 무릉(茂陵) 출신이며 자(字)는 계장(季長)이다. 『춘추삼전이동설(春秋三傳異同說)』을 짓고, 『효경』· 『논어』· 『시경』 등에 주석을 달았다. 마음은 안제(安帝) 때 두 번, 환제(桓帝) 때 한 번 등 동관에서 세 번 직무를 맡았다.

15 장화(張華, 232~300)는 서진(西晉) 범양(范陽) 방성(方城) 출신으로 자는 무선(茂先)이다. 저작에 『박물지(博物志)』 등이 있다. 그는 위·진에서 저작(著作)의 직무를 맡았다.

16 시용(是用)은 이 때문에[因此]라는 뜻이다. '직사기우(職思其憂)'는 『시경』 「당풍(唐風)」 실솔(蟋蟀)」에 나오는 구절로 항상 그 염려되는 바를 생각한다는 뜻이다("無已大康, 職思其憂"). 직(職)은 응당, 반드시, 또는 항상 이라는 뜻이다. '職思'를 '職司'로 잘못 표기한 판본도 있다.

17 원래 『시경』 「소아(小雅) 사모(四牡)」에 나오는 구절로 편안하게 머물 여가가 없다는 뜻이다("王事靡監, 不遑啓處"). 계(啓)는 꿇어앉다, 처(處)는 머무른다는 뜻이라고 한다.

18 재삭(載削)은 사서를 찬수(撰修)한다는 뜻이다. 이전의 책은 대나무로 만들어 그 위에 썼고 잘못된 글자는 칼로 깎아 도려냈으므로 이런 명칭이 생겨났다. 종이책으로 바뀐 다음에는 필삭(筆削)이라고 한다.

19 상각(商榷)은 논의한다, 토론한다, 연구한다는 뜻이다.

20 『백호통(白虎通)』은 나중에 『백호통의(白虎通義)』로 불리게 된다. 후한 장제(章帝) 건초(建初) 4(79)년에 여러 관료·학자를 모아 백호관(白虎觀)에서 『오경』의 이동(異同)을 논의하게 한 결과 지어졌다.

議, 爰定茲名. 凡爲廿卷,[22] 列之如左, 合若干言.[23] 于時歲次庚戌,[24] 景龍四年仲春之月也.[25]

　唐 劉子玄撰.

---

[21] 『한서』 권62 「사마천전」, p.2737.
[22] 입(廿)은 스물 즉, 이십(二十)과 같은 뜻이다.
[23] 판본에 따라 이 부분에는 옛 주[舊註]에는 없어진 것을 제외하면 모두 82,352자(字)이며 주(注)는 5,498자라고 하는 내용이 있는데, 현재의 분량과는 일치하지 않는다.
[24] 세차(歲次)는 간지(干支)를 따라서 정한 해의 차례를 말한다.
[25] 경룡(景龍, 707~710)은 중종 때의 연호이다. 중춘(仲春)은 봄의 두 번째 달, 즉 음력 2월을 가리킨다.

04-2
『사통(史通)』「육가(六家)」

  옛적부터 제왕이 편찬한 문헌에 대해서는 [『사통』] 「외편(外篇)」에서 상세하게 서술하였다. 옛적부터 지금까지 [문장의] 질박함과 화려함을 추구하는 기풍이 누차 바뀌어 왔으므로, 각종 사서도 그 체재(體裁)가[26] 항상 고정되어 있지는 않다. 이에 대해 논의하여 보자면 그 흐름에는 여섯 가지가 있다. 첫째는 『상서』가, 둘째는 『춘추』가, 셋째는 『좌전』가, 넷째는 『국어』가, 다섯째는 『사기』가, 여섯째는 『한서』가이다. 이제 그 내용에 대해 간략히 진술하여 다음처럼 열거하겠다.

  自古帝王編述文籍, 「外篇」言之備矣.[27] 古往今來,[28] 質文遞變,[29] 諸史之作, 不恒厥體.[30] 權而爲論, 其流有六: 一曰: 『尚書』家, 二曰: 『春秋』家, 三曰: 『左傳』家, 四曰: 『國語』家, 五曰: 『史記』家, 六曰: 『漢書』家. 今略陳其義, 列之於後.

  『상서(尚書)』가는 그 시초가 태곳적부터 나타난다. 『주역』에서 말하기를, "황하(黃河)에서 『하도(河圖)』가 나왔고, 낙수(洛水)에서 『낙서(洛書)』가 나와, 성인께서 이것을 준칙으로 삼았다."라고 하였으니, 『서』의 기원이 아주 오래됨을 알 수 있다. 공자에 이르러 주 왕실의 문헌을 열람하여 우·하·상·주 네 왕조 시대의 전적을 얻었으며, 이에 그 가운데 좋은 것만을 골라 뽑아 『상서』 100편으로 정하였다. 공안국(孔安國)은 "상고(上古)의 책이기 때문에 『상서』라 한다."라고 하였고, 『상서선기검(尚書璇璣鈐)』에서는 "상

---

26 앞으로 여기서 사용하는 체재(體裁)는 기전체(紀傳體)냐 편년체(編年體)냐 하는 식의 사서의 전체적 형식·특성을 가리키며, 체례(體例)는 그러한 사서 내부 문장의 구성·조직·편집 형식 등(이를테면 紀, 傳, 世家, 表, 書, 志 등의 구분)을 가리키는 의미로 사용한다.
27 「외편」은 『사통』「외편」의 「사관건치(史官建置)」, 「고금정사(古今正史)」 두 편을 가리킨다.
28 고왕금래(古往今來)는 옛날부터 지금까지라는 뜻이다.
29 질문(質文)은 실질적 내용과 외재적 형식, 또는 질박(質朴)함과 화려함[華美]을 가리키며 그 자질이 문덕(文德)을 갖추었다는 뜻도 있다.
30 여기서 체(體)는 책의 체재(體裁)를 가리킨다.

(尙)은 상(上)이란 뜻이다. 상천(上天)이 운행 과정에서 [해와 달, 별, 바람과 구름 등] 자연 현상을 드러내 주고 [국가의] 법령·제도를 밝혀 주시니, [『상서』의 기록은] 마치 하늘의 운행과 같다."라고 하였다.[31] 왕숙(王肅)은 또한 "위에서 군주가 말한 바를 아래에서 사관(史官)이 기록한 것이므로『상서』라 하였다."고 보았다. 이 세 가지 주장을 따져 본다면 그 뜻하는 바가 서로 같지 않다. 생각건대『상서』의 주된 취지는 군주의 명령에 근본을 두고 있어, 왕도의 올바른 뜻을 선포하고 신하에게 구두 지시를 내리는 것이었다. 때문에 여기 실은 것은 모두 전(典)·모(謨)·훈(訓)·고(誥)·서(誓)·명(命)이란 문체(文體)로 된 것이었다. [그렇지만『상서』의]「요전(堯典)」·「순전(舜典)」과 같은 곳에서는 직접 인간사를 서술하였고,「우공」편에서는 오로지 지리(地理)만을 언급하였으며,「홍범(洪範)」편에서는 재난이나 상서로운 조짐을 모아 서술하였고,「고명(顧命)」편에서는 모두 상례(喪禮)를 늘어놓았으니, 이것들은 또한『상서』의 체례가 순수하지 않은 부분이다.

『尙書』家者, 其先出於太古. "『易』曰: "河出『圖』, 洛出『書』,[32] 聖人則之. 故知『書』之所起遠矣."[33] 至孔子觀書於周室, 得虞·夏·商·周四代之典, 乃刪其善者, 定爲『尙書』百篇.[34] 孔安國曰: "以其上古之書, 謂之『尙書』."[35] 『尙書璿璣鈐』曰: "尙者, 上也. 上天垂

---

31 "상천이 운행 과정에서[해와 달, 별, 바람과 구름 등] 자연 현상을 드러내 주니, 마치 하늘의 운행처럼 [국가의] 법령·제도를 운영해야 한다."라고 하는 해석도 있다.

32 '하도락서(河圖洛書)'는 고대 유가의 주역 괘(卦)의 기원 및『상서』「홍범(洪範)」의 구주(九疇) 창작 과정에 대한 전설을 가리킨다. '하도'는 복희가 황하(黃河)에서 나온 용마(龍馬)의 등에서 얻은 무늬(그림)로, 이것에 의해 복희는『역』의 팔괘(八卦)를 만들었다고 한다(『주역』「계사 상」).『낙서(洛書)』는 하의 우임금(夏禹)이 낙수(洛水)에서 얻은 신구(神龜)의 등에 있던 글자와 같은 무늬로, 이것에 의해 천하를 다스리는 대법(大法)으로서「홍범」의 '구주'를 만들었다고 한다(『상서』「고명(顧命)」). 이 하도락서는 제왕·성인이 하늘로부터 받은 상서로운 조짐[受命祥瑞]으로 일컬어졌다.

33 원래 원문은『주역』「계사(상)」에 나오지만, 이 글의 부분은『한서』권30「예문지(藝文志)」, p.1706에 나오는 구절이다("『易』曰 : "河出圖, 洛出書, 聖人則之." 故『書』之所起遠矣. 至孔子纂焉, 上斷斷堯, 下訖于秦, 凡百篇, 而爲之序, 言其作意.").

34 앞서 인용한『한서』「예문지」의 내용 외에도 또한『사기』권61「백이열전(伯夷列傳)」(pp.2121~2122)에서 사마정(司馬貞)의『사기색은(史記索隱)』은『상서위(尙書緯)』를 인용하여 "『서위(書緯)』(즉『상서위』)에 따르면 공자는 황제의 현손인 제괴의 서를 얻어 진 목공 때까지 모두 3,351편의 내용을 편집하여 100편은『상서』로 만들고, 18편은『중후』로 만들었다."라고 해설하고 있다. 바로 다음에

文象, 布節度, 如天行也."³⁶ 王肅曰³⁷: "上所言, 下爲史所書, 故曰: 『尙書』也."³⁸ 推此三說, 其義不同. 蓋『書』之所主, 本於號令, 所以宣王道之正義, 發話言於臣下, 故其所載, 皆典·謨·訓·誥·誓·命之文.³⁹ 至如「堯」·「舜」二典, 直序人事, 「禹貢」一篇, 唯言地理, 「洪範」總述災祥, 「顧命」都陳喪禮, 茲亦爲例不純者也.⁴⁰

또한 『[일]주서([逸]周書)』라는 책이 있는데, 『상서』와 서로 비슷하며, 즉 공자께서 100편으로 정리하여 깎았을 때 남은 것으로 모두 71장이다. [여기서 다루는 내용은] 위로는 [서주의] 문왕·무왕으로부터 아래로는 [동주의] 영왕(靈王)·경왕(景王)에 이른다. 밝고 진실하며 도탑고 참되며, 고상하고 뜻이 높은 경우도 상당히 있지만, 때때로 천박한 속설(俗說)이 있어 더러운 찌꺼기가 섞여 있으니 대부분 아마 훗날의 호사가가 늘려서 덧붙인 것으로 보인다. 「직방(職方)」편과 같은 경우, 『주례』의 「주관(周官)」편과 다른 것이 없으며, 「시훈(時訓)」편은 『예기』의 「월령(月令)」편과 같은 것이 많다. 이는 역

나오는 『상서선기검(尙書璿璣鈐)』은 『상서위』 가운데 하나이다. 이 두 자료에 따르면 『상서』 100편 공자 편집설은 실제로 전한 시대에 시작된 것으로 여겨진다.

35 공안국(孔安國, ?~?)은 전한 사람으로, 자는 자국(子國)이며, 공자의 후손이다. 공자의 옛 집을 헐었을 때 나온 과두문자(蝌蚪文字)로 된 『고문상서』·『예기』·『논어』·『효경』을 금문(今文)과 대조·고증·해독하여 주석을 붙였다고 한다. 만년에 『고문상서전(古文尙書傳)』·『고문효경전(古文孝經傳)』·『논어훈해(論語訓解)』 등을 지었다. 지금 전해지는 『상서공씨전(尙書孔氏傳)』 또는 『공안국상서전(孔安國尙書傳)』은 후인의 위탁(僞托)임이 확인되어 『위공전(僞孔傳)』으로도 불린다. 인용된 부분은 이 책의 서문에 나온 것이다.

36 전한 말에 경사(經師)들이 신비스런 예언을 꾀하는 참위설(讖緯說)을 유교 경전에 가탁해서 만든 책을 위서(緯書), 또는 참위서(讖緯書)라고 하는데, 위(緯)라는 것은 횡사(橫絲)로, 종사(縱絲)를 의미하는 경(經)에 대비한 것이다. 『상서선기검』은 그러한 위서 가운데 하나이다. 앞서 나온 대로 공자가 『상서』를 편집하였다는 이야기도 여기에서 비롯되었다. 역대 사가들이 이러한 주장을 존중하여 『상서』는 고대 사관에게서 비롯되지만 공자의 편집에 의해 책으로 만들어졌다고 생각해 왔지만, 이후 이러한 주장을 의심하는 경우도 적지 않다. 문상(文象)은 일월성신풍운(日月星辰風雲) 등의 자연 현상으로 해석되며, 절도(節度)는 국가의 법령 제도로 해석된다.

37 왕숙(王肅, 195~256)은 자가 자옹(子雍)이며, 동해군(東海郡) 담현(郯縣) 출신으로 삼국 시대 위(魏)의 저명한 경학가이다.

38 이 구절 역시 바로 앞의 '孔安國曰'과 같은 출처에서 나왔다.

39 이것들 모두 『상서』에서 나타나는 문체(文體)의 종류를 나타낸다.

40 「요전」·「순전」·「우공」·「홍범」·「고명」 모두 『상서』의 편명(篇名)이다.

대 제왕의 경사(經史)요, 『오경(五經)』의 다른 기록이다.

又有『周書』者,⁴¹ 與『尙書』相類, 卽孔氏刊約百篇之外,⁴² 凡爲七十一章. 上自文·武, 下終靈·景,⁴³ 甚有明允篤誠,⁴⁴ 典雅高義 ; 時亦有淺末恒說,⁴⁵ 滓穢相參, 殆似後之好事者所增益也. 至若「職方」之言, 與「周官」無異⁴⁶ ;「時訓」之說, 比「月令」多同.⁴⁷ 斯百王之正書,⁴⁸『五經』之別錄者也.⁴⁹

---

41 이것은 『일주서(逸周書)』라는 것인데, 원명은 『주서(周書)』라고 하며 성질이 『상서』와 유사한 고대의 역사 문헌집이다. 공자가 『상서』를 편집하고 남은 『주서』의 일편(逸篇)이라 간주되어 이런 이름을 얻었는데, 보통 전국 시대 사람의 손에서 나온 것으로 여겨진다. 한대에 이미 산일(散佚)되었고 유향(劉向)은 45편이 남아 있었다고 하는데 지금은 60편본이 전해진다. 수(隋)·당(唐) 이후에는 『급총주서(汲冢周書)』로 불리기도 하였는데, 나중에 진(晋) 태강(太康) 연간에 급총(汲冢)에서 나온 「주서(周書)」와 합쳐졌기 때문이라고 한다. 하지만 양자는 다르다고 하는 의견이 대부분이다.

42 공씨(孔氏)는 공자를 가리킨다.

43 문무(文·武)는 무왕과 문왕, 영·경(靈·景)은 동주(東周)의 11·12대 영왕과 경왕을 가리킨다.

44 명윤독성(明允篤誠)이란 구절은 『좌전』 문공 18년(文公十八年)조에 나온다 ("齊聖廣淵, 明允篤誠, 天下之民, 謂之八愷."). 명윤(明允)은 밝고 진실하다, 독성(篤誠)은 도탑고 참되다는 뜻이다.

45 항설(恒說)은 아마 상담(常談)으로 해석될 수도 있는 것 같다. 여기서는 속설(俗說)이라 번역하였다.

46 「주관(周官)」은 유교 경전인 『주례』의 편명이다. 『주례』는 『주관(周官)』이라도 하며, 서주의 주공이 지은 것으로 전해지만, 대부분 전국 시대 후기에 형성된 것으로 보고 있다. 『주례』는 실제로 전한 때 민간에서 얻은 고서에서 비롯되었고, 원래는 천관(天官, 궁정 사무 중심, 이하 동일)·지관(地官, 민정 사무)·춘관(春官, 종족 사무)·하관(夏官, 군사 사무)·추관(秋官, 형벌)·동관(冬官, 營造) 등 6편이어야 하지만 동관 편이 실전되어, 한대 유가가 성질이 비슷한 『고공기(考工記)』로 이를 보충하였다. 『주례』는 이렇게 관제(官制)를 통해 치국 방안을 상세하게 제시한 저작으로 사회의 모든 방면에 대해 상세하게 다루고 있지만, 후한 말 경학대사(經學大師) 정현(鄭玄)이 이에 대해 주를 함으로써 유가 경전의 중요한 위치를 차지하게 되었다.

47 「월령(月令)」은 유교 경전인 『예기』의 편명이다. 『예기』는 전통적으로 전한의 대성(戴聖)이 진한(秦漢) 이래 각종 예의(禮儀) 저작을 모아 편찬한 것으로 알려져 왔지만, 전국 시대 말기나 진한대 학자들이 공자의 문답에 가탁하여 지은 저작으로 보는 것이 일반적이다. 따라서 49편의 내용도 복잡하고 체례도 비교적 엉성하지만, 고대 사회의 상황이나 전장제도, 유가 사상을 연구하는 데 중요한 저작으로 다방면에 걸쳐 다양한 내용을 전해 주고 있다. 그 안에 포함된 「대학(大學)」·「중용(中庸)」·「예운(禮運)」 편 등은 풍부한 철학적 내용을 담고 있다. 『주례』·『의례(儀禮)』와 함께 '삼례(三禮)'라고도 불린다.

48 정서(正書)는 종전에 경사(經史)라고 칭하던 것으로 이를 통해 그 중요함을 보여 주려는 명칭이라고 한다.

주가 망한 다음 『상서』의 체재가 마침내 폐지되고, 한·위에 이르기까지 이를 계승하는 사람이 없었다. 진(晉)에 이르러 광릉군(廣陵郡) 상(相)인 노 출신 공연(孔衍)은 국사는 아름다운 언행을 드러내고 법령 제도를 밝히는 것이지, 인간의 도리나 일상적인 사건 모두를 나열할 만한 것은 못된다고 여겼다. 이에 한·위의 여러 사서를 편집하여 충분히 귀감이 될 만한 아름다운 문장과 고상한 말을 뽑아 내용을 구성하고 순서를 정해 독자적인 성취를 이루었다. 이렇게 『한상서(漢尙書)』, 『후한상서(後漢尙書)』, 『한위상서(漢魏尙書)』를 지어 모두 26권이 되었다. 수(隋)에 이르러 비서감(秘書監)인 태원(太原) 출신 왕소(王劭)가 또한 개황(開皇)·인수(仁壽)[즉, 수 문제] 연간의 정사를 채록하여 순서에 따라 편집하고 종류에 따라 모아서, 각기 그 제목을 붙이고 『수서(隋書)』 80권을 만들었다. 그 주지와 체례를 살펴보면 모두 『상서』에 따랐다.

自宗周旣殞,[50] 『書』體遂廢, 迄乎漢·魏, 無能繼者. 至晉廣陵相魯國孔衍,[51] 以爲國史所以表言行, 昭法式, 至于人理常事, 不足備列. 乃刪漢·魏諸史, 取其美詞典言, 足爲龜鏡者,[52] 定以篇第, 纂成一家. 由是有『漢尙書』·『後漢尙書』·『漢魏尙書』,[53] 凡爲二十六卷. 至隋秘書監太原王劭,[54] 又錄開皇·仁壽時事, 編而次之, 以類相從, 各爲其目, 勒成『隋書』八十卷. 尋其義例, 皆准『尙書』.

원래 『상서』에서 기록한 바는 만약 군신(君臣)이 주고받는 문답에서 그 말이나 내용

---

49 『오경』은 유가의 다섯 경전, 즉 『주역』·『상서』·『시경』·『예기』·『춘추』를 가리킨다. 한 무제가 오경박사(五經博士)를 두어 유교의 국가화를 추진하면서 이러한 명칭이 시작되었다. 원래 공자가 말한 육예에서 『악경(樂經)』은 산일되어 여기에서 빠졌고, 후한 시대에는 여기에 『논어』와 『효경』을 포함시켜 칠경(七經)이라 하였고, 당대(唐代)에는 『주례』·『의례』·『춘추공양전』·『춘추곡량전』·『이아(爾雅)』가 추가되어 십이경(十二經)이 되었다. 그리고 송대에는 『맹자』가 포함되어 십삼경이 완성되었다. 그래서 보통 유가 경전 전체를 13경(十三經)이라 부른다.

50 주 왕실이 천하 제후의 종주(宗主)였기 때문에 주를 종주(宗周)라고도 칭한다.

51 공연(孔衍, 268~320)은 서진의 노국(魯國) 출신으로, 자는 서원(舒元)인데, 공자의 후예이다.

52 구경(龜鏡)은 차감(借鑒)한다, 참조(參照)한다는 뜻이다. 영물인 거북의 복갑(腹甲)을 불에 구워 그 갈라지는 모습을 보고 길흉을 점쳤던 데서 비롯된다.

53 세 권 모두 공연(孔衍)의 저작이지만, 현재 전해지지 않는다.

54 왕소(王劭, ?~?)는 수(隋)의 태원(太原) 진양(晉陽) 출신으로, 자는 군무(君懋)이다. 『제지(齊志)』, 『제서(齊書)』, 『수서(隋書)』를 지었다.

이 칭송할 만한 것이라면 한때의 말이라 할지라도 여러 편으로 나누어 모두 기재하였다. 만일 기록할 만한 것이 아니고 따를 만한 것이 없으면, 비록 이러한 옛일을 탈락시키는 경우가 있었더라도 보는 사람은 잘못이라고 여기지는 않았다. 이윽고 중엽에[55] 이르러서는 사적이 크게 풍부해지자, 반드시 오늘날의 문장을 이리저리 잘라 편집하여 옛적의 필법을 모방하려 하게 되었는데, 마치 그루터기를 지키면서 토끼가 와서 부딪쳐 죽기를 기다리는 사람처럼 오로지 옛 방식을 변통할 줄 모르고 그대로 고집하려 하였다. 때문에 공연이 지은 『한상서』·『위상서』 등의 사서는 이 시대에는 더 이상 유행하지 않게 되었다. 만약 제왕에게 본기가 없고, 공경(公卿)에 대한 열전이 누락된다면, 연월(年月)은 그 시간 순서를 잃고, 인물들의 관작(官爵)과 고향에 대해서도 상세히 알기 어렵게 되는데, 이것들은 모두 옛적에는 소홀히 하였지만 지금은 중요하게 여기는 것들이다. 왕소의 『수서』와 같은 경우에는 비록 상·주의 체제를 따르고 우·하의 문장을 본받으려 하였지만, 그가 서술한 바를 보면 『공자가어(孔子家語)』나 임천왕의 『세설[신어](世說[新語])』와 비슷하므로, "호랑이를 그리려 했지만 도리어 개와 비슷해졌다."라고 할 만한 것이다. 때문에 그 책이 당시 비웃음을 받았던 것은 정말 그럴 만한 이유가 있다.

原夫『尙書』之所記也, 若君臣相對, 詞旨可稱, 則一時之言, 累篇咸載. 如言無足紀, 語無可述, 若此故事, 雖有脫略, 而觀者不以爲非.[56] 爰逮中葉, 文籍大備, 必剪截今文, 摸擬古法, 事非改轍, 理涉守株.[57] 故舒元所撰『漢』·『魏』等書, 不行於代也. 若乃帝王無紀, 公卿缺傳, 則年月失序, 爵里難詳,[58] 斯竝昔之所忽, 而今之所要. 如君懋『隋書』,[59] 雖欲祖述商·周, 憲章虞·夏, 觀其所述, 乃似『孔子家語』[60]·臨川『世說』,[61] [可]謂: "畫虎不成, 反類犬也."[62] 故其書受嗤當代, 良有以焉.

---

55 진한 이후 남북조 이전의 시기를 가리키는 것으로 보인다.
56 이 구절은 무언가 약간의 단어나 구절이 빠지거나 잘못된 것으로 여겨지고 있다.
57 『한비자』「오두편(五蠹篇)」에 나오는 '수주대토(守株待兎)'의 고사에서 비롯되었다. 송나라 사람이 밭을 가는데 밭에 있는 나무 그루터기에 토끼가 부딪쳐 목이 부러져 죽자, 밭 갈기를 그만두고 다시 토끼가 와서 부딪쳐 죽기를 기다리다 남의 웃음거리가 되었다는 이야기이다. 옛것을 지키면서 변통할 줄 모르는 고지식함을 비유한다.
58 작리(爵里)는 관작(官爵)과 향리(鄕里)·관적(貫籍)을 가리킨다.
59 군무(君懋)는 앞서 나온 왕소의 자(字)이다.
60 『공자가어(孔子家語)』는 『공씨가어(孔氏家語)』나 『가어(家語)』라고도 한다. 공자 및 제자들의 사상

『춘추』가는 그 시초가 삼대(三代)에 있다. 『급총쇄어(汲塚瑣語)』에서 [은] 태정(太丁) 때의 일을 기록한 것을 보면, 그 제목을 『하은춘추(夏殷春秋)』라 하였다. 공자께서 말씀하시길, "앞뒤를 관통하여 먼 일을 알게 하는 것은 『상서』의 가르침이다.", "문장을 지어 사실(史實)을 배열하게 하는 것은 『춘추』의 가르침이다."라고 하셨으니, 『춘추』가 지어지기 시작한 것은 『상서』와 동시임을 알 수 있다. 『급총쇄어』에는 또한 『진춘추(晉春秋)』가 있어, [춘추 시대] 진(晉) 헌공(獻公) 17년의 일을 기록하였다. 『국어』에서는 "진(晉)의 양설힐(羊舌肹)이 『춘추』에 능하다고 하자, 도공(悼公)이 [그를 스승으로 삼아] 태자(太子)에게 전수하게 하였다."라고 기록하고 있다. 『좌전』 소공(昭公) 2년조의 기사는 진(晉)의 한선자(韓宣子)가 내빙(來聘)하여 『노춘추(魯春秋)』를 보고, "주의 예법이 모두 노에 있구나!"라고 하였다는 것을 기록하고 있다. 이러니 『춘추』라는 제목을 사용한 사적이 한두 가지만은 아니었던 것이다. 따라서 은연중에 사라져 소식을 알 수 없는 경우까지 합치면 이루 다 헤아려 쓸 수 없을 정도이다. 또한 『죽서기년(竹書紀年)』을 살펴보면, 그 사실을 기록한 방식이 모두 『노춘추』와 동일하다. 맹자(孟子)께서 말씀하시기를, "진(晉)에서는 『승(乘)』이라 하고, 초(楚)에서는 『도올(檮兀)』이라 하며, 노에서는 『춘추』라 하지만 사실은 같은 것이다."라고 하였다. 그러므로 『승』과 『죽서기년』·『도올』은 모두 『춘추』의 다른 이름인 것이다! 때문에 『묵자(墨子)』에서 "나는 온 나라의 『춘추』를 보았다."라고 한 것은 바로 이 점을 말하는 것이다.

『春秋』家者, 其先出於三代. 案『汲塚瑣語』太丁時事,[63] 目爲『夏殷春秋』.[64] 孔子曰:

과 언행을 기록한 책이다. 지금 전하는 『공자가어』(10권. 44편)는 위의 왕숙(王肅)이 주를 달고 뒤에 「후서(後序)」를 붙였다. 『공자가어』는 『한서』 「예문지」에 처음 기록되어 27권으로 공자의 문인이 지은 것으로 되어 있는데 일찍 실전되었다. 당의 안사고(顏師古)는 『한서』의 주를 달면서 이 27권본은 왕숙이 주를 붙인 판본과는 다르다고 지적하였다. 이 때문에 『공자가어』에 대해서는 역대로 논란이 많아, 보통 왕숙의 위작(僞作)이라는 관점이 정론이 되었지만, 전한 이후 이미 그 원형이 있어 완전한 위작은 아닐 것이라고 평가되기도 한다.

61 『세설(世說)』이 원명인데, 유향(劉向)이 지은 『세설』과 구분하기 위해 나중 사람들이 이 책을 『세설신서(世說新書)』라고 부르게 되면서, 오늘날의 『세설신어(世說新語)』라는 명칭이 나왔다. 남조(南朝, 420~581) 송(宋)의 임천왕(臨川王) 유의경(劉義慶, 403~444)이 여러 문인을 모아 편찬한 것으로 주로 위진 시대 인물의 언행과 고사를 담은 필기 소설(筆記小說)의 형식이다.

62 이 구절은 원래 『후한서』 권24 「마원열전(馬援列傳)」 14, p.845에 나오는 구절로 마원이 조카를 타이르는 데서 나온 것이다("效季良不得, 陷爲天下輕薄子, 所謂畫虎不成反類狗者也").

"疏通知遠, 『書』敎也." "屬辭比事, 『春秋』之敎也."[65] 知『春秋』始作, 與『尙書』同時. 『瑣語』又有『晉春秋』, 記獻公十七年事. 『國語』云: "晉羊舌肸習於春秋, 悼公使傳其太子."[66] 『左傳』昭二年, 晉韓宣子來聘, 見『魯春秋』曰: "周禮盡在魯矣." 斯則春秋之目, 事匪一家. 至於隱沒無聞者, 不可勝載. 又案『竹書紀年』,[67] 其所紀事皆與『魯春秋』同. 孟子曰: "晉謂之乘, 楚謂之檮杌, 而魯謂之春秋, 其實一也."[68] 然則『乘』與『紀年』·『檮杌』, 其皆『春秋』之別名者乎! 故『墨子』曰: "吾見百國春秋",[69] 蓋皆指此也.

　　공자께서 『춘추』를 짓기에 이르러서는 주례의 옛 법도를 살피면서, 『노춘추』에 남은 문장을 따랐다. 사람들의 행위에 근거하면서 또한 사람됨의 도에 따랐고, 패망을 이야기하면서 그 사람의 잘못을 질책하였고, 흥성함을 이야기하면서 그 공적을 긍정하였다. 해와 달을 빌어 역법을 정하였고, 제후가 천자를 알현하는 조빙(朝聘)을 통하여 예악을 바로잡았다. 논평하는 서술은 아주 완곡하였고, 사실의 기록도 함축적이

---

63 『급총쇄어(汲塚瑣語)』는 서진 급군(汲郡)의 어떤 사람이 몰래 전국 시대 위(魏) 양왕(襄王)의 무덤을 도굴하다 발견한 수십 수레 분량의 죽간(竹簡)으로 『급총서(汲冢書)』 또는 『급총주서(汲塚周書)』라고 한다. 당시 학자들에 의해 정리된 책은 모두 75편으로 『주역』·『주왕유행(周王遊行)』·『쇄어(瑣語)』 11편 등이 포함되어 있다. 『급총쇄어』란 이 가운데 『쇄어』를 가리킨다. 이에 관한 기사는 『수서(隋書)』 권33 「지(志) 28 경적(經籍) 2 고사(古史)」(p.959)에 나온다. 태정(太丁, ?~?)은 대정(大丁)이라고도 하는데, 은(殷) 탕왕(湯王)의 맏아들로 왕이 되지 못하고 죽었으며, 그 아들인 태갑(太甲)이 탕왕을 계승하였다. 또 다른 태정은 문정(文丁)이라고도 하는 데 은의 28대 왕이다. 여기서는 아마 후자를 가리키는 듯하다.

64 '目'을 '且'로 보는 판본도 있다.

65 두 구절 모두 『예기』 권50 「경해(經解)」 26에 '공자왈(孔子曰)'로 나오는 구절이다. 속사비사(屬辭比事, 屬詞比事)는 단어를 잇달아 연결하고 사실을 배열한다, 즉 글을 지어 사실을 기록한다는 뜻이다.

66 이 구절은 『국어』의 권13 「진어(晉語) 7(七)」의 마지막에 나온다.

67 『죽서기년(竹書紀年)』도 『급총(주)서』에 포함되어 있는데, 『급총기년(汲冢紀年)』이라고 한다. 책은 송대에 산일되었고, 청대 학자가 집교(輯校)한 판본이 남아 있다.

68 이 구절은 『맹자』 「이루(離婁) 하(下)」에 나온다("王者之迹熄而詩亡, 詩亡然後春秋作. 晉之乘, 楚之檮杌, 魯之春秋, 一也.").

69 오늘날 『묵자』에는 이 구절이 존재하지 않는다. 유지기가 참고한 판본에는 있었거나 일실된 구절이리라 짐작된다. 현재는 『수서(隋書)』 권42 열전 7 「이덕림전(李德林傳)」(p.1197)에 이덕림이 위수(魏收)에게 보낸 서한에 인용되고 있다("史者, 編年也, 故魯號紀年. 墨子又云: '吾見『百國春秋』'").

었다. [이렇게] 더 이상 고칠 수 없는 글을 남김으로써 장래 따라야 할 법도를 확립하였던 것이다. 따라서 천년이란 오랜 세월을 거치면서도 『춘추』는 독보적인 지위를 누리며 전해질 수 있었다. 또한 유자들이 『춘추』라는 책의 이름에 대해 이야기하는 것을 보면, 사건을 가지고 날[日]을 연결하고, 날을 가지고 달[月]을 엮었다고 설명한다. 즉 봄으로 여름을 포괄하고 가을로 겨울을 아우르는데, 1년에 사시(四時)가 있으니 이것들을 번갈아 섞어 열거함으로써 기록한 바의 책 이름이라는 것이다. 만약 이렇다고 한다면, 안영(晏嬰)[의 『안자춘추(晏子春秋)』], 우경(虞卿)[의 『우씨춘추(虞氏春秋)』], 여불위(呂不韋)[의 『여씨춘추(呂氏春秋)』], 육가(陸賈)[의 『초한춘추(楚漢春秋)』] 등의 차례에는 본래 연월(年月)이 없는데 역시 마찬가지로 『춘추』라고는 이름을 붙였으니, 이점에 차이가 있다고 하겠다. 태사공이 지은 『사기』에 이르면, 처음으로 천자를 중심으로 한 본기를 지었는데, 그 종지를 살펴보면 『춘추』를 본받았다. 이로부터 국사를 짓는 사람들은 모두 이 새로운 방식을 사용하게 되었다. 그러나 시간이 흘러 세상이 달라지자 그 체례·격식이 바뀌게 되었다. 거기서 기록한 바를 보면, 모두 그 말에 [인물을] 기려서 칭송하거나 꺼려서 감추는 것이 드물고 사건을 서술하는 데에도 물리치거나 끌어올리는 일이 없다. 따라서 사마천이 말한 것처럼 오로지 '옛일'을 가다듬어 모은 것에 지나지 않을 뿐이다. 그러니 어찌 『춘추』에 견줄 수 있겠는가!

逮仲尼之修『春秋』也,[70] 乃觀周禮之舊法, 遵魯史之遺文 ; 據行事, 仍人道 ; 就敗以明罰, 因興以立功 ; 假日月而定曆數, 藉朝聘而正禮樂[71] ; 微婉其說, 志晦其文 ; 爲不刊之言, 著將來之法, 故能彌曆千載, 而其書獨行. 又案儒者之說『春秋』也, 以事繫日, 以日繫月 ; 言春以包夏, 擧秋以兼冬, 年有四時, 故錯擧以爲所記之名也. 苟如是, 則晏子·虞卿·呂氏·陸賈其書篇第,[72] 本無年月, 而亦謂之『春秋』, 蓋有異於此者也. 至太史公著『史記』, 始以天子爲本紀, 考其宗旨, 如法『春秋』. 自是爲國史者, 皆用斯法. 然時移

---

[70] 중니(仲尼)는 공자의 자이다.

[71] 이 부분은 『한서』 권30 「예문지」(p.1715)에서 『춘추』에 대한 설명의 일부를 따온 것이다("以魯周公之國, 禮文備物, 史官有法, 故與左丘明觀其史記, 據行事, 仍人道, 因興以立功, 就敗以成罰, 假日月以定歷數, 借朝聘以正礼樂.").

[72] 각기 전국 시대 안영(晏嬰, B.C. 578~500)이 지은 『안자춘추(晏子春秋)』(內篇 3편, 外篇 2편), 전국 시대 조(趙)의 우경(虞卿)이 지은 『우씨춘추(虞氏春秋)』(8편), 진의 승상 여불위가 문객을 모아

世異, 體式不同. 其所書之事也, 皆言罕褒諱, 事無黜陟,[73] 故馬遷所謂整齊'故事'耳. 安得比於『春秋』哉![74]

『좌전』가는 그 기원이 좌구명에게 있다. 공자께서 『춘추』를 지은 다음, 좌구명은 그 『춘추』경의 뜻을 전수받아 전(傳)을 지었다. 무릇 전(傳)이라 함은 받아서 전달한다[轉]이라는 뜻이니, 이는 경의 종지를 건네받아 뒷사람에게 넘겨준다는 뜻이다. 어떤 사람은 "전(傳)은 전(傳)이다."라고 보기도 하는데, 즉 후세에 전하여 보여 준다는 뜻이라는 것이다. 살펴보건대, 공안국이 주를 단 『상서』도 또한 전(傳)이라 이름을 붙였는데, 그렇다면 이 전(傳)이라는 것은 또한 뜻을 풀어서 설명한다는 것이 된다! 『좌전』이 『춘추』경을 해석한 방식을 보면, 말이 『춘추』경문에 있으면 그 말과 관련된 사건에 대해서는 『좌전』에서 상세하게 설명하는 경우도 있지만, 혹은 『좌전』에는 서술이 없지만 『춘추』경문에는 있는 것도 있고, 『춘추』경문에서는 보이지 않는데 『좌전』에만 보존되어 있는 것도 있다. 『좌전』의 서술은 간략하면서도 요령이 있고 사건에 대해서는 상세하면서도 넓으니, 진실로 성인[이 지은 『춘추』]의 훌륭한 보조자이자, 그것을 본받아 더욱 발전시킨 저작의 으뜸이라 할 것이다!

『左傳』家者, 其先出於左丘明. 孔子既著『春秋』, 而丘明受經作傳. 蓋傳者, 轉也, 轉受經旨, 以授後人.[75] 或曰: "傳者, 傳也." 所以傳示來世. 案孔安國注『尚書』, 亦謂之『傳』, 斯則傳者, 亦訓釋之義乎! 觀『左傳』之釋經也, 言見經文而事詳傳內, 或傳無而經有, 或經闕而傳存. 其言簡而要, 其事詳而博, 信聖人之才羽翮, 而述者之冠冕也.[76]

    편찬한 『여씨춘추』(12권 161편), 전한의 육가(陸賈)가 지었다고 하는 『초한춘추』(9편)를 가리킨다.

73 출척(黜陟)은 원래 인재의 진퇴(進退)나 관리의 승강(升降)을 뜻한다.

74 '정제고사(整齊故事)'에 관련된 기술은 『사기』권130 「태사공자서」 70에 나온다("余所謂述故事, 整齊其世傳, 非所謂作也. 而君比之于『春秋』, 謬矣!").

75 이 원문은 『문심조룡』 권4 「사전(史傳)」 편에 나온다("傳者, 轉也 ; 轉受經旨, 以授于後, 實聖文之羽翮, 記籍之冠冕也.").

76 술(述)은 조술(祖述)한다. 즉 그대로 본받거나 모방한다, 계승한다, 또는 보다 상세하게 설명하고 서술하거나[闡述]거나 더욱 드러내어 발전시킨다[發揚]는 뜻이다. "信聖人之才羽翮, 而述者之冠冕也."라는 구절도 앞서 나온 『문심조룡』의 구절에서 비롯된 것으로 보인다.

공자의 사후 경이나 이를 해석하는 전은 더 이상 지어지지 않았다. 당시의 사적은 오로지 『전국책』과 『태사공서』가 있을 따름이다. 진(晉)에 이르러 저작랑인 옛 노 출신 악자(樂資)는 이 두 책에서 골라 뽑아 『춘추후전(春秋後傳)』을 지었다. 그 글은 주의 정왕(貞王)에서 시작하여 『좌전』이 노 애공(哀公)까지 저술한 뒤를 잇고, 주 난왕(赧王)이 진(秦)에 항복하여 멸망하게 되면, 다시 진 문왕(文王)으로 주를 잇게 하여 진이 2세 황제(二世皇帝) 호해(胡亥)로 멸망할 때까지 서술하였으며, 모두 합해 30권이다. 한대에 관한 사서는 사마천의 『사기』와 반고의 『한서』가 주가 되었으나, [두 책에 있는] 기·전이 함께 나타나고, 표·지가 서로 겹쳐 문장이 번잡하게 되자, 두루 읽어 보는 것이 아주 어려워졌다. [후한 말의] 효헌제(孝獻帝) 때에 이르러 비로소 순열(荀悅)에게 지시하여 두 책을 요약하여 편년체(編年體)로 고치게 하니, 그는 『좌전』을 모방하여 『한기(漢紀)』 30편을 지었다. 이로부터 매 왕조마다 국사는 모두 이러한 저작이 나타나게 되었으니, 후한 때부터 북제(北齊)에까지 이르렀다. 이를테면 장번(張璠)의 『후한기(後漢記)』, 손성(孫盛)의 『위씨춘추(魏氏春秋)』, 간보(干寶)의 『진기(晉記)』, 서광(徐廣)의 『진기(晉記)』, 배자야(裴子野)의 『송략(宋略)』, 오균(吳均)의 『제춘추(齊春秋)』, 하지원(何之元)의 『양전(梁典)』, 왕소(王劭)의 『제지(齊志)』 등이 혹은 『춘추』라 부르고 혹은 『기』라고 부르고 혹은 『략』·『전』·『지』라는 이름을 붙였다. 비록 각기 그 이름은 다르나 대개 모두 『좌전』을 기준으로 삼았다.

逮孔子雲沒, 經傳不作. 於時文籍, 唯有『戰國策』及『太史公書』而已.[77] 至晉著作郎魯國樂資,[78] 乃追采二史, 撰爲『春秋後傳』. 其書始以周貞王續前傳魯哀公後, 至王赧入秦, 又以秦文王之繼周, 終於二世之滅, 合成三十卷. 當漢代史書, 以遷·固爲主,[79] 而紀傳互出, 表志相重, 於文爲煩, 頗難周覽. 至孝獻帝,[80] 始命荀悅撮其書爲編年體,[81] 依

---

[77] 『전국책(戰國策)』 역시 국별체 사서(國別体史書)로 전국 시대 종횡가(縱橫家)의 정치 주장과 책략을 주로 담고 있다. 서주부터 전국 시대의 여러 나라까지 나라별로 13책으로 구성되어 있는데 전한의 유향(劉向)이 33편으로 편정(編定)하였고, 이름도 그가 붙인 것으로 보인다.

[78] 악자(樂資, ?~?)는 『수서(隋書)』「경적지(經籍志)」 등에서 『춘추후전(春秋後傳)』의 저자로 기록되어 있으나, 기타 사항은 불명이다.

[79] 고(固)는 바로 『한서』의 저자인 반고를 가리킨다.

[80] 후한의 마지막 황제 헌제(獻帝, 181~234)를 가리킨다. 220년 조조(曹操)의 아들 조비(曹丕)에게

『左傳』著『漢紀』三十篇.[82] 自是每代國史, 皆有斯作, 起自後漢, 至於高齊.[83] 如張璠[84]·孫盛[85]·干寶·徐廣[86]·裴子野[87]·吳均[88]·何之元[89]·王劭等, 其所著書, 或謂之『春秋』, 或謂之『紀』, 或謂之『略』, 或謂之『典』, 或謂之『志』. 雖名各異, 大抵皆依『左傳』以爲的准焉.

『국어』가의 기원 또한 좌구명에게서 나왔다. 『춘추내전(春秋內傳)』[즉 『좌전』]을 지은 다음, 다시 그 남은 문장을 수집하여 별도의 책을 지었는데, 주·노·제·진(晉)·정·초·오·월 여덟 나라로 나누어, 주 목왕(穆王) 때부터 시작하여 노의 도공(悼公)에서 끝을 맺어, 따로 『춘추외전국어(春秋外傳國語)』라 하였으니, 모두 21편이었다. 그 내용은 『좌전』과 비교하면, 혹은 거듭하여 나타나는 부분도 있지만 조금은 다르다. 그렇지만 예로부터 명유인 가규(賈逵)·왕숙(王肅)·우번(虞翻)·위요(韋曜) 등이 거듭하여 그 주석을 달고 장구(章句)를 연구하였다. 이것 역시 『육경』의 갈래요, 『[춘추]삼전([春秋]三傳)』에 버금가는 것이다. [전국 시대 말기에] 합종·연횡책이 일어나면서, 서로 힘껏 싸워 승리를 다툰 결과 진(秦)이 천하를 겸병하게 되자 『전국책』이 지어졌다. 『전국책』에는 동·서주, 진·제·연·초·삼진(三晉)·송(宋)·위(衛)·중산(中山) 편이 있어 모두 열 두

양위함으로써 후한은 멸망하였다.

81 순열(筍悅, 18~209)은 자가 중예(仲豫)로 영천(潁川) 영음(潁陰) 출신이며, 후한 말의 사가이자 정론가이다. 『한기(漢紀)』(30권), 『신감(申鑒)』(5편) 등의 저작이 있다.

82 헌제(獻帝)가 전적(典籍)에 관심이 많았는데, 『한서』의 문자가 번잡해서 읽기가 어렵다고 하여 비서감(秘書監) 시중(侍中) 순열(荀悅)에게 『춘추좌씨전』의 체례를 모방하여 『한기(漢紀)』(30편)를 짓게 하였다(『후한서(後漢書)』 권62 「순한종진열전(荀韓鍾陳列傳) 순열(荀悅)」, p.2062).

83 북제(北齊)의 초대 황제가 고환(高歡)이었기에 붙인 명칭으로 북제(北齊)를 가리킨다.

84 장번(張璠, ?~?)은 서진 안정(安定) 출신으로 『후한기(後漢記)』를 지었다.

85 손성(孫盛, 302?~374)은 동진 태원(太原)의 중도(中都) 출신으로 자는 안국(安國)이다. 『진양추(晉陽秋)』, 『위씨춘추(魏氏春秋)』를 지었다.

86 서광(徐廣, 352~425)은 동진 완고막(莞姑幕) 출신으로, 자는 야민(野民)이다. 『진기(晉記)』를 지었다.

87 배자야(裴子野, 469~530)는 양(梁)의 하동(河東) 문희(聞喜) 출신으로, 자는 기원(幾原)이다. 『송략(宋略)』을 지었다.

88 오균(吳均, 469~520)은 양의 오흥(吳興) 고장(故鄣) 출신으로, 자는 숙상(叔庠)이다. 『제춘추(齊春秋)』를 지었으며, 『통사(通史)』 제작에 참여하였으나 완성시키지 못하고 죽었다.

89 하지원(何之元, ?~593)은 진(陳)의 노강(盧江) 첨(灊) 출신으로, 『양전(梁典)』을 지었다.

나라를 다루고 있으며, 33권으로 나뉘어 있다. 무릇 책(策)이라고 이름을 붙인 것은 생각건대 일을 기록을 하면서도 시대 순서를 따라 편성을 하지 않았기 때문으로, 그래서 간책(簡策)[과 같은 것으로 보아 이]에 비추어 이름을 붙인 것으로 보인다. 어떤 사람은 "한대의 유향(劉向)이 전국 시대 유세객(遊說客)들이 꾀한 책모(策謀)를 기록한 것이라 생각하여 『전국책』이라 불렀다."라고 말하기도 한다.

『國語』家者, 其先亦出於左丘明. 旣爲『春秋內傳』,[90] 又稽其逸文, 纂其別說, 分周·魯·齊·晉·鄭·楚·吳·越八國事, 起自周穆王, 終於魯悼公, 別爲『春秋外傳國語』, 合爲二十一篇. 其文以方『內傳』, 或重出而小異. 然自古名儒賈逵[91]·王肅·虞翻[92]·韋曜之徒,[93] 竝申以注釋, 治其章句, 此亦『六經』之流, 『三傳』之亞也.[94] 暨縱橫互起,[95] 力戰爭雄, 秦兼天下, 而著『戰國策』. 其篇有東·西二周·秦·齊·燕·楚·三晉[96]·宋·衛·中山, 合十二國, 分爲三十三卷. 夫謂之'策'者, 蓋錄而不序, 故卽簡以爲名.[97] 或云: "漢代劉向

---

[90] 『좌전』(또는 『춘추좌씨전』)을 가리킨다.

[91] 가규(賈逵, 30~101)는 후한 사람으로 자가 경백(景伯)이고, 부풍(扶風) 평릉(平陵) 출신의 저명한 경학가·천문학가이다. 『국어해고(國語解詁)』, 『춘추좌씨전해고(春秋左氏傳解詁)』, 『춘추좌씨장전(春秋左氏長傳)』 등을 지었다.

[92] 우번(虞翻, 164~233)은 자가 중상(仲翔)으로 회계(會稽) 여요(餘姚) 출신인데, 삼국 시대 오(吳)의 학자이자 관료이다. 『노자』·『논어』·『국어』 등의 훈주(訓注)를 지은 바 있고 역학(易學)에도 뛰어난 성취를 보였으며, 『춘추외전국어주(春秋外傳國語注)』(21권)를 짓기도 하였다.

[93] 위요(韋曜, 204~273)는 본명이 위소(韋昭)이고 자는 홍사(弘嗣)인데, 오군(吳郡) 운양(雲陽) 출신으로 삼국 시대의 저명한 사가이자 동오(東吳)의 사조 중신(四朝重臣)이기도 하였다. 그가 지은 『오서』는 나중에 『삼국지』의 주된 재료가 되기도 하였다. 『오서』 외에 『국어주(國語注)』 등을 지었다.

[94] 삼전(三傳)은 『춘추』의 해설서인 『좌전』과 『공양전』, 『곡량전』을 말한다.

[95] 종횡(縱橫)은 합종연횡(合從連橫)으로 전국 시대 유사(游士)들이 6국 겸병 전쟁 때에 제시한 두 가지 전략을 가리킨다. 전자는 약국들이 연합하여 강한 진(秦)에 대항하자는 주장이고, 후자는 강한 진을 받들고 약국을 공략하자는 주장이었다.

[96] 삼진(三晉)은 전국 시대 조(趙)·위(魏)·한(韓) 삼국의 합칭이다. 원래 춘추 시대 진(晉)의 육경(六卿)이던 조·한·위씨가 진을 삼분하여 각기 제후가 되었기 때문에 이런 명칭이 나왔다. 이 '삼가분진(三家分晉)'을 주의 천자가 승인한 것이 바로 전국 시대의 출발점이다.

[97] 간(簡)은 간책(簡策, 단편은 簡, 簡이 모인 것은 策이다) 또는 간책(簡册)·간협(簡筴), 즉 죽간(竹簡)이나 목간(木簡)을 계속 엮어서 만든 책 또는 나아가 사적이나 전적을 가리킨다. 이 부분의 구절은 『문심조룡』 권34 「사전」 편에 나왔다("及至縱橫之世, 史職猶存. 秦幷七王, 而戰國有策. 蓋錄而弗敍, 故卽簡而爲名也.").

以戰國遊士爲之策謀,[98] 因謂之『戰國策』."

　　공연(孔衍)에 이르면, 또한 『전국책』에서 서술한 바가 모두 훌륭한 것은 아니라고 여기게 되었다. 이에 사마천의 『사기』를 끌어들여 그 같고 다름을 헤아리고, 『사기』·『전국책』두 책을 편집·수정하여 하나의 책으로 만들었는데, 이름하여 『춘추후어(春秋後語)』라고 하였다. 서주와 동주 및 송·위·중산을 제거하고 남은 것은 칠국(七國)뿐이었다. 진(秦) 효공(孝公) 때부터 시작하여 초·한이 다투던 시대에 끝났으니, 『춘추』에 비하면 또한 230여 년에 걸쳐 일어난 일들을 모두 다룬 셈이다. 공연은 처음에는 『춘추시국어(春秋時國語)』를 짓고 나아가 다시 『춘추후어(春秋後語)』를 지어 두 책을 완성하니, 각기 10권씩이었다. 지금 세상에 남아 있는 것은 오직 『춘추후어』뿐이다. 그 서문을 살펴보면 "비록 『좌씨[즉 『좌전』의 저자인 좌구명]』라 할지라도 덧붙일 수 없다."라고 하였다. 하지만 세상 사람들은 모두 그가 자신의 역량과 공덕을 제대로 헤아리지 못하였다고 책망하였다. 공연의 말의 뜻을 추측해 보건대, 스스로를 좌구명과 비교하였을 때에는 응당 『국어』를 가지고 이야기하였지 『좌전』을 놓고 한 이야기는 아닐 것이다. 만약 반드시 같은 종류의 것으로 비교하였다면 어찌 이처럼 심하게 비웃음을 당하였겠는가? 한이 통치 능력을 잃게 되면서 영웅들이 서로 힘을 겨루는 시대가 되자, 사마표(司馬彪)가 다시 당시의 사적을 기록하여 『구주춘추(九州春秋)』를 지었는데, 주(州)마다 한 편씩을 두었으므로 합쳐서 모두 9권이 되었다. 그 체재를 살펴보면 또한 최근 시대에 만들어진 『국어』라고 할 것이다.

---

[98] 유향(劉向, B.C. 77~B.C. 6)은 한 고조 유방의 넷째 동생인 초원왕(楚元王)의 4세손으로, 한(漢) 선제(宣帝) 시절 출사하였다가 벼슬에서 물러났지만, 성제(成帝) 즉위 후 다시 벼슬에 나가 궁중 장서의 감수를 맡았다. 그의 아들 유흠(劉歆, B.C. 53?~25?) 역시 전한 말의 유학자로 자는 자준(子駿)이다. 유학에 조예가 깊었고 목록교감학(目錄校勘學)·천문역법(天文曆法)·사학(史學)·시(詩) 등의 방면에도 뛰어났다. 후한 광무제 때에 의랑급사중(議郞給事中)이 되었으나 당시의 학문이 국가 권력의 어용 학문이라 하며 황제의 신용이 두터운 도참(圖讖)의 미신을 대담하게 공격하였기 때문에 황제의 분노를 사서 참수될 위기에 처했다가 지방관으로 좌천되었다. 유흠은 부친 유향을 좇아 비서(秘書)를 정리하였는데, 특히 좌구명(左丘明)의 『좌전』이 공자의 『춘추』를 해석한 것으로 이해하였다. 또한 유향·유흠 부자는 『칠략(七略)』(7권)을 지어 교감·목록학 등을 최초로 시도한 것으로 인정되고 있다.

至孔衍, 又以『戰國策』所書, 未爲盡善. 乃引『太史公所記』, 參其異同, 刪彼二家, 聚爲一錄, 號爲『春秋後語』. 除二周及宋・衛・中山, 其所留者, 七國而已. 始自秦孝公, 終於楚・漢之際,⁹⁹ 比於『春秋』, 亦盡二百三十餘年行事. 始衍撰『春秋時國語』, 復撰『春秋後語』, 勒成二書, 各爲十卷. 今行於世者, 唯『後語』存焉. 按其書「序」云: "雖左氏莫能加." 世人皆尤其不量力, 不度德. 尋衍之此義, 自比於丘明者, 當謂『國語』, 非『春秋傳』也. 必方以類聚, 豈多嗤乎? 當漢氏失馭, 英雄角力. 司馬彪又錄其行事, 因爲『九州春秋』, 州爲一篇, 合爲九卷. 尋其體統,¹⁰⁰ 亦近代之『國語』也.

[조]위([曹]魏)가 도읍을 허창(許昌)・낙양(洛陽)에 두던 때부터, [위・촉(蜀)・오(吳)] 삼국(三國)은 천하를 삼분하면서 경쟁하였고, 이후 [위를 대신한 서진(西晉)의 통일 이후 북방 민족의 침입으로 남쪽으로 밀려난] 동진(東晉)은 [남쪽의] 장강(長江)・회수(淮水)에 자리를 잡게 되어 천하가 [남북으로] 분열되었다. 그 군주들은 비록 호칭을 동일하게 왕이라 하였지만, 그 땅을 보면 실제로는 제후나 다름없었다. 사관의 자리에 있던 사람들은 그 국사를 기록하면서 기전체로 쓴 사람들은 『사기』・『한서』를 본받았고, 편년체로 창작한 사람들은 순열의 『한기』와 원굉의 『후한기』를 모방하였다. 이에 『사기』・『한서』의 체재가 크게 유행하면서 『국어』의 체재는 쇠퇴하였다.

自魏都許・洛,¹⁰¹ 三方鼎峙; 晉宅江・淮,¹⁰² 四海幅裂. 其君雖號同王者, 而地實諸侯. 所在史官, 記其國事, 爲紀傳者則規模班・馬,¹⁰³ 創編年者則議擬荀・袁. 於是『史』・『漢』之體大行, 而『國語』之風替矣.

『사기』가는 그 시초가 사마천에게서 나왔다. 『오경』이 쇠퇴하여 이어지지 못하고 제자백가가 다투어 늘어서면서, 사적(事跡)은 뒤섞여 혼란스럽고 앞뒤가 서로 어긋나게 되

---

99 초한지제(楚漢之際)는 항우와 유방이 천하의 패권을 두고 다투던 시기를 말한다.
100 체통(體統)은 체재(體裁)를 가리킨다.
101 허(許)는 조조가 한의 헌제(獻帝)를 옹립하여 권력을 휘두른 허창(許昌)을 말하며, 낙(洛)은 그의 아들 조비가 위를 세우면서 수도로 삼은 낙양을 가리킨다.
102 강회(江淮)는 장강과 회수를 가리킨다.
103 규모(規模)는 전범이나 모범, 계획 등의 뜻이 있다.

었다. 사마천에 이르러 각 국사를 모으고 개인의 저술을 채방하여, 위로는 황제로부터 시작하여 아래로는 한 무제에 이르렀으며, 기·전으로 군신(君臣)을 총괄하여 서술하고, 표·서로 연월과 관작을 기록하니 합쳐서 모두 130권이다. 노사(魯史)의 옛 이름을 따와 제목을 『사기』라 하였다. 이로부터 한대 사관이 뒤를 이어 지은 책은 모두 『사기』라는 이름을 붙이게 되었다. 후한대에 들어와 사서를 지었을 때에도 여전히 『[동관] 한기』라 이름을 붙였다. 양(梁) 무제(武帝)에 이르러 다시 여러 신하들에게 조칙을 내려 위로는 태곳적부터 시작하여 아래로는 남제(南齊)에서 끝나게 하여, 『통사(通史)』 620권을 지었다. 그 책은 진(秦) 이상으로는 모두 『사기』에 바탕을 두었지만, 다른 전승도 별도로 채록하여 널리 색다른 견문을 확충하였다. 양한(兩漢) 이후에는 곧 당시의 기·전을 온전히 채록하여 앞뒤로 서로 통하게 하고, [열전에서는] 같은 부류끼리 서로 의지하게 하였다. 또한 오·촉의 군주를 모두 세가로 편입시켰으며, 오호(五胡)와 탁발씨(拓拔氏)는 「이적전(夷狄傳)」에 배치하였다. 무릇 그 체례는 『사기』와 대부분 같으며, 다른 점은 오직 표가 없는 것뿐이다. 이후에 북위(北魏)의 제음왕(濟陰王) 원휘(元暉)가 또한 『과록(科錄)』 270권을 지었는데, 그 시대는 상고부터 시작하여 [남조의] 송(宋)까지 다루었다. 그 편집 순서도 대부분 『통사』에 의거하였으나, 사적이 서로 아주 유사한 경우를 하나의 과로 묶었으므로 이 때문에 『과록』이라는 이름을 붙였다. 본조(本朝), 즉 당 [고종(高宗)] 현경(顯慶) 연간에 부새랑(符璽郎)인 농서(隴西) 출신 이연수(李延壽)가 최근의 각종 사서에서 골라 모아, 남조는 송에서 시작하여 진에서 끝내고, 북조는 위에서 시작하여 수에서 끝내 합쳐서 180편을 지었는데, 『남사(南史)』·『북사(北史)』라 이름을 지었다. 이 책들은 군신의 기전에 대해 모두 무리별로 나누어 배열하고 같은 종류끼리 서로 따르게 하여 각기 자신의 나라에 귀속시켰다. 무릇 이러한 저작들은 모두 『사기』 일파에 속한다.

『史記』家者, 其先出於司馬遷. 自『五經』間行,[104] 百家競列, 事跡錯糅, 前後乖舛. 至遷乃鳩集國史, 采訪家人, 上起黃帝, 下窮漢武, 紀傳以統君臣, 書表以譜年爵, 合百三十卷. 因魯史舊名, 目之曰:『史記』. 自是漢世史官所續, 皆以『史記』爲名.[105] 迄乎

---

[104] 간(間)은 사이에 두다, 사이가 벌어진다, 가로막다는 뜻이 있고, 간행(間行)은 계속되지 않다, 쇠미해진다는 뜻으로 쓰이고 있다.

東京著書,[106] 猶稱『漢記』. 至梁武帝, 又敕其群臣, 上至太初, 下終齊室,[107] 撰成『通史』六百二十卷. 其書自秦以上, 皆以『史記』爲本, 而別采他說, 以廣異聞; 至兩漢已還, 則全錄當時紀傳, 而上下通達, 臭味相依[108]; 又吳·蜀二主皆入世家, 五胡及拓拔氏列於『夷狄傳』.[109] 大抵其體皆如『史記』, 其所爲異者, 唯無表而已. 其後元魏濟陰王暉,[110] 又著『科錄』二百七十卷, 其斷限亦起自上古, 而終於宋年.[111] 其編次多依於放『通史』, 而取其行事尤相似者, 共爲一科, 故以『科錄』爲號. 皇家顯慶中,[112] 符璽郎隴西李延壽抄撮近代諸史,[113] 南起自宋, 終於陳, 北始自魏, 卒於隋, 合一百八十篇, 號曰: '『南北史』'. 其君臣流別, 紀傳群分, 皆以類相從, 各附於本國. 凡此諸作, 皆『史記』之流也.

살펴보면 『사기』가 다룬 강역은 매우 넓고 그 시간 또한 아주 길고 오랜데, 기와 전으로 나누고 서와 표로 풀어 놓았다. 국가의 한 가지 정사를 다룰 때마다, 북방의 호(胡)와 남방의 월(越)만큼 서로 떨어진 곳에 서술이 분산되어 있고, 같은 시기의 군주와 신

---

105 이는 종래 많은 사람에게 지적되어 온 것처럼 유지기의 실수이다. 『魯史』의 옛 이름은 『춘추』이므로 『사기』라는 말의 근원이 될 수 없다. 또한 사마천 자신도 자신의 책을 『태사공서』라고 불렀으며, 『사기』라는 이름은 훨씬 후대에 가서야 정착된 것이다. 따라서 한대 사관의 후속작에 『사기』라는 이름을 붙였다거나, 심지어 『(동관)한기』도 『사기』를 이르는 제목을 지었다는 내용 역시 틀린 말이다.
106 동경(東京)은 낙양(洛陽)을 가리킨다. 후한이 낙양에 도읍을 두었는데, 전한의 수도인 장안의 동쪽이었으므로 이런 명칭이 나왔다. 여기서 나아가 후한을 대신 가리키는 말로도 사용된다.
107 소도성(蕭道成)이 세운 남조의 남제(南齊)를 가리킨다.
108 취미(臭味)는 기미(臭味)나 취지(趣志), 또는 같은 종류를 비유하는 뜻이 있다. 따라서 취미상의(臭味相依)는 그 주인공들의 사적들이 같은 성질의 것끼리 묶어 열전을 지었다는 뜻이다.
109 오호(五胡)는 흉노(匈奴)·선비(鮮卑)·갈(羯)·저(氐)·강(羌)으로, 이들은 위진 남북조 시기에 중국의 북방에 진출하여 16국을 세웠다(五胡十六國). 탁발씨(拓跋氏)는 선비족의 탁발부(拓跋部)로 북위(北魏, 386~534)를 세우고 평성(平城)에 도읍을 두었다가 나중에 낙양으로 천도하였다.
110 원위(元魏)는 북위(北魏)를 일컫는다. 북위를 세운 선비족 탁발씨(拓拔氏)가 한성(漢姓)으로는 원(元)을 썼기에 이런 명칭이 나왔다. 원휘(元暉, ?~519)는 자가 경습(景襲)으로 북위의 종실 출신이며, 『과록(科錄)』을 지었다.
111 남조의 송(宋 또는 劉宋)을 가리킨다.
112 현경(顯慶, 656~660)은 당 고종(高宗)의 연호 가운데 하나이다.
113 이연수(李延壽, ?~?)는 당의 상주(相州) 사람으로 자는 나령(邏齡)인데, 부친의 작업을 이어받아 24사에 속하는 『남사(南史)』, 『북사(北史)』를 지었다.

하를 다루면서도 [서로 다른 때에 출몰하는] 오리온자리와 전갈자리만큼 [서로 관련이 없는 곳에] 내용이 흩어져 있으니, 이것은 바로 [기전체라고 하는] 그 체재의 결점이다. 아울러 기재한 내용 역시 옛날 기록을 많이 모았으되(『국어』·『세본』·『전국책』 등에서 자료를 채집한 것을 말한다) 때때로 각종 잡설을 채록하여, 이 때문에 그것을 읽는 사람에게 사건에 대한 새로운 지식을 주지 못하고 같은 말이 여러 차례 되풀이되었다. 이것은 이 책의 골라서 기록한 방식이 번잡한 부분이다. 더구나 『통사』 이후에는 번잡하고 쓸데없는 서술 내용이 너무 늘어나서 학자들이 차라리 이 책을 편안하게 익힐망정 새로운 사서를 찾아 읽는 일은 게을리 하게 되었다. 또한 편찬한 지 얼마 되지 않아 마침내 빠지거나 사라져 버린 부분이 상당히 많았으므로 "힘을 들였지만 공을 세우지 못했다."라고 할 것이다. 이런 점은 저술하는 사람이 마땅히 깊이 경계해야 할 바이다.

尋『史記』疆宇遼闊, 年月遐長, 而分以紀傳, 散以書表. 每論國家一政, 而胡·越相懸[114]; 敍君臣一時, 而參·商是隔.[115] 此其爲體之失者也. 兼其所載, 多聚舊記, (謂探『國語』·『世本』[116]·『國策』等),[117] 時采雜言, 故使覽之者事罕異聞, 而語饒重出. 此撰錄之煩者也. 況『通史』以降, 蕪累尤深, 遂使學者寧習本書, 而怠窺新錄. 且撰次無幾, 而殘缺遽多, 可謂: "勞而無功," 述者所宜深誡也.

『한서』가는 그 시초가 반고에게서 나왔다. 사마천이 『사기』를 지었을 때 그 내용은 한 무제 시대에서 끝나, 태초 연간 이후는 빼놓고 기록하지 않았다. 반표는 이어서 『후기(後記)』를[118] 지음으로써 『사기』의 뒤를 이었다. 그 아들 반고에 이르러서는 [한] 고조 때

---

[114] 호(胡)는 중국 북방의 이민족, 월(越)은 남방의 이민족을 가리킨다. 호월상현(胡越相懸)은 이들이 매우 멀리 떨어져 있어 서로 아무런 관계가 없음을 비유하고 있다.

[115] 삼(參)은 오리온자리, 상(商)은 전갈자리로 각기 겨울철과 여름철에만 보이는 별자리이다. 삼상시격(參商是隔)은 따라서 이것들처럼 전혀 서로 관계가 없다는 것을 비유하고 있다.

[116] 『세본(世本)』(15편)은 황제 이래로 춘추 시대까지 제왕과 제후·경대부의 씨성(氏姓)·세계(世系)·도읍(都邑) 등을 중심으로 기록한 책이라고 하는데 전국 시대에 지어진 것으로 여겨진다. 전한 말에 유향의 교정을 거쳐 이런 이름으로 정해졌지만, 책은 송대에 망실되었고, 현재는 청대의 집일본이 전해진다.

[117] 이 부분은 일부 판본에 소주(小注) 형식으로 삽입되어 있다.

[118] 보통 『[사기]후전』이라고 하는 것이 일반적이다.

부터 시작하여 왕망(王莽) 때까지 서술하였으니, 12기·10지·8표·70열전으로 한 책을 이루어 『한서』라는 이름을 붙였다. 옛 우·하의 전(典), 상·주의 고(誥)는 공자께서 편찬할 때 모두 일컬어 '서(書)'라고 하였다. 따라서 무릇 '서'라는 이름을 붙인 것은 또한 옛 것을 헤아리는 훌륭한 명칭인 것이다. 『한서』에서 창조한 것을 살펴보면 모두 사마천에 의거하였으되, 다만 세가 부분을 짓지 않고 '서'를 고쳐 '지'라 했을 따름이다. 후한 이래로 사서를 짓는 사람들이 모두 이를 따라서, 그 명칭을 계승하면서 바꾸는 일이 없었는데, 오로지 『동관한기』가 '기(記)'라고 하였고 『삼국지(三國志)』가 '지(志)'라고 하였다. 그렇지만 비록 명칭은 다르나 그 체제는 모두 같다.

『漢書』家者, 其先出於班固. 馬遷撰『史記』, 終於今上.[119] 自太初已下, 闕而不錄. 班彪因之, 演成『後記』, 以續前編. 至子固, 乃斷自高祖, 盡於王莽,[120] 爲十二紀·十志·八表·七十列傳, 勒成一史, 目爲『漢書』. 昔虞·夏之典, 商·周之誥, 孔氏所撰, 皆謂之: '書'. 夫以'書'爲名, 亦稽古之偉稱. 尋其創造, 皆准子長,[121] 但不爲'世家', 改'書'曰'志'而已. 自東漢以後, 作者相仍, 皆襲其名號, 無所變革, 唯『東觀』曰: '記', 『三國』曰: '志'. 然稱謂雖別, 而體制皆同.

자고 이래로 사서에서 기재한 바를 두루 살펴보면, 『상서』는 주의 일을 기록하여 진(秦) 무공(繆公)에서 마쳤으며, 『춘추』는 노의 기록을 서술하여 애공 때에 그쳤다. 『죽서기년』은 위의 멸망에는 미치지 못하였으며, 『사기』는 오로지 한 초 부분만을 다루고 있다. 그렇지만 『한서』와 같은 경우는 전한 시대를 처음부터 끝까지 다루어 유씨(劉氏)의 흥폐(興廢)를 모두 서술하였으니, 한 왕조 전체를 포괄적으로 다루어 한 책으로 꾸

---

[119] 금상(今上)은 한 무제를 가리킨다. 사마천이 본기를 작성할 때, 당시 재위 중이던 한 무제의 경우 「금상본기(今上本紀)」이라는 명칭을 붙였다.

[120] 왕망(王莽, B.C. 45~A.D. 23)은 자가 거군(巨君)으로 전한 원제의 황후인 효원황후(孝元皇後)의 조카이다. 애제(哀帝)가 승하하자 평제(平帝)를 옹립하였고, 나중에는 평제를 독살하고 섭정을 개시했다. 결국 8년에 스스로 황제의 지위에 올라 신(新)을 건국하여 8~23년 사이 재위하였다. 이후 각지에서 반란이 발생하고, 경시제(更始帝)의 군대에 패배하면서, 왕망은 군웅할거의 혼란 속에서 살해되었고 신은 왕망의 죽음으로 멸망하였다. 그가 추진한 개혁을 보통 '왕망개제(王莽改制)'라고 하지만 말기에 반란이 일어나 중국 역사상 가장 단명한 왕조로 그쳤다.

[121] 자장(子長)은 사마천의 자이다.

민 셈이다. 그 용어는 모두 정밀하고 정제된 것이며, 사건에 대한 서술은 또한 아주 빈 틈없이 갖추어져 있다. 따라서 학자들이 탐구하고 논의할 때 쉽사리 그 공효를 얻을 수 있다. 그때부터 지금에 이르기까지 이러한 『한서』의 체재는 바뀐 바가 없다.

歷觀自古, 史之所載也, 『尙書』記周事, 終秦繆[122] ; 『春秋』述魯文, 止哀公 ; 『紀年』不逮於魏亡,[123] 『史記』唯論於漢始. 如『漢書』者, 究西都之首末,[124] 窮劉氏之廢興, 包擧一代, 撰成一書. 言皆精煉, 事甚該密. 故學者ㅈ尋討, 易爲其功. 自爾迄今, 無改斯道.

여기에서 이러한 6가의 흐름을 고찰하면서 천년의 시대를 놓고 다루었는데, 대개 사서의 흐름과 종류는 여기에 모두 나와 있다고 할 것이다. 그러나 지금은 순박한 기풍이 흩어지고 사라진 데다가, 시대가 달라지고 바뀌어 『상서』 등 4가는 그 체재가 폐기된 지 이미 오래되었으니, 가히 본받아 따를 것은 오로지 『좌전』과 『한서』 2가뿐이다.

於是考茲六家, 商榷千載, 蓋史之流品, 亦窮之於此矣. 而樸散淳銷, 時移世異, 『尙書』等四家, 其體久廢, 所可祖述者, 唯『左氏』及『漢書』二家而已.

---

[122] 『사통』에 대한 해설서로 이름이 높은 청대(淸代) 포기룡(浦起龍)이 지은 『사통통석(史通通釋)』에서는 '목(穆)'으로 되어 있지만, 다른 판본에서 사용하는 '무(繆)'가 옳다는 것은 전대흔(錢大昕)이 『십가재양신록(十駕齋養身錄)』 권4에서 이미 고증한 바 있다.

[123] 『기년(紀年)』은 『죽서기년』을 가리킨다. 『죽서기년』의 내용은 실제로 위의 멸망과 더불어 끝나기 때문에, 이 기술도 유지기의 실수이다.

[124] 본문의 서도(西都)는 전한의 수도 장안, 나아가 전한을 가리킨다.

04-3
『사통(史通)』「이체(二體)」

[전설의] 삼황오제 시대에『오전(五典)』·『삼분(三墳)』이 있었다고 하지만, 아득히 오래 전의 일이라 그 상세한 내용은 알 수 없다. 요순 이래로 주에 이르기까지의 사적에는『고문상서』가 있다. 그렇지만 당시는 여전히 세상 풍기가 순박하였고, 그 때문에 문장도 간략하고, 그 체제가 완비되어 있기를 바라더라도 본래 없었던 것이다. 이후 좌구명이『춘추』를 위해 전(傳)을 지었고, 사마천이『사기』를 지었으니, 사서를 짓는 체재가 이에 모두 갖추어졌다. 후대에 이어서 쓰는 사람들이 서로 답습하였고, 설령 바꾸더라도 그 명칭만 바꾸었을 뿐 그 범위가 제한적이었으니, 누가 이를 뛰어넘을 수 있었겠는가! 생각건대 순열·장번은 좌구명 일파에, 반고·화교(華嶠)는 사마천 일파에 속한다. 다만 이 두 유파는 각기 서로 뽐내고 숭상하는 점이 있으니, 반드시 그 좋고 나쁜 점을 제대로 분별할 수 있어야만 이에 대해 논의할 수 있을 것이다.

三五之代,[125] 書有典·墳,[126] 悠哉邈矣,[127] 不可得而詳. 自唐虞以下迄於周, 是爲『古文尚書』. 然世猶淳質, 文從簡略, 求諸備體, 固以闕如. 旣而丘明傳『春秋』, 子長著『史記』, 載筆之體, 於斯備矣. 後來繼作, 相與因循, 假有改張, 變其名目, 區域有限, 孰能逾此! 蓋荀悅·張璠, 丘明之黨也;班固, 華嶠, 子長之流也. 惟此二家, 各相矜尙, 必辨其利害, 可得而言之.

대저『춘추』는 날과 달을 이어 차례로 삼았고, 사계절과 해를 늘어놓아 서로 연결시켰다. 또한 중국(中國)과 외부 이민족[外夷]에 대해서도 시대를 같이 하는 경우라면 그 일에 대해 완전히 갖추어 눈앞에 드러내지 않음이 없었다. 이치는 한 마디의 말로 충분

---

125 삼오지대(三五之代)는 전설의 삼황오제(三皇五帝)를 가리킨다.
126 전(典)은 전설의 상고 전적으로, 오제가 지었다고 하는『오전(五典)』을 가리키며, 분(墳) 역시 삼황이 지었다고 하는『삼분(三墳)』을 가리킨다.
127 유(悠)나 막(邈) 모두 아득히 오래되었다는 뜻이다.

히 설명하였고, 이야기는 거듭해서 나타나지 않았으니, 이것이 바로 그 장점으로 삼는 바이다. 어진 선비와 절개 있는 여인, 재능이 뛰어나거나 큰 덕을 지닌 선비로 당연히 [국가 대사와 관련하여] 중요하게 여겨야 할 경우에는 반드시 상세하게 살펴서 꼼꼼히 서술하였다. 반면 자취가 가라앉아 어두운 경우는 정도를 그르치면서까지 상세하게 다루고자 하지는 않았다. 이를테면 강현(絳縣)의 노인에 관한 고사나, 기량(杞梁)의 아내에 관한 고사는 혹은 진(晉)의 대부(大夫)에게 응대하였기에, 아니면 제(齊)의 군주에게 응답하였기에 기록에 남을 수 있었다. 반면에 유하혜(柳下惠)와 같은 현자나, [공자의 제자로 이름 높은] 안회(顏回)와 같이 어진 사람은 결국은 『춘추』에 전혀 기록되지 않았으므로] 그 이름을 밝혀 주거나 그 언행을 뚜렷하게 드러내 주지 못하였다. 따라서 그 상세함을 따진다면 겨자씨 같은 미세한 것도 빠뜨리지 않았다고 하겠으나, 그 거친 부분을 이야기하자면 산이나 언덕 같은 큰 덩치를 포기하였다고 할 것이니, 이것이 바로 그 단점이다.

夫『春秋』者, 系日月而爲次, 列時歲以相續, 中國外夷, 同年共世, 莫不備載其事, 形於目前. 理盡一言, 語無重出. 此其所以爲長也. 至於賢士貞女, 高才俊德, 事當中要者, 必盱衡而備言[128]; 跡在沈冥者, 不枉道而詳說. 如絳縣之老, 杞梁之妻,[129] 或以酬晉卿而獲記, 或以對齊君而見錄. 其有賢如柳惠,[130] 仁若顏回,[131] 終不得彰其名氏, 顯其言行. 故論其細也, 則纖芥無遺[132]; 語其粗也, 則丘山是棄. 此其所以爲短也.

---

128 우형(盱衡)은 눈썹을 올리고 눈을 크게 뜬다, 즉 자세히 살핀다는 뜻이다. 형(衡)은 눈썹 윗부분을 가리킨다.
129 강현지로(絳縣之老)는 『좌전』 양공(襄公) 30년조 기사에 나오는데, 진(晉)의 강현(絳縣)의 한 노인이 성을 쌓는 공사에 참여하여 생계를 꾀하려 하였는데, 그 나이가 73세에 이르렀음을 알고 당시 대부(大夫)였던 조맹(趙孟)이 그를 강현사(絳縣師)로 임명하고 땅을 주어 생계를 유지하게 해 주었다는 고사를 가리킨다. 기량지처(杞梁之妻)는 『좌전』 양공 23년조 기사에 나온다. 춘추 시대 제(齊)의 대부인 기량(이름은 植)이 장공(莊公)을 따라 전쟁에 나갔다가 포로가 되었는데, 장공이 돌아오던 중 교외에서 기량의 처를 만나자 사람을 파견하여 위문하였으나 완곡하게 거절하자, 장공이 직접 그 집에 가서 위문하였다는 고사이다.
130 유하혜(柳下惠, B.C. 720~B.C. 621)는 춘추 시대 노 사람으로, 역사상 유명한 현인(賢人)이다. 본명은 전획(展獲), 자는 금(禽)이다. 유하(柳下)에서 살았으므로 이것이 호가 되었으며, 문인들이 혜(惠)라는 시호를 올렸으므로 유하혜라 불리었다. 『춘추』에는 언급이 없으나 『좌전』에서는 여러 차례 언급되었으므로 유지기는 『춘추』의 잘못이라 지적하고 있다.

『사기』는 기(紀)를 통해 큰 흐름을 총괄하였고, 전(傳)을 통해 상세한 사정을 빈틈없이 다루었으며, 표(表)를 통해 세계(世系)와 관작(官爵)을 배열하고, 지(志)를 통해 [기·전·표에서] 비우거나 빠뜨린 것을 총괄하였다. 천문·지리·국가 법전·조정 제도에 대해서는 두드러진 것이나 감춰진 것 모두 반드시 제대로 갖추어 크고 작은 일을 놓치지 않았다. 이것이 바로 그 장점이다. 그렇지만 같은 일인데도 여러 편에 나누어 기록하고 있어 이어지고 끊기는 것이 서로 떨어져 있으며, 앞뒤에 누차 거듭 나타나기도 한다. 「고조본기」에서는 항우에 대한 이야기가 「항우열전」에 있다고 말하고, 「항우열전」에서는 관련된 일이 「고조본기」에 서술되어 있다고 말한다. 또한 같은 부류의 사람들을 함께 배치할 때 시대의 선후를 따지 않아, 나중 사람을 앞부분에서 다루고 앞사람은 도리어 끝부분으로 억눌러 돌려 버리기도 하였다. 그래서 마침내 한대의 가의(賈誼)가 전국 시대의 굴원(屈原)과 함께 [「굴원·가생 열전(屈原·賈生列傳)」에서] 다루어지고, 노의 조말(曹沫)과 연(燕)의 형가(荊軻)가 나란히 [「자객열전(刺客列傳)」에] 실리게 되었다. 이것은 그 단점이 되는 부분이다.

『史記』者, 紀以包擧大端, 傳以委曲細事, 表以譜列年爵, 志以總括遺漏, 逮於天文·地理·國典·朝章, 顯隱必該,[133] 洪纖靡失. 此其所以爲長也. 若乃同爲一事,[134] 分在數篇, 斷續相離, 前後屢出, 於『高紀』則云語在『項傳』,[135] 於『項傳』則云事具『高紀』. 又編次同類, 不求年月, 後生而擢居首帙, 先輩而抑歸末章, 遂使漢之賈誼, 將楚屈原同列[136]; 魯之曹沫與燕荊軻竝編.[137] 此其所以爲短也.

---

131 안회(顔回, B.C. 521~B.C. 490)는 춘추 시대 노 사람으로, 자는 연(淵)이다. 공자의 제자로 그가 가장 아낀 제자 가운데 한 사람으로 어진 사람[仁人]으로도 유명하다.

132 섬개(纖芥, 纖介)는 세밀하다거나 아주 작은 틈·흠이라는 뜻이다.

133 해(該)는 해(賅)와 같은 뜻으로 충족하다, 완비되어 있다는 뜻이다.

134 약내(若乃)는 그런데, 어디에 이르러서는(至於)라는 뜻이다.

135 본래 『사기』에서는 「항우본기(項羽本紀)」라고 하였으나, 황제가 아닌 사람을 본기에 올렸다는 비판 때문에 유지기는 고의적으로 「항전(項傳)」 즉 「항우열전(項羽列傳)」으로 고쳐 부르고 있다.

136 이것은 『사기』 권84에 실린 「굴원·가생 열전(屈原·賈生列傳)」을 가리킨다.

137 이것은 『사기』 권86에 실린 「자객 열전(刺客列傳)」을 가리킨다. 조말(曹沫)은 춘추 시대 노의 무사로 제의 군대를 대파하는 데 기여하고, 양 군이 회맹을 할 때 검을 차고 따라가 제의 군주가 맹약을 맺도록 협박하였다. 형가(荊軻, ?~B.C. 227)는 전국 시대 위(衛)의 협사로 연(燕)의 태자 단(丹)에 의해 진왕(秦王) 정(政, 즉 나중의 秦始皇) 암살을 위해 파견되었으나 실패하고 죽

이들의 장단점을 살펴보면 서로 얻고 잃는 것이 있다. 그러나 진대(晉代)의 간보(干寶)는 책(『진기(晉記)』)을 지어 좌구명을 크게 칭송하고 사마천을 깊이 깎아내렸는데, 그 뜻은 대체로 말하자면 "[『좌전』은 간략하여] 30권의 분량으로 240년 동안의 일을 망라하여 빠뜨린 것이 없다."는 점이었다. 이러한 논평은 정말로 강력하고 탁월한 말이라 할 수 있을까? 생각건대 춘추 시대의 사실로 『좌전』에 실린 것은 대강 3분의 1 정도일 것이다. 좌구명이 스스로 그 소략함을 알고 그 때문에 『국어』를 지어 늘려서 보충하였다. 그러나 『국어』 외에도 여전히 빠뜨리거나 잃은 것이 많으니 어찌 빠짐없이 모두 망라하였다고 할 수 있겠는가? [그렇지만] 설사 좌구명은 대대로 사관이 되었더라도 언제나 모두 『좌전』을 모방하여 기록하였을 것이다. 이를테면 전한의 엄군평(嚴君平)·정자진(鄭子眞)과 같은 은자, 후한의 곽림종(郭林宗)·황숙도(黃叔度)같은 덕행지사(德行之士), 조조(晁錯)·동중서(董仲舒)의 빼어난 대책(對策), 유향(劉向)·곡영(谷永)의 [재이지변(災異之變)을 경고한] 상서(上書)와 같은 경우를 보자. 이들은 모두 덕이 뛰어난 인물로 천하에 널리 이름을 떨쳤고, 그 식견은 어두움과 밝음을 꿰뚫어 보고 국가의 대사를 철저히 분석할 수 있을 정도였다. 그렇지만 이들 가운데 어떤 사람은 강호(江湖)에 몸을 숨기고 지위가 비천하여 조정의 정치에 참여할 수 없었다. 아니면 [대책이나 상서의 경우] 문장이 번잡하고 다룬 내용이 너무 많아 이루 다 끼워 넣을 수 없었다. 그래서 이런 것을 모두 생략하고 쓰지 않았는데, 이러한 방식 역시 나름대로 일리가 있었다. 만약 아까워하는 감정이 있어 삭제하지 못하였다면, 바로 한대에 관한 지와 전은 100권이 넘고 12본기 속에 더불어 병렬되면서 아마도 번쇄하고 쓸데없는 것이 너무 많은 데다가 지리멸렬하여 힘없이 흩어져 버린 내용이 되어 버렸을 것이다.

考茲勝負, 互有得失. 而晉世干寶著書, 乃盛譽丘明而深抑子長, 其義云:"能以三十卷之約, 括囊二百四十年之事, 靡有遺也." 尋其此說, 可謂勁挺之詞乎? 案春秋時事, 入於左氏所書者, 蓋三分得其一耳. 丘明自知其略也, 故爲『國語』以廣之. 然『國語』之外, 尙多亡逸, 安得言其括囊靡遺者哉? 向使丘明世爲史官, 皆仿『左傳』也, 至於前漢之嚴君平·鄭子眞,[138] 後漢之郭林宗·黃叔度,[139] 晁錯·董生之對策, 劉向·穀永之上

임을 당하였다.

[138] 엄군평(嚴君平)과 정자진(鄭子眞)은 한대의 저명한 은사(隱士)이다. 엄군평은 이름이 준(遵)으로 성도(成都)에 은거하면서 점을 치고 살았는데 매일 얻은 돈으로 생계를 유지한 다음 문을 닫

書.[140] 斯竝德冠人倫, 名馳海內, 識洞幽顯, 言窮軍國. 或以身隱位卑, 不預朝政; 或以文煩事博, 難爲次序. 皆略而不書, 斯則可也. 必情有所吝, 不加刊削, 則漢氏之志傳百卷, 竝列於十二紀中, 將恐碎瑣多蕪, 闌單失力者矣.[141]

때문에 반고는 이러한 점을 알고 기·전을 세워서 구분함으로써 보기에 아주 분명하고, 큰 줄거리와 작은 내용이 구별될 수 있게 하였다. 순열은 반고의 방식이 너무 에둘러 간다고 여겨 다시 『좌전』 체재에 따라 『한서』를 편집하여 단지 30편으로 마무리하였는데, 역대로 이것은 상당히 높은 평가를 받았다. 그러므로 반고의 『한서』와 순열의 『한기』 두 체재는 서로 앞을 다투며 경쟁하고 있으며 그 가운데 어느 하나를 폐지하기는 정말로 또한 어려운 일이다. 이후 사서를 짓는 사람들은 모두 이 두 체재에서 벗어나지 않았다. 때문에 [기전체로] 『진사(晉史)』를 지은 사람으로는 왕은(王隱)·우예(虞預)가 있지만 [편년체인] 간보(干寶)의 『진기(晉紀)』가 이를 보완하며, [기전체로] 『송서(宋書)』를 쓴 사람으로는 서원(徐爰)·심약(沈約)이 있지만 또한 [편년체인] 배자야(裴子野)의 『송략(宋略)』이 여기서 갈라져 나왔다. 각기 그 장점이 있어 함께 세상에 유전되고 있다. [따라서 편년체를 추켜세우고 기전체를 깎아내린] 간보의 말은 기이하다고 볼 수밖에 없다. 그는 단지 [편년체] 일파의 입장만을 고집하고 있을 뿐이기 때문이다.

故班固知其若此, 設紀傳以區分, 使其歷然可觀,[142] 綱紀有別. 荀悅厭其迂闊, 又依

고 『노자』를 읽었으며 일생동안 관리가 되고자 하지 않아 당시 사람의 존중을 받았다고 한다. 정자진은 이름이 박(朴)으로 한의 성제(成帝) 때 대장군이 그를 흠모하여 초빙하려 하였으나 거절하였다고 한다.

139 곽림종(郭林宗)·황숙도(黃叔度)는 동진 시대의 저명한 덕행지사(德行之士)이다. 곽림종은 이름이 태(泰)로 후한 말 태학생(太學生)의 수령이 되어 환관의 문란한 정치에 반대하였다. 황숙도는 이름이 헌(憲)으로 곽림종과 동시대인데, 역시 덕행으로 이름이 높았다.

140 유향(劉向)은 재이지변(災異之變)을 이야기하는 상서를 올린 적이 있다. 곡영(谷永)은 자가 자운(子云)으로 장안(長安) 출신인데, 역시 성제(成帝) 때 수차례 재이(災異)에 관한 상소를 올린 적이 있다.

141 난단(闌單)은 당시의 속어로 물체가 아래로 떨어지는 모습을 형용하며, 나아가 정신이 위축되어 떨치지 못하는 것을 비유한다고 한다.

142 역연(歷然)은 밝고 맑은 모습을 말한다.

左氏成書, 翦截班史, 篇才三十, 歷代保之,¹⁴³ 有逾本傳. 然則班·荀二體, 角力爭先, 欲廢其一, 固亦難矣. 後來作者, 不出二途. 故晉史有王·虞,¹⁴⁴ 而副以干『紀』;¹⁴⁵ 『宋書』有徐·沈,¹⁴⁶ 而分爲裴『略』. 各有其美, 竝行於世. 異夫令升之言,¹⁴⁷ 唯守一家而已.

---

143 보(保)는 추숭한다는 뜻이다. 포(褒)라고 보는 판본(『史通通釋』과 같은 경우)도 있다.

144 두 사람 모두 기전체 『진사』를 지었다. 왕(王)은 왕은(玉隱)으로 자는 처숙(處叔)이며, 서진의 진류(陳留) 출신으로 『진사(晉史)』(80여 권)를 지었다. 우(虞)는 우예(虞預)로 자가 숙저(叔宁)이며 서진의 여요(餘姚) 출신인데, 왕은의 원고를 베껴 역시 『진서(晋書)』(40여 권)를 사찬(私撰)하였다. 두 사람의 책 모두 전해지지 않는다.

145 간보의 『진기(晉紀)』를 가리킨다.

146 서(徐)는 서원(徐爰)으로 남조 송의 낭야(琅邪) 사람인데, 『송서(宋書)』(65권)를 지었다. 심(沈)은 심약(沈約, 441~513)으로 자는 휴문(休文)인 남조 오흥(吳興) 출신의 저명한 문학가이자 사가이다. 24사에 포함되는 『송서(宋書)』(100권)를 지었다. 두 사람의 『송서』는 모두 기전체이다.

147 영승(令升)은 앞서 나온 간보의 자이다.

05 『통전(通典)』「서(序)」·「진통전표(進通典表)」·「통전[원]서(通典[原]序)」

두우(杜佑)

『통전(通典)』

『통전』(200권)은 중국 역사상 첫 번째의 완비된 체제를 가진 전장제도(典章制度)에 대한 백과사전, 즉 정서(政書)이다. 유질(劉秩)의 『정전(政典)』을 기초로 당(唐)의 두우(杜佑)가 36년 동안의 노력을 통해 광범위하게 자료를 수집하여 당 천보(天寶) 연간 이전 각 시대의 연혁을 종합하고 역대의 정치·경제·예법 등의 전장제도와 지리지·민족 등에 대한 체계적 정리를 시도하여 801년에 완성하였다. 그 내용은 식화(食貨)에서 시작하여 선거(選擧)·직관(職官)·예(禮)·악(樂)·병(兵)·형(刑)·주군(州郡)·변방(邊防)의 9문(門), 약 1,500조로 종합되었다. 두우는 역대 전장제도에 대해 상세하게 그 원류를 서술하면서, 이에 관련된 의론을 첨가하고, 아울러 자신의 견해와 주장까지도 첨부하였다. 특히 당대의 경우가 1/4을 넘을 정도로 상세한데, 예(禮)에 관련된 것이 전체의 절반 가까이를 차지하거나 병(兵)에서 오로지 전략만 다루고 병제(兵制)에 대해 소홀히 한 것이 약점으로 지적되기도 한다. 『통전』은 제도사(制度史) 또는 전제사(典制史)가 중국 전통 사학의 하나의 중요한 부분으로 자리 잡게 하는 데 큰 기여를 하였으며, 이후 송대 정초(鄭樵)의 『통지(通志)』, 송 말 원 초의 마단림(馬端臨)의 『문헌통고(文獻通考)』와 더불어 역사와 전장제도의 연혁을 종합해서 서술한 것으로 유명한 '삼통(三通)'의 하나로 뽑히며, '삼통'은 청대를 거치면서 '십통(十通)'으로 확장되기도 한다.

두우(杜佑)

두우(杜佑, 735~812)는 당의 경조(京兆) 만년(萬年, 오늘날의 陝西省 西安) 출신으로, 자는 군경(君卿)이다. 증조부 이래 관료를 지낸 귀족 집안에서 태어나 일찍부터 여러 관직을 역임했다. 문자를 좋아하고 고금의 일에 해박했다. 그의 시대는 안녹산의 대란(大亂)이 있은 뒤여서 사회 정치적으로 변동기에 해당하였으나 사회의 움직임에 민감하고 정치에 밝았으며, 학문은 부국안민(富國安民)을 으뜸으로 삼았다. 부친 덕택에 음서로 제남참군(濟南參軍)·담현현승(郯縣縣丞)으로부터 시작하여 공부랑중(工部郎中), 어사중승(御史中丞), 영남(嶺南)·회남(淮南)절도사(節度使), 검교사공(檢校司空), 동중서문하평장사(同中書門下平章事) 등 수많은 관직을 역임하고 덕종(德宗) 대에는 재상 겸 탁지사(度支使)·염철사(鹽鐵使)의 자리에까지 올라 순종(順宗)·헌종(憲宗)까지 보필하였다.

05-1
『통전(通典)』「서(序)」[1]

나는 일찍이 어려서부터 글을 읽었으나 성품이 또한 몽매하고 완고하여 술수(術數)의 기예에 통달하지 못했으며, 문장의 뜻풀이에만 치우친 학문도 좋아하지 않았다. 『통전(通典)』을 편찬하게 된 목적은 실상 뭇 사람의 말을 채록하고, 그 사적에서 이를 검증하여 장차 훌륭한 정치를 베풀게 하려는 데 있었다. 무릇 치도(治道)에서 가장 우선시해야 하는 것은 바로 교화(敎化)를 행하는 데 있으며, 교화의 근본은 의식(衣食)을 풍족하게 하는 데 있다. 『주역』에서는 사람을 모으는 것을 '재(財)'라 한다고 하였고, 『상서』의 「홍범」 편에서는 "백성에게 베푸는 여덟 가지 정사에서 첫째는 식(食), 둘째는 화(貨)이다."라고 하였다. 『관자(管子)』에서는 "곳간이 가득 차야 예절을 알고, 의식이 풍족해야 영욕(榮辱)을 안다."라고 하였다. 공자께서는 "먼저 부유하게 한 다음에 가르치라."라고 하셨는데, 바로 이런 점을 가리키는 것이다. 무릇 교화를 행하는 데 바탕은 직관(職官)을 설치하는 데 있고, 직관을 설치하려면 우선 관리로서의 재능을 살펴야 하며, 관리로서의 재능을 살피는 바탕은 인재를 뽑는 일[選擧]을 정밀하게 하는 데 있다. 그리고 예법을 제정하여 그 풍속을 바로잡고, 음악을 세워 마음을 온화하게 하는 것이다. 이런 것이 바로 옛적의 성인 임금이 다스림을 이루는 큰 원칙이었다. 따라서 직관이 설치된 연후에야 예악이 일어나게 되고, 형벌은 교화가 무너진 다음에야 비로소 사용하는 것이다. 그리고 지방의 주·군(州郡)을 늘어놓아 나누어 다스릴 수 있게 하며, 변경 방어[邊防]를 설치해야 오랑캐들을 막을 수 있다. 이 때문에 「식화전(食貨典)」을 첫머리로 삼았으며[12권], 「선거전(選擧典)」을 그 다음에 두었고[6권], 「직관전(職官典)」을 그 다음에 두었다[22권]. 그리고 「예전(禮典)」을 다시 그 뒤에 두었으며[100권], 그 뒤에는 「악전(樂典)」을 두었다[7권]. 「형법전(刑法典)」을 다시 그 다음에 두었다[큰 형벌은 갑병을 사용한다(15권). 그 다음은 오형이다(8권).].[2] 나아가 「주군전(州郡典)」을

---

[1] 원문은 두우(杜佑) 찬(撰), 왕문금(王文錦) 등(等) 점교(点校), 『통전(通典)』(中華書局, 1988)을 참조하였다. 이 부분은 원래 '서문'이 아니라 권1에서 시작되는 본문의 첫 부분에 있는 내용이고, 뒤이어 바로 「식화전」이 이어진다. 원문 [ ] 안의 내용은 다른 판본에 나오는 글자이다.

그 다음에 두고[14권], 「변방전(邊防典)」을 마지막에 두었다[16권]. 이를 통해 이 책을 열람하는 사람이 혹시 이러한 편찬 순서에 담긴 뜻을 알아주기를 기대하는 바이다.

  佑少嘗讀書, 而性且蒙固, 不達術數之藝,[3] 不好章句之學.[4] 所纂『通典』, 實采羣言, 徵諸人事, 將施有政.[5] 夫理道之先在乎行敎化, 敎化之本在乎足衣食.『易』稱聚人曰: '財'.[6]「洪範八政」, 一曰: '食', 二曰: '貨'.[7]『管子』曰: "倉廩實知禮節, 衣食足知榮辱".[8] 夫子曰: "旣富而敎,"[9] 斯之謂矣. 夫行敎化在乎設職官, 設職官在乎審官才, 審官才在乎精選擧, 制禮以端其俗, 立樂以和其心, 此先哲王致治之大方也. 故職官設然後興禮樂焉, 敎化墮然後用刑罰焉, 列州郡俾分領焉, 置邊防遏戎敵(狄)焉.[10] 是以食貨爲之首[十二卷], 選擧次之[六卷], 職官又次之[二十二卷], 禮又次之[百卷], 樂又次之[七卷]. 刑又次之[大刑用甲兵, 十五卷. 其次五刑, 八卷]. 州郡又次之[十四卷], 邊防末之[十六卷]. 或覽之者庶知篇第之旨也.

---

2 예·악 다음은 '병(兵)'이고 그 다음이 '형(刑)'인데 두우는 여기서 '병' 부분을 빠뜨리고 있다. 이에 대해 청대의 사가 왕명성(王鳴盛)은 '병·형(兵·刑)'을 하나로 총괄하여 '형(刑)'이라 구분하였기 때문에(大刑은 甲兵을 사용하는 것이고, 그 다음이 [도끼나 칼 등을 사용하는] 五刑이라는 설명이다) 다음에 나오는 이한(李翰)의 서문에서도 9문이 아닌 8문이라고 하였다고 지적하고 있다. 왕명성(王鳴盛),『십칠사상각(十七史商榷)』(上海書店, 2005) 권90의「두우작통전(杜佑作通典)」편을 참조. 한편 '대형용갑병'은『국어』「노어(魯語) 상(上)」에 처음 나오며("大刑用甲兵, 其次用斧鉞; 中刑用刀鋸, 其次用鑽鑿; 薄刑用鞭扑, 以威民也."),『한서』권23「형법지(刑法志)」(pp.1079~1080)에도 같은 내용이 있다("故聖人因天秩而制五禮, 因天討而作五刑. 大刑用甲兵, 其次用斧鉞; 中刑用刀鋸, 其次用鑽鑿; 薄刑用鞭扑.").

3 술수(術數)는 갖가지 방술(方術)로 자연계의 현상을 관찰하여 인간의 기수(氣數)나 운명(命運)을 추측하는 것으로 수술(數術)이라고도 한다. 이를테면 점성술(星占)·무복(卜筮)·기문둔갑(奇門遁甲)·명상(命相, 관상)·감여(堪輿, 풍수 지리) 등을 가리킨다. 또는 치국의 방법과 모략이나 군주가 신하를 통제하는 책략이나 수단을 가리키기도 한다.

4 장구(章句)는 시문(詩文)의 장절(章節)과 문구[句子]을 가리키는데, 이것을 분석·해석하는 것이나 문장·시사(詩詞)를 가리키기도 한다.

5 유정(有政)은 정치(政治), 정사(政事)를 말한다.

6 원래『주역』「계사 (하)」에 나온다("天地之大德曰: '生', 聖人之大寶曰: '位'. 何以守位? 曰: '仁'. 何以聚人? 曰: '財'. 理財正辭禁民爲非曰義.").

7 이 구절은『상서』「주서(周書)」홍범에 나온다("八政, 一曰: '食', 二曰: '貨', 三曰: '祀', 四曰: '司空', 五曰: '司徒', 六曰: '司寇', 七曰: '賓', 八曰: '師'.").

8 『관자』「목민(牧民)」편에 나온다("倉廩實, 則知禮節; 衣食足, 則知榮辱.").

9 『논어』「자로(子路)」편에 나온다("子適衛, 冉有僕. 子曰: '庶矣哉!' 冉有曰: '旣庶矣, 又何加焉?' 曰: '富之'. '旣富矣, 又何加焉?' 曰: '敎之'.").

10 휴연(墮然)은 무너지거나 깨지는 모습을 형용한다.

05-2
『통전(通典)』「진통전표(進通典表)」[11]

[신(臣) 두우가 말씀을 올립니다:] 신이 듣기에 [삼황오제 시대의] 최상의 덕(德)에 대해서는 행여 가까이 가는 것도 바랄 수 없지만, 그 다음은 공(功)을 세워 그 도(道)가 자기 시대에 실행되는 것이라 하며, 그 다음은 말[言]을 세우는 것으로 나중의 학자들에게 그 뜻을 보여 주는 것이라 하였습니다. 이 때문에 옛 철인(哲人)들은 서로 번갈아 [옛것을] 본받아 따르고, 이것으로써 정치를 베풀고 나라를 다스렸습니다. 신은 본디 가문의 지위 덕분에 어려서 벼슬을 시작하여, 관직에 오름도 제 학문 때문이 아니었고, 재주도 남에게 미치지 못하기에 헛되이 [그것을 보충하기 위해] 분발하겠다는 마음을 품고 옛 전적을 자못 즐겨 읽었습니다. 지금까지의 경력도 분수에 넘치게 은총을 받아, 혹은 직무가 번거롭고 맡은 임무가 지극히 많더라도 마음속으로 시간을 아까워하며 한시라도 책 읽기를 멈추거나 포기한 적이 없었습니다. 무릇 『효경』·『상서』·『시경』·『주역』·『[춘추]삼전』은 모두 부자·군신 관계의 중요한 도리이며, 십륜(十倫)·오교(五敎)의 큰 줄거리입니다. [이것들은] 마치 해와 달이 내려비추는 것과 같은 천지(天地)의 큰 덕으로 모든 제왕이 모범으로 삼고 영원히 따라 지키는 바입니다. 그렇지만 대개 말을 기록한 것이 많고 법제를 써서 남긴 바는 드물어 [여기 내놓은] 어리석은 제 천박한 소견도 정밀하고 깊은 수준에 이를 수 없었고, 끄떡하면 황당하고 헛된 주장으로 주관적인 억측을 시도하였을 뿐입니다. 매번 학문이 부족함을 염려하면서 정치의 변하지 않는 기준을 찾고자 하여 역대 뭇 현인들의 저술과 의론을 대강 살펴보았는데, 대부분 어지러워지고 잘못된 폐단을 진술하고 있었지만 혹은 그것을 바로잡아 구하는 방안에 대해서는 빠뜨리는 경우가 적지 않았습니다. 그렇지만 신은 매우 평범하고 천박하여 오히려 덧붙이거나 뺀 부분에 대해서는 상세하게 밝히고자 하였으나, 그 시작을 제대로 따지지도 못하였고, 그 끝나는 바에 대해서도 제대로 밝힐 수 없었습니다.

---

11 『구당서(舊唐書)』 권147 열전(列傳) 97 「두우전(杜佑傳)」, p.3983이나 『전당문(全唐文)』 권477에도 같은 내용이 실려 있지만, ( ) 안의 내용은 『구당서』에 실린 것이다.

그래도 진시황의 분서(焚書)에도 불구하도 전부 다 소멸되지는 않은 주(周)의 전례(典禮)에 의거할 수 있었으므로, 혹은 번잡한 점이 있더라도 또한 그것을 준거로 삼을 수 있었습니다. 지나간 옛 시대의 시비(是非)와 같은 경우는 오늘날에도 여전히 귀감으로 삼을 수 있지만, 주 문·무왕의 위정지도(爲政之道)도 여러 기록 속에 남아 있어, 또한 이에 대해서도 거칠게나마 따지고 살펴보고자 하였습니다. 『통전』을 찬수(纂修)하기 시작한 무렵부터 이미 36년이 넘었으나, 아는 것은 적고 생각은 졸렬하며, 마음은 어둡고 글은 거친 데다가, 참고로 한 책과 기록은 너무 많아 다룰 항목도 적지 않았습니다. 편찬이 끝났다고 하더라도 잘못되고 엉성한 점이 많을까 부끄러울 지경이므로 치국(治國)의 대도(大道)를 발휘하기에는 정말로 부족할 것입니다. 다만 미천한 신이 어리석은 생각이나마 최대한으로 펼치고자 하여 아홉 가지 분류[門]로 나누어 모두 200권을 지었으니, 감히 모두 황상께 바쳐 올리면서 제 비루한 뜻이 향하는 바를 밝히지 않을 수 없습니다. 이 책이 성상(聖上)의 영명함을 더럽힐까 두렵고 당황스러워 몸 둘 바를 모르겠습니다. 삼가 표문을 받들어 바치는 바입니다. 신은 진실로 황공하여 머리를 거듭 조아리면서 삼가 말씀을 올립니다.

[臣佑言:] 臣聞太上立德,[12] 不可庶幾[13]; 其次立功, 道行當代; 其次立言, 見志後學. 由是往哲, 遞相祖述,[14] 將施有政, 用乂邦家.[15] 臣本以門資, 幼登宦序,[16] 仕非遊藝,[17] 才

---

[12] 태상(太上)은 최상, 최고, 또는 태고나 상고, 황제나 상제(上帝)를 가리킨다. 『예기』「곡례(曲禮)」상(上)에 '태상귀덕(太上貴德)'이란 구절이 나오고, 여기서 태상은 제황지세(帝皇之世), 삼황오제의 시대를 가리키는 것으로 해석되므로 아마도 여기서는 이런 뜻으로 쓰인 것 같다.

[13] 서기(庶幾)는 차이가 크지 않다, 가깝다, 비슷하다 또는 바란다, 희망한다는 뜻이다.

[14] 조술(祖述)은 본받는다[效法], 넓혀서 설명하거나[闡述], 나아가 발전·확대[發揚]시킨다는 뜻이다. 이를테면 『예기』「중용(中庸)」편에 "공자는 요순 임금을 본받고 문·무왕을 기준으로 삼았다("仲尼祖述堯舜, 憲章文武.")는 구절을 참조하라.

[15] 예(乂)는 다스린다는 뜻이고, 방가(邦家)는 나라, 국가를 말한다.

[16] 문자(門資)는 문제(門第)와 같은 뜻으로 가문의 사회적 지위·등급을 가리킨다. 『구당서(舊唐書)』권147「두우전(杜佑傳)」(p.3978)에 따르면 두우는 음서(蔭敘), 즉 조상의 공적 덕분에 제남군(濟南郡) 참군(參軍), 섬현(剡縣) 승(丞)의 보직을 받아 관료 생활을 시작하였다. 환서(宦序)는 관직 서열, 즉 관직을 말하는 것 같다.

[17] 유예(遊藝)는 육예(六藝) 속에서 놀면서 쉰다는 뜻으로 학예의 수양을 가리키는 말이다. 또는 기예(技藝) 가운데 넉넉하게 노닌다[優遊], 또는 예술적 재능·수양을 가리키기도 한다.

不逮人, 徒懷自强, 頗翫(玩)墳籍.[18] 雖履歷叨幸,[19] 或職劇務殷, 竊惜光陰,[20] 未嘗輟廢. 夫『孝經』·『尙書』·『詩』·『禮』·『易』·『[春秋三]傳』, 皆父子·君臣之要道, 十倫·五敎之宏綱,[21] 如日月之下臨, 天地之大德, 百王是式, 終古攸遵.[22] 然率多記言, 罕存法制, 愚管窺測,[23] 豈(莫)達精深, 輒肆荒唐, 試爲臆度.[24] 每念慒學,[25] 冀(莫)探政經, 略觀歷代衆賢高論, 多陳紊失之弊,[26] 或闕匡拯之方.[27] 臣旣庸淺, 寧詳損益, 未原其始, 莫暢其終. 尙賴周氏典禮, 秦皇蕩滅不盡, 或有繁雜, 且用准憑(繩). 至於往昔是非, 可爲今來龜鑒, 布在方策(册),[28] 亦粗硏尋. 自頃纂(續)修, 年涉(踰, 逾)三紀,[29] 識寡思拙, 心昧詞(辭)蕪, 圖籍寔(實)多, 事目非少, 將謂功畢, 有(罔)愧乖疎,[30] 固不足發揮大猷,

---

18 분적(墳籍)은 상고 시대의 서적을 통틀어 가리키는 말이다. 『삼분(三墳)』·『오전(五典)』·『팔색(八索)』 등은 모두 고대 제왕의 전적을 가리킨다.

19 도(叨)는 분수에 넘치게, 과분하게 라는 뜻이다. 행(幸)은 은총이나 행운을 가리킨다.

20 광음(光陰)은 시간, 세월을 가리킨다.

21 십륜(十倫)은 제사(祭祀)의 열 가지 도리(『예기』「제통(祭統)」)나 유가의 열 가지 윤리 도덕(『예기』「예운(禮運)」)을 가리키는데, 여기서는 아마 후자를 가리키는 것으로 보인다("何謂: '人義'? 父慈, 子孝, 兄良, 弟悌, 夫義, 婦聽, 長惠, 幼順, 君仁, 臣忠."). 오교(五敎)는 오륜(五倫)으로, "父義, 母慈, 兄友, 弟恭, 子孝"(『春秋左傳』文公 18년조)나 "父子有親, 君臣有義, 夫婦有別, 長幼有序, 朋友有信"(『맹자』「등문공(滕文公) 상(上)」)을 가리킨다. 홍강(宏綱)은 대강(大綱), 주지(主旨)라는 뜻이다.

22 종고(終古)는 자고 이래로, 항상 이라는 뜻이다. 아주 오래다, 지나간 과거라는 뜻도 있다.

23 관규(管窺)는 죽관(竹管)을 통해 엿본다는 뜻이다. 이관규천(以管窺天, 以窺筦天)은 죽관을 통해 하늘을 엿본다는 것으로 견문이 좁은 것을 비유한다.

24 억도(臆度, 億度)는 추측하다, 헤아린다는 뜻이다.

25 몽(慒)은 어리석다, 무지하다는 뜻이다.

26 문실(紊失)은 어지럽거나 잘못된다는 뜻이다.

27 광증(匡拯)은 도와서 구하거나 바로잡는다는 것으로 광구(匡救, 匡捄)나 증구(拯救)와 같은 뜻이다.

28 '포재방책(布在方策)'은 원래 『예기』「중용」편에 나오는 구절이다("哀公問政. 子曰: '文武之政, 布在方策, 其人存, 則其政擧 ; 其人亡, 則其政息.'"). 방(方)은 판(版), 책(策)은 간(簡)을 뜻하며, 주 문왕·무왕의 위정지도(爲政之道)는 모두 문자를 기록하는 방독(方牘)이나 간책(簡策)에 실려 남아 있다는 뜻이다.

29 기(紀)는 기년(紀年)의 단위로 12년을 1기라 한다. 여기에서 '3기(三紀)'는 두우가 『통전』을 766년(唐 代宗 大曆 원년)에 편찬하기 시작하여 801년(德宗 貞元 17년)에 완성하기까지 소요된 36년의 시간을 일컫는 것으로 보인다.

30 괴소(乖疎, 乖疏)는 소원(疏遠)하다, 고벽(孤僻)하다, 또는 틀리고 빠뜨린 것이 많다[差錯疏漏]는

但微臣竭愚盡慮而已. (書凡九門), 計二百卷, 不敢不具上獻, 庶明鄙志所之. 塵黷聖聽(聰),³¹ 兢惶無措. 謹奉表以聞. 臣誠惶誠恐, 頓首頓首, 謹言.

뜻이다.

31 성청(聖聽) 또는 성총(聖聰)은 신하가 황제의 영명함을 칭송할 때 쓰는 용어이다. 진독(塵瀆, 塵黷) 역시 더럽힌다는 뜻이지만, 자신을 낮출 때 쓴다.

05-3
『통전(通典)』「통전[원]서(通典[原]序)」[32]

　　유가(儒家)는 [그 학문의 폭이] 아주 넓지만 요체를 찾기 어렵고, 많은 힘을 들이지만 성과를 거두기는 어려운데, 이것은 왜인가? 문제는 배움이 정밀하지 못하고, 앎이 밝지 못하고, 들어가되 그 문을 제대로 찾지 못하며, 행하되 그 길을 따르지 못하기 때문이다. 어떻게 이것을 입증할 수 있을까? 대저 『오경』과 온갖 사서는 크게 보면 천지를 근본으로 삼아 군주와 신하를 세우고, 십륜·오교의 뜻을 밝히고, 정형(政刑)과 상벌(賞罰)의 권한을 나열하고, 예악·제도의 원칙을 서술하며, 치란과 흥망성쇠의 이유를 따지는 데 지나지 않는다. 나라를 세우는 도는 모두 여기에 갖춰져 있다. 이러한 서적에 속하지 않는 것은 당세의 가르침에 무익하다고 일컬어지므로, 바로 성인도 쓰지 아니하고 학자도 들춰 보지 않는다. 사람들이 너무 번잡하게 여겨 따를 수 없음을 두려워하기 때문이다. 선사(先師) 공자께서 요순을 본받고 문·무왕을 법도로 삼았으며, 공자의 72명 제자가 대의(大義)를 밝게 드러내었으니, 삼대(三代)의 도(道)는 영원히 모범이 될 수 있었다. 그러나 제자백가들은 갖가지 주장을 내세우면서 외람되이 다시 저작을 펴냈는데, 그 문파를 따르면 그 가르침이 이미 갖추어졌다고 하지만, 그 도를 반대하면 그 사람을 죽여야 한다고 배척하는 식이었다. 그런데 학자들이 많이 보는 것을 가지고 넓게 본다고 여기고 이단적인 것을 들어서 생각을 넓힌다고 하면서 이런 것들을 읽게 되자, 시비가 어지러워지고 가슴은 막히고 배는 가득 차서 혼돈스럽고 어지러워 그것을 꿰뚫는 이치를 찾지 못하게 되었다. 혹은 그 중심을 들지만 그 근본을 알지 못하고 그 시작을 탐구하지만 그 끝은 따지지 않으니, 큰 소리로 주장을 내세우기는 충분하나 질문을 받으면 말이 막혀 제대로 대답하지도 못한다. 비록 백가의 주장에 분주하게 힘을 써서 하루에 만 글자를 외우더라도 배움이 넓어질수록 뜻은 더욱 미혹

---

[32] 이 글 역시 두우 찬, 왕문금 등 점교, 『통전』(中華書局, 1988)에 따른 것이다. 이에 따르면 '원(原)' 자는 청대에 추가된 것이라고 한다. 이 글은 기본적으로 송대의 판본에 의거하여 청대에 추가된 것을 바로잡은 것이다.

에 빠지고 들은 것이 늘어날수록 아는 것이 더욱 의심스러워진다. 이것이 각고의 노력을 기울여도 제대로 된 지식을 이루기 어려운 이유이니, 특히 군자가 덕을 증진시키고 학업을 닦는 뜻에 어울리는 것이 아니다.

儒家者流, 博而寡要, 勞而少功,[33] 何哉? 其患在於習之不精, 知之不明, 入而不得其門, 行而不由其道. 何以徵之? 夫『五經』·羣史之書, 大不過本天地, 設君臣, 明十倫·五敎之義, 陳政刑·賞罰之柄, 述禮樂·制度之統, 究治亂興亡之由. 立邦之道, 盡於此矣. 非此典者, 謂之無益世敎, 則聖人不書, 學者不覽, 懼人冗煩而無所從也. 先師宣尼,[34] 祖述堯·舜, 憲章文·武, 七十子之徒,[35] 宣明大義, 三代之道, 百世可師. 而諸子云云, 猥復制作, 由其門則其敎已備, 反其道則其人可誅. 而學者以多閱爲廣見, 以異端爲博聞, 是非紛然, 塞胸滿腹, 澒洞茫昧,[36] 而無條貫. 或擧其中而不知其本, 原其始而不要其終, 高談有餘, 待問則泥.[37] 雖驅馳百家,[38] 日誦萬字, 學彌廣而志彌惑, 聞愈多而識愈疑, 此所以勤苦而難成, 殆非君子進德修業之意也.[39]

---

33 원래 사마천의 『사기』 「태사공자서」에서 나온 구절이다("儒者博而寡要, 勞而少功.").

34 선니(宣尼)는 공자를 가리킨다. 전한 평제(平帝) 원시(元始) 원(A.D. 1)년에 공자에게 '포성선니공(褒成宣尼公)'의 추시(追諡)를 내렸기 때문인데, 이후 북위 효문제(孝文帝)는 공자를 '문성니부(文聖尼父, 문성은 尊號, 니부는 敬稱)'로 칭하였고, 수 문제는 공자를 '선사니부(先師尼父)'로 칭하였으며, 당 현종은 공자를 '문선왕(文宣王, 문선은 諡號, 왕은 爵位)'에 봉하였다. 나아가 원 성종(成宗)은 공자에게 '대성지성문선왕(大成至聖文宣王)'라고 가함(加銜)하였고, 명 세종(世宗)은 '지성선사(至聖先師)'로 존칭하였으며 청 순치제(順治帝)도 공자를 '대성지성문선선사(大成至聖文宣先師)'로 존칭하게 하였다.

35 칠십자(七十子)는 공자의 문하생 가운데 재덕(才德)이 출중한 72명의 학생, 즉 칠십이자(七十二子)를 가리킨다.

36 홍동(澒洞, 鴻洞)은 텅 비어 있고 혼돈스럽거나 끝없이 아득한 모양을 가리킨다. 또는 널리 퍼져 나간다는 뜻으로, 휑뎅그렁하고 갈피를 잡기 어려운 모습을 말하기도 한다. 망매(茫昧) 역시 모호하여 분명하지 모습을 뜻한다.

37 니(泥)는 막힌다, 엉킨다는 뜻이다. 확대 해석하면 니고불화(泥古不化), 즉 옛적의 기준이나 의론에 얽매여 변통할 줄 모른다는 뜻으로 여길 수도 있다.

38 구치(驅馳)는 말에 채찍질을 하여 빨리 달린다, 분주하게 힘을 쓴다는 뜻이다.

39 옛적에 글자를 쓰는 데 쓰던 네모 판자를 업(業)이라고 하였으므로 수업(修業)은 글 쓰는 것을 말하는데, 여기서 나아가 지식을 학습하고 학문을 연마한다는 뜻이 나왔다. 또한 공업(功業)을 건립한다는 뜻도 있다.

지금 [두우가] 『통전』을 지은 것은 학자들이 무리를 지어 미혹에 빠지는 것을 경계하려는 뜻이 아주 분명하다. 군자가 쓰임을 다하는 바는 바로 나라를 경영함에 있고, 나라를 경영하는 것은 공적을 세우는 데 있는데, 공적을 세우는 것은 옛것을 본받는 데 있고, 옛것을 본받는 것은 때를 잘 따르는 데 있다고 본 것이다. 즉 반드시 옛날과 지금의 적절한 것을 참조하고 시작과 끝의 핵심을 제대로 파헤친 다음에야, 비로소 시작할 때는 옛것을 헤아릴 수 있고 끝낼 때에는 오늘날에도 시행할 수 있게 만들 수 있다는 것이다. 그리하여 물어서 따지면 그 대답은 마치 구슬을 꿰듯 단정하며 들어서 실행에 옮기게 하면 마치 과녁을 맞히는 것처럼 정확하다. 그렇게 될 수 있다면, 만약 학문 방면에서 이렇게 할 경우 아주 뛰어난 통달한 학자가 될 수 있고 정치 방면에서 시행한다면 지극히 올바른 원칙을 세울 수 있다.

今『通典』之作, 昭昭乎其警學者之羣迷歟! 以爲君子致用,[40] 在乎經邦, 經邦在乎立事, 立事在乎師古, 師古在乎隨時. 必參今古之宜, 窮始終之要, 始可以度其古, 終可以行於今, 問而辨之, 端如貫珠, 擧而行之, 審如中鵠.[41] 夫然,[42] 故施於文學, 可爲通儒, 施於政事, 可建皇極.[43]

그 때문에 『오경』과 온갖 사서를 채록하여 위로는 황제에서 당의 천보(天寶) 말년에 이르기까지 모든 일을 부류에 따라 서로 좇게 하고, 그 시작과 끝을 거론하였으며, 역대의 연혁과 설치·폐지, 당시 뭇 사람들이 내놓은 논의의 득실에 대해 조목조목 기재하여 그것을 사건에 덧붙이지 않음이 없었다. 이는 마치 사람의 사지와 혈맥이 몸 전체에 흩어져 엮여 있는 것과 같다. 모두 8문(門)으로 나뉘어 200권으로 이루어졌는데, 이름 하기를 『통전』이라 하였다. 성인의 글이 아니거나 성인의 미묘한 뜻을 어그러뜨리면 취하지 않았으니, 이것은 번잡한 것을 혐오하였기 때문이다. 사건이 국가 경영이나 예법 제도에 관련된 것이 아니라면 또한 기록하지 않았으니, 이것은 무익한 것을 내버

---

40 치용(致用)은 그 쓰임을 다한다, 또는 실제적인 용도로 쓰이게 한다는 뜻이다.
41 중고(中鵠)는 화살을 쏘아 표적을 맞힌다는 뜻인데, 나아가 아주 정확함을 뜻하기도 한다.
42 부연(夫然)은 그렇다, 그런 다음에야라는 뜻이다.
43 황극(皇極)은 황위나 황제, 또는 제왕이 천하를 다스리는 준칙(準則), 즉 대중지정지도(大中至正之道)를 가리킨다.

렸기 때문이다. 만약 학자로 하여금 『통전』을 얻어 보게 하면, 집 밖으로 나오지 않아도 천하를 알 수 있고, 정치에 종사하지 않아도 여론을 꿰뚫어 볼 수 있으며, 세상일을 두루 거치지 않아도 시대의 변천을 알 수 있으니 공적을 이루는 것이 아주 쉽고 빠르며, 학문을 익히면 정밀하고 요점을 파악할 수 있다. 그 길은 매우 곧으나 그렇다고 지름길은 아니며, 그 문장은 대단히 상세하나 번잡하지 않으며, 미루어 탐구하면 통할 수 있고 의거하면 꼭 들어맞고, 말은 제대로 갖추어져 있고 이치도 모두 담겨 있다. 열거한 사례는 아주 분명하고 그 일에 잘 들어맞기에, 이것을 골라 뽑아서 시행에 옮기고자 하면 마치 손가락으로 손바닥을 가리키듯 너무도 쉽고 분명해서, 스승을 따라 모여서 공부할 필요도 없이 구별하여 판단할 수 있게 된다.

故採『五經』・羣史, 上自黃帝, 至於我唐天寶之末,[44] 每事以類相從, 舉其始終, 歷代沿革廢置及當時羣士論議得失, 靡不條載, 附之於事. 如人支脈, 散綴於體. 凡有八門, 勒成二百卷, 號曰: 『通典』. 非聖人之書, 乖聖人微旨, 不取焉, 惡煩雜也. 事非經國禮法程制, 亦所不錄, 棄無益也. 若使學者得而觀之, 不出戶知天下, 未從政達人情, 罕更事知時變,[45] 爲功易而速, 爲學精而要. 其道甚直而不徑, 其文甚詳而不煩, 推而通, 放而準, 語備而理盡, 例明而事中, 舉而措之, 如指諸掌, 不假從師聚學, 而區以別矣.

총명하고 식견이 탁월한 선비가 아니라면 그 누가 이런 책을 편찬할 수 있겠는가? 회남절도사(淮南節度使)를 보좌하는 상서성(尚書省)의 검교주객원외랑(檢校主客員外郎)을 지낸 경조 [즉 장안] 출신의 두우(杜佑)가 평소 멀리 헤아리는 식견이 있고 나라의 법도에 뜻을 두었으며 배움에 독실하고 옛것을 좋아하였다는 점은 태어날 때부터 알고 있었다. 대력(大曆) 원(766)년에 실제 책을 편찬하기 시작하여 수십 년에 걸쳐 완성하였다. 두우는 또한 스스로 서인(序引)을 써서 각 편(篇)의 첫머리에 덧붙였다. 그것을 통해 혹 전사(前史)에 빠진 것이 있으면 자기 의견을 펴서 밝힘으로써 권하고 경

---

44 천보(天寶, 742~756)는 당 현종(玄宗) 때의 연호이다.
45 경사(更事)는 항상 있는 일[常事]이나 번갈아 출현하는 일, 또는 세상일을 두루 거친다[經歷世事]는 뜻이다.

계하는 뜻을 보여 고상한 덕행을 보존하였다. 요즈음 학자들이 모아서 편찬한 서적이 상당히 많은데, 그 가운데 가장 이름난 것은 『어람[시](御覽[詩])』・『예문[유취](藝文[類聚])』・『옥촉[보감](玉燭[寶鑑])』 등의 부류인데, 이것들은 고금을 망라하여 그 범위가 넓으면 넓다고 할 것이지만, 대부분은 문장에 관련된 것이나 외워서 질문에 대답하는 학문에 지나지 않는다. 온갖 제도를 새겨서 열거하고 왕도를 밝게 비추는 데다가, 지극히 정밀하고 순수하여 그 도가 잡스럽지 않는 점을 본다면 『통전』에 견주어 볼 수 있는 그런 부류가 아니다. 오호라! [나 이한과 두우는 수십 일 동안 함께 토론하였는데] 오늘날의 사람들은 가까운 것을 천하게 여기고 먼 것을 귀하게 여기며, 은밀한 것에 어둡지만 드러난 것에만 주목하니, [이러한 『통전』의 뜻을] 얻는 사람이 매우 드물고, 알아주는 사람 역시 몹시 적어 정말로 길게 깊은 한숨을 쉴 수밖에 없다. 나 [이한] 역시 일찍이 [『통전』과 같은] 이러한 글을 지을 뜻이 있어 옛적의 사서를 대강 살펴보았지만, 도모함이 빠르지 못하여 결국 훌륭하게 그런 것을 서술할 사람이 앞서 나타났으니, 이에 자못 그 취지를 상세히 밝혀 서문을 썼다. 바라건대 장래의 군자들이 이러한 취지가 허튼 소리가 아님을 알아주기 바란다.

[좌보궐(左補闕) 이한(李翰) 지음.]

非聰明獨見之士, 孰能修之. 淮南元戎之佐曰尙書主客郎京兆杜公君卿,[46] 雅有遠度, 志於邦典, 篤學好古, 生而知之. 以大曆之始,[47] 實纂斯典, 累紀而成. 杜公亦自爲序引,[48] 各冠篇首. 或前史有闕, 申高見發明, 以示勸戒, 用存景行.[49] 近代學士, 多有撰集, 其最著者 『御覽』[50]・『藝文』[51]・『玉燭』之類,[52] 網羅古今, 博則博矣, 然率多文章之事・

---

[46] 원융(元戎)은 절도사를 말한다. 두우는 회남 절도사(淮南節度使)인 위원보(韋元甫)를 따라 절서(浙西)・회남(淮南) 등지에서 일하면서, 그의 깊은 신임을 받아 검교주객원외랑(檢校主客員外郎)의 관직에까지 오른 적이 있다(『구당서』 권147 「두우전」, p.3978). 주객원외랑은 상서성(尙書省)에 배속된 종육품상(從六品上)의 직급으로 조공(朝貢)을 비롯한 이웃 나라와의 외교를 담당한다. 두우는 이후 입조(入朝)하여 『통전』을 완성할 때까지 많은 관직을 거쳤지만, 여기서는 두우의 회남 절도사 위원보를 도왔을 때의 초기 관직만을 이야기하고 있는 것으로 보인다.

[47] 대력(大曆, 766~779)은 당 대종(代宗)의 연호이다.

[48] 서인(序引)은 서(序)와 인(引)이라는 문체(文體)를 말하는데, 인(引)은 대체적으로 서와 같지만 좀더 간단한 것이다. 따라서 여기서는 서문과 같은 뜻이라고 보아도 좋을 것이다.

[49] 경행(景行)은 고상한 덕행(德行)을 말한다.

記問之學,⁵³ 至於刊列百度,⁵⁴ 緝熙王猷,⁵⁵ 至精至純, 其道不雜, 比於『通典』, 非其倫也. 於戲! [翰與杜公數旬探討], 今之人賤近而貴遠, 昧微而睹著, 得之者甚鮮, 知之者甚稀, 可爲長太息也. 翰嘗有斯志, 約乎舊史, 圖之不早, 竟爲善述者所先, 故頗詳旨趣, 而爲之序. 庶將來君子, 知吾道之不誣.⁵⁶

[左補闕⁵⁷ 李翰⁵⁸ 撰.]⁵⁹

---

50 『어람(御覽)』은 당시(唐詩)를 모은 유서(類書)인 『어람시(御覽詩)』를 가리키는 것으로 보인다. 당 헌종(憲宗)이 시가(詩歌)를 애호하여 원화(元和) 연간에 영호초(令狐楚)에게 가까운 시대와 당의 명시(名詩)를 모아 편찬하게 한 것으로 시인 30명의 시 289수를 모았다. 『당가시(唐歌詩)』나 『당어람시(唐御覽詩)』 등으로도 불린다.

51 『예문유취(藝文類聚)』(100권)는 당 고조(高祖)가 구양순(歐陽詢) 등에게 모으도록 하여 편찬한 것인데, 1,400여 종의 고적에 근거하여 종류에 따라 분별하여 세시(歲時), 치정(治政), 산업(産業) 등의 48부로 나누었다.

52 『옥촉(玉燭)』은 『옥촉보감(玉燭寶鑑)』(12권)으로, 수의 두대경(杜臺卿)이 지었다. 『예기』 「월령(月令)」 편의 체제를 바탕으로 풍속·인정에 관한 내용을 채집해서 매월(每月)을 한 권으로 하고, 여러 글에 보이는 시속(時俗)을 더한 고대의 예의·풍속에 관한 저작이다.

53 기문(記問)은 『시』·『서』 등을 암기하여 질문이나 자문에 대답하는 것을 말한다.

54 백도(百度)는 백사(百事), 또는 각종 제도를 뜻한다.

55 왕유(王猷, 王猶)는 왕도(王道)와 같은 뜻이다.

56 불무(不誣)는 허망하지 않다[不妄], 거짓이 아니다[不假]는 뜻이다.

57 좌보궐(左補闕)은 당 측천무후(武則天) 수공(垂拱) 원(A.D. 685)년에 설치된 관직으로, 종칠품상(從七品上)의 관직이었다. 문하성에 속하며, 그 직책은 황제에게 규간(規諫)을 하거나 인재를 천거하는 일이었다.

58 이한(李翰, 727~?)은 당(唐)의 조주(趙州) 찬황(贊皇) 출신으로 자는 자우(子羽)이다. 저명한 문인으로 한림학사(翰林學士)를 지냈으며 천보(天寶)의 난 이후 입조(入朝)하여 좌보궐(左補闕)을 지냈다. 이한은 두우와 같은 시대 사람으로 그와 수십 일 동안 함께 논의한 적이 있어 『통전』의 취지에 자못 밝았으므로 이를 위해 서문을 지었다고 여기서 밝히고 있다.

59 [ ] 안의 부분 역시 청대에 첨가된 것이다.

06 『통지(通志)』「총서(總序)」

정 초(鄭樵)

『통지(通志)』

『통지』(200권)는 남송(南宋)의 정초(鄭樵)가 지었다. 기전(紀傳) 부분은 삼황오제부터 시작하여 수대(隋代)까지를 다룬 종합 사료 통사이고 이십략(二十略) 부분은 상고 시대부터 당대까지를 다루었다. 본기(帝紀) 18권, 황후열전(皇后列傳) 2권, 연보(年譜) 4권, 이십략(二十略) 51권, 열전(列傳) 125권(종실·세가 부분 포함), 재기(載記) 8권으로 구성되어 있다. 그 가운데 기·전 부분은 앞 시대의 정사를 베껴 이은 것이라『통지』는 기(紀)·전(傳)·보(譜)·략(略)·재기(載記)라는 5종의 체례로 구성된 사서가 된다.『사기』의 체제를 모방하면서 '표'와 '지'를 '보'와 '략'으로 바꾼 것이므로 정초 자신은 이를 기전체(紀傳体) 중국 통사(中國通史)라고 주장하였으나, 통사로서는 크게 평가를 받지 못하였다. 대신 전통적으로『통지』는 전장제도를 다룬 정서(政書)로 평가되어 '삼통(三通)' 가운데 하나로 불리었다. 백과 전서류로 분류하는 경우도 있는데, 이 가운데「총서(總序)」와「이십략(二十略)」이 전체의 핵심이라고 일컬어진다. 예(禮)·기복(器服)·선거(選擧)·형(刑) 등의 략(略)을 제외하면 나머지는 모두 상당히 새로운 점을 보여 준다고 평가된다. 때문에 '이십략' 부분만 따로 단행본으로 출간되기도 한다. 여기서는 왕수민(王樹民) 점교(點校),『통지이십략(通志二十略)』(中華書局, 1995), pp.1~12를 참조하였다. 여기 나오는 정초의「총서」에 대한 평가는 장순휘(張舜徽),『사학삼서평의(史學三書評議)』(中華書局, 1983), pp.145~173를 참조할 수 있는데, 여기서는 정초의 논의가 지니는 장단점을 조목조목 들어 상세하게 설명하고 있다.

정초(鄭樵)

정초(1103~1162)는 자가 어중(漁仲)으로 송 흥화군(興化軍) 포전(莆田, 오늘날의 福建省 莆田) 출신이다. 16세 때부터 문을 걸어닫고 독서를 시작하여 "고금의 도서를 모두 읽고 백가의 학문에 통탈하여 육경의 문장을 논의하는 데 도움을 주고자 한다."는 뜻을 품었다. 과거 시험에도, 관직에도 관심을 보이지 않고 협제산(夾漈山)에 은거하여 독서·강학 생활을 30년 동안 계속하여 사람들이 그를 '협제 선생(夾漈先生)'이라 불렀다. 일생의 저작에 『씨족지(氏族志)』·『동물태(動物態)』·『도서지(圖書志)』 등 80여 종이 있다고 할 정도로 많은 저서를 남겼지만, 대표작은 바로 『통지』이다. 정초는 소흥(紹興) 31(1161)년 『통지』를 완성하여 경사에 가서 황제에게 바침으로써 마침내 추밀원편수(樞密院編修)라는 관함(官銜)을 얻고 비서성(秘書省)에 들어가 서적을 열람할 수 있는 특권을 얻기도 하였으나, 머지않아 탄핵을 당하고 병사하였다.

06
『통지(通志)』「총서(總序)」

    수많은 강들은 서로 흐르는 방향이 다르지만 반드시 바다에서 만나며, 그런 다음에 천하는 물에 잠길 염려가 없어집니다. 많은 나라들은 가는 길이 달라도 반드시 중국으로 통하니, 그런 다음에 중국의 뭇 변방 지역은 길이 막힐 걱정이 없어집니다. 따라서 서로 모아서 통하게 하는 회통(會通)의 뜻은 정말로 크다고 하겠습니다.[1] 문자가 생겨난 이래로 책을 지어 자신의 주장을 내세운 사람은 많지만, 오직 공자만이 하늘에서 내려주신 성인으로『시경』·『서경』·『예경』·『악경』을 모두 한 손에 모으신 다음 천하의 문장을 통일할 수 있었으며, 이제삼왕(二帝三王)을 관통하여 독자적인 학문을 이루신 다음 능히 고금의 변화를 두루 꿰뚫을 수 있었습니다. 이리하여 그 밝게 빛나는 도(道)는 그 먼 옛날에도, 그리고 오랜 세월이 지난 지금에도 여전히 미칠 수 없는 바가 되었습니다.

    百川異趨, 必會于海, 然後九州無浸淫之患;[2] 萬國殊途, 必通諸夏,[3] 然後八荒無壅滯之憂,[4] 會通之義大矣哉.[5] 自書契以來,[6] 立言者雖多, 惟仲尼以天縱之聖, 故總『詩』·

---

1 정초는「상재상서(上宰相書)」에서도 "물이 바다에 모이지 않으면 넘치는 물이 되며, 길이 중국으로 통하지 않으면 막힌 길이 된다(水不會於海, 則爲溢水 ; 途不通於夏, 則爲窮道)", "천하의 이치는 모이지 않으면 안 되며, 고금의 도는 통하지 않으면 안 된다(天下之理, 不可以不會, 古今之道, 不可以不通)"고 설명하였다. 장순휘,『사학삼서평의』(中華書局, 1983), p.145.

2 구주(九州)란 중국 전역을 말한다.『상서』「우공」편에서 천하를 9개의 주(州)로 나눈 데서 비롯되어 천하, 전 중국을 가리키는 명칭이 되었다. 9개의 주란 기(冀)·연(兗)·청(靑)·서(徐)·양(揚)·형(荊)·예(豫)·양(梁)·옹(雍)의 구주를 가리킨다.『이아(爾雅)』「석지(釋地)」에서는 청주·양주(梁州) 대신 유주(幽州)·영주(營州)가 들어가며,『주례』「하관(夏官) 직방(職方)」에서는 서주·양주(梁州) 대신 유주·병주(幷州)가 들어간다.「우공」은 산맥·하천 등의 자연 지리를 기준으로 천하를 구주로 나누고, 나아가 토양·토질·물산 등에 대해서도 다루었다. 우임금이 치수 이후 천하를 구주로 나누고 각지의 지리적 개황을 서술하였다고 일컬어지지만, 실제적인 작자나 만들어진 시기에 대해서는 논란이 많다.

3 제하(諸夏)는 주나라 때 천자의 분봉을 받은 중원의 각 제후를 가리키는데, 나아가 중원 지방, 중국을 가리킨다.

『書』・『禮』・『樂』, 而會于一手, 然後能同天下之文, 貫二帝三王而通爲一家,[7] 然後能極古今之變. 是以其道光明, 百世之上・百世之下不能及.

공자께서 돌아가신 뒤 제자백가가 일어나서, 각기『논어』를 본받아 [추상적인 담론을 앞세우는] 공언(空言)으로써 책을 지었습니다. 그러나 역대의 역사적 사실에 대해서는 기록하여 엮은 것이 없었습니다. 한의 건원(建元)・원봉(元封) 연간 이후에 이르러 사마씨(司馬氏) 부자[사마담・사마천]가 나타났습니다. 사마씨는 대대로 전적을 관장하였고 저작에 뛰어났으므로, 위로는 공자의 뜻을 헤아릴 수 있었고『시경』・『서경』・『좌전』・『국어』・『세본』・『전국책』・『초한춘추』의 말을 모두 모으고 황제・요・순부터 진・한 시대에 이르기까지를 두루 관통하여 책을 완성하고, 다섯 가지 체례(體例)로 나누었습니다. 「본기」에서는 연도로써 기록하였고, 「세가」에서는 대(代)를 전하였으며, 「표」로 역법을 바로 잡고, 「서」로 사건을 분류하였으며, 「전」으로 인물을 드러냈습니다. 설령 오랜 시간이 흐른 이후라도 사관은 이 방법을 바꿀 수 없고, 학자는 이 책을 버릴 수 없을 것입니다. 육경 이후 오직 이 저작만이 있을 뿐입니다. 그러므로 [사마천은] "주공께서 돌아가신 지 5백 년 후에 공자께서 나오셨다. 공자께서 돌아가신 지 5백 년 후에[라고 아버님께서 말씀하신 것은] 나를 염두에 두고 하신 말인가?"라고 하였던 것입니다. 이것은 그 스스로 자부하는 바가 이미 얕지 않았음을 보여 줍니다.

仲尼旣沒, 百家諸子興焉, 各效『論語』, 以空言著書. 至於歷代實蹟, 無所紀繫. 迨漢建元・元封之後,[8] 司馬氏父子出焉. 司馬氏世司典籍, 工於製作, 故能上稽仲尼之意,

---

4 팔황(八荒)은 팔방의 멀고 거친 지역들을 말한다.
5 회통(會通)은 융회관통(融會貫通), 즉 융합하여 깨우치고 앞뒤를 꿰뚫는다는 뜻이다. 정초가 말하는 회통에서 회(會)란 횡적으로 천문・지리・도보(圖譜) 등 다양한 학술 영역과 서적을 모으고 정리하여 총망라하는 것을 뜻하고, 통(通)이란 종적으로 역대 왕조의 흥망과 관련된 역사와 각종 학술의 발전에 대해 시대 순으로 정리하면서 그 기원과 연혁을 탐구하고 고금을 연결하여 고찰하는 것이다. 따라서 회통이란 역사와 학문에서 대한 총정리와 그 인과 관계에 대한 탐구를 뜻한다.
6 서계(書契)는 문자・기록을 말한다. 전설의 복희씨가 팔괘와 서계(書契)를 만들어 새끼줄을 묶어 다스리던 정치를 대신하였고, 여기에서 문자와 기록이 생겨났다는 내용이 『주역』「계사 하(下)」의 기술에 나온다("上古結繩而治, 後世聖人易之以書契"). 서(書)는 문자, 계(契)는 문자를 새기는 나무판을 가리킨다고 한다.
7 이제삼왕(二帝三王)은 요・순임금과 하의 우, 상의 탕, 주의 문왕(혹은 무왕)을 말한다. 유가에서 존숭하는 역대의 성왕을 가리키며, 나아가 요・순과 하・상・주 삼대를 가리키기도 한다.

會『詩』・『書』・『左傳』・『國語』・『世本』・『戰國策』・『楚漢春秋』之言, 通黃帝・堯・舜至於秦漢之世, 勒成一書, 分爲五體:「本紀」紀年,「世家」傳代,「表」以正曆,「書」以類事,「傳」以著人. 使百代而下, 史官不能易其法, 學者不能舍其書. 六經之後, 惟有此作. 故謂: "周公五百歲而有孔子, 孔子五百歲而在斯乎!"[9] 是其所以自待者, 已不淺.

그런데 큰 저술이란 것은 반드시 내용이 매우 풍부하고 문장이 아름다워야 하니, 천하의 책을 모두 다 본 다음에야 여한이 없습니다. 서적 소장을 금지하던 법률이 사마천의 시대에 이르러 비로소 해제되었기에 서적을 얻을 수 있는 길이 아직 넓지 못하여 3천 년에 걸친 사적 가운데 [사마천이 참고할 수 있었던 것은] 단지 일곱여덟 종류의 책에만 그 범위가 국한되었으므로, 사마천에게 아쉬운 것은 바로 내용의 풍부함이 부족하다는 점입니다. 무릇 책을 짓는 사람은 비록 옛 사람의 책을 기초로 삼더라도 반드시 스스로의 독자적인 주장[一家言]을 이뤄 내야 합니다. 좌씨(左氏)는 초 출신으로 본 것은 많았지만 그의 책은 모두 초 사람의 말입니다. 공양고(公羊高)는 제 출신으로 들은 것은 많지만 그 책은 모두 제 사람의 말입니다. 그런데 지금 사마천의 책은 순전히 옛 문장을 사용하고 때때로 민간의 이야기를 가져다 끼워 넣었지만, 진실로 채집이 완벽하지 못하고 문장을 가다듬을 겨를도 없었습니다. 그래서 [사마천은] 말하기를 "이는 아버님의 말씀을 저버린 것으로 이보다 더 큰 죄는 없습니다. 제가 말한 고사(故事)의 저술이란 대대로 전해 내려온 것을 가지런히 정리한 데 불과하며 이른바 '작(作, 王法의 制作)'이라 할 만한 것은 아닙니다."라고 하였습니다. 유지기(劉知幾) 또한 사마천이 옛 기록을 많이 모아 놓았을 뿐이고 때때로 잡스런 이야기를 삽입하였다고 비판한 적이 있으니, 사마천에게 아쉬운 것은 바로 문장의 단아함이 부족하다는 점입니다.

---

8 건원(建元)은 한 무제의 연호(B.C. 140~135)이다. 하지만 전한 때 연호가 처음으로 제정된 것은 B.C. 113년의 일로, 이때 보정(寶鼎)이 발견된 것을 계기로 원정(元鼎, B.C. 116~111)이라는 연호를 처음 사용하였고, 이와 더불어 이전 연대의 연호를 소급하여 제정하였다. 무제가 즉위한 해인 B.C. 140년은 건원 원년으로 하였고, 이후 6년을 단위로 원광(元光)·원삭(元朔)·원수(元狩)·원정 연호를 소급 적용하였다. 따라서 건원 연간 당시에는 '건원'이라는 연호가 사용되지 않았다. 원봉(元封) 역시 무제의 연호(B.C. 110~105)이다.

9 이 글은 앞서 나온 『사기』 「태사공자서」의 내용을 인용한 것이다(『사기』 권130 「태사공자서(太史公自序)」, p.3296).

然大著述者, 必深於博雅, 而盡見天下之書, 然後無遺恨. 當遷之時, 挾書之律初除,[10] 得書之路未廣, 亘三千年之史籍, 而跼蹐於七八種書,[11] 所可爲遷恨者, 博不足也. 凡著書者, 雖采前人之書, 必自成一家言, 左氏, 楚人也,[12] 所見多矣, 而其書盡楚人之辭; 公羊,[13] 齊人也, 所聞多矣, 而其書皆齊人之語. 今遷書全用舊文, 間以俚語, 良由采撫未備, 筆削不遑. 故曰: "子不敢墮先人之言, 乃述故事, 整齊其傳, 非所謂作也."[14] 劉知幾亦譏其多聚舊記, 時捕雜言, 所可爲遷恨者, 雅不足也.

반고는 헛된 부귀영화나 챙기는 인물로 전혀 학식이 없고 오로지 표절만을 일삼았습니다. [후한의] 장제(章帝)께서 예악을 제작하여 정하는 방법을 묻자, 반고는 경성에 있는 여러 선비들이 반드시 잘 알 수 있을 것이라고 답하였습니다. 만약 주변 신하들이 모두 이런 식이라면, 자문을 하더라도 무엇을 얻을 수 있겠습니까? 이후 여러 선비들이 각자 진술하는 바가 있자, 반고는 다만 숙손통(叔孫通)이 지은 12편의 『한의(漢儀)』를 표절하여 자기 책임을 얼버무렸을 뿐입니다. 만약 주변 신하들이 모두 이런 식이라면 그들의 상주(上奏)에서 무엇을 얻을 수 있겠습니까? 장제께서는 반고의 식견이 얕고 좁음을 알고 두헌(竇憲)에게 이렇게 말씀하셨습니다. "공은 반고를 아끼고 최인(崔駰)을 홀대하는데, 이는 마치 섭공(葉公)이 용을 좋아하였던 일과 같은 셈이오." 이렇게 반고는 당시에 이미 확실한 평가가 내려져 있었으니, 이런 인재가 제대로 된 무슨

---

[10] 협서(挾書)란 서적을 사사로이 소장한다는 뜻이다. '협서율(挾書律)'은 진시황 재위 34(B.C. 213)년에 시행된 법령으로, 승상 이사(李斯)가 건의하였다. 그 내용은 유생들이 옛 사적으로써 현실을 비판하는 것을 금하고, 민간에서 『시경』·『서경』 등 유가 및 제자백가의 서적을 사사로이 소장하는 자들을 주살한다는 것이었다. 이 법령은 한 혜제 재위 4(B.C. 185)년 3월 갑자일에 해제되었다("三月甲子, 皇帝冠, 赦天下. 省法令妨吏民者 ; 除挾書律." 『한서』 권2 「혜제기 2」 4년조, p.90).

[11] 국척(跼蹐)은 구부리고 살금살금 걷는다는 뜻으로 삼가고 조심하는 모습을 나타내지만, 여기서는 국한되다, 구속을 받는다는 뜻으로 쓰였다.

[12] 정초는 『춘추좌씨전』의 저자를 춘추 시대 노나라 사람 좌구명(左丘明)이 아닌, 전국 시대 초 사람인 좌씨(左氏)라고 보고 있다.

[13] 공양은 『춘추공양전』의 저자 공양고(公羊高)를 가리킨다. 공양고는 전국 시대 제 사람으로, 자하(子夏)의 제자로 전해진다.

[14] 이 말은 사마천의 「태사공자서」에 나온다("墮先人所言, 罪莫大焉. 余所謂述故事, 整齊其世傳, 非所謂作也.").

저술을 짓겠습니까?

　班固者, 浮華之士也,[15] 全無學術, 專事剽竊. 肅宗問以制禮作樂之事,[16] 固對以在京諸儒必能知之. 儻臣鄰皆如此, 則顧問何取焉? 及諸儒各有所陳, 固惟竊叔孫通 『十二篇』之儀,[17] 以塞白而已.[18] 儻臣鄰皆如此, 則奏議何取焉, 肅宗知其淺陋, 故語竇憲曰[19] : "公愛班固而忽崔駰,[20] 此葉公之好龍也."[21] 固於當時已有定價, 如此人材, 將何著述.

　『사기』라는 저작의 기여는 「10표」에 있는데, 이것은 마치 복장에 대해서는 그에 걸 맞는 모자·관이 있는 것과 같고, 나무와 물에는 그 뿌리·근원이 있는 것과 같습니다. 반

15　부화(浮華)는 표면상의 화려함이나 멋만을 따질 뿐 실제적인 것에 힘쓰지 않는다는 뜻으로 헛된 부귀영화를 가리키기도 한다.
16　숙종(肅宗)은 후한의 3대 황제인 장제(章帝, 재위 75~88)의 묘호이다.
17　『십이편(十二篇)』이란 숙손통(叔孫通, ?~?)이 지어 한의 예제(禮制)를 기록한 『한의(漢儀)』 12편을 가리킨다.
18　색백(塞白)은 온갖 문자를 끌어 모아 메우거나 답안을 작성하는 것을 뜻한다.
19　두헌(竇憲, ?~92)은 후한의 장군으로 외척 권신이다. 장제(章帝)가 그의 누이를 황후로 맞이하면서 권력의 길로 나서 89년의 흉노 원정을 통해 대장군의 지위에 올랐고, 91년 다시 원정에 나서 흉노의 주력군을 무너뜨렸다. 조정 내에 확고한 기반을 구축한 두헌은 황위 찬탈을 꾸몄고, 이를 눈치챈 당시 황제인 화제(和帝)는 92년 두헌 일파의 체포를 명령하고 대장군의 인수를 거두었다. 두헌은 자살을 명령받고 목숨을 끊었다. 반고도 이 사건에 연루되어 옥사했다.
20　최인(崔駰, ?~92) 역시 후한 사람으로 어려서부터 『시경』·『주역』·『춘추』에 능하였고, 태학(太學)에서 수학하였다. 두헌이 거기장군(車騎將軍)이 되자 그를 속관으로 삼았는데, 두헌이 날로 교만해지자 여러 차례 경계하도록 권하였으나 듣지 않고 자신을 외직으로 내보내자, 결국 관직을 포기하고 돌아갔다.
21　유향(劉向)이 편찬한 『신서(新書)』의 「잡사(雜事)」편에 '섭공이 용을 좋아하는 이야기'가 나온다. 춘추 시대 초의 섭공은 용을 매우 좋아하여, 집안 곳곳의 공간과 가구, 기물 등에 용을 그려 넣거나 용무늬를 새겼다. 이 이야기를 들은 하늘의 용이 직접 섭공의 집을 찾아가자, 진짜 용을 본 섭공은 몹시 놀라서 도망갔다고 한다. 그래서 "섭공이 용을 좋아한다."는 말은 겉으로 좋아하는 것처럼 보이나 진심으로 좋아하지는 않는다는 것을 뜻한다. 특히 이 표현은 공자의 제자 자장(子張)이 노(魯)의 애공(哀公)이 선비를 좋아한다는 말을 듣고 찾아갔다가 일주일이 지나도 만나지 못하고 나서 "애공이 선비를 좋아한다는 것은 섭공이 용을 좋아하는 일과 같다."라고 한 데에서도 사용되었기 때문에, 숙종의 발언은 두헌이 진짜로 선비를 좋아하는 것이 아님을 지적한 것으로 여겨진다.

고는 이리저리 줄을 그어 표를 만드는 취지를 제대로 알지 못하고 고금의 인물을 억지로 차등을 두어 배열하였습니다. 또한 한(漢)이 요임금의 운을 이어받았으니 당연히 요를 이어야 한다고 하면서 사마천이 『사기』를 지으면서 진(秦)과 항우(項羽) 쪽으로 기운 것을 비난하였는데, 이는 터무니없는 말입니다. [반고는] 전한(前漢)만을 따로 떼어서 그 서술 범위로 삼았기 때문에 주(周)와 진(秦)이 서로 연결되지 못하게 만들었고, 옛날과 지금이 서로 크게 떨어지도록 만들었습니다. 또는 그는 고조부터 무제까지 앞의 여섯 황제에 대해서는 모두 사마천의 책을 표절해 놓고서도 부끄럽게 여기지 않았습니다. 소제(昭帝)부터 평제(平帝)까지의 여섯 황제에 대해서는 가규(賈逵)·유흠(劉歆)의 책에 도움을 받고서도 또한 부끄럽게 여기지 않았습니다. 하물며 또한 조대고(曹大家)가 그 책을 마무리 지었으니, 반고가 직접 지은 부분 역시 얼마 되지도 않습니다. 이따금 반고 자신만의 식견에서 나온 것이라곤 「고금인표(古今人表)」뿐인데, 다른 사람에게는 이러한 그릇됨이 없습니다.

『史記』一書, 功在「十表」, 猶衣裳之有冠冕,[22] 木水之有本原. 班固不通旁行邪上,[23] 以古今人物彊立差等; 且謂漢紹堯運, 自當繼堯, 非遷作『史記』厠於秦·項, 此則無稽之談也. 由其斷漢爲書, 是致周秦不相因, 古今成間隔. 自高祖至武帝凡六世之前,[24] 盡竊遷書, 不以爲慚; 自昭帝至平帝凡六世,[25] 資於賈逵·劉歆, 復不以爲恥. 況又有曹大家終篇,[26] 則固之自爲書也幾希. 往往出固之胸中者, 「古今人表」耳, 他人無此謬也.

후세에는 여러 사람들이 함께 책을 편찬하면서 길가에서 집을 짓는 것처럼 온갖 잡

---

22 관면(冠冕)은 고대의 제왕·관원들이 쓰던 모자를 말한다.
23 방행사상(旁行邪上, 旁行斜上)은 옆으로 이리저리 빗금을 긋는다는 뜻으로, 표격의 형식으로 배열하는 것을 가리킨다. '班固不通, 旁行邪上'이 아니라 '班固不通旁行邪上'으로 구두점을 찍는 것은 장순휘, 앞의 책, p.149에 따랐다.
24 고조부터 무제까지의 6세란 고조·혜제·여후·문제·경제·무제를 말한다.
25 소제(昭帝)·선제(宣帝)·원제(元帝)·성제(成帝)·애제(哀帝)·평제(平帝)를 말한다.
26 조대고(曹大家, 또는 조대가)는 반표(班彪)의 딸이자 반고의 누이인 반소(班昭)를 가리킨다. 14세 때 조세숙(曹世叔)과 혼인하였고, 조세숙이 죽은 다음에는 궁중에 여러 차례 드나들며 후비의 사범이 되었고, 반고가 『한서』를 완성하지 못하고 죽자 뒤를 이어 책을 완성시켰다. 당시 사람들은 그녀를 조대고(曹大家)라고 불렀는데, 대고(大家)란 여성에 대한 존칭이다.

다한 의견을 뒤섞고 남의 글을 함부로 훔쳐다 갖다 붙이는 통에, 마치 종을 훔치던 도둑이 큰 소리가 나자 자기 귀만 막으면 괜찮다고 여겼던 꼴이 되어 버렸는데, 이런 일은 모두 반고가 가장 먼저 못된 선례를 만들어 냈습니다. 반고가 한 일이 이와 같은데, 훗날의 사가들은 반고를 뒤쫓아 가기에도 바쁠 정도이니, 어찌 능히 그 깊고 얕음을 잴 수 있겠습니까? 사마천을 반고와 비교하는 것은 마치 용을 돼지와 비교하는 것과 같습니다. 그런데도 어찌 여러 사서에서는 사마천을 버리고 반고를 채택하며, 유지기와 같은 사람이 반고를 높이고 사마천을 깎아내릴 수 있다는 말입니까?

後世衆手修書, 道傍築室,[27] 掠人之文, 竊鍾掩耳.[28] 皆固之作俑也.[29] 固之事業如此, 後來史家, 奔走班固之不暇, 何能測其淺深. 遷之於固, 如龍之於豬, 奈何諸史棄遷, 而用固, 劉知幾之徒, 尊班而抑馬.

또한 사마천의 학문을 잘 배운 사람으로는 [반고의 아버지] 반표만한 사람이 없습니다. 반표는 사마천의 『사기』를 이어서 저술을 하면서 무제 때부터 후한에 이르기까지 서술하였고, 자신이 사마천의 뒤를 잇는 것처럼 뒷사람이 자신의 뒤를 잇기를 바랐습니다. 그 책은 쓸데없는 문장이 없고, 또한 실마리를 끊어 버린 내용도 없어 대대로 서로 이어지면서 마치 한 사람의 손에서 나온 것과 같았으니, 사마천의 뜻을 제대로 이어받은 것이라 하겠습니다. 지금 그 책은 볼 수 없고 남은 부분은 원제(元帝)·성제(成帝) 두 황제에 대한 찬(贊)입니다. 모두 「본기」 외에 따로 자신이 들은 바를 적은 것이니, 태

---

27 도방축실(道傍築室)은 『시경』 「소아(小雅) 소민(小旻)」에 나오는 구절에서 비롯되었다("如彼築室 于道謀, 是用不潰于成."). 남들이 지나다니는 길에 집을 지을 때 그들과 더불어서 논의를 하면 사람마다 의견이 달라 결국 일을 달성할 수 없다, 또는 여러 사람들의 의견을 잡다하게 채택한 다는 것을 뜻한다.

28 절종엄이(竊鍾掩耳)는 엄이도종(掩耳盜鐘)과 같은 뜻으로 스스로를 속이는 것을 비유한다. 『여씨춘추』 「자지(自知)」 편에 보이는 고사에서 유래한다. 종을 얻어 등에 지고 도망가려던 사람이 종이 너무 커서 망치를 가지고 깨뜨렸는데, 울리는 소리가 크게 나자 남들이 그 소리를 들을 것을 우려한 그 사람은 자신의 귀를 막았다는 것이다.

29 작용(作俑)은 『맹자』 「양혜왕(梁惠王) 상(上)」에 인용된 공자의 말에서 비롯된 표현이다("始作俑 者, 其無後乎."). 공자는 사람의 모양을 본뜬 인형을 만들어 무덤에 매장하는 제도가 결국에는 사람을 순장시키는 일을 가져왔다고 비판하였는데, 이 때문에 작용(作俑)은 어떤 것을 창시하여 나쁜 선례를 만든 일을 폄하하는 뜻으로 사용된다.

사공의 깊은 뜻을 그야말로 잘 깨우쳤다고 할 것입니다. 무릇 『좌전』에서 '군자가 말하길[君子曰]'이라는 논찬(論贊)이 있는 부분은 모두 경문(經文)에 대해 새로운 뜻을 풀이한 것입니다. 『사기』에 '태사공이 말하길[太史公曰]'이라는 논찬이 있는 부분은 모두 사적에서의 서술 밖에 있는 일로서, 포폄을 위한 것은 아니었습니다. 가끔 가다 포폄에 이르는 부분이 있는 것은 저소손(褚少孫) 등이 잡다하게 끼워 넣었을 따름입니다. 또한 기·전 안에 이미 [그 인물의] 선악에 대해 실었으니 거울로 삼아 경계하기에 충분합니다. 왜 하필 기·전 이후에 또다시 포폄을 더할 필요가 있었겠습니까? 이런 것들은 여러 유생들이 과거 답안지에나 쓰는 글이지, 어찌 저술에 담을 만한 내용이 되겠습니까? 대부분 사마천이나 반표의 뜻이 아닌 것입니다.

且善學司馬遷者, 莫如班彪. 彪續遷書, 自孝武至於後漢, 欲令後人之續己, 如己之續遷. 旣無衍文, 又無絶緖, 世世相承, 如出一手, 善乎其繼志也. 其書不可得而見, 所可見者, 元·成二帝贊耳. 皆於「本紀」之外, 別記所聞, 可謂深入太史公之閫奧矣.[30] 凡『左氏』之有'君子曰'者, 皆經之新意. 『史記』之有'太史公曰'者, 皆史之外事, 不爲褒貶也. 間有及褒貶者, 褚先生之徒雜之耳.[31] 且紀傳之中, 旣載善惡, 足爲鑒戒. 何必於紀傳之後, 更加褒貶? 此乃諸生決科之文,[32] 安可施於著述? 殆非遷·彪之意.

하물며 "칭송한다[爲贊]"고 하였는데 어찌 깎아내리는 말이 들어갈 수 있겠습니까? 훗날 사가들은 어떤 이는 '논(論)'이라 하고, 어떤 이는 '서(序)'라 하였으며, 어떤 이는 '전(銓)'이라 하고, 또 어떤 이는 '평(評)'이라 하였는데, 모두 반고를 본뜬 것이니 저는 이 때문에라도 반고에 대해 힘을 다해 따지지 않을 수 없습니다. 사마담이 책을 짓자, 사마천은 능히 그 아버지의 뜻을 이룰 수 있었습니다. 반표도 이러한 업적이 있으

---

[30] 곤오(閫奧)는 깊숙한 내실이나 내궁을 말하는데, 나아가 지역의 중심이나 학문이나 사리(事理)의 정밀하고 오묘함이 존재하는 곳을 가리킨다.

[31] 저선생(褚先生)은 전한의 저소손(褚少孫)을 가리킨다. 사마천이 사망한 이후 『사기』에 10편 정도가 흩어지거나 사라지자 그 내용을 보충하였던 것으로 알려졌는데, 그 보충한 문장의 내용과 예술성이 사마천의 그것만 못하다고 일컬어진다.

[32] 제생(諸生)은 지식과 학문을 갖춘 선비, 즉 유생(儒生)을 가리킨다. 결과(決科)는 시험[射策]에 참가하여 등급[科第]을 결정한다는 뜻에서 나와 나중에는 과거 고시에 응시한다는 것을 뜻하게 되었다.

나, 반고는 아버지의 책을 제대로 읽을 수 없었습니다. 반고는 반표의 아들이면서 [역모에 연루되어 처형당함으로써] 자신의 몸을 제대로 보전하지도 못하였고 아버지의 업적을 전하지도 못하였을 뿐 아니라 또한 그 자식을 제대로 가르치지도 못했으니, 사람됨이 이와 같은데 어찌 그의 말이 천하의 모범을 이룬다고 하겠습니까? 범엽(范曄)이나 진수(陳壽) 등이 그 뒤를 따랐는데 모두 다 경박하고 품행이 좋지 않아 스스로 허물을 재촉하였으니, 어찌 붓으로 더하거나 빼면서 믿을 만한 사서를 쓸 수 있었겠습니까?

況謂: "爲贊", 豈有貶辭? 後之史家, 或謂之: '論', 或謂之: '序', 或謂之: '銓', 或謂之: '評', 皆效班固, 臣不得不劇論固也.[33] 司馬談有其書, 而司馬遷能成其父志. 班彪有其業, 而班固不能讀父之書. 固爲彪之子, 旣不能保其身,[34] 又不能傳其業, 又不能敎其子, 爲人如此, 安在乎言爲天下法. 范曄[35]·陳壽之徒繼踵,[36] 率皆輕薄無行, 以速罪辜,[37] 安在乎筆削而爲信史也?

공자께서 말씀하셨습니다. "은은 하의 예(禮)를 따랐으니, 그 더하고 뺀 것을 알 수 있다. 주는 은의 예를 따랐으니, 그 더하고 뺀 것을 알 수 있다." 이것은 서로 이어받았음을 말씀하신 것입니다. 그런데 반고 때부터 하나의 왕조를 가지고 서술의 범위를 자르게 되자, 서로 이어받는다는 취지는 더 이상 없어지게 되었으니, 비록 공자와 같은 성인이라도 역시 그 더하고 뺀 내용을 알지 못하게 되었습니다. 회통의 도는 이로부터 상실되어 버린 것입니다. 같은 내용을 다른 것을 가지고 보자면, 본기가 있어도 또 본기를 만들어 한 사람의 황제에 대해 여러 편의 본기가 만들어졌습니다. 열전이 있어도 다시 열전을 만들어, 한 사람에 대해 여러 편의 열전이 있게 되었습니다. 천문(天文)이

---

33 극론(極論)은 투철하게 또는 힘을 다해 논술한다, 창담(暢談)한다는 뜻이다.
34 앞서 나왔듯이 두헌의 찬탈 음모에 연루되어 반고가 옥사한 사실을 가리키는 것으로 보인다.
35 범엽(范曄, 398~445)은 자가 울종(蔚宗)으로 남조 송의 사람인데, 『후한서』의 작자로 잘 알려져 있다.
36 진수(陳壽, 233~297)는 자는 승조(承祚)로 촉(蜀) 출신인데, 촉(蜀)과 진(晉)에서 벼슬을 하였으며, 『삼국지』의 저자로 잘 알려져 있다.
37 범엽이 예법에 어긋나는 행동으로 탄핵을 받은 적도 있고 말년에 반란 음모에 연루되어 처형되었다는 점, 그리고 진수 역시 촉과 진에서 벼슬하면서 여러 차례 자신의 행실 때문에 좌천되거나 여론의 비난을 받은 일이 많았다는 점을 여기서 지적하는 것으로 보인다.

란 천고에 바뀌지 않는 현상인데, 각 왕조마다 대대로 「천문지」를 두게 되었습니다. 홍범오행(洪範五行)이란 일개 학파의 서적에 지나지 않는데, 역시 대대로 「오행전」을 서술하게 되었습니다. 이런 부류의 것들은 어찌 지나친 번잡한 문장이 아니겠습니까?

孔子曰:"殷因於夏禮, 所損益可知也;周因於殷禮, 所損益可知也." 此言相因也.[38] 自班固以斷代爲史, 無復相因之義. 雖有仲尼之聖, 亦莫知其損益, 會通之道, 自此失矣. 語其同也, 則紀而復紀, 一帝而有數紀;傳而復傳, 一人而有數傳. 天文者, 千古不易之象, 而世世作天文志. 洪範五行者,[39] 一家之書, 而世世序「五行傳」. 如此之類, 豈勝繁文?

또한 다른 내용을 다룬 것을 보자면, 전대의 왕이 후대의 왕 앞에 배열되어 있지 않고, 나중의 일이 이전 일에 이어지지 않습니다. 군현(郡縣)은 각자 구역을 이루고 있지만, 그 변천의 근원에 대해서는 어둡습니다. 예악은 각기 제멋대로 바뀌는 바가 되어, 결국 다른 풍속에 기초한 정치가 이루어지게 됩니다. 이와 같은 부류의 것들이 어찌 끊어진 두레박줄 같은 것이 되지 않겠습니까? 조위(曹魏)는 오(吳)·촉(蜀)을 가리켜 도적[寇]이라 하였고, 북조(北朝)는 동진(東晉)을 가리켜 참칭하였다[僭]고 하였으며, 남조는 북조를 색로(索虜)라 부르고, 북조는 남조를 도이(島夷)라고 불렀습니다. 제(齊)의 사서에서는 양(梁)의 군대를 칭하여 의군(義軍)이라 하였는데, 남의 나라를 도모하는 군대를 의롭다고 할 수 있겠습니까? 『수서(隋書)』에서는 당(唐)의 군대를 칭하여 의병(義兵)이라 하였는데, 남의 임금을 치는 군대를 의롭다고 할 수 있겠습니까? 방현령(房玄齡)이 사서 편찬에 가담하였기 때문에 [그 아버지인] 방언겸(房彦謙)은 미명(美名)을 뻐길 수 있었습니다. 우세남(虞世南)이 사서 편찬을 주도하였으므로, [그 아버지와 숙부인] 우려(虞荔)·우기(虞寄)는 멋진 열전을 가질 수 있었습니다.

---

38 이 구절은 『논어』 「위정(爲政)」 편에 나온다("子張問 : '十世可知也?' 子曰 : '殷因於夏禮, 所損益可知也. 周因於殷禮, 所損益可知也. 其或繼周者, 雖百世可知也.'").

39 「홍범」은 『서경』의 편명으로, 기자(箕子)가 주 무왕에게 진술한 하늘과 땅의 대법(大法)이다. 「홍범」의 내용 중 그 첫 번째로 오행(五行)이 나오는데, 이와 관련하여 동중서(董仲舒)가 오행의 순서로써 효자·충신의 행동을 해석하였고, 이어서 한 무제 때의 유학자 하후시창(夏侯始昌)이 『홍범오행전(洪範五行傳)』을 지었다. 이러한 홍범오행의 사상은 한대에 유행한 천인감응설(天人感應說)의 이론적 기초가 되었다.

語其異也, 則前王不列於後王, 後事不接於前事. 郡縣各爲區域, 而昧遷革之源; 禮樂自爲更張, 遂成殊俗之政. 如此之類, 豈勝斷綆?⁴⁰ 曹魏指吳·蜀爲寇, 北朝指東晉爲僭,⁴¹ 南謂北爲索虜,⁴² 北謂南爲島夷.⁴³ 齊史稱梁軍爲義軍, 謀人之國, 可以爲義乎? 隋書稱唐兵爲義兵, 伐人之君, 可以爲義乎? 房玄齡董史册,⁴⁴ 故房彦謙擅美名⁴⁵; 虞世南預修書,⁴⁶ 故虞荔·虞寄有嘉傳.⁴⁷

나아가 심한 경우에는 [하의 폭군인] 걸임금의 개가 자기 주인에게는 짖지 않고 [성군인] 요임금에게 짖어 대는 것같은 사정처럼 되어 버렸습니다. 진(晉)의 사서는 진을 편들고 위(魏)를 편들지 않아, 무릇 위에 충성을 바친 사람들은 모두 반신(叛臣)으로 지목되었습니다. [위를 위해 충성을 바친] 왕릉(王淩)·제갈탄(諸葛誕)·관구검(毌邱儉)

---

40 단경(斷綆)은 끊어진 두레박 줄을 말하는데, 앞뒤가 서로 연관되지 않거나 인연이 끊어졌음을 비유한다.

41 북조(北朝)는 4세기에서 6세기 말 사이, 장강 이남의 남조(南朝)와 대립하던 화북 지역의 북위(北魏)·북제(北齊)·북주(北周) 세 왕조를 가리킨다.

42 색로(索虜)에서 색(索)은 땋은 머리, 즉 변발을 의미한다. 옛날 북방의 민족들에게 변발의 풍습이 있었기 때문에, 남조에서 북조 사람들을 색로라고 멸칭한 것이다.

43 도이(島夷)는 서진(西晉)의 패망 후, 사마예(司馬叡)가 동진(東晉)을 건립하고 단양(丹陽)에 도읍을 두자, 북조에서는 단양이 우공(禹貢)에서 말하는 양주(揚州) 땅으로, 낙양에서 2,700리나 떨어져 있으며, 지형에는 산과 물이 많고 기러기나 사는 곳이며, 그 땅은 진흙투성이고 전답은 하하등(下下等)뿐이니, 이른바 '섬 오랑캐[島夷]가 풀옷[卉服]을 입는' 곳이라고 비하하였다(『위서(魏書)』 권96 「참진사마예전(僭晉司馬叡傳)」, p.2092).

44 방현령(房玄齡, 578~648)은 당의 관료로 유명한 '정관의 치세(貞觀之治)'를 일군 조력자 가운데 한 사람인데, 『북제서(北齊書)』, 『수서(隋書)』 등의 정사 편찬에도 참여하였다.

45 방언겸(房彦謙)은 방현령의 아버지로 수(隋)에서 벼슬하여 사례자사(司隷刺史)를 지냈다. 『수서』에 「방언겸전」이 있다.

46 우세남(虞世南, 558~638)은 당대의 이름 높은 서예가로 홍문관 학사, 비서감 등을 지냈다. 비서감으로 있으면서 수장 도서를 이용하여 유서(類書)인 『북당서초(北堂書抄)』(160권)를 편찬하였다.

47 우려(虞荔)는 우세남의 아버지로 『진서(陳書)』 권19에 「우려전」이 있으며, 우기(虞寄)는 우세남의 숙부로 『진서』 「우려전」에 우기의 전기도 함께 실려 있다. 우세남이 『진서』의 편찬에 간여했는지는 명확한 기록을 찾을 수 없으나, 당 초기 편찬된 여러 정사(正史)는 모두 설관수사(設館修史)의 방식으로 고위 관료가 감수(監修)를 맡아 편찬자로 이름을 내지만 실제적으로는 여러 사관(史官)에 의해 이루어진 것이 대부분이었으므로 그가 여기에 간여하였을 가능성도 배제할 수는 없다.

등은 황천에서 억울함을 느끼고 있을 것입니다. 제(齊)의 사서는 제에 치우치고 송(宋)을 편들지 않으니, 무릇 송에 충성을 바친 사람은 모두 역당(逆黨)으로 지목되었습니다. [송에 충성을 바친] 원찬(袁粲)·유병(劉秉)·심유지(沈攸之) 등은 무덤 속에서 원한을 품고 있을 것입니다. 아아, 하늘에 해가 떠 있는데, 어찌 이런 일이 있을 수 있습니까!

甚者桀犬吠堯, 吠非其主.[48] 晉史黨晉而不有魏,[49] 凡忠於魏者, 目爲叛臣. 王淩[50]·諸葛誕[51]·毌邱儉之徒,[52] 抱屈黃壤.[53] 齊史黨齊而不有宋, 凡忠於宋者, 目爲逆黨. 袁粲[54]·劉秉[55]·沈攸之之徒,[56] 含冤九原.[57] 噫, 天日在上, 安可如斯!

이와 비슷한 일들은 역대로 항상 있어 왔지만, 풍속을 해치고 대의를 손상시킴이 이보다 더 큰 것은 없습니다. 사마천의 사법(史法)은 이미 상실되었고 반고의 폐해는 나날이 깊어지는데, 후한 때부터 남조에 이르기까지 누구 한 사람 그 잘못을 깨닫지 못

---

48 걸견폐요(桀犬吠堯)는 하의 폭군인 걸임금의 개가 전설의 성군인 요임금을 보고 마구 짖는다는 것이다. 즉 나쁜 사람의 앞잡이가 좋은 사람을 공격한다, 또는 각기 자기 주인을 위해 나선다는 것을 비유한다.
49 여기서 유(有)는 우(友)와 통하는 뜻으로 친애한다는 의미로 쓰인 것 같다.
50 왕릉(王淩, 171~251)은 사도 왕윤(王允)의 조카로 249년 사마의가 쿠데타를 일으켜 정권을 잡자 조카와 함께 당시 황제인 조방(曹芳)을 폐위하고 초왕(楚王) 조표(曹彪)을 옹립하려는 모의를 하였다가 사마의에게 발각되었다. 왕릉은 붙잡혀 호송되던 중 음독 자살하였고, 삼족이 멸족되었다.
51 제갈탄(諸葛誕, ?~258)은 위의 대신, 장군으로 사마소의 전횡에 저항하여 반란을 일으켰으나 결국 진압되어 죽임을 당하였다.
52 관구검(毌邱儉, ?~255)은 위의 무장으로 255년 사마사의 전횡에 분노하여 반란을 일으켰으나 패배하고 도망치던 중 살해되었다.
53 황양(黃壤)은 황천(黃泉)을 말한다.
54 원찬(袁粲, ?~477)은 472년, 남조 송의 명제(明帝)가 승하하자 소도성(蕭道成)·저연(褚淵) 등과 조정을 장악하였으나 477년 소도성이 새 황제를 옹립하자 소도성 살해를 논의하다가 죽임을 당하였다.
55 유병(劉秉, ?~477)은 남조 송의 종실로 단양윤(丹陽尹) 자리에 있었는데, 소도성의 전횡에 저항하여 그를 제거할 계획을 세웠으나 실패하고 살해되었다.
56 심유지(沈攸之, ?~478)는 남조 송의 장군으로 477년 소도성에 저항하여 거병하였으나 패주했다가 결국 자살하였다.
57 구원(九原) 역시 황천(黃泉) 또는 묘지, 구천(九泉)을 가리킨다.

하였습니다. 오직 양 무제가 이를 개탄하여 오균(吳均)에게 명하여 『통사(通史)』를 짓게 하였는데, 위로는 태초부터 아래로는 남조의 제(齊)에 이르렀으나 책이 완성되기 전에 오균은 죽었습니다. 수(隋)의 양소(楊素) 또한 상주하여 육종전(陸從典)으로 하여금 『사기』를 이어서 수에 이르기까지 서술하게 하였으나, 책이 완성되기 전에 관직에서 밀려났습니다. 하늘은 어찌 이러한 전통을 박대하면서 전해지지 못하게 하는 것입니까? 아니면 제대로 된 사람이 아니라서 도와주지 않는 것입니까?

似此之類, 歷世有之, 傷風敗義, 莫大乎此. 遷法旣失, 固弊日深, 自東都至江左,[58] 無一人能覺其非. 惟梁武帝爲此慨然, 乃命吳均作『通史』,[59] 上自太初, 下終齊室,[60] 書未成而均卒. 隋楊素又奏令陸從典續『史記』,[61] 訖於隋, 書未成而免官, 豈天之靳斯文而不傳與?[62] 抑非其人而不祐之與?

당(唐) 이후로도 또한 그 잘못을 깨닫지 못하였습니다. 무릇 사서를 집필하는 사람은 모두 『춘추』를 기준으로 삼아 오로지 포폄을 일삼았습니다. 『춘추』는 축약된 문장

---

58 동도(東都)는 동한, 즉 후한을 말한다. 전한(서한)의 수도는 장안에 있었는데, 후한은 원래 수도의 동쪽에 있는 낙양을 수도로 삼았으므로 이런 표현이 나와, 동도는 후한을 가리키는 뜻으로 사용되게 되었다. 강좌(江左)는 강동(江東, 江南과 같은 뜻) 지역을 말하는데, 여기에서는 강동 지역에 근거했던 동진 및 송·제 등의 남조 왕조들을 가리킨다.

59 양(梁) 무제(武帝)는 남조 양의 초대 황제 소연(蕭衍, 464~549, 재위 502~549년)을 가리킨다. 묘호는 고조(高祖), 시호가 무제이다. 오균(吳均, 469~520)은 남조 양의 관료로 양 무제에게 중용되었다. 일찍이 『제춘추(齊春秋)』를 사찬(私撰)하여 헌상하였는데, 무제가 남조 제(齊) 명제(明帝)의 신하로 있었을 때의 기록이 무제의 심기를 건드려 책은 불태워졌고 오균은 면직되었다. 얼마 후 양무제의 조직을 받들어 『통사(通史)』 집필에 나섰으나, 완성을 보지 못하고 사망했다.

60 태초(太初)는 여기서는 삼황(三皇) 시절을 가리킨다. 제실(齊室)은 남조의 제(齊)를 가리킨다.

61 양소(楊素, ?~606)는 북주(北周)·수(隋)의 관료로 양현감(楊玄感)의 아버지이다. 육종전(陸從典)은 수(隋)의 학자로 저작랑(著作郞)을 지냈으나, 훗날 좌천되어 남양(南陽)으로 보내졌다.

62 사문(斯文)은 예악교화(禮樂敎化), 전장제도(典章制度)를 가리킨다(『논어』 「자한(子罕)」 편에 나오는 "하늘이 장차 [주 문왕이 이어받은 삼대 이래의] 문화를 없애려 한다면, 나중 사람(공자 자신)은 이것을 접할 수 없을 것이다."라는 구절에서 비롯된다("天之將喪斯文也, 後死者不得與於斯文也"). 나아가 문학이나 문인, 유사(儒士), 문아(文雅)함, 문화(文化) 등을 뜻하기도 한다. 근(靳, 芹)은 미나리를 뜻하지만 나아가 박대한다, 인색하다는 뜻도 있는데, 아마 이런 뜻으로 쓰인 것 같다.

으로써 뜻을 드러내었으므로 만약 해설과 뜻풀이가 없으면 선악을 드러내기 어렵습니다. 본래 사서는 자세한 문장으로 그 사건을 구체적으로 서술하는 것이므로 선악이 이미 뚜렷하여 굳이 찬미하거나 풍자함을 기다릴 필요가 없습니다. 소하(蕭何)·조참(曹參)의 행적에 대해 읽으면 어찌 그 충성스럽고 훌륭함을 알지 못하겠습니까? 왕망(王莽)·동탁(董卓)이 저지른 바를 보면 어찌 그 흉악하고 도리에 어긋남을 알지 못하겠습니까? 무릇 사서는 국가에 큰 의미가 있는 전적입니다. 그런데 사서 편찬의 직책을 맡은 사람들이 법령·제도 등에 유의해야 함을 알지 못하고 오로지 언어 유희만 숭상하고 있어, 마치 집안일을 맡은 여인이 밥 짓는 일을 내던지고 입만 나불거리는 것과 같으니, 설사 말싸움에 이기더라도 어찌 그 가족을 살찌울 수 있겠습니까? 이는 신(臣)이 몹시 부끄럽게 여기는 바입니다.

自唐之後, 又莫覺其非. 凡秉史筆者皆準『春秋』, 專事褒貶. 夫『春秋』以約文見義, 若無傳釋, 則善惡難明. 史册以詳文該事, 善惡已彰, 無待美刺. 讀蕭·曹之行事,[63] 豈不知其忠良. 見莽·卓之所爲,[64] 豈不知其凶逆? 夫史者, 國之大典也.[65] 而當職之人, 不知留意於憲章, 徒相向於言語, 正猶當家之婦不事饔飧, 專鼓唇舌, 縱然得勝,[66] 豈能肥家? 此臣之所深恥也.

강엄(江淹)은 말했습니다. "사서 편찬의 어려움은 지(志)보다 더한 것이 없다." 실로 지라는 것은 법령·제도에 관계되는 바이므로 전고(典故)에 익숙한 사람이 아니면 제대로 작성할 수 없습니다. 지는 기·전과 견줄 수 없는데, 기는 시간으로 사건을 포괄하고, 전은 사건으로 사람을 엮는 것이니 유학의 지식을 갖춘 선비들은 누구나 할 수 있

---

63 소(蕭)는 소하(蕭何, B.C. 257~B.C. 193)로 한신·장량과 함께 한(漢)의 삼걸(三傑)로 불린다. 조(曹)는 조참(曹參, ?~B.C. 190)을 가리키는데 소하의 뒤를 이어 전한의 2대 상국이 되었다.
64 망(莽)은 왕망(王莽, B.C. 45~23)을 가리킨다. 탁(卓)은 동탁(董卓, ?~192)을 가리킨다. 후한 말의 관료로 영제(靈帝) 사후 낙양에 진출하여 소제(少帝)를 폐위하고 헌제(獻帝)를 옹위하여 권력을 잡았다. 원소를 맹주로 하는 반(反)동탁 연합군이 조직되자, 이에 맞서 싸우다가 장안으로의 천도를 감행한다. 반동탁 연합군이 와해된 이후 전횡을 계속하다가, 부하인 여포(呂布)에 의해 살해되었다.
65 대전(大典)은 중요한 전적, 또는 국가의 중요한 전장·법령, 성대하고 융중한 전례라는 뜻이다.
66 종연(縱然)은 설사, 가령이라는 뜻이다.

는 일이지만, 지를 작성하는 일은 훨씬 어렵습니다. 그 다음으로 어려운 것은 표(表)만 한 것이 없습니다. 그래서 범엽·진수 등은 기·전 부분을 지을 수 있었지만, 감히 표·지 부분을 짓지는 못하였습니다. 지의 큰 근원은 『이아(爾雅)』로부터 시작되었는데, 사마천은 이에 대해 '서(書)'라 이름을 붙였고, 반고는 '지(志)'라고 하였으며, 채옹(蔡邕)은 '의(意)', 화교(華嶠)는 '전(典)', 장발(張勃)은 '록(錄)', 하법성(何法盛)은 '설(說)'이라고 하였는데, 그 밖의 나머지 사가들은 모두 반고가 '지'라고 부른 것을 이어받았습니다. 하지만 모두 경박한 들뜬 이야기에 대해서만 상세할 뿐 사실에 대해서는 아주 소략하여, 『이아』의 뜻을 다하기에 모자랍니다. 신이 이제 천하의 큰 학술을 모두 총괄하고 그 대략적인 줄거리와 자세한 항목[綱目]을 분류하여 '략(略)'이라는 이름을 붙였습니다. 모두 20략입니다. 모든 시대의 법령·제도와 학자들의 업적이 모두 여기에 다 갖추어져 있습니다. 그 가운데 다섯 략은 한(漢)·당(唐)의 여러 학자들이 들어 본 바가 있겠지만, 나머지 열다섯 략은 그들도 들어보지 못한 것입니다.

江淹有言[67]: "修史之難, 無出於志." 誠以志者, 憲章之所繫, 非老於典故者, 不能爲也. 不比紀傳, 紀則以年包事, 傳則以事繫人, 儒學之士皆能爲之, 惟有志難. 其次莫如表. 所以范曄·陳壽之徒, 能爲紀傳, 而不敢作表志. 志之大原, 起於『爾雅』,[68] 司馬遷曰: '書', 班固曰: '志', 蔡邕[69]曰: '意', 華嶠曰: '典', 張勃[70]曰: '錄', 何法盛[71]曰: '說', 餘

---

[67] 강엄(江淹, 444~505)은 남조의 문학가로, 송(宋)·제(齊)·양(梁) 세 왕조에 걸쳐 관직을 지냈다. 시부(詩賦)로 유명하며, 사서 편찬에도 참여하였다.

[68] 『이아(爾雅)』는 가장 오랜 자서(字書)로 유가의 이른바 '13경' 가운데 하나이다. 『시경』·『서경』 등 고전의 문자를 추려 유의어(類義語)와 자의(字義) 등을 해설한 것으로, 고대 전적의 해석에 중요하게 쓰여 한·당 시대의 훈고학(訓詁學)이나 청대의 고증학(考證學)에서 특히 중시되었다. '이(爾)'는 '가깝다(近)', '아(雅)'는 '바르다(正)'는 뜻으로 이아(爾雅)라는 명칭은 '바른 것에 가깝다'는 뜻이다.

[69] 채옹(蔡邕, 132~192)은 후한 말의 학자로 자는 백개(伯喈), 진류(陳留) 극현(戟縣), 오늘날의 하남성 開封사람이다. 처음 낭중이 되었다가 좌중랑장을 지냈기 때문에 사람들은 그를 채중랑이라 불렀다. 희평(喜平) 4(175)년에 영제(靈帝)는 그에게 명을 내려 육경의 문자를 바르게 정하고 이를 비에 새겨 태학의 정문에 세우도록 하였다. 모두 46개의 비에 『상서』·『주역』·『공양전』·『예기』·『논어』 등을 실었으며, 이것이 '희평석경(喜平石經)'이다. 그는 동관에서 노식(盧植)·마일제(馬日磾)와 함께 『한기』의 편찬, 보충 작업을 하였으나 전란으로 인해 중단하였다. 훗날 양표(楊彪)가 이를 정리하여 편찬한 것이 『동관한기』로 알려지게 된다.

史并承班固謂之:'志'. 皆詳於浮言, 略於事實, 不足以盡『爾雅』之義. 臣今總天下之大學術, 而條其綱目, 名之曰:'略'. 凡二十略. 百代之憲章, 學者之能事, 盡於此矣. 其五略漢唐諸儒所得而聞, 其十五略漢唐諸儒所不得而聞也.

    백성의 근본은 성씨(姓氏)에 있는데, 제왕이 제정한 제도에는 각기 구분이 있습니다. 남자가 씨(氏)를 칭하는 것은 귀하고 천함을 구별하기 위해서이고, 여자가 성(姓)을 칭하는 것은 혼인을 구별하기 위해서이니, 서로 어지럽히거나 함부로 하지 않게 하려는 뜻입니다. 진(秦)이 여섯 나라를 병합하자 성씨가 뒤섞여 하나가 되었습니다. 한으로부터 당에 이르기까지 역대로 그에 관한 서적이 있었지만, 모두 성씨를 제대로 설명하지 못하였습니다. 원래 이 유파의 학문은 『좌전』에서 시작되었는데, [천자는 제후로 삼은 사람에게] 출생에 따라 성을 내리고, 분봉을 한 땅에 따라 족씨(族氏)를 명명하며, 또는 [제후나 그 후예는] 자(字)·시호(諡號)·관명(官名)·읍(邑)으로 족씨를 명명합니다. 읍은 또한 땅을 말합니다. 『좌전』에서 말하는 바는 다만 이 다섯 가지입니다. 신은 이제 여기서 미루어 살핀 바가 32종류가 되는데, 『좌전』에서는 들을 수 없었던 것입니다. 그래서 「씨족략(氏族略)」을 지었습니다.

    生民之本, 在於姓氏, 帝王之制, 各有區分. 男子稱氏, 所以別貴賤;女子稱姓, 所以別婚姻, 不相紊濫. 秦并六國, 姓氏混而爲一. 自漢至唐, 歷世有其書, 而皆不能明姓氏. 原此一家之學, 倡於『左氏』, 因生賜姓, 胙土命氏, 又以字·以諡·以官·以邑命氏.[72] 邑, 亦土也.『左氏』所言, 惟茲五者. 臣今所推有三十二類, 『左氏』不得而聞, 故作「氏族略」.

    기록의 근본은 문자에 나타나는데, 더 이상 나눌 수 없는 독립된 글자[獨體]는 문(文)이라 하고, 둘 이상으로 나눌 수 있는 글자[合體]는 자(字)라고 합니다. 문에는 자

---

70 장발(張勃)은 진(晉)대의 인물로『오록(吳錄)』30권을 썼으나 전해지지 않는다.

71 하법성(何法盛)은 남조 송(宋)의 사람으로 상동태수(湘東太守)를 지냈다. 『진중흥서(晉中興書)』78권을 썼다.

72 조토(胙土)는 제왕이 토지를 공신이나 종실에게 내려주어 그 공로에 보답하는 것을 뜻한다. 여기 인용된 내용은『좌전』은공(隱公) 8년조의 기사에 나온다("天子建德, 因生以賜姓, 胙之土而命之氏. 諸侯以字, 爲諡, 因以爲族, 官有世功, 則有官族, 邑亦如之.").

모(子母)가 있어, 주가 되는 종류가 모(母)가 되고 그에 따르는 부류가 자(子)가 됩니다. 그런데 보통 문자 서적[字書]을 만든 사람들은 대부분 자모를 구별하지 못하였습니다. 문자의 근본은 육서(六書)에서 나옵니다. 상형(象形)·지사(指事)는 문이고, 회의(會意)·해성(諧聲. 形聲)·전주(轉注)는 자입니다. 가차(假借)는 문과 자입니다. 원래 이 일파의 학문 역시 『좌전』에서 시작되었지만, 지(止, 멈춘다)와 과(戈, 무기)가 모여 무(武)가 된다는 정도뿐이지 [문자의 성립에서 보이는] 형성과 같은 원리는 알지 못하였습니다. 정(正)을 뒤집으면 핍(乏)이 된다는 것은 알았지만, 또한 상형과 같은 원리는 알지 못하였습니다. 『좌전』에서 이미 그 근원을 분별하지 못하였으니, 후대 사람들이 어찌 능히 그 갈래를 구분할 수 있겠습니까? 이 때문에 소학(小學, 즉 문자학·언어학)의 학문은 모두 엉망이 되어 버렸습니다. 경문(經文)의 뜻이 분명하지 않자 억지로 견강부회하는 해석이 벌떼처럼 출현하게 된 것은 모두 이로 말미암은 일입니다. 신은 이에 천하의 문자를 모두 몰아서 육서로 귀결시켰습니다. 군중(軍中)의 규율이 엄히 정해지면, 병사들은 그저 명령을 따르면 될 것입니다. 그래서 「육서략(六書略)」을 지었습니다.

　　書契之本, 見於文字, 獨體爲文, 合體爲字.[73] 文有子母, 主類爲母, 從類爲子. 凡爲字書者, 皆不識子母. 文字之本, 出於六書[74]: 象形·指事, 文也; 會意·諧聲·轉注, 字也; 假借者, 文與字也. 原此一家之學, 亦倡於『左氏』, 然止戈爲武,[75] 不識諧聲; 反正爲

---

[73] 독체(獨體)는 한자의 구조에서 더 이상 쪼갤 수 없는 독립된 글자를 말하고, 합체(合體)는 한자의 구조에서 두 개 또는 그 이상의 독립적인 글자들로 나뉠 수 있는 것을 말한다. 예를 들면 무(武)는 지(止)와 과(戈)로 나뉠 수 있다. 무는 합체이고, 지나 과는 독체인 것이다.

[74] 육서(六書)는 후한의 허신(許愼)이 지은 『설문해자(說文解字)』에서 제시한 한자의 성립 분류법으로, 상형(象形: 사물의 모양을 그린 문자)·지사(指事: 추상적인 기호로 특정 상황을 가리킨 문자)·회의(會意: 이미 만들어진 글자를 합성한 문자)·해성(諧聲: 形聲이라고도 한다. 발음을 나타내는 글자에, 그 부류를 나타내는 변이 붙는 문자)·전주(轉注: 뜻이 통하여 다른 뜻을 받아쓰는 문자)·가차(假借: 어떤 뜻을 나타내는 한자가 없을 때 발음이 부합하는 다른 한자를 뜻과 관계없이 쓰는 문자)로 나뉜다.

[75] 지과위무(止戈爲武)는 『좌전』 선공(宣公) 12년조에 나오는 구절이다("潘黨曰: '……臣聞克敵必示子孫, 以無忘武功.' 楚子曰: '非爾所知也. 夫文, 止戈爲武.'"). 무(武) 자는 지(止) 자와 과(戈) 자가 합쳐져서 만들어진다는 것으로, 능히 전쟁을 가라앉히고 무기의 사용을 멈추게 할 수 있는 것이야 말로 진정한 무공(武功)이란 뜻이다. 지과(止戈)는 간과(干戈), 즉 방패와 창의 사용을 중지하여 전쟁을 멈춘다는 뜻이다.

乏,[76] 又昧象形. 『左氏』既不別其源, 後人何能別其流? 是致小學一家,[77] 皆成鹵莽.[78] 經 旨不明, 穿鑿蜂起, 盡由於此. 臣於是驅天下文字, 盡歸六書, 軍律既明, 士乃用命. 故 作「六書略」.

    소리의 근본은 씨줄·날줄[經緯]로 이루어지는데, 세로로 사성(四聲)이 있어 씨줄[經]을 이루고 가로로 칠음(七音)이 있어 날줄[緯]을 이룹니다. 창힐은 문자를 만들면서 이러한 틀에 깊숙이 통달하였지만, [남조가 존재하였던] 강남 지방[江左]의 사성에서는 도리어 그 뜻이 사라져 버렸습니다. 그래서 무릇 음운 서적[韻書]을 만든 사람들은 모두 씨줄은 아는데 날줄은 몰랐습니다. 문자 서적은 눈에, 음운 서적은 귀에 관련되는 학문입니다. 눈의 학문은 모(母)를 주(主)로 삼고, 귀의 학문은 자(子)를 주로 삼습니다. 모는 모양을 관장하고 자는 소리를 관장하는데, 두 학문이 모두 주로 삼는 바를 잃어버린 것입니다. 지금 칠음의 근본을 밝혀 천지 사방의 정취를 확충하고자 하는데, 그런 다음에야 능히 공자의 가르침을 펼쳐 세상의 풍속에 미칠 수 있게 되니, 변방의 오랑캐 무리까지도 모두 예의를 알게 될 것입니다. 그래서 「칠음략(七音略)」을 지었습니다.

    天籟之本,[79] 自成經緯, 縱有四聲,[80] 以成經[81]; 橫有七音,[82] 以成緯. 皇頡制字,[83] 深

---

76 반정위핍(反正爲乏)은 『좌전』 선공 15년조에 나오는 구절이다("天反時爲災, 地反物爲妖, 民反德 爲亂. 亂則妖災生, 故文反正爲乏."). 반정위핍(反正爲乏)은 정(正) 자를 반대로 쓰면 핍(乏)자가 된다는 것인데, 옛적에 핍(乏) 자는 정(正) 자를 반대로 쓴 것(反寫)이었기 때문이다. 이렇게 글자를 반대로 쓰는 것을 반정서(反正書)라 부르기도 한다.
77 여기서의 소학(小學)은 문자학(文字學)을 가리킨다.
78 노망(鹵莽)은 황무지의 들풀을 가리키는데, 나아가 거칠고 성기다, 우둔하다, 구차하다는 뜻으로 쓰인다.
79 천뢰(天籟)는 자연계의 모든 소리를 가리킨다.
80 사성(四聲)은 고대 한어의 네 가지 성조 즉, 평성(平聲)·상성(上聲)·거성(去聲)·입성(入聲)이다.
81 경(經)은 옷감을 짤 때의 세로줄인 씨줄[經]을 말한다. 반면 가로줄인 날줄은 위[緯]라고 한다. 경위는 경도와 위도를 가리키기도 한다.
82 칠음(七音)은 음운에서의 일곱 가지 발음 즉, 순음(脣音)·설음(舌音)·아음(牙音)·치음(齒音)·후음(喉音)·반설음(半舌音)·반치음(半齒音)을 말한다. 또는 궁(宮)·상(商)·각(角)·치(徵)·우(羽)·반치(半徵)·반상(半商)로 표현되기도 한다(장순휘, 앞의 책, p.160)
83 황힐(皇頡)은 황제(黃帝)의 보좌관으로 한자를 창제했다고 하는 전설의 인물 창힐(蒼頡)을 높여 부른 말이다.

達此機, 江左四聲,[84] 反沒其旨. 凡爲韻書者, 皆有經無緯. 字書眼學, 韻書耳學. 眼學以母爲主, 耳學以子爲主. 母主形, 子主聲, 二家俱失所主. 今欲明七音之本, 擴六合之情,[85] 然後能宣仲尼之敎, 以及人間之俗, 使裔夷之俘,[86] 皆知禮義. 故作「七音略」.

　천문학의 근본은 도상(圖象, 그림)에 있고, 백성의 일은 반드시 때[時]에 바탕을 두며, 때의 순서는 반드시 하늘에 바탕을 두고 있습니다. 그런데 「천문지」를 작성한 사람들은 그 뜻은 알지만 도상이 없기에 천문에 대해 제대로 파악할 수 없었습니다. 신은 지금 수(隋)의 단원자(丹元子)가 지은 『보천가(步天歌)』를 채택하였는데, 구절 속에 도(圖)가 있고, 문장 아래에 상(象)이 있어 [옛적의 천문 관측 건물인] 영대(靈臺)에서 쓰이던 바를 우러러 볼 수 있게 되었습니다. 『감석본경(甘石本經)』을 취하지 않은 것은 요사하고 망령된 것으로써 사람들을 미혹하고 사람들이 죄에 빠지도록 다그치기 때문입니다. 그래서 「천문략(天文略)」을 지었습니다.

　天文之家, 在於圖象, 民事必本於時, 時序必本於天, 爲天文志者, 有義無象, 莫能知天. 臣今取隋丹元子『步天歌』,[87] 句中有圖, 言下成象, 靈臺所用,[88] 可以仰觀. 不取『甘石本經』,[89] 惑人以妖妄, 速人於罪累. 故作「天文略」.

　지리에 관한 학문은 [제왕의] 도읍(都邑)과 그 주변 강토에 [근본이] 있고, 도읍·강토

84　강좌(江左)는 여기서는 동진(東晉)을 비롯한 남조를 가리킨다.
85　육합(六合)은 천지사방(天地四方), 전체 우주의 공간, 천하, 인간 세상을 가리킨다.
86　예이(裔夷)는 변방의 오랑캐를 가리킨다. 부(俘)는 전쟁 중 사로잡힌 포로나 물자를 말한다.
87　『보천가(步天歌)』는 시가의 형식으로 중국 고대의 별자리와 별들을 소개한 글인데, 구양수(歐陽脩) 등은 당 개원(開元) 연간에 왕희명(王希明)이 지었다고 하지만, 정초(鄭樵)는 여기서 단원자(丹元子)라는 수의 은자(隱者)가 지었다고 설명하고 있다.
88　여기서 영대(靈臺)는 고대의 제왕이 천문성상(天文星象)·요상재이(妖祥災異) 등을 관찰하기 위해 세운 건축물을 가리킨다.
89　『감석본경(甘石本經)』은 『감석성경(甘石星經)』이라고도 한다. 전국 시대 제(또는 초)의 감덕(甘德)이 지은 『천문성점(天文星占)』(8권), 그리고 위(魏)의 석신(石申)이 지은 『천문(天文)』(8권)과 별에 관한 기록들을 편집하여 당·송대에 편찬된 책이다. 송대의 저명한 목록학가 조공무(晁公武)의 『군재독서지(郡齋讀書志)』에 그 이름이 처음 보인다. 원본은 1권이나 현재 전하는 것은 2권으로 본래 모습은 아니라고 한다.

의 요체는 산천(山川)에 있습니다. 「우공」의 구주(九州)는 모두 산천으로 그 경계를 정하였는데, 구주는 때에 따라 바뀌기도 하지만 산천은 영원토록 바뀌지 않으므로 「우공」의 지도[圖]는 지금에 이르러서도 여전히 판별할 수 있습니다. 반고의 「지리지」는 군국(郡國)에 주안점을 두었지만 멈추는 바가 없으니, 비록 그런 기록이 있더라도 없는 것만 못합니다. 후대의 사가들은 사방의 방위로써 군국(郡國)의 합병·변천을 바로잡았는데, 사방의 방위가 뒤집히거나 어긋나는 것은 모두 사마천이 「지리서」를 쓰지 않은 데에 기인합니다. 반고가 「지리지」를 만들어 내었기 때문에, 그 방면의 일파를 이룬 사람들은 모두 잘못을 저지르게 된 것입니다. 신이 지금 「우공」의 내용을 기준으로 삼아 강의 연원을 정리하고, 『개원십도도(開元十道圖)』를 바탕으로 하여 고금이 이어지게 하였습니다. 그래서 「지리략(地理略)」을 지었습니다.

地理之家, 在於封圻,[90] 而封圻之要, 在於山川. 「禹貢」九州, 皆以山川定其經界, 九州有時而移, 山川千古不易, 是故「禹貢」之圖, 至今可別. 班固「地理」主於郡國, 無所底止,[91] 雖有其書, 不如無也. 後之史氏, 正以方隅,[92] 郡國併遷. 方隅顚錯, 皆因司馬遷無「地理書」. 班固爲之創始, 致此一家, 俱成謬擧. 臣今準「禹貢」之書, 而理川源, 本『開元十道圖』以續今古,[93] 故作「地理略」.

도읍의 근본은 금성탕지(金城湯池)의 공업을 이룬 데 있는데, 사가들이 기록하지 않아서 역대의 도읍에 대해서는 자세히 살펴보기 어렵습니다. 신이 위로 삼황오제 시대의 형세를 살피고, 멀리는 사이팔만(四夷八蠻)의 소굴까지 탐색하였습니다. 이에 따라 개봉[梁汴]은 네 왕조[후량·후진·후한·후주]의 옛 도읍이었으니, 비통한 고통을 상기시켜 주는 교훈이 됩니다. 남양(南陽)은 중원(中原)의 새로운 보금자리가 될 수 있는지 의심스럽습니다. 그래서 「도읍략(都邑略)」을 지었습니다.

---

90 봉기(封圻, 封畿)는 왕기(王畿, 제왕의 수도 및 주위 천 리 이내의 땅)나 강토를 가리킨다.
91 저지(底止)는 끝나다[終止]는 뜻이며, 끝나는 곳을 뜻하기도 한다.
92 방우(方隅)는 사방의 변(邊)과 각(角: 모퉁이), 방위, 전체 면적 가운데 일부분 등을 가리킨다.
93 『개원십도도(開元十道圖)』는 당대에 그려진 전국 지도 가운데 하나로, 『신당서(新唐書)』 권58 「예문지(藝文志)」에 '개원 3(715)년 십도도(開元三年十道圖)' 10권이라는 목록이 보인다.

都邑之本, 金湯之業,[94] 史氏不書, 黃圖難考.[95] 臣上稽三皇五帝之形勢, 遠探四夷八蠻之巢穴.[96] 仍以梁汴者,[97] 四朝舊都,[98] 爲痛定之戒[99] ; 南陽者,[100] 疑若可爲中原之新宅. 故作「都邑略」.

시호(諡號)를 올리는 방법에 대한 학문은 국가의 중요 제도인데, 사가들이 이에 관한 책을 쓰지 않았고, [진대에 설치되었던] 봉상(奉常)이란 관직도 그 취지를 잃었습니다. 주(周)는 작고한 선인(先人)의 이름을 피하는 것[諱]으로 신을 섬겼으니, 시호법은 여기에서 생겨났습니다. 옛적의 제왕은 살아있을 때나 죽은 다음이나 모두 이름을 사용했습니다. 요·순·우·탕부터 걸·주에 이르기까지, 모두 이름을 썼던 것입니다. 그런데 주공은 예법을 제정할 때 차마 그 선대 임금의 이름을 쓰지 못하였습니다. 무왕은 천명을 받은 다음, [그 선조인] 태왕(太王)·왕계(王季)·문왕(文王)을 추존하여 시호를 올렸습니다. 이것으로 시호를 올리는 방법이 확립되었습니다. 본래 그에 관한 서적이 없어, 후세 사람들이 주공의 시호법을 거짓으로 만들어 그 사람 생전의 선악을 가지고 사후에 권선징악을 하고자 하였습니다. 그런데 주공의 뜻은 차마 그 이름도 직접 부르지 못하는 데에 있는데, 어찌 차마 [여기서 더 나아가 선인의] 악함을 이야기할 수 있

---

[94] 금당(金湯)은 금성탕지(金城湯池), 즉 쇠로 만든 성곽과 끓는 물이 흐르는 해자로 견고한 성곽과 해자를 말한다.

[95] 황도(黃圖)는 경사(京師)나 기보(畿輔) 지역, 도성(都城)을 의미한다.

[96] 사이팔만(四夷八蠻)에서 사이(四夷)란 사방의 오랑캐들, 즉 동이·서융·남만·북적을 가리키며, 팔만(八蠻)이란 남방의 8개 오랑캐 나라, 즉 천축(天竺)·해수(咳首)·초요(僬僥)·파종(跋踵)·천흉(穿胸)·담이(儋耳)·구지(狗軹)·방춘(旁春)을 말한다. 사이팔만은 따라서 중원 주변의 이민족들의 범칭으로 보인다.

[97] 양변(梁汴)은 변량(汴梁), 즉 지금의 하남성 개봉을 말한다. 전국 시대 위(魏)의 수도인 대량(大梁)이 있었던 곳으로 줄여서 양(梁)이라 불리던 것이, 수·당대에는 변주(汴州)로 개칭되고 줄여서 변(汴)이라 불렀다. 송대 이후로는 양과 변이 합하여 변량(汴梁)이라 부른다.

[98] 개봉, 즉 변량(양변)은 오대 시기에 후량(後梁)·후진(後晉)·후한(後漢)·후주(後周)의 수도였다.

[99] 통정(痛定)은 통정사통(痛定思痛)의 뜻으로 비통한 심정이 점차 가라앉으면서 당시 당했던 고통을 회상하는 것을 말한다. 정초가 책을 저술한 때에는 이미 변량을 금나라에게 점령당했기 때문에 이러한 표현이 나온 것으로 보인다.

[100] 남양(南陽)은 하남성 서남부에 자리 잡은 곳으로 호북·하남·섬서성의 경계가 마주치는 지역이다.

겠습니까? 이렇기 때문에 『춘추』에서도 윗사람을 위해 기피하고 친한 사람을 위해 기피하였는데, [사후에 권선징악을 한다는] 이런 방식은 주공에게는 도저히 행할 수 없는 일이었습니다! 이런 생각은 도에 어긋난 말입니다. [주 천자의 왕호에 붙인] 유(幽)·여(厲)·환(桓)·영(靈)의 글자는 본래 흉한 뜻이 없는데, 시호법이 그것을 가지고 악함을 표시하고자 말을 끌어다가 그 뜻에 꿰맞춰 버린 것입니다.[101] 창힐이 글자를 창제하여 글자와 그 뜻이 서로 들어맞게 하였는데 주공이 무엇 때문에 시호법을 만들어서 글자와 뜻이 서로 멀어지게 하였겠습니까? 신이 지금 찬술하는 바는 모두 글자의 뜻을 정확히 드러내고, [시호법에서] 끌어다 붙인 말들을 덜어 내어 그 엉터리 주장을 제거하려는 것입니다. 그래서 『시략(謚略)』을 지었습니다.

諡法一家, 國之大典, 史氏無其書, 奉常失其旨.[102] 周人以諱事神,[103] 諡法之所由起也. 古之帝王存亡皆用名. 自堯·舜·禹·湯至於桀·紂, 皆名也. 周公制禮, 不忍名其先君. 武王受命之後, 乃追諡太王·王季·文王.[104] 此諡法所由立也. 本無其書, 後世僞作周公諡法, 欲以生前之善惡, 爲死後之勸懲. 且周公之意, 旣不忍稱其名, 豈忍稱其惡? 如是, 則『春秋』爲尊者諱, 爲親者諱, 不可行乎周公矣! 此不道之言也. 幽·厲·桓·靈之字, 本無凶義. 諡法欲名其惡, 則引辭以遷就其意.[105] 何爲皇頡制字, 使字與義合, 而周公作法, 使字與義離? 臣今所纂, 并以一字見義, 削去引辭, 而除其曲說, 故作「諡略」.

---

101 이를테면 꽉 막혀서 통하지 않는 것을 유(幽), 무고한 사람을 죽이는 것을 여(厲), 국지를 개척하고 먼 곳을 복속시키는 것을 환(桓), 어지럽되 훼손하지 않는 것을 영(靈)이라고 해석하는 방식인데, 이것은 『일주서(逸周書)』의 「시법해(諡法解)」에서 나왔다고 한다. 정초가 비난하는 것이 바로 이런 것이다. 장순휘, 앞의 책, p.162를 참조.

102 봉상(奉常)은 진(秦)의 관명으로 종묘 예의를 관장하였다. 한 경제 때 태상(太常)으로 명칭이 바뀌었다.

103 휘(諱)는 이미 작고한 존장자의 이름을 가리키는데, 살아 있는 사람의 이름에 대한 경칭으로 쓰이기도 한다. 휘(諱)는 나아가 감추거나 피한다는 뜻으로도 쓰인다.

104 태왕(太王)은 성은 희(姬), 이름은 단보(亶父)이다. 고공단보(古公亶父)로도 불린다. 주의 선조로 기산(岐山)에 자리를 잡았다. 주 문왕의 조부에 해당하며, 태왕으로 추존되었다. 왕계(王季)는 태왕의 셋째 아들이며, 이름은 계력(季歷)이다. 주 문왕의 아버지이며 왕계로 추존되었다. 주 문왕은 무왕의 아버지이다.

105 천취(遷就)는 격을 낮추어 서로 따른다, 뜻을 굽혀 영합한다는 뜻이다.

제기(祭器)라는 것은 옛 사람들이 먹고 마시던 그릇입니다. 지금의 제기는 『삼례도(三禮圖)』에서 나왔는데, 거기서는 단지 뜻을 설명하는 데만 힘써 어떻게 맞춰 쓰는지에 대해서는 생각하지 않았습니다. 제기의 형식을 정하는 제도가 이미 어그러졌는데, 어찌 [신이나 조상께서] 편안하게 흠향(歆饗)하시겠습니까? 무릇 제기는 사물의 형상을 숭상하는 것이 옛날의 도였습니다. 그릇으로 큰 것은 뇌(罍)만한 것이 없는데, 구름 낀 산으로부터 모양을 따왔습니다. 그 다음으로 준(尊)만한 것이 없는데, 소의 형상에서 모양을 따왔습니다. 그 다음으로 이(彜)만한 것이 없는데, 닭과 봉황에서 모양을 따왔습니다. 가장 작은 것은 작(爵)만한 것이 없는데, 참새로부터 모양을 따왔습니다. 그 제작 방법은 모두 그 형상을 본뜨고, 목 부분에서 등 쪽으로 구멍을 뚫어 안에 담긴 술을 쏟게 하는 것입니다. 오직 [남조 양의] 유묘(劉杳)만이 능히 이 뜻을 알았는데, 그는 노군(魯郡)의 땅 속에서 얻은 제(齊)의 자미(子尾)가 딸을 시집보낼 때 쓴 그릇이었던 희준(犧尊)과 제 경공(景公)의 무덤에서 나온 우준(牛尊)·상준(象尊)을 들어서 그 증거로 삼았습니다. 그가 밝힌 뜻이 아주 분명하였으나 세상에서는 이를 제대로 이용하지 못하였습니다. 그래서 「기복략(器服略)」을 지었습니다.

祭器者, 古人飮食之器也. 今之祭器, 出於禮圖,[106] 徒務說義不思適用. 形制旣乖, 豈便歆享.[107] 夫祭器尙象者, 古之道也. 器之大者, 莫如罍, 故取諸雲山.[108] 其次莫如尊,[109] 故取諸牛象. 其次莫如彜, 故取諸雞·鳳.[110] 最小者莫如爵, 故取諸雀.[111] 其制皆

---

[106] 예도(禮圖)는 『삼례도(三禮圖)』를 가리킨다. 경전에 의거하여 고대 기물의 모양을 설명한 책이다. 한의 정현(鄭玄), 진(晉)의 완심(阮諶), 당(唐)의 장일(張鎰) 등이 지은 『삼례도』가 여섯 종 있었다고 하나 지금은 모두 전하지 않는다. 현존하는 가장 오래된 것은 송(宋)의 섭숭의(聶崇義)가 여러 『삼례도』를 참고·교정하여 편찬하였다는 『삼례도집주(三禮圖集注)』(20권)이다.

[107] 흠향(歆享, 歆饗)은 신령이 제사에 바쳐진 공물(供物)을 누려 받는다, 제사 때 신령이 제품의 향기를 맡고 누린다는 뜻이다. 나아가 제사를 뜻하기도 한다.

[108] 뇌(罍)란 목은 짧은 통 모양으로, 그릇의 어깨 부분이 벌어졌으며 배는 볼록하고 밑이 오무라진 항아리 형 청동기로 대형 술그릇이자 제기이다. 산구름(山雲)의 형태가 그려져 있어 산뢰(山罍)라고도 한다.

[109] 준(尊)은 술그릇 역할을 하는 청동기의 일종이다.

[110] 이(彜)는 종묘에 바치는 제기인 술그릇이다. 주대에는 계이(雞彜)·조이(鳥彜)·가이(斝彜)·황이(黃彜)·호이(虎彜)·유이(蜼彜)라는 여섯 종류의 이가 있었다고 한다.

[111] 작(爵) 역시 컵 모양의 몸체에 주둥이 한쪽은 따르는 부분이고, 다른 한쪽은 뾰족한 꼬리 모양으

象其形, 鑿項及背, 以出內酒. 惟劉杳能知此義,[112] 故引魯郡地中所得齊子尾迻女器有犧尊,[113] 及齊景公冢中所得牛尊·象尊, 以爲證.[114] 其義甚明, 世莫能用. 故作「器服略」.

  음악[樂]은 시(詩)를 근본으로 삼고, 시는 소리[聲]를 도구로 삼습니다. 현지의 풍토를 반영한 음악을 '풍(風)'이라 하고, 조정의 음악을 '아(雅)'라고 하며, 종묘 제악을 '송(頌)'이라고 합니다. 공자께서『시경』을 편찬한 것은 음악을 바로잡기 위함이었고, '풍'·'아'·'송'의 노래를 가지고 연회와 제사에 쓰이는 음악을 삼으셨던 것입니다. 악인(樂人)이「녹명지삼(鹿鳴之三)」을 부르고 생황(笙簧)을 부는 사람이「남해지삼(南陔之三)」을 연주하며, 노래 사이에「어려지삼(魚麗之三)」을 끼워 넣고 생황 연주 사이에「숭구지삼(崇邱之三)」을 끼워 넣으니, 이것이 바로 대합주(大合奏)의 도입니다. 옛적 현악기·관악기[絲竹]에는 원래 악보는 있으나 가사가 없었으므로 [「남해지삼」과「숭구지삼」등] 육생시(六笙詩)는 단지 그 이름만 남겨두고 있습니다.『시경』을 정리하는 사람들은 이러한 이치를 알지 못하고, 그 뜻은 있으나 가사를 잃어버렸다고 하였습니다. 실제로 한대 『시경』에 대해 원고생(轅固生)·신배공(申培公)·한영(韓嬰)·모형(毛亨) 네 명의 박사를 세우자, 그들은 각자 뜻으로만『시경』을 논의하게 되었으니, 이로 말미암아 마침내 소리를 이용하는 음악의 도는 갈수록 쇠퇴하게 되었습니다. 후한 말에 이르러서는『시경』3백 편 가운데 겨우「녹명」·「추우(騶虞)」·「벌단(伐檀)」·「문왕(文王)」네 편의 소리만 전

    로 나아다. 중앙에는 두 기둥이 있고, 몸체에는 손잡이가 있으며, 아래 부분에는 다리가 세 개 달려 있다. 술잔으로 사용되었으며, 생김새가 참새와 닮아서 작(爵)이라 명명되었다고 한다.

[112] 유묘(劉杳, 479~528)는 남조 양의 문학가이자 장서가·목록학자이다.『양서(梁書)』권50「유묘전」에 관련된 내용이 보인다. 유묘가 심약(沈約)과 앉아서 종묘의 희준(犧樽)에 대해 이야기할 때, "옛날의 준이(樽彝)는 모두 나무를 깎아서 조수(鳥獸) 모양을 만들고, 목을 뚫어서 등에 이르게 하여, 그곳으로 술을 넣고 뺐습니다. 요즘 위(魏)의 노군(魯郡) 땅속에서 얻었다는 제 대부 자미가 딸에게 보낸 그릇에 희준이 있는데 희우(犧牛)의 형상을 따랐습니다. 진(晉) 영가(永嘉) 연간에 도적 조억(曹嶷)이 청주(靑州)에서 제 경공의 무덤을 파헤쳐서, 또한 이 두 개의 준을 얻었는데, 형태가 또한 소의 형상이었습니다. 두 가지 모두 옛날의 남겨진 기물이니, 헛된 것이 아님을 알겠습니다"라 하였다(『양서(梁書)』권50「유묘전(劉杳傳)」, p.715).

[113] 자미(子尾)는 제의 대부(大夫)의 이름이다. 희준(犧尊)은 준의 일종으로 희생으로 바쳐지는 소의 모양을 형상화하였으며, 등 위에 구멍을 내어 그 안에 술을 담았다.

[114] 제(齊) 경공(景公)은 춘추 시대 제의 군주(재위 B.C. 547~B.C. 490)로 명재상인 안영(晏嬰)이 그를 보좌하였다.

해질 수 있었습니다. [魏의] 태화(太和) 말년에는 다시 그 가운데 세 곡의 소리를 잃어 버렸습니다. 진(晉)에 이르러서는 「녹명」 편 또한 전해지지 않게 되었습니다. 「녹명」 편이 전해지지 않게 되면서 후세 사람들은 더 이상 『시경』의 노래를 들을 수 없었습니다. 그러나 시란 것은 인심을 드러내는 음악입니다. 세상의 흥망성쇠에 따라 생겨나거나 없어지거나 하지 않으니, '풍'·'아'를 뒤이어 만들어진 것이 '악부(樂府)'입니다. 사가들은 공자의 뜻을 이해하지 못하여 '악부'를 버려두고 채록하지 않았으며, 이에 악공·광대들의 작품만을 채록하여 기록하였습니다. 신이 예전에 『계성악부(系聲樂府)』를 지어 한·위의 시가를 모은 것이 바로 이 때문입니다. 지금 그 제목을 취하여 목차로 삼으면서 '악부'의 정성(正聲)은 '풍'·'아'를 밝히는 것이고, 사향(祀享)의 정성(正聲)은 '송'을 밝히는 것이라고 설명하였습니다. 또한 거문고[琴] 곡조로 현악기·관악기를 [재현하여] 밝히고, 남아 있는 소리를 통해 [육생시 등] 사라진 시를 견주어 보려 하였습니다. 『논어』에 이르기를, "[순 임금의 음악] 소(韶)는 정말 아름답고 또한 정말 좋은 것이다. [주 무왕의 음악인] 무(武)는 정말 아름답지만 정말 좋은 것은 아니다."라고 하였습니다. 이것이 바로 공자께서 춤[舞]을 바로잡은 기준입니다. 소는 [덕으로 천하를 얻은 것을 칭송하는] 문의 춤[文舞]이고, 무는 [전쟁으로 천하를 얻은 것을 칭송하는] 무의 춤[武舞]입니다. 옛적의 음악은 매우 드문데, 문의 춤과 무의 춤 두 가지가 여전히 후세에 전해지는 것은 실은 곡조는 있으나 가사가 없는 것에서 말미암은 바입니다. 뜻을 따지는 학자들 때문에 미혹되지 않아 공자의 뜻을 온전히 얻을 수 있었기 때문입니다. 오성(五聲)·팔음(八音)·십이율(十二律)은 음악의 기초입니다. 그래서 「악략(樂略)」을 지었습니다.

樂以詩爲本, 詩以聲爲用. 風土之音曰:'風', 朝廷之音曰:'雅', 宗廟之音曰:'頌'. 仲尼編『詩』爲正樂也,[115] 以風·雅·頌之歌, 爲燕享祭祀之樂. 工歌「鹿鳴之三」, 笙吹「南陔之三」, 歌間「魚麗之三」, 笙間「崇邱之三」,[116] 此大合樂之道也. 古者絲竹有譜無辭,[117] 所

---

[115] 『시경』은 크게 '풍'·'아'·'송'의 세 부분으로 구성되어 있다.
[116] 녹명지삼(鹿鳴之三)은 '녹명'·'사모(四牡)'·'황황자화(皇皇者華)' 세 수로 『시경』「소아·녹명지십」에 전한다. '남해지삼(南陔之三)'은 '남해'·'백화(白華)'·'화서(華黍)' 세 수로 같은 곳에 그 제목만 전해진다. '어려지삼(魚麗之三)'은 '어려'·'남유가어(南有嘉魚)'·'남산유대(南山有臺)', '숭구지삼(崇邱之三)'은 '유경(由庚)'·'숭구(崇丘)'·'유의(由儀)'를 말한다. 주희(朱熹)의 해석에 의하

以六笙但存其名.[118] 序『詩』之人, 不知此理, 謂之有其義而亡其辭. 良由漢立齊·魯·韓·毛四家博士,[119] 各以義言『詩』, 遂使聲歌之道日微. 至後漢之末, 『詩』三百, 僅能傳「鹿鳴」·「騶虞」·「伐檀」·「文王」四篇之聲而已.[120] 太和末又失其三.[121] 至於晉室, 『鹿鳴』一篇又無傳. 自『鹿鳴』不傳, 後世不復聞『詩』. 然詩者, 人心之樂也. 不以世之興衰而存亡, 繼『風』·『雅』之作者'樂府'也.[122] 史家不明仲尼之意, 棄'樂府'不收, 乃取工伎之作, 以爲志. 臣舊作『系聲樂府』, 以集漢魏之辭, 正爲此也. 今取篇目以爲次, 曰: 樂府正聲者, 所以明'風'·'雅'; 曰: 祀享正聲者, 所以明'頌'. 又以琴操明絲竹, 以遺聲準逸詩. 『語』曰: "韶盡美矣, 又盡善也; 武盡美矣, 未盡善也."[123] 此仲尼所以正舞也. 韶卽文舞, 武卽武舞.[124] 古樂甚希, 而文武二舞, 猶傳於後世, 良由有節而無辭, 不爲義說家所惑. 故得全仲尼之意. 五聲·八音·十二律者, 樂之制也. 故作「樂略」.

면 전악(前樂)이 끝나면 번갈아서 어려를 부르고, 유경을 연주하며, 남유가어를 부르고, 숭구를 연주하며, 남산유대를 부른 다음, 유의를 연주한다고 한다. 여기서 간(間)은 노래 한 곡이 끝나면 번갈아 연주곡을 그 다음에 넣는 방식을 말한다.

117 사죽(絲竹)은 현악기(弦樂器)와 죽악기[竹管樂]를 통틀어 부르는 것이며, 나아가 음악을 가리키기도 한다.

118 육생(六笙)은 육생시(六笙詩), 즉 앞서 언급된 '남해지삼'과 '숭구지삼'을 가리킨다.

119 진의 분서갱유 이후 한이 건국되자 여러 사람들이 『시경』의 경문 및 해석을 제시하였는데, 제(齊) 출신 원고생(轅固生)이 내놓은 것을 『제시(齊詩)』, 노(魯) 출신 신배공(申培公)이 가전지학(家傳之學)을 내놓은 것을 『노시(魯詩)』, 연(燕) 출신 한영(韓嬰)이 내놓은 해석을 『한시(韓詩)』라고 한다. 이 세 사람 모두 한의 박사가 되었기 때문에, 위의 세 시를 삼가시(三家詩) 또는 삼관시(三官詩)라 한다. 모(毛)는 모장(毛萇)과 모형(毛亨)을 말하는데, 그들이 전한 선진(先秦) 고문으로 된 시경의 경문을 『모시(毛詩)』라고 하며, 그 해설인 모전(毛傳)은 모형이 단 것으로 알려져 있다.

120 「추우(騶虞)」는 『시경』 「소남(召南)」, 「벌단(伐檀)」은 『시경』 「위풍(魏風)」, 「문왕(文王)」은 『시경』 「대아(大雅) 문왕지십(文王之什)」에 보인다.

121 태화(太和)는 위 명제(明帝) 조예(曹睿)의 연호(227~233)이다.

122 악부(樂府)는 한 무제가 세운 음악을 관리하는 관청으로, 그 임무는 민간 음악을 수집·편찬·정리하고 음악의 창작이나 연주를 관장하는 것이었다. 나중에는 음악성을 띤 시체(詩體)의 명칭이 되었다.

123 소(韶)는 순 임금의 음악, 무(武)는 주 무왕의 음악을 가리킨다. 여기 인용된 구절은 『논어』 「팔일(八佾)」 편에 나온다.

124 문무(文舞)는 손에 깃털과 피리를 들고 추는 궁정 아악무도(雅樂舞蹈)의 일종이고 덕으로 천하를 얻은 것을 칭송하는 것이며, 이와 대조적인 무무(武舞)는 손에 도끼와 방패를 쥐고 추는 춤으로 전쟁으로 천하를 얻은 것을 칭송하는 것이다.

학술이 보잘 것 없는 것은 원류(源流)가 구별되지 않는 데서 비롯됩니다. 서적이 흩어지고 없어지는 것은 편집에 제대로 된 기준이 없기 때문입니다. 『주역』은 비록 한 책이지만, 이에 관해서는 전학(傳學)·주학(注學)·장구학(章句學)·도학(圖學)·수학(數學)·참위학(讖緯學) 등이 열여섯 가지 학문이 있으니, 어찌 이것들을 묶어서 '주역류'라 할 수 있겠습니까? 『시경』은 비록 한 책이지만 고훈학(詁訓學)·전학·주학·도학·보학(譜學)·명물학(名物學) 등 12종의 학문이 있으니, 어찌 묶어서 '시류(詩類)'라 할 수 있겠습니까? 도가(道家)에서는 도서(道書)·도경(道經)·과의(科儀)·부록(符籙)·토납내단(吐納內丹)·노화외단(爐火外丹) 등 모두 25종의 분야가 도가임을 표방하는데, 이들을 뒤섞어 하나의 유파로 할 수 있겠습니까? 의술서에는 맥경(脈經)·구경(灸經)·본초(本草)·방서(方書)·포적(炮炙)·병원(病源)·부인(婦人)·소아(小兒) 등 모두 26종의 분야가 의가(醫家)임을 표방하는데, 이들을 섞어서 하나의 유파로 할 수 있겠습니까? 그래서 「예문략(藝文略)」을 지었습니다.

學術之苟且, 由源流之不分; 書籍之散亡, 由編次之無紀. 『易』雖一書, 而有十六種學, 有傳學·有注學·有章句學·有圖學·有數學·有讖緯學, 安得總言'易類'乎? 『詩』雖一書, 而有十二種學, 有詁訓學·有傳學·有注學·有圖學·有譜學·有名物學, 安得總言'詩類'乎? 道家則有道書·有道經·有科儀[125]·有符籙[126]·有吐納內丹[127]·有爐火外丹[128], 凡二十五種皆道家, 而渾爲一家可乎? 醫方則有脈經·有灸經·有本草·有方書[129]·有炮炙[130]·有病源·有婦人·有小兒, 凡二十六種皆醫家, 而渾爲一家可乎? 故作「藝文略」.

황궁의 장서고는 책이 없음을 근심하지 않는데, 교수(校讎)를 맡은 관리들은 아직

---

125 과의(科儀)는 종교적 의식·법식을 말한다.
126 부록(符籙)은 도교에서 비밀스럽게 전해지는 문서 또는 도사들이 그리는 부적을 가리킨다.
127 토납내단(吐納內丹)에서 토납(吐納)이란 묵은 것을 내뱉고 새로운 것을 받아들이는 도가의 양생술의 일종이다. 내단(內丹)이란 자신의 정기를 단련함으로써 몸 안에 단(丹)을 이루는 것이다.
128 노화외단(爐火外丹)은 화롯불[爐火]로 도사가 제련을 통해 만든 단약을 가리킨다. 외단(外丹)이란 내단과 달리 금속과 돌 등을 태우고 달여서 단약(丹藥)을 얻는 것을 말한다.
129 방서(方書)는 방술서나 의서(醫書)를 가리킨다. 관부 문서나 사서(史書)라는 뜻도 있다.
130 포적(炮炙)은 약을 달여 내는 일을 말한다. 한방약의 제조 과정에서 약재의 불필요한 성분이나 독성을 빼고 유효 성분을 추출하기 위해 탕약기 등에 생약을 넣고 물이나 술 등을 부어 끓이는 것이다.

그 방법을 제대로 알지 못합니다. [홍문관·집현관·사관 등] 삼관(三館)에 하는 일 없이 녹을 축내는 사람이 없고, [갑·을·병·정으로 구분되는 장서고인] 사고(四庫)에 좀먹는 책이 없게 하고자, 그리고 수많은 책들이 날로 유통될 수 있기를 기대하여 「교수략(校讎略)」을 지었습니다.

册府之藏不患無書,[131] 校讎之司未聞其法.[132] 欲三館無素餐之人,[133] 四庫無蠹魚之簡,[134] 千章萬卷, 日見流通, 故作「校讎略」.

황하에서는 하도(河圖)가 나왔고, 천지에는 자연의 상(象)이 있으니, 도보(圖譜)의 학문이 이로 말미암아 일어났습니다. 낙수(洛水)에서는 낙서(洛書)가 나오고 천지에는 자연의 문(文)이 있으니, 서적에 관한 학문도 여기에서 나왔습니다. 도(圖)는 날줄을 이루고 서(書)는 씨줄을 이루어 날줄과 씨줄이 번갈아 얽혀서 문(文)을 이루게 되었으므로, 옛날 학자들은 왼쪽에는 도, 오른쪽에는 서를 두면서 어느 한쪽에 치우치거나 한쪽을 폐지하지 않았습니다. 유흠·유향 부자가 『칠략(七略)』을 지었을 때 서는 수록하였으나 도는 수록하지 않았고, 반고가 그 책을 바탕으로 「예문지」를 만들었습니다. 이때 이후로 도보(圖譜)는 날이 갈수록 사라졌고, 서적은 날이 갈수록 쓸데없이 늘어났습니다. 그리하여 후학들을 곤란하게 만들고, 좋은 인재를 망가뜨리는 것이 모두 여기에서 말미암게 되었습니다. 왜냐하면 도에 의거하면 찾는 것이 쉽고, 서에 의거하면 찾는 것이 어렵기 때문입니다. 쉬운 것을 버리고 어려운 것을 따르니 공을 이루는 사람이 적을 수밖에 없습니다. 신은 그래서 두 가지 기록 방법을 세웠습니다. 첫 번째는 '있는 것을 기록'한 것으로, 지금 존재하는 것들을 모두 모으지 않을 수 없었습니다. 두 번째는 '없

---

[131] 책부(册府)는 제왕의 장서로, 제왕의 서책을 보관하던 곳을 가리킨다.

[132] 교수(校讎, 校讐)는 두 종류 이상의 이본(異本)을 대조하여 교정·교감(校勘)하는 일을 말한다. 한 사람이 혼자 교감하는 것을 교, 두 사람이 대조하면서 교감하는 것을 수라고 한다.

[133] 삼관(三館)은 당대의 홍문관(弘文館 또는 昭文館)·집현관(集賢館 또는 集賢院)·사관(史館)을 말한다. 각기 서적의 소장·교정·역사 편찬을 담당했다. 송대에는 이 삼관이 합쳐져서 숭문원(崇文院) 안에 들어갔다. 소찬(素餐)은 일하지 않고 밥을 먹는다, 즉 공로가 없이 봉록을 받는다는 것을 비유한다.

[134] 사고(四庫)는 고대 궁정의 장서고를 가리키는 말로 당대에는 모든 문헌을 갑·을·병·정의 4부(四部)로 나누고, 각각 경(經)·사(史)·자(子)·집(集)을 거기에 배치하였다. 두어(蠹魚)는 좀 벌레를 말한다.

는 것을 기록'한 것이니, 지금 존재하지 않는 것들로서 구하지 않을 수 없는 것들을 기록하였습니다. 그래서 「도보략(圖譜略)」을 지었습니다.

　河出圖, 天地有自然之象, 圖譜之學, 由此而興;洛出書, 天地有自然之文, 書籍之學, 由此而出. 圖成經, 書成緯, 一經一緯, 錯綜而成文, 古之學者, 左圖右書, 不可偏廢. 劉氏作『七略』,[135] 收書不收圖, 班固卽其書, 爲「藝文志」. 自此以還, 圖譜日亡, 書籍日冗. 所以困後學, 而隳良材者, 皆由於此. 何哉? 卽圖而求易;卽書而求難. 舍易從難, 成功者少. 臣乃立爲二記, 一曰:'記有', 記今之所有者, 不可不聚;二曰:'記無', 記今之所無者, 不可不求. 故作「圖譜略」.

네모난 석판[方册]에 새겨진 것은 옛 사람들의 말입니다. 청동기에 새겨진 내용[款識]는 옛 사람들의 면모입니다. 네모난 석판에 기재된 내용은 수천, 수만 번을 거쳐 전달되며, 청동기에 새겨진 바는 여전히 옛날 그대로의 내용을 보여 줍니다. 그래서 금석문(金石文)의 좋은 점은 더위나 추위에도 바뀌지 않아 이로써 옛날을 고찰할 수 있게 하고 대부분 그 본모습을 잃지 않는 데 있습니다. 오늘날의 사서에는 대부분 「예문지」가 있지만 금석에 대해서는 전혀 기록하지 않고 있으므로, 신은 이에 삼황오제의 금속 화폐[泉幣], 삼왕(三王)의 제기[鼎彝], 진대(秦代)의 석고(石鼓), 한·위의 풍비(豊碑)를 채록하여 위로는 창힐이 쓴 석실(石室) 문장에서부터 아래로는 당대(唐代) 사람들의 글까지 각기 그 사람을 나열하고 그 지역을 이름 붙였습니다. 그래서 「금석략(金石略)」을 지었습니다.

　方册者,[136] 古人之言語;款識者,[137] 古人之面貌. 方册所載經數千萬傳, 款識所勒猶存其舊. 蓋金石之功, 寒暑不變, 以茲稽古, 庶不失眞. 今藝文有志, 而金石無紀, 臣於是

---

135 유씨(劉氏)는 유흠·유향 부자를 말한다.

136 방책(方册)은 원래 간독(簡牘)이나 전적(典籍)이나 네모 판에 기록한 것을 가리키기도 한다(방은 네모 판, 책은 연결된 죽간·목간을 말한다). 여기서는 아마도 내용상으로 보아 네모난 석판에 새겨진 기록(碑石이나 碑銘)을 가리키는 것으로 보인다.

137 관지(款識)는 고대에 종(鐘)이나 정(鼎)·이(彝) 등의 청동기에 새겨진 문자들, 즉 금문(金文)을 가리킨다. 관지를 새긴 것과 돋아나게 한 것, 안과 밖, 화문(花紋)과 전각(篆刻)으로 해석하기도 한다.

采三皇五帝之泉幣,¹³⁸ 三王之鼎彝,¹³⁹ 秦人石鼓,¹⁴⁰ 漢魏豐碑,¹⁴¹ 上自蒼頡石室之文, 下逮唐人之書, 各列其人而名其地. 故作「金石略」.

『홍범오행전(洪範五行傳)』이란 것은 무당·점쟁이·악관 등을 위한 학문입니다. 역대 사관들은 모두 이를 바탕으로 하여 「오행지」를 지었습니다. 천지 사이에 재앙과 상서로움이 아주 다양하니, 인간 세상의 화복은 심오하여 알기 어렵습니다. 그런데 어찌 벌레 한 마리의 요망함과 물건 하나의 어그러짐까지 모두 오행(五行)을 기준으로 헤아린다는 말입니까? 또한 진(晉) 여공(厲公)을 한 번 멀리서 바라본 것, 그리고 [그에 대해] 주 선양공(單襄公)이 한마디 뱉은 것을 가지고 어찌 오행의 나쁜 기운과 연관시킬 수 있겠습니까? 진(晉)의 신생(申生)이 딱 한 번 얼룩무늬 옷[偏衣]를 입은 것과 정(鄭)의 자장(子臧)이 독특한 도요새 깃털 관을 쓴 것이 오행의 악한 기운과 어찌 관련이 있을 수 있겠습니까? 동중서(董仲舒)가 음양의 학문으로 이러한 학설을 주창하였는데, 『춘추』에 근거하여 억지로 갖다 붙인 것입니다. 역대 사관들은 스스로 자신의 눈과 마음을 어리석게 하고, 고개를 숙여서 거기에 농락을 당하면서 천하를 속여 왔던 것입니다. 그래서 신은 오행 부분을 삭제하고, 「재상략(災祥略)」을 지었습니다.

『洪範五行傳』者,¹⁴² 巫瞽之學也.¹⁴³ 歷代史官皆本之以作「五行志」. 天地之間, 災祥萬種, 人間禍福冥不可知, 若之何一蟲之妖, 一物之戾, 皆繩之以五行? ; 又若之何晉厲公

---

138 천폐(泉幣, 泉布)는 전폐(錢幣), 화폐를 의미한다. 화폐를 저장할 때는 천(泉)이라 하고, 사용할 때에는 포(布)라 한다. 또는 천(泉)이란 두루 유통된다는 뜻이며, 포(布)는 베풀다, 편다는 뜻이라고도 한다. 여기서는 글씨가 새겨진 금속 따위로 된 화폐를 가리키는 것으로 보인다.
139 정(鼎)·이(彝)는 솥과 술그릇 등 고대의 청동기를 말한다. 그 표면에 공이 있는 인물을 표창하는 내용을 글을 새긴 경우가 많다.
140 석고(石鼓)는 선진 시대 진(秦)의 각석(刻石)으로 북 모양처럼 생겼으며, 모두 10개가 있다. 그 위에 고대 문자인 주문(籒文)이 새겨져 있으며 627년 섬서성 보계(寶鷄)의 황야에서 발견되었는데, 현재는 북경(北京)의 고궁박물원(故宮博物院) 석고관(石鼓館)에 보존되어 있다.
141 풍비(豊碑)는 공을 기록하고 덕을 칭송하는 대형 석비를 가리킨다.
142 『홍범오행전』은 한 무제 때의 유학자 하후시창(夏侯始昌)이 지은 책이다.
143 무(巫)는 귀신을 섬기며, 복서(卜筮)·점성(星占)이나 약물 등을 통해 구복(求福)하고 재앙을 피하고 병을 치료하는 사람을 가리킨다. 고(瞽)는 맹인이나 악관(樂官), 또는 점치는 사람을 뜻한다.

一視之遠,¹⁴⁴ 周單子一言之徐,¹⁴⁵ 而能關於五行之沴乎? 晉申生一衣之偏,¹⁴⁶ 鄭子臧一冠之異,¹⁴⁷ 而能關於五行之沴乎? 董仲舒以陰陽之學, 倡爲此說, 本於『春秋』牽合附會. 歷世史官, 自愚其心目, 俛首以受籠罩,¹⁴⁸ 而欺天下. 臣故削去五行, 而作「災祥略」.

　언어(言語)의 이치는 미루어 짐작하기 쉽지만, 사물의 형상은 구별하기 어렵습니다. 농사를 짓는 사람은 들판의 사물에 대해 잘 알지만, 『시경』·『서경』의 뜻에는 통달하지 못합니다. 유생(儒生)은 『시경』·『서경』의 뜻에는 통달하지만, 들판의 사물에 대해서는 알지 못합니다. 오방(五方)의 명칭이 본래 각기 다르고, 만물의 형태도 같지 않습니다. 반드시 동물·식물을 널리 관찰하고 그윽하고 깊이 숨어 있는 것을 통찰하고 조수(鳥獸)의 생태에 통달하고 초목(草木)의 본성을 살핀 다음 서적들을 참조해야 그 품종과 종류에 대해 알 수 있습니다. 그래서 「곤충초목략(昆蟲草木略)」을 지었습니다.

---

¹⁴⁴ 진(晉)의 여공(厲公)은 춘추 시대 진(晉)의 군주(재위 B.C. 581~573)로 노 성공(成公) 재위 16(B.C. 575)년 제후들의 회맹에서, 주(周)의 선양공(單襄公)이 그가 멀리 보고 높이 걷는 모습을 보고 노 성공에게 "진에 장차 난리가 있을 것"이라고 말했다. 그로부터 2년 뒤 진 여공은 살해당하였는데, 『한서』 「오행지(五行志)」 권27(pp.1354~1355)에서는 이를 그 풍모가 공손하지 못한 잘못이라고 지적하였다.

¹⁴⁵ 주선자(周單子)는 주의 대부인 선성공(單成公)이다. "노 소공(昭公) 재위 11(B.C. 529)년 여름에 그는 시선을 아래에 두고 말을 천천히 하였다. 진(晉)의 숙향(叔向)이 이에 그의 죽음을 예견했다. 과연 선자는 그해 12월에 죽었다"(『한서』 권27 「오행지」, p.1361).

¹⁴⁶ 신생(申生)은 진(晉) 헌공(獻公)의 태자다. B.C. 660년 겨울, 진 헌공이 신생에게 동산(東山)의 고락씨(皐落氏, 赤狄의 일족)를 치게 했을 때, 헌공은 신생에게 편의(偏衣)를 입고 금결(金玦)을 패용하게 했다. 이때 태자를 수행하던 대부 호돌(狐突)은 겨울에 명을 내린 것은 일이 제대로 풀리지 못하게 한 것이고, 얼룩무늬 옷을 입게 한 것은 태자를 떼어 놓으려 함이며, 금결을 차게 한 것은 태자의 충심을 버리고자 한 것이라 하며 탄식하였다. 이에 여러 신하들이 동조하였다. 이후 4년 뒤에 신생은 헌공이 총애하던 부인 여희(驪姬)의 모략에 빠져 자살하게 되었다. 『한서』 「오행지」에서는 이를 복식의 요망함에 가까운 것이라 지적하였다(『한서』 권27 「오행지」, p.1365). 편의(偏衣)는 즉 옷의 좌우 색이 다른 옷을 가리킨다.

¹⁴⁷ 자장(子臧)은 정(鄭) 문공(文公)이 숙부인 자의(子儀)의 아내 진규(陳嬀)와 사통하여 낳은 아들이다. 도요새 깃털을 모은 관[聚鷸冠]을 쓰는 것을 좋아했다고 한다. 나중에 죄를 짓고 외국으로 나가게 되자, 정 문공이 그를 미워하여 도적으로 하여금 진(陳)과 송(宋)의 경계에서 그를 죽이게 했다(『한서』 권27 「오행지」, p.1366). 여기서 관이 특이하다고 한 것은 그가 즐겨 썼다는 취휼관을 가리키는 것으로 보인다.

¹⁴⁸ 농조(籠罩)는 농락(籠絡, 籠落)과 같은 뜻으로 뒤엉키다, 둘러싸다, 공제하다, 덮어씌운다는 뜻이다.

語言之理易推, 名物之狀難識. 農圃之人, 識田野之物, 而不達詩書之旨;儒生達詩書之旨, 而不識田野之物. 五方之名本殊, 萬物之形不一. 必廣覽動植, 洞見幽潛, 通鳥獸之情狀, 察草木之精神, 然後參之載籍, 明其品彙,[149] 故作「昆蟲草木略」.

무릇 [이상의] 15략은 제 자신만의 식견에서 나온 것으로, 한·당 학자들의 의논과는 거의 관련이 없습니다. [그리고 그 다음의]「예략(禮略)」에서는 오례(五禮)를 서술하였고, 「직관략(職官略)」은 백관(百官)의 차례를 따졌고, 「선거략(選擧略)」은 인재를 가려 뽑는 방법을 이야기하였으며, 「형법략(刑法略)」에서는 형벌 사용법을 다루고, 「식화략(食貨略)」에서는 재화의 원류를 말하였습니다. 무릇 이 5략은 비록 이전 사람들의 서적에 바탕을 두기는 하였지만, 또한 기존 사서에서 다룬 내용은 아니라고 할 것입니다. 옛적에 사건을 기록하는 사서는 모두 '지(志)'라고 하였습니다. 이를테면『상서대전(尙書大典)』에서는 말합니다. "천자께서 질문을 하셨는데 대답을 하지 못하면 의(疑)를 꾸짖고, 천자께서 기록할 것이 있으신데 기록하지 않았으면 승(丞)을 꾸짖는다." 그래서 송(宋)·정(鄭)의 사서는 모두 '지'라고 칭하였는데, 태사공이 지를 '기(記)'로 고쳤으므로, 지금 이 책을『통지』라고 다시 이름을 붙인 것은 옛날에 바탕을 둔 것입니다.

凡「十五略」出臣胸臆, 不涉漢唐諸儒議論.「禮略」所以敍五禮,[150]「職官略」所以秩百官, 「選舉略」言掄材之方, 「刑法略」言用刑之術, 「食貨略」言財貨之源流. 凡茲「五略」, 雖本前人之典, 亦非諸史之文也. 古者記事之史, 謂之 '志'. 『書大傳』曰[151]: "天子有問無以對, 責之疑, 有志而不志, 責之丞."[152] 是以宋·鄭之史皆謂之 '志', 太史公更志爲 '記', 今謂之 '志', 本其舊也.

---

149 품휘(品彙)는 사물의 품종과 종류를 말한다.
150 오례(五禮)는 고대의 다섯 가지 예(禮), 즉 길례(吉禮)·흉례(凶禮)·군례(軍禮)·빈례(賓禮)·가례(嘉禮)를 말한다. '有志而不志' 구절은『상서대전(尙書大典)』에는 "적을 만하나 적지 않다(可志而不志.)"로 되어 있다.
151 『서대전(書大傳)』은『상서대전(尙書大傳)』을 말한다. 『상서』에 대한 해설서로 전한의 복생(伏生. 伏勝)이 지었다고도 하는데 작자와 연대는 확실하지 않다. 후한의 정현(鄭玄)이 이에 대한 주를 주었다는 기록도 있으나, 당대 이후 산실되었고, 청대의 집일본(輯逸本)이 전해진다.
152 의(疑)나 승(丞)은 고대의 관직으로 천자의 4보(四輔) 중 하나이다. 4보란 사(師)·보(保)·의(疑)·승(丞)을 말한다.

환담(桓譚)은 말하였습니다. "태사공이 「삼대세표(三代世表)」에서 이리저리 줄을 그어 표를 만든 것은 모두 주(周)의 도보(圖譜)를 본받은 것이다." 옛적에는 연도를 기록하고 계보를 구분한 책을 '보(譜)'라고 하였습니다. 태사공은 이를 고쳐서 '표'라고 하였습니다. 지금 다시 '표'를 '보'라고 한 것은 모두 옛 사례를 따른 것입니다. 그런데 서주 시대에 대해서는 유왕(幽王) 때의 혼란을 거치면서 기록이 거의 전해지지 않았으므로, 『춘추』의 연도 설정은 동주를 시작으로 삼을 수밖에 없었습니다. 황보밀(皇甫謐)이 지은 『제왕세기(帝王世紀)』 및 『연력(年曆)』이 위로는 삼황까지 올라갔고, 초주(譙周)·도홍경(陶弘景) 등도 모두 그런 책을 지었는데, 학자들은 이를 의심하고 태사공의 연도 설정을 올바른 것이라고 여겼으므로 그 연도는 공화(共和)에서 시작되었습니다. 그런데 공화라는 명칭 자체도 근거로 삼을 만하지 않은데, 하물며 그 연도야 어떻겠습니까? 공자께서는 책을 쓰실 때 요순의 시대부터 끊어서 시작하셨지만, 연도를 기록한 것은 노 은공 때부터였습니다. 그것은 서주 시대의 연도를 확인해 볼 방법이 없었기 때문입니다. 지금의 도보는 춘추 시대 이전을 세(世)라고 칭하여 이를 '세보(世譜)'라고 부르며, 춘추 시대 이후를 연(年)이라고 칭하여 이를 '연보(年譜)'라고 합니다. 태사공은 연도의 기록을 육갑(六甲)으로 하였고, 이후에 연도를 기록하는 사람들은 60갑으로 하거나 혹은 60갑을 쓰지 않고 세양(歲陽)·세음(歲陰)이란 명칭을 사용하였습니다.

桓君山曰[153] : "太史公「三代世表」, 旁行邪上, 并效周譜." 古者紀年別繫之書, 謂之: '譜'. 太史公改而爲'表'. 今復表爲譜, 率從舊也. 然西周經幽王之亂,[154] 紀載無傳, 故『春秋』編年以東周爲始. 自皇甫謐作『帝王世紀』及『年曆』上極三皇,[155] 譙周·陶弘景之

---

[153] 환군산(桓君山)은 환담(桓譚, ?~56)을 가리킨다. 군산(君山)은 그의 자(字)이다. 전한 말, 신, 후한 초 시기의 경학가이다. 『신론(新論)』 등을 저술했다.

[154] 유왕(幽王, ?~B.C. 771, 재위 B.C. 781~B.C. 771)은 주의 12대 왕으로 후궁 포사(褒姒)를 총애하여 정실인 신후(申后)와 그 소생인 태자를 폐위하고 포사를 정비의 자리에 앉힌 뒤 그 아들을 태자로 삼았다. 그 외에도 각종 실정을 일삼아 원한을 품은 신후의 아버지 신후(申侯)가 견융(犬戎)과 협력하여 유왕을 공격했다. 유왕은 여산(驪山)에서 살해되고, 포사는 붙잡혀 행방불명이 되었다. 이로써 서주가 멸망하였다.

[155] 황보밀(皇甫謐, 215~282)은 서진의 학자·의학자로 고대 의서 세 가지를 종합하여 『황제삼부침구갑을경(黃帝三部鍼灸甲乙經)』을 편찬하였으며, 『제왕세기』, 『고사전(高士傳)』, 『연력(年曆)』 등의 저서가 있다.

徒,[156] 皆有其書, 學者疑之, 而以太史公編年爲正, 故其年始於共和.[157] 然共和之名已不可據, 況其年乎? 仲尼著書斷自唐虞, 而紀年始於魯隱.[158] 以西周之年無所考也. 今之所譜, 自春秋之前稱世, 謂之:'世譜', 春秋之後稱年, 謂之:'年譜'. 太史公紀年以六甲,[159] 後之紀年者以六十甲, 或不用六十甲, 而用歲陽·歲陰之名.[160]

 지금의 도보는 태사공의 방법에 의거하는데, 간결하면서도 명확하고 순환하면서 막힘이 없습니다. 『예기』에서는 "책을 읽을 때와 글을 쓸 때는 피휘를 하지 않는다." 그리고 "사사로운 피휘는 공적인 경우에는 하지 않는다."라고 하였습니다. 묘휘(廟諱)와 같은 경우는 피휘를 하지 않은 경우가 없으니, 한에서 당까지 사관들은 모두 피휘를 하였습니다. 다만 『신당서(新唐書)』에서는 피휘한 바가 없습니다. 신이 지금 편찬한 것은 모두 옛적의 사례에 근거하였는바, 가끔 피휘를 하지 못한 것은 이를테면 시호를 올리는 법과 같은 경우 본래의 글자를 고쳐 버리면 그 뜻이 통하지 않게 되므로 또한 당(唐)의 옛 사례를 따랐습니다[한 경제(景帝)의 이름은 계(啓)이므로 계(啓)를 개(開)로 고쳤습니다. 한 안제(安帝)의 이름은 경(慶)이므로 경(慶)을 하(賀)로 고쳤습니다. 당 태조(唐太祖)의 이름은 호(虎)이므로 호(虎)를 무(武)로 고쳤습니다. 당 고조(高祖)의 이름은 연(淵)이므로, 연(淵)을 수(水)로 고쳤습니다. 장회태자(章懷太子)가 주석을 단

---

[156] 초주(譙周, 201~270)는 촉한의 학자로 강유가 북벌에 몰두하자 잦은 정벌에 반대하는 「구국론(仇國論)」을 지었다. 등애가 촉을 공격해 오자 위에 항복할 것을 주장하였고, 유선이 이에 따르면서 촉은 멸망했다. 도홍경(陶弘景, 456~536)은 육조 시대의 의학자로 도교 모산파(茅山派)의 개조(開祖)로 알려져 있다. 산림에 은거하며 본초학(本草學)을 연구하여 한방 의학의 골자를 구축하였는데 천문(天文)·역산(曆算) 등에도 능하였다고 한다.

[157] 주의 여왕(厲王)이 폭정을 일삼자 경·대부 등이 반란을 일으켜 여왕을 내쫓았다. 그리하여 B.C. 841년에 주정공(周定公)과 소목공(召穆公)이 천자를 대신해 함께 정무를 보았는데, 이를 공동으로 화합하여 정치를 한다고 하여 '공화(共和)'라 하였다. 하지만 이 설명은 『사기』에 의한 것으로, 『죽서기년』·『여씨춘추』에서는 공백화(共伯和)가 천자를 대신해 집정을 하여 '공화'라는 이름이 생겨났다고 하였다. 사마천은 「12제후연표」에서 공화 원년을 기년으로 삼고 있다.

[158] 노은(魯隱)은 노의 은공(隱公, ?~B.C. 712, 재위 B.C. 722~B.C. 712)을 가리킨다.

[159] 육갑(六甲)은 천간(天干, 甲·乙·丙·丁·戊·己·庚·辛·壬·癸, 歲陽이라고도 한다)과 지지(地支, 子·丑·寅·卯·辰·巳·午·未·申·酉·戌·亥, 歲陰이라고도 한다)를 결합하여 만든 기년의 방식이다. 처음에는 날을 기록하기 위해 쓰였지만, 나중에는 해를 기록하기 위해 쓰였다. 뒤에 나오는 60갑, 60갑자와 같은 말이다.

[160] 세양(歲陽, 歲雄)은 십간(十干, 天干), 세음(歲陰, 歲雌)은 십이지지(十二地支)를 말한다.

『후한서』의 경우 '탁룡연(濯龍淵)'은 피휘를 하지 않았습니다. 두우가 지은 『통전』에서는 '호분(虎賁)'에 대해 피휘를 하지 않았습니다].

今之所譜, 卽太史公法, 旣簡且明, 循環無滯.『禮』言臨文不諱,[161] 謂: "私諱不可施之於公也." 若廟諱則無所不避,[162] 自漢至唐, 史官皆避諱. 惟『新唐書』無所避. 臣今所修, 準舊史例, 間有不得而避者, 如諡法之類, 改易本字則其義不行, 故亦準唐舊(漢景帝名啓, 改啓爲開; 安帝名慶, 改慶爲賀; 唐太祖名虎, 改虎爲武; 高祖名淵, 改淵爲水. 若章懷太子注『後漢書』, 則濯龍淵不得而諱[163]; 杜佑作『通典』, 則虎賁不得而諱[164]).

무릇 학술의 뛰어난 조예는 마음가짐[心識]에 바탕을 둡니다. 마치 사람이 바다에 들어가듯 한 걸음 한 걸음 들어갈수록 더욱 더 깊어지는 것입니다. 신의 「20략」은 모두 신이 스스로 터득한 것으로, 옛 사서의 문장을 그대로 옮겨 와 쓰지는 않았습니다. 기전이란 연도를 엮어 사건을 기록한 결과물로 그 자체 정해진 규정이 있어 쓴 사람이 지혜롭다고 해서 분량이 더 늘어나지도 않고 어리석다고 해서 줄어들지도 않으므로, [『통지』의] 기전[부분]은 옛 문장에 의거하여 거기에서 더하거나 뺀 것입니다. 본기에 황제의 지시나 명령[制詔]이 있고 열전에 그 사람의 서신·상소 등의 문장이 있으면, 그것을 정서(正書)에 넣는 경우에는 실제 사건에 의거하였고, 별록(別錄)에 두었을 때에는 유사한 사례를 드러냈습니다. 『당서(唐書)』·『오대사(五代史)』는 모두 우리 조정의 대신들이 편찬한 것으로, 미천한 신이 감히 논의할 수 없는 바입니다. 그래서 기전 부분은 수(隋)에서 마감하였습니다.

夫學術超詣, 本乎心識. 如人入海, 一入一深. 臣之「二十略」, 皆臣自有所得, 不用舊史之文. 紀傳者, 編年紀事之實蹟, 自有成規, 不爲智而增, 不爲愚而減, 故于紀傳, 卽其

---

161 이 구절은 『예기』「곡례 상」에 나온다 ("『詩』·『書』不諱, 臨文不諱, 廟中不諱.").
162 묘휘(廟諱)는 황제의 부친이나 조부의 명휘(名諱), 즉 황제가 죽은 다음 붙이는 명휘(名諱)를 말한다.
163 이것은 『후한서』 권82상 「허양전(許楊傳)」에 나온다 ("何故敗我濯龍淵?").
164 『통전』에서는 직관전(職官典)을 비롯하여 예전(禮典)·선거전(選擧典)·식화전(食貨典) 등에 호분(虎賁)이라는 명칭이 등장한다. 호분이란 용사(勇士)의 뜻이며, 분(賁)은 분(奔)과 통한다. 나아가 국왕을 호위하고 왕궁을 지키는 관직명으로 쓰였으며, 한대에는 호분중랑장(虎賁中郞將) 등의 명칭도 생겼다.

舊文, 從而損益. 若紀有制詔之辭,[165] 傳有書疏之章,[166] 入之正書, 則據實事, 置之別錄, 則見類例.『唐書』·『五代史』皆本朝大臣所修, 微臣所不敢議. 故紀傳訖隋.

    그러나 예악·정형(禮樂·政刑)과 같은 경우는 힘써 그 이어받고 바뀌는 점[因革]을 보존하고자 하였으므로 당대(唐代)까지 끌고 왔습니다. 오호라! 술과 식혜는 [오래되면] 결국 맛이 묽고 옅어지며, 학술은 끝에 가서는 저절로 얕고 가까워집니다. 제자백가의 가르침은 말기에 이르러 모두 쇠퇴하였으며 다른 학문들의 쇠퇴도 모두 얼마간 일정한 틀이 있는데, 오로지 유가 일파만은 근본과 너무 멀리 떨어져 있습니다. 이러한 이유는 무엇 때문이겠습니까? 반고는 이렇게 말했습니다. "무제(武帝)께서 오경박사(五經博士)를 설치하고 태학의 학생[弟子] 정원을 확충하고 사책(射策) 과정을 설치하면서 관료의 녹봉으로 권장하니, 원시(元始) 연간에 이르기까지 백여 년이었다. 학업을 전수하는 사람들이 점차 융성하고 거기서 갈라진 말단의 지엽(枝葉)이 번성하여, 하나의 경전에 대한 해설이 백여만 마디에 이르고 대학자의 무리가 천여 명에 이르렀는데, 대개 이러한 현상은 녹봉의 이익을 얻는 길이 만들어 낸 것이다." 백 년 동안 그 재난이 이 정도에 이르렀으니, 만약 천년 후라면 그 폐해가 장차 어느 정도이겠습니까? 더구나 녹봉의 이익을 위한 길은 반드시 [관리 선발을 위한] 과목(科目)에서 유래하였는데, 과목의 설치는 또한 반드시 문사(文辭)에서부터 시작되지 않으면 안 됩니다. 3백 편의『시경』은 모두 노래 소리 속에 있지만,『시경』박사가 설치된 이래로 학자들은 한 편의 시도 [노래하는 것을] 들어 보지 못했습니다. 64괘의『주역』은 괘의 형상과 수[象數]에 대해 자세히 설명하고 있지만,『주역』박사가 설치된 이래로 학자들은 실물로 된 주역의 괘 하나 본 적이 없습니다. 창힐이 글자를 창제한 것이 모두 육서의 방법으로부터 말미암았는데, 한대에 소학(小學)을 세운 이후 무릇 문자를 연구하는 학파는 한 글자의 근원도 밝히지 못하였습니다. [黃帝의 樂官인] 영륜(伶倫)이 음율을 창제한 것이 모두 칠음에 바탕을 두었는데, 남조[江左]에서 성운(聲韻)을 세우게 되자 무릇 음률을 연구하는 학파는 음 하나의 뜻도 통달할 수 없게 되었습니다. 경전에 대한 이해가 보잘것없어지고 사서의 저술 또한 황당한 지경이 되니, 이와 같이 흩어지고 멀어지게 되

---

165 제조(制詔)란 황제의 명령을 말한다.
166 서소(書疏)는 황제에게 올리는 글이나 상주문 등을 말한다.

면 어느 때 가서야 근본으로 돌아갈 수 있겠습니까? 도의 성쇠는 때[時]에 달려 있고, 때가 통하고 막히는 것은 수(數)에 달려 있습니다. 유학의 폐해는 지금에 이르러 절정에 이르렀습니다. 추위가 정점에 달하면 뒤이어 무더위가 오고, 비(否) 괘가 극에 달하면 태(泰) 괘가 나오게 되니, 이것은 자연의 도입니다. 신은 몸이 쇠약한 데다가 더 이상 남은 목숨도 얼마 되지 않아, 해바라기가 태양을 향하는 마음으로 다만 성세(盛世)를 기대할 뿐입니다. 삼가 이렇게 서문을 썼습니다.

若禮樂政刑, 務存因革, 故引而至唐云. 嗚呼! 酒醴之末, 自然澆漓[167]; 學術之末, 自然淺近. 九流設敎, 至末皆弊,[168] 然他敎之弊, 微有典刑,[169] 惟儒家一家, 去本太遠. 此理何由? 班固有言: "自武帝立五經博士,[170] 開弟子員,[171] 設科射策,[172] 勸以官祿, 訖於元始,[173] 百有餘年. 傳業者浸盛, 枝葉繁滋, 一經說至百餘萬言, 大師衆至千餘人, 蓋祿利之路然也." 且百年之間, 其患至此, 千載之後, 弊將若何? 況祿利之路, 必由科目,[174] 科目之設, 必由乎文辭. 三百篇之 『詩』, 盡在聲歌, 自置『詩』博士以來, 學者不聞一篇之『詩』. 六十四卦之『易』, 該於象數,[175] 自置易博士以來, 學者不見一卦之『易』. 皇頡制

---

[167] 주례(酒醴)는 술과 단술, 나아가 각종 술을 가리킨다. 요리(澆漓)는 술맛이 묽고 엷어진다는 뜻이다.

[168] 구류(九流)란 선진 시대의 학술 유파, 즉 유(儒)·도(道)·음양(陰陽)·법(法)·명(名)·묵(墨)·종횡(從橫)·잡(雜)·농(農)을 가리킨다. 나중에는 여러 학술 유파의 범칭으로 사용된다.

[169] 전형(典刑)은 형벌, 또는 형법을 관장하거나 법을 실행한다, 형법의 처분을 받는다는 뜻도 있지만 여기서는 전형(典型)과 같은 뜻으로 보인다. 즉 전형은 옛 법이나 상규(常規), 전범(典範) 등을 뜻한다.

[170] 한 무제가 오경박사를 설립한 것은 건원(建元) 5(B.C. 136)년 봄의 일이다("置五經博士." 『한서』 권6 「무제기」 건원 5년조, p.159).

[171] 여기서 제자(弟子)란 한대 태학(太學)의 학생들을 가리킨다.

[172] 사책(射策)이란 한대에 관리를 선발하던 시험 방식 중 하나이다. 어려운 질문과 의심스러운 뜻을 책(策: 죽간)에 쓰고, 그 대소를 헤아려서 갑·을 과로 나누어 나열하되, 내용이 보이지 않게 한다. 그리고 응시자가 그 가운데 하나를 손으로 골라 얻은 책의 내용을 해석하게 함으로써 우열을 결정한다(『한서』 권78 「소망지전(蕭望之傳)」의 안사고주(顔師古注), p.3272).

[173] 원시(元始)는 한 평제(平帝)의 연호(1~5년)이다.

[174] 과목(科目)은 법규나 학술 등에서 그 성질에 따라 획분한 종류와 명목, 또는 당·송 이래 과목을 나누어 관리를 선발하던 명목(名目)이나 과거 시험을 통과해서 얻은 공명(功名)을 가리킨다.

[175] 상수(象數)는 『주역』 괘의 형상과 수를 말한다. 상(象)은 괘가 자연을 본뜬 형상(예를 들면 乾의 象은 天)이고, 수(數)는 초(初), 상(上), 구(九), 육(六) 등의 효를 나타내는 수이다.

字, 盡由六書, 漢立小學, 凡文字之家不明一字之宗. 伶倫制律,[176] 盡本七音, 江左置聲韻,[177] 凡音律之家, 不達一音之旨. 經旣苟且, 史又荒唐, 如此流離, 何時返本? 道之汙隆存乎時,[178] 時之通塞存乎數. 儒學之弊, 至此而極. 寒極則暑至, 否極則泰來,[179] 此自然之道也. 臣蒲柳之質,[180] 無復餘齡, 葵藿之心,[181] 惟期盛世. 謹序.

---

176 영윤(伶倫)은 전설상의 인물로 황제(黃帝)의 악관(樂官)이다. 음악의 율(律)을 창시한 사람으로 여겨진다.
177 성운(聲韻)은 악조(樂調)나 시문(詩文)의 운율(韻律), 또는 문사(文詞)의 성율(聲律)과 문자 음운학의 성(聲)·운(韻)·조(調) 등을 가리킨다. 나아가 시가나 기타 운문을 가리키기도 한다.
178 오륭(汗隆, 汙隆)은 올라가고 내려가는 것, 즉 세도나 정치의 성쇠, 흥망성쇠를 가리킨다.
179 비(否)란 『주역』 64괘의 하나로 곤괘가 아래, 건괘가 위에 오는 상이다. 비괘는 비인(匪人), 즉 하늘과 땅이 교류하지 않아 만물이 생겨나지 않고 인도(人道)가 없는 것을 가리킨다. 반면 태(泰)는 『주역』 64괘 중 하나로, 건괘가 아래, 곤괘가 위에 있는 상이다. 태괘란 소왕대래(小往大來), 즉 음이 가고 양이 오며, 하늘과 땅이 교류하여 화합하고 만물이 생겨남을 나타내며, 그렇기 때문에 길(吉)하고 형통하다.
180 포류(蒲柳)는 수양버들과 버드나무를 말한다. 둘 다 쉽게 자라고 쉽게 시들므로 허약함을 비유하는데, 보통 자신을 낮추는 용어로 쓰인다.
181 규곽(葵藿)은 여기서 해바라기를 가리킨다. 아랫사람이 윗사람에 대한 충심을 표현할 때 자주 쓰인다.

07 『자치통감(資治通鑑)』
「진자치통감표(進資治通鑑表)」

사마광(司馬光)

◎ 『자치통감(資治通鑑)』

『자치통감』(294권)은 위로는『좌전』을 이어 전국 시대 주(周) 위열왕(威烈王) 23(B.C. 403)년부터 아래로는 오대(五代) 주(周) 세종(世宗) 현덕(顯德) 6(959)년까지 16대 왕조 1,362년간의 역사를 다룬 편년체 사서이다. 처음에는 『통지(通志)』(8권)라 명명되어 전국 시대부터 진 2세(秦二世) 황제(재위 B.C. 210~B.C. 207) 3년까지를 서술 대상으로 하였는데, 송 영종(英宗, 재위 1063~1067)의 칙령으로 역대의 군신 사적(君臣事迹)을 보강하여 주 위열왕부터 오대까지 찬술하게 되었다. 이 책이 신종(神宗, 재위 1067~1085)에게 헌상되었을 때, 어제서문(御製序文)과 함께『자치통감』이라는 서명이 하사되었으며 경연(經筵)이 있을 때마다 진독(進讀)되었다.『자치통감』은 권중달 옮김,『자치통감(資治通鑑)』 1~31(도서출판 삼화, 2007~2010)으로 우리말 역본이 나와 있고, 중국에서도 황금횡(黃錦鋐) 주편(主編),『문백대조전역(文白對照全譯) 자치통감(資治通鑑)』(21册. 新世界出版社, 2008), 심지화(沈志和) 등 주편,『자치통감(資治通鑑)』(18책. 中華書局, 2009) 등 다양한 번역본이 있다. 「진자치통감표(進資治通鑑表)」는 (宋)사마광(司馬光) 편저(編著), (元)호삼성(胡三省) 음주(音注),『자치통감(資治通鑑)』(全20册. 中華書局, 1956, 1986)의 제20책에 실린 것(pp.9607~9608)을 이용하였다.

사마광(司馬光)

사마광(1019~1086)의 자는 군실(君實)이고 호는 우부(迂夫)이며 만년에는 우수(迂叟)라는 호도 사용했다. 북송의 관료이자 사가로서 산서성 섬주(陝州) 하현(夏縣) 속수향(涑水鄉) 출신이라 그를 속수 선생(涑水先生)이라고도 부른다. 그가 사망한 이후 황제가 내려준 온국공(溫國公)이라는 호(시호는 文正公이다) 때문에 사마온공이나 사마문정공으로도 불린다. 원래 그가 인종(仁宗) 말년에 『통지』의 편찬에 뜻을 두어 치평 3(1066)년 전국 시대부터 진에 이르는 시기의 8권을 지어 올리자 영종(英宗)이 서국(書局)을 설치하여 계속 편찬하도록 지시하였다. 다음해 즉위한 신종(神宗) 때 그는 왕안석(王安石)의 신법(新法) 개혁에 극력 반대하였고, 결국 조정을 15년 동안 떠나 낙양에 머물면서 그동안 『자치통감』의 편찬에 종사하였다. 원풍(元豊) 7(1084)년 책이 완성되었는데, 그는 체제 설정부터 시작하여 편집과 최종 원고의 확정까지 모두 스스로 붓을 들었다. 책이 완성되어 『통감고이(通鑑考異)』, 『통감목록(通鑑目錄)』 등과 함께 올리자 신종은 그 책이 "과거에 비추어 보아 치도에 도움을 준다(有鑒于往事, 以資于治道)."라고 평가하면서 『자치통감』이란 이름을 하사하고 스스로 서문을 지어 주었다. 원풍 8년 철종(哲宗)이 즉위 후 그를 불러 들여 국정을 주지하게 하자, 수개월 동안 신법을 모두 폐지하고 신당(新黨)을 쫓아내었다. 하지만 8개월 만에 병사하였고, 온국공(溫國公)에 추봉(追封)되었다. 사마광의 저작은 『사마문정공집(司馬文正公集)』에 수록되어 있으며, 『자치통감』 외에도 『통감거요력(通鑑舉要曆)』(80권)·『계고록(稽古錄)』(20권)·『본조백관공경표(本朝百官公卿表)』(6권) 등이 있다.

07
『자치통감(資治通鑑)』「진자치통감표(進資治通鑑表)」

　신 사마광이 아뢰옵니다.

　일찍이 황상의 칙령을 받들어 역대 군왕·신하들의 사적을 편집하게 되었고 이후 다시 『자치통감』이라는 제목을 내려주시는 성지를 받들었는데, 지금 이미 모두 완성하였습니다. 엎드려 생각건대 신은 성격과 식견이 어리석고 노둔하며 학술은 보잘것없고 거칠어 무릇 모든 일을 하는 데 항상 남보다 뒤쳐졌습니다. 오로지 앞 시대의 사서에 대해서는 마음을 다해 거칠게나마 읽어 본 바 있고, 어릴 때부터 늙을 때까지 지겨워하지 않고 쭉 즐겨 왔습니다. 항상 염려해 왔던 것은 사마천·반고 이래로 각종 사서의 분량이 너무 번거로울 정도로 늘어나 아무 벼슬도 없는 선비까지도 두루 다 읽어 볼 겨를이 없을 정도인데, 하물며 하루에 수많은 일을 처리하셔야 하는 임금께서 어찌 모두 열람하실 여가가 있겠습니까? 신은 평소 자신의 능력을 헤아리지 못하고 쓸데없이 긴 부분을 삭제하고 핵심 요점을 뽑아서 들되, 오로지 국가의 흥망성쇠에 관한 일이나 백성의 기쁨·슬픔에 관련된 사정으로 본받을 만한 좋은 일과 경계해야 할 나쁜 일만을 골라 편년체의 책 한 권으로 편찬하려는 생각을 품었습니다. 그리하여 문장의 앞뒤가 조리 있게 질서를 갖추고, 정밀한 것과 거친 것이 서로 뒤섞이지 않게 하고자 하였지만, 개인적인 역량이 박약하여 성공시킬 도리가 없었습니다.

　臣光曰:

　先奉敕編集歷代君臣事跡, 又奉聖旨賜名『資治通鑑』, 今已了畢者. 伏念臣性識愚魯, 學術荒疏, 凡百事爲, 皆出人下. 獨於前史, 粗嘗盡心, 自幼至老, 嗜之不厭. 每患遷·固以來, 文字繁多, 自布衣之士,[1] 讀之不遍, 況於人主, 日有萬機,[2] 何暇周覽! 臣常不自揆, 欲刪削冗長, 擧撮機要, 專取關國家興衰, 繫生民休戚,[3] 善可爲法, 惡可爲戒者,

---

1　포의지사(布衣之士)는 아무 벼슬이 없는 사람을 말한다. 관직을 가진 사람은 그 직급에 따라서 색깔이 있는 옷을 입는 것에 대하여 일반인은 색깔 없는 옷을 입는 데서 나온 말이다.
2　만기(萬機)는 제왕이 일상적으로 해야 할 수많은 번잡한 정무라는 뜻이다.

爲編年一書, 使先後有倫, 精粗不雜, 私家力薄, 無由可成.

　그런데 다행히 영종 황제를 만나, 그 깊고 슬기로운 성품을 빌어 문명(文明)의 정치를 베풀고 과거의 사적을 두루 살펴 나라를 다스리는 대략(大略)을 넓히시고자 신에게 조칙을 내려 그러한 책을 계속 편찬할 수 있도록 해 주셨습니다. 신이 옛날부터 품어 왔던 원망을 하루아침에 이루게 되었으니 뛸 듯이 기뻐하면서 그 뜻을 받들었는데, 다만 능히 그런 책임을 감당할 수 있을지 두려워하였을 뿐입니다. 이미 돌아가신 영종 황제께서는 황명을 내려 또한 제 스스로 이 일을 도와줄 관속(官屬)을 고를 수 있도록 해 주셨고, 숭문원(崇文院)에 서국(書局)을 설치하여 용도각(龍圖閣)·천장각(天章閣)·삼관(三館)·비각(秘閣) 등에 소장하고 있는 서적을 빌릴 수 있도록 허락해 주셨으며, 황궁 창고의 붓·먹·비단과 개인적인 금전까지 하사해 주시면서 과일·과자를 제공할 수 있도록 내신(內臣, 즉 환관)이 그 일을 떠맡게 해 주셨습니다. 이렇게 특별하게 우대를 해 주신 영광은 조정의 측근 신하들도 미치지 못하는 바였습니다. 불행하게도 책을 완성하여 바치기 전에 선제께서는 저희 신하들을 버리고 떠나셨습니다. 지금 폐하[神宗]께서는 대통(大統)을 이어받아 즉위하신 다음 삼가 선제의 뜻을 계승하여 이 책에 서문을 지어 주시고 아름다운 이름을 붙여 주시는 총애를 더욱 베풀어 주셨으며, 더불어 매번 경연(經筵)을 열 때마다 항상 이 책을 진독(進讀)하게 해 주셨습니다. 신이 비록 완고하고 어리석지만 영종·신종 두 황제께서 중시하고 우대해 주신 것이 그렇게 깊고 두터운데, 설사 제 몸을 바치더라도 제대로 보답하여 책임을 메울 수 없으니 제 지력과 체력이 미치는 한 어찌 감히 최선을 다하지 않을 수 있었겠습니까? 마침 신을 지영흥군(知永興軍)의 관직으로 내보내시고자 하셨는데, 쇠약하고 병을 앓았으니 중요하고 복잡한 일을 감당할 수 없어 보잘 것 없는 한직으로 부임할 수 있도록 간청하였습니다. 폐하께서 제가 원하는 바대로 뜻을 굽혀 따라 주시면서 차분하게 쉬면서 몸을 간추릴 수 있도록 은근히 은혜를 베풀어 판서경유사어사대(判西京留司御史臺) 및 제거서경숭산숭복궁(提擧西京崇山崇福宮)으로 임무를 주신바, 앞뒤로 여섯 차례 연임하였습니다. 그 동안에도 여전히 서국(書局)이 저를 따라다니도록 해 주시고, 봉록과 관직을 주시면서 그 직책에 따른 업적도 묻지 않으셨습니다. 신이 이미 다른 일이 없었으니, 정력을 다해 모든 생각을 고루 해 볼 수 있었고 가진 바 모든 것을 다 바칠 수 있었으며, 낮에 하는 것만으로도 힘에 부치면 밤에도 일을 계속하였습니다. 앞 시대의 사서들을 두루 들춰 보고 따로 야사 종류까지 곁들여 채택하면서 문헌과 서적이 가득 쌓여 마치 안개가 자욱한 바다처럼 많았으며, 그윽하고 숨겨진 비밀을 찾아 뽑아내느라 터럭 끝처럼 미세한 차이까지도 비교하고 따져 보았습니다. 위로는 전국 시대부터 시작하여 아래로 오대(五代)까지 모두 1,362년 동안을 다루어 전체 294권으로 편찬을 완료하였습니다.[4] 또한 개괄적으로 사건의 요목을 들고, 연월(年月)을 날줄로 삼고 나라를 씨줄[緯]로 삼아 들춰 보면서 찾아볼 수 있도록『목록(目錄)』30권을 만들었습니다. 또한 뭇 서적을 참고하면서 그 내용의 같은 점과 다른 점을 평가하고 판단하여 하나로 뭉칠 수 있도록 하기 위하여『고이(考異)』30권을 만들었는데, 모두 합쳐 354권이었습니다. 치평(治平) 연간에 서국을 연 이래 지금이 돼서야 비로소 완성할 수 있었는데, 오랜 세월을 거쳤으므로 그 가운데 서로 어긋나 들어맞지 않는 것이 전혀 없다고는 감히 보장할 수 없으니, 저지른 죄가 아주 무거워 그 책임을 피할 수 없을 것입니다. 신 사마광이 진실로 두렵고 불안해서 머리를 조아리고 또 머리를 조아립니다.

　　伏遇英宗皇帝,[5] 資睿智之性, 敷文明之治, 思歷覽古事, 用恢張大猷,[6] 爰詔下臣, 俾之編集. 臣夙昔所願, 一朝獲伸, 踴躍奉承, 惟懼不稱. 先帝仍命自選辟官屬,[7] 於崇文院置局,[8] 許借龍圖·天章閣·三館·秘閣書籍,[9] 賜以御府筆墨[10]·繒帛·及御前錢,[11] 以

3　휴척(休戚)은 기쁨과 슬픔, 나아가 유리하거나 불리한 조우·처지를 가리킨다.

4　여기서 구체적으로 언급되지는 않았지만『자치통감』을 위한 기초 자료를 편찬하는 일은 당시 최고의 인재들이 분야별로 나누어 맡아, 한대는 유반(劉攽), 삼국부터 남북조 시대는 유서(劉恕), 당은 범조우(范祖禹)가 각기 장점에 따라 일을 분담하였다. 이점은 다음 자료인 호삼성(胡三省)의『자치통감음주(資治通鑑音注)』「신주자치통감서(新註資治通鑑序)」에서 설명되고 있다.

5　영종(英宗)은 북송(北宋)의 제5대 황제(재위 1063~1067)이다.

6　대유(大猷)는 나라를 다스리는 대도(大道)·대략(大略)을 말한다.

7　사마광이『자치통감』을 완성하였을 때는 신종(神宗) 때였고,『자치통감』을 저작하도록 조서를 내린 임금은 신종의 아버지인 영종이다. 따라서 선제란 영종을 말한다.

8　숭문원(崇文院)은 도서를 관장하는 송대의 관서이다. 원래 당 태종 정관 중기에 처음 숭문관(崇文館)을 설립해서 태자학관(太子學館)으로 삼았고 학사 등 관직을 두었으며 동궁(東宮)의 경적·도서(經籍·圖書)를 장관하도록 하였다.

9　용도(龍圖)는 용도각(龍圖閣)을 말하는데, 송 진종(眞宗)이 태종(太宗)을 기념하기 위해 세운 궁전이다. 주로 태종·진종의 어서(御書)와 문집(文集) 및 전적·그림·보물 등과 종정시(宗正寺)에서 올린 속적(屬籍)·세보(世譜) 등을 장관하였다. 천장각(天章閣)은 진종 연간에 건설하기 시작하였는데, 주로 진종의 어서·문집 및 종실 명적(名籍)을 장관하였다. 삼관은 소문관(昭文館)·집

供果餌, 以內臣爲承受, 眷遇之榮, 近臣莫及. 不幸書未進御, 先帝違棄群臣. 陛下紹膺大統,[12] 欽承先志, 寵以冠序, 錫之嘉名, 每開經筵,[13] 常令進讀. 臣雖頑愚, 荷兩朝知待如此其厚, 隕身喪元,[14] 未足報塞, 苟智力所及, 豈敢有遺! 會差知永興軍,[15] 以衰疾不任治劇, 乞就冗官.[16] 陛下俯從所欲, 曲賜容養,[17] 差判西京留司御史台及提舉西京嵩山崇福宮,[18] 前後六任, 仍聽以書局自隨, 給之祿秩, 不責職業. 臣旣無他事, 得以研精極慮, 窮竭所有, 日力不足, 繼之以夜. 遍閱舊史, 旁采小說,[19] 簡牘盈積,[20] 浩如煙海,[21] 抉摘幽隱, 校計豪釐.[22] 上起戰國, 下終五代, 凡一千三百六十二年, 修成

현관(集賢館)·국사관(國史館)을 말한다. 비각(秘閣)은 태종 연간 세워진 것으로 숭문원 중당(中堂)에 각(閣)을 세워 비각(秘閣)이라 칭하면서 삼관의 서적 진본·고화(古畵)·묵적(墨迹) 등을 소장하였다.

10 어부(御府)는 황제의 부고(府庫), 또는 황궁 안의 도서를 관장하는 관서라는 뜻도 있다.
11 어전전(御前錢)은 황제가 개인적으로 하사하는 금전을 말한다.
12 소응(紹膺)은 이어받는다는 뜻이다.
13 경연(經筵)은 황제가 신하들과 같이 경사(經史)를 탐구하기 위하여 연 어전 강석(御前講席)을 가리킨다. 송대에 정식으로 제도화된 경연은 매년 2월에서 5월까지, 8월에서 동지까지 홀수 날 강관(講官)이 차례대로 금중(禁中)에 들어가 황제에게 강독을 하였는데, 이는 춘강(春講)과 추강(秋講)이라고 한다. 이후 경연 제도는 청대까지 쭉 이어졌다.
14 상원(喪元)에서 원(元)은 머리(首)를 가리키며, 목숨을 바친다는 것을 뜻한다.
15 지영흥군(知永興軍)은 송대의 관직명으로 부(府)·주(州)·감(監)과 같은 급의 행정구에 군(軍)을 두었는데, 그 장관이 군사(軍使)이다. 경조관으로 지방에 가서 그 일을 담당하는 사람을 지군사(知軍事)라고 하는데, 그 직책과 관속은 대략 지주(知州)와 같다. 따라서 지영흥군은 영흥(현재의 陝西省 西安) 군로(軍路)의 업무를 처리하는 직책이다.
16 극(劇)은 지방의 업무가 번다하고 바쁘다, 또는 아주 힘들다는 것을 뜻한다. 용관(冗官)이란 일이 별로 없는 쓸데없는 관리, 또는 별로 실권이 없는 직책이라는 뜻이다.
17 용양(容養)은 축양(蓄養), 즉 양생(養生)이라는 뜻이다. 또는 관서(寬恕)라는 뜻도 있다.
18 판서경유사어사대(判西京留司御史台)는 송대의 서경(西京)인 낙양의 행정 책임자인 서경 유수를 감찰하는 서경어사대를 총괄하는 직책[判御史臺]을 가리킨다. 또한 서경의 숭산(崇山)에 있는 숭복궁의 관리를 책임지는 직책이 제거(提擧)이다.
19 여기서 소설(小說)은 야사(野史)를 가리킨다.
20 간독(簡牘)은 원래 종이가 발명되기 전에는 대나무나 나무를 반듯하게 깎아서 글을 새긴 죽간(竹簡)과 목간(木簡)을 통칭하는데, 나아가 서신이나 서적을 비유하기도 한다.
21 호여연해(浩如煙海)는 문헌이나 자료가 아주 풍부함을 형용한다. 연해(煙海)는 연파(煙波)처럼 물안개가 자욱하게 낀 바다를 뜻한다.
22 호리(豪釐)는 호리(毫釐, 毫厘)와 통한다. 호(豪)는 길고 가는 털로 아주 미세한 것을 비유하기도

二百九十四卷 ; 又略擧事目, 年經國緯, 以備檢尋, 爲『目錄』三十卷.[23] 又參考群書, 評其同異, 俾歸一塗, 爲『考異』三十卷,[24] 合三百五十四卷. 自治平開局,[25] 迨今始成, 歲月淹久, 其間抵牾,[26] 不敢自保, 罪負之重, 固無所逃.[27] 臣光誠惶誠懼, 頓首頓首.

거듭 생각하건대 신이 대궐이 있는 조정을 떠난 지 이미 15년이 지났는데, 비록 몸은 지방에 있었지만 밤낮으로 깨어 있거나 자고 있을 때에도 제 마음은 한때라도 폐하의 좌우에 있지 않은 적이 없었습니다! 돌아보건대 어리석고 보잘 것 없는 재주뿐이라 아무것도 할 수 없었지만 오로지 붓을 들어 글을 쓰는 데만 전념하여 커다란 은혜를 보답하고자 하였으니, 혹시라도 물 한 방울과 티끌 한 톨 같은 성과이지만 넓은 바다와 높은 산에 그래도 조금이라도 보탬이 되기를 기대하고자 합니다. 신은 지금 몸이 해골처럼 비쩍 마르고, 시력이 나빠 가까운 것도 제대로 보이지 않고 치아도 얼마 남지 않았으며, 정신과 기억력이 이미 쇠약해지고 다 떨어져 방금 한 일도 돌아서면 잊어버릴 정도이니, 신의 평생 정력은 모두 이 책에 다 써 버린 셈입니다. 엎드려 바라건대 폐하께서 엉망으로 책을 만들었다는 책망을 관대하게 용서해 주시고 그 충성을 다하고자 한 뜻을 살펴 주셔서, 한가한 여유가 있을 때 때때로 열람하시면서 앞 시대의 흥망성쇠에 비추어 보아 오늘날의 득실을 살피시고, 선량함을 권장하고 사악함을 경계하고, 옳은 것을 취하시고 틀린 것을 버리신다면 옛 시대를 헤아리는 큰 덕에 힘쓰고 전에 없는 지극한 치세로 이끄시는 데 충분할 것입니다. 그리하여 천하의 뭇 백성들이 모두

하며, 나아가 무게나 길이의 단위로도 쓰인다. 리(釐) 역시 주 미세한 것을 비유하기도 하며, 무게나 길이의 단위로도 쓰인다. 1리(釐)는 10호(毫), 1호(毫)는 10사(絲)이다.

23 이『목록(目錄)』(30권)은 1362년 동안의 기년(紀年)·삭윤(朔閏)·절기(節氣) 등 역법상의 문제를 해결함과 동시에 연표의 형식으로 여러 나라들의 역사를 정리한 것이다.

24 『고이(考異)』(30권)는『자치통감』을 편찬하면서 이용한 사료에 대해 그 가치의 판단과 선별·취사선택에 대한 내용을 정리한 것으로 그 가운데에는 오늘날 이미 산일된 대량의 자료가 포함되어 있기도 하다.

25 치평(治平)은 영종(英宗)의 연호(1064~1067)이다.

26 저오(抵牾)는 저오(抵捂, 抵忤)처럼 '서로 일치하지 않는다, 서로 어긋난다'는 뜻이다.

27 『자치통감』의 편찬 기간은 영종 치평 연간에서 신종 원풍(元豐, 1078~1085) 연간까지였다. 그 사이에 사마광과 정치적으로 대립하였던 왕안석(王安石)이 '희녕신법(熙寧新法)'을 주도하면서 득세하였으므로 사마광은 이 동안 정치적 행보를 자제하면서『자치통감』의 편찬에만 힘을 쏟았다.

그 혜택을 입게 된다면, 신은 비록 구천지하에 뼈를 묻게 된다 하더라도 그 뜻과 소원이 영원히 충족될 수 있을 것입니다.

重念臣違離闕庭,[28] 十有五年, 雖身處于外,[29] 區區之心,[30] 朝夕寤寐, 何嘗不在陛下之左右! 顧以駑蹇,[31] 無施而可, 是以專事鉛槧,[32] 用酬大恩, 庶竭涓塵, 少裨海嶽.[33] 臣今骸骨癯瘁,[34] 目視昏近, 齒牙無幾, 神識衰耗, 目前所爲, 旋踵遺忘, 臣之精力, 盡於此書. 伏望陛下寬其妄作之誅, 察其願忠之意, 以淸閑之宴,[35] 時賜省覽, 監前世之興衰, 考當今之得失, 嘉善矜惡, 取得舍非, 足以懋稽古之盛德, 躋無前之至治. 俾四海群生, 咸蒙其福, 則臣雖委骨九泉,[36] 志願永畢矣.

삼가 표를 바치면서 폐하께 아룁니다. 신 사마광이 실로 두렵고 불안해서 머리를 조아리고 또 머리를 조아리면서 삼가 아룁니다.

謹奉表陳進以聞. 臣光誠惶誠懼, 頓首頓首, 謹言.

원풍7(1084)년 11월에 올림.   元豊七年十一月進呈.[37]

---

28 궐정(闕庭, 闕廷)은 누궐(樓闕)과 정원(庭院), 나아가 조정(朝廷)·경성(京城)을 가리킨다.
29 사마광이 수도 개봉(開封)이 아닌 서경 낙양에 머무르고 있었던 것을 가리킨다.
30 구구(區區)는 작거나 적다는 뜻으로 보잘것없음을 형용하는데, 나아가 심장이나 진정한 성의, 한마음 한뜻[一心一意]을 표현하기도 한다.
31 노건(駑蹇)은 열등한 말이란 뜻인데, 나아가 능력이 저열하거나, 평범하고 보잘 것 없는 재능을 비유한다.
32 연참(鉛槧)는 문자를 쓰는 공구를 가리키는데, 연(鉛)은 연분필(鉛粉筆), 참(槧)은 목판(木板) 조각을 말한다. 나아가 글쓰기나 교감, 또는 문장이나 서적을 뜻한다.
33 연진(涓塵)은 작은 물방울과 미세한 먼지라는 뜻인데, 아주 미세한 사물을 비유한다.
34 여기서 해골(骸骨)은 신체를 비유한다.
35 연(宴)은 여기서는 한가한 시간, 평시, 또는 안정되거나 차분하고 조용한 때를 가리킨다.
36 위골(委骨)은 뼈를 방치한다, 버린다는 뜻이니 바로 시신이 묻힌다는 뜻이다.
37 원풍(元豊) 7년은 1084년이다. 원풍은 신종의 두 번째 연호이다. 첫 번째 연호는 희녕인데, 10년 동안만 사용되었으므로 원풍 7년은 신종이 황제에 즉위하여 17년째가 되는 해이다. 사마광이 영종 4년에 『자치통감』을 쓰기 시작하여 이때에 마쳤으므로 17년이 걸린 셈이다.

08 『자치통감음주(資治通鑑音注)』 「신주자치통감서(新註資治通鑑序)」

호삼성(胡三省)

◎ 『자치통감음주(資治通鑑音注)』

『자치통감음주(資治通鑑音注)』(294권)는 『자치통감』에 교주(校注)를 붙인 책으로 송 말 원 초의 호삼성(胡三省)이 지었고 『신주자치통감』이라고도 한다. 호삼성은 보우(寶祐) 4(1256)년부터 『자치통감광주(資治通鑑廣註)』를 저술하기 시작하였는데, 가사도(賈似道)의 문객 요영중(廖瑩中)이 그를 초빙하여 『자치통감』을 교감(校勘)하여 자제들에게 가르치도록 부탁하였다. 이후 약 20년의 세월을 거쳐 초고 약 97권을 완성하였는데, 남송 말년에 전란을 피해 도피하던 중 원고를 모두 분실하였다. 하지만 남송이 망한 다음 이미 46세였던 호삼성은 빈객을 사절하고 밤낮으로 진력하여 다시 쓰기 시작하여 원 세조(世祖) 지원(至元) 22(1285)년에 『자치통감음주(資治通鑑音注)』(294권) 및 『자치통감석문변오(資治通鑑釋文辯誤)』(12권)를 완성하였다. 『자치통감』 전반에 대한 교감·고증·해석과 사사(史事)에 대한 논평을 시도한 『자치통감음주』는 관련 전장제도나 음운(音韻)·훈고(訓詁)에 대해 상세한 주석을 달았고, 특히 음운과 지리 분야에 대한 고증이 뛰어나 역대의 『자치통감』에 대한 주석 가운데 가장 훌륭한 것으로 평가를 받고 있다. 오늘날 보급된 『자치통감』에는 대부분 본문 속에 함께 수록되어 간행되고 있을 정도이다. 또한 광범위한 자료의 인용을 통한 주석도 정평이 있어, 이를테면 「당기(唐紀)」 부분에 인용한 서적을 검토해 보면 학자 102명의 1만여 조에 이르는 논점을 인용하여 사마광의 『통감고이』를 훨씬 능가할 정도였다고 한다. 호삼성은 또한 『자치통감석문변오』를 통해 『통감석문(通鑑釋文)』(30권)에 대해 교정 작업을 진행하기도 하였다. 「신주자치통감서(新註資治通鑑序)」는 (송) 사마광 편저, (원) 호삼성 음주, 『자치통감』(中華書局, 1956, 1986)의 제1책에 실린 것(pp.27~30)을 이용하였다.

호삼성(胡三省)

호삼성(1230~1302)은 송·원대의 사학가로 자는 신지(身之)이며 절강성 영파(寧波) 영해(寧海) 출신이다. 남송 이종(理宗) 보우(寶佑) 연간의 진사로 현령(縣令)·부학교수(府學敎授) 등의 직을 거쳤다. 당시의 권신이던 가사도(賈似道)의 호소에 부응하여 종군하여 무호(蕪湖)에 이르렀는데 여러 차례 건언을 올렸지만 받아들여지지 않자 이후 은거하여 관직에 나가지 않았다. 보우 4(1256)년부터 『자치통감광주』의 저술에 종사하여 97권과 논(論) 10편을 얻었는데, 임안(臨安)이 함락되어 도피하던 중 원고를 분실하자, 이후 다시 작성한 주석서가 바로 『자치통감음주』이다. 호삼성은 『자치통감음주』를 통해 『자치통감』 및 『자치통감석문』에 대한 교감·해석·고증을 시도하였지만, 동시에 역대의 사실에 대해서도 상당한 논평을 남겼고, 또한 당시의 역사적 사실과 연결시켜 통절(痛切)한 사론을 제시하기도 하였다. 이 점은 비록 시대는 다르지만 이민족의 지배 아래 비슷한 '망국'의 위기에 놓여 있던 항일 전쟁기 일본 지배하의 북경에 머물면서 『자치통감음주』에 대한 분석을 시도한 진원(陳垣)을 통해서 20세기 중반에 와서야 새로운 주목을 받게 되었다. 진원은 호삼성의 『자치통감음주』가 단순한 음운·훈고의 주석에만 그치는 것이 아니라, 그것을 통해 호삼성이 자신의 민족적 절개와 애국적 열정을 뚜렷하게 표현하고 있었다는 점을 찾아내었던 것이다. 이러한 점을 밝힌 것이 바로 진원의 『통감호주표미(通鑑胡注表微)』(1945년 完成, 科學出版社, 1958년 重印. 商務印書館, 2011)이다.

08
『자치통감음주(資治通鑑音注)』
「신주자치통감서(新註資治通鑑序)」

옛적에는 나라별로 각기 사서가 있어 연대를 가지고 사건을 기록하였다. 진의 『승』, 초의 『도올』은 비록 다시 볼 수는 없지만 『춘추』는 공자께서 필삭을 더하셨으니 주가 동쪽의 낙읍으로 도읍을 옮길 때까지 242년간의 일이 해와 달처럼 밝게 드러난다. 진(秦)이 제후들을 멸망시키고 천하의 서적을 불태워 버린 것은 나라마다 다 사서가 있어 진의 선조를 풍자하고 비난한 것을 몹시 싫어하였기 때문이다. 『시경』과 『서경』을 다시 볼 수 있는 것은 여러 유자들이 그것을 가옥의 벽에서 숨겨 두었기 때문이다. 여러 나라들의 역사 기록은 각기 본국에 보관하고 있었으니 그 나라가 멸망되면 그 기록 역시 사라졌다. 한에 이르러서는 오로지 『진기(秦記)』만 남아 있었다.

古者國各有史, 以紀年書事. 晉『乘』·楚『檮杌』, 雖不可復見, 『春秋』經聖人筆削,[1] 周轍旣東,[2] 二百四十二年事,[3] 昭如日星. 秦滅諸侯, 燔天下書, 以國各有史, 刺譏其先, 疾之尤甚.[4] 『詩』·『書』所以復見者, 諸儒能藏之屋壁. 諸國史記各藏諸其國, 國滅而史從之. 至漢時, 獨有『秦記』.[5]

태사공[사마천]이 『춘추』를 바탕으로 「십이제후년표(十二諸侯年表)」를 만들고, 『진기』를 바탕으로 「육국년표(六國年表)」를 만들었으며, 삼대(三代)에 대해서는 「세표(世表)」

---

[1] 원래 『사기』 권47 「공자세가(孔子世家) 17」(p.1944)에 나오는 구절이다("[孔子]至於爲春秋, 筆則筆, 削則削, 子夏之徒不能贊一辭. 弟子受春秋, 孔子曰: '後世知丘者以春秋, 而罪丘者亦以春秋.'").

[2] B.C. 770년 주의 평왕이 도성을 동쪽에 있는 낙읍(낙양)으로 옮긴 것[平王東遷]을 말한다.

[3] 『춘추』가 기록한 연대, 즉 노 은공(隱公) 원년부터 애공(哀公) 14년까지 242년이다.

[4] 이에 관련된 기사는 『사기』 권15 「육국년표(六國年表) 3」, p.686에 나온다("秦旣得意, 燒天下詩書, 諸侯史記尤甚, 爲其有所刺譏也.").

[5] 역대 진의 사관이 기록한 사서(史書)를 가리키는데, 진(秦)의 분서갱유(焚書坑儒)를 겪고 한대에 이르러 유일하게 남은 전대의 역사 기록이었고, 사마천이 『사기』를 지을 때도 참고하였다.

를 지었다. 그 때에는 황제(黃帝) 이래의 『첩기(諜記)』가 아직 남아 있으면서 모두 연도[年數]를 갖추고 있었다. 사마천이 그 역(曆)·보첩(譜諜)과 오덕(五德)이 이어받는다는 전승을 헤아려 보았더니, 모두 다 고대의 문헌과 어긋났다. 그래서 그는 말한다. "공자께서 『상서』를 정리하였는데 대체로 사건의 연월(年月)을 기록하지 않았다. 비록 있는 경우도 적지는 않지만 비워 두고 기록하지 않았다. 공자께서 [의심스러운 것은 의심스러운 대로 전하면서] 그 순서를 배열하여 정하지 않으신 것은 신중함을 꾀하기 위함이었다." 사마천은 공자의 뜻을 그대로 이어받았으니 그의 「삼대세표(三代世表)」는 연도가 아닌 세대를 따라 배열하였다.

太史公因『春秋』以爲「十二諸侯年表」, 因『秦記』以爲「六國年表」, 三代則爲「世表」. 當其時, 黃帝以來『諜記』猶存,[6] 具有年數. 子長稽其曆·譜諜·終始五德之傳,[7] 咸與古文乖異, 且謂: "孔子序『書』, 略無年月; 雖頗有, 然多闕. 夫子之弗論次,[8] 蓋其愼也."[9] 子長述夫子之意, 故其表三代也, 以世不以年.

급총(汲塚)에서 나온 『죽서기년(竹書紀年)』은 서진의 태강(太康) 연간 초에 발견되었는데, 연대로 묶어 순서대로 배열하였으며 하·은·주부터 시작하여 위(魏) 애왕(哀王)

---

6 『첩기(諜記)』는 역대 제왕의 세계(世系)와 시호(諡號)를 기록한 책이다(『사기』 권13 「삼대세표(三代世表) 1」, p.488).
7 전국 시대 음양가(陰陽家) 학파의 창시자인 추연(鄒衍, B.C. 324?~B.C. 250?)은 제 출신으로 맹자 이후에 활동하였다. 제 선왕(宣王) 시기에 추연은 직하학궁(稷下學宮)에서 수학하였다. 그는 음양오행(陰陽五行)을 기초로 한 '오덕종시설(五德終始說)'을 주창하였고, 이것은 그의 학설의 핵심이 되었다. 추연은 천지가 형성된 이래 인류 사회는 모두 오덕(五行의 德)이 순차적으로 발전·순환하는 것으로 인식하였다. 오덕은 변화하는 것으로 자연계의 오행 상극(五行相克, 즉 土克水, 木克土, 金克木, 火克金, 水克火)의 규칙을 따르며, 사회의 변화 역시 자연계와 마찬가지로 토·목·금·화·수 다섯 가지 요소의 지배를 받는다고 하였다. 이에 따라 그는 상극(相克)하는 금·목·수·화·토 오덕(五德) 순으로 이어지면서 천하의 변화가 순환한다는 이론을 제시하였다. 추연의 주장에 의하면 황제 시대는 토덕(土德), 하는 목덕(木德), 상은 금덕(金德), 주는 화덕(火德), 진은 수덕(水德)이라고 한다. 후에 역대 제왕은 모두 이를 따랐다.
8 논차(論次)는 편차(編次)를 논정(論定)한다는 뜻이다. 편차(編次)는 순서대로 배열하는 것, 또는 편집하여 정하는 것을 뜻한다.
9 이 내용은 『사기』 권13 「삼대세표 1」, p.487에 나온다("孔子因史文次春秋, 紀元年, 正時日月, 蓋其詳哉. 至於序尙書則略, 無年月; 或頗有, 然多闕, 不可錄. 故疑則傳疑, 蓋其愼也.").

20년까지를 다루었다. 위의 역사 기록은 진대의 분서갱유의 재앙을 피하여 서진 시대에 다시 얻을 수 있었던 것이므로 사마천은 미처 보지 못한 바였다. 그렇지만 사마천의 『사기』는 기·표·서·전·세가라는 항목으로 그 내용으로 구분하였는데 반고 이하로 그러한 체례를 바꾸지 못하였으며, 비록 「기」로서 연대를 기록하였지만 사건에 대한 서술은 매우 간략하였다. 그 사건에 대한 서술이 「지」·「전」에서 흩어져 나타나므로 「기」는 응당 간략해야 하였기 때문이다.

『汲塚紀年』,[10] 出於晉太康初,[11] 編年相次, 起自夏·殷·周, 止魏哀王之二十年, 此魏國史記, 脫秦火厄而晉得之, 子長不及見也. 子長之史雖爲紀·表·書·傳·世家, 自班孟堅以下不能易, 雖以紀紀年, 而書事略甚. 蓋其事分見志·傳, 紀宜略也.

순열(荀悅)의 『한기(漢紀)』 이후 연대로 묶어 사건을 기록하는 [편년체를 채택한] 경우가 대대로 있어 왔다. 오로지 양 무제의 『통사(通史)』만이 600권이나 되는 분량에 이르렀는데, 후경(侯景)의 반란이 일어났을 때 왕승변(王僧辯)이 건업(建業)을 평정하고 문덕전(文德殿)의 책 7만 권을 서쪽으로 가지고 갔는데, 강릉(江陵)이 함락되면서 그 책들은 모두 불타 버렸다. 당대(唐代)에는 사고(四庫)의 서적 가운데 편년체로 된 것이 41가 947권이 있었지만, 왕통(王通)의 『원경(元經)』 15권, 소영사(蕭穎士)가 『춘추』의 체례에 따라 지은 전(傳) 100권은 실전되었다. 지금은 41가의 사서 가운데 남아 있는 것이 별로 없다. 사고의 을부(乙部, 즉 사서) 서적은 사마천의 『사기』와 반고의 『한서』를 정사(正史)로 삼고, 편년체의 사서는 그 다음으로 분류하였다. 기·전·표·지로 구성된 기전체의 사서가 번창하면서 편년체의 사서는 다만 을부의 서고에 소장하는 데 구색을 맞출 뿐이었던 것이다.

自荀悅『漢紀』以下, 紀年書事, 世有其人. 獨梁武帝『通史』至六百卷. 侯景之亂,[12] 王僧

---

[10] 『급총기년』은 『죽서기년』을 말한다. 앞서도 인용하였지만, 이에 관련된 기사는 『수서』 권33 「지(志) 28 경적(經籍) 2 고사(古史)」, p.959에 나온다.

[11] 태강(太康)은 서진 무제(武帝) 사마염(司馬炎)의 세 번째 연호(280~289년)이다.

[12] 양 무제는 중원을 되찾기 위하여 갈족(羯族)인 후경(侯景)을 포섭하였는데, 나중에 양의 종실인 소연명(蕭淵明)이 동위(東魏)에 의해 포로가 되자 후경으로 인질 교환을 하려고 하였다. 이 소식을 들은 후경이 곧장 548년에 반란을 일으켰고, 551년에 건강(建康)에서 스스로 황제를 칭하였다.

辯平建業,[13] 與文德殿書七萬卷俱西, 江陵之陷,[14] 其書燼焉. 唐四庫書,[15] 編年四十一家, 九百四十七卷, 而王仲淹『元經』十五卷,[16] 蕭穎士依『春秋』義類作傳百卷,[17] 逸矣. 今四十一家書, 存者復無幾. 乙部書以遷·固等書爲正史,[18] 編年類次之. 蓋紀·傳·表·志之書行, 編年之書特以備乙庫之藏耳.

송조의 영종 황제께서는 사마광에게 역대 군왕과 신하들의 사적을 배열하여 편년체의 사서로 편찬하도록 명을 내리셨다. 신종 황제께서는 지나간 일로 귀감을 삼을 수 있고 치도에 큰 도움이 된다고 『자치통감』이라는 이름을 내려주셨으며, 또한 서문을 지어 그 실마리와 뜻을 세운 까닭을 밝혀 주셨다. 사마광의 뜻은 오로지 국가의 흥망성쇠에 관한 일이나 백성의 기쁨·슬픔에 관련된 사정으로 본받을 만한 좋은 일과 경계해야 할 나쁜 일만을 골라 이 책을 편찬하는 것이었다. 치평·희녕 연간은 사마광이 다른 여러 신하들과 국사를 논의하면서 시비를 가리고자 하였던 무렵이었다. 소하(蕭何)가 세운 제도를 조참(曹參)이 조금도 바꾸지 않고 그대로 따랐다는 주장은 변법(變法)을 주장하는 사람들의 입을 이기지 못하였으므로, 사마광은 낙양으로 파견되어 국사

---

13 왕승변(王僧辯, ?~555)은 남조 양의 장군으로 후경을 토벌하라는 지시를 받고 석두성(石頭城, 建業, 즉 南京)을 평정하고 후경의 군대를 대파하였다.

14 강릉(江陵)은 또한 형주(荊州, 현재의 湖北省 荊州市)라고도 한다.

15 당 현종 때 양도(兩都, 즉 장안과 낙양)의 책을 모아 갑·을·병·정(甲·乙·丙·丁)의 순서로 분류하여 경사자집(經·史·子·集)의 네 서고[四庫]를 만들었는데, 이후 이러한 서적 분류법은 청대까지 계승되었다.

16 왕중엄(王仲淹, 584~617)은 자가 중엄(仲淹)이고 이름은 통(通)이다. 수대(隋代)의 저명한 학자로 하분(河汾, 현재의 山西省 남부 일대)에서 제자에게 강학을 하였는데, 그 수가 수천 명에 이르렀으며 그 가운데에는 방현령(房玄齡)·두여회(杜如晦)·위징(魏徵)·이정(李靖) 등 당대의 명신(名臣)들이 많다. 『원경(元經)』은 왕통이 지은 책으로 당의 설수(薛收)가 전하고, 송의 완일(阮逸)이 보완하고 주를 붙였다(마단림, 『문헌통고』 권193 「경적(經籍) 20」을 참조).

17 소영사(蕭穎士, 717~768)는 자가 무정(茂挺)으로 개원(開元) 23(735)년에 진사로 급제하였으며, 이후 학문으로 당대의 명사들에게 신임을 얻어 천하에 명성을 떨쳤다. 『춘추』의 내용을 귀납하여 편년체로 『전(傳)』(100편)을 지은 바 있다.

18 정사(正史)는 『사기』·『한서』 등 기전체 사서를 가리킨다. 청 건륭 연간에 모두 합해 24사(史)를 정하여 정사로 삼았으며, 1921년 다시 『신원사(新元史)』를 포함시켜 25사로 삼았는데, 기전체 사서로서 단대사(『사기』는 제외)이며, 나아가 황제(국가)에 의해 그 지위가 승인된 것[欽定]이 보통 정사라고 부르는 기준이 된다.

를 의론하는 데 가담하지 않고 오직 『자치통감』을 편찬하는 서국 일에만 전념하게 되었다. 사마광이 그 충성과 분노의 격렬한 감정을 스스로를 억제하지 못하고 [『자치통감』에서] 밖으로 드러낸 것은 지백(智伯)의 재덕(才德)에 대한 비평, 번영(樊英)에 관한 명분·실질의 논의, 당 태종이 신하들과 더불어 아악(雅樂)을 논의한 것에 대한 비평, 이덕유(李德裕)·우승유(牛僧孺)가 유주(維州)를 놓고 다툰 일에 대한 비평 등과 같은 사례들이다. 나아가 황번작(黃幡綽)·석야저(石野豬)의 우스꽝스러운 이야기는 서국의 관원들에게 써서 주어, 이를 보전함으로써 경계를 보이려는 것이었는데, 이러한 사마광의 은밀한 의사를 후세 사람들은 제대로 다 알지 못한다. 편년체로 쓴 것이 어찌 헛된 일이었겠는가!

宋朝英宗皇帝命司馬光, 論次歷代君臣事跡爲編年一書.[19] 神宗皇帝以鑑于往事, 有資於治道, 賜名曰『資治通鑑』, 且爲序其造端立意之由. 溫公之意, 專取關國家盛衰, 繫生民休戚, 善可爲法, 惡可爲戒者, 以爲是書, 治平·熙寧間,[20] 公與諸人議國事相是非之日也. 蕭·曹畫一之辯,[21] 不足以勝變法者之口, 分司西京,[22] 不豫國論, 專以書局爲事. 其忠憤感慨不能自已於言者, 則智伯才德之論,[23] 樊英名實之說,[24] 唐太宗君臣之議

---

[19] 김육불(金毓黻)은 '宋朝英宗皇帝'라는 구절은 원대 사람이 책을 새길 때 멋대로 바꾼 부분이라고 지적하면서 호삼성(胡三省)의 원문은 '송조(宋朝)'가 아닌 '국조(國朝)'였을 것이라고 하였다(金毓黻, 『中國史學史』, 河北敎育出版社, 2001, p.264).

[20] 치평(治平)은 영종의 연호(1064~1067), 희녕(熙寧)은 신종의 연호(1068~1077)이다.

[21] '소하·조참의 획일[蕭曹畫一]'은 기존의 규칙·관례 등을 고수하면서 아무것도 바꾸지 않는 것을 비유하는 말이다. 한의 조참이 소하의 뒤를 이어 상국이 된 다음, 모든 일을 그대로 지키면서 하나도 바꾸지 않는 방법을 택하였기 때문에 나온 말이다(『한서』 권39 「소하·조참전」, p.2021). 여기서는 사마광이 왕안석의 개혁을 반대하는 입장을 취하여 논쟁을 벌였다는 것을 일컫는다.

[22] 분사(分司)는 당·송의 제도로 중앙의 관원이 배도(陪都, 즉 제2의 수도)인 낙양에서 벼슬하는 것을 가리킨다. 서경(西京)은 낙양을 가리킨다.

[23] 『자치통감』 권1 「주기(周紀) 1」 위열왕(威烈王) 23년조(pp.14~15)에 나오는 사마광의 논찬(論贊)을 가리킨다. 지백(智伯, 智襄子)은 진(晉)의 조정을 장악하였지만 도량이 좁아 한·위·조 삼가(三家)를 압박하면서 땅을 요구하다가 도리어 조양자(趙襄子)에게 잡혀 피살당했는데, 사마광은 지백(智伯)의 멸망은 재주가 덕보다 앞섰기 때문이라고 논평하였다.

[24] 『자치통감』 권51 「한기(漢紀) 43」 순제(順帝) 영건(永建) 2년조(pp.1648~1650)에 나오는 사마광의 논찬을 가리킨다. 은사(隱士)인 남양(南陽)의 번영(樊英)이 누차에 걸친 황제의 부름에도 불구하고 악착같이 그것을 거절하고자 하였던 고사를 들어 사마광은 은사를 불러들이는 것은 그

樂,[25] 李德裕·牛僧孺爭維州事之類是也.[26] 至於黃幡綽·石野豬俳諧之語, 猶書與局官, 欲存之以示警,[27] 此其微意, 後人不能盡知也. 編年豈徒哉!

　세상의 논자들은 모두 말한다. "경(經)은 도를 싣는 것이고 사(史)는 사건을 기록하는 것이므로, 사와 경은 같은 차원에서 논의할 수 없다." 무릇 도라는 것은 존재하지 않는 곳이 없고 일과 행위 사이에 흩어져 있으니, 일의 득실과 성패[즉 사]로 인하여

　　도를 취하는 것이지 그 사람을 취하는 것은 아니며 그 실질에 힘써야지 명분에 힘써서는 안 된다고 지적하였다.

[25] 『자치통감』 권192 「당기(唐紀) 8」 태종(太宗) 정관(貞觀) 2년조(pp.6051~6053)에 나오는 사마광의 논찬을 가리킨다. 『당아악(唐雅樂)』의 제작 이후 예악을 둘러싸고 당 태종과 신하들이 나눈 논의에 대해 사마광은 태종이 정치의 흥륭(興隆)은 악(樂)에서 비롯된 것이 아니라고 한 일은 성인을 비난하는 것이나 마찬가지라고 지적하였다.

[26] 『자치통감』 권244 「당기 33」 문종(文宗) 태화(太和) 5·6년조(pp.7878~7881)의 기사를 가리킨다. 서천 절도사(西川節度使) 이덕유(李德裕)가 토번(吐蕃) 유주 부사(幽州副使) 실단(悉旦)의 투항을 계기로 토번을 공격하자고 상주한 것에 대해, 우승유(牛僧孺)가 중국의 이민족 통제는 신용을 으뜸으로 친다면서 반대하였고 황제가 그것을 받아들여 실단을 토번 측에 넘겨줌으로써 그들이 모두 국경에서 피살되게 한 사건을 가리킨다. 이 때문에 이덕유는 우승유를 더욱 증오하게 되었지만, 사마광은 논찬에서 우승유가 이덕유와 사이가 좋지 않아 그 공로를 막은 것이라고 하면서 우승유에 대해 "문종이 치세를 도모할 때 그는 보좌할 자리에 있었으면서 나아가서는 천자의 안색을 보면서 자리를 훔쳤고, 물러나서는 군주를 속이고 세상을 무혹시켜 이름을 훔쳤다."라고 비판하였다.

[27] 황번작(黃幡綽, 黃旛綽)은 당 현종 때의 궁정 악관(樂官)으로 해학과 유머에 뛰어나 현종의 총애를 받은 사람이다. 안록산의 난 때 그에 잡혀 역시 악관(樂官)을 지냈는데, 그 반란이 진압되면서 적군을 따랐다는 죄목으로 처벌받게 되었으나, 기지에 넘친 변명으로 현종을 크게 웃게 만들어 처벌을 피했다는 이야기가 전해진다. 안록산이 꿈에 옷소매가 긴 것을 보았다고 하자 "옷을 늘어뜨리고[즉 도가적 방식에 따라] 다스려야 한다(當垂衣而治)."고 아부하였지만, 현종에게는 "소매가 긴 것을 보고 [안록산이] '손을 내밀어 보았자 얻을 수 없다'는 것을 미리 알았기 때문에 구차하게 안록산에게 아부하면서 현종의 복귀를 기다렸다고 변명을 하여 그의 큰 웃음을 자아냈다는 것이다(『자치통감』에서는 황번작의 기사가 검색되지 않으며, 다만 사마광이 남긴 『통감석례(通鑑釋例)』 1권본[四庫全書 史部 編年類]에 "詼諧有所補益：如黃幡綽謂自己兒最可憐, 石野豬謂諸相非相之類, 存之, 其餘不須本."라는 기사가 보이는데 아마 이것을 가리키는 것 같다). 석야저(石野猪)는 『자치통감』 권253 희종(僖宗) 광명(廣明) 원년조의 기사에 나온다. 역시 우인(優人)으로 축구에 능한 황제가 "축구로 진사를 뽑으면 자신이 수석을 차지할 것"이라고 말하자, "폐하께서 요순 시절에 예부시랑이 되었다면 아마 쫓겨나지 않을 수 없을 것"이라고 대꾸하여, 황제가 웃음을 멈추지 못하게 하였다는 것이다.

도가 아무리 오랜 세월이 지나도 폐지되는 일이 없음이 알 수 있는데, 어찌 사라는 것을 빼놓아도 된다고 할 수 있겠는가? 임금이 되어 『통감』을 모르면 다스리고자 하지만 자연스럽게 치세를 이룰 수 있는 근원을 모르게 되고, 혼란을 미워하지만 그것을 방지하는 수단을 모르게 된다. 신하로서 『통감』을 모르면 위로는 임금을 제대로 섬길 수 없고, 아래로는 백성을 제대로 다스릴 수 없다. 자식으로서 『통감』을 모르면 자신의 영달을 꾀하다가 반드시 조상을 욕되게 하는데 이를 것이고, 일 처리 방식도 후세에 모범을 내려주지 못한다. 마치 군대를 부려 전쟁을 지휘하면서 법과 제도를 세우는데, 옛사람들의 장점을 본받을 줄 모르고 옛사람들의 단점을 경계할 줄 모르는 것과 같아서, 승리를 노리지만 패배를 당하게 되고 이로움을 꾀하지만 오히려 해를 당하게 되는 것이 필연적일 수밖에 없다.

　　世之論者率曰: "經以載道, 史以記事, 史與經不可同日語也."[28] 夫道無不在, 散於事爲之間, 因事之得失成敗, 可以知道之萬世亡弊, 史可少歟! 爲人君而不知『通鑑』, 則欲治而不知自治之源, 惡亂而不知防亂之術. 爲人臣而不知『通鑑』, 則上無以事君, 下無以治民. 爲人子而不知『通鑑』, 則謀身必至於辱先, 作事不足以垂後. 乃如用兵行師, 創法立制, 而不知迹古人之所以得, 鑑古人之所以失, 則求勝而敗, 圖利而害, 此必然者也.

　　공자께서 『상서』를 정리하면서 당우 시대부터 시작하여 「문후지명(文侯之命)」에서 끝내고, 아울러 이를 진(秦)과 연결시켰지만, 『노춘추』는 주의 평왕(平王) 49(B.C. 722)년부터[29] 시작한다. 좌구명이 『춘추』에 대한 주석을 한 『좌전』은 노 애공 27(B.C. 468)년 조양자(趙襄子)가 지백(智伯)을 독살한 일에서 끝나는데, 『통감』에서는 바로 조씨 가족이 흥기하고 지씨 가족이 몰락한 일을 맨 처음의 사건으로 삼았다. 이것을 통해 공자께서 『상서』를 정리한 다음 『춘추』를 지으셨다는 것을 알 수 있다. 『통감』의 편찬은 실로 『좌전』의 뒤를 잇는 것이다.

---

[28] 불가동일이어(不可同日而語)는 양자 사이의 차이가 너무 커서 함께 다루면서 논의할 수 없다는 뜻이다.

[29] 즉 노의 은공 원년이다.

孔子序『書』, 斷自唐虞, 訖「文侯之命」,[30] 而繫之秦, 『魯春秋』則始於平王之四十九年 ; 左丘明傳『春秋』, 止哀之二十七年趙襄子慭智伯事, 『通鑑』則書趙興智滅以先事, 以此 見孔子定書而作『春秋』.『通鑑』之作, 實接『春秋左氏』後也.

사마광이 이전 시대의 사서를 두루 살펴보았고 별도로 야사까지도 채택하여 그윽하고 숨겨진 비밀을 찾아 뽑고 그 정수를 모아 책을 편찬하였으니, 정말로 수고로운 일이었다! 『자치통감』을 편찬하는 일은 분야별로 나누어 맡았다. 한은 유반(劉攽)에게, 삼국부터 남북조까지는 유서(劉恕)에게, 당은 범조우(范祖禹)에게 각각 장점에 따라 일을 분담시켰으며, 그들은 모두 천하에서 뽑은 최고의 인재였고, 19년을 걸쳐 『자치통감』을 완성하였다. 즉 합해서 열여섯 왕조, 1,362년간의 역사적 사실을 하나의 책으로 모았으니, 어찌 한 사람의 마음과 눈·귀의 힘으로 이룰 수 있었겠는가!

溫公遍閱舊史, 旁採小說, 抉摘幽隱, 薈粹爲書,[31] 勞矣! 而脩書分屬, 漢則劉攽,[32] 三國汔於南北朝則劉恕,[33] 唐則范祖禹,[34] 各因其所長屬之, 皆天下選也, 歷十九年而成. 則合十六代·一千三百六十二年行事爲一書, 豈一人心思耳目之力哉!

---

30 「문후지명(文侯之命)」은 『상서』「주서(周書)」의 편명 가운데 하나이다.
31 회수(薈粹)는 회췌(薈萃)와 같은 뜻으로 모은다[聚集, 會集]는 뜻이다.
32 유반(劉攽, 1023~1089)은 자가 공부(貢夫, 貢父, 贛父), 호가 공비(公非)로 임강(臨江) 신유(新喩, 현재의 江西 新餘) 출신이다. 희녕 연간 중엽에 왕안석에게 서신을 보내 그의 신법을 비판한 바가 있는데, 『자치통감』의 편찬에 참여하여 한대 부분을 맡았다. 그 외 『동한간오(東漢刊誤)』(4권)·『한궁의(漢宮儀)』(3권)·『경사신의(經史新義)』(7권)·『오대춘추(五代春秋)』(15권)·『내전국어(內傳國語)』(20권) 등 여러 저작이 있다.
33 유서(劉恕, 1032~1078)는 자가 도원(道原)으로 균주(筠州, 현재의 江西 高安) 출신이다. 황우(皇祐) 원(1049)년에 진사가 되었고, 화천(和川)·옹원(翁源)에서 지현(知縣)을 지낸 적이 있었다. 치평 3(1066)년 영종이 사마광에게 스스로 인재를 선택하여 『자치통감』을 편찬하도록 하였을 때 그의 추천을 통해 저작랑으로 전임하면서 『자치통감』의 편찬에 참여하게 되었고, 특히 남북조 부분을 맡았다. 역사에 박식하여 사마광이 『자치통감』을 편집하면서 어려운 부분이 있으면 늘 유서에게 넘겼다고 한다.
34 범조우(范祖禹, 1041~1098)는 자가 순보(淳甫) 혹은 몽득(夢得)인데, 성도(成都, 오늘날의 四川省에 속한다) 화양(華陽) 출신이다. 『자치통감』의 편찬을 맡을 때 당대(唐代) 부분을 담당하였으며, 낙양에서 15년 동안 편찬에 전념하였다. 이외에도 범조우는 『당감(唐鑒)』(12권)·『제학(帝學)』(8권)·『인종정전(仁宗政典)』(6권) 등의 저작을 지었다.

사마광은 스스로 말하였다. "『통감』의 편찬이 완료된 다음, 오직 왕익유(王益柔) 한 사람만이 이 책을 빌려 일독하였다. 다른 사람들은 한 장을 넘기기도 전에 이미 하품을 하면서 기지개를 펴고 졸기 시작하였다." 그러니 본문 294권 전체를 두루 읽을 수 있었던 사람은 거의 없었던 것이다. 그리고 『고이(考異)』 30권은 뭇 서적을 참고하면서 그 내용의 같은 점과 다른 점을 평가하고 판단하여 하나로 뭉칠 수 있도록 하기 위한 것이었다. 『목록』 30권은 연월을 날줄로 하고 국가를 씨줄로 삼아 각 나라의 역사가 잡다하게 뒤섞여 함께 기록되었던 것을 아주 뚜렷이 구별할 수 있게 해 주었다. 뿐만 아니라 앞 시대 법의 변경, 천문의 이상 현상 등은 실로 『목록(目錄)』 윗부분에 적어 놓았으니, 어찌 이 책을 평범한 목록으로만 볼 수 있겠는가?

公自言:"修『通鑑』成, 惟王勝之借一讀; 他人讀未盡一紙, 已欠伸思睡."[35] 是正文二百九十四卷, 有未能遍觀者矣. 若『考異』三十卷, 所以參訂群書之異同, 俾歸於一. 『目錄』三十卷, 年經國緯, 不特使諸國事雜然並錄者粲然有別而已, 前代曆法之更造, 天文之失行, 實著於『目錄』上方, 是可以凡書目錄觀邪!

돌아가신 부친께서는 사학에 조예가 깊으셨고, 순우(淳祐) 계묘(癸卯, 1243)년에 처음에 코피가 나는 병을 앓게 되셨음에도 불구하고 사서를 읽는 일을 잠시라도 멈추지 않으셨기 때문에 코피가 떨어져 남기신 핏자국이 여전히 지금도 그대로 있다. 항상 내게 이렇게 말씀하셨다.

先君篤史學,[36] 淳祐癸卯, 始患鼻衄,[37] 讀史不暫置, 灑血漬書, 遺跡故在. 每謂三省曰:

"『사기』와 『한서』는 복건(服虔)·응소(應劭)부터 삼유(三劉, 즉 劉攽, 劉敞 및 劉敞의 아들 劉奉世)까지 주석과 해설이 많았다. 장회태자(章懷太子)가 범엽의 『후한서』

---

[35] 이에 관한 기사는 『송사』 권286 「열전 45 왕익유(王益柔)」(pp.9635~9636)에 나온다("司馬光嘗語人曰:'自吾爲資治通鑑, 人多欲求觀讀, 未終一紙, 已欠伸思睡. 能閱之終篇者, 惟王勝之耳.' 其好學類此."). 승지(勝之)는 왕익유(王益柔)의 자이다.

[36] 선군(先君)은 호삼성의 부친 호약(胡鑰, ?~1245)을 가리킨다. 그는 자가 숙방(叔方)으로 사학을 독실하게 좋아하였다고 하는데 당시 사람들은 그를 산림수사(山林秀士)라고 칭하였다.

[37] 비뉵(鼻衄)은 코피가 나는 병이다.

를 주석을 달고 배송지(裴松之)가 진수의 『삼국지』에 주를 달았는데, 비록 가끔 가다 독음에 대한 해석이 있었지만, 실로 본문과는 다른 기록을 덧붙이고 부족한 부분을 보충함으로써 해박함을 과시하였다. 『진서』에 주석을 단 양정형(楊正衡), 『신·구당서』에 주석을 단 두빈(竇蘋)과 동형(董衝)을 나는 높이 평가하지 않는다. 서무당(徐無黨)이 『오대사』에 주석을 붙였는데, 그 저자인 구양수(歐陽脩)의 저술 원칙과 의례(義例)를 대략 언급하였을 뿐 다른 것들은 제대로 다루지 못하였다. 『통감』에 대해서는 일찍이 유안세(劉安世)가 지은 『음의(音義)』 10권이 있었으나 세상에 전해지지 않았다. 『석문(釋文)』은 원래 촉(蜀) 출신인 사초(史炤)에게서 나왔는데, 풍시행(馮時行)이 이를 위해 서문을 써주었다. 지금 해릉판본(海陵版本)에는 또한 사마광의 아들인 사마강(司馬康)의 『석문(釋文)』이 있는데, 사소의 판본과 대동소이하다. 사마강은 서국에서 검열관(檢閱官)을 맡았으니 부친 사마광의 간절한 가르침이나 유반·유서·범조우 등 여러 어른들이 함께 지내면서 풀이해 준 바가 있어 응당 이렇게 엉터리는 아니었을 것이다. 생각건대 해릉판의 『석문』은 사마강이 쓴 것이 아니다. 네가 능히 그것을 바로잡을 수 있겠느냐?"

"『史』・『漢』自服虔・應劭至三劉,[38] 註解多矣. 章懷註范史,[39] 裴松之注陳壽史,[40] 雖間

---

[38] 복건(服虔)은 후한의 경학가로 자는 자신(子愼)이며 하남(河南) 형양(滎陽) 출신이다. 어릴 때부터 재능이 있었고 특히 경학 방면에 뛰어나 『춘추좌씨전행의(春秋左氏傳行誼)』(31권) 등 『춘추』·『좌전』에 대한 여러 주를 지어 존중을 받았다. 응소(應劭, 153?~196) 역시 후한의 학자로 자는 중원(仲遠)인데, 여남군(汝南郡) 남돈현(南頓縣, 현재의 項城) 출신이다. 박학다식으로 유명하였고 저작은 무려 11개 종류에 136권까지 이루었지만 대부분 산일되었다. 『한서』에 대한 집해(集解)로도 유명하다. 삼유(三劉)는 유반(劉攽)·유창(劉敞)과 그의 아들인 유봉세(劉奉世)를 일컫는데 『한서표주(漢書標注)』를 같이 지은 적이 있어 이렇게 불린다.

[39] 장회(章懷)는 당(唐)의 장회태자(章懷太子) 이현(李賢, 654~684)을 가리킨다. 자는 명윤(明允)으로 당 고종의 여섯째 아들이다. 나중에 폐위 당했지만 태자가 되어 높은 평가를 받기도 하였고, 여러 학자들을 초청하여 공동적으로 『후한서』에 대한 주석을 지었다.

[40] 배송지(裴松之, 372~451)는 자가 세기(世期)이며 남조 송의 하동(河東) 문희(聞喜, 현재의 산서성 聞喜) 출신이다. 아들인 배인(裴駰), 증손자인 배자야(裴子野)와 더불어 '사학삼배(史學三裴)'로도 불린다. 송의 문제(文帝)가 진수의 『삼국지』 내용이 너무 간략하다고 여겨서 배송지로 하여금 주석을 달게 하였다. 이를 통해 그는 사료를 널리 수집하고 보궐(補闕)·비이(備異)·징망(懲妄)·변론(辯論) 등의 네 원칙을 통해 『삼국지』의 부족한 부분을 보완하였다.

有音釋, 其實廣異聞, 補未備, 以示博洽. 『晉書』之楊正衡,[41] 『唐書』之竇蘋·董衝, 吾無取焉.[42] 徐無黨註『五代史』,[43] 粗言歐公書法義例, 他未之及也. 『通鑑』先有劉安世『音義』十卷,[44] 而世不傳. 『釋文』本出於蜀史炤, 馮時行爲之序.[45] 今海陵板本又有溫公子康『釋文』,[46] 與炤本大同而小異. 公休於書局爲檢閱官, 是其得溫公辟咡之敎詔,[47] 劉·范諸公群居之講明, 不應乖剌乃爾.[48] 意海陵『釋文』非公休爲之, 若能刊正乎?"

나는 두 팔을 받쳐 들어 "배우고 싶습니다."라고 대답하였다.

三省捧手對曰: "願學焉."

을사(乙巳. 1245)년에 부친께서 돌아가시자 가사를 돌보느라 고달팠고 또한 과거 시험 준비에 바빴지만, 사학을 감히 소홀히 하지는 않았다. 보우(寶祐) 연간 병신(丙辰,

---

41 양정형(楊正衡)은 『진서음의(晋書音義)』(1부 1책)를 지은 것으로 전해지고 있다.

42 북송 사람인 두빈(竇蘋, 竇苹)은 『당서음훈(唐書音訓)』(4권)을 지었고, 동충(董衝) 역시 송대 사람으로 『당서석음(唐書釋音)』(25권)의 저자로 알려져 있다.

43 서무당(徐無黨, 1024~1086)은 오강(五崗) 당촌(塘村) 출신으로 북송의 진사이며, 어릴 때 구양수(歐陽修)를 따라 고문을 배워 그가 아낀 제자 중의 하나였다. 구양수가 『신오대사』를 완성하자 여기에 주석을 한 『오대사주(五代史注)』(74권)를 지었다.

44 유안세(劉安世, 1048~1125)는 자가 기지(器之)로 진사 급제 후 사마광에게 배웠으며, 『자치통감음의(資治通鑑音義)』(10권)를 지은 바가 있는데, 전해지지 않는다.

45 남송 사람으로 촉(蜀) 출신인 사소(史炤)가 지은 『자치통감석문(資治通鑑釋文)』(30권)은 『자치통감』에 대한 최초의 주석서였다. 풍시행(馮時行, 1100~1163)은 자는 당가(當可), 호는 진운(縉雲)으로 선화(宣和) 6(1124)년 과거 시험에서 진사과 일등의 장원이 되었다. 45권의 『진운문집(縉雲文集)』이 있었는데, 오늘날 4권만 남아있다.

46 남송에 이르러 『자치통감』을 주석한 『석문』은 세 가지가 있었는데, 하나는 사마강(司馬康, 1050~1090, 원래는 사마광의 큰형의 아들인데 사마광의 두 아들이 죽은 다음 입양되어 그의 후사를 잇게 되었다. 자는 公休이다.)이 주석한 것이고, 해릉군재(海陵郡齋)에서 새겨 '해릉본(海陵本)'이라고 한다. 다른 하나는 사소의 『자치통감석문』('史炤本'), 또 다른 하나는 성도부(成都府) 광도현(廣都縣) 비씨진수당(費氏進修堂)의 판본인데, 본문 아래에 주석을 달아 '용조본(龍爪本)'이라고도 한다.

47 벽이(辟咡)는 대화를 나눌 때 고개를 옆으로 숙이고 입김이 상대방에 닿지 않도록 하여 존경을 표시하는 것을 말하는데, 나아가 귓속말이나 존장의 간절한 가르침을 뜻하기도 한다.

48 괴랄(乖剌)은 어기고 거스르다, 그릇되어 적절하지 못하다는 뜻이다. 내이(乃爾, 乃耳)는 이와 같다, 결국 이렇다는 뜻이다.

1256)년에 진사과(進士科)에 합격하고서야 비로소 『석문』을 짓는 데 크게 힘을 쓸 수 있었다. 집을 떠나 밖으로 먼 곳에 부임하더라도 항상 그 원고를 휴대하고 다녔으며, 남다른 사적과 학자가 있으면 반드시 찾아가 그에 따라 바로잡았다. 육덕명(陸德明)의 『경전석문(經典釋文)』에 체례에 따라 가다듬어 『광주(廣註)』 97권을 완성하였고, 『논(論)』 10편을 지어 주부터 오대까지 흥망성쇠의 대략을 서술하였다. 함순(咸淳) 경오(庚午, 1270)년에 회연(淮壖)에서 항주(杭州)로 돌아왔는데, [가사도의 문객이었던] 연평(延平)의 요영중(廖瑩中) 공이 이것을 보고 칭찬하면서 집에 예물을 보내 축하하고, 『자치통감』을 교수(校讎)하면서 그것으로 자기 자제들을 가르쳐 달라고 부탁하였으므로, 그를 위해 『교수통감범례(讎校通鑑凡例)』를 지었다. 그러자 그가 가사도(賈似道) 상국(相國)에게 추천하였으므로 나는 덕우(德祐) 을해(乙亥, 1275)년에 장강 유역에서 종군하게 되었는데, 누차 진언하였지만 그때마다 받아들여지지 않았던 데다가 군대가 궤멸되자 사이 길로 고향에 돌아왔다. 병자(丙子, 1276)년에 절강 동부 지역이 소란스러워지기 시작하자 절강의 신창으로 피하였는데 군대가 뒤따라왔으므로 처자식들은 화를 피했지만 책은 잃어버렸다. 반란이 평정된 다음 돌아와 다시 다른 판본을 구해 주석을 달았는데, 처음에는 『고이』와 주석한 내용을 『자치통감』의 원문 아래 여기 달았고, 역법·천문에 대해서는 『목록』에 쓰인 내용에 따라 주를 첨부하였다. 을유(1285)년 겨울이 되어서야 비로소 작업을 완전히 끝낼 수 있었다. 무릇 사건의 경위, 지명의 같고 다름, 주현의 설치와 그 이합집산 및 제도의 연혁과 그 변동 상황 등에 대해서는 빠짐없이 그렇게 된 까닭을 설명해 놓았다. 『석문』의 그릇된 부분도 모두 고쳐서 바로잡아 『변오(辨誤)』 12권을 지었다.

乙巳, 先君卒, 盡瘁家蠱,[49] 又從事科擧業, 史學不敢廢也. 寶祐丙辰, 出身進士科,[50] 始得大肆其力於是書. 游宦遠外, 率攜以自隨 ; 有異書異人, 必就而正焉. 依陸德明『經典釋文』,[51] 釐爲『廣註』九十七卷, 著「論」十篇. 自周訖五代, 略敍興亡大致. 咸淳庚午,

---

49 가고(家蠱)는 가사(家事)를 말한다.

50 송 태종 때 진사를 3등으로 나누어 '삼갑'이라고 불렀고 진종에 이르러 다시 5등으로 구별하였다. 1, 2등은 '급제(及第)', 3등은 '출신(出身)', 4, 5등은 '동출신(同出身)'으로 진사의 등급을 나눈 것이다.

51 육덕명(陸德明, 550~630)은 소주(蘇州) 오현(吳縣) 출신으로 당 태종에 의해 진부(秦府)의 문학

從淮壖歸杭都,[52] 延平廖公見而韙之,[53] 禮致諸家, 俾讎校通鑑以授其子弟, 爲著『讎校通監凡例』. 廖轉薦之賈相國,[54] 德祐乙亥, 從軍江上.[55] 言輒不用, 旣而軍潰, 間道歸鄕里. 丙子, 浙東始騷, 辟地越之新昌[56] ; 師從之, 以孥免, 失其書. 亂定反室, 復購得他本爲之注, 始以『考異』及所註者散入『通鑑』各文之下, 曆法·天文則隨目錄所書而附註焉. 汔乙酉冬, 乃克徹編. 凡紀事之本末, 地名之同異, 州縣之建置離合, 制度之沿革損益, 悉疏其所以然. 若『釋文』之舛謬, 悉改而正之, 著『辯誤』十二卷.

오호라! 반고의 『한서』에 대해 주석을 단 사람은 많다. 진작(晉灼)은 복건·응소의 풀이를 모아서 그것이 적절한지 여부를 판가름하였으며, 신찬(臣瓚)은 여러 학자의 주장을 종합하면서도 자신의 견해로 반박하였다. 안사고(顔師古)의 새로운 주석에 이르러서는 복건·응소의 주석은 성기거나 어지러운 부분이 많고 소림(蘇林)·진작의 주석은 분석하고 판단한 것이 적다고 비꼬고 신찬(臣瓚)의 실수를 비판하고 채모(蔡謨)의 서로 들어맞지 않는 점을 꾸짖으면서도, 스스로는 "근본을 찾아 탐구하고 이리저리 맞추어 감별하고 풀이하여, 더 이상 남긴 것이 없을 정도이다."라고 하였다. 그렇지만 유씨

관(文學館) 학사로 초빙되었으며, 정관 연간 초기에 국자감 박사가 되고 오현남(吳縣男)에 봉해졌다. 『경전석문(經典釋文)』(30권) 등의 저작이 있는데, 당 태종도 『경전석문』을 읽고 크게 칭찬하면서 속백(束帛) 200단(段)을 하사한 바 있다.

[52] 회연(淮壖)의 위치는 정확한 것은 알 수 없지만, 함순(咸淳) 3(1267)년 호삼성은 강회제치사(江淮制置使) 이정지(李庭芝)의 부름을 응하여 수춘부학(壽春府學)의 교수(教授)로 부임하였다가, 함순 6(1270)년 모친상을 만나 복상을 하였고, 복상 기한이 끝난 뒤 안경부(安慶府) 회녕현(懷寧縣)의 지현으로 벼슬을 하였다. 같은 해에 이정지가 경호제치사(京湖制置使)로 전임하면서 그 역시 회연에서 항주로 돌아가게 되었다. 따라서 회연은 안휘성의 안경부 회영현 일대일 가능성이 크다. 하지만 회연은 오늘날 강소성의 회안(淮安)을 가리키는 말로도 사용된다.

[53] 연평요공(延平廖公)은 남송의 장서가이자 출판가[刻書家]인 요영중(廖瑩中, ?~1275)을 가리키는데, 자는 군옥(群玉), 호는 약주(藥洲)로 복건성의 소무(邵武) 출신이다. 남송 말기의 '간신(奸臣)'으로 유명한 가사도(賈似道, 1213~1275)의 막객(幕客)으로 그에게 매우 충실하였다고 하는데 집 안에 세채당(世采堂)·재근당(在勤堂)을 세워 각서(刻書)에 종사하였으며, 사용한 종이와 먹의 질이 매우 좋아서 대대로 선본(善本)이라고 여겨졌다.

[54] 가상국(賈相國)은 앞서 나온 가사도(賈似道)를 가리킨다.

[55] 호삼성은 함순 10(1247)년 가사도에게 추천된 다음 연강제치사기의문자(沿江制置使機宜文字)로 출임하였고, 다음 해에는 가사도의 막료가 되어 무호(蕪湖)에서 종군하였다고 하므로 강상은 장강(長江) 유역을 가리키는 것으로 보인다.

형제(劉敞과 劉敵)가 안사고를 비판한 것은, 마치 안사고가 옛사람들을 비판한 것과 같다. 사람은 스스로의 잘못을 깨닫지 못하는 약점이 있으니, 옛사람 주석의 실수는 스스로 알아낼 수 있지만, 자신의 주석에서 실수한 부분은 결코 스스로 깨닫지 못하는 것이다. 또한 옛사람은 책에 주석을 달 때 문장이 간략하면서 뜻이 잘 드러났다. 그렇지만 지금 내가 주석을 붙인 것은 해박하다고 하면 해박하겠지만, 도리어 간략하다는 점에서는 훨씬 미치지 못한다. 세상의 운세가 바뀌면서 뛰어난 문인·학자들이 잇따라 세상을 뜨니, 내가 그들을 따라서 바로잡는 것이 불가능해져 버렸다. 혹은 "[초나라의 진량(陳良)이] 북쪽의 중원에 가서 배웠다[北學於中國]."는 고사로 나를 북돋울 수도 있을 것이다. 오호라! 뜻은 있지만 나는 이미 너무 늙었다!

嗚呼! 注班書者多矣. 晉灼集服·應之義, 而辨其當否,[57] 臣瓚總諸家之說, 而駁以己見.[58] 至小顏新註,[59] 則又譏服·應之疏紊尙多, 蘇晉之剖斷蓋鮮,[60] 訾臣瓚以差爽,[61] 詆

---

[56] 신창(新昌)은 절강성 동부에 위치하고 있으며 현재는 소흥(紹興)에 속하는 현이다.

[57] 진작(晉灼)은 서진 하남 출신으로 상서랑(尙書郎) 벼슬을 지낸 적이 있으며, 『한서음의(漢書音義)』를 지은 바가 있다. 이하 진작부터 채모까지에 대한 평가는 뒤에 나오는 안사고(顏師古)가 지은 「한서서례(漢書敍例)」(『한서』, pp.1~5)에 나오는 내용을 다시 인용한 것이다. 안사고는 여기서 역대의 주석가에 대해 간략하게 소개하고 있다(여기 인용된 부분의 원문은 "以爲服·應蠲說疏紊尙多, 蘇·晉衆家剖斷蓋鈔, 蔡氏纂集尤爲牴牾."(p.1), 그리고 "今皆窮波討源, 搆會甄釋"(p.3)이다). 진작에 대해 안사고는 상당히 긍정적인 평가를 하였는데, 진작을 비롯하여 복건·응소·소림·채모 등에 대해서도 안사고의 「한서서례」에 모두 간단한 설명(pp.4~5)이 나와 있다("漢書舊無注解, 唯服虔·應劭等各爲音義, 自別施行. 至典午中朝, 爰有晉灼, 集爲一部, 凡十四卷, 又頗以意增益, 時辯前人當否, 號曰: 『漢書集注』. 屬永嘉喪亂, 金行播遷, 此書雖存, 不至江左. 是以爰自東晉迄于梁·陳, 南方學者皆弗之見.").

[58] 신찬(臣瓚, 성명 불상) 역시 서진의 학자로 후한 말에 이르러 『한서』를 연구한 자가 복건·응소·진작을 비롯한 10여 가에 이르렀는데, 신찬은 그런 바탕 위에서 옛 학자들이 다룬 성과를 모으면서 자기의 의견을 덧붙였다. 주로 급총고문(汲塚古文)에 의하여 학자들의 착오를 반박함으로써 『한서집해음의(漢書集解音義)』 24권을 지었다. 앞서 든 안사고의 「한서서례」(pp.1~2)에서도 그에 대해 서술하고 있다("莫知氏族, 考其時代, 亦在晉初, 又總集諸家音義, 稍以己之所見, 續廁其末, 擧駁前說, 喜引竹書, 自謂甄明, 非無差爽, 凡二十四卷, 分爲兩帙. 今之『集解音義』則是其書, 而後人見者不知臣瓚所作, 乃謂之應劭等集解. 王氏『七志』, 阮氏『七錄』, 並題云然, 斯不審耳. 學者又斟酌瓚姓, 附著安施, 或云傅族, 旣無明文, 未足取信.").

[59] 소안(小顏)은 안사고(顏師古, 581~645)를 가리킨다. 그의 자는 자행(字行)으로 경조(京兆) 만년(萬年, 현재의 陝西 西安市) 출신인데, 명유(名儒) 안지추(顏之推)의 손자이다. 어릴 때부터 가

蔡謨以牴牾,⁶² 自謂: "窮波討源, 構會甄釋,⁶³ 無復遺恨"; 而劉氏兄弟之所以議顔者, 猶顔之議前人也. 人苦不自覺, 前注之失, 吾知之, 吾注之失, 吾不能知也. 又, 古人注書, 文約而義見; 今吾所注, 博則博矣, 反之於約, 有未能焉. 世運推遷, 文公儒師從而凋謝,⁶⁴ 吾無從而取正. 或勉以北學於中國.⁶⁵ 嘻, 有志焉, 然吾衰矣!

을유(1285)년 겨울 11월 을유 동지(冬至)에 천태(天台)의 호삼성이 매조확거(梅磵蠖居)에서 씀.

업을 이어받으면서 조상의 교훈을 따라 학문을 익혔으며 특히 훈고(訓詁)·성운(聲韻)·교감(校勘) 등에 뛰어났다. 안사고의 작은 아버지인 안유진(顔遊秦)이 『한서결의(漢書決疑)』(12권)를 지은 바가 있고, 뒤에 안사고가 『한서』를 주석하여 『한서결의』의 내용을 많이 취하였는데 이 때문에 안사고를 소안(小顔)이라고 불렀다.

60 소림(蘇林)은 자는 효우(孝友)로 진류(陳留) 외황(外黃, 현재의 河南 民權 西北) 출신인데, 후한 말 태어나 위의 급사중령비서감(給事中領秘書監) 등을 지냈고 안성정후(安成亭侯)에 봉해졌다. 학식이 풍부하고 특히 고금의 문자를 관통하여 모든 책의 본문과 주석 간에 어렵거나 의심스러운 점이 있다면 소림이 항상 훈석(訓釋)을 하였다고 한다.

61 차상(差爽)은 실수나 오류, 착오를 말한다.

62 채모(蔡謨)는 자는 도명(道明)이고 진류 고성(考城) 출신인데, 동진(東晉) 때에 시중오병상서(侍中五兵尙書) 등 여러 관직을 거쳤으며, 시호는 문목공(文穆公)이다. 안사고의 『한서서례』에서도 (p.2) 그에 대해 비평하고 있다 ("蔡謨全取臣瓚一部散入『漢書』, 自此以來始有注本. 但意浮功淺, 不加隱括, 屬輯乖舛, 錯亂實多, 或乃離析本文, 隔其辭句, 穿鑿妄起. 職此之由, 與未注之前大不同矣. 謨亦有兩三處錯意, 然於學者竟無弘益.").

63 구회(構會)는 피차간에 서로 틈이 벌어지게 만든다, 계교를 써서 해친다는 뜻이다. 견석(甄釋)은 살펴서 풀이한다, 견(甄)은 살핀다, 감별한다, 밝히거나 드러낸다[表彰]는 뜻이다.

64 문공유사(文公儒師)는 뛰어난 문장가와 학자를 가리킨다. 좀 더 구체적으로는 유하동(柳河東, 773~819: 당송 팔대가의 한 사람인 柳宗元으로 河東 출신이다), 왕황주(王黃州, 954~1001: 송대의 시인·산문가인 王禹偁으로 黃州에 좌천된 적이 있어 이런 명칭이 붙었다)와 손하(孫何, 961~1004: 역시 송대의 학자·문인으로 자는 漢公이다) 세 사람을 말하기도 한다(북송 초의 학자인 石介의 『徂徠石先生文集』, 권16 「與裴員外書」에 "噫! 文之弊已久, 自柳河東·王黃州·孫漢公輩相隨而亡, 世無文公儒師, 天下不知所準的."이라는 구절이 있다).

65 "북학어중국(北學於中國)"은 『맹자』 「등문공(滕文公)」 상(上)에 나온다("陳良楚産也. 悅周公仲尼之道, 北學於中國, 北方之學者, 未能或之先也. 彼所謂豪杰之士也."). 초의 진량이 주공과 공자의 도를 흠모하여 북쪽의 중원에 가서 배웠으나, 북방의 학자 가운데 그를 능가하는 사람이 없었다는 고사이다. 중국은 다양한 뜻이 있어, 경사(京師)나 천자가 통치하는 왕국, 중원(中原) 지구의 중원 왕조, 황하 유역, 또는 국내나 내지(한족이 거주하는 지역이나 국가) 등을 가리킨다.

旃蒙作噩,⁶⁶ 冬十有一月, 乙酉日長至,⁶⁷ 天台胡三省身之父,⁶⁸ 書於梅磵蠖居.

---

66 전몽(旃蒙)은 천간(天干) 중의 '을(乙)'의 별칭이고, 작악(作噩)은 지지(地支) 중의 '유(酉)'의 별칭이므로, 을유(1285)년을 가리킨다.
67 일장지(日張至)는 하지와 동지를 말하는데, 여기서는 동지를 가리킨다.
68 호삼성의 출신지는 태주(台州) 영해(寧海, 현재의 浙江 寧波)인데, 항상 '천태호삼성(天台胡三省)'이라고 자칭하였다. 그 지역 출신 문인은 영해에 가까운 천태산(天台山)을 자기 출신지로 쓰는 습관이 있었기 때문이라고 한다. 보(父)는 즉 보(甫)인데, 자(字) 뒤에 붙여 쓰는 남자의 미칭이다.

09 『문헌통고(文獻通考)』 「자서(自序)」(選錄)

마 단 림(馬端臨)

◎ 『문헌통고(文獻通考)』

『문헌통고』(『통고』로도 간칭한다)는 마단림(馬端臨)이 편찬하였다. 상고 시대부터 송 영종(寧宗) 시대까지의 전장제도 통사라 할 수 있는데, 역대 전장제도를 기술한 『통전』·『통지』의 뒤를 계승하여 규모가 가장 큰 저작이 되었으며, 아울러 '삼통'으로 합칭된다. 『문헌통고』는 24고(考), 348권으로 구성되어 있는데, 「경적(經籍)」에서 「물이(物異)」까지의 다섯 가지는 『통전』에 없던 것이고, 나머지 19문은 모두 『통전』에 항목이나 세부 항목이 있다. 그 체례·내용으로 보건대 실제로는 『통전』의 확대와 연속이며, 이것이 『문헌통고』의 첫 번째 특징이다. 자료는 당 중기 이전은 『통전』을 기초로 하고 적당하게 보충하였으며, 이후는 마단림이 광범위하게 채집한 결과로 이루어졌는데, 특히 송대 부분은 사료가 아주 풍부하여 『송사』에 없는 것도 많다. 이렇게 재료의 범위가 넓어 풍부하게 수집된 것이 또 하나의 특징이다. 『문헌통고』 24고(考)는 전부(田賦)·전폐(錢幣)·호구(戶口)·직역(職役)·정각(征榷)·시적(市糴)·토공(土貢)·국용(國用)·선거(選舉)·학교(學校)·직관(職官)·교사(郊社)·종묘(宗廟)·왕례(王禮)·악(樂)·병(兵)·형(刑)·경적(經籍)·제계(帝系)·봉건(封建)·상위(象緯)·물이(物異)·여지(輿地)·사예(四裔)로 구성되어 있다. 내용은 모두 약 470여만 자로 『통전』에 비해 283만 자가 많지만 『통지』에는 미치지 못하는데, 『통지』의 경우 '기전' 부분이 아주 많은 비중을 차지하므로 실제 제도 방면만 다룬 『통고』가 『통지』보다 훨씬 분량이 큰 셈이다. 여기서는 마단림(馬端臨) 저(著), 『문헌통고(文獻通考)』(全二冊. 中華書局, 1986)의 「고삼(考三) 자서(自序)」 부분을 이용하였다.

마단림(馬端臨)

마단림(1254?~1323?)의 자는 귀여(貴與)이고 요주(饒州) 낙평(樂平, 오늘날의 江西省 樂平市) 출신이다. 그의 부친인 마정란(馬廷鸞)은 남송 때 우승상(右丞相)을 지냈고 또 남송의 국사원편수관(國史院編修官)·실록원검토관(實錄院檢討官) 등을 지내다가 권신(權臣) 가사도(賈似道)와 사이가 좋지 않아 낙향했다. 마단림은 그런 아버지를 모시고 집에서 많은 책을 읽었는데, 함순(咸淳) 연간에 조시(漕試)에 1등으로 합격했고 음서(陰敍)로 승사랑(承事郞) 직을 맡게 되었다. 남송이 망한 후 은둔하면서 관직에 나가지 않고 34세 이후 20여 년의 시간을 들여『문헌통고』를 편찬했다. 그의 생애에 대해서『송사(宋史)』,『원사(元史)』모두에 전기가 없고 다만『신원사(新元史)』,『원사유편(元史類編)』에 약간의 기록이 있는데 그마저도 자세하지 않다.

09

『문헌통고(文獻通考)』「자서(自序)」(選錄)

　　옛날 순자(荀子)께서 말씀하셨다. "성왕(聖王)의 치적을 살피려면 그 가운데 가장 뛰어난 경우를 살펴야 하는데 후왕(後王, 周의 天子)이 바로 그러하다." 또한 말씀하셨다. "군자가 후왕의 도를 살핀 다음, 다시 나아가 다시 수많은 역대 왕들에게까지 거슬러 올라가 그 정치의 도를 따진다면, 그것은 마치 몸을 단정히 하고 두 손을 맞잡아 공경함을 표시하면서 논의하는 것처럼 차분하고 힘들지 않은 일이다." 그러므로 제도를 살피고 헌장(憲章)을 검토하면서 아는 바를 늘리고 그것을 확실하게 파악하는 것은 확실히 고금을 꿰뚫고 학식이 넓은 학자가 힘써야 할 일이 된다. 『시경』・『상서』・『춘추』이후에 오로지 사마천의 사서만이 훌륭하다고 평가를 받는데, 『사기』는 '기'・'전'・'서'・'표'의 체례를 만들어, '기'・'전'에서는 국가의 치란과 흥망성쇠를 서술하였고, '팔서(八書)'를 통해서 전장제도를 서술하였으므로, 후세에 붓을 들어 사서를 편찬하는 사람들은 결국 누구도 그 체례를 바꾸지 않았다. 그렇지만 반고부터 시작하여 단대사(斷代史)로 사서를 편찬하게 됨으로써 종횡으로 서로 통하고 이어받는 것을 보여 주는 회통(會通)・인잉(因仍)의 뜻을 잃게 되었으므로, 읽는 사람들이 이 점을 불편하게 여겼다. 사마광이 『자치통감』을 지어 1,300여 년간의 역사와 17권의 정사(正史)에 담긴 내용을 모아서 한 책으로 편찬하기에 이르자, 그 다음 학자들은 이 책을 펼쳐 보면 고금의 역사를 모두 여기서 살펴볼 수 있었다. 그러나 사마광의 『자치통감』은 국가의 치란과 흥망성쇠에 대해서만 상세히 기술하였을 뿐, 역대 전장제도에 대해서는 소략하게 다루었는데, 이것은 그의 지혜나 식견이 미치지 못해서가 아니었다. 엄청난 분량의 문헌과 사서를 편집해서 정리해야 할 뿐만 아니라 『자치통감』이라는 저술 자체의 특성을 고려해야 하였기 때문에, 두 가지 모두를 함께 얻을 수 있는 형편이 아니었기 때문이다.

　　昔荀卿子曰: "欲觀聖王之跡, 則於其粲然者矣, 後王是也."[1] "君子審後王之道, 而論於百王之前, 若端拜而議."[2] 然則考制度, 審憲章, 博聞而强識之, 固通儒事也. 『詩』・『書』・『春秋』之後, 惟太史公號稱良史, 作爲紀・傳・書・表, 紀・傳, 以述理亂興衰, 八書以述典章經制,[3] 後之執筆操簡牘者, 卒不易其體. 然自班孟堅而後, 斷代爲史, 無會通·因仍之道, 讀者病之. 至司馬溫公作『通鑑』,[4] 取千三百餘年之事跡, 十七史之記述, 萃爲一書, 然後學者開卷之餘, 古今咸在. 然公之書詳於理亂興衰, 而略於典章經制, 非公之智有所不逮也. 編簡浩如煙埃, 著述自有體要, 其勢不能以兩得也.

나는 늘 왕조들의 치란과 흥망성쇠는 서로 인과 관계가 없다고 생각해 왔다. 진(晉)이 나라를 얻는 방법은 한(漢)과 달랐고 수(隋)가 망한 것은 당(唐)의 경우와 달랐지만, 왕조별로 각기 그 사서가 있어 그것으로 그 왕조의 시작과 결말을 충분히 갖출 수 있으므로 서로 비교하여 살펴볼 필요가 없다고 여겼기 때문이다. 그렇지만 전장제도는 사실 서로 이어지는 것이다. "은의 제도는 하의 제도를 이어받았고, 주의 제도는 은의 제도를 이어받았으므로 주를 뒤이은 왕조에서 덧붙이고 뺀 것은 백대가 지나더라도 알아볼 수 있다."는 것은 공자께서도 이미 예언한 바 있다. 진·한대부터 당·송대에 이르기까지 예·악·병·형과 관련된 제도와 세역(稅役)·선거의 규범은 물론 관직 명칭의 변천, 지리의 연혁 등은 비록 그 마지막이 서로 같을 수는 없지만 그 시작부터 또한 크게 달랐다고 할 수는 없다. 예를 들어 한의 조정 의례나 관제는 진의 그것을 본받았고, 당의 부병제(府兵制)·조용조(租庸調) 제도는 본시 주의 것을 본받았다. 다만 그것이 내려오면서 조금씩 바뀌고 늘어나는 과정을 거쳤으므로, 서로 융합되고 뒤섞여 그 시작과 끝을 찾아가 탐구하면서 미루어 찾아보지 않는다면 쉽사리 [그 원래의 기원을] 찾아보기 어렵다. 서로 이어지지 않는 부분은 그래도 사마광의 『자치통감』이 편찬되어 [찾아볼 수] 있지만, 본래 서로 이어지는 부분에 대해서는 [마땅히 찾아볼 수 있는]

---

1 이 구절은 『순자(荀子)』「비상(非相)」편에 나오는 구절이다("故曰:欲觀聖王之跡, 則於其粲然者矣, 後王是也. 彼後王者, 天下之君也;舍後王而道上古, 譬之是猶舍己之君, 而事人之君也.") 여기서 '후왕(後王)'은 곧 '천하의 군주', 즉 주의 천자(天子)를 가리킨다.

2 이 구절도 『순자』「불구(不苟)」편에 나오는 구절이다("君子位尊而志恭, 心小而道大;所聽視者近, 而所聞見者遠. 是何邪? 則操術然也. 故千人萬人之情, 一人之情也. 天地始者, 今日是也. 百王之道, 後王是也. 君子審後王之道, 而論百王之前, 若端拜而議. 推禮義之統, 分是非之分, 總天下之要, 治海內之衆, 若使一人. 故操彌約, 而事彌大.").

3 팔서(八書)는 『사기』의 「예서(禮書)」·「악서(樂書)」·「율서(律書)」·「역서(曆書)」·「천관서(天官書)」·「봉선서(封禪書)」·「하거서(河渠書)」·「평준서(平准書)」를 말한다.

4 바로 『자치통감』을 지은 사마광을 가리킨다.

아무런 서적도 없으니, 후학들이 마땅히 열심히 마음을 기울여야 할 부분이 아니겠는가?

竊嘗以爲理亂興衰, 不相因者也. 晉之得國異乎漢, 隋之喪邦殊乎唐, 代各有史, 自足以該一代之始終, 無以參稽互查爲也. 典章經制, 實相因者也. "殷因夏, 周因殷, 繼周者之損益, 百世可知", 聖人蓋已預言之矣.[5] 爰自秦漢以至唐宋, 禮樂兵刑之制, 賦斂選擧之規, 以至官名之更張, 地理之沿革, 雖其終不能以盡同, 而其初亦不能以遽異. 如漢之朝儀·官制, 本秦規也. 唐之府衛[6]·租庸,[7] 本周制也. 其變通張弛之故, 非融會錯綜, 原始要終而推尋之, 固未易言也. 其不相因者, 猶有溫公之成書, 而其本相因者, 固無其書, 獨非後學之所宜究心乎!

당의 두우가 처음 『통전』을 지어 상고 시대부터 당의 천보 연간에 이르기까지 역대 제도가 이어지고 단절되는 원인에 대해 아주 훌륭하게 살펴볼 수 있게 하였다. 그 다음 북송의 송백(宋白)은 『통전』의 뒤를 이어 후주(後周) 현덕(顯德) 연간까지 편찬하였고, 남송의 위료옹(魏了翁)은 다시 『국조통전(國朝通典)』을 지었다. 그러나 송대의 저술은 편찬된 다음 전승되거나 익힌 사람이 적고, 실제 위료옹(魏了翁)은 원고를 썼지만 책으로는 완성하지는 못하였다. 따라서 오늘날 전해지는 것은 오로지 두우의 『통전』밖

---

5 이 구절은 『논어』 「위정(爲政)」 편에 나온다("子張問: '十世可知也?' 子曰: '殷因於夏禮, 所損益可知也. 周因於殷禮, 所損益可知也. 其或繼周者, 雖百世可知也.'").

6 부위(府衛)는 부병제(府兵制)를 가리킨다. 부병제는 병농합일(兵農合一)의 특징을 지닌 병제(兵制)로 평소 부병(府兵)은 농사를 짓는 농민으로 휴식 시간을 이용해 훈련을 받고 전시에는 종군하여 전투에 참가한다. 부병이 전투에 참가할 때 사용하게 되는 무기와 마필은 스스로 준비했는데 전국 각지에 모두 부병을 선발하고 훈련시키는 절충부(折衝府)가 있었다. 이 제도는 서위(西魏) 시절의 권신(權臣) 우문태(宇文泰)가 만들어서 북주·수·당 초기를 거치면서 점차 제도가 완비되어 태종 시절에 완성되었다. 이후 현종 천보 연간(742~755)에 폐지되었는데, 전후로 약 200년간 존속했다.

7 조용제(租庸制)는 균전제(均田制)의 실시를 기반으로 시행된 부역(賦役) 제도인 조용조(租庸調) 제도를 가리킨다. 무릇 균전(均田)을 경영하는 농가는 그 면적에 상관없이 인구 수에 따라 정액 부세(賦稅)를 납부하고[租, 즉 田租], 아울러 매년 일정한 기간(20일) 요역(徭役)을 담당하며[力役, 이를 비단으로 대신하는 것이 庸], 아울러 향토의 토산물을 납부[調, 즉 戶調]하는 것이 그 중심적인 내용이다. 인정(人丁)을 중심으로 그 토지나 재산의 크기를 묻지 않고 인정 수에 따라 동등한 부담을 지게 하는 것이 또한 특징이다.

에 없을 뿐이라서 천보 연간 이후는 사실 기록이 비어 있는 상태다. 『통전』은 그 큰 틀이 방대하고 고증 또한 풍부하고 치밀하여 별로 논란이 될 여지가 없다고 해야겠지만, 시대에는 옛날과 지금의 차이가 있어 서술에도 상세함과 간략함이 있어야 하는데, 각 세부 항목 사이에 충분하게 갖춰지지 않은 부분이 있고 자료를 선택하거나 빼는 부분에서도 자못 정밀하지 못한 부분이 있는 만큼 전혀 아쉬움이 없지는 않다. 옛 사람들은 토지[田]에 따라 세금[賦]을 제정했고 세금은 쌀 등의 곡물을 거두는 것이기 때문에 세금 제도는 토지 제도 밖으로 따로 분리시켜 논의할 수는 없다. 뿐만 아니라 옛 사람들은 토지에 따라 공물[貢]을 내게 하였지만, 공물은 현지의 특산물을 올리는 것이므로 그것을 세금 제도 속에 뒤섞어서 논의할 수 있는 것이 아니다. 또한 이를테면 선거 제도를 서술하면서 수재(秀才)·효렴(孝廉)과 과거 시험에 의한 관료 선발의 제도를 구분하지 않았다거나, 전례(典禮)를 서술하면서도 경전의 본문[經文]과 그에 대한 해설[傳注]를 함께 다루었거나, 병제(兵制)를 서술할 경우에도 [그와 관련된] 부역 제도의 규정을 모두 빠뜨려 놓고 단지 군사적 승패의 흔적만을 다루었다는 점도 마찬가지이다. 이와 같은 여러 문제들은 차라리 자그마한 허물이라는 지적을 피할 수 없을 것이다.

唐杜岐公始作『通典』,[8] 肇自上古, 以至唐之天寶,[9] 凡歷代因革之故, 粲然可考. 其後, 宋白嘗續其書,[10] 至周顯德,[11] 近代魏了翁又作『國朝通典』.[12] 然宋之書成而傳習者少, 魏

---

[8] 두기공은 바로 두우(杜佑)를 가리킨다. 사후에 기국공(岐國公)에 봉해졌기 때문에 이런 명칭이 나왔다.

[9] 천보(天寶, 742~756)는 당 현종의 연호이다.

[10] 송백(宋白, 936~1012)은 자가 태소(太素)인데 북송대 대명(大名, 오늘날의 河北省에 속한다)사람으로 건륭(建隆) 연간의 진사이다. 함평(咸平) 3(1000)년 이종악(李宗諤) 등과 함께 『통전』의 속수(續修) 작업에 착수하여 4년 만에 완성을 보았다.

[11] 현덕(顯德, 954~960)은 후주(後周) 태조(太祖)의 연호이다. 그 후 세종(世宗)과 공제(恭帝) 역시 현덕 연호를 계속 사용하였다.

[12] 위료옹(魏了翁, 1178~1237)은 남송의 학자로 자가 화부(華父)이고 호는 학산(鶴山)이며 공주(邛州) 포강(蒲江, 오늘날의 四川省에 속함)사람이다. 경원(慶元) 5(1199)년 진사 출신으로 관직은 자정전대학사(資政殿大學士)에 이르렀다. 『학산집(鶴山集)』 등 다수의 저서가 있다. 『문헌통고』 「경적고(經籍考)」 권28의 기재에 따르면, 『국조통전』(200권)에 대해서는 진진손(陳振孫)이 말하기를 "『국조통전』에는 저자의 이름을 밝히지 않았는바, 혹은 위학산(魏鶴山)이 지은 것이라고 하는데 바야흐로 짓기 시작하였으나 완성 단계에 이르지는 못했다고 한다. 무릇 『통전』이나 『회요』,

嘗屬稿而未成書, 今行於世者, 獨杜公之書耳, 天寶以後蓋闕焉. 有如杜書綱領宏大, 考訂該洽, 固無以議爲也, 然時有古今, 述有詳略, 則夫節目之間未爲明備, 而去取之際頗欠精審, 不無遺憾焉. 蓋古者因田制賦, 賦乃米粟之屬, 非可析之於田制之外也. 古者任土作貢, 貢乃包篚之屬,[13] 非可雜之於稅法之中也. 乃若敍選擧, 則秀·孝與銓選不分,[14] 敍典禮, 則經文與傳注相汩, 敍兵, 則盡遺賦調之規而姑及成敗之跡. 諸如此類, 寧免小疵.

나아가 천문·오행·예문과 같은 경우는 각 시대의 사서에 모두 '지'를 가지고 있는데, 『통전』에서는 이에 대해 전혀 서술이 없다. 사마천과 반고의 사서에는 모두 제후왕과 열후의 '표'가 있었다가 범엽의 『후한서』 이후 사서에는 '표'가 없어졌지만, 실제 역대의 봉건 왕후 제도는 폐지된 적이 없다. 왕부(王溥)는 『당회요(唐會要)』 및 『오대회요(五代會要)』를 지으면서 맨 처음 부분에 황실의 계보에 대해 서술하는 '제계(帝繫)' 항목을 두었는데, 그것을 통해 각 황제들의 재위 연한, 황위 계승의 과정은 물론 황후·황비·황자·공주들의 이름과 봉작(封爵)까지 서술하였으므로, 후세에 『회요』를 편찬하는 사람들이 이를 모방하게 되었는데, 당 이전에는 그러한 서적이 없었다. 무릇 이 두 가지는 역대 왕조의 전체적인 기술 및 전장제도와 관련되는 것인데, 두우의 『통전』에서는 그것을 다시 언급하지 않았다. 이런 점들을 놓고 보면 『통전』은 기왕의 저술을 집대성한 작품이 되지는 못한다.

至於天文·五行·藝文, 歷代史各有志, 而『通典』無述焉. 馬·班二史各有諸侯王·列侯

『국조통전』 및 『관각서목(館閣書目)』 등의 책은 모두 같은 부류의 책으로 『통전』은 고금의 제도 연혁에 대해서 서술하고 『회요』는 전문적으로 전고(典故)에 대해서 서술하고 있으며 유서(類書)는 아니다."라고 했다고 한다.

13 포비(包篚)는 포궤(包匭)·광비(筐篚), 즉 광주리나 상자를 말하는데, 나아가 선물로 증정하는 예물을 가리키기도 한다.

14 수효(秀孝)는 수재(秀才)와 효렴(孝廉)을 아울러 부르는 것으로 한대 이래 수당 이전까지 인재를 천거하던 두 과목을 말한다. 주(州)에서는 수재를 천거하였고, 군(郡)에서는 효렴(孝廉)을 천거하였다. 전선(銓選)은 인재를 뽑아 관직을 주는 것[選才授官]인데, 당대 이후의 일을 가리킨다. 독서인을 시험하는 일[試士]은 예부(禮部)에, 관리를 시험하는 일은 이부(吏部)에 속하게 되어 과목에 따라 독서인을 뽑고[科目擧士] 전선에 의해 관직을 주게 되었던 것이다[銓選擧官].

表, 范曄『東漢書』以後無之,[15] 然歷代封建王侯未嘗廢也.『王溥作唐』及五代『會要』,[16] 首立帝系一門, 以敍各帝歷年之久近, 傳授之始末, 次及後妃・皇子・公主之名氏封爵, 後之編會要者倣之, 而唐以前則無其書. 凡是二者, 蓋歷代之統紀, 典章係焉, 而杜書亦復不及, 則亦未爲集著述之大成也.

　나는 어려서부터 일찍이 저작의 편찬 사업에 뜻을 두었지만 돌아보건대 온갖 근심으로 마음을 졸이고 한가한 시간도 거의 없었던 데다가 능력도 별로 갖추지 못하고 준비도 제대로 하지 못하였으니 어찌 다시 제대로 된 교양을 갖추었다고 스스로를 속일 수 있겠는가? 옛날 공자께서는 하・은의 예법을 살피면서 관련 문헌이 검증하기에 터무니없이 부족함을 깊이 아쉬워하셨는데, 누군가 이에 대해 다음과 같이 풀이하였다. "문(文)은 전적(典籍)을 가리키고, 헌(獻)은 현자(賢者)를 가리킨다." 천년, 백년 이후에 태어나서 천년, 백년 이전 시대의 역사에 대해 논의하고자 하는데, 사서의 실제적인 기록이 온전히 남아 있지 않다면 어찌 그 옛 시대를 살펴볼 수 있겠는가? 그렇지만 앞 시대 학자들이 남긴 주장은 아직 멀지 않은 것[이어서 그것을 살펴볼 수 있는 것]이라 충분히 토론하는 데 도움을 주는 것이니, 비록 성인이신 공자라 할지라도 함부로 억측하여 말씀할 수 없었던 것이다. 나는 엎드려 스스로 생각하였다. "부친이 남기신 뜻을 이어받았고, 집에는 상당한 고대의 전적들이 갖추어 있는 데다가, 서가에 수장된 수많은 전적과 부친으로부터 받아온 문답 교육이 있으니, [앞서 나온] 문헌, 즉 옛 시대의 전적과 선현의 말씀이 그래도 대강 갖추어진 셈이라 할 수 있을 것이다." 그래서 일단 이런 것들이 흩어지고 분실되어 버리면 후세의 현자들에게 이어지지 못할까 두려워하여 스스로의 고루함을 잊어버리고 그때그때 평론을 덧붙이고 널리 자료를 찾아서 모아서 그것들을 부분별로 나누고 종류별로 다음과 같이 구별하였다. 즉 '전부(田賦)'・'전폐(錢幣)'・'호구(戶口)'・'직역(職役)'・'정각(征榷)'・'시적(市糴)'・'토공(土貢)'・'국용(國用)'・'선거(選擧)'・'학교(學校)'・'직관(職官)'・'교사(郊社)'・'종묘(宗廟)'・'왕례(王禮)'・'악(樂)'・'병(兵)'・'형(刑)'・'여지(輿地)'・'사예(四裔)'라는 부문이 그것이다. 이것은 모두『통전』의 기존 규칙을

---

[15] 『동한서』는 바로 범엽의『후한서』를 가리킨다.
[16] 왕포(王溥, 922~982)는 자가 제물(齊物)이고 북송대 병주(並州) 기현(祁縣, 오늘날의 山西에 속함) 사람으로 후주(後周)『세종실록(世宗實錄)』의 편찬 작업에 참여하였다.

따른 것이다. 천보 연간 이전의 내용에 대해서는 제대로 갖추어지지 못한 사적을 덧붙이고 더하였으며, 그 종류의 구분이 상세하지 못한 부분을 나누어 쪼갰다. 천보 연간 이후의 내용에 대해서는 남송의 가정(嘉定) 연간에 이르기까지 [『통전』의] 뒤를 이어서 완성시켰다.

愚自早歲蓋嘗有志於綴輯, 顧百憂薰心,[17] 三餘少暇,[18] 吹竽已澀, 汲綆不修,[19] 豈復敢以斯文自詭? 昔夫子言夏·殷之禮, 而深慨文獻之不足徵,[20] 釋之者曰: "文, 典籍也. 獻, 賢者也." 生乎千百載之後, 而欲尚論千百載之前, 非史傳之實錄具存, 何以稽考? 儒先之緖言未遠,[21] 足資討論, 雖聖人亦不能臆爲之說也. 竊伏自念: "業紹箕裘,[22] 家藏墳索,[23] 挿架之收儲, 趨庭之問答,[24] 其於文獻蓋庶幾焉." 嘗恐一旦散軼失墜, 無以屬來哲, 是以忘其固陋, 輒加考評, 旁搜遠紹, 門分匯別, 曰: '田賦', 曰: '錢幣', 曰: '戶口', 曰: '職役', 曰: '征榷', 曰: '市糴', 曰: '土貢', 曰: '國用', 曰: '選擧', 曰: '學校', 曰: '職官', 曰: '郊社', 曰: '宗廟', 曰: '王禮', 曰: '樂', 曰: '兵', 曰: '刑', 曰: '輿地', 曰: '四裔'. 俱效『通典』之成規, 自天寶以前, 則增益其事跡之所未備, 離析其門類之所未詳; 自天寶以後, 至宋嘉定之末,[25] 則續而成之.

---

[17] 훈심(薰心)은 마음에 고통을 받는다는 뜻으로 근심하고 괴로워하는 것을 형용한다.
[18] 삼여(三餘)는 겨울과 밤과 비오는 날을 말하는데 각기 한 해, 낮, 때의 말미("冬者歲之餘, 夜者日之餘, 陰雨者時之餘也.")라는 표현에서 나왔다. 따라서 삼여는 비어 있는 한가한 시간을 가리킨다.
[19] 취우(吹竽)는 피리를 분다, 또는 능력도 없이 숫자만 채운다는 겸사(謙辭)이다. 삽(澀)은 원활하지 않다, 녹슬었다는 뜻이고, 급경(汲綆)은 물을 긷는 데 쓰이는 두레박줄을 말한다. 이와 관련된 두 구절 모두 자신의 재질이 부족하다는 것을 뜻한다.
[20] 원래 『논어』 「팔일(八佾)」 편에 나오는 구절이다("子曰: "夏禮, 吾能言之, 杞不足徵也; 殷禮, 吾能言之, 宋不足徵也. 文獻不足故也. 足, 則吾能徵之矣.").
[21] 서언(緖言)은 저작의 서문이라는 뜻도 있지만, 이미 시작하였지만 끝내지 못한 언론이나 남긴 말(遺言), 여론(餘論)이라는 뜻도 있다.
[22] 업소기구(業紹箕裘)는 극소기구(克紹箕裘, 『禮記』 「學記」에 나오는 "良冶之子, 必學爲裘; 良弓之子, 必學爲箕."에서 비롯되었다)와 같은 뜻으로 조업(祖業)을 계승한다는 뜻이다.
[23] 분색(墳索)은 삼분팔색(三墳八索)을 부르는 말로, 『삼분(三墳)』·『오전(五典)』·『팔색(八索)』 등은 모두 고대 제왕의 전적을 가리킨다.
[24] 추정(趨庭)은 정추(庭趨)와 같은 뜻으로 부친의 가르침을 받는다는 뜻이다. 『논어』 「계씨(季氏)」 편에서 나왔다("孔子嘗獨立, 鯉趨而過庭, 曰: '學詩乎?' 對曰: '未也.' '不學詩, 無以言.' 鯉退而學詩. 他日, 又獨立, 鯉趨而過庭. 曰: '學禮乎?' 對曰: '未也.' '不學禮, 無以立.' 鯉退而學禮.").

그리고 '경적(經籍)'·'제계(帝繫)'·'봉건(封建)'·'상위(象緯)'·'물이(物異)' 등의 부문은 『통전』에 원래 다루어 서술하지 않았던 바로, 내가 여러 전적에서 캐내고 거두어서 완성시킨 것이다. 모든 구체적인 사항의 서술은 경전과 사서에 바탕을 두고 여기에 역대의 『회요』 및 다양한 전기 종류를 참고하되, 그 가운데서 확실히 믿을 만하고 증거가 있는 것은 따르고 괴이한 데다 의심스럽게 전해지는 것은 싣지 않았다. 이것이 곧 이른바 '문'이라는 것이다. 그리고 구체적인 내용의 논평은 먼저 평상시 신료들이 올린 주소(奏疏)를 참고하였고 그 다음에는 최근 학자들의 그에 대한 논평을 참고하였으며, 나아가 사회 명사들의 한가한 이야기나 패관(稗官)의 잡다한 이야기 기록까지 무릇 이야기 하나든 말 한마디든 전고(典故)의 득실을 증명할 수 있고 사서 기록의 시비를 가리는 데 도움이 될 수 있는 것이라면 모두 채집하여 담아 넣었다. 이것이 곧 이른바 '헌(獻)'이다. 사서의 기록에 실려 있지만 의심이 가는 것이나 앞 시대 학자들의 논평을 살펴보아 부당한 것이 있으면, 열심히 따지고 깊이 생각한 다음 얻어 낸 성과를 나 자신의 견해로 드러내어 그 뒷부분에 덧붙였다. 그리하여 책의 이름은 『문헌통고(文獻通考)』라 하고, 각 부문[考]을 스물넷으로 나누었는데, 총 348권 분량이다. 각 부문의 저술 규칙과 내가 새롭게 고증한 점에 대해서는 각 부문의 머리에 소서(小序)를 두어 상세하게 밝혔다.

曰: '經籍', 曰: '帝繫', 曰: '封建', 曰: '象緯', 曰: '物異', 則 『通典』元未有論述, 而採撫諸書以成之者也. 凡敍事則本之經史, 而參之以歷代 『會要』, 以及百家傳記之書, 信而有證者從之, 乖異傳疑者不錄, 所謂: '文'也. 凡論事, 則先取常時臣僚之奏疏, 次及近代諸儒之評論, 以至名流之燕談·稗官之紀錄,[26] 凡一話一言, 可以訂典故之得失, 證史傳之是非者, 則採而錄之, 所謂: '獻'也. 其載諸史傳之紀錄而可疑, 稽諸先儒之論辯而未當者, 研精覃思,[27] 悠然有得,[28] 則竊著己意, 附其後焉. 命其書曰: 『文獻通考』, 爲門二十有四, 卷三百四十有八, 而其每門著述之成規, 考訂之新意, 各以小序詳之.

---

25 가정(嘉定, 1208~1224)은 남송 영종(寧宗)의 연호이다.
26 연담(燕談)은 한담(閑談)을 말한다. 패관(稗官)은 소관(小官)을 가리키지만, 그들이 길거리의 이야기를 모아 놓은 것에서 야사(野史)·소설(小說)이 나왔으므로 야사·소설을 패관이라 칭하기도 한다.
27 연정담사(研精覃思)는 온 마음을 다하여 연구하다, 깊이 생각한다는 뜻이다.

과거 강엄(江淹)은 말한 바 있다. "사서 편찬의 어려움은 지(志)보다 더한 것이 없다." 왜냐하면 정말로 '지'의 편찬은 헌장이 관련되는바, 전고에 대해 익숙한 사람이 아니면 이것을 맡을 수 없기 때문이다. [『삼국지』의 저자] 진수(陳壽)는 서술을 잘하였기로 소문이 났고 [『남사』·『북사』의 저자]) 이연수(李延壽)는 과거의 사실에 대해서 제대로 찾아서 잘 갖추었다고 하지만, 두 사람이 지은 사서는 모두 '기'·'전'만 있을 뿐 '지'는 결국 만들지 못하였는데, 이것은 그 일을 아주 무겁게 여겼기 때문이다. 하물며 상하 수천 년간에 걸쳐 25왕조를 꿰뚫어 보아야 하는 데도 형편없는 학식과 비루한 견해밖에 갖추지 못한 주제에 붓을 들어 빼거나 고치면서 바로잡으려 하였으니, 비록 늙어서 모든 기력을 다할 때까지 노심초사하면서 혼신의 힘을 기울인다고 해도 무슨 새로운 발견이 있을 수 있겠는가? 나는 내가 단지 보고 들은 바를 편집하여 이것들이 나중에 잊혀져 버리는 것에 대비하였을 뿐이다! 만약 후대의 학자들이 이 책의 내용을 다듬어 쓸데없이 번다한 부분을 베어 내고 빠지거나 부족한 부분을 늘리고 키워서 새로운 저작으로 편찬하는 데 힘을 써 줌으로써 앞 사람의 거듭된 실패를 되풀이하였다는 내 부끄러움을 피할 수 있게 된다면, 나라를 다스리고 옛것을 살피는 데 뜻을 둔 사람들에게 혹시 조금이나마 참고가 될 수 있을 것이라고 기대해 본다.[29]

…[중략]…

昔江淹有言:"修史之難, 無出於志." 誠以志者憲章之所係, 非老於典故者不能爲也. 陳壽號善敍述, 李延壽亦稱究悉舊事, 然所著二史, 俱有紀傳而獨不克作志, 重其事也. 況上下數千年, 貫串二十五代, 而欲以末學陋識操觚竄定其間,[30] 雖復窮老盡氣, 劌目鉥心,[31] 亦何所發明? 聊輯見聞, 以備遺忘耳! 後之君子, 儻能芟削繁蕪,[32] 增廣闕

---

28 유연(悠然)은 한적하거나 담백한 모습이나 아득하게, 차분히, 문득 등 다양한 뜻이 있다.

29 이하에서는 24개 각 부문의 구체적인 소개로 들어가지만, 그 분량이 아주 방대하므로 여기서는 마단림 자신의 창작이라고 주장한 '경적(經籍)'·'제계(帝繫)'·'봉건(封建)'·'상위(象緯)'·'물이(物異)' 등의 부문만 소개하기로 한다.

30 조고(操觚)는 간독(簡牘)을 잡는다, 즉 글을 쓴다는 뜻이고, 찬정(竄定)은 빼거나 고치거나 바로잡는다는 뜻이다.

31 귀목술심(劌目鉥心)은 눈에 상처가 나고 심장이 바늘로 찔린다는 것인데, 심혈을 기울여 노력하는 것, 즉 노심초사(勞心焦思)하는 것을 비유한다. 과술(劌鉥) 역시 쪼아서 다듬는다[雕琢], 아주 힘들게 생각하고 노력한다는 뜻이다.

略, 矜其仰屋之勤,[33] 而俾免於覆車之愧,[34] 庶有志於經邦稽古者, 或可考焉.

…[中略]…

 그 옛날 진(秦)은 서적을 불태우면서 유독 의약(醫藥)·점술[卜筮]·농업[種樹]에 관한 책만 남겨 두어 학자들이 영원히 이를 두고 한을 품게 되었다. 그러나 지금에 와서 보면 『주역』과 『춘추』 두 경서의 경우 처음과 끝이 완전하게 보존되어 있고, 『시경』은 비록 6편이 사라졌지만, 혹은 생시(笙詩)의 경우 본래 가사가 존재하지 않았다고 여겨지기도 하므로 사실상 『시경』은 망실(亡失)된 적이 없다고 할 수 있다. 『예기』는 원래 완전한 서적의 형태로 존재한 것이 아니었는바, 『대대례기(大戴禮記)』는 한대의 여러 유생들의 손을 거쳐 만들어진 것이고 『의례(儀禮)』 17편 및 『주례[六典]』는 가장 늦게 만들어졌는데, 『주례』 가운데 다만 「동관(冬官)」 부분만 사라졌을 뿐이다. 하지만 『주례』의 내용은 순수한 것과 잡다한 것이 반씩 섞여 있어, 그 일부의 존재 여부는 사실상 경전의 허물이 될 만한 것이 아니다. 다만 오로지 우·하·은·주 시대의 서적들 가운데 46편이 사라져 버렸다. 하지만 진에서 불태운 것은 『서경』을 제외하면 나머지는 모두 기타의 것은 모두 망실된 적이 없다. 그리고 의약·점술·농업 관련 서적들은 비록 당시에 금지당하지도 않았지만 오늘날까지 유전되는 것은 단 한 권도 없다. 이것을 통해 훌륭한 성현의 경전(經傳)은 영원토록 쇠퇴하지 않는 것임에 반해 자질구레한 도나 이단에 관련된 서적들은 비록 보존하고자 해도 반드시 사라지게 되며, 서적이 보존되거나 사라지는 것은 그 당시 제왕이 좋아하고 싫어하는 대로 이루어지지는 않음을 알 수 있다.

 昔秦燔經籍而獨存醫藥·卜筮·種樹之書, 學者抱恨終古. 然以今考之, 『易』與『春秋』二經首末具存, 『詩』亡其六篇, 或以爲笙詩元無其辭,[35] 是『詩』亦未嘗亡也. 『禮』本無成

---

32 삼삭(芟削)은 베어낸다, 삭제한다는 뜻이다.
33 앙옥(仰屋)은 누워서 대들보를 쳐다본다(아무런 대책이 없다), 또는 깊은 명상에 잠긴다는 뜻이다. 남조 양(梁)의 자공(子恭)이 침상에 누워 대들보를 보면서 책을 써 낸 고사[仰屋著書]도 이와 관련된 뜻으로 보인다.
34 복거(覆車)는 수레가 뒤집힌다는 뜻, 나아가 실패에서 얻는 교훈을 가리킨다. 복거계궤(覆車繼軌)는 뒤집힌 앞 수레의 바퀴 자국을 그대로 따라간다, 즉 실패를 되풀이한다는 것을 뜻이다.
35 생시는 육생(六笙) 또는 육생시(六笙詩)를 가리키는데, 『시경』 「소아」 편의 6편 일시(佚詩)를 부르

書,³⁶ 『戴記』雜出漢儒所編, 『儀禮』十七篇及『六典』最晚出,³⁷ 『六典』僅亡「冬官」.³⁸ 然其書純駁相半, 其存亡未足爲經之疵也. 獨虞·夏·商·周之書, 亡其四十六篇耳. 然則秦所燔, 除『書』之外, 俱未嘗亡也. 若醫藥·卜筮·種樹之書, 當時雖未嘗廢錮, 而並無一卷流傳至今者, 以此見聖經賢傳, 終古不朽, 而小道異端, 雖存必亡, 初不以世主之好惡爲之興廢也.

한·수·당·송의 사서에는 모두 「예문지」가 있는데 『한서』「예문지」에 기재된 서적은 『수서(隋書)』「경적지(經籍志)」와 비교해 보면 망실된 것이 열 가지 가운데 여섯, 일곱에 속하며, 『송사(宋史)』「예문지」와 비교해 보면 수·당 시대의 서적 역시 이와 비슷한 비율로 사라졌으니, 이런 것이 어찌 모두 진의 분서(焚書)가 낳은 액운이라고 하겠는가? 당의 한유(韓愈)가 "저술하기는 쉽지만, 후세에 그것이 오랫동안 전해지기는 어렵다."라고 한 발언은 어찌 정말로 믿을 만한 것이 아니겠는가? 무릇 책이 전해지는 경우가 이미 드물고, 전해진 책을 능히 축적할 수 있는 사람은 더욱 드물며, 축적하면서 나아가 이것을 읽을 수 있는 사람은 정말로 더 드물 수밖에 없다. 송 황우(皇祐) 연간 저명한 학자 왕요신(王堯臣) 등에게 지시하여 『숭문총목(崇文總目)』을 짓게 하여 관각(館閣)에 소장된 서적의 이름을 기록하고 그 아래에 서평을 배열하였다. 하지만 경부(經部)·사부(史部)의 서적만 언급하는 데 그쳤을 뿐이고 그것 또한 빠뜨리거나 생략한 것이 많

는 합칭이다. 『예기』「연례(燕禮)」에서는 이 곡을 모두 생황(笙簧)으로 취주(吹奏)한다고 되어 있어, 이런 이름이 나왔다.

36 『예기』를 편집한 것은 전한의 예학가(禮學家)인 대덕(戴德)과 그의 조카 대성(戴聖)이라고 한다. 대덕이 편집한 85편을 보통 『대대례기(大戴禮記)』라고 하는데 훗날 전해지는 과정에서 없어지거나 보충되는 것을 반복하여 당나라 때에는 겨우 39편이 남았다. 대성이 편집한 49편을 보통 『소대례기(小戴禮記)』라 하는데 이것이 곧 현재 볼 수 있는 『예기』이다.

37 『의례(儀禮)』는 고대의 예의 제도(禮儀制度)를 기록한 책으로 『주례』·『예기』와 함께 '삼례(三禮)'로 불린다. 육전(六典)은 고대의 나라를 다스리는 여섯 가지 방법을 가리킨다. 『주례』「천관(天官) 대재(大宰)」편에 치전(治典)·교전(敎典)·예전(禮典)·정전(政典)·형전(刑典)·사전(事典)이 나오는데, 이 때문에 여기서 육전은 바로 『주례』를 가리킨다.

38 『주례』에 따르면 주에서는 천·지·춘·하·추·동(天地春夏秋冬) 6관을 설치하였는데 그 가운데서 사공(司空)을 동관(冬官)으로 칭해 공정 제작(工程制作)을 맡게 했다고 하여, 후대에는 동관을 공부(工部)의 통칭으로 썼다. 그러나 『주례』 가운데 동관 부분이 일실되었고 그 대신 『고공기(考工記)』가 남아 있을 뿐이다.

앞으며, 자부(子部)와 집부(集部)의 서적은 단지 그 명목만이 있었을 뿐이었다. 최근의 남송대에는 조공무(晁公武)가 『군재독서지(郡齋讀書志)』를 지었고 진진손(陳振孫)이 『직재서록해제(直齋書錄解題)』를 지었는데, 모두 그들 가문의 책들을 모아서 [목록을 만들고] 간단한 논평까지 덧붙인 것이다.

漢·隋·唐·宋之史, 俱有「藝文志」, 然「漢志」所載之書, 以「隋志」考之, 十已亡其六七, 以「宋志」考之, 隋唐亦復如是, 豈亦秦爲之厄哉? 昌黎公所謂: "爲之也易, 則其傳之也不遠",[39] 豈不信然? 夫書之傳者已鮮, 傳而能蓄者加鮮, 蓄而能閱者尤加鮮焉. 宋皇祐時,[40] 命名儒王堯臣等作『崇文總目』,[41] 記館閣所儲之書, 而論列於其下方. 然止及經·史, 而亦多缺略, 子·集則但有其名目而已. 近世昭德晁氏公武有『讀書記』,[42] 直齋陳氏振孫有『書錄解題』,[43] 皆聚其家藏之書而評之.

---

[39] 창려공(昌黎公)은 저명한 당의 문학가·사상가로 당송 팔대가의 으뜸으로 평가받는 한유(韓愈, 768~824)를 가리킨다. 한유의 자는 퇴지(退之)이고 당나라 하남(河南) 하양(河陽, 오늘날의 河南 孟縣 서쪽) 출신이다. 조적(祖籍)이 하남 창려(昌黎)여서 한창려로 불리기도 하는데, 정원(貞元) 연간의 진사(進士)이다. 고문 운동(古文運動)의 주창자로도 잘 알려져 있고, 도통(道統) 관념의 확립자로도 유명하다. 사후 '문(文)'이라는 시호를 받게 되어 '한문공(韓文公)'이라고도 불린다.

[40] 황우(皇佑, 1049~1054)는 송 인종(仁宗)의 연호이다.

[41] 왕요신(王堯臣, 1003~1058)은 자가 백용(伯庸)이고 북송 응천부(應天府) 우성(虞城, 오늘날의 河南省 虞城) 출신으로 인종 천성(天聖) 5(1027)년에 장원 급제를 하였다. 『숭문총목(崇文總目)』은 송나라 때에 편찬한 관찬 서목[官修書目]으로 총 3,445부, 3만699권의 경적을 수록하였다. 북송 최대의 목록서(目錄書)로 경력(慶曆) 원(1042)년 왕요신이 이를 상주하자 인종이 『숭문총목』이라는 책 이름을 내렸다. 신종(神宗) 때 숭문원(崇文院)을 비서성(秘書省)으로 개칭한 다음 추가로 서적을 보충하였고, 휘종(徽宗) 때에 『비서총목(秘書總目)』으로 이름을 고쳤다.

[42] 조공무(晁公武, 생졸 미상)는 자가 자지(子止)이고 호가 소덕 선생(昭德先生)인데, 남송 전주(澶州) 청풍(清豐, 오늘날의 山東 鉅野縣)사람으로 저명한 목록학가이다. 고종(高宗) 소흥(紹興) 2(1132)년 진사에 급제하였다. 저서로 『소덕문집(昭德文集)』(60권)과 『군재독서지(郡齋讀書志)』(20권)가 있는데 현재 『군재독서지』만 전한다. 『군재독서지』는 현존하는 가장 오래된 내용 요약을 갖춘 개인 장서 목록[私藏書目]으로 후세의 목록학(目錄學)에 큰 영향을 미쳤다. 수록된 도서는 1,492부에 이르며, 송대 이전 각 부류의 중요한 전적들을 다수 포괄하고 있고 특히 당과 북송대 전적을 가장 완비하게 수록하였다.

[43] 진진손(陳振孫, ?~1261?)의 자는 백옥(伯玉)이고 호는 직재(直齋)로, 남송대 안길(安吉) 매계(梅溪, 오늘날의 浙江에 속함) 출신이다. 대장서가(大藏書家)이자 목록학가이다. 그는 수십 년 동안의 연구를 거쳐 자신이 직접 전적을 정리하고 연구한 소감을 바탕으로 조공무의 『군재독서지』의

지금 이 책에 수록한 것은 우선 먼저 네 왕조의 사서와 지(志)에 대해 그 목록을 늘어놓고, 그 다음으로는 최근까지 보존되어 살펴볼 수 있는 서적에 대해 역대의 목록서(目錄書)에서 논평한 바를 채집하였으며, 아울러 사전(史傳)·문집·잡설·시화(詩話) 등도 곁들여 수집하였다. 무릇 그 논평의 범위가 저작이 저술되는 경과를 기록하고, 전승 과정의 진위 여부를 검토하며, 그 문장의 순수하고 잡다함을 교정할 수 있는 것이라면 모두 수록하였다. 이리하여 읽는 사람으로 하여금 마치 황궁의 서고에 들어가 거기에 비장된 서적을 보는 것처럼 느끼게 하여, 실제 그 책이 있으면 조금만 더 연구를 하면 그 취지를 꿰뚫어 볼 수 있게 할 뿐만 아니라 그 책이 없는 경우에도 그에 대한 품평을 음미해 보면 또한 역시 실마리를 대략이나마 엿볼 수 있게 하였다. 이런 일이 가능한 것은 보고 들은 것을 모두 끌어 모으고 넉넉하게 정리하였기 때문이다. 그래서 제18부문인 「경적고(經籍考)」를 저술하였는데, 경부의 서적에 대해서는 13권, 사부 서적에 대해서는 14권, 자부 서적에 대해서는 22권, 집부 서적에 대해서는 6권으로, 합쳐서 모두 76권이다.

今所錄先以四代史志列其目, 其存於近世而可考者, 則採諸家書目所評, 并旁搜史傳·文集·雜說·詩話. 凡議論所及, 可以紀其著作之本末, 考其流傳之眞僞, 訂其文理之純駁者, 則具載焉, 俾覽之者, 如入羣玉之府,[44] 而閱木天之藏,[45] 不特有其書者, 稍加研窮, 卽可以洞究旨趣, 雖無其書者, 味茲題品,[46] 亦可粗窺見端倪, 蓋殫見洽聞之一也. 作『經籍考』第十八, 經之類十有三, 史之類十有四, 子之類二十有二, 集之類六. 凡七十六卷.

형식에 따라 『직재서록해제』(56권)를 편찬하였다. 『직재서록해제』의 학술적 가치는 가히 『군재독서지』와 비교할 수 있어 양자는 중국 전통 시대 개인 장서 목록의 쌍벽을 이룬다. 총 3,039종, 5만 1,180권의 도서가 수록되었는데 이는 송대 및 그 이전의 개인 장서 수량을 훨씬 능가하는 것으로 당시 관부에 소장된 도서에 비해도 전혀 적지 않다.

44 군옥(群玉)은 전설 속의 제왕이 서책이나 도적·서화(圖籍書畵)를 비장하는 장소를 가리킨다. 송 인종은 즉위한 다음 천장각(天章閣)의 수리가 끝나자 진종(眞宗)의 어제(御製)를 비장한 다음 동쪽을 군옥전(群玉殿), 서쪽을 예주전(蘂珠殿)이라 불렀다.

45 목천(木天)은 나무로 만든 시렁이나 크고 높은 목조 건물을 뜻하는데, 나아가 비서각(秘書閣)이나 한림원(翰林院)을 가리키기도 한다.

46 제품(題品)은 품평(品評)이라는 뜻이다.

옛적에 사마천은 말하였다. "유자들은 [『춘추』에 대해] 단지 그 일부 구절을 따와 억지로 뜻을 붙이는 데만 몰두하느라, 유세가(遊說家)들은 거기 담긴 단어나 문구를 이용하여 꾸미는 데만 치중하느라 『춘추』의 처음부터 끝까지 모아서 보는 데 힘쓰지 않는다." 이것은 세간의 학자들이 단지 추상적인 빈말[空言]로만 책을 써서 역대 제왕의 계보에 대해서는 아무도 제대로 고증하지 않았던 점을 비평한 것이라 할 수 있다. 그래서 사마천은 『삼대세표(三代世表)』를 저술하여 황제 이후의 계보를 정리하였다. 그런데 오제 시대의 일은 너무도 아득한 오래 전의 일인데 사마천은 반드시 그 계보를 상세히 밝혀내고자 하여 도적(圖籍)에 따라 찾다 보니 종종 앞뒤가 서로 들어맞지 않게 되었고, 그래서 그가 자신의 모르는 부분을 빼놓고 생략하지 않고 악착같이 온갖 기록을 끌어들여 인용하는 데 골몰하였다고 구양수(歐陽修)가 다시 비평하게 되었던 것이다.

昔太史公言: "儒者斷其義, 馳說者騁其辭, 不務綜其始終."[47] 蓋譏世之學者, 以空言著書, 而歷代統系無所考訂也. 於是作爲『三代世表』, 自黃帝以下譜之. 然五帝之事遠矣. 而遷必欲詳其世次, 按圖而索, 往往牴牾, 故歐陽公復譏其不能缺所不知, 而務多聞以爲勝.

하지만 삼대 이후에 대해서는 최근에 이르기까지 사서의 계보에 기록된 바는 아주 뚜렷하므로 처음 배우기 시작하는 사람이라면 어릴 적부터 그것들을 익혀 손가락을 굽히고 펴 가면서 그 큰 흐름을 알 수 있다. 그렇지만 역대 제왕 재위 연한의 길고 짧음이나 종실 분파의 멀고 가까움에 대해서는 느닷없이 물으면 나이가 든 대학자라도 곧바로 대답할 수 없는데, 이것은 제왕의 계보에 대한 체계적인 저술이 없기 때문이다. 그래서 나는 왕부(王溥)의 『당회요』·『오대회요』의 체례를 따라 우선 제왕의 성씨 출처를 밝히고, 그 다음에는 재위 연한과 연호 변화의 횟수에 대해 밝혔으며, 그 다음에는 각 왕조의 처음과 끝, 그리고 황후·황비·황자·공주·황족에 이르기까지 살펴볼 수 있는 모든 기록을 여기에 담고자 노력하였다. 나아서는 역대의 제왕·황실에 대한 존숭 예법과 책명(冊命) 의례에 대해서도 아울러 첨부하여 넣었다. 그래서 제19부문인 「제계고(帝繫考)」를 지었는데, 모두 10권이다.

---

[47] 『사기』 권14 「십이제후년표(十二諸侯年表) 제2(第二)」(p.511)의 '태사공왈'에 나온다.

然自三代以後, 至於近世, 史牒所載, 昭然可考, 始學者童而習之, 屈伸指而得其大槩. 至其傳世歷年之延促⁴⁸·枝分派別之遠近, 猝然而問, 雖華顚鉅儒不能以遽對,⁴⁹ 則以無統系之書故也. 今倣王溥『唐[會要]』及『五代會要』之體, 首敍帝王之姓氏出處, 及其享國之期, 改元之數, 以及各代之始終, 次及後妃·皇子·公主·皇族, 其可考者, 悉著於篇, 而歷代所以尊崇之禮·册命之儀, 并附見焉. 作『帝系考』第十九, 凡十卷.

봉건(封建)은 그것이 어디서부터 시작되었는지 잘 알지 못한다. 그 옛날 우임금이 도산(塗山)에서 회맹(會盟)을 가졌을 때 천하에는 1만의 제후국이 있었다고 하며, 탕임금이 천명을 받을 때에는 무릇 3천 국이 있었다고 한다. 주가 다섯 등급의 분봉(分封) 제도를 정했을 때에는 무릇 1,773국이 있었다. 춘추 시대에 이르러 경전에 보이는 것은 주변의 이민족까지 포함하여 겨우 165국에 지나지 않았다. 대저 옛날에는 나라가 아주 많았다가 그 뒤에 점차 줄어들었는데, 나라가 많으면 땅이 부족하고 나라가 적으면 땅이 남아돌기 때문이라고들 하지만 자세히 그 이유를 살펴보면 꼭 그렇지만은 않다. 은·주의 예를 들어 본다면 은이 설(契)임금에서 탕임금에 이르기까지 여덟 차례 나라를 옮겼는데 사서에서는 은이 상(商)에서 지석(砥石)으로, 지석에서 다시 상으로, 다시 상에서 박(亳)으로 옮겼다고 전하고 있다. 뿐만 아니라 주 역시 시조인 후직(后稷, 棄)에서 문왕에 이르기까지 여러 차례 옮겼는데 사서에는 그들이 태(邰)에서 빈(豳)으로, 빈에서 기(岐)로, 기에서 풍(豊)으로 옮겼다고 전하고 있다. 대저 탕임금 시절에는 나라가 70리 정도의 크기였고, 주 문왕 시절에는 그 너비가 100리 정도였다. 그러나 그들이 옮겨간 장소를 따져 보면 모두 칠십 리나 백 리밖으로 벗어난 것이 있다. 또한 오(吳)의 태백(泰伯)이나 초(楚)의 죽역(鬻繹), 조선(朝鮮)의 기자(箕子) 모두 처음에는 변방의 황량한 오랑캐 땅에 스스로를 가두었지만, 그 후예들이 모두 나라를 세워 후세까지 전해질 수 있었다.

封建莫知其所從始也.⁵⁰ 禹塗山之會, 號稱萬國⁵¹ ; 湯受命時, 凡三千國 ; 周定五等之

---

48 연촉(延促)은 장단(長短), 즉 길고 짧음을 말한다.
49 화전(華顚)은 흰 머리 즉, 연로함을 뜻한다.
50 봉건(封建)은 크게 세운다[大立]거나, 또는 고대 제왕이 작위와 토지를 친척이나 공신에게 나눠

封, 凡千七百七十三國. 至春秋之時, 見於經傳者僅一百六十五國, 而蠻夷戎狄亦在其中. 蓋古之國至多, 後之國日寡, 國多則土宜促, 國少則地宜曠, 而夷考其故則不然.[52] 試以殷周土世言之, 殷契至成湯八遷,[53] 史以爲自商而砥石, 自砥石而復居商, 又自商而亳. 周棄至文王亦屢遷,[54] 史以爲自邰而豳, 自豳而岐, 自岐而豐. 夫湯七十里之國也, 文王百里之國也.[55] 然以所遷之地考之, 蓋有出於七十里·百里之外者矣. 又如泰伯之爲吳,[56] 鬻繹之爲楚,[57] 箕子之爲朝鮮,[58] 其初不過自屛於荒裔之地, 而其後因以有國傳世.

내가 보기에 고대의 제후라는 존재는 비록 "천자로부터 책봉을 받았다."고는 하지만 그 자신이 의리와 덕행으로 한 지방에서 충분한 신임을 얻은 바가 있었으므로 인심이 이쪽으로 모두 일치하여 돌아가고, 그 때문에 그 자손들이 이어받아 마침내 그 지방의 군주가 될 수 있었던 것이라고 생각한다. 혹시라도 자연재해 등을 만나 다른 지방으로 옮겨 가기도 하는데, 그 경우에도 이미 여기에 귀속된 민심은 떠나지 않으므로 결국은 그들을 따라 옮겨 가 모두 도읍(都邑)을 형성하게 된다. 대저 고대의 제왕은 천하를 자

주고 각기 해당 지역에서 방국을 세우게 하는 것[封邦建國] 등을 말한다. 물론 여기서는 후자의 뜻이다.
51 『좌전』 양공(襄公) 7년조의 기사에서 유래한다("禹合諸侯于塗山, 執玉帛者萬國.").
52 이고(夷考)는 고찰한다는 뜻이다.
53 은계(殷契)는 은의 시조 계(契)를 가리킨다. 성탕(成湯)은 성상(成商)이라고도 하는 상의 개국 군주로 계의 후손이다.
54 주기(周棄)는 주의 시조 후직(后稷)을 가리킨다. 후직은 강원(姜嫄)이 천제(天帝)의 발자국을 밟았다가 임신하여 낳았는데, 버리고 키우지 않아 이름을 기(棄)라고 하였다고 전해진다.
55 『맹자』「공손추(公孫丑) 상(上)」에 나오는 구절에서 유래한다("湯以七十里, 文王以百里").
56 태백(太伯, 泰伯)은 오(吳)의 제1대 임금으로 성은 희(姬)씨인데 상 말기 기산(岐山, 오늘날의 陝西에 속함) 주(周) 부락의 수령 고공단보(古公亶父, 즉 周太王)의 장자이다.
57 죽역(鬻繹)은 죽웅(鬻熊)이라고도 하는데 축융씨(祝融氏)의 후손으로 초의 시조라고 전해진다. 죽웅은 90살에 문왕을 만났는데 그 자리에서 문왕은 죽웅을 스승으로 모셨고, 그 후 주의 무왕, 성왕도 모두 그를 스승으로 삼았다고 한다.
58 기자(箕子)는 이름이 서여(胥餘)로 문정(文丁)의 아들, 제을(帝乙)의 동생, 주왕(紂王)의 숙부로 관직이 태사(太師)였고 기(箕, 오늘날의 산서성 太谷 일대)에 봉해졌는데, 상·주 교체기에 뜻을 얻지 못하고, 동방의 조선으로 쫓겨 가 군자국을 세웠다고 전해진다.

기 개인의 것으로 생각한 적이 없었고, 고대의 제후 역시 분봉 받은 지역을 자신의 것으로 생각한 적이 없었으니 위아래 모두 균일하고 지극히 공정하여, 후세에 이르러 강토를 서로 나누어 구별하고 성벽과 토지를 다투면서 반드시 칼로 자른 것처럼 해야만 한 것과는 분명 달랐다.

竊意古之諸侯者, 雖曰: "受封於天子", 然亦由其行義德化足以孚信於一方, 人心翕然歸之.[59] 故其子孫因之, 遂君其地; 或有災否, 則轉徙他之, 而人心歸之不能釋去, 故隨其所居, 皆成都邑. 蓋古之帝王未嘗以天下爲己私, 而古之諸侯亦未嘗視封內爲己物, 上下之際, 均一至公, 非如後世分疆畫土, 爭城爭地, 必若是其截然也.

진이 육국을 멸망시키고 통일한 천하의 강역 내에 군현(郡縣)을 설치하면서 한 치의 땅과 한 사람의 백성이라도 모두 자기 것으로 간주하게 되었으며, 다시 그 아들 대로 넘어간 다음에는 유방과 항우가 나서서 군웅과 함께 그 땅을 나누어 가지면서 각기 왕을 분봉하였다. 한 고조는 항우를 죽인 다음, 무릇 당시 제후왕으로서 자립하였던 사람들과 항우가 제후로 세웠던 사람들을 모두 격멸하고, 그 땅을 갈라 한신(韓信)·팽월(彭越)·영포(英布)·노관(盧綰)·장이(張耳)·오예(吳芮) 등에게 분봉을 하였으며, 대저 이때부터 한의 공신이 아니라면 왕이 될 수 없었다. 그러나 몇 년이 지나지 않아 반란을 일으킨 경우가 아홉 차례나 되었고 유씨(劉氏)가 아닌 이성(異姓) 제후들은 대부분 소멸되었으므로, 이에 그 땅을 모두 거두어들여 이를테면 형(荊)·오(吳)·제(齊)·초(楚)·회남(淮南) 등처럼 모두 황제의 자제·친속에게 나누어 주었다. 대저 이때부터는 한 황실과 같은 유씨가 아니라면 왕이 될 수 없었다.

秦旣滅六國, 擧宇內而郡縣之, 尺土一民始皆視爲己有, 再傳而後, 劉·項與羣雄共裂其地, 而分王之. 高祖旣誅項氏之後, 凡當時諸侯王之自立者, 與爲項氏所立者, 皆擊滅之. 然後裂土以封韓·彭·英·盧·張·吳之屬,[60] 蓋自是非漢之功臣, 不得王矣. 逮

---

[59] 흡연(翕然)은 차분하게, 갑자기, 느닷없이, 일치하여 또는 일치하여 칭송한다는 뜻이다.

[60] 각기 유방의 공신으로 왕에 봉해진 제왕(齊王) 한신(韓信), 양왕(梁王) 팽월(彭越), 회남왕(淮南王) 영포(英布), 연왕(燕王) 노관(盧綰), 조왕(趙王) 장이(張耳), 형산왕(衡山王) 오예(吳芮)를 가리킨다.

數年之後, 反者九起, 異姓諸侯王多已夷滅, 於是悉取其地, 以王子弟親屬, 如荊·吳·齊·楚·淮南之類, 蓋自是非漢之同姓, 不得王矣.

하지만 한두 차례 세습이 이루어진 다음 가의(賈誼)·조조(晁錯)와 같은 무리들은 제후국이 강대해지는 것을 꾸준히 염려하여, 친밀한 사람은 나누어 줄 땅이 없고 소원한 사람은 천자를 핍박하게 되어 두고두고 황실 자손들의 우환거리가 된다고 보았다. 따라서 혹은 제후국을 분할하거나 혹은 아예 그 땅을 빼앗아 없애게 되었는데, 그에 대해 강력함을 등지고 움직인 칠국[吳楚七國의 亂]과 같은 경우에 대해서는 중앙의 군대를 옮겨 진압하였다. 대저 전한의 봉건제는 처음에는 앞 시대에 제후들에게 분봉하였던 것을 소멸하고 그 땅을 공신들에게 나누어 주었다가, 다시 이들 이성 제후를 소멸하고 그들의 땅을 동성(同姓)인 유씨에게 나누어 주었다. 그러다가 다시 친속 관계가 멀어진 유씨 제후왕을 토벌하여 멸망시키고 황제의 직계 자손에게만 분봉을 하였다. 통제하고 단속하는 제도가 엄밀해지면서 의심하여 방어하는 것 역시 더욱 깊어졌던 것이다. 옛날 탕 임금과 무왕은 비록 정벌을 통해 천하를 얻었지만, 은대의 경우 11차례의 정벌만 있었을 뿐이고, 주대의 경우 멸망시킨 것이 50개국이었지만, 나머지 제후들은 앞 시대의 분봉을 계승할 수 있게 하였다. 따라서 천하 전체에 걸쳐 모든 배치를 갈아치우면서 자기 개인의 사람만을 분봉한 경우는 들어본 적이 없다. 주는 비록 동성들에게 크게 분봉을 하였으나 그 자손들이 이어받은 제후국들은 모두 주와 함께 번영을 누리게 하였으며, 성왕(成王)이나 강왕(康王) 이후 그들이 문왕·무왕의 경우처럼 반란을 일으킬 것을 두려워하여 반드시 제후국을 모두 멸망시킨 다음 천자의 직계 자손에게 다시 분봉을 하려 하였다는 것은 들어 본 적이 없는 것이다.

然一再傳而後, 賈誼·晁錯之徒, 拳拳有諸侯强大之慮,[61] 以爲親者無分地, 而疏者逼天子, 必爲子孫之憂. 於是或分其國, 或削其地, 其負强而動如七國者, 則六師移之.[62] 蓋西漢之封建, 其初則剿滅異代所封, 而以畀其功臣; 繼而剿滅異姓諸侯, 而以畀其

---

61 권권(拳拳)은 성실하고 진지하다, 근면하다는 뜻이다.
62 여기서 칠국(七國)은 오초칠국의 난(吳楚七國之亂)을 가리킨다. 이 난은 한 경제(景帝) 2(B.C. 155)년 어사대부 조조(晁錯)가 「삭번책(削藩策)」을 올려 제후왕의 세력을 삭감하여 중앙 집권을 강화하자고 제안한 것에 비롯되었는데, 한 경제가 오·초 등 제후왕의 봉지를 박탈하자 오왕 등

同宗；又繼而剗滅疏屬劉氏王, 而以畀其子孫. 蓋檢制益密,[63] 而猜防益深矣. 昔湯武雖以征伐取天下, 然商惟十一征；周惟滅國者五十；其餘諸侯皆襲前代所封, 未聞盡以宇內易置而封其私人. 周雖大封同姓, 然文昭武穆之邦,[64] 與國咸休, 亦未聞成·康而後,[65] 復畏文武之族逼而必欲夷滅之, 以建置己之子孫也.

나는 일찍이 이렇게 말한 적이 있다. "반드시 천하를 모두의 것으로 하겠다는 마음[公天下之心]이 있은 다음에야 봉건을 행할 수 있다. 그것이 공심(公心)에서 나온다면 자연히 현명한 사람을 고르고 능력 있는 사람에게 주는 것이 가능하므로 작고 큰 나라들이 서로 지탱해 주는 대세가 족히 천년 동안 이어질 수 있을 것이다. 그렇지만 사심(私心)에서 나온다면 거리가 먼 사람을 기피하고 그들이 핍박을 할까 두려워하게 되므로, 상하가 서로 의심하는 형세가 되면 한 시대라도 같이 존재하지 못하게 된다." 한의 경제·무제 이후 제후들이 백성을 직접 다스리거나 소속 관리를 보충할 수 없게 하였으므로, 그들 제후들은 비록 국가의 군주로서 백성을 거느린다는 이름은 가졌지만 단지 봉지를 식읍(食邑)으로 이용할 뿐이고 토지와 군사를 자기 마음대로 이용할 수도 없었다. 그러므로 비록 한이 진[이 실행한 군현제]의 폐단을 뉘우치고 다시 봉건제를 실시했다고는 하지만, 백성의 윗사람인 천자는 비록 [봉건제의] 아름다운 명분을 흠모하였다고는 하나 실제로는 당·우·삼대와 같은 공적인 마음을 전혀 갖고 있지 않았다. 제후가 된 사람들 역시 이미 땅을 나누어 받는 것[즉 봉건제]을 옹호하였기 때문에 나아가 춘추 전국 시대가 남긴 관습을 곧바로 모방하고자 하였고, 그 때문에 얼마 되지도 않아 모두 [분봉이] 폐지되는 것을 피할 수 없었다. 따라서 한이 망할 무렵이 되자

    7개 종실 제후가 연합하여 반란을 일으켰지만, 결국 진압당하였다. 이 반란의 진압 이후 제후왕의 권력을 기본적으로 제거되고 황제에 의한 중앙 집권이 더욱 강화되었다.

63 검제(檢制)는 단속하고 통제한다는 뜻이다.
64 문소무목(文昭武穆)은 고대 종법 제도로 종묘의 위차(位次)에서 시조를 가운데 두고 그다음 부자순으로 번갈아 소목(昭穆)으로 바꾸는데, 왼쪽이 소, 오른쪽이 목이 되며, 제사를 지낼 때도 자손 역시 소목, 좌우의 순서에 따라 배열하여 행례(行禮)를 한다. 주 문왕은 주에서 목이 되고, 무왕은 소, 그 아들 성왕은 목이 된다. 나아가 '문소무목'은 문왕의 자손이 아주 많음을 가리키기도 하는데, 나중에는 자손이 번성함을 의미하게 되었다.
65 성강(成康)은 주의 성왕과 강왕의 병칭인데, 천하가 안정된 지극한 치세(治世)로 일컬어지기도 한다.

어떤 사람들은 울타리가 되어 줄 제후국의 도움이 없었기 때문에 한 황실이 고립되는 형세가 만들어졌다고 주장하기도 하였다.

愚嘗謂:"必有公天下之心, 而後可以行封建. 自其出於公心, 則選賢與能, 而小大相維之勢, 足以綿千載;自其出於私心, 則忌疏畏逼, 而上下相猜之形, 不能以一朝居矣." 景·武之後,[66] 令諸侯王不得治民補吏, 於是諸侯雖有君國子民之名, 不過食其邑入而已,[67] 土地甲兵不可得而擅矣. 然則, 漢雖懲秦之弊, 復行封建, 然爲人上者, 苟慕美名, 而實無唐虞·三代之公心, 爲諸侯者, 旣獲裂土, 則遽欲效春秋戰國之餘習, 故不久而遂廢. 逮漢之亡, 議者以爲乏藩屛之助, 而成孤立之勢.

그렇지만 나는 또한 일찍이 이에 관한 역대 고사에 대해서 자세히 살펴본 바 있다. 위(魏)의 문제(文帝)[조비(曹丕)]는 자신의 여러 동생들을 의심하였기에, 분봉을 받은 황제의 아들들은 마치 감옥에 갇힌 것과 같았으며, 두 차례 황제가 바뀐 다음 황제의 힘이 조금 약해지자 사마씨(司馬氏) 부자가 곧바로 그들을 제치고 나라를 빼앗아 차지하면서 아무런 거리낌도 없었다. [晉의 개국 황제인] 무제(武帝)는 아주 많은 봉국(封國)을 분봉하였으므로 종실 제후[宗藩]가 강성해서 각기 스스로 군사를 보유하면서 소속 관리를 둘 수 있었으니, 가히 조위 시대의 폐단을 뉘우친 것이라고 하겠다. 하지만 곧이어 '팔왕(八王)의 난'이 일어나고 그들이 군대를 장악한 것을 믿고 온갖 행패를 부렸으므로, 도리어 오호(五胡)의 화북 지역에 대한 침략을 불러들이게 되었다. 그 뒤 남조의 송·제의 황자(皇子)들은 모두 어려서 번진(藩鎭)을 분봉 받았지만 실제로 그 권력은 전첨(典簽)·장사(長史) 등의 속관에게 장악 당해, 매번 천자가 바뀔 때마다 전대 황제의 자손들은 모두 깡그리 죽임을 당하였다. 그 결과 나라의 운명 역시 오래 갈 수 없었다. 양 무제는 가장 오랫동안 재위하였고[68] 그 자손들은 모두 왕성한 연령대의 뛰어난 인재로서 나아가 분봉을 받고 한 지방을 독자적으로 다스릴 수 있었으니, 가히

---

66 경무(景武)는 한의 경제와 무제를 가리킨다.

67 식읍(食邑)은 봉지의 조세를 받아 그것으로 생활을 한다는 뜻이고, 고대의 제왕이 신하에게 세록(世祿)으로 내려준 봉지를 가리키기도 한다.

68 양(梁) 무제(武帝, 464~549) 소연(蕭衍)은 앞서 나왔지만 선양을 받고 황제 자리에 오른 다음 48년간(502~549) 재위하였다.

앞 시대인 송·제의 폐단을 뉘우친 것이라 할 수 있을 것이다. 그렇지만 이 제후왕들은 군사를 보유하고 있으면서도 부친인 천자를 내버리고 돌보지 않았기에 졸지에 '후경(侯景)의 난'이 일어나는 것을 막을 수 없었다.[69] 그러므로 위·송·제가 골육을 멀리하고 의심한 것은 나라를 망하게 만들기에 충분하였지만, 진·양이 종실 제후를 장려한 것 또한 황실을 반란으로부터 구해낼 수는 없었다고 해야 할 것이다.

然愚又嘗夷考歷代之故, 魏文帝忌其諸弟,[70] 帝子受封有同幽縶,[71] 再傳之後, 主勢稍弱, 司馬氏父子卽攘臂取之,[72] 曾無顧憚. 晉武封國至多, 宗藩强壯,[73] 俱自得以領兵卒, 置官屬, 可謂懲魏之弊矣. 然八王首難,[74] 阻兵安忍,[75] 反以召五胡之釁. 宋·齊皇子俱

---

[69] 양 무제는 중원을 되찾기 위하여 갈족(羯族)인 후경(侯景)을 포섭하였는데, 나중에 양의 종실인 소연명(蕭淵明)이 동위(東魏)에 의해 포로가 되자 후경으로 인질 교환을 하려고 하였다. 이 소식을 들은 후경이 곧장 548년에 반란을 일으켰고, 551년 건강(建康)에서 스스로 황제를 칭하였다.

[70] 위 문제는 조위(曹魏)의 개국 황제인 조비(曹丕, 187~226)를 가리킨다. 그는 유명한 조조(曹操)의 장자로 자는 자환(子桓)이라고 하며, 삼국 시대의 저명한 문장가이기도 하다. 220년 조조가 죽자 조비는 그 뒤를 계승하여 승상, 나아가 위왕(魏王)이 되었다가 다시 선양의 형식을 통해 황제가 되면서 한(漢)을 대신 하는 위(魏)를 개창하였다. 아버지 조조와 동생인 조식(曹植)과 더불어 삼조(三曹)로 칭해지기도 한다. 작품으로『위문제집(魏文帝集)』(2권)이 남아 있으며,『전론(典論)』이라고 하는 중국 문학사상 유명한 문학 비평론을 쓰기도 하였다.

[71] 유집(幽縶)은 구금당했다는 뜻이다.

[72] 사마씨(司馬氏) 부자는 유명한 삼국 시대의 인물로 조위를 4대에 걸쳐 섬긴 사마의(司馬懿, 179~251)의 둘째 아들인 사마소(司馬昭, 211~265, 자는 子上)와 그의 아들인 사마염(司馬炎, 236~290)을 가리킨다. 사마염은 사마의(司馬懿)의 손자, 사마소(司馬昭)의 적장자(嫡長子)로 자가 안세(安世)인데, 조위의 권력을 찬탈하여 낙양을 수도로 삼은 진조(晉朝)의 개국 황제가 되었다(晉武帝).

[73] 종번(宗藩)은 천자의 분봉을 받은 종실 제후를 가리킨다.

[74] 팔왕(八王)은 팔왕의 난(八王之亂)을 가리키는데, 서진(西晉) 중·후기에 사마씨의 동성 제후왕들 사이에서 중앙 정권을 쟁탈하기 위해 벌어진 혼전을 가리킨다. 전후 16(291~306)년에 걸친 중국 역사상 보기 드문 내란 가운데 하나로 서진의 망국과 그 뒤 약 300년 동안 이어지는 동란을 이끌었으므로, 이후의 중국은 오호십육국 시기로 접어들게 된다. 서진의 황족 가운데 동란에 참여한 사람은 훨씬 많았지만, 주요 참여자가 여덟 명이었고,『진서(晉書)』에서 그들을 한데 모아 열전으로 정리하였으므로 팔왕의 난이라 불리게 되었다.

[75] 조병안인(阻兵安忍)은『좌전』은공(隱公) 4년조의 기사("夫州吁阻兵而安忍：阻兵无衆, 安忍无親；衆叛親离, 難以濟矣.")에 나오는 구절로 흉악한 행패를 부리면서도 믿는 바가 있어 두려워하지 않는다는 뜻이다. 조(阻)는 믿고 의지한다는 뜻에서 조병(阻兵)은 수중에 병권을 장악한 것

童孺當方面, 名爲藩鎭, 而實受制於典簽·長史之手,[76] 每一易主, 則前帝之子孫殲焉, 而運祚卒以不永. 梁武享國最久, 諸子孫皆以盛年雄材出爲邦伯, 專制一方, 可謂懲宋·齊之弊矣. 然諸王擁兵, 捐置君父, 卒不能止侯景之難, 然則魏·宋·齊疏忌骨肉, 固以取亡, 而晉·梁崇獎宗藩, 亦不能救亂.

    그러하기에 봉건 제도의 득실은 다시 논의하기 쉽지 않으며, 왕관(王綰)·이사(李斯)·육기(陸機)·유종원(柳宗元) 등이 논의한 봉건의 시비 역시 어느 한쪽만 편들기는 불가능한 것이다. 지금 여기서 펴낸 것은 삼황부터 춘추 시대 이전까지 국명을 경전에서 찾아볼 수 있고 또 그 사적을 살펴볼 수 있는 것들을 대략 기록한 것이다. 이를테면 공공(共工)·방풍(防風)씨에서 패(邶)·용(鄘)·번(樊)·회(檜) 등에 이르는 것들이다. 춘추 시대의 12열국(列國)에 대해서는 『사기』 「세가」 편에서 자세히 밝혔기에 여기서 다시 쓸데없이 되풀이하지 않고 일단 그 세대와 존속 연한만 기록하였다. 그리고 여러 작은 국가에 대해서는 『춘추삼전』이나 잡기에 보이는 것을 「세가」의 예를 모방하여 그 간략한 사정만을 서술하였는바 주(邾)·거(莒)·허(許)·등(滕)이 바로 그것이다. 한 초기의 제후왕, 왕자후(王子侯), 공신외척은택후(功臣外戚恩澤侯) 등은 모두 『사기』·『한서』의 「연표」에 기초하였고, 후한 이후에는 근거로 삼을 만한 연표가 없어 여러 열전에서 채집하여 각기 그 분봉을 받고 세습하게 된 본말을 바로잡아 모두 기록하였다. 열후(列侯)가 세습하지 못하는 것은 당에서 시작되었고 친왕(親王)이 세습하지 못하는 것은 송에서 시작되었기에 일단 처음에 분봉을 받은 사람의 명씨(名氏)만을 적어 두었다. 그래서 제20부분의 「봉건고(封建考)」를 지었는데, 모두 18권이다.

    … [중략] …

을 믿는다는 뜻이고, 안인(安忍)은 잔인스러운 일을 하는 데 안주한다는 뜻이다.

[76] 전첨(典簽)은 남조(南朝)의 지방 장관 밑에서 사무를 관장하던 관직명으로 때로는 주수(主帥)·전섬수(典籤帥)·섬수(籤帥)라고도 한다. 남조 당시 부(府)·주(州) 모두 전첨장관(典簽掌管)을 설치해 사무를 논함에 있어 모두 추첨하는 방식을 취했는데 문서의 앞부분에는 논의한 사실을 적고 뒤에는 모 관리가 추첨했다는 것을 적었다고 한다. 장사(長史) 역시 관직명으로 전국 말기 진(秦)에서 이미 설치되었는데, 남북조 시대의 자사(刺史)·속관(屬官) 모두 장사를 데리고 있었다. 다수는 수군(首郡, 자사의 주재지)의 태수(太守)를 겸했다. 뿐만 아니라 왕부에도 장사가 있어 어린 왕이 번국(藩國)에 봉해질 경우 부·주의 사무는 모두 장사가 대행하였다.

於是封建之得失, 不可復議, 而王綰⁷⁷·李斯·陸士衡⁷⁸·柳宗元輩所論之是非,⁷⁹ 亦 不可得而偏廢矣. 今所論著, 三皇而後至春秋之前, 國名之見於經傳而事跡可考者略 著之, 如共工⁸⁰·防風氏,⁸¹ 以至邠·鄜·樊·檜之類是也.⁸² 春秋十二列國, 既有太史世 家詳其事跡, 不復贅敍, 姑紀其世代歷年而已. 若諸小國之事跡, 見於『春秋』三傳·雜 記者, 則倣世家之例, 敍其梗概, 邾·莒·許·滕以下是也.⁸³ 漢初諸侯王·王子侯·功臣 外戚恩澤侯, 則悉本馬·班二史年表, 東漢以後無年表可據, 則採撫諸傳, 各訂其受封 傳授之本末而備著焉. 列侯不世襲始於唐, 親王不世襲始於宋, 則姑志其始受封者之名 氏而已. 作『封建考』第二十, 凡十八卷.

…[中略]…

옛날 삼대 시절에는 모두 태사(太史)라는 관직이 있어, 그 맡은 바 직무는 천문(天 文)을 살피고 시정(時政)을 기록하는 것이었다. 대체로 점복[占候]과 기록[紀載]이라는 일을 한 사람이 도맡았던 것이다. 한대에는 태사공이 천문을 관장할 뿐 백성을 다스리 는 일은 맡지 않았는데, 사서 기록이나 황궁 소장고의 서적을 모으는 것이 바로 그 임 무였다. 한 선제(宣帝) 때에 이르러서는 태사공이란 관직을 태사령(太史令)으로 바꾸어

---

77 왕관(王綰)은 진(秦)의 승상으로 서주처럼 분봉(分封) 제도를 실행할 것을 주장하여, 진시황의 형제·아들과 공신들에게 땅을 분봉하자고 하였으나 채택되지 않았다.
78 육사형(陸士衡)은 육기(陸機, 261~303)를 말한다. 그의 자가 사형(士衡)이다.
79 유종원(柳宗元, 773~819)은 자가 자후(子厚)인데 '유하동(柳河東)'이라고도 불렸고, 또 유주 자사(柳州刺史)로 관직을 마감했기에 '유유주(柳柳州)'라고도 부른다. 본적은 하동(河東, 오늘날의 山西省 永濟市)으로 당대의 문학가이자 사상가로 이름을 날렸다. 유종원이 평생 동안 남긴 시문 작품은 600여 편에 달하는데, 당의 유우석(劉禹錫)에 의해 보존되어 『유하동집(柳河東集)』으로 만들어졌다.
80 공공(共工)은 중국 신화 속의 천신(天神), 서북 지방 홍수(洪水)의 신이다. 전설에 따르면 공공은 황제 시대의 전욱(顓頊)과 전쟁을 벌였는데 패하게 되자 부주산(不周山)에 머리를 부딪쳐 하늘 과 땅이 경사지게 했다고 한다. 다른 일설에 따르면 공공은 요임금의 신하인데, 요임금에 의해 유주(幽州)에 유배되었다고 한다.
81 방풍씨(防風氏)는 고대 방풍국의 시조로 일명 왕(汪)씨의 시조이다. 방풍국은 현재 절강 호주에 위치했다고 하는데 그곳은 강남 지방의 제일 큰 습지이다.
82 모두 주대의 제후국이다.
83 역시 모두 주대의 제후국이다.

태사공의 문서를 관장하게 하였고 서적을 편찬하는 일은 다른 관리가 통솔하게 하였으므로, 그때부터 태사령은 단지 점복이란 소임만 주재하게 되었다. 대저 점복과 기록의 임무를 합쳐서 한 사람의 소임으로 해야만 특이한 천문 현상의 변화에 대해 빠짐없이 기록할 수 있으며, 또한 이렇게 해야만 한 시대 천문 운행의 안정과 변화를 살펴봄으로써 그 길상(吉祥)을 미루어 짐작할 수 있는 법이다. 그런데 이 두 가지 소임을 맡는 직책이 무너지고 분리되면서 서로 함께 논의하지 된 지 이미 오래되었다. 과거 『춘추』에서는 일식이 나타났음에도 그 날짜를 기록하지 않았으니, 사가들은 그것을 맡은 관리가 누락한 것이라고 생각했다. 이것을 놓고 보면 당시 이미 점복과 기록을 주관하는 사람이 각기 따로 있었던 것을 알 수 있으니, 기록의 소략함이 이 지경에 이르렀던 것이다.

　昔三代之時, 俱有太史, 其所職掌者, 察天文·記時政, 蓋合占候·紀載之事,[84] 以一人司之. 漢時, 太史公掌天官, 不治民, 而紬史記·金匱·石室之書, 猶是任也. 至宣帝時, 以其官爲令, 行太史公文書, 其修撰之職, 以他官領之, 於是太史之官, 唯知占候而已.[85] 蓋必二任合而爲一, 則象緯有變,[86] 紀錄無遺, 斯可以考一代天文運行之常變, 而推其休祥.[87] 然二任之墮廢離隔, 不相爲謀,[88] 蓋已久矣. 昔『春秋』日食不書日, 而史氏以爲官失之, 可見當時掌占候與司紀載者, 各爲一人, 故疏略如此.

일찍이 살펴본 바에 의하면 춘추 시대 242년 동안 일식은 총 36차례 발생했는데, 노(魯) 정공(定公) 15년에서 한 고조 3년에 이르기까지의 293년 동안 사서에 기록된 일식을 찾아보면 겨우 7차례밖에 기록되어 있지 않으므로, 빠뜨리고 기록하지 않은 것이 아주 많다고 할 수 있다. 한대 이후 사서의 기록은 모두 갖추어져 있고 천하가 통일되어 있을 때 기록된 것들은 앞뒤로 서로 그대로 이어받아 베껴 썼기 때문에 기록되고 기록되지 않은 것의 차이에 대해서 알 수 있는 방법이 없다. 하지만 남북조로 분열된

84　점후(占候)는 천문 현상의 변화를 관찰하여 그것을 인간 세계의 일과 연결시켜 길함과 흉함을 예언하는 것을 뜻한다.
85　지(知)는 알다, 이해하다, 알린다는 뜻도 있지만 주재[宰]하다, 한다[爲, 作]는 뜻도 있다.
86　상위(象緯)는 별의 모양과 사방으로 벌어진 형상, 또는 일월오성(日月五星)을 가리킨다.
87　휴상(休祥)은 길상(吉祥)이란 뜻이다.
88　불상위모(不相爲謀)는 서로 상의하거나 협의하지 않는다는 뜻이다.

다음에는 나라별로 각기 사서를 갖추게 되었는데, 지금 그것을 살펴보면 남조의 송 무제 영초(永初) 원년에서 진(陳) 후주(後主) 정명(禎明) 2년에 이르기까지, 그리고 북조의 위 명제(明帝) 태상(泰常) 5년에서 수(隋) 문제(文帝) 개황(開皇) 8년에 이르기까지 총 169년 동안 『남사(南史)』에 기록된 일식은 겨우 36차례에 지나지 않지만 『북사(北史)』에 기록된 일식은 79차례에 이른다. 양쪽의 일식 기록에서 그 시기가 일치하는 것은 27개의 경우에 지나지 않고, 연도만 같고 월이 다른 경우가 상당수 존재한다. 무릇 똑같은 푸른 하늘 아래에 있음에도 불구하고 북방의 일식 횟수가 남방의 그것보다 배가 넘는다는 것은 전혀 이치에 맞지 않는 일이다. 또 일식이 발생한 날짜가 서로 다르다는 것은 설마 하늘에 해가 둘이 있다는 이치이겠는가? 결국 기록하는 사람이 저지른 잘못과 어긋남이 자못 크다고 해야 할 것이다. 천문 현상의 뚜렷함은 해와 달의 경우보다 더한 것이 없어 비록 용렬한 하인일지라도 고개를 들어 쳐다보면 곧바로 알 수 있는 것인바, 일식에 관한 사서의 기록의 오류가 이와 같으니 기타 별자리가 머무르거나 거꾸로 뒤집히거나 다른 자리를 차지하거나 오고가는 현상에 대한 기록이 어찌 충분히 믿을 만한 것이 되겠는가?

    又嘗考之, 春秋二百四十二年, 而日食三十六; 自魯定公十五年至漢高帝之三年, 其間二百九十三年, 而搜考史傳, 書日食凡七而已, 然則遺缺不書者多矣. 自漢而後, 史錄具在, 天下一家之時, 紀載者遞相沿襲, 無以知其得失也. 及南北分裂之後, 國各有史, 今考之:南自宋武帝永初元年至陳後主禎明二年,[89] 北自魏明帝泰常五年至隋文帝開皇八年,[90] 此一百六十九年之間, 『南史』所書日食僅三十六, 而『北史』所書乃七十九, 其間年歲之相合者才二十七, 又有年合而月不合者. 夫同此一蒼旻也,[91] 食於北者其數過倍於南, 理之所必無者, 而又日月不相吻合, 豈天有二日乎? 蓋史氏之差謬牴牾, 其失大矣. 懸象著明,[92] 莫大乎日月, 雖庸奴擧目可知, 而所書薄蝕之謬且如此, 則星辰遲留[93]·伏逆·陵犯[94]·往來, 其所紀述, 豈足憑乎?

---

89 영초(永初, 420~422)는 남조 송 무제의 연호, 정명(587~589)은 남조 진(陳) 후주(後主)의 연호이다.
90 태상(泰常, 416~423)은 북위 명원제(明元帝)의 연호, 개황(開皇, 581~600)은 수문제(隋文帝)의 연호이다.
91 창민(蒼旻)은 창천(蒼天), 즉 푸른 하늘을 가리킨다.
92 현상(懸象)은 천상(天象), 즉 일월성신(日月星辰)을 가리킨다.

[생각건대 한 애제(哀帝)가 해가 밝지 못하고 요상한 기운이 가득한 일에 대해 대소(待詔) 이심(李尋)에게 묻자 이심은 그 연유를 갖추어 대답하였다고 한다. 광무제(光武帝)가 건무(建武) 5년에 어릴 적 글동무인 엄광(嚴光)을 침소로 불러들여 같은 침상에 누웠는데, 당시 태사는 객성(客星)이 제왕의 별자리를 침범했다고 상주했다고 한다. 위의 두 사실은 이심, 엄광의 열전에는 기록이 있지만, 『한서』「천문지」의 기록을 보건데 애재의 재위가 끝날 때까지 해가 밝지 못하였다는 일을 싣고 있지 않으며, 광무제의 건무 5년 조의 기록에도 객성의 문제에 대해서는 아무런 언급이 없으니, 그 기록의 소략함을 또한 이를 통해서도 알 수 있다.] 여기서 잠시 과거의 고사를 서술한 것은 이왕과는 다른 견문을 넓히고자 함이다.

[按 : 漢哀帝以日無精光·邪氣連昏之事問待詔李尋,[95] 而尋所對, 具言其故. 光武以建武五年召嚴光入禁中共臥,[96] 而太史奏客星犯帝座. 二事見於李尋·嚴光傳中, 而以『漢志』考之, 終哀帝時不言日無精光之事, 光武建武五年亦不言客星事, 亦可證其疏略也] 姑述故事, 廣異聞耳.

「천문지」의 기록은 『진서』나 『수서』보다 상세한 것이 없는데, 단원자(丹元子)의 『보천가(步天歌)』에 이르러서는 더욱 내용이 간명하다. 송의 『양조사지(兩朝史志)』에서는 여러 별들이 북극과의 거리가 가깝고 먼 정도에 대해 기술하였고, 『중흥사지(中興史志)』에서는 최근 학자들의 논의를 채집하였는데, 또한 이전 시대 사서에 밝히지 못한 바가 많았으므로, 나는 그 가운데 명확하고 흥미로운 부분을 뽑아 모두 이 책에 수록하였다. 그래서 제21부분의 「상위고(象緯考)」를 지었는데, 우선 먼저 삼원 성좌[三垣]·이십팔수(二十八宿)의 별이름과 도수(度數)에 대하여 기록하였고, 그 다음으로는 은하수[天漢]의 출몰, 그리고 해와 달 및 오성(五星)의 운행 도수[行度], 북두칠성[七曜]의 변화, 운기(雲氣) 등의 현상에 대해서도 순서대로 기록하였는데, 모두 17권이다.

---

93 지류(遲留)는 멈추어서 머문다[停留, 逗留]는 뜻이다.
94 능범(陵犯)은 침범하다, 모범(冒犯)하다는 뜻이다.
95 대조(待詔)는 관직명으로, 전한 때 재능에 따라 사인(士人)을 선발하여 수시로 황제의 명령을 받들게 했는데 그런 사람을 가리켜 대조라 불렀다.
96 건무(建武, 25~56)는 후한 광무제의 첫 번째 연호이다.

天文志莫詳於晉·隋, 至丹元子之『步天歌』,[97] 尤爲簡明. 宋『兩朝史志』言諸星去極之遠近, 『中興史志』探近世諸儒之論, 亦多前史所未發, 故擇其尤明暢有味者具列於篇. 作『象緯考』第二十一, 首三垣·二十八宿之星名[98]·度數,[99] 次天漢起沒,[100] 次日月·五星行度,[101] 次七曜之變,[102] 次雲氣.[103] 凡十七卷.

『예기(禮記)』에서는 말한다. "국가가 장차 흥성하려면 반드시 상서로운 조짐이 나타나고, 국가가 패망하려면 반드시 요사한 조짐이 나타난다." 무릇 하늘과 땅 사이에 요사한 조짐이 있으면 반드시 또한 상서로운 조짐이 있는데, 그 기운의 감응하는 바에 따라 거기에 부합하는 증상이 뒤따르는 법이다. 복승(伏勝)이 『오행전(五行傳)』을 짓자, 반고 등은 그 주장을 이어받아 각 시대마다 부합하는 증상을 모아 「오행지」로 기록하였는데, 처음에는 요사한 증상만 적었을 뿐 상서로운 조짐에 대해서는 적지 않았다. 그렇다면 음양오행의 기운은 어찌 요사한 증상으로만 나타나고 상서로운 조짐으로는 나타나지 않는 것일까? 그것 또한 이치에 맞지 않는다. 그렇지만 요사한 증상이나 상서로운 조짐에 대해서는 본래 쉽사리 말하기 어렵다. 치세에는 봉황이 나타난다고 하는데, 그래서 우임금 시절에는 봉황이 날아와 춤을 추는 상서로움이 있었다. 그런데 한의 환제(桓帝) 원가(元嘉) 초년, 한의 영제(靈帝) 광화(光和) 연간에도 봉황은 여러 차례 나타났다. 그렇지만 환제·영제 시절은 결코 안정된 치세가 아니었다. 살육이 도가 지나치면 그에 부응하는 증상은 지속적인 추위로 나타난다고 하는데, 그래서인

---

[97] 『보천가(步天歌)』는 주로 시가의 형식으로 고대 중국의 천문에 대해 소개한 저서로, 현재 여러 개의 판본이 전해지는데 가장 이른 판본은 당나라 때의 것이고 가장 유명한 판본은 정초(鄭樵)의 『통지』「천문략(天文略)」에서 소개된 『단원자보천가(丹元子步天歌)』이다.

[98] 삼원(三垣)은 곧 자미원(紫微垣)·태미원(太微垣)·천시원(天市垣)을 가리키는 말로 고대 중국에서 하늘의 별자리를 구분하는 성관(星官, 恒星의 조합으로 오늘날의 星座와 비슷하나 범위가 작고 수량은 더 많다)의 한 가지로, 황도대(黃道帶)의 이십팔수(二十八宿)와 더불어 삼원·이십팔수라 부른다.

[99] 도수(度數)는 도를 단위로 하여 계산하여 얻은 수치를 가리킨다.

[100] 천한(天漢)은 천하(天河), 즉 은하수를 가리킨다.

[101] 행도(行度)는 운행의 도수(度數)를 말한다.

[102] 칠요(七曜, 七耀, 七燿)는 일·월과 금·목·수·화·토 5성, 또는 북두칠성을 가리킨다.

[103] 운기(雲氣)는 운무(雲霧)나 안개[霧氣]를 가리킨다.

지 진시황의 재위 시절에는 4월에 눈비가 내리는 이상 기후가 있었다. 한 문제(文帝) 4년에도 6월에 눈비가 내렸지만, 그렇다고 해서 [肉刑을 폐지한 것으로 유명한] 한 문제가 형벌을 남용한 군주는 아니었다. 한 고조가 큰 뱀을 베어 죽이자 그 뱀의 어미를 자처하는 할머니가 밤에 통곡하였다고 하는 이야기는 진에게는 요사한 증상이었지만 한에서는 상서로운 조짐이었으니, 이를 놓고 보면 "용과 뱀이 출현하여 요사한 증상을 보인다."고 일괄해서 말할 수 있겠는가? 죽은 나무에 벌레 먹은 자국이 문자처럼 나타난 것을 한 소제(昭帝) 시절에는 요사한 증상이라 보았지만 한 선제(宣帝) 시절에는 상서로운 조짐으로 보았으니, 이를 놓고 보면 "나무가 굽어지거나 펴지면서 재해를 예고한다[木不曲直]."라고 일괄해서 말할 수 있겠는가? 이전의 사서에서는 이에 대해 제대로 설명할 수 없자 억지로 갖다 붙이는 주장만 펼쳤고, 함부로 부응하는 증상을 끌어대다 보니 더욱더 말이 통하지 않게 되었다.

『記』曰: "國家將興, 必有禎祥.[104] 國家將亡, 必有妖孽."[105] 蓋天地之間, 有妖必有祥, 因其氣之所感, 而證應隨之. 自伏勝作『五行傳』,[106] 班孟堅而下踵其說, 附以各代證應爲「五行志」, 始言妖而不言祥. 然則陰陽五行之氣, 獨能爲妖孽而不能爲禎祥乎? 其亦不達理矣. 雖然, 妖祥之說固未易言也. 治世則鳳凰見, 故有虞之時有來儀之祥,[107] 然漢桓帝元嘉之初[108] · 靈帝光和之際,[109] 鳳凰亦屢見矣, 而桓 · 靈非治安之時也. 誅殺過當, 其應爲恆寒, 故秦始皇時有四月雨雪之異, 然漢文帝之四年, 亦以六月雨雪矣, 而漢文帝非淫刑之主也. 斬蛇夜哭,[110] 在秦則爲妖, 在漢則爲祥, 而槩謂之'龍蛇之孽'可

---

104 정상(禎祥)은 길상(吉祥), 행복의 조짐, 징조를 가리킨다.

105 이 구절은 원래 『예기』「중용」편에 나온다. 요얼(妖孽)은 사물의 비정상적인 현상을 가리키는데 옛사람들은 이것을 불상(不祥)의 조짐으로 생각하였다. 불행이나 재앙을 뜻하기도 하며, 나아가 요마 · 귀신 등의 종류를 가리키거나 사악한 일이나 사람을 비유하기도 한다.

106 복승(伏勝, B.C. 260~B.C. 161)은 자가 자천(子賤)이고 한나라 제남(濟南) 출신으로 복희씨(伏羲氏)의 후손이라 일컬어진다. 진(秦)의 박사(博士)였는데, 일명 복생(伏生)이라고도 한다.

107 래의(來儀)는 봉황이 날아와서 춤추면서 아름다운 모습을 보여 주는 것으로, 옛사람들은 이것을 상서로운 조짐[瑞應]으로 간주하였다.

108 원가(元嘉, 151~153)는 후한 환제(桓帝)의 세 번째 연호이다.

109 광화(光和, 178~184)는 후한 영제(靈帝)의 세 번째 연호이다.

110 참사(斬蛇)는 한 고조 유방이 봉기하기 전에 술에 취해서 늪 속을 가다가 큰 뱀이 길을 막고 있자 검을 뽑아 베었다는 고사를 말한다. 야곡(夜哭)은 마찬가지로 『사기』「고조본기」에 나오는 것

乎? 僵樹蠱文,[111] 在漢昭帝則爲妖, 在宣帝則爲祥, 而槩謂之'木不曲直'可乎?[112] 前史於此不得其說, 於是穿鑿附會, 强求證應而柰有所不通.

나는 일찍이 사물의 비정상적인 모습은 바로 이상 현상[異]이며 상서로운 것은 봉황·기린이나 단 이슬, 단 샘, 경사스러운 구름, 영험한 풀 등으로 나타나고 요사한 것은 산사태, 하천의 고갈, 물의 솟구침, 지진, 괴이한 돼지나 물고기의 출현 등으로 드러난다고 보았다. 요사함과 상서로움은 서로 다르지만 정상적인 것과는 다르고 보기 드문 것으로, 모두 '이상 현상'이라고 할 수 있는 것이다. 따라서 지금 역대 사서의 「오행지」에 기록한 것을 모으고 아울러 각종 사서의 「본기」나 「열전」에 실린 상서로운 조짐까지 널리 수집하여, 그 종류에 따라 각기 부분별로 편입하면서 그것을 '요(妖)'나 '상(祥)'이라 부르지 않고 통틀어서 '사물의 이상 현상[物異]'이라고 부르고자 한다. 예를 들어 지속적인 비·가뭄·무더위·추위·바람이나 홍수·화재 등은 모두 요사한 증상으로 상서로운 조짐이라 할 수 없기에, 이전 사서의 명칭을 그대로 따랐다. 이를테면 위진(魏晉) 시대에 물고기가 무고(武庫)의 옥상에 올라간 것을 이전 사서에서는 '요사한 물고기[魚孽]'라 하였다. 그런데 주의 무왕 시절에 흰색 물고기가 배에 들어온 것은 상서로운 조짐이지 요사한 것이 아니었다. 그러므로 요사한 현상과 상서로운 현상은 비록 그 나타나는 증상이 다르지만 성격상 모두 같은 이상 현상이라고 할 수 있는바, 나는 그러한 것들을 모두 '물고기의 이상 현상[魚異]'이라고 하였다. 진(秦) 효공(孝公) 시절에 말이 사람을 낳았다고 하여 이를 원래 '괴이한 말[馬禍]'이라고 하였지만, 복희씨의 시

으로 할머니 한 사람이 밤에 울면서 말하기를 "내 아들은 백제의 아들인데, 뱀으로 변해 있다가 길을 막았는데 지금 적제의 아들이 베어 죽였다."라고 하였다는 줄거리이다. 한 고조 유방을 적제(赤帝)의 아들, 진의 통치자를 백제(白帝)의 아들로 간주하여 적제의 아들이 백제의 아들을 벰으로써 한이 진을 멸망시킬 것임을 예고하였다는 것이다.

111 강수(僵樹)는 넘어지거나 죽은 나무를 가리키고, 충문(蠱文)은 충서(蟲書)를 가리킨다. 충서는 진팔체서(秦八體書)의 하나로 조충서(鳥蟲書)라고도 하는데 벌레나 새 모양의 글자체이다. 또는 벌레 먹은 자국이 문자와 같은 경우를 가리키기도 한다. 여기서는 후자로 보인다.

112 목불곡직(木不曲直)은 한 영제 시절에 오랑캐 모습으로 머리·눈·수염을 모두 갖춘 가죽나무[樗樹]가 출현하였고, 위아래가 뒤집혀 뿌리가 위로 오고 가지가 아래로 간 홰나무[槐樹]가 출현하였으며, 또한 사람의 얼굴을 하고 수염이 난 나무가 출현하였다는 고사를 가리킨다. 모두 다 나무가 본성을 잃고 재해를 상징하는 것으로 간주되었다.

절에 하도(河圖)를 등에 새긴 용마가 황하에서 나왔다는 고사는 상서로운 조짐이지 요사스러운 증상은 아니었다. 즉 요사한 현상과 상서로운 현상은 비록 다르긴 하지만 성격상 모두 이상 현상에 속한다. 따라서 나는 그것을 모두 '말의 이상 현상[馬異]'이라 하였다. 나머지 새나 짐승·곤충·초목·금석이나 동요(童謠)·예언시[詩讖]과 같은 것들은 전에 '우충(羽蟲)'·'모충(毛蟲)'·'용과 뱀의 요얼', 혹은 '요사한 시[詩妖]'·'요사한 꽃[華孼]'이라 불렸지만 지금 이 책에서는 요사한 현상과 상서로운 현상을 함께 기재하였다. 따라서 '요'나 '얼'이라 하지 않고 모두 '이상 현상'이라 하였다. '괴이한 돼지[豕禍]'나 '요사한 쥐[鼠妖]'같은 것은 상서로운 뜻이 전혀 없으므로 예전 사서와 같이 그대로 적었다.

괴이한 나무와 같은 경우는 나무가 그 본래의 성질[常性]을 잃고 요사한 모습을 보이는 것으로, 이를테면 뽕나무와 닥나무가 함께 자라는 사례가 바로 그것이다. 하지만 나무에 내린 빗물이 얼어서 얼음이 된 것은 추운 날씨가 나무를 윽박질러 얼린 것이지 나무에게 허물이 있는 것이 아닌데도 과거 한의 유향(劉向)은 빗물에 젖은 나무가 언 것을 모두 '나무의 괴이한 현상[木不曲直]'이라고 간주하였다. '요사한 꽃[華孼]'이라고 하는 것은 꽃이 그 본래의 성질을 잃고 요사한 모습을 보이는 것으로, 한겨울에 복숭아꽃이나 배꽃이 피는 사례가 바로 그런 것이다. 하지만 얼음꽃 같은 것은 얼음이 이상하게 꽃 모양으로 언 것으로 그 잘못이 꽃에 있지 않음에도 불구하고 『당서』 「오행지」에서는 그것을 가리켜 '요사한 꽃[華孼]'이라 하였다.

이상의 두 가지 예는 모두 분류가 잘못된 것이므로 지금 그것을 바꾸어 바로잡아 모두 '지속적인 추위[恒寒]'의 분류에 넣어 '우박(雨雹)' 현상의 뒤에 배치하였다. 또한 과거의 「오행지」에서 '괴이한 쥐[鼠妖]'를 청생(靑眚), 혹은 청상(靑祥)이라 하거나, 사물이 스스로 움직이는 것을 나무가 쇠를 해친 것[木沴金], 사물이 스스로 망가지는 것을 쇠가 나무를 해친 것[金沴木]이라 한 일 역시 모두가 후대 사람들이 논의하지 않은 것들이므로 여기서는 모두 '괴이한 쥐[鼠妖]'와 '청생(靑眚)'을 각기 따로 분류하고, 스스로 움직이거나 스스로 망가지는 것은 구체적인 사실에 따라 이름을 붙여 읽는 사람들이 알기 쉽게 하였다. 그래서 제22부문의 「물이고(物異考)」를 지었는데, 모두 20권이다.

竊甞以爲物之反常者, 異也. 其祥則爲鳳凰·麒麟·甘露·醴泉[113]·慶雲·芝草, 其妖則山崩·川竭·水涌·地震·豕禍·魚孼. 妖祥不同, 然皆反常而罕見者, 均謂之'異'可也. 故今取歷代史「五行志」所書, 幷旁搜諸史本紀·及傳記中所載祥瑞, 隨其朋類, 附入各門, 不曰: '妖', 不曰: '祥', 而總名之曰: '物異'. 如恒雨·恒暘·恒燠·恒寒·恒風·水潦·水災之屬, 俱妖也, 不可言祥, 故仍前史之舊名. 至如魏晉時魚集武庫屋上,[114] 前史所謂'魚孼'也; 若周武王之白魚入舟, 則祥而非孼. 然妖祥雖殊, 而其爲異一爾, 故均謂之'魚異'. 秦孝公時, 馬生人,[115] 前史所謂'馬禍'也; 若伏羲之龍馬負圖,[116] 則祥而非禍. 然妖祥雖殊, 而其爲異亦一爾, 故均謂之'馬異'. 其餘鳥獸·昆蟲·草木·金石, 以至童謠·詩讖之屬, 前史謂之'羽蟲'·'毛蟲'·'龍蛇之孼', 或曰: '詩妖'·'華孼', 今所述皆並載妖祥, 故不曰: '妖', 不曰: '孼', 而均以'異'名之. 其豕禍·鼠妖, 則無祥可述, 故亦仍前史之舊名. 至於木不曲直者, 木失其常性而爲妖, 如桑穀共生之類是也.[117] 若雨木冰, 乃寒氣脇木而成冰, 其咎不在木也. 而劉向以雨木冰爲'木不曲直'. '華孼'者, 花失其常性而爲妖, 如冬桃李華之類是也. 若冰花乃冰有異而結花, 其咎不在花也. 而「唐志」以冰花爲'華孼'. 二者俱失其倫類, 今革而正之, 俱以入恒寒門, 附雨雹之後. 又前志以'鼠妖'爲'靑眚'·'靑祥', 物自動爲'木沴金', 物自壞爲'金沴木', 其說俱後學所未論, 今以'鼠妖'·'靑眚'各自爲一門, 而自動·自壞直以其事名之, 庶覽者易曉云. 作「物異考」第二十二, 凡二十卷.

과거 요임금 시절에 대해 우는 9주(九州)를 구별하였고, 순임금 시절에 이르면 그것이 12주(十二州)가 되었는데, 주의 판도는 다시 9주로 나뉘었지만 또한 우임금 시절과는 차이가 있었다. 한은 진을 이어받아 천하를 군(郡)·국(國)으로 나누었고, 다시 전국을 13주(十三州)로 통할하였다. 진(晉)에 이르러서는 다시 19주(十九州)로 나누었다. 진

---

113 예천(醴泉)은 단물이 솟는 샘으로 태평 시대에 상서로운 조짐(祥瑞)으로서 솟는다고 일컬어진다 (『예기』 「예운(禮運)」 편, "天降甘露, 地出醴泉.").

114 『진서(晉書)』 「오행지(五行志) 하(下)」에 위(魏) 제왕(齊王) 가평(嘉平) 4년 5월에 두 마리의 물고기가 무고(武庫)의 옥상(屋上)에 모였다는 기사가 있다.

115 진(晉) 간보(干寶)의 『수신기(搜神記)』 권6에 진 효공 21년에 말이 사람을 낳은 일이 있었고, 소공(昭公) 20년에는 수컷 말이 아이를 낳고 죽었는데, 유향(劉向)은 이것을 모두 '마화(馬禍)'로 간주하였다는 기사가 있다.

116 『상서』 「고명(顧命)」 편에 대한 공안국(孔安國)의 해설에 복희씨가 천하의 임금이었을 때 용마가 황하에서 나왔는데, 그 등에 나온 무늬를 가지고 팔괘를 그렸다는 기록이 있다.

117 『한서』 「오행지」에 나오는 기록으로 뽕나무[桑]·닥나무[穀] 두 나무가 합쳐져서 함께 자라는 것은 국가의 위망을 드러내는 상서롭지 못한 조짐이라고 여겨졌다.

이후 주의 숫자는 갈수록 늘고, 주의 통할 범위는 갈수록 좁아졌으며, 행정 중심인 치소(治所)를 두는 곳도 한 곳에만 고정되지 않았다. 이를테면 양주(揚州)를 놓고 보면 한대 이후 혹은 역양(歷陽)에 치소를 두거나 혹은 수춘(壽春)·곡아(曲阿)·합비(合肥)·건업(建業)에 두었는데, 당에 이르러서야 비로소 광릉(廣陵, 오늘날의 양주)에 치소를 두게 되었다. 남북조로 분열된 다음에 이르러서는 그 판도를 크게 과장하려는 욕심에서 [남조의 경우] 많은 주를 교치(僑置)하였는데, 이를테면 회계(會稽)를 동양(東揚)으로, 경구(京口)를 남서(南徐), 광릉(廣陵)을 남연(南兗)으로, 역양(歷陽)을 남예(南豫)로, 역성(歷城)을 남기(南冀)로, 양양(襄陽)을 남옹(南雍)으로 [삼는 등 원래 대부분 북방에 있던 '9주'를 남방 지역에서 다시] 설정하였다. 또한 노군(魯郡)은 「우공」에서는 서주(徐州)에 속했지만 한대에는 예주(豫州) 영역에 속하였고, 진류(陳留)는 「우공」에서 예주(豫州)에 속했지만 진(晉)에서는 연주(兗州) 영역에 속하였다. 점차 갈라지고 쪼개지면서 원래의 이름과 지역이 서로 맞지 않게 되면서 「우공」의 9주는 더 이상 확인해 보기 힘들게 되었다.

　　昔堯時禹別九州, 至舜分爲十二州, 周職方復分爲九州,[118] 而又與禹異. 漢承秦分天下爲郡·國, 而復以十三州統之. 晉時分州爲十九. 自晉以後, 爲州采多, 所統采狹, 且建治之地,[119] 亦不一所. 姑以揚州言之, 自漢以來, 或治歷陽, 或治壽春, 或治曲阿, 或治合肥, 或治建業, 而唐始治廣陵. 至南北分裂之後, 務爲夸大, 僑置諸州,[120] 以會稽爲東揚, 京口爲南徐, 廣陵爲南兗, 歷陽爲南豫, 歷城爲南冀, 襄陽爲南雍. 魯郡在禹跡爲徐州,[121] 而漢則屬豫州所領; 陳留在禹躋爲豫州,[122] 而晉則屬兗州所領. 離析磔裂,

---

[118] 직방(職方)은 주대의 관명(夏官 소속)으로 천하의 지도와 사방의 직공(職貢)을 주관하던 직방씨(職方氏)를 뜻하거나, 아니면 판도(版圖), 즉 국가의 강토를 가리킨다.

[119] 여기서 치(治)는 치소(治所), 즉 지방 장관의 관서(官署)를 말하므로, 건치(建治)는 지방 장관의 관청을 설치하거나 행정 중심을 둔다는 뜻이다.

[120] 교치(僑置)는 동진(東晉) 초년에 북쪽에서 대량으로 남하한 이민들을 안치하기 위해 수많은 교주(僑州)·교군(僑郡)·교현(僑縣)을 남쪽에 설치한 조치를 말한다. 즉 유민들이 내려와 집단으로 거주하는 곳에 그들의 원적지와 같은 이름의 주·군·현을 임시로 설치해 그들을 다스린 것이다. 이러한 교주·교군·교현은 원래 잠시 위탁하여 머무는 것이 목적이라, 원래는 실제 해당되는 토지가 없었다.

[121] 우적(禹跡)은 우임금이 치수를 위해 9주에 족적을 남겼다는 것 때문에 중국의 강역을 가리키게

循名失實, 而禹跡之九州宋不復可考矣.

　　정초(鄭樵)는 이렇게 말한 적이 있다. "주현의 설치는 시대에 따라 바뀌기도 한다. 다만 산천의 아름다움은 영원히 바뀌지 않는다. 「우공」에서 나눈 9주는 반드시 산과 강[山川]을 기준으로 강계를 정하였으므로 연주(兗州)라는 범위를 바꿀 수는 있어도 제수(濟水)·황하(黃河) 사이에 있는 연주 땅은 옮길 수 없고, 양주(梁州)라는 범위를 바꿀 수는 있어도 화양(華陽)·흑수(黑水) 사이에 있는 양주 땅은 옮길 수 없다. 따라서 「우공」은 가히 천만 년이 지나도 바뀔 수 없는 기록이라 할 수 있다. 후세 사가들은 군현 위치의 변화에만 집중하였고, 따라서 주현이 옮겨짐에 따라 「우공」은 점차 잊혀 지게 되었다." 참으로 훌륭한 지적이다! 두우의 『통전』 역시 역대의 군현을 우임금이 나눈 9주 속에 나누어 넣었다. 지금 여기서 기술하는 것은 9주의 경우 「우공」에서 총괄한 9주를 기준으로 삼아 시대를 따라 내려왔으며, 부(府)·주(州)·군(軍)·감(監) 등의 행정 구역에 대해서는 송에서 설치한 것을 기준으로 삼아 거기서 거꾸로 거슬러 올라가면서 역대의 변화를 갖추어 서술하였다. 기주(冀州)의 유(幽)·삭(朔), 옹주(雍州)의 은(銀)·하(夏) 지방 및 남월(南粵)의 교지(交趾) 등은 원래 송의 판도 안으로 들어온 적이 없으므로 당(唐)의 군(郡)을 기준으로 삼아 앞 시대로 거슬러 올라가면서 그 빠진 부분을 보충하였다. 그리고 매 주(州)의 총론 아래에는 각기 지도를 하나씩을 싣고, 우선 먼저 춘추 시대 각국 가운데 확인할 수 있는 것을 9주에 나누어 넣었고, 그 다음으로는 진·한·위진·수·당·송에서 나눈 군현에 이르러서는 그 지리를 살펴 모두 9주의 아래 범주에 붙여 넣었다. 또한 한 이후 각 주의 자사(刺史)·주목(州牧)이 관할한 군(郡) 가운데 「우공」의 9주에 들어맞지 않는 것은 모두 고쳐서 바로잡았다. 그래서 「여지고(輿地考)」를 지었는데, 모두 9권이다.

　　…[하략]…

夾漈鄭氏曰[123] : "州縣之設, 有時而更 ; 山川之秀, 千古不易. 故「禹貢」分州, 必以山川

　　되었으며, 또는 우의 치수 업적을 가리키기도 한다. 여기서는 『상서』「우공」 편을 가리키는 것으로 보인다.
[122] 우제(禹躋)는 아마 위의 우적과 같은 뜻으로 보인다.
[123] 협제선생은 바로 정초(鄭樵)를 가리킨다.

定疆界, 使兗州可移, 而濟·河之兗州不可移;梁州可遷, 而華陽·黑水之梁州不可遷.[124] 故「禹貢」爲萬世不易之書. 後之作史者主於郡縣, 故州縣移易, 其書遂廢矣."[125] 善哉言也! 杜氏『通典』亦以歷代郡縣析於禹九州之中. 今所論著, 九州則以禹跡所統爲準, 沿而下之, 府·州·軍·監則以宋朝所置爲準, 溯而上之, 而備歷代之沿革焉. 至冀之幽·朔, 雍之銀·夏, 南粵之交趾, 元未嘗入宋之職方者, 則以唐郡爲準, 追考前代, 以補其缺;而於每州總論之下, 復各爲一圖, 先以春秋時諸國之可考者分入九州, 次則及秦·漢·晉·隋·唐·宋所分郡縣, 考其地理, 悉以附禹九州之下, 而漢以來各州刺史·州牧所領之郡, 其不合禹九州者, 悉改而正之. 作「輿地考」第二十三, 凡九卷.

…[下略]…

---

124 연주는 옛적의 제수(濟水)와 황하(黃河) 사이의 범위라는 뜻이고, 양주는 동쪽은 화산의 남쪽[華山之陽], 서쪽은 흑수의 물가[黑水之濱]에 이른다는 뜻이다. 『상서』 「우공」 편에 관련 구절이 나온다("濟·河惟兗州", "華陽·黑水爲梁州.").
125 이 구절은 정초(鄭樵) 저(著), 왕수민(王樹民) 점교(點校), 『통지이십략(通志二十略)』(中華書局, 1995. p.509) 「지리략(地理略)」의 첫 부분 「지리서(地理序)」에 나온다.

10 『독통감론(讀通鑑論)』 「서론(敍論) 1-4」

왕부지(王夫之)

『독통감론(讀通鑑論)』

『독통감론』은 명 말 청 초의 왕부지가 『자치통감』에 근거하여 찬술한 역사 평론서이다. 전체 30권으로 하·상·주 삼대로부터 명(明)에 이르기까지 수많은 중대한 역사 문제를 논평하였다. 각 권 사이는 왕조별로 나뉘었고 각 왕조 사이는 제왕의 호칭을 목(目)으로 삼았으며 총 30목이다. 목 아래 하나하나의 전문적인 주제를 다루었고 따로 권말(卷末)에 「서론(敍論)」 4편을 배치하였다. 「서론」은 아마도 『자치통감』과 그에 대한 논평인 『독통감론』을 모두 읽어 보아야만 그 내용을 이해할 수 있을 것이 아닌가 생각될 정도로 상당히 난해하다. 여기서 판본은 왕부지(王夫之) 저(著), 『독통감론(讀通鑑論)』(中華書局, 1975)을, 번역에는 왕부지(王夫之) 저(著), 이력(伊力) 주편(主編), 『자치통감지통감(資治通鑑之通鑑) 문백대조전역「독통감론」(文白對照全譯「讀通鑑論」)』(中州古籍出版社, 1994)을 참조하였다.

왕부지(王夫之)

왕부지(1619~1692)는 자가 이농(而農), 호는 강재(薑齋)이며 호남 형양(衡陽) 출신이다. 만년에 형양의 석선산(石船山)에 은거하였기 때문에 '선산 선생'으로도 불린다. 명 만력(萬曆) 47(1619)년에 태어나 숭정(崇禎) 15(1642)년 과거에 합격하였다. 명의 멸망 이후 청에 항거하는 남명(南明) 정권에 참여하였으나 이후 정치 활동을 포기하고 향리에 은거하였다. 극히 곤궁한 속에서도 종신토록 저술에 종사하여 수십 종의 저작을 저술하였다. 방이지(方以智)·고염무(顧炎武)·황종희(黃宗羲) 등과 함께 명 말의 4대 학자로 불리기도 한다. 왕부지의 학문은 폭넓어 천문·역법·수학·지리학 등도 연구가 있었지만 특히 경학·사학·문학에 정통하였다. 주요 저작으로는 『독통감론(讀通鑒論)』(30권)·『주역외전(周易外傳)』·『주역내전(周易內傳)』·『상서인의(尙書引義)』·『장자정몽주(張子正蒙注)』 등이 있다.

10-1
『독통감론(讀通鑑論)』「서론(敍論) 1」

〔이 책에서 진정한 통치의 계보를 따지는〕 정통(正統)의 문제를 논의하지 않는 것은 왜인가? 내 생각은 이렇다. 정통론은 어디서부터 시작되었는지 모르기 때문이다. 한이 멸망한 후로 조씨(曹氏)·사마씨(司馬氏)가 기회를 틈타 천하를 훔쳤으면서도, 도리어 그것을 '선양[禪]'이라고 일컬었다. 이에 어떤 사람은 이를 위해 "반드시 이어받은 바가 있어야 '통(統)'이라고 할 수 있고, 그런 다음에야 천자가 될 수 있다."라는 말을 만들어 내었다. 이런 말은 도의상 천자의 지위는 서로 주고받을 수 있는 것이 아닌데도, 억지로 서로 연결시켜서 찬탈의 흔적을 덮어 버리려는 것이다. 아니면 추연(鄒衍)의 오덕설(五德說)이라는 그릇된 이론과 유흠(劉歆)이 내놓은 역법가의 이론을 빌려 그 편파적인 주장을 꾸며서 가려 버리려는 것이다. 어찌 실제 사물의 이치가 그러한 것이겠는가?

論之不及正統者何也?[1] 曰:"正統之說, 不知其所自昉也."[2] 自漢之亡, 曹氏·司馬氏乘之以竊天下, 而爲之名曰:'禪'.[3] 於是爲之說曰:"必有所承以爲統, 而後可以爲天子." 義不相授受, 而强相綴繫,[4] 以掩篡奪之迹;抑假鄒衍五德之邪說,[5] 與劉歆曆家之緖論, 文其詖辭[6];要豈事理之實然哉?"

---

1 정통(正統)은 유가 경전인 『춘추(春秋)』에서 나온 개념으로 종주(宗周)를 정으로 삼아 선왕(先王)의 법제를 존중하여 천하 일통을 이루었다는 것을 의미하는데, 이후 중국 왕조는 자기 통치의 합법성을 획득하기 위해 이 개념을 근거로 삼았다. 따라서 일맥으로 이어지는 전국을 통일한 왕조의 계통을 가리키기도 하는데, 찬탈 왕조인 '참절(僭竊)'이나 일부 지방만을 차지한 '편안(偏安)'과 상대되는 개념이 되기도 한다.
2 방(昉)은 여기서는 비로소, 처음이라는 뜻이다.
3 여기서 선(禪)은 선양(禪讓)을 뜻한다. 선양은 중국 고대의 역사에서 통치권이 옮겨지는 방식 가운데 하나로 황제가 제위(帝位)를 아들이 아닌 다른 사람에게 넘겨주는 것을 말한다.
4 철계(綴繫)는 잇다, 연결시킨다는 뜻이다.
5 음양가의 대표자인 추연이 음양오행의 이론을 통해 우주 변화와 역사 흥망성쇠의 원리를 설명하는 오덕설(五德說, 五德終始說)을 주장하였는데, 이것은 또한 오덕전이(五德轉移)라고도 한다.
6 피사(詖辭)는 편파적이거나 일방적인 말, 불공평한 언사를 뜻한다.

이른바 '통(統)'이란 것은 천하를 합병하여 통일한 것을 말하며, 또한 그것을 이어받아 지속시키는 것을 말한다. 하지만 천하가 통일되지 않거나 이어지지 않는 경우 또한 아주 많다! 일찍이 위로 수천 년간 중국의 치란(治亂)을 미루어 따져 보니 지금에 이르기까지 모두 세 번의 큰 변화가 있었다. 천하가 아직 변화하지 않았을 때에는 진실로 이후의 변화가 어찌 될지는 알지 못하며, 비록 성인이라도 알 수 없는 법이다. 은·주 이상의 시대는 [전설의 시대라] 고찰해 볼 수 있는 바가 없다. 그렇지만 [하·은·주] 삼대의 경우에 의거하여 말하자면, 그 때에는 만국(萬國)에 모두 각기 군주가 있었지만 천자가 특히 그 우두머리가 되었는데, [천자의 지배력이 미치는] 왕기(王畿) 바깥에는 상벌[刑賞]이 통하지 않고 부세(賦稅)도 위로 올라오지 않았으므로 천하가 비록 통일되었다고는 하나 실제로는 완전한 통일이 아니었다. 그리고 [은·주가 세워질 때는] 위대한 군주인 왕자(王者)가 대의를 명분으로 내세워 천하를 통일하였다. 이것이 첫 번째 변화이다.

統之爲言, 合而倂之之謂也, 因而續之之謂也; 而天下之不合與不續也多矣! 蓋嘗上推數千年中國之治亂, 以迄於今, 凡三變矣. 當其未變, 固不知後之變也奚若, 雖聖人弗能知也. 商·周以上, 有不可考者. 而據三代以言之, 其時萬國各有其君, 而天子特爲之長, 王畿之外,[7] 刑賞不聽命, 賦稅不上供, 天下雖合而固未爲合也. 王者以義正名而合之.[8] 此一變也.

그리고 은 탕왕이 하를 대신하고, 주 무왕이 은을 대신하면서 천하에 일찍이 하루라도 공동의 군주[천자]가 없었던 날은 없었다. 춘추 시대에 이르러 [춘추 오패에 속하는] 제(齊)·진(晋)·진(秦)·초(楚)가 각기 자기를 따르는 제후에 의거하여 천하를 분열시켰다. 전국 시대에 이르러 강력한 진(秦)과 육국(六國)이 서로 합종·연횡으로 대항하였고, 주의 난왕(赧王)이 도리어 진왕(秦王)을 만나러 가야 하는 상황까지 나타났으나 천하에는 결코 공동의 군주라는 호칭이 없었으니, 어찌 다시 소위 '통'이 있었겠는가? 이것이 바로 한 차례 통일을 이루었다가 다시 한 번 분리되는 형세의 출발이었다.

---

7 왕기(王畿)는 제왕의 수도 또는 천자의 왕성 주위 1천 리 지역을 가리킨다.
8 정명(正名)은 명칭·명분을 바로잡아 실질과 서로 일치하게 만드는 것을 뜻한다.

而湯之代夏, 武之代殷, 未嘗一日無共主焉. 及乎春秋之世, 齊·晉·秦·楚, 各據所屬之從諸侯以分裂天下; 至戰國而强秦·六國交相爲從衡,[9] 赧王朝秦,[10] 而天下並無共主之號, 豈復有所謂統哉? 此一合一離之始也.

[220년] 한이 망한 후 뒤이어 [촉]한·위·오가 천하를 셋으로 나누었고, [317년] 진(晉)이 동쪽으로 천도한 다음 [오호]십육국과 탁발씨(拓跋氏)·고씨(高氏)·우문씨(宇文氏)가 천하를 나누어 스스로 황제를 칭하였다. [907년] 당이 멸망하자, [오대십국 시대에는] 변(汴)·진(晉)·강남(江南)·오(吳)·월(越)·촉(蜀)·월(粤)·초(楚)·민(閩)·형남(荊南)·하동(河東) 등도 각기 스스로를 황제로 치켜세웠다. 각기 한 쪽 지방을 장악하고 각기 자기 백성을 다스렸으며, 혹은 신속(臣屬)의 흔적을 보인 경우는 있었지만 결국은 서로를 떠받들지 않았으니 이른바 '통'은 없었다.

漢亡而屬漢·魏·吳三分, 晉東渡而十六國[11]與拓跋[12]·高氏[13]·宇文裂土以自帝[14]; 唐亡, 而汴·晉·江南·吳·越·蜀·粤·楚·閩·荊南·河東各帝制以自崇. 土其土, 民其民, 或迹示臣屬而終不相維繫也, 無所統也.

---

9 육국(六國)은 전국 시대 진(秦)의 동쪽, 즉 함곡관(函谷關)의 동쪽에 위치한 제(齊)·초(楚)·연(燕)·한(韓)·조(趙)·위(魏) 여섯 나라를 가리킨다. 종형(從衡)은 종횡(從橫)과 같은 뜻으로 육국이 진에 대처하기 위한 취한 합종 연횡의 정책을 가리킨다.

10 주의 난왕(赧王, 재위 B.C. 314~B.C. 256)은 동주의 제25대 왕이자 최후의 국왕이다. 재위 기간이 가장 긴 군주이지만, 그가 즉위했을 당시 동주의 영향력은 낙읍 일대에 머물렀다.

11 십육국(十六國)은 오호십육국(五胡十六國)을 말한다. 흉노(匈奴)·선비(鮮卑)·갈(羯)·저(氐)·강(羌) 5민족과 그들이 건국한 16개 정권을 가리킨다[5량(前涼·後涼·南涼·西涼·北涼), 2조(前趙·後趙), 3진(前秦·後秦·西秦), 4연(前燕·後燕·南燕·北燕), 그리고 夏·成漢이 있었다]. 진(晉)의 영흥(永興) 원(304)년에서 남조 송의 원가(元嘉) 16(439)년까지의 시기로 총 135년의 기간에 걸친다.

12 탁발(拓跋)은 북위(北魏) 황족의 성으로 후에 원씨(元氏)로 바뀌었다. 선비족(鮮卑族) 탁발부(拓跋部, 托跋部)에서 기원하며, 탁발규(拓跋珪)가 386년 북위(北魏, 386~534)를 건국하였다.

13 고씨(高氏)는 탁발씨의 북위가 혼란한 틈을 이용하여 동위(東魏)·북제(北齊)를 세운 가문이다. 동위를 개창한 사람은 고환(高歡, 496~547)이고, 535년 우문태(宇文泰)가 효무제(孝武帝)를 살해하고 문제(文帝)를 옹립하였는데, 이것이 서위(西魏)가 되었다. 동·서위 황제는 실제로는 고환과 우문태였다. 고환의 아들 고양(高洋)은 북제(北齊)를 세웠다.

14 우문씨(宇文氏)는 서위(西魏)·북주(北周)를 세운 가운으로 서위의 창건자는 우문태(507~556)로

[제·초·연·한·위·조] 육국이 갈라지자 진이 잠깐 통일하여 한에 이르렀다. 삼국으로 갈라지자 진이 잠깐 통일하였지만 확고한 통일은 아니었다. 오호가 일어나 남북으로 갈라졌다가 수가 잠시 남북을 통일하였다가 당으로 이어졌다. 오대에 갈라졌으나 송이 그것을 다시 통일하였다. 이것이 [천하가] 한 번은 통일되었다가 한 번은 갈라지는 국면으로 두 번째의 큰 변화이다. 송이 망한 다음 지금에 이르기까지는 천하는 치세를 맞이하였으므로 중국에 공동의 군주가 있었고, 천하가 잠시 난세를 맞이해도 결코 한 구석의 작은 땅을 나누어 할거하는 군주가 없었다. 이른바 '통'은 끊어지고 또한 이어지지도 않았으니, 또 하나의 큰 변화인 셈이다. 무릇 '통'이란 통일되어 갈라지지 않고, 이어지면서 끊이지 않는 것을 말한다. 갈라져 있다면 어찌 통일을 따질 수 있겠는가? 끊겼다면 서로 이어지지 않는 것이 통이다. 누군가 우뚝 일어서서 중국[中夏]을 하나로 통일한 사람이 있다면, 어찌 저렇게 연속되지 않는 계통의 명의를 이어받자고 하겠는가?

六國離, 而秦苟合以及漢; 三國離, 而晉乍合之, 非固合也. 五胡起, 南北離, 而隋苟合之以及唐; 五代離, 而宋乃合之. 此一合一離之局一變也. 至於宋亡以迄於今, 則當其治也, 則中國有共主; 當其亂也, 中國並無一隅分據之主. 蓋所謂統者絕而不續, 此又一變也. 夫統者, 合而不離, 續而不絕之謂也. 離矣, 而惡乎統之? 絕矣, 而固不相承以爲統. 崛起以一中夏者,[15] 奚用承彼不連之系乎?

천하가 생겨나고서 치세와 난세가 번갈아 거듭되었다. 천하가 치세를 맞이하면 부정한 것이 끼어들 여지가 없으니 올바른 것을 따지는 것이 무슨 쓸모가 있겠는가? 천하가 난세를 맞이하면 이미 올바르지 못한 것이니, 또한 누가 올바른 경우가 될 수 있겠는가? 갈라지고 끊어졌으니 본래 통(統)이 없는 것인데, 또한 어찌 올바르고 부정한 것을 구분할 수 있겠는가? 천하를 가지고 따진다면 반드시 천하는 [대공무사(大公無私)의] 공(公)이라는 원칙을 따라야 하며, 천하는 오랑캐나 도적의 무리가 능히 차지할 수 있는 바가 아니고, 혹은 한 가문 한 성씨가 사사로이 독차지할 수 있는 것도 아니다. 오로지 그 신하된 사람만이 반드시 사적으로 그 군주[君父]를 섬기면서, 종사가 이

선비족 출신이다. 북주는 서위가 우문태에 의해 찬탈된 다음 그의 아들 우문각(宇文覺)이 세웠다.
[15] 중하(中夏)는 화하(華夏), 중국(中國)과 같은 뜻이다.

미 망했더라도 반드시 차마 다른 성[異姓]이나 다른 민족[異族]을 군주로 떠받들지 못하는 것이다. 그런데 [정통론에서는] [백대 이후의 시대에 위치하면서 백대 이전의 대공론(大公論)을 고집하고자 하는데, 오제·삼왕이 위대한 덕을 가졌다고 할지라도 천명(天命)이 이미 바뀌어 버렸으므로 억지로 그것을 이어서 존속시킬 수는 없는 법이다. 그러므로 [하의 후손이 분봉된 주의 제후국] 기(杞)는 하의 시대를 이어 연장시킬 수 없었고, [은의 후손이 분봉된 주의 제후국] 송(宋)은 은을 이어 연장시킬 수 없었다. 어찌 우임금과 탕임금의 큰 은택을 잊어서 그러하였겠는가? [하의 太康이 나라를 잃은 다음] 그의 다섯 형제가 아니었다면 하를 위해서 낙예에서 노래를 하지 않았을 것이며, [은의 신하였던] 기자(箕子)가 아니었다면 은을 위해 맥수(麥秀)의 시로 그 멸망을 한탄하지 않았을 것이다. 그러므로 소열제(昭烈帝) 유비(劉備) 역시 스스로 촉 지방에서 국가를 세우고 군주가 되어 한의 후예를 자처할 수 있었지만, 그를 후한의 광무제에 견주어 천하 백성 공동의 군주로 삼는다면, 이 또한 사실을 속이는 억지 주장이 아니겠는가? 그런 뜻을 더욱 확충시켜 장차 한 왕조가 지금까지 존속했어야 생각한 다음에야 마음이 흔쾌해진다면, 또한 [이전 왕조의 후예들을 깊숙한 오지나 멀리 변방으로 내쫓아] 일반 백성으로 깎아내린 [하·상·주] 삼왕의 명덕(明德)을 어떻게 설명할 수 있겠는가?

天下之生, 一治一亂.[16] 當其治, 無不正者以相干,[17] 而何有於正? 當其亂, 旣不正矣, 而又孰爲正? 有離, 有絶, 固無統也, 而又何正·不正邪? 以天下論者, 必循天下之公, 天下非夷狄盜逆之所可尸,[18] 而抑非一姓之私也. 惟爲其臣子者,[19] 必私其君父,[20] 則宗社已亡,[21] 而必不忍戴異姓·異族以爲君. 若夫立乎百世以後, 持百世以上大公之論, 則

---

16 『맹자』 「등문공(滕文公) 하(下)」에 나오는 구절이다("天下之生久矣, 一治一亂.").
17 상간(相干, 相奸)은 서로 침범하다, 또는 서로 관련이 있다, 관여한다는 뜻이다.
18 이적(夷狄)은 동방 부족[夷]과 북방 부족[狄]을 가리키는데. 통상 화하(華夏)를 제외한 나머지 부족을 일컫거나, 또는 변방의 이민족을 가리키기도 한다. 시(尸)는 맡다, 담당하다, 누린다, 또는 그 자리에 있으면서 아무 일도 하지 않는다는 뜻이다.
19 신자(臣子)는 관리가 군주에 대해 자신을 가리키는 자칭이다.
20 군부(君父)는 군주·천자를 가리킨다.
21 종사(宗社)는 종묘(宗廟)와 사직(社稷)의 합칭으로, 나아가 왕조·국가를 가리키기도 한다.

五帝·三王之大德, 天命已改, 不能強繫之以存. 故杞不足以延夏, 宋不足以延商.²² 夫豈忘禹·湯之大澤哉? 非五子不能爲夏而歌雒汭,²³ 非箕子不能爲商而吟麥秀也.²⁴ 故昭烈亦自君其國於蜀,²⁵ 可爲漢之餘裔;而擬諸光武,²⁶ 爲九州兆姓之大君, 不亦誣乎? 充其義類,²⁷ 將欲使漢至今存而後快, 則又何以處三王之明德,²⁸ 降苗裔於編氓邪?²⁹

　　[유비가 세운] 촉한(蜀漢)은 정(正)이었지만, 이미 멸망한 후에는 통[統]은 진[西晉]에 있게 되었다. 진은 위[曹魏]로부터 찬탈하였으니, 어찌 한을 계승하여 흥기한 것이겠는가? 당은 수를 계승하였지만, 수는 도대체 무엇을 계승하였는가? 진(陳)을 계승하였다

22　기(杞)나 송(宋)은 모두 주대 제후국의 이름이다. 기는 하의 후손, 송은 상의 후손을 분봉한 것이다.
23　오자(五子)는 하나라 태강(太康)의 형제 5인을 말한다. 태강이 나라를 잃자 형제 다섯이 낙예에서 그를 기다리며 '오자지가(五子之歌)'를 지었다는 기록이 있다(『사기』 권2 「하본기(夏本紀)」, p.85). 낙예(雒汭)는 낙예(洛汭), 즉 낙수(洛水)가 황하로 들어가는 곳이다.
24　맥수(麥秀)는 보리에 이삭이 팼으나 아직 열매를 맺지 않은 것을 가리킨다. "기자(箕子)가 은의 옛터를 지나다 궁실이 무너진 곳에 벼[禾]와 기장[黍]이 자라는 것을 보고 비통하게 여겨 큰 소리로 울고자 하였으나 그럴 수 없었고 작게 흐느껴 우는 것은 부인과 같다고 여겨 '맥수지시(麥秀之詩)'를 짓고 그것을 노래하였다"(『사기』 권 38 「세가(世家) 8 송미자세가(宋微子世家)」, pp.1620~1621)는 기록이 있다. 이후 이 '맥수지시'는 가정이 파산하거나 국가가 멸망한 비통함을 표현하는 모범이 되었다.
25　소열(昭烈)은 촉한(蜀漢)의 소열제(昭烈帝), 즉 유비(劉備, 161~223)를 말한다. 유비의 자는 현덕(玄德)이고 탁군(涿郡) 탁현(涿縣, 오늘날의 하북성 탁주) 출신인데, 한의 중산정왕(中山靖王) 유승(劉勝)의 먼 후손으로 삼국 시대 촉한의 개국 황제로서 221년에서 223년까지 재위하였다.
26　광무(光武)는 후한을 세운 광무제(光武帝, 재위 25~57)로 그의 이름은 유수(劉秀)이고 남양군(南陽郡) 채양(蔡陽, 오늘날의 호북성 棗陽 서남쪽) 출신이다. 유방의 9대손이며 왕망(王莽)의 신(新) 말년에 형 유연(劉演)과 함께 녹림군(綠林軍)에 가담하여 한 황실의 부흥을 호소하였고, 이후 점차 공을 세우면서 기반을 다져 갱시(更始) 3(25)년 6월 황제를 칭하고 광무제가 되었으며 연호는 건무(建武)라고 하였다. 같은 해 10월 수도를 낙양으로 옮겼다. 건무 3(27)년 유수는 적미군(赤眉軍)을 격퇴하고 10여 년에 걸친 전쟁을 통해 지방 세력을 소멸시켜 건무16(40)년 통일을 완성하였다.
27　의류(義類)는 문장과 사물의 의미가 비슷한 부류를 가리킨다.
28　삼왕(三王)은 하·은·주 삼대의 군주를 가리킨다. 명덕(明德)은 광명의 덕, 미덕을 가리킨다(『사기』 권1 「오제본기(五帝本紀)」, p.43, "天下明德, 皆自虞帝始.").
29　묘예(苗裔)는 후대의 자손을 가리킨다. 묘(苗)는 본래 처음 자라는 식물이나 곡식의 열매를 의미하는데, 이후 곡식 열매라는 뜻에서 자손·후대라는 뜻이 되었다. 예(裔) 역시 후대를 뜻한다. 편맹(編氓)은 호적에 편입된 일반 백성을 말한다.

고 한다면, 수는 [陳을] 멸망시킨 다음에 비로소 군주가 된 것은 아니었다고 할 수 있다. 우문씨(宇文氏)를 계승하였다고 한다면, [왕조 교체에 관한] 천하의 대원칙[大防]이 이미 어지러워졌는데, 무슨 통(統)을 이어받았다고 할 수 있겠는가? 이어받은 바가 없고, 통일도 없었으니, 올바름과 올바르지 않음은 완전히 사람에게 달려 있을 뿐이다. [그렇지만] 치세와 난세가 번갈아 거듭하는 것는 하늘[천명]에 달려 있다. 마치 해가 있기에 낮과 밤이 있고, 달이 있기에 초승달·상현달·보름달·그믐달이 있는 것과 같다. 그 신하들이 군주의 덕의 순역(順逆)에 따라 천명이 떠나거나 머문다고 결정하는 것이 아니다. 그러니 이미 멸망한 무도(無道)한 나라를 위해 쇠락한 운명을 연장시키겠다고 시끄럽게 떠들어 댄들 무슨 쓸모가 있겠는가? 송이 멸망한 후에 천하에 통[統]이 없어진 것을 또한 어떻게 설명해야 한다는 말인가?

蜀漢正矣,[30] 已亡而統在晉. 晉自篡魏, 豈承漢而興者? 唐承隋, 而隋抑何承? 承之陳, 則隋不因滅陳而始爲君; 承之宇文氏, 則天下之大防已亂,[31] 何統之足云乎? 無所承, 無所統, 正·不正存乎其人而已矣. 正不正, 人也; 一治一亂, 天也; 猶日之有晝夜, 月之有朔·弦·望·晦也. 非其臣子以德之順逆定天命之去留; 而詹詹然爲已亡無道之國延消謝之運,[32] 何爲者邪? 宋亡而天下無統, 又奚說焉?

최근에 이반(李槃)이라는 사람은 우문씨에게 신속(臣屬)하였던 소귀(蕭巋)가 군주를 시해하고 제위를 찬탈한 [梁의 武帝] 소연(蕭衍)을 위해 구차하나마 나라의 운명을 연장시켰다는 이유로 그가 진(陳)의 정통이 된다고 주장하였다. 또한 사타족(沙陀族)의 주사존욱(朱邪存勖, 즉 後唐 莊宗 李存勖)이 그 출생도 불분명한 서지고(徐知誥)를 당 황실의 종친으로 사칭하게 하였는데도, 그가 나누어 할거한 천하가 정통이라고 주

---

[30] 촉한(蜀漢, 221~263)은 삼국(三國) 가운데 하나로, 유비(劉備)가 사천(四川, 蜀)의 성도(成都)에서 황제를 칭하고 한(漢)의 대통(大統)을 잇는다고 국호를 '한'이라고 하였다. 유비가 점거한 익주(益州)는 속칭 촉지(蜀地)라고 불렸기 때문에 그 정권은 촉한(蜀漢)으로도 불린다. 영토는 현재 사천 동부와 운남(雲南)·귀주(貴州) 북부, 섬서(陝西)의 한중(漢中) 일대에 이르렀으나, 회제(懷帝) 시기에 위(魏)에게 멸망당하였다.

[31] 대방(大防)은 근본 원칙이나 중요한 한계를 뜻한다.

[32] 첨첨(詹詹)은 말이 많고 쉴 새 없이 떠들어 대는 모양이다. 소사(消謝)는 시들고 쇠퇴한다는 뜻이다.

장하였다. 부자·군신의 윤리가 크게 문란해졌는데도 스스로 의롭다고 과시하지만, 아는 사람들은 모두 코웃음을 칠 뿐이다. 이를테면 추연의 오덕종시설(五德終始說)은 특히 요망하고 이치에 맞지 않아 군자들은 아주 단호하게 그것을 반박하는 바이다.

近世有李槃者,[33] 以宇文氏所臣屬之蕭巋,[34] 爲簒弑之蕭衍延苟全之祀,[35] 而使之統陳. 沙陀夷族之朱邪存勖,[36] 不知所出之徐知誥,[37] 冒李唐之宗,[38] 而使之統分據之天

---

[33] 이반(李槃)은 누구인지 확정하기 곤란하다. 1274년 몽골의 선봉이 되어 남송을 멸망시킨 동문병(董文炳)이 한림학사 이반(李槃)을 불러 "나라를 멸망시킬 수는 있어도 그 역사 기록은 훼손해서는 안 된다(國可滅 史不可沒)"라고 하였다는 고사(『원사(元史)』 권156 「동문병전(董文炳傳)」에 나오는 이반일 수도 있고, 명대 가정 연간 혹은 만력 연간의 진사에도 이반이라는 인물이 있다. 가정 연간의 이반은 풍주(澧州, 오늘날의 호남 澧縣) 출신으로 자는 신보(新甫)이며 가정(嘉靖) 연간의 진사이다. 공과급사중(工科給事中)을 거쳐 임강지부(臨江知府)를 지냈다고 한다. 그 부친은 이윤사(李允嗣)로 하남·응천순무 및 공부상서를 지냈다.

[34] 소규(蕭巋, 542~585)는 자가 인원(仁遠)으로 서량(西梁) 선제(宣帝)의 제3자로 남북조 시기 할거 정권인 서량(西梁)의 제2대 황제(재위 562~585)이다. 하지만 실제적으로는 북주(北周)에 신속(臣屬)한 것이나 마찬가지였으며, 567년 진(陳)이 공격해 오자 출병하여 싸웠으나 큰 성공을 거두지 못하였고, 북주의 무제는 그에게 여러 주를 떼 주어 그가 관할하게 하였다. 북주 무제나 이후의 수 문제에게도 높은 평가와 우대를 받았다고 한다.

[35] 찬시(簒弑)는 군주를 시해하고 그 자리를 찬탈한다는 뜻이다. 소연(蕭衍, 재위 502~549)은 양 무제(464~549)를 가리킨다. 양 무제의 자는 숙달(叔達)로 남란릉(南蘭陵) 중도리(中都里, 오늘날의 강소성 常州市 서북) 출신으로 남량(南梁)의 건립자이며 묘호는 고조(高祖)이다. 소연은 난릉 소씨의 세가 자제로 말릉(秣陵, 오늘날의 남경)에서 태어났으며 한(漢)의 상국(相國)이었던 소하(蕭何)의 25세손이었다. 그는 원래 남제(南齊)의 관원이었으나 화제(和帝)를 핍박하여 자신에게 제위를 선양하도록 하여 남량을 건립하고, 48년 동안 재위하였다.

[36] 사타(沙陀)는 서돌궐(西突厥)의 부족 가운데 하나로, 사타돌궐(沙陀突厥)이라고도 한다. 당의 정관(貞觀) 연간에 오늘날의 신강 동쪽 지역에 거주하였는데, 그 안에 큰 사막이 있었기에 붙여진 이름이다. 오대(五代)의 이극용(李克用)·석경당(石敬瑭)·유지원(劉知遠)은 모두 사타 출신이었다. 주사존욱(朱邪存勖)은 이존욱(李存勖, 885~926)으로 후당(後唐)의 장종(莊宗)이다. 그는 후당 태조 이극용(李克用, 재위 907~908)의 아들로 923년 위주(魏州, 오늘날의 하북성 大名府)에서 황제를 칭하고 국호를 당[後唐]이라 하였다.

[37] 서지고(徐知誥, 888~943)는 자가 정륜(正倫)이고 서주(徐州, 오늘날의 강소성 서주) 출신으로 오대 시기 남당(南唐)의 개창자이다. 자칭 당 헌종(憲宗)의 여덟 번째 아들의 후예로 가문이 몰락하고 본인은 고아였으나 군벌(軍閥) 양행밀(楊行密)의 양자로 들어갔다. 하지만 양행밀의 아들들에게 배척을 받아 다시 서온(徐溫)에게 보내져 이름을 서지고라고 바꾸게 되었다거나, 혹은 서온의 포로로 양자가 되었다는 설도 있다.

下. 父子君臣之倫大紊, 而自矜爲義, 有識者一哄而已.³⁹ 若鄒衍五德之說, 尤妖妄而不經,⁴⁰ 君子辟之, 斷斷如也.⁴¹

---

38 이당(李唐)은 당 왕조를 가리킨다. 당 황실의 성이 이씨(李氏)였기 때문이다.
39 일앙(一哄)은 가볍게 한 번 내뿜는 소리, 또는 콧방귀를 뀐다는 뜻이다.
40 불경(不經)은 일반적인 이치에 맞지 않는다는 뜻이다.
41 단단(斷斷)은 확실하다, 의심할 바가 없다는 뜻이다.

10-2
『독통감론(讀通鑑論)』「서론(敍論) 2」

　천하에 지극히 공정하고 올바른 시비의 기준이 있다는 것은 보통 사람들도 모두 알고 있으므로 성인이라도 이를 회피할 수는 없다. 그러나 군자(君子)의 시비는 결국 일반 백성들과 따지고 다투면서 입으로 떠드는 말로써 예교의 윤리[名敎]를 삼는 것이 아니므로, 시비에 관한 그 이론이 일단 출현하면 천하 사람들은 감히 이에 따르지 않을 수 없다. 세간의 풍속은 서로 이어지다가 그른 것을 익혀 옳다고 여기고, 비록 천지가 용납할 수 없는 죄악이라도 이것을 마치 정상적인 것처럼 보게 되며, 아주 분명하고 명확한 위엄으로써 그것을 바로잡지 않으면 죄악이라도 징벌을 받을 줄 모르게 된다. 선행 또한 이와 같아, 세간의 풍속에서 옳지 않다고 여기는 것에 사실은 커다란 공덕이 존재할 수도 있다. 그 구체적인 내막이 제대로 잘 알려지지 않더라도 타고난 진실[天良]은 여전히 존재하지만, 해와 달과 같은 밝은 빛으로 그것을 드러내 주지 않으면 그 아름다움은 결국 권장을 받지 못한다. 『춘추』가 지어지자 [공자의 뛰어난 제자였던] 자유(子游)나 자하(子夏)도 한 마디의 찬사를 덧붙일 수 없었으니, 보통 사람들도 이미 결론을 내리고 있는 포폄(褒貶)의 논의에 대해 어찌 정성과 성의를 다해 쓸데없이 긴 말을 덧붙여 늘어놓아 세상 사람들의 속마음을 기쁘게 하려 하겠는가? 여유량(呂留良)은 이렇게 말하였다. "『춘추』는 경세(經世)의 서적으로 공자께서는 논의만 하셨을 뿐 판단을 내리지는 않으셨다." 예컨대 [주군이나 아버지를 시해한] 화독(華督), 송만(宋萬), 초(楚)의 상신(商臣), 채반(蔡般)의 행적은 춘추 시대에는 늘 있는 일이라고 여겨 그들을 크게 성토하지는 않았지만, [공자께서는 『춘추』에서 그들이] "자신의 군주를 시해하였다."라고 특필하였다. 그러나 다만 여기에 그쳤을 뿐이고, 더 이상의 판단을 내리지는 않았다. 이러한 뜻을 더욱 밀고 나가면, 왕망(王莽)과 조조(曹操)와 주전충(朱全忠) 같은 무리가 대악(大惡)을 행한 것은 사서에 아주 명백하게 보이기 때문에 보통 사람들도 천년이 지나도 그들을 욕할 수 있으니, 역사를 논의하는 사람이 하필 이에 대해 다시 장황한 언사를 늘어놓기를 기다릴 필요가 있겠는가?

天下有大公至正之是非, 爲匹夫匹婦之與知,⁴² 聖人莫能違也. 然而君子之是非, 終不與匹夫匹婦爭鳴,⁴³ 以口說爲名敎,⁴⁴ 故其是非一出而天下莫敢不服. 流俗之相沿也,⁴⁵ 習非爲是, 雖覆載不容之惡而視之若常,⁴⁶ 非秉明赫之威以正之, 則惡不知懲. 善亦猶是也, 流俗之所非, 而大美存焉⁴⁷; 事跡之所閡,⁴⁸ 而天良在爲⁴⁹; 非秉日月之明以顯之, 則善不加勸. 故『春秋』之作, 遊·夏不能贊一辭,⁵⁰ 而豈灌灌諄諄,⁵¹ 取匹夫匹婦已有定論之褒貶, 曼衍長言, 以求快俗流之心目哉? 莊生日⁵²: "『春秋』經世之書, 聖人議而不辯." 若華督·宋萬·楚商臣·蔡般,⁵³ 當春秋之世, 習爲故常而不討,⁵⁴ 乃大書日: "弑其君".⁵⁵ 然止此而已, 弗俟辯也. 以此義推之, 若王莽·曹操⁵⁶·朱溫輩之爲大惡也,⁵⁷

---

42 필부필부(匹夫匹婦)는 평민 남녀, 일반 백성을 가리킨다. 여지(與知)는 그 일에 참여하여 내정을 안다거나 먼저 알아차린다는 뜻이다.
43 쟁명(爭鳴)은 경쟁하듯 울부짖는다거나 각종 견해와 관점을 둘러싸고 논쟁을 한다는 뜻이다.
44 명교(名敎)는 정명(正名)·명분(名分)을 중심으로 삼는 예교의 윤리를 가리킨다.
45 유속(流俗)은 세상에 유행하는 풍속과 습관을 가리키는데 약간 폄하하는 뜻이 포함되어 있다.
46 복재(覆載)는 덮는 것과 싣는 것, 양육하고 포용하는 것을 가리킨다(『예기』 「중용(中庸)」. "天之所覆, 地之所載, 日月所照, 霜露所隊, 凡有血氣者, 莫不尊親."). 나아가 천지(天地)를 가리키거나 제왕의 은덕을 비유하기도 한다.
47 대미(大美)는 커다란 공덕이나 공업, 탁월한 재덕과 품질을 가리킨다.
48 애(閡)는 막히다, 두절된다는 뜻이다.
49 천량(天良)은 천부적으로 착한 마음, 양심을 가리킨다.
50 유(游)는 자유(子游, B.C. 506~?)를 가리킨다. 그는 성명이 언언(言偃)으로 자가 자유인데, 춘추 시대 오(吳) 출신으로 자하(子夏)·자장(子張)과 함께 공자의 유명한 제자인 '공문십철(孔門十哲)' 가운데 한 사람이다. 하(夏)는 자하(子夏, B.C. 507~?)를 가리키는데, 그는 성명이 복상(卜商)이고 자가 자하이다. 춘추 시대 진(晉) 출신으로 역시 '공문십철' 가운데 한 사람이다.
51 관관(灌灌)은 정성스럽고 간절한 모양, 순순(諄諄)은 충직하고 정성스러운 모양을 뜻한다.
52 장생(莊生)은 명 말 청 초의 학자이자 사상가·시인·평론가인 여유량(呂留良, 1629~1683)을 가리킨다. 그의 자는 장생(莊生) 또는 용회(用晦)이며 이름은 광륜(光綸), 호는 만촌(晩村)이다. 절강성 숭덕현(崇德縣, 오늘날의 절강성 桐鄕市) 출신으로 명 말 청 조의 학자·사상가로 반청(反淸) 사상을 고집하였다가, 사후에 부관참시(剖棺斬屍)의 해를 당하고, 저서는 모두 불태워졌다.
53 화독(華督)은 춘추 시대 송(宋)의 태재(太宰, 宰相)로 송 상공(殤公)을 살해하였고, 송만(宋萬) 역시 주군을 시해하였다. 상신(商臣)은 초(楚) 성왕(成王)의 장자로 부친을 살해하여 스스로 군주가 되었고, 채반(蔡般)은 채령후(蔡靈侯)로 춘추 시대 채국(蔡國)의 군주로 아버지를 살해하고 군주가 되었다.
54 고상(故常)은 규범·상례(常例)·습관을 뜻한다.

而不討, 昭然見於史策, 匹夫匹婦得以詬厲之於千載之下,[58] 而又何俟論史者之喋喋哉?[59]

    지금 여기 한 사람이 있어 남을 죽였다가 재판관으로부터 형벌을 받았는데, 곁에서 지켜보던 사람이 다시 큰 소리로 꾸짖으면서 남들에게 "이런 놈은 마땅히 죽여야 한다."라고 소리친다면, 이런 일은 [구태여 하지 않아도 될] 보통 사람의 쓸데없는 간섭일 뿐이니, 누가 시간이 남아 이런 일을 하고 있겠는가? 맹자께서는 말씀하셨다. "『춘추』가 완성되자 난신적자(亂臣賊子)들이 모두 두려워하였다." 오직 이렇게 몇 마디 간단한 말로 확실한 판단을 내렸으니, 번잡한 말을 기다리지 않더라도 남을 속이고 이치에 어긋나는 저런 엉터리 언사들이 더 이상 통하지 않게 되었다. 만약 공자께서 주 천자의 어깨를 화살로 맞히는 반역 행위나 제후가 왕을 참칭한 행위를 자세하게 들어서 밝히지도 않고 스스로 난신적자의 잘못됨을 파헤쳤다고 하였다면, 이 간교한 반역의 무리들은 또한 비웃으면서 이렇게 말했을 것이다. "그것은 보통 사람들이 길거리에서 떠들어대는 소리일 뿐이니, 또한 어찌 두려워하겠는가?"

    今有人於此, 殺人而旣服刑於司寇矣,[60] 而旁觀者又大聲疾呼以號於人曰: "此宜殺者." 非匹夫匹婦之褊躁,[61] 孰暇而爲此? 孟子曰: "『春秋』成而亂臣賊子懼."[62] 惟其片言

---

[55] 『춘추』의 장공(莊公) 12년조의 기사에 나온다("秋, 八月, 甲午, 宋萬弒其君捷, 宋萬, 宋之卑者也.").
[56] 조조(曹操, 155~220)는 자가 맹덕(孟德)으로 패국(沛國) 초(譙, 오늘날의 안휘성 亳州市) 출신이다. 후한 말년의 저명한 인물로 삼국 시대 위(魏)의 기초를 닦은 인물로 그의 아들 조비(曹丕)가 황제를 칭한 다음 위 무제(武帝)로 추존되었다.
[57] 주온(朱溫, 852~912)은 주전충(朱全忠)으로 당의 송주(宋州) 탕산(碭山, 오늘날의 안휘성 碭山) 출신으로 황소(黃巢)의 반란에 참가하였다가 투항하여 희종(僖宗)으로부터 전충(全忠)이라는 이름을 하사받았다. 나중에 황제를 칭하여 후량(後梁)을 건국하였을 때 이름을 황(晃)으로 바꾸었고, 후량의 태조로 907~912년 사이 재위하였다.
[58] 후려(詬厲)는 모욕하다, 질책하거나 조롱한다는 뜻이다.
[59] 첩첩(喋喋)은 재잘거리다, 지껄인다는 뜻이다.
[60] 사구(司寇)는 주(周) 육경(六卿)의 하나로 형옥(刑獄)·규찰(糾察) 등의 일을 관장하였다. 춘추시대 각국에서도 대부분 설치하였으며, 공자는 노의 사구를 지내기도 하였다. 여기서는 사법을 담당하는 관리, 재판관을 뜻한다.
[61] 편조(褊躁)는 도량이 좁고 성급하다는 뜻이다.

而折,⁶³ 不待繁言, 而彼詐遁之游辭不能復逞.⁶⁴ 使聖人取中肩之逆·稱王之僭,⁶⁵ 申明不已, 而自謂窮亂賊之奸; 彼奸逆者且笑曰⁶⁶: "是匹夫匹婦之巷議也,⁶⁷ 而又奚畏焉."

소하(蕭何)·조참(曹參)·방현령(房玄齡)·두여회(杜如晦) 등은 치세를 도운 명신이었고, 유향(劉向)·주운(朱雲)·이고(李固)·두교(杜喬)·장구령(張九齡)·육지(陸贄) 등은 품덕이 고상한 학자였다. 공융(孔融)·왕경(王經)·단수실(段秀實)은 모두 몸을 아끼지 않는 충신이었다. 이와는 반대로 권력을 가진 간신배나 환관·외척·아첨배, 또는 가렴주구를 일삼는 무리들의 악행은 다른 사람들과 조정을 패망으로 몰아넣었다. 전한의 문제(文帝)와 경제(景帝), 후한의 광무제와 당 태종은 천하를 안정시켰다. 하지만 그들 후대의 교만·사치와 방탕은 스스로 패망을 초래하였다. 한 고조의 흥기, 항우의 패망, 팔왕의 난, [안사의 난을 평정한] 이광필(李光弼)·곽자의(郭子儀)의 공에 대해서는 사서에서 이미 상세하게 기록하여 보통 사람 누구나 모두 들어 알고 있다. 이런 사람들에 대해서는 최고의 말로 칭찬을 해도 더 이상 덧붙일 수 없으며, 듣는 사람의 흥미도 돋우지 못한다. 또한 최고의 말로 깎아내리더라도 더 이상 훼손시킬 수 없으며, 듣는 사람이 경계로 삼기에 충분하지도 못하다. 오로지 보통 사람만 발끈하면서 화를 내거나 아니면 반대로 스스로 기뻐하면서 온갖 번잡한 말을 중언부언 곁들여 자신이 옛날 역사에 통달했다는 속내를 드러내고 그것을 기꺼이 남들에게 떠들어 대려고 한다. 군자는 사람들의 선행을 부축하며 인도하여 따라 들어가야 할 길을 보여 주고, 또한 사람들의 악행을 그치게 하고 그가 빠진 구렁텅이의 실체를 드러내 주고자 하지, [어찌]

---

62 『맹자』 「등문공 하(下)」에 나오는 구절이다("昔者禹抑洪水而天下平, 周公兼夷狄驅猛獸而百姓寧, 孔子成『春秋』而亂臣賊子懼.").

63 편언(片言)은 몇 마디 말이라는 뜻이고, 절(折)은 절옥(折獄), 즉 소송 안건에 대한 판단을 내리는 것을 가리킨다. 공자의 제자인 자로에 관한 이 전고는 『논어』 「안연(顔淵)」 편에 나온다("子曰: '片言可以折獄者, 其由也與?'").

64 유사(游辭)는 허망하고 실체가 없는 말을 가리킨다.

65 중견(中肩)은 정(鄭)의 장군 축담(祝聃)이 주의 천자 환왕(桓王)의 어깨를 화살로 맞춘 사건을 지칭한 것(『춘추』 환공(桓公) 5년조의 기사, "祝聃射王中肩.")이고, '칭왕지참(稱王之僭)'은 춘추 전국 시대 여러 제후국이 칭왕(稱王)을 한 사실을 가리키는 것으로 보인다.

66 간역(奸逆)은 반역하여 충성스럽지 못한 사람을 가리킨다.

67 항의(巷議)는 길거리에서의 의론이나 시비를 말한다.

굳이 한때를 만족시키는 그럴듯한 논변을 덧붙이면서 아무 소리나 듣고 멋대로 내뱉는 사람들과 더불어 같이 떠들려 하겠는가? 그래서 이 책에서는 커다란 공적이나 크나큰 악행으로 이미 너무나도 뚜렷하게 드러나고 따라서 이미 예전부터 정론(定論)이 있는 문제는 모두 생략하여 더 이상 말을 덧붙이지 않았다. 왜 그렇게 되었는지 그 까닭을 미루어 짐작하고, 실제로는 완전히 그런 식으로만 볼 것은 아니라는 점을 따지면서, 선행의 경우에도 항상 바른 것과 그른 것이 나뉘지고 악행의 경우에도 항상 가볍고 무거움이 구별되니 그 시세에 따라 그 대세를 헤아리고, 그 마음을 살피고, 그 결과를 밝히고자 하였다. 이러한 방법은 호인(胡寅) 등의 여러 학자와 의도적으로 차이를 둔 것이다.

蕭·曹·房·杜之治也[68] ; 劉向·朱雲·李固·杜喬·張九齡·陸贄之貞也[69] ; 孔融·王經·段秀實之烈也[70] ; 反此而爲權奸[71]·爲宦寺[72]·爲外戚·爲佞倖[73]·爲掊克之惡, 以敗亡人

---

[68] 소·조·방·두(蕭·曹·房·杜)는 한·당대의 저명한 명신을 가리킨다. '소'는 소하(蕭何), '조'는 조참(曹參, ?~B.C. 190)을 가리킨다. '방'은 방현령(房玄齡, 578~648)으로 제주(齊州) 임치(臨淄, 오늘날의 산동 淄博市) 출신인데, 당(唐)의 개국 재상(開國宰相)으로 유명하다. '두'는 두여회(杜如晦, 585~630)로 경조(京兆) 두릉(杜陵, 오늘날의 섬서성 西安市) 출신인데, 역시 당나라 초기의 명신이다. 그는 당 태종 이세민(李世民)이 정권을 탈취하고 정관(貞觀)의 치세(治世)를 열었을 때 중용되었다.

[69] 주운(朱雲)은 전한 섬서 괴리현(槐里縣)의 지방관으로 성제(成帝)를 알현하였을 때 검(劍)을 내려주시면 간신 안창후(安昌侯)를 베겠다고 하여 참수당할 처지에 몰렸는데, 그가 대궐의 난간을 붙잡고 버티자 난간이 부러지고 말았다. 대신들의 권유로 주운은 겨우 사면될 수 있었는데, 후에 난간을 수리할 때 성제는 끊어진 난간을 그대로 유지하여 직언을 한 주운을 표창하도록 하였다. 이고(李固)와 두교(杜喬, ?~147)는 후한대의 저명한 고위 관료로 부패한 권신 및 환관과 굳건하고 용감한 투쟁을 한 인물로 더불어 '이·두'로 불린다. 장구령(張九齡, 678~740)·육지(陸贄, 754~805)는 각기 당 개원(開元)·정원(貞元) 연간의 명재상이다.

[70] 공융(孔融, 153~208)은 후한의 문장가로 공자의 20세손인데, 평상시 시정을 비평하기를 좋아하고 언론이 격렬하였는데 조조의 분노를 사서 죽임을 당하였다. 왕경(王經, ?~260)은 삼국 시대 위의 관료로 사마소(司馬昭)를 치려던 조비(曹髦)의 계획에 찬동하지 않았지만, 그에 대한 충성을 지켜 사마소에게 알리러 가지 않았다는 이유로 체포되어 처형당하였다. 단수실(段秀實, 718~783)은 당대의 명장(名將)인데 스스로의 몸으로 사직을 지키려 한 사람으로 높은 평가를 받는다.

[71] 권간(權奸)은 권력을 독점하고 악행을 저지르는 간신을 가리킨다.

[72] 환시(宦寺)는 환관(宦官)을 가리킨다.

國家也[74]; 漢文·景·光武·唐太宗之安定天下也; 其後世之驕奢淫泆自貽敗亡也: 漢高之興, 項羽之亡, 八王之亂,[75] 李·郭之功[76]; 史已詳紀之, 匹夫匹婦聞而與知之. 極詞以贊而不爲加益, 聞者不足以興; 極詞以貶而不爲加損, 聞者不足以戒. 唯匹夫匹婦悻悻之怒[77]·沾沾之喜,[78] 繁詞累說, 自鳴其達於古者,[79] 樂得而稱述之.[80] 曾君子誘掖人之善而示以從入之津,[81] 弭止人之惡而窮其陷溺之實,[82] 屑侈一時之快論, 與道聽塗說者同其紛呶乎?[83] 故編中於大美大惡·昭然耳目·前有定論者, 皆略而不贅.[84] 推其所以然之繇, 辨其不盡然之實, 均於善而醇疵分,[85] 均於惡而輕重別, 因其時, 度其勢, 察其心, 窮其效, 所繇與胡致堂諸子之有以異也.[86]

---

73 영행(佞倖)은 군주에게 아첨하여 총애를 받는 사람을 가리킨다.

74 부극(掊克, 掊刻)은 가렴주구나 수탈을 한다는 뜻이다.

75 팔왕의 난(八王之亂)은 서진(西晉) 시기 지배층 내부에서 16년 동안(291~306) 지속된 내란을 말한다. 이 전란 이후에 궁내 권력 투쟁이 시작되었고 전란 과정에서 빚어진 사회·경제의 파괴로 서진을 위기 속으로 몰아넣음으로써 서진 멸망의 중요 원인이 되었다.

76 이광필(李光弼, 708~764)은 거란족 출신으로 당 천보(天寶) 15(756)년 초에 곽자의(郭子儀)의 추천으로 하동절도부사(河東節度副使)가 되었으며, 이후 안사(安史)의 난(亂)을 평정하는 데 참여하였다. 곽자의(郭子儀, 697~781)는 당 중기의 명장으로 천보14(755)년 안사의 난이 발발하자 삭방절도사(朔方節度使)에 임명되어 낙양·장안을 수복하고 반란을 평정하여 중서령(中書令)에 오르고 분양군왕(汾陽郡王)에 봉해졌다.

77 행행(悻悻)은 원한을 품고 실의에 찬 모양이나 분노에 찬 모양, 또는 강고하고 오만한 모양을 형용한다.

78 첨첨(沾沾)은 스스로 만족하는 모습을 형용한다.

79 자명(自鳴)은 자신을 표현한다, 스스로 속내를 털어놓는다는 뜻이다.

80 낙득(樂得)은 기꺼이라는 뜻이고, 칭술(稱述)은 칭찬하면서 서술한다는 뜻이다.

81 유액(誘掖)은 인도하고 부축한다는 뜻이다.

82 함익(陷溺)은 다른 사람을 깊은 물이나 불 속에 빠뜨리게 하는 것, 또는 물에 빠진다는 뜻이다. 심각한 오류에 빠졌거나 스스로 거기에서 빠져 나올 방법이 없는 것을 비유하기도 한다.

83 도청도설(道聽塗說, 道聽途說)은 길거리에서 듣고 전달하는 말, 근거가 없는 소문을 가리킨다. 분노(紛呶)는 어수선하고 시끄럽다는 것을 뜻한다.

84 불췌(不贅)는 더 이상 군더더기를 붙여 여러 말을 하지 않겠다는 뜻이다.

85 순자(醇疵)는 순수함과 결점, 정확한 것과 잘못된 것이라는 뜻이다.

86 호치당(胡致堂)은 북송대의 호인(胡寅, 1098~1156)을 가리킨다. 건주(建州) 숭안(崇安, 오늘날의 복건성 武夷山市) 출신인 호인은 자가 명중(明仲)이고 호가 치당(致堂)이라 치당선생(致堂先生)으로도 불리며, 시호는 문충(文忠)이다. 호안국(胡安國)의 조카로 그의 양자가 된 호인은 선

10-3
『독통감론(讀通鑑論)』「서론(敍論) 3」

역사를 논의하는 사람에게는 두 가지 폐단이 있다. 도(道) 속에 두고자 하는데도 [결과적으로] 그릇된 도[非道] 속에 두게 되고, 법(法)에 의거하고자 하는데도 [결과적으로] 법에 맞지 않는 그릇된 판단[非法之審]을 내리는 것으로, 굳이 추켜올릴 필요가 없는 바를 추켜올리면 군자는 이를 영광이라 여기지 않으며 더 이상 깎아내릴 수 없는 바를 깎아내리면 간사한 무리는 이를 돌아보고 비웃게 되는데, 이것은 이미 옹졸하고 부당한 잘못을 저지른 셈이 된다. 그렇지만 그것이 폐단이 된다고는 해도 아직은 교화를 훼손하거나 백성에게 해를 끼치는 정도는 아니었다. 그런데 은근히 아첨하는 교활하고 간사한 말이 출현하면서 [대책을] 도모할 때는 남을 속이는 것을 숭상하고, 간언을 할 때는 농간을 부리는 것을 숭상하며, 공을 얻고자 위험을 무릅쓰고 명예를 얻고자 도를 어기며, 시비를 가리지 않고 남을 따르는 것이 중용(中庸)이고 구차하게 삶을 유지하는 것을 현명하다고 장려함으로써, 방종함으로 사람들의 정신을 뒤흔들어 경박하게 만들고 기교로써 사람들의 명분을 찢어발겨 억울함을 당하게 만든다. 이런 주장이 세간의 교화나 백성의 생계에 대해 미치는 영향은 홍수보다 재앙이 심하고 맹수보다 흉악한 것이다.

論史者有二弊焉：放於道而非道之中, 依於法而非法之審, 褒其所不待褒, 而君子不以爲榮, 貶其所不勝貶, 而奸邪顧以爲笑, 此旣淺中無當之失矣[87]；乃其爲弊, 尙無傷於

화(宣和) 연간에 진사가 되었고, 관직은 휘유각직학사(徽猷閣直學士)에 이르렀는데, 고종 때 금(金)이 침입해 오자 소를 올려 주전론(主戰論)을 주장하였다. 이후 주화파(主和派)로서 정국을 장악한 진회(秦檜)의 미움을 사서 좌천되기도 하였다. 불교를 배척한 『숭정변(崇正辯)』을 짓기도 하였는데, 그의 정치사상은 존왕양이(尊王攘夷)론과 유가의 전통적인 치세 이론으로 내란을 평정하고 외이(外夷)를 물리쳐 북송 시대의 대일통 국면을 회복하는 것을 목표로 삼았다고 하며, 그가 지은 『독사관견(讀史管見)』은 사람을 평가할 때는 모두에게 공자·맹자 같은 성인의 기준을 요구하고 일을 따질 때에는 사사건건 삼대(三代)를 기준으로 삼았으므로 인정에 가깝지 않고 시세를 고려하지 않아 결국 꽉 틀어 막혀서 행하기 어려운 논의라는 평가를 받았다고 한다.

敎, 無賊於民也. 抑有纖曲𡨾瑣之說出焉,[88] 謀尙其詐, 諫尙其諞, 徼功而行險,[89] 幹譽而違道,[90] 獎詭隨爲中庸,[91] 誇偸生爲明哲,[92] 以挑達搖人之精爽而使浮,[93] 以機巧裂人之名義而使枉[94] ; 此其於世敎與民生也,[95] 災愈於洪水, 惡烈於猛獸矣.

일찍이 다음과 같이 논한 적이 있다. "역사의 기록이라는 것은 실제 과거의 행적으로 드러난 증거이다. 따라서 [역사에 기초하여] 미루어 짐작하면 실행에 옮길 수 있고, 나가 싸우면 이길 수 있고, 지키면 아주 견고하고, 법을 시행하면 백성이 편안하다고 여기며, 나아가서 간언을 하면 군주는 듣고 따라 주며, 인의(仁義)와 비슷한 것처럼 보이지만 실제로는 경박한 논의를 받아들였다가 다만 후회하고 아쉽게 여길 뿐 아무 것도 이루지 못하는 일도 없다." [또한 그렇게 되면] 지혜는 숭상되는 바가 있고, 모략은 아주 상세한 것을 갖출 수 있게 되며, 인정(人情)은 반드시 가까워지는 바가 있고, 시세는 반드시 유리하게 이끌 수 있는 바가 있으니 성공하여 얻는 것을 기회로 삼고 실패하고 잃는 것을 경계를 삼는 것은 당연한 일이 된다.

蓋嘗論之 : "史之爲書, 見諸行事之徵也.[96] 則必推之而可行, 戰而克, 守而固, 行法而民以爲便, 進諫而君聽以從, 無取於似仁似義之浮談,[97] 祇以致悔吝而無成者也."[98] 則智有所尙, 謀有所詳, 人情有所必近, 時勢有所必因, 以成與得爲期, 而敗與失爲戒, 所固然矣.

---

87 천중(淺中)은 마음속이 좁다, 옹졸하다는 뜻이다.
88 섬곡(纖曲)은 섬세하고 은근하다는 뜻이고, 외쇄(𡨾瑣)는 교활하고 간사하다, 비루하다는 뜻이다.
89 요공(徼功)은 공적을 세우기를 구한다, 행험(行險)은 모험적인 일을 하다, 위험한 길을 걷는다는 뜻이다.
90 간예(幹譽)는 일을 잘 처리해서 명예를 얻는다는 뜻이다.
91 궤수(詭隨)는 시비(是非)를 돌보지 않고 남의 뜻을 멋대로 따른다는 뜻이다.
92 투생(偸生)은 구차하게 삶을 추구한다는 뜻이다.
93 도달(挑達, 挑闥, 挑撻)은 오가면서 서로 보는 모습을 가리키는데, 나아가 자유자재로 하며 방종하여 얽매임이 없음을 뜻하기도 한다. 정상(精爽)은 정신이나 혼백을 가리킨다.
94 기교(機巧)는 속임수, 또는 총명하고 교묘하다는 뜻이다.
95 세교(世敎)는 당세의 정통 사상이나 예교를 뜻한다.
96 행사(行事)는 지난 일이나, 행위, 사적(事跡)을 뜻한다.
97 부담(浮談)은 근거나 내용이 없는 헛된 이야기를 뜻한다.

그러나 이를 틈타 비루하고 더러운 말이 진언(進言)되면서, 그 은근히 아첨하는 꾀에 넘어가 기꺼이 방종에 빠지면서 흔들리거나, 몰래 병기를 숨기는 모략 따위를 기꺼이 받아들이게 되기도 한다. 그 성급하게 움직이는 객기(客氣)로 경솔한 행동에 나서 화를 터트리거나 제멋대로 고집을 피우면서 무모하게 달려들도록 만든다. 며느리·시어머니 사이의 자질구레한 사랑 같은 감정 때문에 아양을 부려 애교를 떨거나 탁하고 나약한 감정으로 유인하는 데 쉽사리 넘어가 버린다. 이런 소리를 듣는 사람들은 그 기궤(奇詭)함에 놀라고 그 조그마한 이익에 마음이 움직이며, 그 이상한 결연함[決裂]에 놀라면서도 그 화기애애함을 좋게 여긴다. 그렇지만 이 때문에 인심이 현혹되고 풍속이 망가지고 음란해지고 인륜이 무너지며 염치가 떨어진다. 최근의 이지(李贄)·종성(鍾惺)과 같은 부류가 천하를 사악하고 그릇됨으로 이끌어 중국의 예교(禮敎)에 재앙을 빚었으니, 어찌 홍수나 맹수보다 더욱 심한 것이라 하지 않겠는가?

然因是而卑汙之說進焉,[99] 以其纖曲之小慧, 樂與跳盪遊移·陰匿鉤距之術而相取[100]; 以其躁動之客氣,[101] 迫與輕挑忮忿[102]·武健馳突之能而相依[103]; 以其婦姑之小慈, 易與狐媚猫馴[104]·渿涊柔巽之情而相昵.[105] 聞其說者, 震其奇詭,[106] 歆其纖利, 驚其決裂,[107] 利其哅嘔[108]; 而人心以蠱, 風俗以淫, 彝倫以斁,[109] 廉恥以墮. 若近世李贄[110]·鍾

---

98 회린(悔吝)은 안타까워한다, 회한을 품는다는 뜻이다.
99 비오(卑汙, 卑汚)는 비열하다, 비루하다, 또는 경시하고 모욕한다는 뜻이다.
100 도탕(跳盪)은 방종하고 구애가 없다는 뜻이고, 유이(遊移)는 고정되지 않고 흔들린다, 왔다 갔다 한다는 뜻이다. 구거(鉤距, 鉤拒)는 병기의 일종이다.
101 조동(躁動)은 성급하게 움직이거나 달아난다는 뜻이다.
102 경도(輕挑, 輕佻)는 신중하지 못한 가벼운 행동을 가리킨다. 기분(忮忿)은 원망하고 화낸다는 뜻이다.
103 무건(武健)은 무용(武勇)이 세다는 뜻이고, 치돌(馳突)은 빠르게 달려 세게 충돌한다는 뜻이다.
104 호미(狐媚)는 여우의 눈썹이라는 뜻으로, 알씬거리어 아양을 떨고 아첨(阿諂)하는 것을 뜻한다. 묘훈(猫訓)도 비슷한 뜻으로 보인다.
105 전년(渿涊)은 더럽다, 탁하다는 뜻이고, 유손(柔巽)은 유순하다, 나약하다는 뜻이다.
106 기궤(奇詭)는 기괴하거나 기이하다는 뜻이다.
107 결렬(決裂)은 분할이나 반역, 붕괴·파괴 또는 단호함, 결단을 뜻한다.
108 구구(哅嘔)는 말이 상냥하다, 화기애애하다는 뜻이다.
109 이륜(彝倫)은 상리(常理)·상도(常道) 또는 떳떳하고 변하지 않는 인륜·전범을 가리킨다. 두

悻之流,[111] 導天下於邪淫, 以釀中夏衣冠之禍,[112] 豈非逾於洪水, 烈於猛獸者乎?

그것이 말미암은 바를 거슬러 올라가면 사마천·반고가 대담하고 기괴하여 사람들을 놀라게 하는 말들을 좋아하였으니, 실제로 그들이 이런 것을 이끌어냈다고 할 수 있다. 항우가 왕리(王離)를 격파한 기록을 읽어 보면, 수염과 눈썹이 모두 곤두서고 죽이고 싶은 마음이 들 정도로 사람을 흥분시킨다. [한대에] 전연년(田延年)이 곽광(霍光)을 질책하는 기록을 보면, 간담과 혼백이 모두 늘어나 사악한 기운이 감돌 정도이다. 장사치나 이장(里長) 등이 [한대] 급암(汲黯)이나 [송대] 포증(包拯)[과 같은 강직한 관리들]의 날카로운 성품을 흠모한다면, 화평(和平)의 도는 아마 사라져 버릴 것이다. 시인·여행객들이 모두 입을 모아 지나치게 들뜨고 과장된 소식(蘇軾)·소철(蘇轍)의 문장에 탄복을 한다면 순박하고 두터운 마음은 갈라질 것이다. 간언을 하면서도 속임수를 숭상한다면 어릿광대가 [『상서』의] 「이훈(伊訓)」 편보다 현명할 것이다. [대책을] 꾀하면서 기만술을 숭상하면, [병법서의 선구인 『상서』] 「감서」 편이 [유명한 병법가인] 손무(孫武)나 오기(吳起)에게 아무런 대접도 받지 못할 것이다. 고윤(高允)과 적흑자(翟黑子)의 대화는 단지 간사한 사람의 사소한 믿음만을 장려하였을 뿐이고, 이극용(李

(斁)는 싫증나다, 또는 그만둔다는 뜻이다.

[110] 이지(李贄, 1527~1602)는 복건성 천주부(泉州府) 출신으로 원명이 임재지(林載贄)였으나 이지(李贄)로 개명하였다. 자는 굉보(宏甫), 호는 탁오(卓吾)이며 온릉거사(溫陵居士)로도 불린다. 명 가정(嘉靖) 연간의 거인(擧人)으로 운남의 요안지부(姚安知府)를 지낸 다음 사직하고 이후 독서·저술로 여생을 보냈다. 이지는 명 말 태주학파(泰州學派)의 대표자로 불리는데, 태주학파는 명대 왕간(王艮)이 창시한 양명학의 한 분파로 '좌파왕학(左派王學)'이라고도 한다. 어려서 강직하고 독립적으로 사고하기를 좋아하였으며, 정주이학(程朱理學)의 관념에 속박되지 않고 강렬한 반전통 이념(反傳統理念)을 견지한 이단 사상가로 삭발하여 승려가 되어 불학에도 심취하기도 하였는데, '혹세무민'의 죄에 걸려 처형당하였다. 『동심설(童心說)』 외에 『장서(藏書)』·『속장서(續藏書)』·『분서(焚書)』·『속분서(續焚書)』·『이탁오유서(李卓吾遺書)』 등의 저작이 있다.

[111] 종성(鍾惺, 1574~1624)은 명대의 문학가로 자는 백경(伯敬) 혹은 경백(景伯)이고, 호는 퇴곡(退穀)으로 호광성(湖廣省) 경릉(竟陵, 오늘날의 호북성 天門市) 출신이다. 명 중엽 이후 성행하던 문단의 의고(擬古)를 반대하면서 새롭고 기이한 문풍(文風)을 추구하여 전통적 산문의 틀을 벗어나려 하였다. 청대에는 그의 작품이 금서로 지목될 정도 아주 심한 배척을 당했다.

[112] 의관(衣冠)은 옷과 갓을 뜻하지만, 원래 사(士) 이상에게만 갓[冠]이 허용되었으므로, 의관은 사 이상의 신분이나 신사·사대부를 가리키기도 한다. 나아가 문명예교(文明禮敎)를 뜻하기도 한다.

克用)이 삼수강(三垂岡)에서의 탄식한 것은 다만 도적(盜賊)의 영웅심만을 조장하였을 뿐이다. 심지어는 [후한] 호광(胡廣)의 탐욕과 용렬함을 칭송하여 충직한 사람들을 억누름으로써 비열한 사람들의 뜻에 영합하거나, [네 왕조, 열 명의 황제를 섬긴] 풍도(馮道)의 반역·도적 행위를 긍정하여 오랑캐 도적을 [중국으로] 끌어들이고, 그 못된 욕심에 순종하였다. 경박한 사람은 망령되이 비분강개하는 슬픈 노래가 도움이 된다고 여기고, 보잘 것 없는 재주를 가진 사람은 기뻐하며 엉터리 말을 늘어놓으면서 분식(扮飾)하는 데 도움이 된다고 여긴다. 이와 같은 부류는 진실로 잔악한 도적이니, 여기서 잠시 서술하는 것을 감히 허용하지 않을 수 없으나, [나는] 조심스럽게 마음에 새기면서, 마음의 평안을 추구하고, 이치에 순종하는 것을 추구하고, 실제로 적용될 수 있기를 추구하고자 한다. 돌아보건대 도저히 미치지 못하니 스스로 부끄러워하지 않을 수 없지만, 그래도 뜻이 엄정한 바는 삼가 그것[『자치통감』])과는 다른 점이 있지는 않을까!

溯其所繇,[113] 則司馬遷·班固喜爲恢奇震耀之言,[114] 實有以導之矣. 讀項羽之破王離,[115] 則鬚眉皆奮而殺機動[116]; 覽田延年之責霍光,[117] 則膽魄皆張而戾氣生.[118] 與市儈

---

[113] 요(繇)는 유(由)와 통한다.
[114] 회기(恢奇)는 폭이 넓고 기괴하다는 뜻이고, 진요(震耀)는 천둥소리가 나고 번개가 번쩍이다, 눈이 어지럽게 진동한다는 뜻이다.
[115] 왕리(王離)는 진(秦)의 명장 왕전(王翦)의 손자이고, 왕분(王賁)의 아들이다. 부친의 뒤를 이어 진의 장수가 되었고 병사를 이끌고 변방을 수비하였다. 진 말에 농민 봉기가 일어나자 장한(章邯)과 함께 진승(陳勝)·오광(吳廣)과 싸웠다. 후에 항우(項羽)에게 포로로 붙잡히자 자살하였다.
[116] 수미(鬚眉)는 수염과 눈썹을 뜻한다.
[117] 전연년(田延年, ?~B.C. 72)은 자가 자빈(子賓)으로 전국 시대 제(齊) 왕실의 후예로 전한대에 곽광(霍光)에게 중용되어 장사(長史)에 임명되었고, 하동태수(河東太守)를 지내면서 공적을 쌓은 후 대사농(大司農)이 되어 전국의 재정을 관장하였다. 한 소제(昭帝, B.C. 86~B.C. 74)가 사망했을 때 태자가 없어 곽광 등의 대신이 창읍왕(昌邑王) 유하(劉賀)를 황제로 계승시켰으나, 그의 품행이 좋지 않아 곽광은 크게 후회하여 폐위시키고자 하였다. 이때 전연년이 상(商)나라의 재상 이윤(伊尹)의 고사를 들어 간언하였다. 그는 표면적으로 곽광을 질책하였지만, 실제로는 곽광의 행동을 지지하였다. 곽광(霍光, ?~B.C. 68)은 자가 자맹(子孟)으로 한 소제의 보정대신으로 거의 20년 동안 최고 권력자였으며 한 황실의 안정과 중흥에 크게 기여하였다. 저명한 한의 장군 곽거병(霍去病)의 이복동생이기도 하다.
[118] 담백(膽魄)은 담력과 박력, 여기(戾氣)는 사악한 기운을 뜻한다.

¹¹⁹·里魁同慕汲黯·包拯之絞急,¹²⁰ 則和平之道喪；與詞人遊客共歎蘇軾·蘇轍之浮誇,¹²¹ 則惇篤之心離.¹²² 諫而尚譎, 則俳優且賢於伊訓¹²³；謀而尚詐, 則甘誓不齒於孫·吳.¹²⁴ 高允·翟黑子之言,¹²⁵ 祇以獎老奸之小信¹²⁶；李克用三垂岡之歎,¹²⁷ 抑以侈盜賊之

---

119 시쾌(市儈)는 매매 과정에 개입하는 거간꾼, 또는 장사꾼·투기꾼을 뜻을 가리킨다.

120 이괴(里魁)는 이장(里長)을 가리킨다. 급암(汲黯, ?~B.C. 112)은 자가 장유(長孺)로 복양(濮陽, 오늘날의 하남성 濮陽) 출신이다. 전한 초기의 명신으로 정사를 수행하는 데 백성을 근본으로 삼고 백성의 질고를 동정하였다. 급암은 오만하거나 예의를 모르는 사람을 맞아서는 과오를 용납하지 않았다고 한다. 명판관 포청천(包靑天)으로 유명한 포승(包拯, 999~1062)은 북송대 여주(廬州) 합비(合肥, 오늘날의 안휘성 합비) 출신으로 자는 희인(希仁)이며, 천성(天聖) 연간의 진사이다. 수많은 관직을 거치면서 청렴하고 공정·강직한 것으로 이름을 떨쳤는데, 천장각대제(天章閣待制)를 지낸 바 있어 '포대제(包待制)', 용도각직학사(龍圖閣直學士)를 지낸 바 있어 '포용도(包龍圖)'로도 불린다. 또한 포청천(包靑天)이나 포공(包公)으로 불리기도 한다. 교급(絞急)은 급박하다, 절박하다는 뜻이다.

121 부과(浮誇)는 들뜨고 자만한다, 허황되고 실제가 없다는 뜻이다.

122 돈독(惇篤)은 순박하고 독실하다는 뜻이다.

123 배우(俳優)는 음악·춤·유희[諧戲]를 직업으로 삼는 사람이나 어릿광대를 말한다. 「이훈(伊訓)」은 『상서』의 편명으로 상나라 초기의 명신 이윤(伊尹)이 저술한 것이라 일컬어진다.

124 「감서(甘誓)」 역시 『상서』의 편명으로 하계(夏啓)가 유호씨(有扈氏)의 토벌을 준비할 때 감(甘, 오늘날의 섬서성 戶縣 서남)에서 반포한 전쟁 동원령이다. 「감서」는 최초의 군법 성질의 규범이라 일컬어진다. 불치(不齒)는 같은 대열에 두지 않다, 끼워주지 않다, 수록하지 않는다는 뜻으로 경멸의 의미를 담고 있다. '손·오'에서 손은 손무(孫武)를 가리키는데, B.C. 535년 무렵 태어난 그는 춘추 시대 제(齊)의 낙안(樂安, 오늘날의 산동성 廣饒縣) 출신으로 손자(孫子) 혹은 손무자(孫武子), 병성(兵聖) 등으로 존칭되고 있다. 일찍이 『병법(兵法)』 13편을 오왕(吳王) 합려(闔閭, ?~B.C. 496)에게 보이고 장수에 임명되었으며, 오자서(伍子胥)와 오의 군대를 이끌고 초(楚)를 격파하였다. 다섯 번 싸워 다섯 번 이겼으며, 병사 6만으로 초의 20만 대군을 패배시키고 초의 수도 영도(郢都)를 공략하였다. 『병법』 13편은 중국 최초의 병법서로 '군사학의 성전[兵學聖典]'이라는 평가를 받는다. 또한 오는 전국 시대 초기 저명한 개혁가이자 탁월한 군사가인 오기(吳起)를 가리킨다. 그는 위(衛)의 좌씨(左氏, 오늘날의 산동성 定陶 혹은 曹縣 동북) 출신으로 손무(孫武)와 함께 '손·오(孫吳)'로 연칭되며 저서로는 『오자(吳子)』가 있다. 『오자』와 『손자』는 합쳐서 『손·오병법』으로도 불린다.

125 고윤(高允, 390~487)은 자가 백공(伯恭)으로 발해(渤海) 수(脩, 오늘날의 하북성 景縣) 출신이다. 북위 때의 사람으로 어려서 고아가 되었으며 처음에는 승려가 되었다가 곧 환속하였다. 성정이 문학을 좋아하였으며 경사·천문·술수에 통달하였다. 40세 남짓하여 비로소 두초(杜超)를 따르는 중랑(中郞)이 되었고, 나중에 고향에 돌아와 교수(敎授)로 활동하였다. 적흑자(翟黑子)는 요동공(遼東公)이었는데 북위 태무제(太武帝)의 총애를 받아 출사하였다가 포(布) 1천 필의 뇌물을 받은 다음 고윤에게 상의하였더니 솔직하게 잘못을 인정하면 용서를 받을 것이라고

雄心. 甚至推胡廣之貪庸以抑忠直,[128] 而悵鄙夫之志[129] ; 伸馮道之逆竊以進夷盜,[130] 而順無賴之欲. 輕薄之夫, 妄以爲慷慨悲歌之助 ; 雕蟲之子,[131] 喜以爲放言飾說之資.[132] 若此之流, 允爲殘賊,[133] 此編所述, 不敢姑容,[134] 刻志兢兢,[135] 求安於心, 求順於理, 求適於用. 顧惟不逮, 用自慚恧[136] ; 而志則已嚴, 竊有以異於彼也!

충고하였으나, 자기와 친한 다른 사람들의 말을 믿고 그 일을 숨겼다가 발각되어 피살되었다.

126 노간(老奸)은 지극히 간사한 사람을 가리킨다.

127 이극용(李克用, 856~908)은 생전에 진왕(晉王)으로 불렸으며 그의 아들 이존훈(李存勗)이 후당(後唐)을 건립하여 후당 태조(太祖)로 추존되었다. 당 말기의 무인으로, 사타인(沙陀人)이며 별호는 이아아(李鴉兒) 또는 한쪽 눈을 실명하여 '독안룡(獨眼龍)'이라고도 하였다. 이극용은 부친을 따라 황소(黃巢)의 난을 진압하였다. 이극용이 승전을 한 다음 술[酒]을 삼수강(三垂岡, 오늘날 산서성 長治의 교외에 위치한 座首山)에 놓고 사람들에게 '백년가(百年歌, 西晉 시인 陸機의 연작시)'를 부르게 하였는데, 노래가 슬퍼 모든 사람이 서글퍼 하였다. 당시 5세였던 이존욱이 옆에 있었는데 이극용이 개탄하며 어루만지면서 말하기를 "나는 늙어간다. 이 아이는 기특한 아이니, 20년 후에 나를 대신해서 여기서 싸울 수 있을 것이오!"라고 하였다고 한다.

128 호광(胡廣)은 후한대의 덕망 있는 학자로 알려져 있으며, 27세에 효렴(孝廉)으로 천거되어 이후 후한의 여섯 황제를 섬겼다. 청렴하고 정직하였으며 시비에 밝고 권세를 두려워하지 않았다고 하지만, 외척과 환관이 득세하던 이 시기에 이렇게 오랫동안 관직에 있었던 것은 거기에 타협하고 좌우의 환심을 샀기 때문이라고도 일컬어진다. 탐용(貪庸)은 탐욕스럽고 용렬하다는 뜻이다.

129 비부(鄙夫)는 용렬하고 비루한 사람을 가리킨다.

130 풍도(馮道, 882~954)는 자가 가도(可道)이며 자호(自號)는 장락노(長樂老)라고 하였다. 오대(五代) 시기 영주(瀛州) 경성(景城, 오늘날의 河北省 交河) 출신으로 후당(後唐, 923~934)·후진(後晉, 936~940) 시기에 재상을 역임하였고, 거란(契丹)이 후진을 멸망시킨 다음 태부(太傅)에 임명되었다. 뒤를 이은 후한(後漢, 947~948) 때에는 태사(太師)에 임명되었으며, 후주(後周, 951~959) 때에는 태사(太師)·중서령(中書令)이 되었다. 네 왕조의 열 명의 황제를 섬기고 재상으로 20여년 가까이 재직하여 '오뚜기[不倒翁]'라 불릴 정도였기 때문에 신하로서의 그의 '절개'에 대해서는 상당히 논란이 많다. 그는 유가 경전의 조판 인쇄를 주재하여 관부에서 정식으로 대규모로 유가 경전을 인쇄하는 전통을 만들기도 하였다.

131 조충(雕蟲)은 벌레를 새기는 기술로, 내세울 게 못되는 작은 기예에 종사하는 것, 잔재주나 보잘 것 없는 재주를 비유한다.

132 방언(放言)은 말이 방종하고 구애가 없다는 뜻이고, 식설(飾說)은 가식적인 언사나 꾸미는 말을 가리킨다. 말을 꾸민다는 뜻도 된다.

133 잔적(殘賊)은 손상을 입히다, 잔인하고 포악하다는 뜻인데, 포악한 사람을 가리키기도 한다.

134 고용(姑容)은 원칙 없이 관용한다는 뜻이다.

135 긍긍(兢兢)은 주의하여 삼가는 모양, 두려워하는 모양을 형용한다.

136 참육(慚恧)은 부끄럽다는 뜻이다.

10-4

『독통감론(讀通鑑論)』「서론(敍論) 4」

1) 치도(治道)의 극치(極致)는 위로는 『상서』를 헤아릴 수 있는데, 공자의 말씀에 따라 분석해 보면 더 이상 보탤 것이 없다는 뜻이다. 그 핵심은 군주의 마음이 [기존 제도에 대해] 공경하거나 방자한 태도를 취하는 데 있다는 것이고, 가장 경계하는 것은 [국정에 대해] 나태하거나 지나치게 각박한 태도를 취하는 것으로, [기준에] 미치지 못하면 게을러지거나 [기준보다] 초과하였을 때 더욱 빨리 하려는 것이다. 또한 『상서』의 가장 큰 용도는 현인을 등용하여 교화를 일으키는 데 있다. 그러한 시행이 백성에게 미치면 [군주의] 인애(仁愛)가 최상의 이익을 제공해 준다. [이러한 『상서』의 가르침으로] 요·순의 시대를 다스렸고, [하·은·주] 삼대를 다스렸고, 진·한 이후로 지금에 이르기까지 이러한 도리를 미루어 시행할 수 없는 경우는 없었다. 이것으로 관리의 선발을 가지런히 하고, 부역을 공평하게 하고, 군대를 감독하고, 형벌을 지시하고, 전례(典禮)를 제정한 것은 『상서』에 의거하여 그 적합함을 얻지 못한 경우가 없었기 때문이다.

1) 治道之極致, 上稽『尙書』, 折以孔子之言, 而蔑以尙矣.[137] 其樞, 則君心之敬肆也[138]; 其戒, 則怠荒刻覈,[139] 不及者倦, 過者欲速也; 其大用,[140] 用賢而興敎也; 其施及於民, 仁愛而錫以極也. 以治唐·虞, 以治三代, 以治秦·漢而下, 迄至於今, 無不可以此理推而行也; 以理銓選,[141] 以均賦役, 以詰戎兵,[142] 以飭刑罰, 以定典式,[143] 無不待此以得其宜也.

---

[137] 멸(蔑)은 부정을 뜻하는 것으로 없다는 뜻과 같다. '멸이상(蔑以尙)'이라는 표현은 『논어』에 없다. 다만 「이인(里仁)」편("子曰: '我未見好仁者, 惡不仁者. 好仁者, 無以尙之; 惡不仁者, 其爲仁矣, 不使不仁者加乎其身. 有能一日用其力於仁矣乎? 我未見力不足者. 蓋有之矣, 我未之見也.'")에 "無以尙之"는 표현이 있는데, "더 이상 가는 것이 없다. 지고무상하다"는 뜻으로 보인다.

[138] 사(肆)는 여기서는 구속을 받지 않는다, 마음대로 한다는 뜻으로 보인다.

[139] 태황(怠荒)은 나태하고 방탕하다, 각핵(刻覈, 刻核)은 가혹하다, 모질다는 뜻이다.

[140] 대용(大用)은 크거나 중요한 쓰임새, 가장 쓸모 있는 물건을 뜻한다.

[141] 전선(銓選)은 인재를 선발하여 관직을 수여하는 일을 말한다.

하지만 계획을 마련하고 그것을 구체적인 조례(條例)로 만드는 데 이르러서는 『상서』에서 전혀 언급하지 않고 있으며, 공자께서도 마찬가지로 언급하지 않았다. 이것이 어찌 그 실체를 남기면서도 상세함을 추구하지 않아서 그리하였겠는가? 고대의 제도로써 고대의 천하를 다스릴 수는 있지만, 이것을 가지고 오늘날까지 그대로 적용할 수 없는 경우, 군자는 이것을 공적으로 여기지 않았다. 오늘날에 적합한 것으로써 오늘날의 천하를 다스릴 수는 있지만 반드시 미래에도 이것이 통하게 해야 할 필요는 없으므로, 군자는 이것을 가지고 후대에 법규로 내려주려 하지 않았다. 그러므로 봉건(封建)·정전(井田)·조회(朝會)·정벌(征伐)·건관(建官)·반록(頒祿)의 제도에 대해서 『상서』는 언급하지 않았고, 공자께서도 언급하지 않았다. 어찌 순·우임금이나 공자보다도 못한 덕을 가진 사람이 감히 암송하여 얻은 지식으로 만세의 대원칙[大經]을 판단할 수 있겠는가?

至於設爲規畫, 措之科條,[144] 『尙書』不言, 孔子不言, 豈遺其實而弗求詳哉? 以古之制, 治古之天下, 而未可槪之今日者, 君子不以立事[145]; 以今之宜, 治今之天下, 而非可必之後日者, 君子不以垂法.[146] 故封建·井田·朝會·征伐·建官·頒祿之制, 『尙書』不言, 孔子不言. 豈德不如舜·禹·孔子者, 而敢以記誦所得者斷萬世之大經乎?

『상서』의 「하서(夏書)」에 「우공」이 있는 것은 사실이지만 이것은 우임금에 속하는 것이니, 하의 법제는 [이후의] 상·주에서는 실행된 것은 아니었다. 『상서』 「주서(周書)」 편에 「주관(周官)」이 있는 것은 사실이지만 이것은 주에 속하는 것이니, 서주[成周] 시대의 법규는 처음부터 상·하 시대로부터 이어받은 것은 아니었다. 공자께서 말씀하셨다. "먹을 것이 풍족하고, 군대가 충실하면 백성들이 [정치를] 믿는다." 어떻게 하면 풍족하게 하고 어떻게 하면 믿게 하는지 이 점에 대해서는 왜 [공자께서] 말을 아끼셨겠는가? 풍족한 바를 이야기하면 곧바로 부족한 연유에 대해 이야기를 해야 하고, 믿음이 있는

---

142 융병(戎兵)은 군복과 무기, 나아가 병사나 군대를 가리킨다.
143 전식(典式)은 전범·법식이나 의식을 가리킨다.
144 과조(科條)는 법령의 조문이나 장정·항목 등을 가리킨다.
145 입사(立事)는 공업을 세운다는 뜻이다.
146 수법(垂法)은 법칙을 마련해 주다, 계시한다는 뜻이다.

바를 이야기하면 곧바로 다시 불신을 낳은 허물을 다루지 않으면 안 되기 때문이다.

「夏書」之有「禹貢」,[147] 實也, 而繫之以禹, 則夏後一代之法, 固不行於商·周;「周書」之有「周官」, 實也, 而繫之以周, 則成周一代之規,[148] 初不上因於商·夏. 孔子曰:"足食足兵, 民信之矣."[149] 何以足, 何以信, 豈斬言哉? 言所以足, 而卽啓不足之階; 言所以信, 而且致不信之咎也.

맹자(孟子)의 말은 이와 달랐는데, 무엇 때문일까? 전국 시대란 고금에 있어 가장 큰 변혁의 시기였다. 제후왕들은 천하를 분할하여 각기 자신의 나라를 다스렸지만, 모두 방자하게 사냥을 하고 낚시를 하는 심정으로 농경과 전쟁[耕戰]·형명(刑名) 등 백성에게 재앙을 가져다주는 학설을 따랐고, 따라서 『상서』나 공자의 말씀을 완전히 등지고 전혀 반대 방향으로 치달았다. 그들 군주가 공경하였는지 태만하였는지 아니면 인자하였는지 폭압을 휘둘렀는지 일일이 따질 겨를은 없지만, 그들이 행한 일은 명령이 하나라도 내려지면 백성들은 곧바로 죽음에 이르는 길에 내몰리는 것이었다. [하·상·주] 삼대의 군주가 남긴 은택이 천·백 가운데 십·일이라도 남아 있다면 조금이라도 숨을 돌릴 수 있었을지 모르지만, 한·당 이후 시대와 같은 천하를 미리 꾀할 수는 없었다. 시대가 다르고 국면이 바뀌어, 변통함으로써 백성들이 피곤하지 않게 하였던 정책은 어디로 가버렸다는 말인가! 대개 백성을 화재나 홍수와 같은 재앙에서 구해내는 것은 본래 아주 급박한 사정에서 나온 것이니, 이에 "단지 선정만 베풀어서는 좋은 정치라고 하기는 어렵다."라는 주장이 나오게 되었다. 군현제가 아직 완성되지 않았던 천하에서는 오히려 선왕(先王)의 도리와 정세[理勢]를 따르는 것이 가능하였지만, 그 원인은 『상서』나 공자의 말씀과는 차이가 있었기 때문이었다. 요컨대 『상서』나 공자의 말씀은 만세에 걸쳐서도 항상 모두 따르고 말미암을 수 있는 것은 아닌 것이다.

孟子之言異是, 何也? 戰國者, 古今一大變革之會也. 侯王分土,[150] 各自爲政, 而皆

---

[147] 「하서(夏書)」는 『상서』 가운데 「우공」·「감서(甘誓)」·「오자지가(五子之歌)」·「윤정(胤征)」 4편을 가리키는데, 「우공」은 후대인의 저작이고 「오자지가」·「윤정」은 『고문상서』의 위작이며, 「감서」는 본래 「상서(商書)」의 일부라고 보기도 한다.
[148] 성주(成周)는 서주의 동도인 낙읍이나 주공이 성왕(成王)을 보좌하던 주의 번영 시대를 가리킨다.
[149] 『논어』「안연(顔淵)」 편에 나온다 ("子貢問政. 子曰: 足食足兵, 民信之矣.").

以放恣漁獵之情, 聽耕戰[151]·刑名殃民之說, 與『尙書』·孔子之言, 背道而馳.[152] 勿暇論其存主之敬怠仁暴, 而所行者, 一令出而生民卽趨入於死亡. 三王之遺澤,[153] 存十一於千百, 而可以稍蘇, 則抑不能預謀漢·唐已後之天下,[154] 勢異局遷, 而通變以使民不倦者奚若.[155] 蓋救焚拯溺,[156] 一時之所迫, 於是有"徒善不足爲政"之說,[157] 而未成乎郡縣之天下, 猶有可遵先王之理勢,[158] 所繇與『尙書』·孔子之言異也. 要非以參萬世而咸可率繇也.

　이 책에서 서술한 것은 본래 역대 득실(得失)의 근원을 미루어 따짐으로써, 스스로 성인 치리[聖治]의 근본에 합치시키도록 최선을 다해 추구하게 하려는 뜻이었다. 그래서 사안에 따라 그 방법을 논의하고, 그 당시의 시세에 따라 거기에 적합한 것을 짐작하고자 하였는데, 각 시대에는 각기 강약·흥쇠의 변동이 있어 모두 같은 일이더라도 [시세의 변화에 따라] 서로 늘어나거나 줄어드는 차이가 있으니, 차라리 시세에 따라 각기 다른 논단을 할지언정 감히 하나의 원칙에만 집착하여 도리어 도를 해치려고 하지는 않았다. 그래서 자연히 내가 내세운 논리가 서로 어긋나는 경우도 있을 터이지만, 억지로 반드시 내 자신의 독단적 견해를 따라야 한다고 천하에 고집하려 하지는 않았다. 이를테면 정전(井田)·봉건(封建)·향거리선(鄕擧里選)·병농 일치[寓兵於農]나

150　후왕(侯王)은 제후(諸侯)를 가리키는 말이다.

151　경전(耕戰)은 농경과 전쟁을 말하는데, 농경과 전쟁을 결합시키는 병농합일(兵農合一)을 통해 경제 역량과 군사 역량의 강화를 보장하자는 주장이다. 진의 개혁을 추진하였던 법가 상앙(商鞅)의『상군서(商君書)』는 특히 이점을 강조하였다.

152　배도이치(背道而馳)는 도의를 저버리고 반대 방향으로 나간다는 뜻이다.

153　유택(遺澤)은 남겨진 덕택(德澤)을 뜻한다.

154　예모(預謀)는 미리 계획하다, 계략에 참여한다는 뜻이다.

155　통변(通變)은 변화의 이치에 통달하다, 또는 변통한다(常規에 얽매이지 않고 적시에 움직인다)는 뜻이다.

156　구분증익(救焚拯溺, 救火拯溺)은 화재나 홍수라는 재앙으로부터 사람을 구한다, 물에 빠지거나 불구덩이에 떨어진 사람을 구한다는 뜻이다.

157　『맹자』「이루(離婁) 상(上)」에 나오는 구절이다("孟子曰: 離婁之明, 公輸子之巧, 不以規矩, 不能成方圓; 師曠之聰, 不以六律, 不能正五音; 堯·舜之道, 不以仁政, 不能平治天下. 今有仁心仁聞, 而民不被其澤, 不可法於後世者, 不行先王之道也. 故曰: '徒善不足以爲政. 徒法不能以自行.'").

158　이세(理勢)는 사리(事理)의 발전과 추세, 또는 정세(情勢)를 가리킨다.

태형·장형을 버리고 육형(肉刑)을 행하는 여러 법령 등은 [이 책에서 제시하였던 내 자신의 견해와는 달리] 앞 시대 학자들이 반드시 시행하고자 하는 것이었다. 하지만 『상서』「주관(周官)」편의 명분을 이어받아 적절하게 이적(夷狄)의 도(道)에서 이것을 이루어낸 것은 [북주의] 우문씨였다. 「우공」에 따라 황하의 물길을 인도하려다가 도리어 황하 제방의 붕괴와 범람을 이끌어낸 것은 [당의] 이중창(李仲昌)이었다. 이처럼 천하의 기존 법규를 몽땅 무너뜨리고 만물을 놀라게 한 것은 그 스스로 암송하여 얻은 지식에만 의존하면서 그것을 점차 실행에 옮긴 결과였으니, 그 어찌 그 종말에 대해 [미리] 알 수 있겠는가?

編中所論, 推本得失之原, 勉自竭以求合於聖治之本; 而就事論法,[159] 因其時而酌其宜, 卽一代而各有弛張,[160] 均一事而互有伸詘, 寧爲無定之言, 不敢執一以賊道.[161] 有自相蹖駁者矣,[162] 無强天下以必從其獨見者也. 若井田·封建·鄕擧里選[163], 寓兵於農[164], 舍笞杖而行肉刑諸法,[165] 先儒有欲必行之者矣. 襲『周官』之名迹,[166] 而適以成乎

---

[159] 취사논법(就事論法)은 그 사안의 내용에만 근거하여 평론하거나 판단·판결하는 것, 즉 고립적으로 어떠한 사정을 판단하는 것을 가리킨다.

[160] 이장(弛張)에서 이(弛)는 활시위를 놓는 것이고, 장(張)은 활시위를 당기는 것이다. 즉 한 번은 이완시키고 한 번은 긴장시킨다는 뜻으로, 사물의 성패·강약·흥폐 등을 비유하거나 일을 처리할 때의 진퇴(進退)나 관엄(寬嚴) 등의 변화를 비유한다. 본래『예기』「잡기(雜記) 하(下)」에서 유래한다("張而不弛, 文武弗能也 ; 弛而不張, 文武弗爲也. 一張一弛, 文武之道也.").

[161] 적도(賊道)는 인의의 도를 해친다는 뜻이다. 요사스러운 도[妖道]를 가리키기도 한다.

[162] 척려(蹖駁)는 손발이 묶이고 비틀려 있는 것, 또는 어그러지거나 잘못되어 있다는 뜻이다.

[163] 향거리선(鄕擧里選)은 향리에서 인재를 평가·추천하던 진·한 시대의 인재 선발 방식을 가리킨다.

[164] 우병어농(寓兵於農)은 농민에게 일정한 군사 훈련을 시키되 평시에 농사에 힘쓰고 전시에는 참전하게 하는 것을 가리킨다. 혹은 군대에서 둔전을 개간하던 것을 일컫기도 한다.

[165] 태장(笞杖)은 태형(笞刑)과 장형(杖刑)으로 태형은 싸리나무[荊條]나 죽판(竹板)을 이용하여 볼기[臀]·허벅지[腿] 등을 치는 형벌이고, 장형은 보다 무겁고 큰 싸리나무나 대나무판으로 치는 형벌이다. 장형은 후한대에 시작되었다. 육형(肉刑)은 신체에 직접 영구적인 손상을 가하는 형벌로, 문신형이나 코·발 등을 베는 형벌, 나아가 궁형(宮刑)이나 사형 등 오형(五刑)을 가리킨다. B.C. 167년 한 문제(文帝) 때의 개혁으로 문신형이나 코·발 등을 베는 육형은 폐지되었고, 수·당 시대에는 태형·장형·노역형·유배형·사형으로 오형의 구성이 바뀌게 된다.

[166] 『주관(周官)』은 바로『주례』로 주의 정치 제도와 관료의 직무를 규정한 것인데, 실제 주의 관제보다는 이상적인 제도를 서술하면서 전국 시대에 편찬된 것으로 여겨진다. 유가 경전인『주례』

狄道者,¹⁶⁷ 宇文氏也¹⁶⁸ ; 據『禹貢』以導河, 而適以益其潰決者, 李仲昌也.¹⁶⁹ 盡破天下之成規, 駭萬物而從其記誦之所得, 浸使爲之,¹⁷⁰ 吾惡知其所終哉?

2) 사마광이 이 책을『자치통감』이라고 이름 지은 것은 정말 그 뜻이 자못 심원하다! "통치에 도움이 된다[資治]."라고 한 것은 그저 치세와 난세를 알게 하는 데에만 그치는 것이 아니라, 힘써 정사를 실행하여 치세를 만들어 내는 데 도움이 되고자 한다는 뜻이었다. 이전 시대의 치세를 보면 기뻐하고, 이전 시대의 난세를 보면 안타까워하였으며, 그 지극한 치세를 이루게 한 이치를 알게 되면 그 아름다움을 칭송하고, 그 난세를 부르게 된 원인을 알게 되면 그 그릇됨을 질책하였다. 책 속의 의논을 모두 읽고 책을 덮고 나면 좋아하고 미워하는 감정도 모두 사라지고 마치 뭔가 잊어버린 것처럼 말을 잃게 되며, 어떤 사안을 마주치게 되면 그래도 그의 옛 생각에 따르게 되지만, 보고 듣는 것이 아주 많고 논의와 고증이 아주 상세하더라도 역시 정이(程頤)가 말한 것처럼 "쓸데없는 물건을 가지고 노는 데 정신이 팔려 소중한 자기 본심을 잃는 것[玩物喪志]"에 지나지 않는다.

2) 旨深哉! 司馬氏之名是編也. 曰 : "資治"者, 非知治知亂而已也, 所以爲力行求治之資也. 覽往代之治而快然, 覽往代之亂而愀然,¹⁷¹ 知其有以致治而治,¹⁷² 則稱說其美¹⁷³ ; 知其有以召亂而亂, 則詬厲其惡¹⁷⁴ ; 言已終, 卷已掩, 好惡之情已竭, 穨然若忘,¹⁷⁵

라는 명칭은 한대의 유흠이 붙였다. 명적(名迹·名跡·名蹟)은 명성과 업적, 이름과 업적이라는 뜻이다.

167 적도(狄道)는 이적(夷狄)의 도, 즉 속임수와 폭력만을 일삼고 예의를 행하지 않는 도를 가리킨다.
168 우문씨(宇文氏)는 본래 흉노·선비족에서 기원하였는데 위·진 이래 화북 지역으로 진출하여 한화(漢化)된 우문씨라는 성(姓)을 갖게 되었다. 여기서는 북주(北周)의 황제가 된 우문씨를 가리키는 것으로 보이는데, 북주에서는 균전제·부병제 등이 시행되고 궁형도 폐지되었다.
169 이중창(李仲昌)은 당나라 고종·측천무후 시절의 관료로 구양수(歐陽修)의 말을 듣지 않고 황하를 옛 물길로 이끌려고 하였다가 화북 지역이 2개월 동안 물에 잠기는 큰 재난을 빚어 내고 좌천되었다.
170 침사(浸使)는 만일, 가령이라는 뜻이다.
171 초연(愀然)은 얼굴빛이 바뀌다, 정색을 하다는 뜻이다.
172 치치(致治)는 나라가 정치적으로 안정과 평화를 이루도록 하는 것을 뜻한다.
173 칭설(稱說)은 진술한다, 또는 칭찬한다는 뜻이다.

臨事而仍用其故心,[176] 聞見雖多, 辨證雖詳, 亦程子所謂[177] : "玩物喪志"也.

　　무릇 통치에 도움이 되는 것은 법이 드러내는 바이기도 하다. 이 일을 잘하는 사람이 반드시 저 일을 잘 하는 것은 아니다. 군주는 온화하고 착한 것을 원칙으로 삼아야 한다고 하지만, 한의 원제(元帝)는 [너무 온화하여] 통제력을 잃고 혼란을 부추겼다. 신하는 강직함으로 충성으로 다해야 하지만, 유서초(劉棲楚)는 계단에 머리를 부딪치는 간언을 하여, [그것을 통해 오히려] 자신의 못된 속셈을 감출 수 있었다. 오랑캐를 물리치고 중원을 회복하는 것은 대의(大義)이지만, 양 무제는 그것 때문에 실패하였다. 분노 때문에 장수를 죽이는 것은 위험한 조치이지만, 북주는 이것 때문에 흥기하였다. [이 같은 사례들은] 통치에 도움이 되지 않은 것이 없고, 또한 난세의 촉매가 되지 않는 것이 없다. 그러므로 통치에 도움이 되는 것은 결국은 한결같은 마음[一心]일 뿐이다. 마음으로 통치를 조절할 수 있게 되면 무릇 정사가 모두 백성에게 적합한 것이 될 수 있으므로, 그릇된 통치의 빌미가 되지 않는다. 이렇게 도움이 되는 경험을 잘 받아들이면 변통을 함으로써 오랫동안 지속되는 성과를 이룰 수 있다. 스스로에 과거의 시세에 처해 있다고 가정함으로써 마치 자신이 몸소 경험한 것처럼 느낄 수 있다. 과거의 모략을 연구하고 숙고함으로써 자신이 그 임무를 몸소 맡은 것처럼 여길 수 있다. 옛 사람들의 종사(宗社)의 안위(安危)에 대한 생각을 받아들임으로써 대신 그 우환(憂患)을 스스로 느껴 자신의 위험을 제거하고 안전함으로 나갈 수 있는 방안을 찾을 수 있다. 옛 시대 백성들의 형편에 이로운 것과 해로운 것을 들어서 대신 그에 대한 처방을 적절하게 만들어 낼 수 있다면, 오늘날에 이로움을 일으키고 해로움을 제거하는 방안을 찾을 수 있게 된다. 성공의 경험은 도움이 될 수 있지만 실패의 경험 역시

---

174 후려(詬厲)는 후병(詬病)처럼 모욕하다, 질책한다는 뜻이다.

175 퇴연(穨然)은 조용하게, 고요하게 라는 뜻이다. 또는 쇠로(衰老)한 모습을 형용한다.

176 고심(故心)은 본래의 마음이나 옛 정[舊情]을 가리킨다.

177 정이(程頤, 1033~1107)는 자가 정숙(正叔)이고 이천선생(伊川先生)으로도 불리는 북송대의 이학가이자 교육가로 낙양 이천(伊川, 오늘날의 하남성 낙양 伊川縣) 사람이다. 여주단련추관(汝州團練推官)·서경국자감교수(西京國子監敎授) 등의 관직을 역임하였다. 친형인 정호(程顥)와 더불어 이정(二程)으로도 불리는데, '낙학(洛學)'을 창시하여 이학(理學)·정주학(程朱學)의 기초를 다졌다.『이천선생문집(伊川先生文集)』·『이정수언(二程粹言)』·『경설(經說)』·『주역전(周易傳)』등의 저작이 있다.

도움이 될 수 있다. 서로 같은 상황이 도움이 될 수 있지만, 서로 다른 상황 역시 도움이 될 수 있다. 따라서 치세에 도움이 되는 것은 오로지 한결같은 마음에 있으며, 역사라는 것은 다만 그 거울로 삼을 수 있을 뿐이다.

夫治之所資, 法之所著也. 善於彼者, 未必其善於此也. 君以柔嘉爲則,[178] 而漢元帝失制以釀亂[179]; 臣以戇直爲忠,[180] 而劉棲楚碎首以藏奸.[181] 攘夷復中原, 大義也, 而梁武以敗,[182] 含怒殺將帥, 危道也. 而周主以興,[183] 無不可爲治之資者, 無不可爲亂之媒. 然則治之所資者, 一心而已矣. 以心馭政,[184] 則凡政皆可以宜民, 莫匪治之資; 而善取資者, 變通以成乎可久. 設身於古之時勢, 爲己之所躬逢; 研慮於古之謀爲, 爲己之所

---

[178] 유가(柔嘉)는 온화하고 착하다는 뜻이다.

[179] 한(漢) 원제(元帝, 재위 B.C. 48~B.C. 33)는 전한의 제11대 황제로 태자로 있을 때 부친에게 "형벌의 집행이 너무 심하니 응당 유생을 써야 한다."라고 진언하였으나, 부친은 "우리 가문을 어지럽히는 사람은 반드시 태자일 것이다."라고 하여 이를 좋아하지 않았다. 그의 재위 시절부터 외척·환관의 폐해가 심해지면서 전한의 멸망을 초래하였다고 평가되기도 한다. 한 원제에 대해서는 『독통감론』 권4 「원제(元帝)」에서 왕부지가 언급을 하고 있는데, 처음부터 "붕당(朋黨)의 발기는 원제 시대에서 시작되었다."라고 언급하고 있다.

[180] 당직(戇直)은 우둔하고 강직하다는 뜻이다.

[181] 유서초(劉棲楚, ?~827)는 한미한 가문 출신으로 당 문종(文宗) 태화(太和) 원(827)년에 사망하였다. 처음에 진주소사(鎭州小史)가 되었다가 천거를 받아 우습유(右拾遺)에 발탁되었고, 이후 기거랑(起居郎)·형부시랑(刑部侍郎)·경조윤(京兆尹) 등을 역임하였다. 성정이 괴팍하고 괴이한 행동을 하여 형벌이 가혹했고 권세가를 피하지 않았다고 한다. 당의 경종(敬宗)이 즉위 후 정사를 소홀히 하자 "간관(諫官)으로서 황제가 천하의 비웃음을 사게 하였으니 머리를 깨뜨려 사죄하겠다."라고 하면서 계단에 머리를 부딪쳐 얼굴이 피에 젖었다고 한다. 파수(碎首)는 머리를 깨뜨리는 것으로, 죽음을 무릅쓰고 간언하는 정신이나 행위를 묘사할 때 쓴다. 유서초에 대해서는 『독통감론』 권26 「경종(敬宗) 이(二)」에서 왕부지가 언급을 하고 있는데, 유서초의 고사를 언급하면서도 그의 건백(建白)은 대부분 그의 괴팍한 기질이나 욕심에서 나온 것이라는 부정적인 평가를 하고 있다. 장간(藏奸)은 마음속에 좋은 뜻을 품고 있지 않다거나, 전력을 다해 다른 사람을 돕지 않는 것을 뜻한다.

[182] 양무(梁武)는 양 무제(재위 502~549)를 가리킨다.

[183] 주주(周主)는 북주(北周)의 황제를 가리킨다. 우문태(宇文泰, 507~556)는 선비족으로 대군(代郡) 무천(武川, 오늘날의 내몽골 武川 서쪽) 출신인데, 서위(西魏)의 권신이 되었다가 찬탈하였고, 스스로를 주공(周公)이라 자칭하였던 그의 아들 우문각(宇文覺)이 정식으로 북주(北周)를 세웠다.

[184] 어정(馭政)은 통치권을 장악한다는 뜻이다.

身任. 取古人宗社之安危, 代爲之憂患, 而己之去危以卽安者在矣;取古昔民情之利病, 代爲之斟酌, 而今之興利以除害者在矣. 得可資, 失亦可資也;同可資, 異亦可資也. 故治之所資, 惟在一心, 而史特其鑒也.

'거울[鑒]'이란 것을 [거기에 비춰 봄으로써] 사람의 예쁜 것과 추한 것을 구별하고, 의관(衣冠)을 가지런히 하고 외모를 그럴듯하게 꾸며 바로잡을 수 있게 해 준다. 그렇지만 의관을 가지런히 하고 외모를 꾸미도록 해 준다고 해서 거울이 어떻게 내게 도움이 된다는 말인가? 그러므로 귀감[鑒]을 찾는 사람들은 거기에서 그 성공에 대해서는 반드시 그것을 성공을 이루게 된 까닭을 찾아내야 하며, 실패에 대해서는 반드시 그것을 실패하게 만든 까닭을 찾아내야 한다. 성공한 것에 대해서는 반드시 그 행적을 바꾸어도 또한 어떻게 성공할 수 있는지를 생각해야 하고, 실패한 것에 대해서는 반드시 그 치우침을 바로잡아 어떻게 실패를 구할 수 있는지 생각해야 한다. 그래야만 정치에 도움이 될 수 있으며, 그렇지 않으면 마치 거울을 단지 방에 걸어 두기만 할 뿐 비춰 보려고 하지 않는 것과 같다.

'鑒'者, 能別人之妍媸,[185] 而整衣冠·尊瞻視者,[186] 可就正焉. 顧衣冠之整, 瞻視之尊, 鑒豈能爲功於我哉? 故論鑒者, 於其得也, 而必推其所以得;於其失也, 而必推其所以失. 其得也, 必思易其跡而何以亦得;其失也, 必思就其偏而何以救失;乃可爲治之資, 而不僅如鑒之徒縣於室,[187] 無與照之者也.

[『자치통감』에서의] '통(通)'이란 무엇인가? 군주의 도[君道]가 여기에 있고, 국시(國是)가 여기에 있으며, 민정(民情), 변방(邊防), 신하로서의 도의, 신하의 절개가 여기에 있다. 또한 사대부가 스스로의 뜻을 행하여 굴욕이 없는 것이 여기에 있고, 학문이 정도를 지키며 그릇된 쪽으로 치우치지 않는 것 또한 여기에 있다. 비록 궁지에 몰려 외롭게 지내더라도 스스로를 깨끗이 할 수 있고, 남을 가르칠 수 있으며, 도(道)를 깨우치고 즐거워할 수 있으므로 이에 '통'이라고 하였다.

---

[185] 연치(妍媸, 妍蚩)는 예쁜 것과 추한 것이라는 뜻이다.
[186] 첨시(瞻視)는 여기서는 외관(外觀)을 가리키는 뜻이다.
[187] 여기서 현(縣)은 현(懸)처럼 매달다, 걸다는 뜻으로 쓰인 것 같다.

其曰:'通'者, 何也? 君道在焉, 國是在焉, 民情在焉, 邊防在焉, 臣誼在焉,[188] 臣節在焉, 士之行己以無辱者在焉, 學之守正而不陂者在焉. 雖扼窮獨處, 而可以自淑, 可以誨人, 可以知道而樂, 故曰:'通'也.

『자치통감』을 끌어당겨 펼쳐 본 결과 이렇게 논의한 바가 있었다. 깊이 들어가 파헤쳐보아 논의한 바가 있었고, 폭넓게 끌어와 점검해 보고 논의한 바가 있었으며, 합쳐서 일치시켜 본 다음 논의한 바가 있었다. 심득을 얻고 다른 사람도 통할 수 있도록 도와주어 논의한 바도 있었다. 도는 원래 정해진 자리가 없지만, 사물이 제자리를 찾을 수 있게 해 준다. 도는 형체가 없지만, 일을 이루어져 형체를 갖출 수 있게 해 준다. [『자치통감』을] 귀감으로 삼으면 현명해지고, 통을 이루면 폭이 넓어지고, 도움을 받으면 또한 깊어지니 사람들이 스스로 그것을 취하면 자기 몸을 다스리고 세상을 다스리는 데 너끈히 부응하면서 그 효용이 무궁무진하다. 그렇지만 "여기서 논의한 것이 한번 이루어진 다음에 영원히 바뀌지 않을 것이다."고 어찌 내세울 수 있겠는가?

引而伸之, 是以有論; 浚而求之, 是以有論; 博而證之, 是以有論; 協而一之, 是以有論; 心得而可以資人之通, 是以有論. 道無方,[189] 以位物於有方; 道無體, 以成事之有體. 鑒之者明, 通之也廣, 資之也深, 人自取之, 而治身·治世肆應而不窮.[190] 抑豈曰: "此所論者立一成之侀,[191] 而終古不易也哉?"[192]

---

[188] 의(誼)는 의(義)와 같은 뜻으로 정의나 도덕적 규범에 부합하는 것을 가리킨다.
[189] 무방(無方)은 경계·한계가 없다는 뜻이다.
[190] 사응(肆應)은 각 방면에 응답하거나 각종 사정에 대응을 잘한다는 뜻이다.
[191] 형(侀)은 이루다, 이미 정해진 형태의 물건이 된다, 이루어진 다음 바뀔 수 없는 의견이라는 뜻이다.
[192] 종고(終古)는 자고 이래로, 항상이라는 뜻이다.

11 『사고전서총목(四庫全書總目)』 「사부총서(史部總序)」

기윤(紀昀) 등

◎ 『사고전서총목(四庫全書總目)』

『사고전서총목』(200권)은 『사고전서총목제요(四庫全書總目提要)』라고도 한다. 건륭(乾隆) 58(1793)년 무영전(武英殿)에서 간행한 청대 목록학 저작의 대표작으로 전통 중국의 목록학을 집대성한 것이기도 하다. 건륭 연간에 『사고전서(四庫全書)』를 편찬하는 동시에 거기에 수록된 1만여 권의 저술·목록을 분류하고 그 제요(提要)를 기술한 것이다. 저자의 소개, 서적 내용, 유행 정도, 서적의 장단점을 서술하고 내용의 증감, 편질(篇帙)의 상태를 설명하였는데, 경(經)·사(史)·자(子)·집(集) 4부 아래 유(類)가 있고 유의 아래에 자목(子目)이 있다. 각 부에 총서(總序)가 있고 각 유마다 소서(小序)가 있으며 유의 뒤에 발어(跋語)가 있고 자목에는 안어(案語)가 있어 학술의 변천과 분류 취지를 논하고 있다. 여기서는 영용(永瑢)·기윤(紀昀) 주편(主編) 사고전서총목제요편위회(四庫全書總目提要編委會) 정리(整理), 『사고전서총목제요(四庫全書總目提要)』(海南出版社, 1999) 권45에 실린 것을 이용하였다.

『사고전서』는 건륭제가 직접 조직한 중국 역사상 최대 총서(叢書)이다. 1772년에 시작하여 10년 만에 완성되었는데, 경(經)·사(史)·자(子)·집(集)이라는 중국의 전통적인 도서 분류법인 4부(部)를 따라 분류되었으므로 '사고'라는 명칭이 여기서 나왔다. 문진각(文津閣) 소장본의 경우 수록된 것이 3,503종, 79,337권, 36,000여 책으로 풍부한 전통 문헌 자료를 집대성하였으므로, '전서(全書)'라는 명칭을 붙인 것이다. 건륭제는 유명한 개인 장서루인 '천일각(天一閣)'을 모방하여 남북 7각(七閣)을 건축하여 여기에 『사고전서』를 나누어 배치하였다. 건륭46(1781)년 12월 제1부 『사고전서』 초고가 완성되어 진정(進呈)되었다. 약 3년의 시간이 흐른 뒤에 제2·3·4부가 완성되어 문연각(文淵閣)·문소각(文溯閣)·문원각(文源閣)·문진각(文津閣)에 소장되었으며('北四閣'), 건륭 47(1782)년 7월에서 52(1787)년에 이르러 3부가 완성되어 강남(江南)의 문종각(文宗閣)·문휘각(文彙閣)·문란각(文瀾閣)에 보관되었다('南三閣').

기윤(紀昀)

기윤(1724~1805)은 자가 효람(曉嵐) 혹은 춘범(春帆)이며, 만년의 호는 석운(石雲)이고 도호(道號)는 관혁도인(觀弈道人)이다. 청대의 문학가로 유명하며, 옹정(雍正)·건륭(乾隆)·가경(嘉慶) 연간에 봉직하였다. 건륭 38(1773)년에 『사고전서』의 편찬 작업은 건륭제가 직접 주관하여 전개되었는데, 유통훈(劉統勳)의 천거로 기윤과 육석웅(陸錫熊)이 총찬관(總纂官)에 임명되었다. 찬수 과정에서 기윤은 건륭제로부터 수많은 상사(賞賜)를 받았고, 그때마다 번잡한 작업을 부여받았다. 건륭 58(1793)년에 기윤은 10년의 노력을 기울여 『사고전서총목제요』를 완성하였다(『사고전서총목제요』의 주편자 영용(永瑢)은 건륭제의 여섯 번째 아들이다). 『사고전서』를 편찬할 당시 각 찬수관은 매번 서적을 교열하면서 1편씩 제요(提要)를 찬술하였는데, 최종적으로는 이를 모아 기윤과 육석웅 등이 검토하고 윤문 작업을 하였다.

11
『사고전서총목(四庫全書總目)』「사부총서(史部總序)」

사서 편찬의 도는 찬술(撰述)은 간명하기를 원하고 고증(考證)은 상세하기를 원한다. [찬술은] 『춘추』보다 간명한 것이 없고 [고증은] 『좌전』보다 상세한 것이 없다. 노(魯)의 국사 기록은 모두 사건 하나하나의 시말을 갖추어 수록하였는데, 성인(즉 공자)께서는 그 사건의 시말을 살펴보고 그 시비를 얻은 다음에야 비로소 한 글자로 포폄을 내릴 수 있었다. 이것이 사서 편찬에 도움을 주는 고증이다. 좌구명은 『좌전』을 『춘추』에 대한 주석으로 삼았는데, 후대 사람들을 거기 담긴 시말을 보고 그 시비를 얻게 된 다음에야 비로소 한 글자로 된 포폄의 이유를 알 수 있었다. 이것이 사서를 읽는 데 도움을 주는 고증이다. 만약 사적이 제대로 갖추어져 있지 않았다면 비록 성인이라도 『춘추』를 지을 수 없었을 것이다. 만약 그 사적을 제대로 알 수 없었다면 비록 성인이 『춘추』를 읽더라도 그 포폄의 이유를 알 수 없었을 것이다. 유자(儒者)들은 거창한 언사를 좋아하여 걸핏하면 "주석[傳]을 버리고 경전의 본문[經]에서 찾는다."라고 말한다. 이러한 유자들의 주장은 반드시 통할 수 있는 것은 아니다. 그 가운데 혹시라도 통하는 경우가 있다면 반드시 몰래 다른 주석들을 찾아보았으면서도 주석을 버렸다고 거짓으로 말하는 것뿐이다. 사마광의 『자치통감』에 대해서는 세간에서 최고의 작품[絶作]이라고 칭송하는데, 그에 앞서 먼저 『장편(長編)』을 만들었고 그것을 완성한 다음에는 또한 『[자치통감]고이([資治通鑑]考異)』를 만들었다는 사실을 제대로 알지 못하고 하는 소리이다. [송대] 고사손(高似孫)의 『위략(緯略)』은 사마광이 송민구(宋敏求)에게 보낸 서신을[1] 수록하고 있는데, 거기서는 그는 다음과 같이 말하고 있다. "[저 사마광은] 낙양에 온 지 8년 만에 비로소 겨우 진(晉)·송(宋)·제(齊)·양(梁)·진(陳)·수(隋) 여섯 왕조의 기록을 마쳤습니다. 당의 경우 자료가 특히 많아 [범조우(范祖禹)에게 부탁해서 여러 서적을 얻은 다음에] 연·월의 순서에 따라 초고를 완성하고, 각기 4장(丈)의 길이로 잘라 한 권(卷)으로 삼았는데, 모두 6, 7백 권이 넘을 것입니다." 또한 사마광은 "『자치통감』을 지을 때 한 가지 사건에 대해 서너 가지 출처의 자료를 이용하여 편찬하였고,

잡사(雜史)와 기타의 서적을 이용한 것이 모두 222종이었다."라고 말하기도 하였다. 이도(李燾)의 『손암집(巽巖集)』에서는 또한 "장신보(張新甫)가 낙양에서 『자치통감』의 초고가 두 채의 집을 가득 채우고 있는 것을 보았다."라고 말하고 있다[이도의 『손암집』은 지금 이미 산일되어 이것은 마단림의 『문헌통고』에서 그의 부친 마정란(馬廷鸞)의 말을 기록한 것에 의거하였다]. 지금 『자치통감』을 살펴보건대, 예컨대 [한의 성제(成帝)가 조비연(趙飛燕)의 누이동생 합덕(合德)을 총애하는 것을 '재앙의 물[禍水]'에 비유한] 요방성(淖方成)의 일화는 『비연외전(飛燕外傳)』에서 따왔고, [당 현종 시기 권신 양국충(楊國忠)을 '얼음 산[氷山]'에 비유한] 장단(張彖)의 일화는 『개원천보유사(開元天寶遺事)』에서 따왔는데, [『자치통감』은 이처럼] 결코 야사[小說]라도 그것을 빠뜨리지 않았다는 것을 알 수 있다. 따라서 예로부터 전해지는 기록이라면 정사 이외의 경우라도 아울러 모으고 널리 따와서 목록을 나누어 편성하였는데, 거기에는 그럴 만한 까닭이 있었던 것이다.

史之爲道, 撰述欲其簡, 考證則欲其詳.[2] 莫簡於『春秋』, 莫詳於『左傳』. 魯史所錄,[3] 具載一事之始末, 聖人觀其始末, 得其是非, 而後能定以一字之褒貶.[4] 此作史之資考證也. 丘明錄以爲傳, 後人觀其始末, 得其是非, 而後能知一字之所以褒貶. 此讀史之

---

1 「여송민구서(與宋敏求書)」 혹은 「여송차도서(與宋次道書)」라고 한다.
2 중국의 역사 서술 체례는 기주(記注)와 찬술(撰述)로 나눌 수 있는데, 이런 구분은 유지기(劉知幾)가 처음 제기하였다. 간단하게 설명하자면, 기주는 옛날에는 장고(掌故, 故事)라고 불렸으며 오늘날에는 사료(史料)로 칭해지므로 곧 사료를 가리킨다고 하겠다. 찬술은 과거에는 기전체·편년체의 역사로 칭해졌던 것으로 오늘날에는 사서(史書)로 칭해진다. 고대의 사서에는 기주만 있을 뿐 찬술은 없었는데, 이를테면 공자의 편집을 거치기 이전 노나라의 사서는 기주(記注)에 해당하지만, 이것을 공자가 독자적인 시각으로 편집하여 새롭게 정리한 『춘추』는 찬술에 해당된다. 후세 사가들은 찬술을 중시하고 기주를 경시하였는데, 공자·좌구명·사마천·반고·순열 등이 편찬한 편년체와 기전체의 사서는 모두 찬술에 속한다. 고증(考證)은 자료에 근거하여 문헌이나 역사 등의 문제를 대조·증명·서술하는 것이다.
3 노사(魯史)는 노의 궁정에서 보관하던 국사를 가리킨다. 공자는 이를 기초로 『춘추』를 지었다.
4 포폄(褒貶)은 칭송하거나 비판하는 것을 통해 권선징악의 뜻을 나타낸다고 하는 것으로, 공자가 『춘추』를 저술한 까닭은 노의 사적을 통해 이를 행하기 위함이었다고 설명되기도 한다. 공자는 당시 도(道)가 행해지지 않는 것을 개탄하여 포폄의 뜻을 엮어 『춘추』를 지었기 때문에 『춘추』의 뜻이 전파되면서 "천하의 난신적자(亂臣賊子)가 두려워했다."라고 맹자는 설명하기도 한다(『맹자』「등문공(藤文公) 하(下)」: "孔子成『春秋』, 而亂臣賊子懼").

資考證也. 苟無事迹, 雖聖人不能作『春秋』. 苟不知其事迹, 雖以聖人讀『春秋』, 不知 所以褒貶. 儒者好爲大言,[5] 動曰: "舍傳以求經." 此其說必不通. 其或通者, 則必私求 諸傳, 詐稱舍傳云爾. 司馬光『通鑑』, 世稱絶作, 不知其先爲『長編』,[6] 後爲『考異』.[7] 高似 孫『緯略』,[8] 載其「與宋敏求書」,[9] 稱 "到洛八年, 始了晉·宋·齊·梁·陳·隋六代. 唐文字

---

[5] 대언(大言)은 과대한 언사나 대사를 도모하는 말을 뜻한다.

[6] 장편(長編)은 편년사(編年史)를 서술하기 전에 먼저 자료를 수집·정리하고 순서에 따라 배열한 것을 말한다. 사마광은 『자치통감』을 편집·교정하기 전에 먼저 장편을 만들게 한 다음 그것을 기초로 편집하여 책을 완성하였다. 남송(南宋)의 이도(李燾)는 북송(北宋) 아홉 황제의 편년사를 편찬하면서 감히 사마광의 선례를 따라 『속자치통감』이라 칭하지 못하고 자신의 저서를 『속자치통감장편(續資治通鑑長編)』이라 하였다. 즉 완성된 원고 이전의 단계라는 뜻인데, 이후에 자료를 모아 책으로 완성하기 전에 교정이 필요한 초고본(草稿本)을 지칭하거나, 아니면 완성된 책임에도 불구하고 겸손의 뜻으로 이런 명칭을 붙이게 되었다.

[7] 『고이(考異)』는 『자치통감고이(資治通鑑考異)』를 말한다. 사마광이 『자치통감』을 완성함과 동시에 그때 참고한 자료의 내용에 대해 평가를 하면서 어느 것을 따르고 어느 것을 버렸는지 하나하나 설명하기 위해 편찬하였다. 이를테면 사료 비판과 고증의 내용을 따로 정리하여 소개한 것이다. 이 책은 『자치통감』의 편년 순서에 따라 배열한 것으로 그 조목이 2,977개나 될 정도로 내용이 풍부하다. 사마광이 『통감』을 편찬하는 과정 중에 중대한 사건이나 장소·시간·인물을 일일이 고증하여 수록하였기 때문이다.

[8] 고사손(高似孫, 1158~1231)은 자가 속고(續古), 호는 소료(疏寮)이며, 송대 근현(鄞縣 또는 餘姚, 오늘날의 절강성에 속한다) 출신이다. 효종(孝宗) 순희(淳熙) 11(1184)년 진사로 회계현주부(會稽縣主簿)·통판휘주(通判徽州)·저작좌랑(著作佐郞)·지처주(知處州) 등을 지냈다. 저작으로는 『소료소집(疏寮小集)』·『자략(子略)』·『해략(蟹略)』·『소략(騷略)』·『위략(緯略)』 등이 있다. 지금은 『자략』·『소략』·『위략』만이 존재한다. 진진손(陳振孫)의 『직재서록해제(直齋書錄解題)』에서는 문장이 편벽되고 괴이하며 난삽할 정도로 방대하다고 평하였다.

[9] 사마광이 『자치통감』을 편찬하면서 송민구에게 보낸 서신(「與宋敏求書」 또는 「與宋次道書」)의 상세한 내용은 고사손의 『위략』과 『문헌통고』 「경적고(經籍考)」에 실려 있다("溫公『進資治通鑑表』 曰: '臣之精力, 盡于此書.' 其與宋次道書曰: '某, 自到洛以來, 專以修資治通鑑爲事, 至今八年, 僅 了得晉·宋·齊·梁·陳·隋六代以來奏御. 唐文字尤多, 託范夢得將諸書, 依年月編次爲草卷.'" (『위략』 권12 「통감(通鑑)」, 15ab); "高氏『緯略』曰: '公與宋次道書曰: "某自到洛以來, 專以修資治 通鑑爲事, 於今八年, 僅了得晉·宋·齊·梁·陳·隋六代以來奏御. 唐文字尤多, 託范夢得將諸書, 依年月編次爲草卷, 每四丈截爲一卷, 自課三日刪一卷, 有事故, 妨廢則追補. 自前秋始刪到今, 已 二百餘卷, 至大曆末年耳. 向後卷數, 又須倍此, 共計不減六七百卷. 更須三年, 方可粗成編. 又須 細刪, 所存不過數十卷而已."' 其費工如此. 溫公居洛十五年, 故能成此書. 今學者觀『通鑒』, 往往以 爲編年之法, 然則一事用三四處出處纂成, 是其爲功大矣. 不觀正史精熟, 未易決『通鑒』之功績也. 『通鑒』采正史之外, 其用雜史諸書凡二百二十二家."(마단림, 『문헌통고』 권193 「경적고」 20 「자치 통감」). 송민구(宋敏求, 1019~1079)는 자가 차도(次道)로 조주(趙州) 평극(平棘, 오늘날의 하북성

尤多, 依年月編次爲草卷, 以四丈爲一卷,[10] 計不減六七百卷." 又稱 "光作『通鑑』, 一事用三四出處纂成, 用雜史諸書凡二百二十二家."[11] 李燾『巽巖集』,[12] 亦稱 "張新甫見洛陽有『資治通鑑』草稿盈兩屋."[按燾集今已佚, 此據馬端臨『文獻通考』述其父廷鸞之言][13] 今觀其書, 如淖方成禍水之語則採及『飛燕外傳』,[14] 張奐冰山之語則採及『開元天寶遺事』,[15] 並小說亦不遺之.[16] 然則古來著錄, 於正史之外兼收博採, 列目分編, 其必有故矣.

趙縣) 출신이다. 북송대의 문학가이자 사지학가(史地學家)이다. 진사 출신으로 사관수찬(史館修撰)·용도각직학사(龍圖閣直學士) 등을 지냈고, 『신당서』의 편찬에도 참여하였다. 또한 사찬으로 당 무종(武宗) 이하의 『육세실록(六世實錄)』(148권)을 저술하였다. 그밖에도 『당대조령집(唐大詔令集)』(130권), 『장안지(長安志)』(20권)이 있다.

10 장(丈)은 길이의 단위로 1장은 10척(尺)인데, 지금 1장은 약 3.33m정도이다.

11 원문은 다음과 같다. "今學者觀『通鑑』, 往往以爲編年之法. 然一事用三四處出處纂成, 是其爲功大矣. 不觀正史精熟, 未易決『通鑑』之功績也. 『通鑑』采正史之外, 其用雜史諸書, 凡二百二十二家." (고사손, 『위략』 권12 「통감」, 15b-16a; 『문헌통고』 권193 「경적고」 20 「자치통감」, 17a)

12 이도(李燾, 1115~1184)는 남송대 사천(四川) 단릉(丹陵) 출신인데, 자는 인보(仁甫) 또는 자정(子貞)이며 호는 손암(巽巖)이다. 『속자치통감장편』·『육조통감박의(六朝通鑑博議)』·『설문해자오음운보(說文解字五音韻譜)』·『속송편년자치통감(續宋編年資治通鑑)』 등을 지었다. 특히 『속자치통감장편』은 『자치통감』의 전례를 따라 북송 160여 년의 사적을 채집하여 태조 건륭(建隆) 원(960)년부터 흠종(欽宗) 정강(靖康) 2(1127)년까지의 역사를 기록한 것이다. 『손암집(巽巖集)』은 이도의 저서이다.

13 이 내용 역시 마단림, 『문헌통고』 권193 「경적고」 20 「자치통감」에 실려 있다.

14 요방성(淖方成)은 저명한 한대의 대신이다. 일찍이 회남승상(淮南丞相)·강동도위(江東都尉)를 역임한 영현(伶玄, 혹은 伶元)이 지었다고 하지만 후인의 위작(僞作)이라고 일컬어지는 『조비연외전(趙飛燕外傳)』에서 피향박사(披香博士) 요방성(淖方成)이 황제가 있을 때 침을 뱉으며 "이 여자는 재앙을 부르는 물이다. 반드시 불을 꺼뜨릴 것이다(此禍水也, 滅火必矣!)."라고 하였다는 고사를 가리킨다. 음양오행가의 주장에 따르면 한은 화덕(火德) 때문에 흥기하였는데, 조비연의 누이 합덕(合德)이 총애를 받아 장차 한을 멸망시킬 것이라고 예언하였다는 것이다. 이후 '화수(禍水)'는 사람을 미혹시켜 일을 그르치게 하는 여자를 지칭하게 되었.

15 당 현종 연간에 양귀비(楊貴妃)의 오빠인 양국충(楊國忠)이 현종의 신임을 받아 대권을 장악하였다. 어떤 사람이 섬군진사(陝郡進士) 장단(張彖)에게 양국충에게 연줄을 대어 보라고 권하자 장단은 "그대들은 양우상(楊右相, 양국충)을 태산(泰山)처럼 여기는데, 내게는 얼음산[冰山]일 뿐이오! 밝은 해가 뜨면 그대들은 의지할 바를 잃을 것이오!"라고 대답한 다음 숭산(嵩山)에 은거해 버렸다. 『개원천보유사(開元天寶遺事)』는 오대 후주(後周)의 왕인유(王仁裕, 880~956, 자가 德輦으로 天水郡 사람)가 지은 책이다. 사회의 전문(傳聞)에 근거하여 146개 표제를 열거한 후 당대 개원·천보 연간의 일문유사(逸聞遺事)를 기술하였다.

지금 [『사고전서』에서는] 뭇 서적을 총괄하여 열다섯 종류[類]로 나누었다. 첫째는 '정사(正史)'로, 바로 큰 줄거리[大綱]이다. 다음은 '편년(編年)', '별사(別史)', '잡사(雜史)', '조령주의(詔令奏議)', '전기(傳記)', '사초(史鈔)', '재기(載記)'이며, 모두 기전(紀傳)을 참고하여 만들어진 것들이다. 그 다음은 '시령(時令)', '지리(地理)', '직관(職官)', '정서(政書)', '목록(目錄)'인데, 모두 여러 지(志)를 참고하여 만들어진 것들이다. '사평(史評)'은 논찬(論贊)을 참고한 것이다. 옛날에는 '보첩(譜牒)'이라는 종류가 있었으나, 당 이후로 보학(譜學)은 거의 끊어졌다. [황실의 족보인] 옥첩(玉牒)은 원래 외부로 반포하지 않고, 민간의 가승(家乘) 또한 관부에 올라오지 않고 다만 빈 목록만 남았으므로 따라서 삭제하였다. 민간의 사서 편찬을 살펴보건대, 특히 송·명 두 왕조 시대의 것이 많다. 생각건대 송·명 시대의 사람들은 모두 의논(議論)을 좋아하여, 의논이 다르면 문호(門戶)가 나뉘었고, 문호가 나뉘면 붕당(朋黨)이 만들어졌으며, 붕당이 만들어지면 은원 관계가 맺히게 되었다. 은원 관계가 이미 맺혔으므로 [한 붕당이] 득세하면 [반대 파를] 조정에서 배제하였고, 자신이 세력을 잃으면 문장으로 서로 보복하였다. 그 가운데 시비가 전도된 것이 또한 듣기에 거북할 정도이다. 그렇지만 비록 풀리지 않는 의혹[疑獄]이 있더라도 여러 증거를 모아 대조하여 검증하면 반드시 그 사안의 진실한 상황을 파악할 수 있다. 비록 공허한 이론[虛詞]이 있더라도 갖가지 주장을 참고하여 검토하면, 또한 반드시 그 내용의 진실한 상황을 파악할 수 있다. [금대] 장사체(張師棣)가 지은 『남천록(南遷錄)』은 터무니없는 서술을 하고 있는데, 이웃 나라[금국]의 일이라 [그것을 입증할] 아무런 증거도 없다. [하지만 송대] 조여시(趙與旹)가 지은 『빈퇴록(賓退錄)』이 금국(金國)의 관제(官制)를 가지고 증명함으로써 그것을 확인할 수 있었다. 『벽운하(碧雲騢)』라는 책은 문언박(文彦博)·범중엄(范仲淹) 등 여러 인물을 비방하였는데, 조공무(晁公武)는 그것이 정말 매요신(梅堯臣)에게서 나왔다고 지적하였고 왕질(王銍)은 위태(魏泰)에게서 나왔다고 하였는데, 소박(邵博)은 다시 그것이 정말로 매요신에게서 나왔다고 증명하였으니 그야말로 논의가 분분한 사안이라고 할 수 있다. 그렇지만 이도(李燾)가 마침내 상호 대조하여 판정을 내린 다음 지금까지 마침내 이론

---

16 『조비연외전』은 본래 전기류에 들어 있었으나 『사고전서』 편찬 과정에서 바뀌어 자부 잡가류(雜家類)에 실려 있고, 『개원천보유사』 역시 자부 소설가류(小說家類)에 실려 있다.

(異論)이 없게 되었다. 이 사례 또한 고증은 상세하기를 원한다는 것을 입증하는 사례의 하나가 될 것이다. 따라서 사부(史部)에 속하는 뭇 서적은 비루하고 이치에 닿지 않아 명백하게 채록할 만한 가치가 없는 것을 물론 제외해야 하지만, 정사에 보탬이 되는 것들은 응당 모두 골라서 보존해야 할 것이다.

今總括羣書, 分十五類. 首曰: '正史',[17] 大綱也. 次曰: '編年', 曰: '別史',[18] 曰: '雜史',[19] 曰: '詔令奏議',[20] 曰: '傳記',[21] 曰: '史鈔',[22] 曰: '載記',[23] 皆參考紀傳者也. 曰: '時令',[24]

---

[17] 정사(正史)는 『사기』·『한서』 등 기전체 사서를 가리킨다. 청 건륭 연간에 모두 합해 24사(史)를 정하여 정사로 삼았으며, 1921년 다시 『신원사(新元史)』를 포함시켜 25사로 삼았는데, 기전체 사서로서 단대사(『사기』는 제외)이며, 나아가 황제(국가)에 의해 그 지위가 승인된 것[欽定]이 보통 정사라고 부르는 기준이 된다.

[18] 별사(別史)는 사부(史部)의 편목 가운데 하나로 정사나 잡사에 속하지 않는 사서 또는 기전체·편년체 이외에 역대 혹은 일대의 사실을 잡다하게 적은 사서를 가리킨다. 송대 진진손의 『직재서록해제』에서 처음 별사의 항목이 설정되었다.

[19] 잡사(雜史)는 기전체·편년체·기사본말체와 같은 사서의 체재로, 특정한 시대의 견문이나 한 가지 사건의 시말을 기록한 것, 일가(一家)의 사적인 기록도 여기에 해당된다. 한 시대 전체를 다루는 것이 아닌 잡사는 모두 역사의 비화를 담고 있는 경우가 많다. 잡사는 사인(私人)이 찬수한 것이며, 『수서』 「경적지」에서 처음 이런 분류가 만들어졌다.

[20] 조령(詔令)은 황제나 황태후·황후가 내린 명령과 통지문을 총칭한다. 주의(奏議)는 신하들이 군주에게 올린 보고나 논의 등의 상서를 가리킨다.

[21] 여기서 전기(傳記)는 인물의 사적을 기록한 것으로, 일반적으로 타인이 기록한 것을 말한다. 자신의 인생을 스스로 서술한 것은 자전(自傳)이라고 한다. 전기는 대체로 두 종류로 구분되는데, 하나는 믿을 만한 역사적 사실을 위주로 기록한 사전(史傳)이나 기전체 문헌이고, 또 다른 하나는 문학적 특성이 좀 더 강해 역사적 사실을 근거로 하면서도 약간의 상상을 배척하지 않는 것이다.(傳奇)

[22] 사초(史鈔)는 하나, 또는 여러 사서에서 뽑아서 모아 기록한 것을 말한다. 『송사(宋史)』 「예문지(藝文志)」에 처음 사초라는 분류가 나왔다.

[23] 재기(載記)는 명호를 세운 적이 있지만 정통으로 인정받지 못하는 지방 정권(할거 정권)·국가의 군주·지배자에 대해 다룬 사서 체제로 본기(本紀)나 열전(列傳)과 구별된다. 반고가 사서를 저술할 때 처음 사용하였으며, 이후 『진서(晉書)』와 『사고전서(四庫全書)』 등에서 이를 따랐다.

[24] 시령(時令, 또는 月令)은 계절에 따라 농사에 관련 있는 정령(政令)을 제정한 것을 가리키는데, 송대 이후 도서 분류의 명칭으로 정착되었다. 원래는 자부(子部)의 농가(農家)에 포함되어 위로는 국가 제도로부터 아래로는 민간 풍속에 이르기까지 농사에 관련된 것을 모았는데, 『사고전서』에서도 이를 따라 하나의 항목으로 분류하였다.

曰:'地理', 曰:'職官', 曰:'政書',²⁵ 曰:'目錄', 皆參考諸志者也. 曰:'史評', 參考論贊者也.²⁶ 舊有譜牒一門, 然自唐以後, 譜學殆絕. 玉牒既不頒於外,²⁷ 家乘亦不上於官,²⁸ 徒存虛目, 故從刪焉. 考私家記載, 惟宋·明二代爲多.²⁹ 蓋宋·明人皆好議論, 議論異則門戶分, 門戶分則朋黨立, 朋黨立則恩怨結. 恩怨既結, 得志則排擠於朝廷, 不得志則以筆墨相報復. 其中是非顚倒, 頗亦熒聽.³⁰ 然雖有疑獄,³¹ 合衆證而質之, 必得其情. 雖有虛詞, 參衆說而核之, 亦必得其情. 張師棣『南遷錄』之妄,³² 鄰國之事無質也. 趙與旹『賓退錄』證以金國官制而知之.³³『碧雲騢』一書誣謗文彦博·范仲淹諸人,³⁴ 晁

---

25 정서(政書)는 역대 전장제도(典章制度)의 연혁과 정치·경제·문화의 발전 상황을 전문적으로 기록한 사서로, 한 시대의 경우에 한정된 것은 회요(會要)라고 부르기도 한다. 『통전』·『통지』·『문헌통고』 등이 포함된 십통(十通)이나 『송회요집고(宋會要輯稿)』 등이 그 대표적인 사례이다.

26 논찬(論贊)은 사서나 전기의 뒤에 붙어 있는 작자의 평론을 말한다. 사마천의 『사기』는 '태사공왈(太史公曰)'로 시작되고, 반고의 『한서』와 범엽의 『후한서』는 모두 '찬(贊)', 순열의 『한기(漢紀)』는 '논(論)'이라고 하였다. 기타 명칭이 다양하지만 이를 통틀어 논찬이라고 한다.

27 옥첩(玉牒)은 제왕의 계보(譜系) 등을 중심으로 담은 책으로, 송대에 이르러서는 10년마다 한 차례 편찬하였다.

28 가승(家乘)은 가보(家譜)나 가사(家史)를 말한다. 즉 사가(私家)의 필기나 가정사, 또는 족보를 가리킨다.

29 대부분의 판본은 '이(二)'로 쓰고 있으나 '양(兩)'으로 쓴 판본도 있다. 여기서는 대부분의 판본에 쓰인 것을 따랐다.

30 형청(熒聽)은 듣기에 난잡하다는 뜻이다.

31 의옥(疑獄)은 의심스러운 사법 안건이나 해결하기 어려운 안건을 가리킨다.

32 『남천록(南遷錄)』(1권)은 금(金)의 장사체(張師棣)가 지은 책으로, 금조 말기의 상황을 서술한 것이나 『금사(金史)』 등과 비교하면 오류나 엉터리가 아주 많은 위서(僞書)로 평가되고 있다.

33 조여시(趙與旹, 趙與時, 1172~1228)는 자가 행지(行之, 또는 德行)로 송의 종실 출신인데, 남송 보경(寶慶) 2(1226)년의 진사이다. 저서로는 『빈퇴록(賓退錄)』(10卷)이 있는데, 역사일사필기류(歷史逸事筆記類)의 저작으로 『사고전서총목』에 따르면 경사(經史) 고증과 전고(典故) 분석이 상당히 정확하였다고 한다.

34 『벽운하(碧雲騢)』는 송대 매요신(梅堯臣, 1002~1060: 자가 聖俞이고 宣州 宣城 출신으로 宛陵 선생으로 불리며 『宋史』 권443에 전기가 있다. 50세 후에야 진사가 되어 관직에 나갔으며, 일찍이 『신당서』의 편찬에 참여하였고 『손자병법』에 주석을 달았다)이 지은 책으로 송대 관료·사대부들이 환관에 빌붙거나 공공연히 뇌물을 주고받는 암울한 풍조를 기록하였는데, 심지어 범중엄(范仲淹)이나 문언박(文彦博)처럼 후대에 칭송받는 저명한 고위 관료까지 포함되었다. 문언박(文彦博, 1006~1097)은 자가 관부(寬夫)로 분주(汾州) 개휴(介休, 오늘날의 山西省에 속한

公武以爲眞出梅堯臣,[35] 王銍以爲出自魏泰,[36] 邵博又證其眞出堯臣,[37] 可謂聚訟.[38] 李燾卒參互而辨定之,[39] 至今遂無異說. 此亦考證欲詳之一驗. 然則史部諸書, 自鄙倍冗雜,[40] 灼然無可採錄外,[41] 其有裨於正史者, 固均宜擇而存之矣.

다) 출신으로 북송대의 정치가이다. 사마광과 함께 왕안석의 변법을 반대하였다. 범중엄(范仲淹, 989~1052)은 자가 희문(希文)으로 역시 저명한 북송대의 관료이자 문학가이다. 오현(吳縣, 오늘날의 江蘇省 蘇州) 출신으로 저명한 개혁파 관료이기도 하며, 그가 쓴 「악양루기(岳陽樓記)」에 나오는 "천하의 근심을 남보다 앞서서 근심하고, 천하의 즐거움을 남보다 뒤늦게 즐긴다(先天下之憂而憂, 後天下之樂而樂)."는 구절은 천하의 일을 자신의 일로 여기는 사대부의 기상을 잘 보여주는 것으로 유명하다.

[35] 조공무(晁公武, ?~?)는 자가 자지(子止)이고 단주(澶州) 청풍(淸豐, 오늘날의 산동성 鉅野縣) 출신인데, 남송대의 저명한 목록학가이다. 저서로는 『소덕문집(昭德文集)』(60권)과 『군재독서지(郡齊讀書志)』(20권)가 있는데, 대부분 산일되고 『군재독서지』만 남아 있다.

[36] 왕질(王銍)은 북송의 저명학자 왕소소(王昭素)의 후예로 자가 성지(性之)이고 자호는 여음노민(汝陰老民)이다. 일찍이 구양수(歐陽修)에게 배운 바 있고 남송에서는 권추밀원편수관(權樞密院編修官)을 지내기도 하였으나 진회(秦檜)에게 배척을 받아 은거하였다. 『묵기(黙記)』(1권) 등의 저서가 있다. 위태(魏泰)는 북송의 사대부로 자는 도보(道輔)인데 호북 양양(襄陽) 출신이다. 어려서부터 으스대며 행패 부리기를 좋아하였고 일찍이 과거 시험장에서 시험관을 구타한 적도 있었다. 만년에 고향에 자형의 위세에 의탁하여 향리에서 행패를 부려 사람들의 불만이 심했다고 하며, 또한 남의 이름을 빌려 책을 저작하기를 좋아하였다고 한다. 예컨대 매요신(梅堯臣)의 이름을 빌려 『벽운(碧雲)』을 지은 것과 같은 경우이다. 자신의 이름으로 지은 저술로는 『임한은거집(臨漢隱居集)』(20권), 『동헌필록(東軒筆錄)』(15권) 등이 있다.

[37] 소박(邵博, 1122?~?)은 자가 공제(公濟)로 낙양 출신이다. 대략 송 휘종 연간 전후하여 활동하였다. 저서로 『견문후록(聞見後錄)』(30권)이 있다.

[38] 취송(聚訟)은 여러 사람이 가담하여 소송을 벌린다는 것인데, 여기서는 여러 가지 주장이 분분하여 오래도록 정론이 없음을 비유하고 있다.

[39] 참호(參互)는 서로 참조하여 증명한다는 뜻이다.

[40] 비배(鄙倍)는 천박하고 이치에 닿지 않는다는 뜻이다.

[41] 작연(灼然)은 아주 분명하다는 뜻이다.

12 『십칠사상각(十七史商榷)』「서(序)」

왕명성(王鳴盛)

◎ 『십칠사상각(十七史商榷)』

『십칠사상각』(100권)은 청대의 왕명성(王鳴盛)이 지은 주요한 역사 고증학 저작 가운데 하나로 교감(校勘)과 고정(考訂)을 주로 하면서도 또한 역사 평론의 성격을 겸한 것이다. 『사기』 6권, 『한서』 22권, 『후한서』 10권, 『삼국지』 4권, 『진서』 10권, 『남사』와 『송서』·『남제서』·『양서』·『진서』 12권, 『북사』와 『위서』·『북제서』·『주서』·『수서』 4권, 신·구 『당서』 24권, 신·구 『오대사』 6권, 『철언(綴言)』 2권으로 구성되어 있다. 송대 십칠사의 이름을 따르지만 실제로는 십구사를 포괄하고 있다(『구당서』와 『구오대사』 포함). 왕명성은 '구실(求實)'을 강조하면서 '전제(典制)의 실질'과 '사적(事迹)의 진실'을 고증하는 것을 종지로 삼았기 때문에 17부 정사를 계통적으로 고찰하면서 본문을 교감하고 오류를 바로잡고, 사실을 고증한 것 외에도 여지·직관·전장제도 등에 대해 상세한 분석을 시도하였으며, 역사 인물과 사건, 사서에 대한 평론도 중시하였다. 『십칠사상각』은 이러한 성취 때문에 조익(趙翼)의 『이십이사차기(廿二史箚記)』, 전대흔(錢大昕)의 『이십이사고이(廿二史考異)』와 더불어 건륭(乾隆)·가경(嘉慶) 연간, 또는 청대의 3대 사학 명저(史學名著)로 일컬어진다. 여기서는 왕명성, 『십칠사상각』(上海書店, 2005)을 이용하였다.

왕명성(王鳴盛)

왕명성(1722~1797)은 청대의 저명한 사학가·고증학자이다. 자는 봉개(鳳喈) 또는 예당(禮堂)이나 서장(西莊)으로, 만년의 호는 서지(西沚) 또는 서강(西江)이다. 강소성 가정(嘉定, 오늘날 上海에 속한다) 출신으로 25세인 건륭 12(1747)년에 거인 학위를 얻고, 32세인 건륭19(1754)년에 진사가 되어 한림원편수(翰林院編修)에 임명된 다음 시독학사(侍讀學士)·내각학사(內閣學士) 겸 예부시랑(禮部侍郎)·광록시경(光祿寺卿) 등의 관직을 거쳤다. 41세인 건륭 28(1763)년에 모친상을 당한 다음 물러나 소주(蘇州)에서 머무르면서 이후 30년 동안 저술에 종사하였다. 한학 고증(漢學考証)의 방법으로 사학을 연구한 오파(吳派) 고증학 대가로 불리며, 20여 년의 시간을 들여 쓴 『십칠사상각(十七史商榷)』이 대표작이다.

12
『십칠사상각(十七史商榷)』「서(序)」

    십칠사(十七史)는 위로는 『사기』로부터 시작하여 아래로는 『오대사』에 이르기까지[의 정사를 가리키는 것으로] 송대에 일찍이 그것들을 모아서 인쇄한 적이 있다. 상각(商榷)이란 의견을 교환하면서 토론을 한다는 뜻이다. 해우(海虞) 지방의 [장서가] 모진(毛晉)이 급고각(汲古閣)에서 간행한 십칠사는 세상에 유통된 지 이미 오래되었으나, 그 뒤 전체를 처음부터 끝까지 두루 교정한 사람이 없었다. 나는 잘못된 글을 고치고, 빠진 글을 보충하고, 쓸데없는 글을 잘라내는 한편, 또한 그 가운데 전장제도나 사적(事迹)에 대해 혼란스럽고 꽉 막힌 부분을 풀어서 설명하고, 복잡하게 뒤섞인 것을 자세히 검토함으로써 이 책을 완성하였으므로 책의 제목을 '상각(商榷)'이라고 붙였다. 『구당서』·『신오대사』는 모진의 간행본에는 들어 있지 않[아 십구사라고 해야 하]지만, 십칠사라고 한 것은 뭉뚱그려 말한 것으로 옛 명칭을 그대로 따른 것이다. 『요사』나 『송사』 등에 대해서는 미처 다룰 겨를이 없었다.

    十七史者, 上起『史記』, 下訖『五代史』, 宋時嘗匯而刻之也. 商榷者, 商度而揚榷之也.[1] 海虞毛晉汲古閣所刻,[2] 行世已久, 而後未有全校之一周者. 子爲改僞文, 補脫文, 去衍文, 又擧其中典制事迹, 詮解蒙滯,[3] 審核蹐駁,[4] 以成是書, 故名曰: '商榷'也. 『舊

---

[1] 상탁(商度)은 측량한다, 토론한다[商討]는 뜻이고, 양각(揚榷, 揚搉, 揚摧) 역시 토론하거나 평론한다는 뜻이다.

[2] 해우(海虞)는 강소성(江蘇省) 상숙(常熟)의 해우진(海虞鎭)을 가리킨다. 모진(毛晉)은 명 말의 학자, 장서가이다. 자는 자진(子晉)이고 호는 잠재(潛在)로 전겸익(錢謙益)에게 사사하였다. 급고각(汲古閣) 목경루(目耕樓)를 세워 수만 권의 서적을 수장하고, 많은 선본 고서(善本古書)를 복각(復刻)하였다. 모진이 세운 급고각은 서적 수집에 주력하여 장서 수가 8만4천 권에 이르렀다고 한다. 장서의 내용은 경·사·자·집 등 전반에 걸쳤으며, 특히 송판본(宋版本)의 수장(收藏)은 당대 최고라 하였다. 그 가운데 『십삼경주소(十三經注疏)』·『십칠사(十七史)』·『진체비서(津逮秘書)』·『문선(文選)』·『한위육조일백삼가집(漢魏六朝一百三家集)』 등을 비롯한 여러 서적이 급고각본(汲古閣本)으로 복각(覆刻)되어 오늘날에 이르기까지 널리 유포되고 있으며, 후세에 끼친 영향도 매우 크다.

唐書』,『新五代史』, 毛刻所無, 而云十七者, 統言之, 仍故名也. 若遼·宋等, 則子未暇及焉.

　대저 사가들이 전장제도에 대해 기록한 것은 각기 얻은 것과 잃은 것이 있으므로, 사서를 읽는 사람들이 굳이 멋대로 의견을 드러내고 의론을 내세워 다툼으로써 전범과 감계(鑑戒)를 밝힐 필요는 없다. 그러나 전장제도의 실질을 살필 때에는 수천 년 동안의 건치(建置)와 연혁(沿革)을 손바닥 들여다보듯이 훤히 알 수 있게 하여, 어떤 것을 마땅한 전범으로 삼아야 하고 어떤 것을 마땅한 감계로 삼아야 하는지 사람들이 스스로 풀이할 수 있도록 하면 된다. 옛 사람의 사적 역시 좋은 것도 있고 나쁜 것도 있지만 사서를 읽는 사람들 또한 억지로 법칙을 세워 멋대로 더하거나 빼앗으면서 포폄할 필요는 없다. 그러나 그 사적의 진실을 살필 때에는 시간을 날실로 삼고 일을 씨줄로 삼아 차례차례 분류하여 배열하고, 기재된 내용의 같음과 다름이나 견문의 일치와 불일치에 대해 하나하나 조목조목 분석하여 의심이 없게 함으로써, 어떤 경우는 치켜세울 수 있고 어떤 경우는 깎아내릴 수 있는지 천하의 공론에 맡기면 될 것이다. 시야가 좁고 꽉 막힌 서생의 의견은 항상 융통성이 없는 것이 결점이니, 설사 이미 상세하게 살펴본 다음 포폄을 논의할 때도 여전히 그것이 적절하지 못할까 염려해야 하는데, 하물며 살피는 것조차 확실하지 않으면 어떠하겠는가? 무릇 학문의 도는 공허한 것에서 구하기보다는 실질적인 것에서 구해야 하며, 포폄을 논의하는 것은 다만 공허한 글에 지나지 않는다. 사서를 쓰는 사람이 기록하는 것이나 사서를 읽는 사람이 검토하는 것 모두 결국은 실질적인 것을 제대로 얻을 수 있으면 될 뿐이다. 이 밖에 또 다시 더 무엇을 구할 필요가 있겠는가?

　大抵史家所記典制, 有得有失, 讀史者不必橫生意見, 馳騁議論,[5] 以明法戒也.[6] 但當考其典制之實, 俾數千年建置沿革, 了如指掌, 而或宜法或宜戒, 待人之自釋焉可矣.

3　몽체(蒙滯)는 어둡고 혼란스러우며 꽉 막혀 있다는 뜻이다.
4　준박(蹲駁, 蹲駮)은 착란(錯亂)되었거나 복잡하게 뒤섞였다[雜駁]하다는 뜻이다.
5　치빙(馳騁)은 말을 풀어 놓아 빨리 달리게 한다는 뜻으로, 사냥이나 추적을 가리키기도 한다. 나아가 어떤 영역에서 종횡으로 자유롭게 재능을 구사한다, 나아가 과시하거나 뽐낸다는 것을 뜻한다.
6　법계(法戒)는 모범·법칙·전범·감계(鑑戒)라는 뜻이다.

其事迹則有美有惡, 讀史者亦不必强立文法, 擅加與奪, 以爲褒貶也. 但當考其事迹之實, 俾年經事緯, 部居州次,⁷ 記載之異同, 見聞之離合, 一一條析無疑. 而若者可褒, 若者可貶, 聽之天下之公論焉可矣. 書生胸臆, 每患迂愚,⁸ 卽使考之已詳, 而議論褒貶, 猶恐未當, 況其考之未確者哉? 蓋學問之道, 求於虛, 不如求於實, 議論褒貶, 蓋虛文耳. 作史者之所記錄, 讀史者之所考核, 總其於能得其實焉而已矣. 此外又何多求邪?

나는 성년이 되었을 때 사학 이야기하기를 좋아하였고, 장년이 될 무렵에는 사학대신 경학 공부로 돌아섰는데, 경학 공부를 마친 다음에는 다시 사학 공부로 돌아왔다. 사학의 체례에 대해 이십여 년 넘게 열심히 정력을 쏟았더니 비로소 사서를 읽는 방법을 깨닫게 되었는데, 이를테면 경전을 연구하는 일과는 작은 차이가 있지만 크게 보면 같은 것이다. 왜 이런 말을 할 수 있는가? 경(經)은 도를 밝히는 것으로, 도를 추구하는 사람은 공허하게 의리(義理)에 얽매이면서 그것을 추구할 필요가 없기 때문이다. 다만 응당 문자를 바로잡고 독음을 분별하고 옛적의 해석[訓詁]을 풀이하고 경전의 주석[傳注]에 통달해야 하는데, 그렇게 되면 경전의 의리는 스스로 드러나게 되며 도는 바로 그 안에 자리 잡고 있다. 비유하자면 만약 누군가 단것이 먹고 싶다고 한다면 돈을 갖고 시장에 가서 단것이라는 음식이 있느냐고 물어보겠는가? 당연히 있을 리 없다. 엿을 사서 먹으면 단것이 바로 거기에 있다. 누군가 짠 것을 먹고 싶다고 한다면, 짠 것이라는 음식이 있느냐고 물어보겠는가? 당연히 있을 리 없다. 소금을 사서 먹으면 짠 것은 바로 거기에 있다. 사서를 읽는 사람이 반드시 의론을 통해 감계를 구하려고 할 필요는 없으니, 오로지 그 전장제도의 실질을 살필 뿐 반드시 포폄을 통해 주거나 뺏을 필요가 없으며, 그 사적의 진실 여부를 살필 때에도 마찬가지로 이렇게 하면 된다. 그래서 [경전을 연구하는 일과] '같다'라고 하는 것이다.

予束髮好談史學,⁹ 將壯輟史而治經, 經旣竣, 乃重理史業. 摩研排纘,¹⁰ 二紀餘年,¹¹

---

7 부거(部居)는 분별부거(分別部居), 즉 분류하여 배열한다는 뜻이고, 주차(州次) 역시 비슷한 뜻으로 보인다. 주(州)는 본래 물속의 땅이나 행정 구역을 가리킨다.
8 우우(迂愚)는 우졸(迂拙)과 같은 뜻으로 소견이 좁고 꽉 막혀 있다는 뜻이다.
9 속발(束髮)은 머리를 묶어 상투를 맨다는 뜻으로, 남자아이가 성년이 될 때 하는 의식을 가리킨다.

始悟讀史之法, 如讀經小異而大同. 何以言之? 經以明道, 而求道者不必空執義理以求之也. 但當正文字, 辨音讀, 釋訓詁, 通傳注, 則義理自見, 而道在其中矣. 譬若人欲食甘, 操錢入市, 問物有名甘者乎? 無有也, 買飴食之, 甘在焉. 人欲食鹹, 問物有名鹹者乎? 無有也, 買鹽食之, 鹹在焉. 讀史者不必以議論求法戒, 而但當考其典制之實, 不必以褒貶爲與奪, 而但當考其事迹之實, 亦有是也, 故曰 : '同'也.

그렇지만 [경전을 읽는 일과] 다른 점도 있다. 경전을 연구할 때는 단연코 감히 경전을 반박하려 해서는 안 되지만, 사학은 비록 사마천·반고와 같은 뛰어난 사가이더라도 만약 잘못한 것이 있으면, 그 점을 경계로 삼아야 한다고 지적하면서 깎아내려도 좋으니, 이것이 [경전을 읽는 일과] 다른 점이다. 또한 경전 연구가 어찌 감히 경전을 반박하지 않아야 될 뿐이겠는가? 경전의 문장은 어렵고 깊이가 있어 이해하기 쉽지 않으며, 만약 옛적의 주석에서 자신의 뜻대로 임의로 선택하여 꿰맞추어 이해하려고 해도 주제 넘는다는 평가를 피할 수 없으니, 다만 한대 사람들의 가법(家法)을 묵묵히 따르면서 한 분의 스승만을 정해 놓고 따라야지 감히 다른 사람들을 따라서는 안 된다. 사서와 같은 경우는 본문에서도 잘못된 것이 있으면 또한 지적하고 깎아내릴 수 있는데, 하물며 배인이나 안사고 등의 전주(傳注)에 대해서는 무슨 말이 더 필요하겠는가? 마땅히 그 가운데 좋은 것을 골라서 따르면 되지, 어느 한쪽에 치우칠 필요가 없다는 점은 더 이상 말할 필요도 없다. 그래서 [사서를 읽은 일은 경전을 읽는 일과] '다르다'라고 하는 것이다. 요컨대, 이 두 가지는 비록 작은 차이가 있기는 하지만 전체적으로 보아 힘써 진실에 가까운 것을 추구해야 한다는 점에서는 하나인 것이다.

若夫異者則有矣. 治經斷不敢駁經, 而史則雖子長·孟堅, 苟有所失, 無妨箴而砭之, 此其異也. 抑治經豈特不敢駁經而已? 經文艱奧難通, 若於古傳注憑己意擇取融貫,[12] 猶未免於僭越, 但當墨守漢人家法, 定從一師, 而不敢他從. 至於史, 則於正文有失,

---

10 마연(摩研)은 문지르고 다듬으면서 연구한다는 뜻이다. 배찬(排纘)은 밀치고 잇는다는 것으로 일정한 목적에 따라 순서대로 배열하는 편배(編排)를 가리킨다. 여기서는 사학의 체례를 가리키는 것으로 보인다.
11 여기서 기(紀)는 12년을 뜻한다.
12 융관(融貫)은 융회관통(融會貫通)과 같은 뜻으로 각 방면의 지식이나 도리를 한데 모아 함께 참고

尚加箴砭, 何論裴駰·顔師古一輩乎? 其當擇善而從, 無庸偏徇, 固不待言矣. 故曰:
'異'也. 要之, 二者雖有小異, 而總歸於務求切實之意, 則一也.

　나는 식견이 어둡고 재주가 보잘 것 없어, 모든 일에 대해서 제대로 감당할 수 있는 능력이 없지만, 오로지 책을 읽고 교감하는 일만은 자못 최선을 다해 왔다. 나는 일찍이 이렇게 말한 적이 있다. "책을 짓기를 좋아하는 것은 많은 책을 읽는 것만 못하다. 책을 읽으려면 먼저 반드시 정밀하게 책을 교감해야 한다. 교감이 정밀하지 못한 상태에서 급하게 읽으면, 읽더라도 아마 오류가 많을 것이다. 부지런하게 읽지도 않고 경솔하게 책을 짓는다면, 짓더라도 아마 엉터리가 또한 많을 것이다. 지난 이십여 년 이래로 항상 한 방에 홀로 지내면서 사서의 기록에 대해 깊게 생각해 왔는데, 교감을 다한 다음에야 비로소 책을 읽기 시작하였고, 또한 읽으면서도 동시에 교감 작업을 진행하여, 좋은 판본을 사거나 빌려서 두 번 세 번 교감하였다. 또 한 지역을 차지한 정권[偏霸]의 잡사, 패관(稗官)의 야사, 각종 지리서, 족보와 목록 및 제자백가의 서적, 소설과 필기, 시문과 별집, 불교·도교 등 이교(異敎)의 서적을 끌어 모으고 아울러 각종 금석문의 낙관과 기록, 산림과 무덤 및 사당과 사원에 관한 기록, 단편적인 비석 조각의 문자에 이르기까지 모두 인용하여 보조적인 증거로 삼으면서 복잡하게 서로 뒤섞인 것을 나누어 가르고, 서로 비교하면서 분류하고 서로 대조하여 점검하였으니, 이것이 이른바 전장제도와 사적의 실질을 고찰한다는 것이었다. 밤의 섬돌 위에서 귀뚜라미가 울고 새벽 창가에서 닭 울음소리가 들릴 때까지 작은 글씨로 빈 칸을 채우고, 본문 아래 끼워 넣은 주해[夾注]는 다른 줄에 써 넣었다. 매번 눈에서 불덩이가 터지고 어깨를 산과 바위가 누르는 것처럼 느낄 때마다, 도리어 남아 있는 먹물을 빨면서 정신을 가다듬고 털 빠진 붓을 들면서도 지루한 줄 몰랐다. 때로는 다시 조용히 앉아 곱씹기도 하고, 느린 걸음으로 걸으면서 풀어 보기도 하였으며, 침상 위에 누워 자면서 그 곡절을 찾다가 홀연히 떠오르는 것이 있으면 벌떡 일어나 종이에 써 넣으니, 새가 구름 속에 들어가고 물고기가 연못에 뛰어드는 것으로도 그 빠름을 비유하기에는 부족하였다. 책상 위를 돌아보아 나물국 한 그릇과 현미 밥 한 사발이 있으면 밥그릇을 끌어다 국을 마

　하여 전면적이고 투철한 이해를 얻는다거나, 아무런 격의 없이 융합된다는 뜻이다.

시는데, 봄에 경치가 멋진 곳에 올라가 산해진미를 먹는다는 것으로도 그 즐거움을 비유하기에는 부족하였다.

子識闇才懦, 一切行能, 擧無克堪.[13] 惟讀書·校書頗自力.[14] 嘗謂:"好著書不如多讀書, 欲讀書必先精校書. 校之未精而遽讀, 恐讀亦多誤矣, 讀之不勤而輕著, 恐著且多妄矣." 二紀以來, 恒獨處一室, 覃思史事, 旣校始讀, 亦隨讀隨校, 購借善本, 再三讎勘. 又搜羅偏覇雜史,[15] 稗官野乘, 山經地志, 譜牒簿錄,[16] 以暨諸子百家, 小說筆記, 詩文別集, 釋老異敎, 旁及于鍾鼎尊彝之款識, 山林冢墓·祠廟伽藍·碑碣斷闕之文, 盡取以供佐證, 參伍錯綜,[17] 比物連類,[18] 以互相檢照, 所謂考其典制事迹之實也. 暗砌虫吟, 曉窻雞唱, 細書飮格, 夾注跳行.[19] 每當目輪火爆, 肩山石壓, 猶且吮殘墨而凝神, 搦禿豪而忘倦. 時復默坐而玩之, 緩步而繹之, 仰眠床上而尋其曲折, 忽然有得, 躍起書之, 鳥入雲, 魚縱淵, 不足喻其疾也. 顧視案上, 有藜羹一杯,[20] 糲飯一盂,[21] 於是乎引飯進羹, 登春臺, 饗太牢,[22] 不足喻其适也.

무릇 내가 살펴본 내용들은 모두 책의 여백 부분에 적어 두었는데, 글자가 검은 개미처럼 작았고, 오래되니 모두 지면을 가득 채워 더 이상 써 놓을 수 있는 자리가 없었으므로, 이에 따로 빈 책을 마련하여 베껴 써서 깨끗하게 정서한 한 편의 책으로 만들

---

13 극감(克堪)은 충분히 맡아서 해낼 수 있다[勝任]는 뜻이다.
14 자력(自力)은 스스로의 역량을 다하다, 스스로의 힘으로 일하여 산다는 뜻이다.
15 편패(偏覇)는 한 지역의 패권을 장악한 할거 정권을 가리키는 것으로 보인다.
16 부록(簿錄)은 재물을 등기한 장부나 재산 목록, 또는 각종 전적의 목록을 말한다.
17 삼오(參伍)는 나누어 가른다는 뜻이다.
18 비물(比物)은 말[馬]의 힘을 같게 한다는 뜻으로 서로 잘 배합되게 한다거나, 같은 종류의 사물을 연속으로 엮어 배열과 귀납을 한다는 뜻이다. 비물연류(比物連類) 역시 같은 뜻이다.
19 도행(跳行)은 따로 새 줄에서 글을 쓰기 시작한다는 뜻이다.
20 여갱(藜羹)은 명아주로 끓인 국, 또는 변변치 않은 거친 음식을 이른다.
21 여반(糲飯)은 현미밥을 말한다.
22 춘대(春臺)는 봄날에 올라 경치를 바라보는 곳을 의미하지만, 또한 식탁을 가리키기도 한다. 또한 태뢰(太牢)는 소·양·돼지를 모두 갖춘 제사를 가리킨다. 대뢰(大牢)라고도 하는데 천자의 사직에서는 대뢰를 올린다. 『노자(老子)』 20장에 "衆人熙熙, 如享太牢, 如春登臺."라는 구절이 있는데, 아마 여기서 따온 것으로 보인다.

었다. 계산해 보니 『사기』 6권, 『한서』 22권, 『후한서』 10권, 『삼국지』 4권, 『진서』 10권, 『남사』와 『송서』·『남제서』·『양서』·『진서』 12권, 『북사』와 『위서』·『북제서』·『주서』·『수서』 4권, 신·구 『당서』 24권, 신·구 『오대사』 6권으로 모두 98권이었다. 따로 사가 저서의 주지와 체례에 대한 대략적인 논의를 『철언(綴言)』 2권으로 삼아 마지막에 붙였다. 그리고 어딜 갈 때에도 항상 휴대하고 다니면서 겨울밤 숙사의 외로운 등불 아래 세밀하게 펴놓고, 잘못된 부분을 찾아내어 다시 지우고 고치면서 여러 차례 원고를 바꾼 다음에야 비로소 초고를 완성하였다.

　凡所考者, 皆在簡眉牘尾, 字如黑蟻, 久之皆滿, 無可復容, 乃謄譽于別帙, 而寫成淨本, 都爲一編. 計『史記』六卷, 『漢書』二十二卷, 『後漢書』十卷, 『三國志』四卷, 『晉書』十卷, 『南史』合宋·齊·梁·陳『書』十二卷, 『北史』合魏·齊·周·隋·『書』四卷, 新·舊『唐書』二十四卷, 舊『五代史』六卷, 總九十八卷；別論史家義例崖略,²³ 爲『綴言』二卷終焉. 閑館自携,²⁴ 寒燈細展,²⁵ 指瑕索瘢, 重加點竄,²⁶ 至屢易稿始定.

　아아! 내가 어찌 원래 저술에 뜻을 둔 사람이었겠는가? 다만 책을 읽고 교감하다가 얻어낸 것을 꺼내서 들추어 드러냄으로써 후대 사람들에게 전하려는 것뿐이다. 애초부터 따로 내 자신의 새로운 의견을 내놓아 보란 듯이 스스로의 저서 한 권을 만들려고 한 것도 아니었다. 이른바 멋대로 의견을 드러내면서 의론을 내세워 다툼으로써 전범과 감계(鑑戒)를 밝히려는 일이나, 문법을 억지로 세워서 마음대로 포폄을 더하고 없애며 필삭의 권력을 가지고 있다고 스스로 자부하는 일은 모두 내가 본받고자 하는 바가 아니다. 그러므로 나는 짓지 않는 것으로 짓는 것을 삼고, 또한 짓게 되더라도 여전히 짓지 않는 것으로 돌아가고자 한다.

　噫嘻! 予豈有意於著書者哉? 不過出其讀書·校書之所得, 標擧之以詒後人.²⁷ 初未

23　의례(義例)는 저서의 주지와 체례, 또는 의리를 천명하는 사례를 말한다. 애략(崖略)은 대략, 경개(梗概), 또는 간략한 서술이라는 뜻이다.
24　한관(閑館)은 널찍한 관사(官舍)를 가리킨다.
25　한등(寒燈)은 추운 밤 속의 외로운 등불이란 뜻인, 보통 고적한 환경을 묘사할 때 쓰인다.
26　점찬(點竄)은 빼고 고친다, 바꾼다는 뜻이다.

嘗別出新意, 卓然自著爲一書也.[28] 如所謂橫生意見, 馳騁議論, 以明法戒, 與夫強立文法, 擅加與奪褒貶, 以筆削之權自命者, 皆子之所不欲效尤者也. 然則子蓋以不著爲著, 且雖著而仍歸於不著者也.

학자들은 항상 정사(正史)가 번잡하고 막혀 있어 읽기 힘들다고 괴로워하는데, 혹은 전장제도를 잘 몰라 어리둥절해 하거나, 인물이나 사건의 행적이 복잡하게 꼬여 있는 것, 지리와 직관의 문제에 대해 눈과 마음이 흐리고 혼란스러울 때 하찮은 것이지만 이 책을 곁에 두고 그것을 참고로 들춰 보면서 막힌 것을 뚫고 검증해서 밝혀 본다면, 관절과 근육이 풀리고 혈액이 소통되는 것처럼 느끼지는 못할지라도 그래도 혹시 자그마한 도움이 없지는 않을 것이다! 무릇 내 스스로 그 수고로움을 맡음으로써 후대의 사람들이 편안함을 누리게 하고, 내가 어려움을 마주쳐서 후대 사람들이 쉽다고 기뻐하게 되면 그것 또한 좋은 일이 아닌가? 내 어두운 식견과 보잘것없는 재주로는 아무리 애를 써도 스스로를 내보일 수 없어, 외람되게도 교정이라는 힘든 일을 맡아 낡은 종이 무더기 속에 파묻혀 실제적인 것에서 진리를 찾음으로써 후대 사람을 깨우쳐 이끌게 되기를 기대할 수 있다면, 내가 품은 뜻 역시 조금은 스스로를 위안해 줄 수 있을 것이다!

學者每苦正史繁塞難讀, 或遇典制茫昧,[29] 事蹟樛葛, 地理·職官, 眠眯心瞀,[30] 試以子書爲孤竹之老馬,[31] 置於其旁而參閱之, 疏通而證明之, 不覺如關開節解, 筋轉脉搖,[32] 殆或不無小助也與! 夫以子任其勞, 而使後人受其逸, 子居其難, 而使後人樂其易, 不亦善乎? 以子之識暗才懦, 碌碌無可自見,[33] 猥以校訂之役, 穿穴故紙堆中, 實事

---

27 표거(標擧)는 들추어 드러내다, 게시하다, 표명한다는 뜻이다.
28 탁연(卓然)은 탁월하게, 돌연히라는 뜻이다.
29 망매(茫昧)는 모호하여 분명하지 않다는 뜻이다.
30 면미(眠眯)는 잠자면서 가위눌린다는 뜻, 심무(心瞀)는 마음이 어둡거나 흐트러진다는 뜻이다.
31 관중(管仲)이 고죽국(孤竹國)을 치고 돌아오는 길에 길을 잃자 늙은 말을 풀어 길을 찾게 하였다는 『한비자(韓非子)』 「설림(說林) 상(上)」에 나오는 고사를 말한다. 아무리 하찮은 존재라도 나름의 재주를 가지고 있다는 것을 비유한다.
32 근맥(筋脉)은 정맥관(靜脈管)·혈관을 말한다.

求是, 庶幾啓導後人, 則子懷其亦可以稍自慰矣夫![34]

책이 이미 완성되었지만 평생 남을 위해 서문을 짓기를 좋아하지 않았고, 그렇기에 또한 다른 사람에게 서문을 지어 달라고 요청하지도 않았으므로, 부족하나마 잠시 애써 실제적인 것에 힘쓴 내 미약한 뜻을 맨 앞에 적어 붙여 두었으며, 이 서문에서 다하지 못한 이야기는 「철언」에서 모두 갖추어 언급하였다.

書旣成, 而平生不喜爲人作序, 故亦不求序于人, 聊復自道其區區務實之微意,[35] 弁之卷端,[36] 「序」所不足者, 「綴言」具之云.

진사 급제자로 통의대부, 광록경, 전직 사관으로 자는 풍개, 호는 서지인 가정 출신의 왕명성이 편찬함.

進士及第・通議大夫[37]・光祿卿[38]・前史官嘉定王鳴盛, 字風喈, 號西沚撰.

---

33 녹녹(碌碌)은 돌이 많은 자갈땅을 뜻하지만, 또한 평범하고 무능한 모습이나 바쁘고 힘들게 노력하는 모습을 가리키기도 한다.
34 여회(子懷)는 『시경』 「대아(大雅) 문왕지십(文王之什) 황의(皇矣)」에 나오는데 내(상제)가 안다 또는 생각하고 있다는 뜻이다. 여기서는 자기가 품은 뜻・생각을 가리키는 것으로 보인다.
35 요부(聊復)는 요부이이(聊復爾耳)의 준말로, 잠시 또는 부족하나마 잠깐 이렇게 둔다는 뜻이다.
36 변(弁)은 고깔모자를 가리키지만, 여기서는 앞에 둔다는 뜻이다.
37 통의대부(通議大夫)는 문관의 명예직으로 수(隋)에서 처음 시작되었다. 청대에는 정삼품의 문관에게 모두 통의대부(通議大夫)의 직함을 내렸다.
38 광록경(光祿卿)은 남조의 양(梁)에서 광록훈(光祿勳)을 바꾼 것으로 궁전의 문호를 장악하는 직책이었다. 이후 황실의 음식이나 기물을 관장하게 되었으며, 역대로 이를 이어받아 설치하였다.

13 『이십이사고이(二十二史考異)』 「서(序)」

전대흔(錢大昕)

『이십이사고이(二十二史考異)』

『이십이사고이』(100권, 또는 『입이사고이(卄二史考異)』)는 청의 전대흔(錢大昕)이 편찬한 것이다. 이 책은 실증 방법을 통하여 22부 정사(正史) 및 그 주석의 사실·문자·훈고에 대해 체계적으로 검토하여 수많은 잘못을 바로잡는 데 아주 큰 성과를 올려 이후의 사가들에게도 깊은 영향을 미쳤다. 『사기』 5권, 『한서』 4권, 『후한서』 3권, 『속한서』 2권, 『삼국지』 3권, 『진서』 5권, 『송서』 2권, 『남제서』·『양서』·『진서』 각 1권, 『위서』 3권, 『북제서』·『주서』 각 1권, 『수서』 2권, 『남사』·『북사』 각 3권, 『당서』 16권, 『구당서』 4권, 『오대사』 6권, 『송사』 16권, 『요사』 1권, 『금사』 2권, 『원사』 15권으로 구성되어 있다. 이십이사는 이십사사(二十四史)에서 『구오대사』와 『명사(明史)』만 빠졌지만, 사마표(司馬彪)의 『속한서(續漢書)』도 포함되어 실제로는 23사를 다루고 있다.

전대흔(錢大昕)

전대흔(1728~1804)은 자가 효징(曉徵)이고, 호는 신미(辛楣) 또는 죽정(竹汀)으로 강소성 가정현 출신의 청대 저명한 사학가이자 고증학자이다. 18세기에 가장 이름을 떨친 학자로 '일대유종(一代儒宗)'이란 평가를 받기도 하였다. 건륭 19(1754)년 진사가 되어 『열하지(熱河志)』·『음운술미(音韻述微)』·『속문헌통고(續文獻通考)』·『속통지(續通志)』·『대청일통지(大淸一統志)』 및 『천구도(天球圖)』 등의 편찬에 참여하였다. 건륭 40(1775)년 부친상을 치르기 위해 귀향한 다음 병을 이유로 더 이상 관직에 나가지 않고 이후 30년 동안 저술과 학문 활동에 종사하였다. 종산서원(鍾山書院)·누동서원(婁東書院)·자양서원(紫陽書院) 등에서 강학 활동에 나서 2천 명의 문하를 배출하였다. 만년에는 스스로를 잠연노인(潛研老人)으로 칭하였는데, 그 학문은 '실사구시(實事求是)'를 종지로 훈고학[漢學]의 입장에서 의리(義理)를 추구하였지만, 한유(漢儒)의 가법(家法)만을 묵수하지는 않았다고 한다. 또한 "하나의 경전만을 전문적으로 연구하지 않고 모든 경전에 통하지 않음이 없었으며, 하나의 사서만을 전문적으로 연구하지 않고 모두 사서를 엿보지 않음이 없었다."라고 일컬어졌고, 사학과 경학을 동등한 지위에 놓고 경학을 연구하는 방법으로 사학을 연구하여 거의 50년 가까운 세월을 통해 『이십이사고이』를 지었다. 기타 『십가재양신록(十駕齋養新錄)』·『잠연당문집(潛研堂文集)』 등의 저서가 있다.

13

『이십이사고이(二十二史考異)』「서(序)」

나는 젊었을 때 사서를 읽는 것을 좋아하였고, 관직에 오른 다음에는 특히 이 일에 전념하였다. 『사기』·『한서』부터 『금사』·『원사』에 이르기까지 22부의 정사가 있는데 이를 거듭하여 교감하면서 비록 추위와 더위, 질병이 있어도 잠시라도 멈춘 적이 없었고, 우연히 얻은 것이 있으면 따로 종이에 적어 두었다. 정해(1767)년에 휴가를 청하여 고향으로 돌아와서 이것을 조금 편집하여 정리하였다. 이후 해가 더해 갈수록 분량이 점차 늘어났다. 무술(1778)년에 종산서원(鍾山書院)에서 가르치면서 강학을 하는 여가에 다시 따지고 다듬으면서 간혹 앞 시대 사람의 지적과 은근히 일치하는 것이 있으면 모두 지워 없앴다. 혹은 동료 학자에게서 깨달음을 얻었으면 또한 반드시 그 성명을 드러내어 기록하였는데, 이것은 곽상(郭象)이나 하법성(何法盛)[이 저지른 표절]을 몹시 수치스럽게 여겼기 때문이다.

予弱冠時,[1] 好讀乙部書,[2] 通籍以後,[3] 尤專斯業, 自史·漢訖金·元, 作者廿有二家, 反復校勘, 雖寒暑疾疢未嘗少輟, 偶有所得, 寫于別紙. 丁亥歲, 乞假歸里, 稍編次之. 歲有增益, 卷帙滋多. 戊戌設教鍾山,[4] 講肆之暇, 復加討論, 間與前人闇合者, 削而去

---

[1] 약관(弱冠)은 20세로 성인이 된 사람을 가리킨다. 옛적에 20세가 되어야 성인으로서 처음 관(冠)을 쓰게 되었지만 신체가 아직 다 자라지 않았다고 해서 약관이라 불렀다(『예기』「곡례(曲禮) 상(上)」 "二十曰:弱, 冠.").

[2] 본래 중국 전통의 도서 분류는 한대의 유향과 그의 아들 유흠이 만든 『칠략(七略)』에서 시작되었으나 이후에는 사분법이 그 주류를 이루게 되었다. 사부 분류법은 위(魏)의 정묵(鄭黙)이 지은 『중경부(中經簿)』에서 비롯되었는데 이를 순욱(荀勖)이 수정하여 『중경신부(中經新簿)』를 만들었다. 이때의 사부 분류는 갑·을·병·정(甲·乙·丙·丁)이라 하여 따로 명칭도 없었고, 순서도 경·자·사·집이었다. 후에 진(晉)의 이충(李充)이 순욱의 그것을 교정하였고, 『수서(隋書)』「경적지(經籍志)」에서 그러한 분류법이 확립되었다. 경·자·사·집의 사부로 구분되는 이 분류법에서 을부(乙部)는 수나라 이전에는 자부(子部), 당 이후에는 사부(史部)의 서적을 가리킨다.

[3] 통적(通籍)은 문적(門籍)에 이름을 올려 궁문을 출입하게 된 것, 즉 처음으로 벼슬하는 것을 가리킨다.

[4] 종산(鍾山)은 자금산(紫金山)으로 오늘날의 남경시 동북에 있는 산을 가리키는데, 여기서는 종산

之;或得于同學啓示, 亦必標其姓名, 郭象·何法盛之事,[5] 蓋深恥之也.

　무릇 사서가 읽기 어려워진 것은 이미 오래 되었다. 사마온공(즉 사마광)이 『자치통감』의 편찬을 완료하자 오직 왕익유(王益柔) 한 사람만이 빌려서 일독하였을 뿐, 다른 사람들은 읽다가 열 장도 넘기기도 전에 이미 하품을 하면서 기지개를 펴고 졸기 시작하였다. 하물며 22부의 정사는 문자가 번다하고 체례도 논란이 많은 데다가, 지리에 관한 부분은 지금과 옛날 이름이 다르고, 교치(僑置)된 주현은 원래의 곳과 위치가 다르며, 관직은 왕조에 따라 연혁이 달라지고 시대에 따라 복잡하거나 간결함이 다르니, 그것들을 하나하나 꿰뚫어 정리하여 손바닥을 보듯이 쉽게 만드는 것은 정말로 쉬운 일이 아니다. 내 형편없는 재주로 어찌 감히 할 수 있다고 말하겠는가? 다만 이 책들을 섭렵한 지 이미 오래되어 깨달은 바가 점차 늘어났으므로, 책으로 묶어 펴내는 것이 그래도 바둑 따위의 오락에 몰두하는 것보다는 현명할 터이다. 또한 무릇 사서는 한 사람의 책이 아니라 실로 천년을 채우는 책이므로 그 의심스러운 점을 떨쳐 내야만 비로소 그에 대한 믿음을 굳힐 수 있고, 그 흠을 지적해야만 그 아름다움을 더욱 돋보이게 할 수 있다. 빠뜨린 것을 다시 모으고 잘못을 바로잡는 일은 앞 시대 사람들을 물어뜯기 위함이 아니라 실로 후학을 깨우쳐 이끌기 위함이다. 그런데 옛것을 연구하는 세상 사람들은 반고·범엽의 말 한마디나 심약(沈約)·소자현(蕭子顯)의 문장 몇 구절을 뽑아, 일부 문장에 누락된 부분이 있거나 잘못 혼동한 부분이 있다면서 한 되[升]를 한 말[斗]로 바꾸거나 양자림(楊子琳)을 양혜림(楊惠琳)이라고 고친 것을 지적한다. 사실 이것은 교감할 때의 잘못에서 나온 것으로 본래 작자의 허물이 아닌데도, 모두들 작은 결함을 가지고 문장을 꾸며 아주 큰 상처로 지목하면서 제멋대로 붓을 놀려 스스로의 용렬함을 자랑하고 뻐기는데, 이런 일은 내가 본받을 수 없는 것이다. 또한 공허한 논의를 크게 부풀리면서 끄떡하면 포폄을 스스로의 임무로 자처하면서 억지로 총명함을 가장하여 제멋대로 트집을 잡아 남의 흠집을 만드는데, 그 연대를 헤아리지 않

서원(鍾山書院)을 뜻한다.
[5] 곽상(郭象)의 『장자주(莊子注)』는 남의 성과를 아무런 인용 표시도 없이 끌어다가 마치 자신의 것처럼 치장했고(『세설신어(世說新語)』「문학편(文學篇)」), 하법성(何法盛)은 『진중흥서(晉中興書)』를 지었지만 치소(郗紹)의 저작을 훔친 것(이연수, 『남사』 권33 「서광전(徐廣傳)」)이라고 한다. 따라서 둘 다 저명한 표절의 사례로 간주된다.

고 시세도 고려하지 않으면서 사람에게 해내기 힘든 일을 강요하고 받아들이기 힘든 것을 꾸짖으니, 늘어놓는 뜻은 대단히 고상하지만 그 마음 씀씀이는 지나치게 각박한 것으로, 이 역시 특히 내가 감히 본받을 수 없는 일이다.

夫史之難讀久矣. 司馬溫公撰『資治通鑒』成, 惟王勝之借一讀, 他人讀, 未盡十紙, 已欠伸思睡矣.[6] 況廿二家之書, 文字煩多, 義例紛糾, 輿地則今昔異名, 僑置殊所,[7] 職官則沿革迭代, 冗要逐時, 欲其條理貫串, 了如指掌, 良非易事. 以子儜劣,[8] 敢云有得? 但涉獵旣久, 啓悟遂多, 著之鉛槧,[9] 賢于博弈云爾.[10] 且夫史非一家之書, 實千載之書, 祛其疑, 乃能堅其信, 指其瑕, 盆以見其美. 拾遺規過, 匪爲齮齕前人,[11] 實以開導後學. 而世之考古者, 拾班·范之一言, 摘沈·蕭之數簡,[12] 兼有竹素爛脫,[13] 豕虎傳訛,[14] 易

---

6 이에 관한 기사는 『송사』 권286 「열전 45 왕익유(王益柔)」, pp.9635~9636에 나온다("司馬光嘗語人曰: '自吾爲資治通鑑, 人多欲求觀讀, 未終一紙, 已欠伸思睡. 能閱之終篇者, 惟王勝之耳.' 其好學類此."). 승지(勝之)는 왕익유(王益柔)의 자이다. 원문은 '한 장[一紙]'인데 여기서는 '열 장[十紙]'로 바뀌어 있다.

7 교치(僑置)는 동진(東晉) 초년에 북쪽에서 대량으로 남하한 이민들을 안치하기 위해 수많은 교주(僑州)·교군(僑郡)·교현(僑縣)을 남쪽에 따로 설치한 조치를 말한다. 즉 유민들이 내려와 집단으로 거주하는 곳에 그들의 원적지와 같은 이름의 주·군·현을 임시로 설치해 그들을 다스린 것인데, 이러한 교주·교군·교현은 원래 잠시 위탁하여 머무는 것이 목적이라 원래는 실제 해당되는 토지가 없었다.

8 영열(儜劣)은 열악하다, 나약하다, 조잡하고 못나다는 뜻이다.

9 연참(鉛槧)은 문자를 쓰는 공구를 가리키는데, 연(鉛)은 연분필(鉛粉筆), 참(槧)은 목판(木板) 조각을 말한다. 나아가 글쓰기나 교감, 또는 문장이나 서적을 뜻한다.

10 박혁(博弈)은 장기·바둑·도박 등의 오락·유희를 말한다.

11 기흘(齮齕)은 깨문다, 물어뜯는다, 나아가 훼상하거나 해친다는 뜻이다.

12 심(沈)은 심약(沈約, 441~513)을 가리킨다. 그는 자가 휴문(休文)으로 남조 송·제·양의 관료로 『송서(宋書)』의 편찬자이기도 하다. 소(蕭)는 소자현(蕭子顯, 487~537)을 가리키는데, 그는 자가 경양(景陽)이고 양(梁)의 남난릉(南蘭陵, 오늘날의 江蘇 常州) 출신인데, 남조 양의 사가로 『남제서(南齊書)』의 편찬자이다.

13 죽소(竹素)는 죽백(竹帛)으로, 기록하는 데 쓰이는 죽간이나 비단을 말한다. 나아가 서적이나 사책(史册)을 가리키기도 한다.

14 시호전와(豕虎傳訛)는 어로시해(魚魯豕亥)처럼 주로 서적을 출판하고 목판을 새기는 과정에서 생겨날 수 있는 실수와 혼동을 가리킨다. 어로해시(魚魯亥豕)라고도 하며 어(魚) 자와 노(魯) 자가 서로 닮아 혼동하고, 해(亥) 자와 시(豕) 자를 서로 혼동한다는 뜻이다.

斗分作升分, 更子琳爲惠琳,[15] 乃出校書之陋, 本非作者之愆, 而皆文致小疵,[16] 目爲大創, 馳騁筆墨, 誇曜凡庸, 子所不能效也. 更有空疎措大, 輒以褒貶自任, 强作聰明, 妄生疵痏,[17] 不卟年代, 不揆時勢, 强人以所難行, 責人以所難受, 陳義甚高, 居心過刻, 子尤不敢效也.

만년의 나이에 학업은 제대로 이루어 놓은 것이 없으나, 오로지 실제적인 것에서 진리를 찾는 정신으로 옛사람들의 고심을 지키고 아까워 한 것은 가히 천하 사람들과 더불어 이야기할 수 있을 것이다. 보잘 것 없는 지식이라 반드시 빠지고 허술한 부분이 매우 많은 것을 알기에 도를 갖춘 군자께서 헤아려 바로잡아 주시기를 바라는 바이다.

桑榆景迫,[18] 學殖無成,[19] 惟有實事求是, 護惜古人之苦心, 可與海內共白. 自知盤燭之光,[20] 必多罅漏,[21] 所冀有道君子理而董之.[22]

경자(1780)년 5월 22일 가정 전대흔 서.　　庚子五月二十有二日, 嘉定錢大昕序.

15　노주자사(瀘州刺史) 양자림(楊子琳)이 양혜림(楊惠琳)으로 잘못 기록된 사례를 가리킨다. 『신당서』 권129의 「열전 54 엄정지(嚴挺之)」의 경우 본문에는 양혜림(楊惠琳)으로 기록되어 있으나, 『신당서』 권6 및 『구당서』 권11의 「대종기(代宗紀)」나 『자치통감』 권224에 모두 양자림으로 되어 있다. 따라서 양자림(楊子琳)이 정확한 표현이다.

16　문치(文致)는 문장의 운치, 또는 문장을 꾸며 법을 우롱하거나 남에게 죄를 뒤집어씌운다는 뜻이다. 분식(粉飾, 掩飾)한다는 뜻도 있다.

17　지유(疵痏)는 멍·흉터·타박상을 말한다.

18　상유(桑榆)는 뽕나무와 느릅나무를 말하는데, 나아가 해질 무렵 햇빛이 뽕나무와 느릅나무 가지에 비치는 경치를 통해 해질 무렵이나 일의 마지막 단계, 만년이나 전원에 은거하는 것을 비유하기도 한다. 상유지경(桑榆之景)은 그래서 만년 시절을 뜻한다.

19　학식(學殖, 學植)은 『좌전』 소공(昭公) 18년조의 기사에 나온다("夫學, 殖也 ; 不殖將落."). 식(殖)은 생장(生長)의 뜻으로 학식은 학문의 진보·누적을 가리키는데, 나아가 학업·학문을 뜻하기도 한다.

20　반촉(盤燭)은 쟁반 속의 촛불이란 뜻이므로 반촉지광(盤燭之光)은 그러한 촛불이 내는 빛을 말한다. 여기서는 아마 자신의 학문·지식이 보잘것없다고 겸손하게 표현하는 것으로 보인다.

21　하루(罅漏)는 빈틈으로 샌다는 뜻이다.

22　유도(有道)는 재주나 도덕을 갖춘다거나 그런 사람을 뜻한다. 리(理)는 다스리다, 정리하다는 뜻이고, 동(董)은 감독하다, 시비를 판별하다, 주지하다, 올바름을 지킨다는 뜻이다.

14 『이십이사차기(二十二史箚記)』 「자서[小引]」 및 「서(序)」

조 익(趙翼)

◉ 『이십이사차기(卄二史箚記, 卄二史札記)』

『이십이사차기』(36권, 補遺 1권)는 청대 사학가 조익(趙翼)의 독사필기(讀史筆記)로 이름 높은 저서이다. 정사의 기·전·표·지에 나오는 기술을 다른 정사의 내용과 비교하여 교감하고 서로 저촉되는 부분을 찾아내어 고증하는 방법을 써서 역대 정사(실제로는 24사 전체에 걸친다)를 전반적으로 고찰하면서, 그 득실과 우열의 평가, 역사 현상·사실·사건·인물에 대한 고찰과 규정, 객관적인 평가를 시도하였다. 이 책은 사서의 문자에 대한 교감에 머무르지 않고 그 내용과 득실에 대해서도 충분히 고증을 하였고, 또한 중점은 경세치용(經世致用)에 있어 '치란흥쇠(治亂興衰)'를 탐구하는 데 큰 공을 들이고 있다. 내용이 충실하고 조리가 정연한 데다가 제목에 대부분 새로운 것을 지적하는 내용을 담고 상세한 고증과 주장을 덧붙여 일반적인 독사필기와는 다르다고 일컬어진다. 24사의 순서에 따라 권을 나누면서 매 권마다 종류별로 나누고 따로 제목을 붙인 전체 항목은 약 609개가 된다. 조익의 24사에 대한 품평은 아주 높은 평가를 받고 있으며, 이 때문에 앞서 나온 『십칠사상각』, 『이십이사고이』와 더불어 청대 3대 사학 명저로 불리기도 한다. 한편 우리나라에서는 박한제 옮김, 『이십이사차기 1-5』(한국학술진흥재단, 2009)로 권22의 오대(五代) 부분까지 번역본이 나와 있다. 이 부분의 번역도 이것을 참조하였다.

조익(趙翼)

조익(1727~1814)은 자가 운송(雲崧), 혹은 운송(耘松), 또는 구악(裘萼)이고, 호는 구북(甌北)이며, 만년의 호는 삼반노인(三半老人)인 청대의 저명한 사학가이다. 강소성 양호(陽湖, 오늘날의 常州市) 출신으로 건륭 26년 진사 학위를 얻고 한림원편수에 임명되었다. 이후 관직이 귀서병비도(貴西兵備道)에 이르렀으나 곧 사직하고 안정서원(安定書院)의 주강(主講)으로 일하였다. 사학에 뛰어나고 고증에도 정밀하였으며, 고향에 수십 년 동안 머무르면서 지은 『이십이사차기』(36권) 외에 『해여총고(陔餘叢考)』(43권)·『첨폭잡기(簷曝雜記)』(6권) 등을 남겼다.

14-1
『이십이사차기(二十二史箚記)』「자서[小引]」

    한가롭게 지내면서 일이 없다 보니 책을 들춰 보며 시간을 보내게 되었다. 그렇지만 타고난 품성이 거칠고 둔하다 보니 경학(經學)을 연구할 능력은 없었다. 다만 역대의 사서는 그 사실이 아주 뚜렷하고 그 뜻 또한 깊지 않아 훑어보는 것이 편하였고, 이에 이 일을 매일의 과제로 삼게 되었다. 얻은 바가 있으면 바로 다른 종이에 적어 두었더니, 오래도록 쌓이면서 상당한 분량이 되었다. 다만 집에 장서가 그리 많지 않아 번다하게 증거를 대고 널리 채록하면서 참조하여 교정하는 것은 불가능하였다. 간혹 패사(稗史)나 야승(野乘)·잡설(雜說)의 내용 가운데 정사와 서로 어긋나는 것이 있었지만, 그렇다고 감히 갑자기 진기한 것을 얻었다고 자랑하기 위해 끼워 넣으려고 하지는 않았다. 대개 한 시대마다 그 사서를 편찬할 때는 이러한 기록들이 모두 사국(史局)에 수집되어 들어가지 않는 경우가 없지만, 거기서 버리고는 취하지 않는 것들은 반드시 증거로 믿기에 어려움이 있는 것이다. 지금 다시 혹시라도 그런 것들을 가지고 도리어 정사의 잘못을 논박하는 근거로 쓴다면 식견 있는 이들로부터 나무람을 면치 못할 것이다.

    閒居無事, 翻書度日, 而資性粗鈍, 不能研究經學. 惟歷代史書, 事顯而義淺, 便於流覽, 爰取爲日課. 有所得, 輒箚記別紙, 積久遂多. 惟是家少藏書, 不能繁徵博採, 以資參訂. 閒有稗乘脞說,[1] 與正史岐互者, 又不敢遽詫爲得閒之奇,[2] 蓋一代修史時, 此等記載, 無不蒐入史局, 其所棄而不取者, 必有難以徵信之處. 今或反據以駁正史之訛, 不免貽譏有識.

    이런 까닭으로 이 책은 대부분 정사의 기·전·표·지 가운데 나오는 여러 사실을 서로 비교하여 교감하면서 그 가운데 서로 내용이 어긋나는 점이 저절로 드러나게 되면

---

1 좌설(脞說)은 번쇄하고 비속한 언론이나 의론을 말한다.
2 득한(得閑)은 득간(得閒, 得間)와 마찬가지인데, 한가함이 있다거나 또는 가히 넘볼 수 있는 틈이 있다, 기회를 얻는다는 뜻이다.

그때마다 집어 내어 정리해 둠으로써, 후대의 박식하고 뛰어난 군자가 바로잡아 주기를 기다리기로 하였다. 고금의 풍운이 번갈아 바뀌고, 정사(政事)가 누차 변경하는 가운데 흥망성쇠의 원인과 관련이 있는 것들은 또한 내가 살펴본 바에 따라 덧붙여 드러내었다.

是以此編多就正史紀傳表志中, 參互勘校, 其有牴牾處, 自見輒摘出, 以俟博雅居子訂正焉. 至古今風會之遞變, 政事之屢更, 有關於治亂興衰之故者, 亦隨所見附著之.

스스로 생각건대 중년에 들어 고향으로 돌아왔는데, 태평성대를 만나 나무 숲 아래에서 한가로이 노닐며, 문사(文史)를 소일거리로 삼아 노년을 보내니 실로 서생으로 행복에 겹다 할 것이다. 혹자가 이것을 고정림(顧亭林)의 『일지록(日知錄)』에 비유하여 말하기를 "몸은 비록 벼슬을 하지 않았지만, 그 말은 [조정에] 쓰이는 바가 있다."라고 하는데, 내 어찌 감히 그런 자부를 할 수 있겠는가!

自惟中歲歸田, 遭時承平, 得優游林下, 寢饋於文史以送老,[3] 書生之幸多矣, 或以比顧亭林『日知錄』,[4] 謂: "身雖不仕, 而其言有可用者", 則吾豈敢!

양호의 조익이 삼가 적다. 건륭 60(1795)년 3월.

在陽湖趙翼謹識 乾隆六十年三月.

---

[3] 침궤(寢饋)는 자는 일과 먹는 일, 먹고사는 것 또는 시간을 그 안에서 보내는 것을 말한다.
[4] 고정림(顧亭林)은 고염무(顧炎武, 1613~1682)를 가리킨다. 소주부(蘇州府) 곤산현(昆山縣, 오늘날의 江蘇 蘇州 昆山) 출신으로 본명은 계곤(継坤)인데 강(絳)으로 이름을 바꾸고 자를 충청(忠清)이라 하였다. 명이 망한 다음 이름을 염무(炎武), 자를 영인(寧人)으로 바꿨으며 학자들은 나중에 그를 정림선생(亭林先生)이라 불렀다. 고염무는 명 말 청 초의 저명한 학자·사가로 황종희(黃宗羲)·왕부지(王夫之) 등과 함께 명 말 청 초 3대유(三大儒)로 불리기도 한다. 청의 입관 이후 남명(南明) 정권에 가담하여 항청 투쟁에 종사하기도 하였으나 그것이 실패로 돌아간 다음, 이후 집을 버리고 산동·산서·하북·하남·섬서 등지를 유람하면서 산천의 형세를 살피고 반청(反淸) 인사와 연락을 하였으며, 그 동안 읽은 책 또한 만여 권에 이르렀다고 한다. 만년에야 섬서성 화음(華陰)에 정착하였다. 그가 평생 힘을 쏟은 것은 경세치용의 학문으로, 객관적인 조사 연구를 강조하면서 실학(實學)으로 이학(理學)을 대신할 것을 주장하여 청대 고증학의 풍기(風氣)를 열었다는 평가를 받는다. 만년에는 경학과 음운학에 힘을 기울였다. 대표작으로 『일지록(日知錄)』(32권) 외에 『음학오서(音學五書)』·『천하군국이병서(天下郡國利病書)』(100권) 등이 있다.

14-2
『이십이사차기(二十二史箚記)』「서(序)」[5]

　　조익 선생은 일찍감치 한림원에 올라 금중(禁中)을 출입하였고, 또한 뛰어난 학자로 고금에 통달하여 당시 사람들이 모두 충분히 재상의 자리에 오를 것이라고 기대하였다. 지방관으로 나아가 광서성의 변경 주현에서 지현을 맡았고, 귀주성에서는 병비도(兵備道)를 맡아 변방 오랑캐 땅까지 종군하면서 묘족·요족에게 교화를 베풀었는데, 그 힘들고 복잡한 일을 아주 능숙하게 처리하였다. 중년 이후로는 귀향하여 부모를 모시고 병을 핑계로 벼슬을 사양하여 산과 물 사이를 느긋하게 유람하면서 글을 쓰는 것을 스스로의 즐거움으로 삼았다. 선생이 펴낸 『구북시집(甌北詩集)』과 『해여총고(陔餘叢考)』는 사림(士林)에 전파되어 도시의 종이 값을 올린 지 이미 오래되었다. 선생은 올 봄에 소주에 있는 나를 찾아오셔서 다시 최근에 간행한 『이십이사차기』 36권을 꺼내 보여 주셨다. 이 책을 읽고 마음속으로 몰래 그 기억력의 넓음, 저작 요지와 체례에 대한 정밀한 분석, 부드러운 논평, 크고 넓은 식견에 대해 탄복하지 않을 수 없었다. [조익 선생과 같은] 진정한 유자(儒者)는 체용(體用)을 겸비하고 있어 앉아서는 학문을 말할 수 있고, 일어서서는 그것을 실행에 옮길 수 있는 것이다.

　　甌北先生, 早登館閣,[6] 出入承明,[7] 碩學淹貫,[8] 通達古今, 當時咸以公輔期之.[9] 旣而

5　이 부분은 조익의 『이십이사차기』의 서문이 너무 짧아 그것을 보충하는 의미에서 실었다. 왕수민(王樹民) 교증(校證), 『이십이사차기교증(廿二史箚記校證)』(中華書局, 1984)의 「부록(附錄)」 2 「구서여제발(舊序與題跋)」에 실려 있다.

6　관각(館閣)은 한림원(翰林院)을 가리킨다. 북송대에 소문관(昭文館)·사관(史館)·집현원(集賢院) 3관과 비각(秘閣)·용도각(龍圖閣)에서 도서·경적을 관장하고 국사를 편찬하는 사무를 맡았는데 이들을 통칭하여 관각이라 하였다. 명대에는 이러한 직무들을 한림원에서 맡았기에 한림원을 또한 관각이라 부르게 되었다.

7　승명(承明)은 승명려(承明廬)를 가리킨다. 전한 승명전(承明殿)의 옆 건물에서 이 이름이 나왔는데, 시신(侍臣)들이 숙직하면서 머무는 곳, 또는 조신(朝臣)들이 머물면서 쉬는 곳을 가리키게 되었다.

8　엄관(淹貫)은 깊이 통하고 널리 밝다는 뜻, 또는 그런 사람을 가리킨다.

出守粤徼,[10] 分臬黔南,[11] 從軍瘴癘之鄉,[12] 布化苗瑤之域, 盤根錯節,[13] 游刃有餘.[14] 中年以後, 循陔歸養,[15] 引疾辭榮, 優游山水間, 以著書自樂. 所撰『甌北詩集』·『陔餘叢考』, 久已傳播士林, 紙貴都市矣.[16] 今春訪子吳門,[17] 復出近刻『二十二史箚記』三十有六卷見示. 讀之竊歎其記誦之博, 義例之精, 論議之和平, 識見之宏遠. 洵儒者有體有用之學,[18] 可坐而言, 可起而行者也.

다만 그 자서(自序)를 보니, "타고난 품성이 거칠고 둔하다 보니 경학을 연구할 능력은 없었다. 다만 역대의 사서는 그 사실이 아주 뚜렷하고 그 뜻 또한 깊지 않아 훑어보는 것이 편하였고, 이에 이 일을 매일의 과제로 삼게 되었다."라는 구절이 있으니, 이토록 겸손하게 스스로를 낮추었던 것이다. 그렇지만 경학과 사학이 어찌 서로 다른 학문이겠는가? 옛날 공자께서 육경을 찬수하신 다음『상서』와『춘추』는 실로 사가들의 출발점이 되었다. 한대의 유향 부자는 감춰져 있던 글들을 교감하고 정리하여『육략(六

---

9 공보(公輔)는 삼공사보(三公四輔) 즉 천자를 보좌하는 재상(宰相)과 같은 고위 관료를 가리킨다.
10 월(粤)은 광동성, 또는 광동성·광서성을 가리키는 별칭인데, 조익은 광서성의 진안부(鎭安府)와 광동성 광주(廣州) 지부(知府)를 지낸 바 있다. 요(徼)는 변계(邊界), 변새(邊塞)라는 뜻이다.
11 검(黔)은 귀주성(貴州省)의 별칭이다. 조익은 귀주병비도 도원(道員)으로 임명된 바 있고, 나아가 운남에서 미얀마와의 전쟁에 가담하기도 하였다.
12 장려(瘴癘, 瘴厲)는 장기(瘴氣) 또는 장기 때문에 생기는 질병을 가리킨다.
13 반근착절(盤根錯節)은 구부러진 뿌리와 울퉁불퉁한 나무 마디라는 뜻이다. 나아가 얽히고설켜 처리가 곤란한 사건이나 세력, 또는 세상일에 난관이 많음을 비유한다.
14 유인유여(游刃有餘)는 업무나 일에 능숙하고 경험이 있어 수월하게 처리한다, 힘들지 않고 여유 있게 처리한다는 뜻이다.
15 순해(循陔)는 향초를 채취하여 부모를 공양한다는 뜻으로『시경』「소아(小雅) 남해(南陔)」편에서 유래되어 부모를 공양하는 일을 가리킨다.
16 지귀(紙貴)는 지귀낙양(紙貴洛陽), 즉 낙양의 종이 값이 올랐다는 뜻으로 문장(文章)이나 저서(著書)가 호평을 받아 잘 팔린다거나 많이 팔리는 것, 쓴 글의 평판(評判)이 널리 알려진다는 뜻이다.
17 오문(吳門)은 소주(蘇州)나 소주 일대를 가리킨다. 이곳이 춘추 시대 오의 땅이었던 것에서 유래한다.
18 체용(體用)은 본체와 그 작용을 가리키는데 후한의 위백양(魏伯陽)이 지은 도교(道教)의 초기 경전『주역참동계(周易參同契)』권하(卷下)에 나온다("春夏據內體 …… 秋冬當外用."). 일반적으로 체(體)는 가장 근본적이고 내재적이고 본질적이며, 용(用)은 체의 외재적인 표현이나 표상으로 간주된다. 따라서 체용은 본체·본질과 그 현상을 가리키기도 한다.

略)』을 지었는데,[19] 『세본』·『초한춘추』·『사기』·『한기(漢紀)』를 「춘추가」에 배열했고 「고조전(高祖傳)」·「효문전(孝文傳)」은 「유가」에 배열했으니,[20] 처음에는 경학과 사학의 구별이 없었던 것이다. 이후 난대(蘭臺)나 동관(東觀)에서 사서를 짓는 사람들이 더욱 늘어나 이충(李充)·순욱(荀勖) 등이 사부(四部)라는 분류 방법을 창립하면서 경학과 사학이 처음으로 나뉘었지만, 사학은 구차한 것이고 경학은 영광스러운 것이라는 소리는 들어보지 못하였다. 그런데 왕안석이 터무니없는 괴이한 학문으로 군주를 위협하여 그 자리를 훔치고자 스스로 『삼경신의(三經新義)』를 지어 천하 사람들이 그것을 외우고 익히도록 몰아갔으며, 심지어는 『춘추』를 조각나고 문드러진 조정의 공보에 지나지 않는다고 헐뜯어 깎아내렸다. 이후로 도학자(道學者)들은 특히 심성(心性)을 강구하면서 문하생들[의 학문]이 틀을 벗어나 돌아갈 바를 모르게 되는 것을 걱정하게 되었으니, 그 결과 사서를 읽는 것은 딴 데 정신이 팔려 자신의 뜻을 잃게 된다고 책망하거나, 아니면 읽는 사람의 마음을 거칠게 만든다고 말하는 사람이 나타나게 되었다. 이것은 특별히 이유가 있어 말한 것인데, 학문이 엉성하고 얕은 사람들이 이것을 핑계로 대게 되었으므로 경학을 이야기하는 사람은 날로 늘고, 사서를 공부하는 사람은 날로 줄게 되었다. 그들은 말한다. "경학은 정밀하고 사학은 조잡하며, 경학은 올바른 것이고 사학은 잡스런 것이다."

乃讀其自序, 有"質鈍不能硏經, 唯諸史事顯而義淺, 爰取爲日課之"語, 其撝謙自下如此.[21] 雖然經與史, 豈有二學哉? 昔宣尼贊修六經, 而『尙書』·『春秋』實爲史家之權輿.[22] 漢世劉向父子校理秘文爲『六略』, 而『世本』·『楚漢春秋』·『太史公書』·『漢著紀』,[23] 列於「春秋家」, 「高祖傳」·「孝文傳」列於「儒家」, 初無經史之別. 厥後蘭臺[24]·東觀作者益繁,[25]

---

[19] 사실은 『칠략(七略)』이다. 「집략(輯略)」·「육예략(六藝略)」·「제자략(諸子略)」·「시부략(詩賦略)」·「병서략(兵書略)」·「술수략(術數略)」·「방기략(方技略)」의 7략인데, 나중에 『한서』 「예문지」가 바로 『칠략』에 의거하여 만들어졌다. 이 가운데 아마 「집략」을 생략하여 육략이라 본 것 같다.
[20] 이것은 『칠략』에 기초하여 쓰인 『한서』 권30 「예문지」에 나오는 내용이다.
[21] 휘겸(撝謙)은 겸손을 부린다는 뜻이다. 두 글자 모두 겸손하다는 뜻이다.
[22] 권여(權輿)에서 권은 저울대, 여는 수레 바탕을 가리키는데, 저울을 만들 때는 저울대부터 만들고 수레를 만들 때는 수레 바탕부터 만든다는 뜻으로, 사물(事物)의 시초(始初)를 비유한다.
[23] 『한저기(漢著紀)』는 바로 후한대 순열(荀悅, 148~209)이 편찬한 『한기(漢紀)』를 가리킨다.

李充·荀勖等創立四部,[26] 而經史始分, 然不聞陋史而榮經也. 自王安石以猖狂詭誕之學要君竊位, 自造『三經新義』, 驅海內而誦習之, 甚至詆『春秋』爲斷爛朝報.[27] 嗣是道學諸儒, 講求心性, 懼門弟子之汎濫無所歸也, 則有訶讀史爲玩物喪志者,[28] 又有謂讀史令人心粗者. 此特有爲言之, 而空疏淺薄者托以藉口, 由是說經者日多, 治史者日少. 彼之言曰: "經精而史粗也, 經正而史雜也."

그러나 내 생각은 이렇다. "경학은 도덕을 밝히는 것으로, 현묘하고 공허한 논의는 정밀한 것으로 보이지만 실제로는 그렇지 않다. 경학은 실용에 쓰여야 하는 것으로, 현

---

24 난대(蘭臺)는 한대에 궁내 전적을 수장하던 곳을 가리킨다.

25 동관(東觀)은 낙양의 남궁(南宮) 내에 있는 건물로 궁정의 자료나 전적을 보관하고 서적 교정과 저술 등에 종사하던 장소였다. 『한기(漢記)』가 여기서 지어져, 이름을 『동관한기(東觀漢記)』라 부르기도 한다.

26 이충(李充, 349?~365?)은 동진(東晋)의 저명한 문학가이자 목록학가이다. 서진 말년 강하(江夏, 오늘날의 湖北省 安陸縣) 출신으로 대저작랑(大著作郎)으로 있을 때 전적(典籍)의 혼란에 비추어 서진(西晋)의 순욱(荀勗)이 만든 분류법을 기초로 경·사·자·시부(經·史·子·詩賦)라는 사부 분류법을 만들었다. 이것은 이후의 경·사·자·집이라는 사부(四部) 분류법의 기초가 되었다. 순욱(荀彧, 163~212)은 후한 말의 저명한 관료로 자는 문약(文若)이며 영천(穎川) 영음(穎陰, 오늘날의 河南城 許昌) 출신이다. 조조(曹操)가 북방을 통일함에 있어 으뜸가는 모신(謀臣)이자 공신(功臣)이었다. 상서령(尙書令)에 봉해지고 권력의 중심에서 십수 년을 지내 '순령군(荀令君)'이라 불릴 정도였으나, 이후 조조와의 관계가 소홀해지면서 몰락하였다. 비서감을 이끌 때 장화(張華, 232~300)와 더불어 유향의 『별록』에 따라 전적을 정리하여 궁정 장서의 목록인 『중경신부』(中經新簿, 또는 『晋中經簿』라고도 한다)를 편찬하였는데 16권으로 도서 1,885부 2,0935권을 수록하였다고 한다. 이 목록은 갑·을·병·정 사부(四部)로 구성되었는데, 그 내용은 경·사·자·집의 순서에 따른 것이었다.

27 단란조보(斷爛朝報)는 왕안석이 『춘추』를 헐뜯어 조각나고 낡아 어지러운 조정의 공문서라 한 말이다. 단란(斷爛)은 결손이 있어 완전치 못한 것을 말하는데 『춘추』는 빠지고 결손된 것이 많아 읽는 사람들이 의심스러운 기사가 많다고 깎아내리는 것이고, 조보(朝報)는 조정의 공보라는 뜻이다. 일설에 의하면 왕안석은 당초에 『춘추』를 해석하여 천하에 펼치려고 하다가, 손신로(孫莘老)의 『춘추경해(春秋經解)』가 먼저 나오고 자신의 것이 이보다 못함을 알자 『춘추』를 깎아내려 학관(學官)에도 넣지 않고 과거 시험에도 사용하지 않게 하였다고 한다.

28 완물상지(玩物喪志)는 쓸데없는 물건을 가지고 노는 데 정신이 팔려 소중한 자기의 의지를 잃는다는 뜻으로, 물질에만 너무 집착한다면 마음속의 빈곤을 가져와 본심을 잃게 됨을 비유한다. 주를 세운 무왕에게 서역에서 진귀한 개 한 마리를 보내 왔을 때, 신하인 소공(召公)이 무왕을 훈계하여 한 말이라고 한다.

실에 부합되지 않는 지나치게 깊은 논의 역시 올바른 것처럼 보이지만 실제로는 그렇지 않다." 사마천이 공자를 높여 「세가」 부분에서 서술하면서, "[무릇 학자는] 아주 넓게 책을 읽어야 하지만, 그래도 반드시 육경에서 그 진실성을 확인해야 한다."라고 말한 것이나, 반고가 『한서』 「고금인표(古今人表)」에서 공자와 맹자를 드높이고 노자와 장자를 깎아 낮춘 것은 모두 유학(儒學)에 탁월한 공을 세운 것이나 마찬가지다. 따라서 『사기』・『한서』는 육경과 더불어 전해지는 데 전혀 손색이 없다. 그런데 원・명대에 경학을 강조하던 사람들은 싸구려 서적을 그대로 베끼든지 아니면 제 마음대로 엉터리 책을 지어 내놓고서 운 좋게 경부(經部) 목록에 끼워 넣을 수 있기를 바란 경우가 많은데, 결국은 후대 사람들에게 아무런 대접도 받지 못하게 되었을 뿐이니 어찌 숭상할 만한 일이겠는가!

　子謂: "經以明倫, 虛夐元妙之論, 似精實非精也. 經以致用, 迂闊刻深之談,²⁹ 似正實非正也." 太史公尊孔子爲世家, 謂: "載籍極博, 必考信於六藝."³⁰ 班氏「古今人表」尊孔・孟而降老・莊, 皆卓然有功於聖學,³¹ 故其文與六經並傳而不愧. 若元・明言經者, 非剿襲稗販, 則師心妄作,³² 卽幸而廁名甲部, 亦徒供後人覆瓿而已,³³ 奚足尙哉!

　조익 선생은 위아래로 수천 년에 걸친 안정과 위험, 치세와 난세의 기미에 대해 아주 정확하게 헤아려 판단을 내렸고, 또한 그 지론(持論)은 그 시세를 짐작하여 옛 사람들의 주장을 그대로 답습하지 않으면서도 또한 일부러 굳이 다른 주장을 내세우려고 하지 않았으니, 여러 사서의 시비곡직을 살펴서 바로잡음에 그 잘못을 감추지 않으면서도 그 장점을 즐겨 이야기하였다. 정초(鄭樵)나 호인(胡寅)처럼 오로지 남을 꾸짖고 헐뜯는 일로 세상에 자기 자신을 과시한 사람들과 비교하면 그 마음 씀씀이는 훨씬 높은 데 있는 것이다. 또한 그는 말하였다. "간혹 패사(稗史)나 야승(野乘)・잡설(雜說)의

29　우활(迂闊)은 현실에 맞지 않다, 실제와 부합하지 않는다는 뜻이다.
30　『사기』 권61 「백이열전(伯夷列傳)」의 첫머리에 나오는 구절이다("夫學者載籍極博, 猶考信于六藝.").
31　성학(聖學)은 공자의 학문, 유학을 가리킨다.
32　사심(師心)은 마음을 스승으로 삼아 스스로 옳다고 생각한다는 뜻이다.
33　복부(覆瓿)는 뒤집힌 항아리라는 뜻으로 저작이 아무런 가치가 없거나 남에게 중시되지 못하는 것을 비유한다. 혹은 스스로 겸양을 표시할 때 쓰기도 한다.

내용 가운데 정사와 서로 어긋나는 것이 있었지만, 본래 사관이 버리고 취하지 않는 것이므로 지금 혹시라도 그런 것들을 가지고 도리어 정사를 논박하려 한다면 아마도 식견 있는 이들로부터 나무람을 면치 못할 것이다." 이렇게 옛날을 논하는 특별한 식견은 안사고(顏師古) 이후 능히 여기에 미치는 것을 보여 준 사람이 없었다. 내 평생의 기호는 조익 선생과 같고 또한 나이도 선생보다 두 살 적으나, 쇠약하고 병들어 붓을 놓은 지 오래되었고 이미 그럴 흥미도 잃어버렸지만, 바라건대 선생의 책을 읽으면 혹시 진땀을 잔뜩 흘리면서 순식간에 병이 나아 버릴지도 모른다!

先生上下數千年, 安危治忽之幾, 燭照數計,[34] 而持論斟酌時勢, 不蹈襲前人, 亦不有心立異, 於諸史審訂曲直, 不掩其失, 而亦樂道其長, 視鄭漁仲, 胡明仲專以詬罵炫世者,[35] 心地且遠過之. 又謂: "稗乘脞說, 間與正史岐互者, 本史官棄而不采, 今或據以駁正史, 恐爲有識所譏." 此論古特識, 顏師古以後未有能見及此者矣.[36] 予生平嗜好與先生同, 又少於先生二歲, 而衰病久輟鉛槧, 索然意盡,[37] 讀先生書, 或冀涊然汗出而霍然病已也乎![38]

가경 5(1800)년 경신 6월 10일에 가정 사람 전대흔이 서문을 쓰다.
嘉慶五年歲次 庚申六月十日 嘉定錢大昕序.

---

[34] 촉조수계(燭照數計, 燭炤數計)는 촛불로 밝게 비추어 보고, 숫자로 계산한다는 것으로 사정을 정확하게 미리 헤아린다는 것을 비유한다.

[35] 정어중(鄭漁仲)은 『통지』의 저자인 정초(鄭樵)를 말한다. 호명중(胡明仲)은 앞서 나온 북송대의 호인(胡寅, 1098~1156)을 가리킨다. 호인은 자가 명중(明仲)이다.

[36] 안사고(顏師古, 581~645)는 당 초기의 학자로 『한서』에 대한 앞 시대의 여러 주석을 집대성한 것으로 유명하다. 자는 자행(字行)으로 경조(京兆) 만년(萬年, 현재의 陝西 西安市) 출신인데, 명유(名儒) 안지추(顏之推)의 손자이다. 어릴 때부터 가업을 이어받아 학문을 익혔으며 특히 훈고(訓詁)·성운(聲韻)·교감(校勘) 등에 뛰어났다. 안사고의 작은 아버지인 안유진(顏遊秦)이 『한서결의(漢書決疑)』(12권)를 지은 바 있고, 뒤에 안사고가 『한서』를 주석하여 『한서결의』의 내용을 많이 취하였는데, 이 때문에 안사고를 '소안(小顏)'이라고 불렀다. 『한서』에 대한 안사고의 주석은 문자학·역사학의 집대성으로 오늘날도 『한서』 해석의 중요한 근거가 된다.

[37] 삭연(索然)은 눈물을 흘리는 모습이나 흩어져 쇠락한 모습, 공허한 모습을 가리키고, 나아가 아무런 흥미도 없는 것을 뜻하기도 한다.

[38] 연연(涊然)은 진땀이 나는 모습을 뜻하고, 곽연(霍然)은 갑자기, 빠르게라는 뜻이다.

15 『문사통의(文史通義)』 「사덕(史德)」

장학성(章學誠)

◎ 『문사통의(文史通義)』

『문사통의(文史通義)』는 청대 장학성(章學誠)의 대표작으로, 유지기(劉知幾)의 『사통(史通)』과 더불어 중국 전통 역사학 이론의 쌍벽을 이루는 사학 이론서이다. 가경(嘉慶) 6(1801)년 완성되었다. 장학성은 여기에서 '경세치용(經世致)', '육경개사(六經皆史)', '사덕(史德)' 등의 주장을 제기하여 독자적인 사학 이론 체계를 세웠다. 아울러 이전 시대 지방지(地方志) 편찬의 경험을 총괄하여 "지방지가 믿을 만한 사서[志屬信史]"라는 점을 강조하면서 주현에 "지과(志科)를 특설해야 한다[特立志科]"는 관점을 제시하여 방지학(方志學)을 창립하였다. 특히 그는 젊어서부터 사학 이론 저작을 쓰고자 하였는데, 유지기는 사법(史法)을 얻었으나 사의를 얻지 못하였고, 증공(曾鞏)은 사학(史學)을 갖추었으나 사법(史法)을 갖추지 못하였다고 지적하면서 사의(史義, 또는 史意)의 의미를 강조하기 위해 ("史所貴者義也.") 『문사통의』를 지은 것이라고 한다. 『문사통의』를 통해 장학성은 청대 사학의 발전에 중요한 기여를 하였으며, 또한 청 초 황종희(黃宗羲)가 개창자이고 경세치용과 사학 연구를 강조한 절동사학(浙東史學)의 마지막 대표자가 되었다. 아울러 그는 교수(校讎)의 중요성을 강조하면서 그것이 "학술의 유파를 구분하여 밝히 그 원류를 살피는데(辨章學術, 考鏡源流)" 의의가 있음을 지적하였다. 『문사통의』는 모두 8권(또는 9권)으로 내편(內篇) 5(6)권과 외편(外篇) 3권으로 구성되어 있지만, 판본이 다양하여 내용이 완전하게 일치하지는 않는다. 최근의 판본은 섭영(葉瑛) 교주(校注), 『문사통의교주(文史通義校注)』(上·下, 中華書局, 1994)가 있고, 또한 가장 완비된 내용을 갖춘 것은 창수량(倉修良) 편주(編注), 『문사통의신편신주(文史通義新編新注)』(浙江古籍出版社, 2005)로 보인다. 우리나라에서도 임형석 옮김, 『문사통의』(책세상, 2005); 임형석 옮김, 『문사통의교주』(전 5책. 소명출판사, 2011) 등의 번역본이 나와 있다.

장학성(章學誠)

장학성(1738~1801)은 청대의 저명한 사학 이론가이자 방지학가(方志學家)이다. 자는 실재(實齋)이고 호는 소암(少岩)으로, 절강성(浙江省) 회계(會稽, 오늘날의 浙江省 紹興) 출신이다. 어려서부터 문사(文史)에 대해 농후한 흥취를 가지고 뜻을 세워 학문을 추구하였는데 건륭(乾隆) 42(1777)년 거인(擧人), 다음해 진사(進士) 학위를 얻었다. 국자감전적(國子監典籍)을 거쳐 정주(定州)·보정(保定)·귀덕(歸德) 등지의 서원(書院)에서 일하기도 하였고, 호광총독(湖廣總督) 필원(畢沅)의 막부(幕府)에 들어가『속자치통감(續資治通鑒)』등의 편찬에 가담하였다. 지방사지(地方史志) 10여 부의 편찬에도 가담하면서 독자적인 방지학의 체계를 세웠고, 건륭 17(1772)년부터『문사통의』편찬을 시작하여 20여 년에 걸쳐 완성하였다. 장학성은 일생 동안 곤궁하고 생활에 쪼들렸고, 학식이 넓고 사학 이론에 독자적인 식견을 갖추었지만 사회적 지위와 경제적 역량 때문에 자신의 포부를 충분히 살리지 못하였다.『문사통의』도 생전에는 목차만 각인하였을 뿐 도광(道光) 12(1832)년이 되어서야 둘째 아들에 의해 8권이 간행될 수 있었다. 또한『교수통의(校讎通義)』(4권)·『방지약례(方志略例)』(2권)·『문집(文集)』(8권)·『외집(外集)』(2卷) 등의 저작을 남겼다. 이런 책들은 사후 120년이 지난 다음에야『장씨유서(章氏遺書)』로 출간되었다.

15

『문사통의(文史通義)』「사덕(史德)」

재능[才]과 학문[學], 식견[識] 세 가지에서 하나만 얻기도 쉽지 않은데 셋을 겸하기는 더욱 어렵다. 천고 이래로 문인은 많지만 훌륭한 역사가가 적은 것은 바로 이 때문이다. 옛날 유지기(劉知幾)는 대체로 이러한 주장을 가지고 "그 이치를 충분히 다 얘기한 것이다."라고 하였다. 그렇지만 사(史)에서 가장 귀하게 여기는 것은 의리[義]이며, 갖추고 있는 것은 사실[事]이며, 의거하는 바는 문장[文]이다. 맹자께서는 말씀하셨다. "[『춘추』에] 싣고 있는 일은 제 환공이나 진 문공 같은 [춘추 오패의] 사적이고, 그 문장은 바로 사관의 기록이며, 공자께서 말씀하시기를 '그 의리는 바로 몰래 내가 취한 것이다'고 하셨다." 따라서 [이것으로 미루어 짐작하건대] 견식이 없으면 그 의리를 판단할 수 없고, 재능이 없으면 그 문장을 잘 쓸 수 없고, 학문이 없으면 그 사실을 제대로 익힐 수 없다. 이 세 가지는 본디 각기 비슷하여 가까운 것이 있고, 그 가운데에는 본디 비슷하게 보이지만 사실은 같지 않은 것도 있다. 기억하여 암송하는 것을 학문으로 여기고, 멋진 문장을 꾸미는 것을 재능으로 여기고, 제멋대로 판단을 내리는 것을 식견으로 여긴다고 한다면, 이것은 훌륭한 사가가 갖추어야 할 재능·학문·식견이 아니다.

才·學·識三者, 得一不易, 而兼三尤難, 千古多文人而少良史, 職是故也.[1] 昔者劉氏子玄,[2] 蓋以是說謂: "足盡其理矣." 雖然, 史所貴者義也, 而所具者事也, 所憑者文也. 孟子曰: "其事則齊桓·晉文, 其文則史, 義則夫子自謂: '竊取之矣.'"[3] 非識無以斷其義, 非才無以善其文, 非學無以練其事, 三者固各有所近也, 其中固有似之而非者也. 記誦以爲學也, 辭采以爲才也, 擊斷以爲識也, 非良史之才·學·識也.

---

[1] 이 구절은 『구당서(舊唐書)』(中華書局, 1975) 권102 「열전(列傳) 52 유자현(劉子玄)」(p.3173)과 깊은 관련이 있다. 여기에 유지기의 재·학·식 삼장(三長)에 대한 주장이 실려 있기 때문이다("禮部尙書鄭惟忠嘗問子玄曰:'自古以來, 文士多而史才少, 何也?'對曰:'史才須有三長, 世無其人, 故史才少也. 三長謂: 才也, 學也, 識也. 夫有學而無才, 亦猶有良田百頃, 黃金滿籯, 而使愚者營生, 終不能致于貨殖者矣. 如有才而無學, 亦猶思兼匠石, 巧若公輸, 而家無楩楠斧斤, 終不果成其宮室者矣. 猶須好是正直, 善惡必書, 使驕主賊臣, 所以知懼, 此則爲虎傅翼, 善無可加, 所向無敵者矣. 脫苟非其才,

그렇지만 유지기가 말한 재능·학문·식견이라는 것도 오히려 그 이치가 충분히 다 밝혀지지 못한 부분이 있다. 유지기는 말한다. "학문은 있지만 식견이 없다면, 어리석은 장사치가 거금을 쥐고도 이것으로 재물을 불리지 못하는 것과 같다." 이것으로 미루어 유지기가 가리킨 바는 기억하여 암송하는 가운데 가르고 선택하는 바를 알고 그것으로 문장의 이치를 이루는 데 지나지 않는 것으로 짐작된다. 따라서 그는 말한다. "옛 사람은 사서를 편찬하여 독자적인 일가의 학설을 세우게 되면, 은거한 처사를 물리치고 도리어 간웅을 치켜세우거나, 죽음으로 절개를 지킨 이를 배척하고 군주의 과오를 덮어 주기도 하였다. 그러면서도 '이것은 독자적인 일가의 학설 때문이다.'라고 말하였다." 이런 식견은 문인(文人)의 식견이지 사가의 식견은 아니다.

雖劉氏之所謂才·學·識, 猶未足以盡其理也. 夫劉氏以謂: "有學無識, 如愚估操金, 不解貿化."[4] 推此說以證劉氏之指, 不過欲於記誦之間, 知所決擇, 以成文理耳. 故曰: "古人史取成家, 退處士而進奸雄, 排死節而飾主闕,[5] 亦曰: 一家之道然也."[6] 此猶文士之識, 非史識也.

不可叨居史任. 自復古已來, 能應斯目者, 罕見其人,' 時人以爲知言."). 재·학·식은 각기 재능(역사가로서의 연구 능력과 표현 기술)·학문(역사가로서의 지식)·식견(역사가로서의 통찰력, 판단력이나 견해)을 가리키는데, 바로 유지기가 강조한 역사가의 삼장(三長)을 가리키는 것이다.

2 유자현(劉子玄)은 유지기(劉知幾)를 말한다. 유지기의 자가 바로 자현(子玄)이다. 그가 관직에 있을 때 이미 태자의 이름에 대한 피휘 때문에 이름을 버리고 대신 유자현이라고 칭하기도 하였다.

3 이 구절은 『맹자』 「이루(離婁) 하(下)」에 실려 있다("孟子曰: '王者之迹熄而『詩』亡. 『詩』亡然後『春秋』作. 晉之『乘』·楚之『檮杌』·魯之『春秋』, 一也. 其事則齊桓·晉文, 其文則史. 孔子曰: 其義則丘竊取之矣.'").

4 이 구절은 앞의 『구당서』 「유자현전」과 비슷하지만 『신당서(新唐書)』 권132 「열전 57 유자현전(劉子玄傳)」(p.4522)에 나오는 내용이다("禮部尙書鄭惟忠嘗問: '自古文士多, 史才少, 何耶?' 對曰: '史有三長: 才·學·識. 世罕兼之, 故史者少. 夫有學無才, 猶愚賈操金, 不能殖貨; 有才無學, 猶巧匠無楩柟斧斤, 弗能成室. 善惡必書, 使驕君賊臣知懼, 此爲無可加者.' 時以爲篤論.").

5 주궐(主闕)은 군주를 가리키는 것으로 보인다.

6 이 부분은 유지기의 『사통』 외편 「오시(忤時)」편에 나온다("古者刊定一史, 纂成一家, 體統各殊, 指歸咸別. 夫『尙書』之敎也, 以疏通知遠爲主;『春秋』之義也, 以懲惡勸善爲先.『史記』則退處士而進奸雄,『漢書』則抑忠臣而飾主闕. 斯幷囊時得失之列, 良史是非之准, 作者言之詳矣."). 또한 "『史記』則退處士而進奸雄,『漢書』則抑忠臣而飾主闕."이란 표현은 『구당서(舊唐書)』 권112의 「유자현전(劉子玄傳)」에도 나온다.' "退處士而進奸雄"이란 부분은 『한서』 권62 「사마천전」에 나오는 반고의 논찬("序游俠則退處士而進奸雄."), '排死節'이란 구절은 『후한서(後漢書)』 권70 「반표(班彪)·반고

사가로서의 식견을 갖출 수 있는 사람이라면 반드시 사덕(史德)이라는 것을 알아야 한다. 그렇다면 사덕이란 무엇인가? 책을 짓는 사람의 마음가짐[心術]이다. 무릇 더러운 사서를 펴낸 사람은 실제적으로 스스로의 몸을 더럽히는 것이고, 남을 비방하는 사서를 쓰는 사람은 실제로 스스로를 비방하는 것이 되어 그 평소 행동을 남들이 부끄럽게 여기는 바가 되니, 그가 쓴 문장이 어디 사람들에게 중시될 수 있겠는가? 위수(魏收)가 말을 꾸며 내어 남을 무고한 것이나, 심약(沈約)이 음험하고 그릇된 마음을 가진 것 때문에 그 글을 읽는 사람은 먼저 그 사람됨을 믿지 않게 되니, 그 책들의 해악은 아주 심한 경지에 이르지 못한다. 여기서 염려하는 저 마음가짐이라는 것은 군자의 마음을 가지고 있기는 하지만 그 수양(修養)이 아직은 순수함에 이르지 못함을 일컫는다. 무릇 군자의 마음을 가지고 있기는 하지만 그 수양이 아직 순수하지 않다는 것은 위대한 현인이 아닌 사람이라면 누구든 피할 수 없다. 이런 데도 여전히 그 마음가짐을 염려하는 것은 물론 공자의 『춘추』 정도가 아니라면 당연히 [순수함의 경계에] 이르지 못하기 때문이다. 이러한 것으로 사람을 책망한다면, 또한 너무 어려운 일을 요구하는 것이 아닐까? 또한 반드시 이럴 필요도 없는 것이다. 대저 훌륭한 사가가 되기를 바라는 사람은 응당 천도(天道)와 인위(人爲) 사이를 신중히 구별해야 하고, 가능하면 천도를 다하되 억지로 인위를 보태려 해서는 안 된다. 천도를 다하고 인위를 억지로 보태지 않는다면 비록 지극함에는 이를 수는 없더라도 그렇게 해야 한다는 것을 정말로 알게 하는 것이니, 이래야만 바로 저술에 임하는 사람의 마음가짐이라고 칭하기에 충분할 것이다. 그러니 문학과 사학을 다루는 학자가 다투어 재능·학문·식견을 말하면서도 마음가짐을 구별해서 사덕을 논의할 줄을 모른다는 것이 어찌 가능하겠는가?

能具史識者, 必知史德. 德者何? 謂著書者之心術也. 夫穢史者所以自穢,[7] 謗書者所

(班固) 열전」에 나오는 범엽(范曄)의 논찬("彪·固譏遷, 以爲是非頗謬於聖人. 然其論議常排死節, 否正直, 而不敍殺身成仁之爲美, 則輕仁義, 賤守節愈矣.")에서 나왔다.

[7] 북제(北齊)의 위수(魏收, 507~572: 자는 伯起)가 편찬한 『위서(魏書)』가 지나치게 자의적인 내용이 많아 사람들의 불만이 많았으므로 '예사(穢史)'라 불렸다는 내용이 유지기의 『사통』 외편 「고금정사(古今正史)」에 나온다("齊天宝二年, 敎秘書監魏收博采舊聞, 勒成一史 …… 甚酒以成『魏書』. 上自道武, 下終孝靖, 紀·傳與志, 凡百三十卷. …… 書成始奏, 詔收于尙書省與諸家論討. 前後列訴者百有餘人. …… 群怨謗聲不息. …… 由是世薄其書, 號爲穢史.").

以自謗,⁸ 素行爲人所羞, 文辭何足取重? 魏收之矯誣, 沈約之陰惡,⁹ 讀其書者, 先不信其人, 其患未至於甚也. 所患夫心術者, 謂其有君子之心, 而所養未底於粹也. 夫有君子之心, 而所養未粹, 大賢以下, 所不能免也. 此而猶患於心術, 自非夫子之『春秋』, 不足當也. 以此責人, 不亦難乎? 是亦不然也. 蓋欲爲良史者, 當愼辨於天人之際,¹⁰ 盡其天而不益以人也. 盡其天而不益以人, 雖未能至, 苟允知之, 亦足以稱著述者之心術矣. 而文史之儒, 競言才·學·識, 而不知辨心術以議史德, 烏乎可哉?

무릇 요·순임금을 옳다고 칭송하고, 걸·주왕을 그르다고 비난하는 것은 누구나 할 수 있는 일이다. 왕도를 숭상하고 패도를 배척하는 것 역시 유자들의 해묵은 습관이다. 착한 것을 좋아하고 나쁜 것을 싫어하는 일이나 올바른 것을 추켜올리고 사악한 것을 미워하는 일에 대해서 말하자면, 무릇 문장에 의탁해서 불후의 명성을 남기려는 사람치고 이런 마음을 갖지 않는 경우가 없다. 그렇지만 마음가짐에 대해 염려하지 않을 수 없는 것은 천도와 인위의 관계라는 것이 서로 뒤엉키고 그 단서가 아주 미세하기 때문에 이러한 [마음가짐이라는] 자그마한 밝음에만 의지하여 헤아릴 수 있는 바가 아니기 때문이다. 무릇 사서에서 기록하고 있는 것은 사실이고, 사실은 반드시 문장을 빌어서 전해지므로 훌륭한 사가는 문장에 공을 들이지 않는 경우가 없지만, 그들도 문장이라는 것은 사실에 의해 쉽사리 휘둘리게 될 염려가 있다는 점은 잘 알지 못한다. 대저 사실에는 그 득실과 시비가 없을 수 없는데, 일단 득실과 시비가 있게 되면 그것

---

8 방서(謗書)라는 표현은 후한대 왕윤(王允, 137~192: 자는 子師이며 司徒에 오르기도 하였는데 유명한 董卓을 제거한 인물이기도 하다)이 동탁의 죽음을 슬퍼한 채옹을 처벌하면서 그가 육형을 받더라도 한 왕조의 역사를 쓸 수 있게 해 달라고 요청한 것을 거절할 때 사마천의 『사기』를 두고 "옛날 무제가 사마천을 죽이지 않아, 그로 하여금 (무제를) 비방하는 글을 써서 후세에 남기게 하였다."고 한 데서 비롯되었다("昔武帝不殺司馬遷, 使作謗書, 流於後世." 『후한서』 권60하 「열전 50하 채옹전(蔡邕傳)」, p. 2006).

9 심약(沈約, 441~513)은 『송서(宋書)』의 편찬자이다. 위수와 심약에 관한 내용은 『사통』 내편 「채찬(采撰)」에 상세히 나온다("沈氏著書, 好誣先代, 于晉則故造奇說, 在宋則多出謗言, 前史所載, 已譏莫謬矣. 而魏收黨附北朝, 尤苦南國, 承其詭妄, 重以加諸. 遂云馬睿出于牛金. 可謂助桀爲虐, 幸人之災. 尋其生絕後嗣, 死遭剖斲, 蓋亦陰諸之所致也.").

10 천인지제(天人之際)는 사마천의 「보임안서(報任安書)」에 등장하는 유명한 구절이다("究天人之際, 通古今之變, 成一家之言.").

들을 늘리거나 빼고 이런 저런 판단을 내리는 가운데 큰 마찰이 생길 수밖에 없다. 마찰이 끊이지 않으면 결국 마음속에 기운[氣]이 쌓이게 된다. 또한 사실에는 흥망성쇠가 없을 수 없는데, 일단 흥망성쇠가 있게 되면 고금을 오고가면서 옛일을 곱씹다가 미련이 생기게 된다. 미련을 끊지 못하면 감정[情]은 더욱 깊어진다.

夫是堯·舜而非桀·紂,[11] 人皆能言矣. 崇王道而斥霸功,[12] 又儒者之習故矣. 至於善善而惡惡,[13] 襃正而嫉邪, 凡欲託文辭以不朽者, 莫不有是心也. 然而心術不可不慮者, 則以天與人參, 其端甚微, 非是區區之明所可恃也. 夫史所載者事也, 事必藉文而傳, 故良史莫不工文, 而不知文又患於爲事役也. 蓋事不能無得失是非, 一有得失是非, 則出入予奪相奮摩矣. 奮摩不已, 而氣積焉. 事不能無盛衰消息., 一有盛衰消息, 則往復憑吊生流連矣.[14] 流連不已, 而情深焉.

무릇 문장이라는 것 자체는 사람을 움직이기에 부족하며, 사람을 움직일 수 있는 것은 바로 기운이다. 또한 문장이라는 것은 사람의 마음속에 들어가기에도 충분하지 못한데, 그것을 가능하게 하는 것이 바로 감정이다. 기운이 가득 채워지면 문장이 왕성해지고, 감정이 깊어지면 문장이 더욱 두터워진다. 기운이 왕성하고 감정이 두터우면 천하의 가장 아름다운 문장이 된다. 그렇지만 그 가운데는 천도[天]가 있고 인위[人]가 있으니, 이를 나누어 구분하지 않으면 안 된다. 기운은 밝고 굳세지만 감정은 어둡고 부드러운데, 사람은 음양 사이에 존재하고 있으며 거기에서 떠날 수 없다. 기운이

---

11 요(堯)·순(舜)은 오제(五帝)에 속하는 전설상의 성군(聖君)이고, 걸(桀)·주(紂)는 하의 마지막 임금인 걸왕(桀王)과 은의 마지막 임금인 주왕(紂王)을 가리킨다. 모두 주색에 빠져 정사를 돌보지 않다가, 성군(聖君)인 탕왕과 무왕에게 멸망당하였다고 전해지며, 폭군의 대명사로 통한다.
12 왕도(王道)는 덕정(德政)을 통해 천하를 바르게 다스리는 것으로 『맹자』에서 특히 강조한 바이며, 패공(霸功)은 패도(霸道)라고도 하며, 왕도와는 달리 오직 무력으로 위협하여 천하를 정복하는 것을 말한다.
13 '선선[이]오악(善善[而]惡惡)'이란 구절은 『순자』「강국(強國)」편이나 동중서(董仲舒)의 『춘추번로(春秋繁露)』첫 부분 『초장왕(楚莊王)』편에 나온다.
14 빙적(憑吊)은 오래된 사람이나 물건을 두고 옛 일이나 사람을 떠올리는 것을 말한다. 유련(流連)은 『맹자』「양혜왕(梁惠王) 하(下)」에 나오는 말로 노느라 정신이 팔려 돌아갈 바를 잊어버린다, 미련을 멈추지 못한다는 뜻이다("流連荒亡, 爲諸侯憂. 從流下而忘反謂之: '流', 從流上而忘反謂之: '連'…… 先王無流連之樂, 荒亡之行.").

이성[理]와 부합하면 천도가 된다. 기운이 이성과 어긋나면서 스스로 움직이게 되면 그것이 바로 인위이다. 감정은 본성에 근본을 두니, 바로 천도이다. 감정이 본성을 어지럽히면서 스스로를 멋대로 하면 바로 인위이다. 사(史)의 의리는 천도에서 나오지만, 사서의 문장은 사람의 힘을 빌려서 완성되지 않을 수 없다. 사람에게는 음양의 근심이 있지만, 사서의 문장이 천도의 공정함을 거스르게 되면 그것이 감동을 일으킬 수 있는 바는 아주 미약할 수밖에 없다. 무릇 문장이란 기운이 아니면 성립할 수 없고, 기운은 평화로움을 귀하게 여긴다. 사람의 기운은 차분히 머무르고 있을 때 평화롭지 않음이 없다. 어떤 일로 인하여 감정이 생기고, 기운을 잃으면 곧 흔들리게 되고 격렬해지며 교만해져서 양기를 해치게 된다. 문장은 감정이 아니면 깊어질 수 없는데, 감정은 올바름을 귀하게 여긴다. 사람의 감정은 텅 비우고 있으면 바르지 않을 수 없다. 하지만 어떤 일로 인하여 감정이 생기고, 감정이 바름을 잃게 되면 곧 휩쓸리고 빠져들고 치우치게 되서 음기를 해치게 된다. 음양이 서로 조화를 이루지 못하고 어지러워지는 곤란이 생기면, 혈기를 타고 심지(心知) 속으로 들어가니, 그 가운데 묵묵히 움직이면서 변화를 가져와 공적인 것처럼 보이지만 실제로는 사적인 것을 드러내게 되고, 천도인 것 같지만 실제로는 인위적인 것으로 뒤덮이게 만든다. 이러한 것이 결국 문장으로 펼쳐지게 되면 의리를 해치고 대도를 어기게 되는 데도 본인은 오히려 스스로 알아차리지 못한다. 그러므로 말한다. "마음가짐은 모름지기 신중하지 않으면 안 된다."

凡文不足以動人, 所以動人者, 氣也. 凡文不足以入人, 所以入人者, 情也. 氣積而文昌, 情深而文摯; 氣昌而情摯, 天下之至文也. 然而其中有天有人, 不可不辨也. 氣得陽剛, 而情合陰柔. 人麗陰陽之間, 不能離焉者也. 氣合於理, 天也; 氣能違理以自用, 人也. 情本於性, 天也; 情能汨性以自恣,[15] 人也. 史之義出於天, 而史之文, 不能不藉人力以成之. 人有陰陽之患, 而史文卽忤於大道之公, 其所感召者微也. 夫文非氣不立,[16] 而氣貴於平. 人之氣, 燕居莫不平也.[17] 因事生感, 而氣失則宕, 氣失則激, 氣失

---

[15] 율(汨)은 흐르다, 빠지다, 어지러워진다는 뜻이다.
[16] 비슷한 표현으로 조비(曹丕)의 "문장은 기를 주로 삼는다[文以氣爲主]."라는 구절이 있는데(『전론(典論)』「논문(論文)」), 여기서 기(氣)는 작가의 개성이나 정신을 말한다.
[17] 연거(燕居)는 한가하게 머물다, 평시에 집에 있다는 뜻이다.

則驕, 毗於陽矣.[18] 文非情不深, 而情貴於正. 人之情, 虛置無不正也. 因事生感, 而情失則流, 情失則溺, 情失則偏, 毗於陰矣. 陰陽伏沴之患,[19] 乘於血氣而入於心知,[20] 其中黙運潛移, 似公而實逞於私, 似天而實蔽於人, 發爲文辭, 至於害義而違道, 其人猶不自知也. 故曰: "心術不可不愼也."

무릇 기운이 너무 왕성하고 또한 감정이 한쪽으로 치우치면서도, 오히려 "천도에 따라 움직이면서 인위적인 것을 보태었다."라고 말하기도 한다. 재주가 뛰어난 학자는 문장을 꾸미는 데 탐닉하면서 그것을 아름다움을 보여 주는 도구라고 여기지만, 그래서는 안 된다는 것을 알지 못한다. 사서의 기술이 문장에 의지하는 것은 마치 옷에 무늬를 입히는 것과 같고, 음식에서 맛을 찾으려는 것과 같다. 무늬에는 화려함과 소박함의 구분이 없을 수 없고, 맛에는 진하고 옅은 구분이 없을 수 없는 것이니, 이것은 일종의 필연이다. 그런데 화려하고 소박한 무늬가 다투다 보면 그릇된 색깔이 나오지 않을 수 없고, 진하고 옅은 맛이 다투다 보면 기이한 맛이 나오지 않을 수 없다. 그릇된 색깔은 눈을 해치고, 기이한 맛은 입을 손상시키는데, 이것은 화려하고 소박한 색깔과 진하고 옅은 맛이 다투는 데서 일어난다. 문장에는 빼어난 것과 서툰 것이 있고 수많은 사가들이 이것을 가지고 서로 다투지만, 이것은 근본을 버리고 끄트머리를 좇는 것이다. 이렇게 문장을 짓는다면 지극히 빼어난 아름다운 문장은 나타날 수 없으니, 이렇게 사서를 편찬하면 어찌 옛사람들이 세운 [사서 편찬의] 체례를 알고 있다고 할 수 있겠는가?

夫氣勝而情偏, 猶曰: "動於天而參於人"也. 才藝之士, 則又溺於文辭, 以爲觀美之具焉, 而不知其不可也. 史之賴於文也, 猶衣之需乎采, 食之需乎味也. 采之不能無華樸,

---

18 비어양(毗於陽)과 뒤에 나오는 비어음(毗於陰)은 원래 『장자』「재유(在宥)」편에 나온다("人大喜邪, 毗於陽. 大怒邪, 毗於陰. 陰陽並毗, 四時不至, 寒暑之和不成, 其反傷人之形乎!"). 여기서 비(毗)는 상(傷)과 같아 해친다는 뜻이다.

19 복려(伏沴)는 해치다, 화를 가져오다, 기(氣)가 조화롭지 않다, 어긋난다는 뜻으로 보인다.

20 혈기(血氣)와 심지(心知)라는 용어는 『예기(禮記)』「악기(樂記)」에 처음 나온다. 혈기는 혈액과 숨결(氣息), 즉 사람이나 동물의 체내에서 생명 활동을 유지하는 두 요소를 가리킨다. 심지(心知)는 심지(心智)·지(知)·지(智)와 같은 뜻이다("夫民有血氣·心知之性, 而無哀樂喜怒之常.").

味之不能無濃淡, 勢也. 華樸爭而不能無邪色, 濃淡爭而不能無奇味. 邪色害目, 奇味爽口,[21] 起於華樸濃淡之爭也. 文辭有工拙, 而族史方且以是爲競焉, 是舍本而逐末矣. 以此爲文, 未有見其至者. 以此爲史, 豈可與聞古人大體乎?[22]

　[당의 대문장가인] 한유(韓愈)는 "인의를 갖춘 사람의 말은 아주 화기애애하다."라고 하였다. 인(仁)이란 [사랑의] 감정을 펼치는 것이고, 의(義)란 기운을 통하게 하는 것이다. [송의 대학자인] 정호(程顥)는 일찍이 "『시경』에서 남녀 사이의 사랑이나 자손의 번창을 노래하는]「관저(關雎)」·「인지(麟趾)」의 뜻이 있은 다음에야『주관(周官)』의 법도를 실행할 수 있다."라고 말하였다. 나는 이렇게 말하겠다. "육예(六藝)와 시가(詩歌) 창작[比興]의 뜻에 통달한 다음에야『춘추』와 같은 사서에 대해 이야기할 수 있다." 즉 마음가짐은 수양(修養)이 가장 중요하다고 말하는 것이다. 사마천은『사기』130편에 대해「보임안서(報任安書)」에서 "하늘과 인간의 관계를 탐구하고 고금의 변화를 관통하여 독자적인 일가의 학설을 이루겠다."라고 말하였다. 하지만『사기』「태사공자서」에서는 "뛰어난 그 시대 현인들을 이어받고,『역전(易傳)』을 바로잡고,『시』·『서』·『예』·『악』을 본받는다."라고 하였으니, 이것이 바로 사기를 지은 본뜻이다. [따라서] 사마천이 말한 이른바 '발분하여 쓴 책[發憤之書]'이라는 표현은 당시의 곤욕과 시름을 서술하기 위한 구실로 삼았던 데 지나지 않는다. 그런데 후대 사람들은 '발분(發憤)'이란 표현에 구애되어『사기』130편은 모두 원망과 분노에서 격발된 비방이라고 여기게 되었고, 왕윤(王允) 또한『사기』를 비방을 위한 책[謗書]이라고 질책하였다. 이에 따라 후대의 논평은 사마천의『사기』를 두고 헐뜯고 비방하는 것이 장기였다고 말하거나, 아니면 뜻을 숨긴 은근한 문장으로 풍자하는 것을 사가의 큰 권한으로 여기게 되었으며, 혹은 사마천을 흠모하여 그러한 것을 모방하고자 하였다. 이런 식의 해석은 그야말로 난신적자(亂臣賊子)의 마음가짐을 망령되이『춘추』의 필법[筆削]으로 견강부회하는 격이니, 이 얼마나 터무니없는 일인가!

21　상구(爽口)는 상큼하게 입에 맞다, 또는 입맛을 해친다는 뜻이다.

22　'고인지대체(古人之大體)'라는 구절은『장자(莊子)』잡편(雜篇)「천하(天下)」에 나온다("後世之學者, 不幸不見天地之純, 古人之大體, 道術將爲天下裂.").

韓氏愈曰[23]: "仁義之人, 其言藹如."[24] 仁者情之普, 義者氣之遂也. 程子嘗謂[25]: "有 「關雎」·「麟趾」之意, 而後可以行『周官』之法度."[26] 吾則以謂: "通六藝比興之旨,[27] 而後 可以講春王正月之書."[28] 蓋言心術貴於養也. 史遷百三十篇, 「報任安書」所謂[29]: "究天 人之際, 通古今之變, 成一家之言." 自序以謂: "紹名世,[30] 正『易傳』, 本『詩』·『書』·『禮』· 『樂』之際,"[31] 其本旨也. 所云: "發憤著書",[32] 不過敍述窮愁, 而假以爲辭耳. 後人泥於 發憤之說, 遂謂: "百三十篇, 皆爲怨誹所激發", 王允亦斥其言爲謗書. 於是後世論文,

---

23 한유(韓愈, 768~824)는 자가 퇴지(退之)이고 시호는 문공(文公)으로 당송 팔대가의 한 사람인 저명한 문학가이자 성리학의 선구이기도 한다. 산문의 문체 개혁(文體改革)과 시에 있어 지적인 흥미를 정련(精練)된 표현으로 나타낼 것을 시도하는 등 문학상으로 큰 공적을 세워 그의 문장은 송대 이후 중국 산문 문체의 표준이 되었다.

24 이 구절은 한유(韓愈)의 『창려선생문집(昌黎先生文集)』 권1의 「답이익서(答李翊書)」에 나오는 말이다. 애여(藹如)는 아주 화기애애하다, 친근하고 부드럽다는 뜻이다.

25 정자(程子)는 정호(程顥)를 높여 부르는 말이다. 정호(程顥, 1032~1085)는 정이(程頤, 1033~1107)의 형으로, 마찬가지로 북송대의 철학가이자 교육가·시인으로 유명하며 북송대 이학의 기초를 닦은 사람 가운데 하나이다. 자는 백순(伯淳)이고 학자들이 그를 명도선생(明道先生)이라 불렀다. 하남 낙양 사람이지만 호북의 황피(黃陂)에서 출생하였으며 가우(嘉祐) 연간의 진사였다. 동생과 더불어 이정선생(二程先生)으로도 불린다.

26 「관저(關雎)」·「인지(麟趾)」는 남녀 사이의 사랑이나 자손의 번창을 노래하는 『시경』의 편명이다. 이 구절("有「關雎」·「麟趾」之意, 而後可以行『周官』之法度")은 『이정외서(二程外書)』 권 10에 나온다.

27 비흥(比興)은 『시경』의 육의(六義) 가운데 '비(比)'와 '흥(興)'을 병칭하는 것이다. 비는 이 사물로 저 사물을 비유하는 것을 말하고, 흥은 먼저 다른 사물을 이야기하면서 노래하는 대상에 대한 가사를 끌어내는 것을 말하는데, 중국 고전 시가의 전통적인 표현 수법이다. 나아가 시가의 창작을 뜻하기도 한다.

28 춘왕정월(春王正月)은 『춘추』 은공(隱公) 원년조에 나오는 기사, 즉 『춘추』의 첫 부분이므로 이 말이 나오는 책은 곧 『춘추』, 나아가 사서를 가리킨다.

29 「보임안서」는 『사기』의 저자 사마천이 친구인 임안에게 보낸 서한으로 『한서』 권62 「사마천전」에 포함되어 있다(pp.2725~2737).

30 명세(名世)는 그 덕과 명성이 세상에 뚜렷하다거나, 그 이름이 세상에 널리 알려진 인물을 뜻한다.

31 이 구절은 『사기』 권 130 「태사공자서」에 나오는 말이다(p.3296).

32 사마천은 무제의 미움을 사 사형에 처해질 위기에 처했으나, 가업인 역사 저술을 이어 나가기 위해 궁형을 받는 치욕을 택하였고, 끝내 사기를 완성할 수 있었다. 이 때문에 사마천은 「태사공자서」에서도 발분저서(發憤著書)라는 표현을 사용하였다.

以史遷爲譏謗之能事, 以微文爲史職之大權,³³ 或從羨慕而仿效爲之 ; 是直以亂臣賊子之居心, 而妄附『春秋』之筆削, 不亦悖乎!

　지금 사마천이 지은 책을 보건대, 「봉선서(封禪書)」에 드러난 귀신에 홀린 모습과 「평준서(平準書)」에 드러난 상인처럼 계산에 밝은 모습은 한 무제의 좋지 못한 정치의 단면을 보여 준다. [사실] 후대 사람들이 [봉선에 대한 비판을 한] 사마상여(司馬相如)의 문장과 환관(桓寬)의 『염철론(鹽鐵論)』을 보면 이점을 [쉽사리] 알 수 있는데, 어찌 사마천이 『사기』를 쓴 다음에야 이러한 것이 현저하게 드러났다고 하겠는가? 「유협열전(遊俠列傳)」과 「화식열전(貨殖列傳)」 등의 여러 편은 감정이 북받치는 곳이 없지는 않지만, 현자는 기이한 것을 좋아하며, 또한 확실히 그런 점이 있다. 그러나 나머지 부분은 모두 고금의 역사를 종횡으로 조리 있게 묶고 육경(六經)을 판단의 기준으로 삼았으니, 어찌 감히 임금을 헐뜯은 일이 있겠는가? 주자도 일찍이 말한 적이 있다. "[초의 시인 屈原의] 『이소(離騷)』는 임금을 몹시 원망하지는 않았다. 다만 후대 사람들이 지나치게 견강부회를 한 것이다." 나라면 사마천이 감히 군주를 비방한 적은 없는데, 읽는 사람의 마음이 스스로 불편하였기 때문이라고 말할 것이다. 무릇 자기 자신이 험한 꼴[사마천이 궁형(宮刑)을 당한 것을 말한다]을 당했다고 해서 임금을 원망하고 비방하면서, 또 이것으로 천고에 남을 명예를 얻기를 바랐다면, 이것은 정말 분수를 모르는 어리석음이자 명교(名敎)의 죄인이니 하늘이 징벌을 할 터이며, 또한 어찌 그러한 저술이 후대에 전해질 수 있겠는가?

　今觀遷所著書, 如「封禪」之惑於鬼神, 「平準」之算及商販,³⁴ 孝武之秕政也.³⁵ 後世觀於相如之文³⁶·桓寬之論,³⁷ 何嘗待史遷而後著哉? 「遊俠」·「貨殖」諸篇,³⁸ 不能無所感

33　미문(微文)은 드러내지 않고 숨기면서 풍자하는 문장을 가리킨다. 『문선(文選)』 권48에 실린 반고(班固)의 「전인서(典引序)」에는 사마천의 『사기』를 "미문으로 풍자하고 비방한다(微文刺譏)."라고 평가한 말이 실려 있다("司馬遷著書成一家言, 揚名後世. 至以身陷刑之故, 反微文刺譏, 貶損當世, 非誼士也.").

34　『사기』에 포함되어 있는 「봉선서(封禪書)」(권28), 「평준서(平準書)」(권30)를 말한다.

35　효무(孝武)는 한 무제를 말한다. 비정(秕政)은 좋지 못한 정치나 정치적 조치를 말한다.

36　상여(相如)는 사마상여(司馬相如, B.C. 179~B.C. 117)를 가리킨다. 파군(巴郡) 안한현(安漢縣,

慨,³⁹ 賢者好奇, 亦洵有之. 餘皆經緯古今,⁴⁰ 折衷六藝,⁴¹ 何嘗敢於訕上哉? 朱子嘗言⁴² : "『離騷』不甚怨君, 後人附會有過."⁴³ 吾則以謂史遷未敢謗主, 讀者之心自不平耳. 夫以一身坎軻,⁴⁴ 怨誹及於君父, 且欲以是邀千古之名, 此乃愚不安分, 名教中之罪人,⁴⁵ 天理所誅, 又何著述之可傳乎?

오늘날의 四川省 南充市 蓬安縣)에서 태어난 전한 시대를 대표하는 문인 가운데 한 사람이다. 부(賦)에 뛰어나 『자허부(子虛賦)』 등의 작품을 남겼다. 그가 죽은 다음 남긴 봉선에 대한 비판의 글은 『한서』 권57 「사마상여열전」에 수록되어 있다.

37 환관(桓寬)은 전한 선제(宣帝, 재위 B.C. 74~B.C. 49) 때의 인물로 『염철론(鹽鐵論)』을 정리하였다. 『염철론』은 유명한 '염철회의(鹽鐵會議)'의 기록을 정리한 것으로 한 무제 시대의 정치·경제·군사·외교·문화를 둘러싼 대논쟁을 담고 있다.

38 『사기』에 포함되어 있는 「유협열전(遊俠列傳)」(권 124)·「화식열전(貨殖列傳)」(권 129)을 가리킨다.

39 감개(感慨)는 감정이 북받친다는 뜻이다.

40 경위(經緯)는 직물의 날실[縱線]과 씨실[橫線]을 말하지만 나아가 조리(條理)·질서(秩序)나 계획적으로 다스린다는 것, 문장의 구조가 종횡으로 조리가 있음을 비유하기도 한다.

41 절충(折衷)은 절중(折中)과 같은 뜻으로 바른 것을 취하여 사물을 판단하는 기준으로 삼는다는 뜻이다.

42 주자(朱子), 즉 주희(朱熹, 1130~1200)는 자가 원회(元晦), 호가 회암(晦庵) 또는 회옹(晦翁) 또는 자양(紫陽)으로 남송 휘주(徽州) 무원(婺源, 오늘날 江西省에 속한다) 사람인데 복건성의 용계(龍溪, 오늘날의 福建省 龍溪縣)에서 태어났다. 주지하듯이 북송 이래의 유학을 집대성하여 주자(朱子)로 존칭되는 송대의 유학 종사(儒學宗師)이다. 소흥(紹興) 18(1148)년에 진사가 되어 고종(高宗)·효종(孝宗)·광종(光宗)·영종(寧宗)을 섬겼다. 시호는 문공(文公)이고 뒤이어 신국공(信國公), 다시 휘국공(徽國公)으로 추봉(追封)되었다. 정호(程顥)·정이(程頤)의 삼전제자(三傳弟子)인 이동(李侗)의 제자로 강서성의 남강(南康)과 복건성의 창주(漳州)에서 지부(知府)를 지냈고 절동순무(浙東巡撫)를 거쳤다. 『대학』·『중용』·『논어』·『맹자』를 집정(輯定)하여 학궁(學宮)의 교본(教本)으로 삼았으며, 이후 이것은 8백 년 동안 바뀌지 않았다. 『사서집주(四書集注)』·『사서혹문(四書或問)』·『태극도설해(太極圖說解)』·『통서해(通書解)』·『서명해(西銘解)』·『주역본의(周易本義)』·『역학계몽(易學啓蒙)』 등의 저서가 있고 그와 제자들의 문답록인 『주자어류(朱子語類)』도 있다.

43 이 구절은 『주자어류(朱子語類)』 권 139에 나온다. 「이소(離騷)」는 전국 시대의 초(楚) 굴원(屈原)의 작품으로 초 회왕(懷王)과 충돌하여 물러나야 했던 실망과 우국(憂國)의 정을 노래한 것이다 ("楚詞不甚怨君. 今被諸家解得都成怨君, 不成模樣. 九歌是托神以爲君, 言人間隔, 不可企及, 如己不得親近于君之意. 以此觀之, 他便不是怨君.").

44 감가(坎軻, 坎坷)는 도로가 평탄하지 않다는 뜻으로 험한 꼴을 당하거나 곤란에 처한 상황을 비유한다.

45 명교(名教)는 명분(名分)을 정하는 것을 중심으로 하는 전통적 예교나 유교 도덕을 가리킨다.

무릇 『이소』와 『사기』는 천고에 남을 지극히 빼어난 문장들이다. 그 문장이 지극한 이유는 모두 삼대의 빼어난 정신을 굳게 품어 지키고, 하늘과 인간의 관계를 진지하게 탐구하고자 하였기 때문이다. 그들 인생의 조우가 아주 험난하였기 때문에 진실로 감정이 북받친 일이 없는 것은 아니었다. 그러나 학문도 없고 식견도 없는 무리들은 또한 "군주를 비방하였다고 해도 문장의 큰 우두머리[大宗]로 떠받드는 데 문제가 없다."라고 말하니, 이렇게 되면 어찌 대의를 밝힐 수 있고, 어찌 마음가짐을 바로잡을 수 있겠는가? 공자께서 말씀하시길 "『시경』은 뜻을 일으킬 수 있다."라고 하셨다. 이 말을 해설하는 사람은 착한 것을 좋아하고 나쁜 것을 싫어하는 마음을 일으킬 수 있다고 풀이한다. 착한 것을 좋아하고 나쁜 것을 미워하는 마음은 비슷하게 보이지만 사실은 같지 않은 것을 미워하는 것이며, 그래서 평소 마음을 닦는 것을 귀하게 여긴다. 『이소』와 『사기』는 모두 『시경』의 뜻을 깊이 얻은 것이다. 문장이 완곡하고 풍자가 많지만 모두 명교를 위배하지 않았는데, 문장에만 얽매이는 사람은 이것을 알아채지 못한다. 그래서 나는 "반드시 육예와 시가 창작의 뜻에 통달한 다음에야 『춘추』와 같은 사서에 대해 이야기할 수 있다."라고 말하고자 하는 것이다.

夫『騷』與『史』, 千古之至文也. 其文之所以至者, 皆抗懷於三代之英,[46] 而經緯乎天人之際者也. 所遇皆窮, 固不能無感慨. 而不學無識者流, 且謂誹君謗主, 不妨尊爲文辭之宗焉, 大義何由得明, 心術何由得正乎? 夫子曰: "『詩』可以興."[47] 說者以謂興起好善惡惡之心也.[48] 好善惡惡之心, 懼其似之而非, 故貴平日有所養也. 『騷』與『史』, 皆深於『詩』者也. 言婉多風, 皆不背於名敎, 而梏於文者不辨也. 故曰: "必通六藝比興之旨, 而後可以講春王正月之書."

---

[46] 항회(抗懷)는 고상한 정신을 굳게 지킨다는 뜻이다.
[47] 이 구절은 『논어』 「양화(陽貨)」편에 나온다("子曰: '小子! 何莫學夫詩? 『詩』, 可以興, 可以觀, 可以群, 可以怨. 邇之事父, 遠之事君, 多識於鳥獸草木之名.'").
[48] 이 부분은 주자가 『논어집주(論語集注)』에서 『논어』 「태백(泰白)」을 주석한 부분에서 말한 내용이다("子曰: '興於詩', 興, 起也. 詩本性情, 有邪有正, 其爲言旣易知, 而吟詠之間, 抑揚反覆, 其感人又易入. 故學者之初, 所以興起其好善惡惡之心, 而不能自已者, 必於此而得之.").

16 『교수통의(校讎通義)』「자서(自序)」·「원도(原道)」

장학성(章學誠)

◎ 『교수통의(校讎通義)』

『교수통의(校讎通義)』는 새로운 학술의 기풍을 연 장학성의 저작이다. 건륭 44(1779)년 4권으로 완성되었다. 전통적인 목록학 전통을 계승·발전시키면서 아울러 자신의 지방지 편찬과 관련된 경험을 참고하여 이 책을 쓴 장학성은 교수(校讎)의 중요성을 강조하면서 그것이 "학술의 유파를 구분하여 밝히고 그 원류를 살피는 데[辨章學術, 考鏡源流]" 의의가 있음을 지적하였는데, 여기서 그는 차고통금(借古通今)을 주장하면서 사학·문학·교수학(校讎學)·목록학(目錄學) 등 여러 영역에 대해 상당한 독창적인 견해를 내놓았다. 권1에는 「원도(原道)」·「종유(宗劉)」·「호저(互著)」·「별재(別裁)」·「변혐명(辨嫌名)」·「보정(補鄭)」·「교수조리(校讎條理)」·「저록잔일(著錄殘逸)」·「장서(藏書)」 등의 항목으로 이론적인 측면을 다루고 있고, 권2, 3은 『한서』의 지(志)에 대한 평론을, 권4에는 부록으로 다양한 글을 싣고 있다. 『교수통의』에 대해서는 번역은 아니지만 왕중민(王重民) 통해(通解), 『교수통의통해(校讎通義通解)』(上海古籍出版社, 1987, 2009)를 참조할 수 있고, 섭영(葉瑛) 교주(校注), 『문사통의교주(文史通義校注)』(上·下, 中華書局, 1994)에도 『교수통의』가 함께 실려 있다(여기에서는 같은 내용이지만 본문이 좀 더 세밀하게 구분되어 있는데, 이 형식에 따르지는 않았다).

장학성(章學誠)

장학성(1738~1801)은 청대의 저명한 사학 이론가이자 방지학가(方志學家)이다. 자는 실재(實齋)이고 호는 소암(少岩)으로, 절강성(浙江省) 회계(會稽, 오늘날의 浙江省 紹興) 출신이다. 어려서부터 문사(文史)에 대해 농후한 흥취를 가지고 뜻을 세워 학문을 추구하였는데 건륭(乾隆) 42(1777)년 거인(擧人), 다음해 진사(進士) 학위를 얻었다. 국자감전적(國子監典籍)을 거쳐 정주(定州)·보정(保定)·귀덕(歸德) 등지의 서원(書院)에서 일하기도 하였고, 호광총독(湖廣總督) 필원(畢沅)의 막부(幕府)에 들어가『속자치통감(續資治通鑒)』등의 편찬에 가담하였다. 지방사지(地方史志) 10여 부의 편찬에도 가담하면서 독자적인 방지학의 체계를 세웠고, 건륭 17(1772)년부터『문사통의』편찬을 시작하여 20여 년에 걸쳐 완성하였다. 장학성은 일생 동안 곤궁하고 생활에 쪼들렸고, 학식이 넓고 사학 이론에 독자적인 식견을 갖추었지만 사회적 지위와 경제적 역량 때문에 자신의 포부를 충분히 살리지 못하였다.『문사통의』도 생전에는 목차만 각인하였을 뿐 도광(道光) 12(1832)년이 되어서야 둘째 아들에 의해 8권이 간행될 수 있었다. 또한『교수통의(校讐通義)』(4권)·『방지약례(方志略例)』(2권)·『문집(文集)』(8권)·『외집(外集)』(2卷) 등의 저작을 남겼다. 이런 책들은 사후 120년이 지난 다음에야『장씨유서(章氏遺書)』로 출간되었다.

16-1
『교수통의(校讐通義)』「자서(自序)」

　　교수(校讐)의 도리는 대저 유향(劉向)·유흠(劉歆) 부자로부터 비롯되었다. 서적을 각기 분류하고 조목별로 배열하여 학술을 드러내어 밝히고 그 원류를 헤아려 살피게 하는 이런 [교수라는] 일은 도술(道術)의 정묘함과 여러 서적의 득실 연유에 밝지 못한 사람이라면 사실 해낼 수 없는 일이다. 후대에 서적을 갑·을·병·정으로 분류하고 배열하여 경·사를 기록한 사람은 대대로 있어 왔으나, 그 대의를 미루어 밝혀내고 학술의 같고 다름을 조목조목 분별하는 것을 추구함으로써 사람들로 하여금 그 경위와 연원을 알게 하고 고대 문헌의 시초까지 미루어 짐작하게 하였던 사람은 천 명, 백 명 가운데 열 명이나 한 명밖에 되지 않는다.

　　校讐之義,[1] 蓋自劉向父子,[2] 部次條別, 將以辨章學術,[3] 考鏡源流, 非深明於道術精微·群言得失之故者,[4] 不足與此. 後世部次甲乙,[5] 紀錄經史者, 代有其人, 而求能推闡大義, 條別學術異同, 使人由委溯源,[6] 以想見於墳籍之初者,[7] 千百之中不十一焉.

1　교수(校讐)에서 한 사람이 홀로 교정을 보는 것을 교(校)라 하고, 두 사람이 서로 교정을 보는 것을 수(讐)라 한다. 즉 문헌의 오·탈자를 확인하고 교정하는 작업을 말한다.
2　유향 부자(劉向父子)는 아버지인 유향과 그 아들인 유흠을 말한다. 유향·유흠 부자는 『칠략(七略)』(7권)을 지어 교감학·목록학 등을 최초로 시도한 것으로 인정되고 있다. 『칠략(七略)』(7권)은 한대 유흠이 편찬한 것으로, 중국에서 가장 오래된 목록학 서적이다. 「집략(輯略)」·「육예략(六藝略)」·「제자략(諸子略)」·「시부략(詩賦略)」·「병서략(兵書略)」·「술수략(術數略)」·「방기략(方技略)」의 7략으로 이루어졌는데, 『한서』「예문지」가 바로 『칠략』에 의거하여 만들어졌다. 『별록(別錄)』(20권)은 『칠략』에 실린 설명[敍錄]을 따로 모은 것이다.
3　변장(辨章)은 변창(辨彰)과 같은 뜻으로 분별하여 명백히 한다는 뜻이다.
4　정미(精微)는 깊고 묘함, 세밀하고 꼼꼼함, 정수(精髓)를 뜻한다.
5　갑을(甲乙)은 갑·을·병·정으로 구분하는 문헌 분류법을 말한다. 육조의 진(晉) 때에는 경(經: 유가 경전)을 갑(甲), 자(子: 제자백가)를 을(乙), 사(史: 역사 관련 서적)를 병(丙), 집(集: 시문집)을 정(丁)으로 하는 4부로 나누었으나, 수(隋) 이후에는 자·사의 순서가 바뀌어, 그 후 경·사·자·집의 순서가 문헌 분류법으로 쓰이게 되었다.
6　유위(由委)는 경위, 자초지종이라는 뜻이다.

정초는 천 년 뒤에 태어났지만 선뜻 나서서 유향과 유흠이 『칠략(七略)』과 『별략(別略)』을 통해] 논의한 뜻을 찾아내어 이에 따라 역대 왕조의 기록을 수집하되, 오·탈자를 따지는 미세한 일 따위는 생략하고 특히 서적을 각 부류별로 나누어 배열하고 비슷한 종류끼리 구분한 다음 그 득실의 연유를 헤아리는 데 중점을 두었으며, 이 일을 교수(校讐)의 중심으로 삼았다. [이러한 정초의 공헌은] 대저 한대에 석거각(石渠閣)과 천록각(天祿閣)에서 장서를 모아 두기 시작한 이래 학자들이 일찍이 엿본 적이 없었다. 정초는 남송대에 태어나 옛 시대와 이미 아주 멀리 떨어져 있었고, 유씨의 이른바 『칠략』·『별록』은 이미 실전된 지 오래였으니, 『당서』 「예문지(藝文志)」에서는 아직 책이 남아 있었지만 『송사』 「예문지」에서는 이미 사라져서 그 이후 시대에는 볼 수 없었던 것이다. 따라서 그가 미루어 짐작할 수 있는 근거는 오로지 『한서』 「예문지」뿐이었다. 그러나 정초의 『통지』는 처음부터 반고를 비난하고 나섰으므로, 반고의 업적과 관련된 문제에 대해 정초는 모두 다 지나치게 깎아내리는 말만 하였을 뿐이었다. 대저 정초는 통사(通史)를 [높이 평가하면서] 쓰고자 하였고 반고는 단대사(斷代史)를 썼으니, 이 두 파의 근본 취지는 예로부터 특히 달랐다. 이른바 "도가 같지 않으면 함께 꾀하지 않는다."라는 말이 있을 정도이니, [정초가 반고를 그렇게 깎아내린 것은] 괴이하게 여길 것도 없다. 그렇지만 「예문지」만은 교수학에서 반드시 추구해야 하는 바이므로, 정초는 기분을 차분히 가라앉히고 [『한서』 「예문지」에서] 유흠 부자의 숨겨진 뜻을 찾았어야 하였으나 그렇지 못하였다. 그러므로 옛 사람[즉 『한서』 「예문지」]의 큰 뜻을 결국 제대로 엿볼 수 없었던 것 같다.

鄭樵生千載而後, 慨然有會於向·歆討論之旨,[8] 因取歷朝著錄, 略其魚魯豕亥之細,[9] 而特以部次條別, 疏通倫類,[10] 考其得失之故而爲之校讐. 蓋自石渠·天祿以還,[11] 學者

---

[7] 분적(墳籍)은 상고 시대의 서적을 통틀어 가리키는 말이다. 삼분(三墳)·오전(五典)·팔색(八索) 등은 모두 고대 제왕의 전적을 가리키는데, 이것을 분적이라고도 한다.

[8] 개연(慨然)은 의기가 복받치어 탄식한다거나, 대범하고 시원스러운 모양을 가리킨다.

[9] 어로시해(魚魯豕亥)는 어로해시(魚魯亥豕)라고도 하며 어(魚) 자와 로(魯) 자가 서로 닮아 혼동하고, 해(亥) 자와 시(豕) 자를 서로 혼동한다는 뜻이다. 주로 서적을 출판하고 목판을 새기는 과정에서 생겨날 수 있는 실수와 혼동을 가리킨다.

[10] 소통(疏通)은 통달하다, 개통하다 또는 나누고 갈라서 밝히고 풀이한다는 뜻이다. 윤류(倫類)는 사물의 조리와 차례, 또는 서로 다른 사물을 조리 있게 구분하는 것을 말한다.

所未嘗窺見也. 顧樵生南宋之世, 去古已遠, 劉氏所謂『七略』·『別錄』之書, 久已失傳, 唐志尚存, 宋志已逸, 嗣是不得見矣. 所可推者, 獨班固文藝一志, 而樵書首譏班固, 凡所推論, 有涉於班氏之業者, 皆過爲貶駁之辭. 蓋樵爲通史, 而固則斷代爲書, 兩家宗旨, 自昔殊異, 所謂: "道不同, 不相爲謀,"[12] 無足怪也. 獨藝文爲校讐之所必究, 而樵不能平氣以求劉氏之微旨, 則於古人大體,[13] 終似有所未窺.

　또한 그는 논의가 지나치게 날카로워 수·당 시대의 사지(史志)나 경·사·자·집 등의 분류 방법에 대해서는 또한 대략 그 얼개를 섭렵하기는 하였지만, 유향·유흠 부자의 학술과 업적을 상세히 드러냄으로써 그 시비득실이 있는 곳을 밝혀내는 일은 제대로 해내지 못하였다. 따라서 그가 스스로 『통지』를 썼지만 「예문(藝文)」·「금석(金石)」·「도보(圖譜)」 등 여러 략(略)에서는 서로 어긋나는 것이 뒤섞여 나왔으므로, 이 또한 앞 시대 사람들의 저술의 잘못을 비난하였던 것과 큰 차이가 있는 것은 아니다. 이것은 [정초가] 뿌리를 헤아리지 않고 끄트머리만 가지런히 정돈하였기에 나온 결과이다. 또한 그는 서적을 구하는 방법이나 교정하는 일에 대해서는 상세하게 두루 갖추었으나, 서적을 구하기 이전에 문자를 어떻게 다스리고 살펴볼 것인지, 서적을 교감한 다음에는 어떻게 기왕의 도첩·서적을 본받고 지킬 것인지는 모색하지 않았다. 무릇 이러한 결점들은 모두 정초가 미처 그렇게 할 틈을 갖지 못했기 때문에 나온 것이다. 생각건대 그가 섭렵한 서적의 범위가 아주 넓고, 또한 전문적으로 깊이 파고들지 못한 점도 있었기에 [『통지』처럼] 분량이 아주 방대한 대작을 쓰다 보니 허술하고 빠진 것이 없을 수 없었다. 이 점 역시 어쩔 수 없는 일이었다. 지금 여러 학자들의 논의를 판단의 기준으로 삼고 그 근원을 상세히 탐구하여 『교수통의(校讐通義)』 몇 편을 지어서 억지로 하나로 묶었는데, 학술의 연원을 분별하여 정리한 바가 있어 내 뜻을 알아주는 군자가 혹시라도 여기서 얻을 바가 있었으면 하고 기대하는 바이다.

11　석거(石渠)는 석거각(石渠閣)을 말한다. 전한 황실의 도서를 보관하던 기구로, 장안 미앙궁의 북쪽에 있었다. 천록[각](天祿[閣]) 역시 황실 장서를 보관하던 기구로 한 고조가 창설하였고, 미앙궁 내에 있었다.
12　이 구절은 원래 『논어』 「위령공(衛靈公)」 편에 나온다.
13　대체(大體)는 중요한 의리나 대국(大局)에 관련된 도리, 또는 대요(大要)나 강령을 뜻한다.

又其議論過於駿利,[14] 隋唐史志, 甲乙部目, 亦略涉其藩, 而未能推闡向·歆術業, 以究悉其是非得失之所在.[15] 故其自爲『通志』, 藝文·金石·圖譜諸略, 牴牾錯出, 與其所譏前人著錄之謬, 未始徑庭,[16] 此不揣本而齊末者之效也. 又其論求書之法, 校書之業, 旣詳且備, 然亦未究求書以前, 文字如何治察, 校書以後, 圖籍如何法守. 凡此皆鄭氏所未遑暇, 蓋其涉獵者博, 又非專門之精, 鉅編鴻製,[17] 不能無所疏漏, 亦其勢也. 今爲折衷諸家, 究其源委, 作校讎通義, 總若干篇, 勒成一家, 庶於學術淵源, 有所釐別, 知言君子,[18] 或有取於斯焉.

---

14 준리(駿利)는 날카롭다, 예리하다는 뜻이다.
15 추천(推闡)은 드러내어 밝힌다는 뜻이다.
16 경정(徑庭, 逕庭)은 대상경정(大相徑庭, 大相逕庭)으로 피차간에 서로 아주 멀거나 모순이 크다는 뜻이다.
17 거편홍제(鉅編鴻製)는 홍편거제(鴻篇鉅制)라고도 하며 규모가 방대한 저술을 높여 부르는 말이다.
18 지언(知言)은 견식 있는 이야기, 또는 남의 말을 듣고 잘 분석할 수 있다는 뜻이다. 지음(知音)과 같은 뜻이기도 하다.

16-2
『교수통의(校讎通義)』「원도(原道)」

　　상고 시절에는 문자가 없어 줄을 묶어서 다스렸고, [성인이] 그것을 문자로 바꾸면서 그 쓰임새를 밝혀 말하길 "백관은 이것으로 다스리고, 만인은 이것으로 살핀다."라고 하셨다. 무릇 다스리고 살핀다는 것은 깊이 감춰진 것을 밝게 드러내고 사물의 명칭을 표현하게 한 바로, 대저 부득이하게 이렇게 한 것이며, 그 [문자의] 쓰임새는 대략 이 정도면 충분하였다. 그러나 세상의 도리는 크고 사물은 많아 이루 다 미칠 수는 없었으므로 성인은 이를 위해 관사(官司)를 세우고 직분을 나누었으며, 문자 역시 이에 따라 기록하게 되었다. 관사가 있으니 이에 법률이 생겼고, 따라서 법률은 관사에서 갖추게 되었다. 법률이 생기니 곧 문서가 생겼으며, 따라서 문서는 관사에서 보관하게 되었다. 문서가 있으니 이에 학문이 생겼고, 따라서 스승이 그 학문을 제자에게 전수하게 되었다. 학문이 있으면 그것을 가르치기 위한 교재인 학업(學業)이 생겼고, 따라서 제자는 그 학업을 익히게 되었다. 관사의 직분[官守]과 학업은 모두 한곳에서 나왔고 천하가 같은 문자로 다스려졌으므로, 민간에서 개인적으로 문자로 기록한 것이 있을 리 없었다. 민간에서는 문자로 저술한 것이 없으니, 관사의 직분이 나눠진 것이 바로 뭇 서적의 분류와 같았으며 따로 기록하는 법이 있을 필요가 없었다.

　　古無文字, 結繩之治, 易之書契, 聖人明其用曰: "百官以治, 萬民以察."[19] 夫爲治爲察, 所以宣幽隱而達形名,[20] 蓋不得已而爲之, 其用足以若是焉斯已矣. 理大物博, 不可殫也, 聖人爲之立官分守,[21] 而文字亦從而紀焉. 有官斯有法, 故法具於官, 有法斯有書,

---

[19] 이 구절은 원래 『주역』 「계사 하(下)」에 나온다("上古結繩而治, 後世聖人易之以書契, 百官以治, 萬民以察."). 결승(結繩)은 줄을 묶어서 표시를 남김으로써 문자 역할을 하게 하는 것이다.

[20] 형명(形名)은 사물의 실재와 명칭을 가리키며, 나아가 형명(刑名), 법률과 형벌을 가리키기도 한다. 처음부터 여기까지의 내용은 장학성의 『문사통의』 내편(內篇) 「경해(經解) 상(上)」에도 이와 비슷한 구절이 있다("『易』曰: '上古結繩而治, 後世聖人易之以書契, 百官以治, 萬民以察.' 夫爲治爲察, 所以宣幽隱而達形名, 布政敎而齊法度也, 未有以文字爲一家私言者也.").

故官守其書, 有書斯有學, 故師傳其學, 有學斯有業,[22] 故弟子習其業. 官守學業皆出於一, 而天下以同文爲治, 故私門無著述文字. 私門無著述文字, 則官守之分職, 即群書之部次, 不復別有著錄之法也.[23]

후대의 문자는 반드시 육경에서 그 근원을 찾아야 한다. 육경은 공자가 직접 지은 책이 아니라 주관(周官)의 옛 문서[舊典]이다. 『주역』은 원래 [주관의 직분을 규정한 『주례』에 따르면] 태복(太僕)이 관장하던 일이었고, 『서경』은 외사(外史)가 보관하던 바였으며, 『예경(禮經)』은 종백(宗伯)에게 있었고, 『악경(樂經)』은 사악(司樂)에게 속하였으며, 『시경』은 태사(太師)가 관장하였고, 『춘추』는 국사(國史)에게 있었다. 공자께서는 스스로 "서술하였을 뿐 지어 내지 않았다(述而不作)."라고 말씀하셨으니, 분명히 [周의] 관사(官司)가 그 원래의 직분을 잃어버린 다음 [공자가 周官의 옛 문서를 『육경』으로 정리하여] 이후 사제 간에 학문을 전수하는 학업으로 삼았다는 점이 뚜렷하게 밝혀지는 것이다. 이후 진대(秦代)에는 『시경』·『서경』 등 유가 서적에 대해 우연히라도 말하는 것을 금지하면서 "법령을 배우고 싶은 사람은 관리를 스승으로 삼으라."라고 하였다. 『시경』·『서경』을 버리라고 한 것은 물론 잘못이다. 하지만 "관리를 스승으로 삼으라."라고 한 것은 관사의 직분과 학업이 본디 하나였음을 말해 준다. "관리를 스승으로 삼으라."라고 한 진대의 발언에서 우리는 바로 하·은·주 삼대의 태평성대를 연상할 수 있다. 『예경』은 종백이 스승이었고 『악경』은 사악(司樂)이 스승이었으며 『시경』은 태사가 스승이었고 『서경』은 외사(外史)가 스승이었던 것이다. 『삼역(三易)』과 『춘추』 또한 이와 같았을 뿐이니, 또한 어찌 민간의 저술이라는 게 있겠는가?

後世文字, 必溯源於六藝. 六藝非孔子之書, 乃周官之舊典也. 『易』掌太僕, 『書』藏外

---

[21] 관(官)은 관위나 관원, 수(守)는 그 직장(職掌)·직수(職守)·직책(職責)·직분(職分)을 가리킨다.
[22] 업(業)은 원래 나무 판자 즉 널[版]이나 큰 널[大版]을 가리킨다. 고대에는 문자를 쓰기 위한 네모 나무판을 뜻하기도 하였고, 여기에서 교재·서책이라는 뜻도 가지게 되었다.
[23] 이 내용과 비슷한 기술이 『문사통의』 내편(內篇) 「시교(詩敎) 상(上)」에 있다("古未嘗有著述之事也, 官師守其典章, 史臣錄其職載. 文字之道, 百官以之治, 而萬民以之察, 而其用已備矣. 是故聖王書同文以平天下, 未有不用之於政敎典章, 而以文字爲一人之著述者也. 道不行而師儒立其敎, 我夫子之所以功賢堯舜也.")

史,『禮』在宗伯,『樂隷』司樂,『詩』令於太師,『春秋』存乎國史.[24] 夫子自謂[25]: "述而不作",[26] 明乎官司失守, 而師弟子之傳業, 於是判焉. 秦人禁偶語『詩』・『書』, 而云: "欲學法令者, 以吏爲師."[27] 其棄『詩』・『書』, 非也, 其曰: "以吏爲師," 則猶官守・學業合一之謂也. 由秦人 "以吏爲師" 之言, 想見三代盛時,『禮』以宗伯爲師,『樂』以司樂爲師,『詩』・以太師爲師,『書』以外史爲師,『三易』・『春秋』亦若是則已矣,[28] 又安有私門之著述哉?

유흠의 『칠략』에서 반고는 『집략(輯略)』을 삭제하고 나머지 육략(六略)만을 남겨 두었다. 안사고(顏師古)는 "『집략』은 책의 모든 요점을 총괄한 것을 말한다."라고 하였다. 즉 유흠이 모든 서적에 대해 토론한 취지[의 핵심]인 것이다. 따라서 이 부분은 『칠략』의 도를 밝힌 가장 중요한 요점인데, 안타깝게도 그 문장은 전해지지 않는다. 지금 볼 수 있는 것은 겨우 "총계(總計)하고 분류별 목차[部目]를 만든 다음, 학술적 유파를 가리고 따졌다."라는 몇 구절뿐이다. 이 몇 구절에 의거하여 엿보건대, 유흠은 아마도 옛적에 관사의 직분과 학업이 하나였다는 도리[官師合一之道]에 대해 매우 밝았고, 그래서 민간에는 애초에 저술이 없었던 연유를 알고 있었던 것으로 보인다. 왜 이런 말을 할 수 있는가? 그는 육경에 대해 서술한 다음 제자백가를 서술하면서 반드시 아무개 가의 부류[某家者流]는 대개 옛적의 아무개 관리의 직분에서 나왔고, 그것이 유전되어 아무개 씨의 학문이 되었고, 실전되어 아무개 씨 학문의 [올바른 방향을 잇지 못하고 잘못된 방향으로 치우치는] 병폐가 되었다고 말하였기 때문이다. 그가 아무개 관사의 직분이라고 한 것은 바로 법률이 관사에 갖추어져 있고, 관사는 그 문서를 보존하였다

---

24 태복(太僕)은 관명으로 점치는 일을 관장하는 관직의 우두머리, 종백(宗伯)은 종묘 제사 등을 관장하는 관직, 외사(外史)는 경기 이외 지역에 대해 왕명을 선포하는 관직, 사악(司樂)은 종백 위 하의 음악을 담당하는 관직, 국사(國史)는 사관(史官)을 가리킨다. 이러한 관원과 그 직분에 대해서는 『주례(周禮)』에서 상세하게 다루고 있다.

25 부자(夫子)는 공자를 높여 부르는 말로 공부자(孔夫子)라고도 한다.

26 이 구절은 『논어』 「술이(述而)」 편에 나온다("子曰: '述而不作, 信而好古, 竊比於我老彭.'").

27 『사기』 권6 「진시황본기」(p.255)에 나오는 구절이다("有敢偶語『詩』・『書』者棄市. 以古非今者族. 吏見知不擧者與同罪. 令下三十日不燒, 黥爲城旦. 所不去者, 醫藥・卜筮・種樹之書. 若欲有學法令, 以吏爲師.").

28 『삼역(三易)』은 하의 『연산(連山)』, 은의 『귀장(歸藏)』, 주의 『주역(周易)』을 합해 부르는 말이다. 모두 태복(太僕)이 관장하는 직분이었다[掌三易之法].

는 것을 뜻한다. 그가 유전되어 아무개 씨의 학문이 되었다고 한 것은 곧 관사가 그 직분을 잃게 되자 사제 간에 그 학문을 전수하게 되었다는 것을 말한다. 그가 실전되어 아무개 씨 학문의 병폐가 되었다고 한 것은, 곧 맹자께서 "[치우치거나 방탕하거나 사악하거나 회피하는 말을 듣고 그릇된] 마음이 생겨나 정치를 펼치게 되면, 정치를 해치고 일을 망친다."라고 하신 것과 같으니, 이런 것들을 가려서 판단한 것인데, 아마도 학문이 제대로 된 길에 가까워지기를 바랐기 때문일 것이다. 따라서 [이상의 서술에서] 내가 유씨 부자의 이런 뜻을 이어받으면서 [校讎學을 제창하는 것은] 고금의 서적들을 널리 구하여 그 목록을 만들고 분류하면서 학문의 특성과 유파를 판별한 다음 육경을 판단의 기준으로 삼아 대도를 밝히고자 함이니, 단순하게 갑·을·병·정 사부로 나누고 그 분량이나 기록하는 [目錄學의] 필요만을 위한 것이 아니라는 뜻은 이미 분명하게 드러났으리라고 생각한다.

　　在劉歆『七略』, 班固刪其「輯略」, 而存其六. 顔師古曰: "輯略, 謂諸書之總要."[29] 蓋劉氏討論群書之旨也. 此最爲明道之要, 惜乎其文不傳. 今可見者, 唯"總計部目之後, 條辨流別"數語耳.[30] 卽此數語窺之, 劉歆蓋深明乎古人官師合一之道, 而有以知乎私門初無著述之故也. 何則? 其敍六藝而後, 次及諸子百家, 必云某家者流, 蓋出古者某官之掌, 其流而爲某氏之學, 失而爲某氏之弊.[31] 其云某官之掌, 卽法具於官, 官守其書之義也, 其云流而爲某家之學, 卽官司失職, 而師弟傳業之義也, 其云失而爲某氏之弊,

---

[29] 『한서』 권 30, 「예문지」(p.1702)에 실려 있는 안사고의 주석이다(師古曰: "輯與集同, 謂諸書之總要."). 총요(總要)는 총괄(總括), 통령(統領)이란 뜻이다.

[30] 조변(條辨)은 조목별로 가리거나 따진다는 뜻이다. 유별(流別)은 물길이 갈리는 것을 가리키는데, 나아가 문장이나 학술의 유파를 가리키기도 한다.

[31] 이를테면 『한서』 권30의 「예문지」(p.1738)에서는 육경을 먼저 소개하고, 뒤이어 제자백가를 늘어놓으면서 묵가(墨家)에 대해서는 그 저작 6종 86편의 목록을 제시하고 다음과 같은 묵가의 장단점을 소개하는 글을 덧붙이고 있다. 묵가의 연원과 특성, 장점을 모두 늘어놓은 다음 그것이 잘못된 방향으로 나가는 폐단을 지적하고 있는 것이다. 학(學)과 폐(弊)가 뜻하는 것은 바로 이런 것으로 보인다("墨家者流, 盖出于淸廟之守. 茅屋采椽, 是以貴儉; 養三老五更, 是以兼愛; 選士大射, 是以上賢; 宗祀嚴父, 是以右鬼; 順四時而行, 是以非命; 以孝視天下, 是以上同; 此其所長也. 及蔽者爲之, 見儉之利, 因以非禮, 推兼愛之意, 而不知別親疏."). 폐(弊)는 쓰러지다, 쓰러져 죽다, 허물어지다, 패망하다, 피폐하다는 뜻이고, 나아가 폐단이나 병폐를 뜻하기도 한다.

卽孟子所謂: "生心發政, 作政害事."³² 辨而別之, 蓋欲庶幾於知言之學也. 由劉氏之旨 以博求古今之載籍, 則著錄部次, 辨章流別, 將以折衷六藝, 宣明大道, 不徒爲甲乙紀 數之需, 亦已明矣.

---

32 이 구절은 『맹자』 「공손추 상(上)」에서 나온 것으로 보인다(公孫丑曰: "何謂知言?" 孟子曰: "詖 辭知其所蔽; 淫辭知其所陷; 邪辭知其所離; 遁辭知其所窮. 生於其心, 害於其事; 發於其事, 害於 其政; 聖人復起, 必從吾言矣."). 생심(生心)은 다른 마음이나 의심을 품는다, 내심에서 생겨난다 는 뜻이고, 발정(發政)은 정령을 발포한다, 행정 조치를 취한다는 뜻이다.

17 『신학위경고(新學僞經考)』 및 『공자개제고(孔子改制考)』 「서(序)」

캉유웨이(康有爲)

◎ 『신학위경고(新學僞經考)』

『신학위경고』(14권)는 광서 17(1891)년 처음 간행되었다. 『공자개제고』와 더불어 캉유웨이가 금문 경학(今文經學)·공양학(公羊學)의 기치를 내걸고 탁고개제(托古改制) 사상을 선전하기 위해 쓴 것으로, 전통적인 고문경학을 맹렬하게 비판하였다. 이를테면 『주례』·『고문상서』·『좌전』·『모시(毛詩)』 등의 고문 경전은 모두 유흠이 위조하였기 때문에 위경(僞經)이며, 유흠이 위경을 만든 이유는 왕망(王莽)이 전한의 정권을 찬탈하여 새로운 왕조 신(新)을 건립하기 위해서였으므로 고문경학은 모두 신학(新學)이라는 것이 요지이다. 『신학위경고』는 출판 이후 상당한 반향을 일으켜 어사의 탄핵과 분훼(焚毀) 요청을 낳기도 하였고, 무술 개혁의 실패 이후 금서로 지정되기도 하였다. 판본은 강의화(姜義華) 등편교(等編校), 『캉유웨이전집(康有爲全集)』(中國人民大學出版社, 2007) 제1집에 실린 것을 참조하였다.

◎ 『공자개제고(孔子改制考)』

『공자개제고』(21권)는 근대 사상가인 캉유웨이의 대표적인 개혁 이론서 가운데 하나이다. 1891년~1895년 사이 캉유웨이는 광주(廣州)의 만목초당(萬木草堂)에서 공학(孔學)·불학(佛學)·송명학(宋明學)을 체(體)로 삼고 사학(史學)·서학(西學)을 용(用)으로 삼는다는 취지 아래 강학을 하였는데, 이 시기에 금문경학가 랴오지핑(廖季平)과 그의 저작에 영감을 받아 『공자개제고』(1892년 쓰기 시작하여 1898년 정식 간행되었다)와 『신학위경고』를 지어, 후한 시대 이래 통치자들이 유학의 정통으로 삼아 오던 고문경(古文經)이 실제로는 유흠이 왕망이 전한 정권 찬탈을 위해서 위조한 신학(新學, 즉 왕망이 세운 新의 학문)이었다는 점과, 이렇게 위조된 신학은 공자 학설의 '미언대의(微言大義)'와 탁고개제의 위대한 개혁가인 공자의 면모를 매장시켜 버렸다고 주장하였다. 『공자개제고』는 이리하여 캉유웨이가 후에 추진하는 변법 유신(變法維新) 운동의 이론적 근거로서 그의 정치사상을 집중적으로 드러내 주게 되었다. 그는 이를 통해 서구의 진화론 사상과 전통 금문경학의 관점을 혼합하여 대동 사상(大同思想)을 제창하기도 하였다. 하지만 『공자개제고』는 출간과 동시에 공자·유학에 대한 그 독특한 해석 때문에 정통 유학의 입장에 선 사람들에게 강력한 비판·비난의 대상이 되었고, 무술 개혁의 실패 후에는 금서로 지정되기도 하였다. 판본은 강의화 등편교, 『캉유웨이전집』(中國人民大學出版社, 2007) 제3집에 실린 것을 참조하였다. 김동민 역, 『공자개제고』 1-5(세창출판사, 2013)의 우리말 번역본도 있다.

캉유웨이(康有爲)

캉유웨이(1858~1927)는 원명이 조이(祖詒)이고 자는 광하(廣廈), 호는 장소(長素)이다. 광동성(廣東省) 광주부(廣州府) 남해현(南海縣) 출신이라 강남해(康南海)로 불리기도 한다. 광서(光緖) 21(1895)년의 진사로 근대 중국의 저명한 정치가·교육가·개혁가이다. 관료 가문에서 태어나 송명 이학 중심의 유가 사상을 학습한 다음 경세 사상이나 서구 사조에도 눈을 돌려 점차 서학(西學)을 강구하게 되면서 진화론 등과 서구의 정치 이론을 받아들여 변법 사상의 기초를 닦았다. 나아가 1888년 처음 북경에 가서 향시에 응시하게 되었을 때 광서제(光緖帝)에게 상서를 올려 변법을 요청하였다. 1891년에는 광동에 돌아가 만목초당을 열어 제자를 모아 강학 활동을 시작하고 량치차오(梁啓超) 등의 제자를 얻었다. 아울러 변법 이론을 창조하기 위해 『신학위경고』, 『공자개제고』를 지었다. 1895년 북경에 회시(會試)를 보기 위해 간 캉유웨이는 청·일 전쟁에서 패배한 청조가 일본과 시모노세키 조약을 맺는 것에 반대하여 응시하러 온 거인(擧人)들을 선동하여 황제에 올리는 상서를 조직하려 하였으나(이른바 公車上書라고 한다) 실제로는 미수에 그쳤다. 하지만 이 회시에 합격하여 진사가 된 다음 공부주사(工部主事)에 임명되었다. 이후에도 상서를 올려 개혁안을 제시하고 잡지를 발행하고 강학회(强學會) 등의 학회를 조직하여 개혁 운동에 직접 나선 캉유웨이는 1898년에는 4월에는 량치차오와 더불어 보국회(保國會)를 조직하여 구국자강(救國自强)을 호소하였고, 6월에는 광서제의 소견을 받고 총리아문장경(總理衙門章京)에 임명되어 개혁을 본격적으로 추진할 수 있는 기회를 얻었다(무술 변법). 하지만 이해 9월 하순 일시적으로 권력을 넘겨주었던 서태후의 반격으로 무술 개혁은 100일 천하로 끝나고 광서제는 연금되어 유폐당하였으며, 지명 수배를 당한 캉유웨이와 량치차오는 일본으로 망명하였다. 이후 캉유웨이는 캐나다에서 화교들의 도움으로 보황회(保皇會)를 조직하여 세계 각지를 돌아다니며 광서제의 복위와 군주 입헌 체제의 건립을 위한 활동을 하게 되었다. 신해 혁명 이후 1913년 귀국한 캉유웨이는 이후 존공복벽(尊孔复辟)을 선전하면서 공화제에 반대하였고, 1917년에는 군벌 장쉰(張勛)의 도움으로 복벽(复辟)에 성공하여 선통제(宣統帝)를 복위시키기도 하였으나 곧 실패로 끝났다. 만년의 캉유웨이는 산동성의 청도(靑島)에 은거하였다.

17-1
『신학위경고(新學僞經考)』「서(序)」

나는 『신학위경고』 14편을 지었는데, 그 차례를 매기면서 다음과 같은 이야기를 붙이고자 한다.

吾爲『新學僞經考』凡十四篇, 敍其目而系之辭曰:

처음으로 위조된 경전을 만들어 성제(聖制)를 어지럽힌 것은 유흠에게서 시작되었고, 위조된 경전을 널리 퍼트려 공자의 도통을 찬탈하는 일은 정현(鄭玄)에 의해 이루어졌다. 2천여 년의 유구한 세월을 살피고 수만 수억의 학자들의 학문을 모으고 20개 왕조 왕자(王者)들의 숭엄한 예악 제도를 통틀어 보니, 모두 위조된 경전을 성법(聖法)으로 삼아 받들면서 소리 내어 읽고 존중하고 믿으며 그 뜻을 받들어 지키면서 시행하였다. 이를 어기는 사람은 성인을 비난하고 법을 무시하는 사람으로 논죄하였지만, 또한 감히 어느 누구도 이를 어기거나 감히 의심하는 경우가 없었다. 이에 공자의 경전을 빼앗아 주공에게 넘기고 공자는 깎아내려 단지 전승하는 존재로만 삼았다.[1] 이리하여 공자의 개제(改制)라는 성법(聖法)은 쓸려가 버리고 『춘추』 또한 조각나고 문드러진 조정의 공보로 지목되었다. 『육경』은 뒤집히고 못된 무리들에 의해 어지럽혀졌으며, 성제(聖制)는 묻혀 버려 안개 속에 빠지게 되었으니 천지는 정상적인 모습을 벗어나고 해와 달은 색깔이 바뀌었다. 하늘이 내리신 대성인인 공자께서 [당시로부터] 400년 전에 계셨고 장소는 여전히 중국[中夏]으로 똑같았는데, 이렇게 심한 재앙을 만나고 우환을 겪었다는 것이 어찌 이상한 일이 아니겠는가? 또한 후세의 큰 재앙이라는 것은 바로 "환관에게 권력을 맡기고, 널리 여색을 밝히고, 군주는 방탕과 사치에 빠지고, 권신(權臣)은 제위를 뺏거나 훔치려 하는 것이었으니," 이것은 일찍이 누차 백성을 해치고 종묘와

---

[1] 캉유웨이는 『오경』이 모두 공자가 제작한 것이며, 동시에 거기에 개혁[改制]의 사상을 담은 것이라고 주장하고 있으므로, 『오경』(『육경』)이 공자가 제작한 것이 아니라는 이후의 학설에 대해 강하게 반발하고 있는 셈이다.

사직을 뒤집는 일이었다. 옛적에는 이러한 일이 없었는데 유흠이 모두 그런 것을 열었으니, 위로는 성경(聖經)을 찬탈하고 훔쳤으며, 아래로는 나라를 망친 셈이었다.

始作僞亂聖制者, 自劉歆, 布行僞經篡孔統者,[2] 成於鄭玄.[3] 閱二千年歲月日時之綿曖,[4] 聚百千萬億衿纓之問學,[5] 統二十朝王者禮樂制度之崇嚴, 咸奉僞經爲聖法, 誦讀尊信, 奉持施行, 違者以非聖無法論, 亦無一人敢違者, 亦無一人敢疑者. 於是奪孔子之經以與周公, 而抑孔子爲傳, 於是掃孔子改制之聖法, 而目爲斷爛朝報. 六經顚倒, 亂於非種,[6] 聖制埋薶,[7] 淪於雲霧;天地反常, 日月變色. 以孔子天命大聖, 歲載四百, 地猶中夏, 蒙難遘閔,[8] 乃至此極, 豈不異哉? 且後世之大禍, 曰:"任奄寺,[9] 廣女色, 人主奢縱,[10] 權臣篡盜, 是嘗果毒生民·覆宗社者矣." 古無有是, 而皆自劉歆開之, 是上爲聖經之篡賊, 下爲國家之鴆毒者也.[11]

무릇 처음에는 찬탈하고 훔친 것으로 시작하지만 결국에 가서는 정말로 천자가 되어 버리고, 처음에는 가짜 왕조[僞朝]를 칭하지만 나중에 가면 정말로 정통(正統)이 되어 버린다. 사마씨(司馬氏)가 위의 황제권을 찬탈하였으나 혜소(嵇紹)는 여기에 충성을 바쳤고, 조절(曹節)이 천자의 명령을 위조하였으나 장환(張奐)은 거기에 충실하여 힘을 다했다. 잘못된 것을 익혀 그것을 옳다고 여기게 된 다음에는 빨강색과 노랑색이 뒤바

---

2 포행(布行)은 공개하여 퍼트린다, 실행한다는 뜻이다.
3 정현(鄭玄, 127~200)은 후한의 저명한 경학가로 자는 강성(康成)이다. 북해(北海) 고밀(高密, 오늘날의 山東省 고밀현) 출신으로 고문경학을 주로 하고 아울러 금문경학의 주장도 채용하면서 유가 경전에 두루 주를 달아 한대 경학의 집대성자가 되었고, 수많은 제자를 길러 내었다.
4 면애(綿曖)는 유구(悠久)하다, 멀고도 멀다(悠悠)는 뜻이다.
5 금영(衿纓)은 옷깃과 갓끈을 말하지만, 나아가 의관을 단정하게 갖춘 사대부·독서인을 지칭한다.
6 비종(非種)은 열등한 식물 종자를 말하는데, 나아가 못된 무리나 이민족을 폄하하는 뜻으로도 쓰인다.
7 매예(埋薶)는 묻힌다는 뜻이다.
8 구민(遘閔, 遘湣)은 우환·환난을 만난다는 뜻이다.
9 엄시(奄寺)는 환관을 말한다. 고대에는 엄인(奄人)·시인(寺人)이라 불렀고 나중에 환관·태감(太監)이라 부르게 되었다.
10 사종(奢縱)은 사치스럽고 방종함을 말한다.
11 짐독(鴆毒)은 독주나 독약, 또는 독주로 사람을 해친다는 뜻이다.

꾸고 단맛과 매운맛이 바뀌어 버린다. 그러니 홀로 외롭게 외치면서 그것을 바로잡고자 해도 그것이 어렵다는 점을 나 역시 잘 알고 있다. 그렇지만 이미 바닥으로 떨어진 성법을 다시 끌어올리고, 어둠 속에 잠긴 『육경』의 지혜를 다시 밝혀 유흠의 위조 경전을 물리치지 않고서는 공자의 대도가 드러나지 않으니, 내가 비록 외롭고 미천한 신분이지만 어찌 그만둘 수 있겠는가? 하지만 2천 년 이래 수많은 박학다식한 학자와 유자들이 끊임없이 뒤를 이으면서 모두가 현혹된 채로 어느 누구도 나서서 그릇된 사람의 그릇된 일을 들추어 드러냄으로써 선성(先聖)의 침중한 억울함을 씻어 내고 모든 유자들을 안개 속에서 벗어나도록 깨우치려 하지 않았다는 점을 나는 괴이하게 여길 수밖에 없는데, 어찌 성제(聖制)의 밝음과 어둠을 [가릴 수 있도록 계속] 기다려야 한다는 말인가? [그래서 나는] 자신의 역량이 미약함을 헤아리지 못하고, 그릇된 학설을 때려 부수고 한꺼번에 쓸어 내서 못된 도깨비 무리들이 분분히 달아나고 음침한 계곡의 짙은 안개가 흩어져 해가 밝게 빛나고 별은 총총히 그 모습을 드러내게 함으로써, 잊혀 버린 경전을 다시 되살려 내어 성제(聖制)에 보탬이 되기를 바라니 그것은 아마도 공자의 도를 지키는 무신(武臣)의 역할에 가까울 것이다.

　　夫始於盜篡者, 終於卽眞, 始稱僞朝者, 後爲正統. 司馬盜魏, 嵇紹忠[12]；曹節矯制,[13] 張奐賣,[14] 習非成是之後, 丹黃亂色,[15] 甘辛變味,[16] 孤鳴而正易之,[17] 吾亦知其難也. 然

---

[12] 혜소(嵇紹, 253~304)는 자가 연조(延祖)로 조위(曹魏) 중산대부(中散大夫)였던 혜강(嵇康)의 아들이며 서진(西晉)의 관료였다.

[13] 조절(曹節)은 같은 이름의 여러 사람이 있으나 여기서는 후한의 대환관 조절(曹節)을 가리킨다. 그는 자가 한풍(漢豊)으로 남양(南陽) 신야(新野, 오늘날의 河南 新野) 출신이었다.

[14] 장환(張奐, 104~181)은 자가 연명(然明)으로 돈황(敦煌) 연천(淵泉, 오늘날의 甘肅省 安西縣)출신인 후한의 명장이다. 건녕(建寧) 원(168)년 대장군 두무(竇武)와 태부(太傅) 진번(陳蕃)이 환관을 제거하려 하였는데 환관 조절(曹節)이 칙명을 위조하여 장환(張奐, 104~181)에게 두무를 공격할 것을 명령하였다. 위조된 칙명에 속아 장환은 두무군을 소탕하여 결국 환관 세력이 승리하게 만들었다. 장환은 나중에 이를 자책하여 두무 등의 복권을 꾀하였지만, 파면당하고 귀향하였다.

[15] 단황(丹黃)은 붉은색과 노란색, 또는 적황색(赤黃色)을 뜻한다. 또는 옛적에는 책을 교감할 때 붉은색 먹으로 쓰다가 오자를 만나면 자황색 먹으로 칠하였기 때문에 문자를 교감하는 단사(丹砂)와 자황(雌黃)을 단황(丹黃)이라고도 한다.

[16] 감신(甘辛)은 단맛과 매운맛, 또는 달콤하면서도 약간 신맛을 뜻하면서 술맛이 순정(醇正)함을 가리키기도 한다.

提聖法於旣墜, 明六經於闇智, 劉歆之僞不黜, 孔子之道不著, 吾雖孤微,[18] 烏可以已! 竊怪二千年來, 通人大儒,[19] 肩背相望,[20] 而咸爲瞽惑, 無一人焉發奸露覆,[21] 雪先聖之沈冤, 出諸儒於雲霧者, 豈聖制赫闇有所待邪? 不量縣薄,[22] 摧廓僞說, 犁庭掃穴,[23] 魑魅奔逸,[24] 霧散陰豁, 日熉星呀, 冀以起亡經, 翼聖制, 其於孔氏之道, 庶幾禦侮云爾.[25]

광서 17년 여름 4월 초하루 남해현 출신 캉유웨이가 쓰다.

光緒十七年夏四月朔, 南海康祖詒長素記.

[『신학위경고』의 저서 취지에 대한] 서술을 이미 마쳤으니, 이에 주인과 손님으로 나누어 그 체례를 이야기해 보고자 한다.

述敍旣訖, 乃爲主客, 發其例曰.

---

17 고명(孤鳴)은 따로 별다른 뜻이 있는 것 같지는 않다. 비슷한 용어인 호명(狐鳴)은 구화호명(篝火狐鳴)으로, 밤에 불을 대그릇[籠] 속에 넣어 은은하게 비추어 인화(磷火)처럼 보이게 하면서 동시에 여우 울음소리를 내는 것인데, 진섭(陳涉)·오광(吳廣)이 무리를 발동하여 반란을 일으켰을 때 사용한 수법이다. 이것은 나중에는 봉기를 꾀하는 것을 뜻하게 되었다.
18 고미(孤微)는 지위가 낮고 보잘 것 없는 사람을 뜻한다.
19 통인(通人)은 사물에 통달한 사람이나 박학다식한 사람, 대유(大儒)는 학식이 풍부한 선비를 이른다.
20 견배상망(肩背相望)은 앞사람의 어깨와 등을 본다는 것으로 사람들이 잇따라 길을 가면서 그 흐름이 끊이지 않는 상황을 나타낸다.
21 발간노복(發奸露覆)은 발간적복(發奸摘伏, 發奸摘覆)처럼 못된 사람의 못된 짓을 들춰 낸다는 뜻이다.
22 면박(緜薄)은 면력박재(綿力薄材), 즉 재능과 힘이 약함을 뜻하는 겸사이다.
23 이정소혈(犁庭掃穴)은 오랑캐의 뜰을 쟁기질하여 밭으로 만들고 그들의 소굴을 쓸어버려 폐허로 만든다는 뜻이다. 『한서』 권 94 「흉노전(匈奴傳)」에서 황문랑(黃門郎) 양웅(揚雄)이 한 말로 나온다("固已犁其庭, 掃其閭, 郡縣而置之.").
24 이매(魑魅)는 사람을 해치는 산과 연못의 도깨비·괴물의 통칭이다. 악인이나 간사한 세력을 비유하는 말로도 쓰인다.
25 어모(禦侮)는 외부로부터의 모욕에 저항하고 그것을 가로막는다는 뜻이다. 무신(武臣)을 가리키기도 한다. 『시경』 「대아(大雅) 면(緜)」에 나오는 무력을 갖춘 신하가 적의 침입을 막아 낸다고 한 구절에서 유래한다("予曰有禦侮." 毛傳: "武臣折衝曰禦侮." 孔穎達疏: "禦侮者, 有武力之臣, 能折止敵人之衝突者, 是能扞禦侵侮, 故曰禦侮也.").

손님이 주인[캉유웨이]에게 묻는다.

"위조된 경전에 왜 '신학(新學)'이라고 이름을 붙였습니까? 『한서』「예문지」에서는 고문 경전[古經]이라 부르고 [후한 허신(許愼)의] 『오경이의(五經異義)』에서는 고설(古說)이라 칭하며, 뭇 서적에서 서술한 바는 고문 경전이 특히 많고 수·당 시대에 내려오기까지 그 이름이 고쳐지지 않았으니, 의당 옛 관례를 따라 사람들이 좀 더 쉽게 알 수 있게 해야 하는 것 아닙니까?"

客問主人曰:"僞經何以名之新學也? 漢「藝文志」號爲古經,『五經異義』稱爲古說,[26] 諸書所述, 古文尤繁, 降及隨唐, 斯名未改, 宜仍舊貫, 俾人易昭."

주인은 탄식하며 대답한다.

"만약 당신이 말씀하신 대로라면 이것은 유흠에게 속은 것과 같습니다. 대저 고학(古學)이 그 이름을 얻은 까닭은 여러 경전이 공자 옛 저택의 담벼락[孔壁]에서 발굴되었고, 그것들이 모두 고문(古文)으로 쓰였기 때문입니다. 지금 공자 저택의 벽은 이미 비어 있고, 고문 역시 가짜 위조품일 따름입니다. 어찌 고(古)라고 이름을 붙일 수 있겠습니까? 후한 시대에는 학문이 고문파와 금문파로 나뉘었는데, 이미 공자의 저택에서 나온 것이라고 우겼으니 당연히 고문을 존숭할 수밖에 없었습니다. 이것은 신(新)의 유흠이 가짜를 내세우기 위해 간계를 부린 것입니다. 지금 이미 그 죄인들이 밝혀졌고, 해묵은 의혹도 깨끗이 정리되었으니 반드시 그 이름을 바로잡아 진실을 어지럽히지 못하게 해야 합니다. 유흠은 경전을 날조해서 왕망(王莽)의 찬탈을 도왔고 몸소 신(新) 왕조의 신하가 되었으므로, 그 경전[에 관련된 학문]을 '신학(新學)'이라고 부르는 것이 아주 올바른 명의(名義)인데, 다시 무슨 말을 거듭할 필요가 있겠습니까?

후세에 한학(漢學)과 송학(宋學)이 다투어 두 문파가 물과 불처럼 서로 앙숙이 되었는데, 후대에 한학으로 간주된 것들은 모두 가규(賈逵)·마융(馬融)·허신(許愼)·정현(鄭玄) 등의 학설로 그것은 사실 '신학'이지 한학이 아닙니다. 그리고 송대 이후 학자들

---

[26] 『오경이의(五經異義)』(10권)는 이미 실전되었으나 후한의 허신(許愼)이 편찬한 것으로 금문경학과 고문경학의 서로 다른 내용을 다룬 것인데, 정현(鄭玄)은 이를 논박하기 위해 『박오경이의(駁五經異義)』를 지으면서 그 원문을 인용하였다고 한다.

이 존숭하여 풀이한 경전은 대부분 위조 경전이고 공자의 경전이 아닙니다. 이제 내가 '신학'이라는 이름을 세웠으니 학자들은 모두 나아가 공자로부터 대도를 찾을 수 있게 되었으며, 한학파와 송학파는 모두 뒤로 물러나 스스로를 자책하고 마땅히 그 예전의 어리석음을 스스로 탓하면서 쓸데없는 엉뚱한 논쟁을 되풀이해서는 안 될 것입니다."

主人喟然曰 : "若客所云, 是猶爲劉歆所紿也. 夫古學所以得名者, 以諸經之出於孔壁, 寫以古文也. 夫孔壁旣虛, 古文亦贋僞而已矣. 何古之云? 後漢之時, 學分今古, 旣託於孔壁,[27] 自以古爲尊, 此新歆所以售其欺僞者也. 今罪人斯得,[28] 舊案肅淸, 必也正名, 無使亂實. 歆旣飭經左纂, 身爲新臣, 則經爲新學, 名義之正, 復何辭焉? 後世漢·宋互爭,[29] 門戶水火, 自此視之, 凡後世所指目爲漢學者, 皆賈·馬·許·鄭之學, 乃新學, 非漢學也. 卽宋人所尊述之經, 乃多僞經, 非孔子之經也. 新學之名立, 學者皆可進而求之孔子, 漢·宋二家退而自訟, 當自咎其夙昔之眛妄, 無爲謬訟者矣."

손님이 다시 주인에게 묻는다.

"위조된 문장을 판별하고 '신학'으로 이름을 바로잡는 것에 대해서는 이미 가르침을 받았습니다. 주인께서 지으신 『모시위증(毛詩僞證)』・『고문상서위증(古文尙書僞證)』・『고문예위증(古文禮僞證)』・『주관위증(周官僞證)』・『명당월령위증(明堂月令僞證)』・『비씨역위증(費氏易僞證)』・『좌씨전위증(左氏傳僞證)』・『국어위증(國語僞證)』・『고문논어위증(古文論語僞證)』・『고문효경위증(古文孝經僞證)』・『이아위증(爾雅僞證)』・『소이아위증(小爾雅僞證)』・『설문위증(說文僞證)』은 이미 위조 경전을 두루 공격하였는데, 어찌 한 권의

---

[27] 공벽(孔壁)은 공자 고택(故宅)의 담을 말한다. 『한서』 권 53 「노공왕여전(魯恭王餘傳)」에 의하면 전한 경제(景帝) 말년 공왕(恭王)이 궁실을 좋아하여 공자의 고택을 부숴 그 궁실을 넓히려 하였는데, 종・거문고 등의 소리가 들리어 감히 더 이상 파괴하지 못하였는데 그 벽 속에서 전국 시대 육국의 문자로 쓰인 고문경전(古文經傳)을 얻었다고 한다. 『상서』 46권 58편, 『예기』 131편, 『춘추좌씨전』 30편 등이 여기에 포함되어 있었다.

[28] 사득(斯得)은 모두 잡았다는 뜻이다. 사(斯)는 개(皆) 또는 진(盡)과 같은 뜻이다.

[29] 여기서 한(漢)과 송(宋)은 각기 한학(漢學)과 송학(宋學)을 가리킨다. 한학은 한대에 유행한 훈고학(訓詁學), 나아가 이것을 이어받아 특히 청대에 발전한 고증학(考證學)을 가리키며, 송학은 송대 이후 발전한 유학의 흐름, 즉 성리학(性理學 또는 理學, 朱子學과 陽明學 모두 여기에 포함된다)을 가리킨다. 송학에서는 『오경』보다는 『사서(四書)』를 더 앞세웠다.

책으로 합치지 않으십니까? 창해(滄海)의 끝까지 살펴보면 대진국(大秦國, 즉 로마)의 환상이 저절로 사라지는 것처럼 몽매함을 깨우쳐 분명히 알게 함으로써 그 뿌리를 잘라 버리지 않으십니까? 서로 떨어뜨려 둘로 나눠 놓으면 저 역시 여전히 현혹될 것입니다!"

客又問主人曰: "別僞文, 正新名, 卽得聞命矣.[30] 主人所著『毛詩僞證』·『古文尚書僞證』·『古文禮僞證』·『周官僞證』·『明堂月令僞證』·『費氏易僞證』·『左氏傳僞證』·『國語僞證』·『古文論語僞證』·『古文孝經僞證』·『爾雅僞證』·『小爾雅僞證』·『說文僞證』, 旣徧攻僞經, 何不合作一書? 滄海之觀旣極,[31] 犁軒之幻自祛,[32] 發蒙曉然, 絕其根株; 離而二之, 鄙猶惑諸!"

주인은 말한다.

"비록 위조 경전을 공격하기는 하였지만 그 꼭지가 아주 단단히 박혀 있어 모두 다 제거하기 쉽지 않습니다. [청대의 고증학자] 염약거(閻若璩)는 [조위(曹魏) 시대의 경학가] 왕숙(王肅)이 지은 『고문상서(古文尚書)』가 위조된 책임을 증명하였지만 왕숙의 책은 여전히 전해지며, [唐의 저명한 사가] 사마정(司馬貞)은 [隋의 경학가] 유현(劉炫)의 『상서공씨전(尚書孔氏傳)』이 위조된 책임을 증명하였으나 유현의 책도 여전히 전해지고 있습니다. 나는 전한 시대의 학설을 채택하여 공자의 원래 경전을 확정하고, 또한 '신학'이란 이름을 붙여 유흠의 경전 위조를 증명하였습니다. 진본과 위본을 서로 비교해 보면 흑백이 분명하고 시비가 또렷해지므로 비록 소진(蘇秦)·장의(張儀)와 같은 유세꾼도 놀라서 말문이 막힐 터이니, 굳이 노루 떼처럼 여기에 사람들을 모아 이끌고 깨우쳐 줄 필요는 없을 것입니다."

---

30 문명(聞命)은 명령을 받아들이거나 가르침을 받는다는 뜻이다.
31 창해(滄海)는 대해(大海)나 중국의 동해, 또는 신화 속의 섬 이름("滄海島在北海中. 地方三千里, 去岸二十一萬里, 海四面繞島, 各廣二千里, 水皆蒼色, 仙人謂之滄海也.")을 가리킨다.
32 이간(犁軒)은 『사기』 권123 「대완열전(大宛列傳)」에 여헌(黎軒)이라고 기록되어 있고, 『한서』 권61의 「장건·이광리전(張騫·李廣利傳)」에는 이간(犛軒)라고 기록되어 있는데 대진국(大秦國) 즉, 로마를 말한다.
33 백시(百詩)는 청대의 고증학자 염약거(閻若璩, 1636~1704)를 가리킨다. 그의 자는 백시(百詩)이

主人曰:"僞經雖攻, 然其蒂附深遠, 未能盡去也. 百詩證王肅之僞『書』,[33] 而王『書』自行也. 司馬證劉炫之僞『傳』,[34] 而劉『傳』自傳也. 吾採西漢之說, 以定孔子之本經, 亦附新學之說, 以證劉歆之僞經;眞僞相校, 黑白昭昭, 是非表表,[35] 雖有蘇·張,[36] 口呿舌撟,[37] 無事麕聚於此,[38] 致啓曉曉."[39]

손님이 다시 주인에게 묻는다.

"당신은 문자에 대하여 [최초의 한자 자전인『설문해자(說文解字)』를 펴낸 후한대] 허신의 학문이 가짜라고 공격하셨습니다. 그런데 고대[三古]의 진정한 문자가 전해지지 않고, 후대의 민간에서는 야문(野文)이 나날이 늘어나 전해지고 유통되는 실마리가 있

고 호는 잠구(潛邱)이다. 산서(山西) 태원(太原) 출신이다. 생원 학위를 얻은 데 지나지 않았으나 어려서부터 학문에 몰두하면서 다수의 학자들과 교류하였고,『대청일통지(大淸一統志)』등의 편찬에도 참여하였다.『고문상서소증(古文尙書疏證)』을 저술하여『고문상서』가 위작임을 밝혀낸 것으로 유명하다. 청대의 정관(丁寬, 丁晏, 1794~1876)은『상서여론(尙書余論)』을 통해 그것이 조위(曹魏)의 왕숙(王肅)이 위조한 것이라 주장하였다. 왕숙(王肅, 195~256)은 자가 자옹(子雍)이고 동해군(東海郡) 담현(郯縣, 오늘날의 산동성 郯城縣) 출신으로 조위(曹魏) 시대의 저명한 경학가이다. 여러 경전에 대해 금문·고문경학을 종합하여 주를 달았으며, 저서로는『성증론(聖證論)』과『공자가어(孔子家語)』등이 있다.

[34] 사마정(司馬貞, 679~732)은 자는 자정(子正)으로 당 현종 개원 연간 조산대부(朝散大夫)를 지냈다. 당대의 저명한 사가로『사기색은(史記索隱)』(30권) 등을 지었다. 그가 지은『사기색은』은 여러 학자의『사기』주(注)를 모아 정리한 것으로, 송 배인(裴駰)의『사기집해(史記集解)』및 당 장수절(張守節)의『사기정의(史記正義)』와 합쳐서 '사기삼가주(史記三家注)'로 불리기도 한다. 유현(劉炫, 546?~613?)은 자가 광백(光伯)으로 하간(河間) 경성(景城, 오늘날의 河北省 獻縣) 출신인 수대(隋代)의 경학가이다.『상서공씨전(尙書孔氏傳)』·『연산역(連山易)』·『노사기(魯史記)』등을 위조한 것으로 알려져 있다.

[35] 표표(表表)는 탁월하다, 특출하다는 뜻이다.

[36] 소·장(蘇張)은 전국 시대의 종횡가 소진(蘇秦)·장의(張儀)를 아울러 부르는 것으로 두 사람 모두 탁월한 언변을 지닌 것으로 유명하다.

[37] 구거설교(口呿舌撟)는 입을 벌리고 혀를 움직이지 못한다는 것으로 놀라서 두려워하는 모습을 형용한다.

[38] 무사(無事)는 변고가 없다, 아무 것도 하지 않는다는 뜻도 있지만 반드시 할 필요는 없다[無須]거나 아무런 연고나 구실도 없다는 뜻도 있다. 균취(麕聚, 麇聚, 麕聚)는 노루처럼 끼리끼리 모인다는 뜻이다.

[39] 치계(致啓)는 이끈다, 유발한다는 뜻이다. 효효(曉曉)는 알려서 분명하게 한다, 깨우쳐 준다는 뜻이다.

습니다. 그런데 『설문해자』가 양자를 뒤섞어 버리기는 하였지만, 그대로 기댈 곳을 제공하는데, 만약 허신의 학문을 포기한다면 장차 무엇에 의거할 수 있습니까?"

客又問主人曰: "主人之於文字, 卽攻許學之僞矣. 然三古之眞字不傳,[40] 後世之野文日增,[41] 傳流有緖, 無如『說文』, 雖亂淄澠,[42] 猶有寄; 君若舍洨長,[43] 將何依因?"

주인은 답한다.

"문자의 구별은 각기 문호(門戶)가 있으니, 각기 그 단서를 찾고 실마리를 풀어 이어 받거나 바꾸면서 서로 전해 내려왔습니다. 만약 전서체[篆書]를 부활하고자 한다면 중간에 한대의 예서체[隷書]가 가로막고 있으니 이 관문을 뛰어넘는 것이 어려울 것입니다. 위·진 시대는 전란으로 서체가 아주 뒤죽박죽이라 원래의 모습을 구하는 것은 더욱 어려울 것입니다. 다만 당의 개원 연간에 오늘날의 예서체[今隷]를 정하여 후세의 기준이 되었고, 지금도 이를 사용하니 정말로 진실로 지극한 기준입니다. 『개성석경(開成石經)』·『간록자서(干祿字書)』·『구경자양(九經字樣)』·『오경문자(五經文字)』는 이 서체에 의거하여 쓰였고, 이것이 바로 전수하고 계승하는 것입니다. 장참(張參)의 『오경문자』나 당현도(唐玄度)의 『구경자양』과 같은 경우 '도(桃)'·'춘(杺)'·'간(栞)'·'간(刊)'이 예서체로 쓰여 있는데, 『설문해자』와 『개성석경』은 전서체·예서체 두 문자체가 병존하고 있습니다. [후한대 『喜平石經』을 세우면서] 채옹이 바로잡아 새겨 본문은 금문을 주

---

40 삼고(三古)는 상고(上古)·중고(中古)·하고(下古)의 합칭이다.
41 야문(野文)은 민간에서 유전되는 문자를 가리킨다.
42 치민(淄澠)은 성질이 같지 않은 두 종류의 사물이 섞여 있는 것을 뜻한다. 치수[淄]와 민수[澠]는 모두 산동성에 있는 강물로 두 강의 물맛이 다르지만, 뒤섞으면 판별하기 어렵다고 하는 데서 나왔다.
43 효장(洨長)은 허신(許愼, 58~147)을 가리킨다. 허신은 자는 숙중(叔重)으로 소릉(召陵, 오늘날의 河南省 漯河市) 사람이다. 유가 경전에 정통하여 '오경무쌍(五經無雙)의 허숙중(許叔重)'으로 유명하다. 여남군(汝南郡)의 공조(功曹)가 되었다가 효렴(孝廉)으로 중앙에 선발되어 태위남각제주(太尉南閣祭酒)·효장(洨長) 등을 지냈다. 효장이란 명칭은 효현(洨縣)에서 현장(縣長)을 지낸 적이 있기 때문인데, 후한의 경학가·문학가인 그가 편찬한 『설문해자(說文解字)』는 중국 역사상 최초로 체계적으로 자형을 분석한 부수별(部首別) 한자 자전(漢字字典)으로, 중국 문학·문자학의 고전이자 후한 이전의 백과 전서라 할 수 있다. 『설문해자』는 모두 9,353자(중복 문자 1,163자를 계산하면 모두 10,506자)의 한자를 싣고 있다.

로 삼았는데, 허신은 [『설문해자』에서] 오로지 고학(古學)을 존숭하였습니다. 오늘날은 『[희평]석경』을 존숭하니 정말로 훌륭하고 올바른 일입니다! 문하생 가운데 학문을 좋아하고 이 책을 짓는 데 참가하면서 편집과 검토를 도와준 사람은 남해현 출신인 천첸추(陳千秋)와 신회현 출신 량치차오(梁啓超)이며, 교감을 하면서 오탈자를 바로잡아준 사람은 번우현 출신인 한원쥐(韓文擧)와 신회현 출신인 린쿠이(林奎)입니다."

主人曰: "文字之別, 有戶有門, 尋端繹緖, 承變相因. 若欲復篆, 中隔漢隸, 難逾此關. 魏晉爭亂, 書體雜越,⁴⁴ 更難求眞. 唯開元之定今隸, 爲後世之矩繩,⁴⁵ 於今用之, 正極爲衡.⁴⁶ 『開成石經』⁴⁷·『干祿字書』⁴⁸·『九經字樣』⁴⁹·『五經文字』⁵⁰, 依此寫定, 是師是承⁵¹; 其張唐二本, 如桃·枒·栞·刊, 『說文』·『石經』兩體竝存. 考中郞刊正,⁵² 本主今文, 南閣稽撰,⁵³ 專宗古學. 今尊石經, 其諸雅正歟!⁵⁴ 門人好學, 預我玄文, 其贊助編

---

⁴⁴ 잡월(雜越)은 뒤죽박죽 섞여 경계가 사라졌다는 것을 뜻한다.

⁴⁵ 구승(矩繩)은 곱자와 먹줄을 뜻하는데 네모나 직선을 표시하는 데 사용되며, 나아가 법도·기준을 비유한다.

⁴⁶ 형(衡)은 가로지르는 나무나 저울로, 나아가 기준·표준·준칙을 뜻하기도 한다.

⁴⁷ 『개성석경(開成石經)』은 당의 문종(文宗)이 경서를 베껴 쓰게 하여 개성(開成) 2(837)년에 완성시킨 12경(經)의 석각(石刻)이다. 현존하는 가장 완벽하게 보존된 석경으로 현재 서안의 비림(碑林)에 보존되고 있다.

⁴⁸ 『간록자서(干祿字書)』는 유명한 학자 안사고(顏師古)의 종손인 당대의 안원손(顏元孫)이 조부의 『안씨자양(顏氏字樣)』을 증보하여 펴낸 것으로, 속자(俗字)·통자(通字)·정자(正字)를 260부로 나누어 수록한 자서(字書)이다. 현재 석각본·모방본이나 그 탁본 등이 남아 있다.

⁴⁹ 『구경자양(九經字樣)』은 당 문종(文宗) 개성 2(837)년 한림대조조의랑(翰林待詔朝議郎) 당현도(唐玄度)가 편찬한 것으로 다음에 설명이 나오는 『오경문자』의 미진한 점을 보완할 목적으로 지은 것이다. 『신가구경자양(新加九經字樣)』(1권)의 약칭이다.

⁵⁰ 『오경문자(五經文字)』는 당 대력(大曆) 11(776)년 국자사업(國子司業) 장삼(張參)이 지은 책으로, 경전 문자의 형체를 다룬 책이다.

⁵¹ 사승(師承)은 지식·문화·기예 등을 학습하고 계승한, 또는 스승과 제자 사이에 전수한다는 뜻이다.

⁵² 중랑은 채옹(蔡邕, 132~192)을 가리킨다. 그가 처음 낭중이 되었다가 좌중랑장을 지냈기 때문에 사람들은 그를 채중랑이라 불렀다. 희평(喜平) 4(175)년 영제(靈帝)는 채옹에게 육경의 문자를 바르게 정하여 비에 새겨 태학 정문에 세우도록 하였는데, 모두 46개의 비에 『상서』·『주역』·『공양전』·『예기』·『논어』 등을 새겼다. 이것이 『희평석경』이다.

⁵³ 남각(南閣)은 앞서 나온 허신을 가리킨다. 그는 여남군(汝南郡)의 공조(功曹)가 되었다가 효렴

檢者, 卽南海陳千秋·新會梁啓超也,⁵⁵ 校讎譌奪者, 卽番愚韓文擧·新會林奎也."⁵⁶

    (孝廉)으로 중앙에 선발되어 태위남각제주를 지냈다.
54 기제(其諸)는 추측을 나타내는 어조사이다.
55 량치차오(梁啓超)에 대해서는 다음 자료(18. 『중국사서론』)의 저자 부분을 참조하라.
56 번우한문거(番愚韓文擧)는 광동성 번우현 출신의 한원쥐(韓文擧), 신회임규(新會林奎)는 광동성 신회현 출신의 린쿠이(林奎)를 가리키는데, 모두 캉유웨이의 제자이다.

17-2
『공자개제고(孔子改制考)』「서(序)」

　　공자께서 돌아가신 지 2,376년이 지나 공자께서 남기신 말씀을 읽으며 깊이 생각해 보니 슬프고 처량하여 이렇게 말하지 않을 수 없다.

　　孔子卒後二千三百七十六年, 康有爲讀其遺言, 淵淵然思,[57] 淒淒然悲,[58] 曰:

　　아! 나로 하여금 태평성대의 은택을 입지 못하고, 대동세계(大同世界)의 즐거움을 누리지 못하게 하는 것은 무엇인가? 중국 2천 년의 역사에서 사방 만 리의 영토에 거주하는 4억 신명(神明)의 후예들이 태평성대의 치세를 보지 못하고, 대동세계의 즐거움을 누리지 못하는 하는 것은 무엇인가? 대지(大地)로 하여금 태평성대의 치세를 보고 대동세계의 즐거움을 맞이하지 못하게 한 것은 무엇인가?

　　"嗟夫![59] 使我不得見太平之澤, 被大同之樂者, 何哉? 使我中國二千年, 方萬里之地, 四萬萬神明之裔,[60] 不得見太平之治, 被大同之樂者, 何哉? 使大地不早見太平之治, 逢大同之樂者, 何哉?

　　하늘이 이미 대지에서 살아가는 사람들의 어려움이 많다는 것을 슬퍼하였기에 흑제(黑帝)는 정기를 내려 [공자가 태어나게 함으로써] 백성의 근심을 구제하고, 신명(神明)이 되고, 성왕(聖王)이 되고, 만세의 보호자가 되고, 대지의 교주(敎主)가 되게 했다. 공자는 난세에 태어났으면서도 바로 난세에 의거하여[據亂] 삼세(三世)의 법을 세우고, 태평세(太平世)를 위해 노력하셨다. 그래서 자신이 태어난 노나라를 바탕으로 삼세의

57　연연(淵淵)은 깊고 넓다, 또는 깊고 아득하다는 것을 형용한다.
58　처처(淒淒)는 마음이 슬프고 쓰라림을 뜻한다.
59　차부(嗟夫)는 차호(嗟呼)와 같은 감탄사, 즉 탄식하는 말이다.
60　신명(神明)은 하늘과 땅 사이의 모든 신령을 총칭한다. 신성하다는 뜻도 있다.

의미를 수립하고, 천하의 멀고 가깝거나 크고 작은 지역이 하나가 되는 대일통(大一統)에 주의하고, 근본 원칙을 세워 천하를 다스리고, 하늘[天]을 인[仁]으로 삼고, 신기(神氣)와 변화[流形]에 의해 만물을 교화하고, 차마 어찌 하지 못하는 마음[不忍心]으로 어진 정치를 베풀게 하셨다. 또한 귀신과 산천, 제후와 서인, 곤충과 초목을 합쳐 그 가르침을 통일하되 둥근 머리에 각진 발을 지닌 동류인 사람을 먼저 사랑하여 난세에 무력으로 어지럽히고 전쟁으로 힘을 겨루는 법을 고쳐서 제거하고, 『춘추』의 신왕(新王)이 인(仁)을 행하는 제도를 세우셨다. 그 도리는 신명에 바탕을 두고, 천지와 법칙에 맞춰 만물을 기르고, 만세에 그 은택을 미치고, 근본의 도리에 밝히면서도 또한 지엽말단의 법도를 꿰뚫으며, 크고 작거나 정밀하거나 거친 사물을 가리지 않고 천지 사방과 사계절을 통해 존재하지 않는 곳이 없다.

天旣哀大地生人之多艱, 黑帝乃降精而救民患,[61] 爲神明, 爲聖王, 爲萬世作保, 爲大地敎主. 生於亂世, 乃據亂而立三世之法,[62] 而垂精太平,[63] 乃因其所生之國而立三世之義, 而注意於大地遠近大小若一之大一統, 乃立元以統天,[64] 以天爲仁, 以神氣流形而敎庶物,[65] 以不忍心而爲仁政. 合鬼神·山川·公侯·庶人·昆蟲·草木一統於其敎, 而

---

61 흑제(黑帝)는 북방(北方)을 관장하는 신을 가리킨다. 공자의 어머니가 꿈에서 흑제와 정을 통하고 공자를 낳았다는 기록도 있어 흑제가 정기를 내렸다는 것은 공자를 태어나게 한 것을 가리킨다.

62 삼세지법(三世之法)은 공양삼세설(公羊三世說)을 말한다. 이것은 춘추공양학(春秋公羊學)의 사회 역사론으로 공양학 역사 철학의 핵심이기도 하다. 인류 사회가 거란세(據亂世), 승평세(升平世), 태평세(太平世)의 순서대로 진화하는 과정을 거친다는 것으로 이 이론은 『춘추』의 해설서인 『공양전』에서 비롯되었고, 캉유웨이가 이를 체계화하여 사회 개혁의 이론적 기초로 삼았다. 특히 그는 『예기』「예운편(禮運篇)」의 소강(小康)·대동(大同) 개념과 근대 진화론의 사상을 융합시켜 삼세설의 역사 진화론을 만들어 내고 이것을 변법 운동의 이론적 기초로 삼았다. 삼세는 따라서 군주 전제·군주 입헌·민주 공화제라는 문명의 진보를 통해 '태평대동(太平大同)'의 세계로 나간다는 평화적이고 순서에 따른 점진적인 변화·발전을 뜻하기도 하였다.

63 수정(垂精)은 힘을 다하여 노력한다는 뜻이다.

64 입원(立元)은 원래 연호를 건립한다는 뜻이지만, 여기서는 아마도 근본을 세운다는 뜻으로 쓰인 것 같다. 통천(統天)은 『주역』「건괘(乾卦)」에 나오는 말이다("大哉乾元, 萬物資始, 乃統天."). 공영달(孔穎達)이 해석하기를 "통천이라 하는 것은 지극히 강건함으로 사물의 시작을 삼고 이로써 하늘을 통령(統領)한다."라고 하였으므로, 이후 천하를 통령하는 것을 가리키는 말로 사용한다.

65 유형(流形)은 만물이 자연스럽게 자라고 움직이며 그 형체가 변화하는 것을 가리킨다. 서물(庶物)은 만물(萬物)과 같은 뜻이다.

先愛其圓顱方趾之同類,[66] 改除亂世勇亂爭戰角力之法,[67] 而立春秋新王行仁之制. 其道本神明, 配天地, 育萬物, 澤萬世, 明本數, 繫末度,[68] 小大精粗, 六通四辟,[69] 無乎不在.[70]

이 제도는 근원 가운데 하늘을 세우고, 하늘 가운데에 땅을 세우고, 땅 가운데에 세상을 세우고, 세상 가운데 때에 맞춰 법을 세움으로써 힘써 인을 행하고 백성을 염려하여 백성의 근심을 제거하려는 데 지나지 않는다. 『주역』에서는 말한다. "글(문자)은 말[로 나오는 마음속의 뜻]을 제대로 다 표현해 낼 수 없고, 말(언어) 역시 [마음속의] 뜻을 제대로 다 표현해 낼 수 없다." 『시경』·『서경』·『예경』·『악경』·『주역』·『춘추』는 바로 그 글이 되고, 72명의 후학(제자)들에게 입으로 전한 것은 바로 그 말이 된다. 이 제도는 여름에 베옷을 입거나 겨울에 털옷을 입는 것처럼 시기에 따라 백성을 구제하는 말씀일 뿐이다.

此制乎, 不過於元中立諸天, 於一天中立地, 於一地中立世, 於一世中隨時立法, 務在行仁, 憂民憂以除民患而已. 易之言曰: "書不盡言, 言不盡意."[71] 『詩』·『書』·『禮』·『樂』·『易』·『春秋』爲其書, 口傳七十子後學爲其言. 此制乎, 不過其夏葛冬裘,[72] 隨時救民之言而已.

그런데 성인의 뜻은 그윽하고, 깊고, 넓고, 크다! 세운(世運)이 변하면 치도(治道)도 이에 따라 바뀌는데, 처음에는 아주 거칠지만 끝에 가서는 아주 정밀해진다. 교화가

---

66 원로방지(圓顱方趾)는 둥근 머리와 모난 발뒤꿈치라는 뜻으로 바로 사람을 가리킨다.
67 각력(角力)은 서로 무예나 힘을 겨루는 것을 말한다.
68 본수(本數)는 근본적인 도[根本之道]를, 말도(末度)는 이와 대조되는 구체적인 조치, 작은 일을 가리킨다. 이것은 각기 인의(仁義)와 명법(名法)으로 풀이하기도 한다.
69 육통사벽(六通四辟)은 상하 및 사방과 사계절을 뜻한다.
70 이 구절 전체는 『장자(莊子)』「천하(天下)」편에 나온다("古之人其備乎! 配神明, 醇天地, 育萬物, 和天下, 澤及百姓, 明於本數, 係於末度, 六通四辟, 小大精粗, 其運无乎不在.").
71 『주역』「계사 (상)」에 나오는 구절이다("子曰: '書不盡言, 言不盡意'.").
72 하갈동구(夏葛冬裘)는 여름에는 베옷, 겨울에는 가죽옷을 입는다는 것으로 시기에 따라 적절하게 조치를 취한다[因時制宜], 임시 변화를 주어 통하게 한다[通權達變]는 것을 가리킨다.

크게 이루어져서 집안 살림이 넉넉해지고 사람마다 풍족해지고, 원망과 분노의 근심이나 강약의 어려움이 사라지고, 남을 학대하거나 멸시하고 시샘하는 사람이 없어지며, 백성은 덕을 닦아 심성이 아름다워지니, [가난한 사람처럼] 머리를 풀어헤치고 입에 음식을 물고 놀러 나가도 독사가 물지 않고 맹수가 덮치지 않으며 뿔 달린 짐승이 덤벼들지 않는다. [태평성세를 예고하듯] 상서로운 주초(朱草)가 피어나고 단샘[醴川]이 솟아나고 봉황과 기린이 성 밖 교외에서 노닐며, 감옥은 텅 비고, [귀천을 구분하는 군주나 귀인 등의]의 의상을 그려 놔도 백성이 범하지 않는다. 그러므로 이런 제도는 몽매함을 깨우치는 데 이용하는 것이며, 성난 목소리와 화난 표정으로 다스리는 것은 백성을 교화시키는 데 하책이다.

若夫聖人之意, 窈矣, 深矣, 博矣, 大矣. 世運旣變, 治道斯移, 則始於粗糲, 終於精微. 敎化大行, 家給人足, 無怨望忿怒之患, 强弱之難, 無殘賊妬嫉之人. 民修德而美好, 被髮銜哺而遊,[73] 毒蛇不螫, 猛獸不搏, 抵蟲不觸,[74] 朱草生,[75] 醴泉出,[76] 鳳凰·麒麟遊於郊陬, 囹圄空虛,[77] 畫衣裳而民不犯.[78] 則斯制也, 利用發蒙,[79] 聲色之以化民, 末矣.[80]

---

[73] 피발(被髮)은 머리를 묶지 않아 흐트러뜨린다, 산발한다는 뜻이다. 아주 다급한 모습이나, 미친 것처럼 가장한다는 것, 죄수의 복식을 한다는 것, 또는 고대 중원 외의 이민족의 두발 형태를 가리키기도 한다. 함포(銜哺)는 입에 먹을 것을 담고 있다는 뜻이다. 이 구절은 동중서(董仲舒)의 『춘추번로(春秋繁露)』「왕도(王道)」편에 나온다("被髮銜哺而遊, 不慕富貴.").

[74] 저충(抵蟲)은 뿔이 달린 짐승을 가리킨다.

[75] 주초(朱草)는 태평성세에 피는 상서로운 꽃을 가리킨다.

[76] 예천(醴泉)은 단물이 솟아나는 샘이라는 뜻으로, 태평성세에는 지하에서 예천이 솟아난다고 일컬어졌다.

[77] 영어(囹圄)는 감옥을 가리킨다. 『한서』「예악지(禮樂志)」에 나온다("禍亂不作, 囹圄空虛.").

[78] 의상(衣裳)은 원래 상의와 하의, 또는 의복을 가리킨다. 『주역』「계사 하」에 나오는 구절("黃帝·堯·舜垂衣裳而天下治, 蓋取諸乾坤.")에서 비롯되어[수의상(垂衣裳)은 의복 제도를 제정함으로써 그것을 통해 빈부귀천을 구별한다는 것을 뜻한다] 성현을 지향하는 군주, 또는 달관귀인(達官貴人)이나 유아지사(儒雅之士)의 대칭(代稱)으로도 쓰인다. 나아가서는 중국이나 한족의 복식을 가리키기도 한다.

[79] 발몽(發蒙)은 몽매함을 깨우친다는 뜻이다.

[80] 이 구절은 『중용(中庸)』에 나온다("子曰: 聲色之於以化民, 末也. 詩曰: '德輶如毛.' 毛猶有倫, '上天之載, 無聲無臭, 至矣.'") 성색(聲色)은 화내어 하는 말과 기분 나쁜 표정을 가리킨다. 여기서

양한(兩漢)의 군신(君臣)·유생들은 어지러움을 바로잡는 『춘추』의 제도를 존중하여 따랐으나, 거기에 패도의 방법[霸術]을 뒤섞었으니 오히려 완전하게 실행한 것은 아니었다. 이 신성한 제도가 싹이 터 자라는데 느닷없이 신(新)나라의 유흠이 출현하여 위조 경전인 『좌전』을 성행시켜 고문이 [금문의 지위를] 찬탈하여 어지럽혔다. 그리고 공자가 저술한 경전을 깎아 내리고 옮겨 주공의 저술로 삼았으며, 공자의 성왕(聖王)으로서의 지위를 낮추어 선사(先師)로 삼았다. 그 결과 공양학(公羊學)은 폐기되고, 공자가 품은 제도 개혁의 뜻은 잠겨 버렸고 삼세론(三世論)도 희미해져 버렸으니, 태평의 치세와 대동의 즐거움은 어둡고 희미해지면서 가라앉아 엉켜 위로 떠오를 수 없었다. 우리 화하(華夏)의 문화는 위·진·수·당 시대에 불교와 도교, 그리고 문학[詞章之學]이 뒤섞이고, 저(氐)·강(羌)·돌궐(突厥)·거란[契丹]·몽골[蒙古]의 풍속으로 어지럽혀져, 태평치세를 알지 못하게 되었을 뿐만 아니라 더불어 한인(漢人)이 어지러운 천하를 바로잡는 뜻을 구하는 것조차 역시 어긋나 제대로 얻지 못하게 되었다. 중국 백성은 결국 2천 년이 지나도록 폭군과 오랑캐의 가혹한 정치를 만나면서 피해를 입었으니, 정말 슬픈 일이다! 주자(朱子)는 대일통의 성학(聖學)이 끊어진 다음에 태어나서 북을 두드리고 깃대를 높이 들면서 이를 밝히고자 하였으나, 의리에 대해서는 이야기가 많았으나 인에 대해서는 이야기가 적었고, 자신의 잘못을 성찰하고 바로잡는 일은 알았지만 백성의 근심을 구하려는 생각은 적었으며, 거란지설(據亂之說)에 얽매어 태평과 대동의 뜻을 알지 못하였고, 불교와 노장 사상(老莊思想)을 자기 학문 속에 뒤섞었으니, 그 도는 빈약할 수밖에 없었다. 치세의 교훈으로 삼은 바 역시 겨우 동주(東周)·유촉(劉蜀)·후량(後梁) 등 한 구석의 할거 정권에 지나지 않는다. 정말 어둡고 기나 긴 밤이었다! 어두워 눈앞이 캄캄하고 짙은 안개가 자욱하여 겹겹이 꽉 막힌 미혹 속에서 밝은 해는 연못으로 가라앉아 버렸다! 수천, 수만의 학자·현인들이 묵묵히 이어가면서 모색하여 등불을 켜들어 밝음을 찾고 반딧불로 비추어 가면서 노력하였으나 결국은 공자께서 남기신 천지의 완전함, 태평성대의 치세, 대동세계의 즐거움에 대해서는 들어 볼 수 없었다.

의 『시』는 『시경』 「대아(大雅) 증민(烝民)」 편의 내용이다. 덕으로 백성을 교화하면 덕은 아주 베풀기 쉽고 깃털처럼 가볍다는 뜻이다.

夫兩漢君臣·儒生, 尊從春秋撥亂之制, 而雜以霸術, 猶未盡行也. 聖制萌芽, 新歆遽出,[81] 僞左盛行, 古文篡亂.[82] 於是削移孔子之經而爲周公, 降孔子之聖王而爲先師. 公羊之學廢, 改制之義湮, 三世之說微, 太平之治, 大同之樂, 闇而不明, 鬱而不發. 我華我夏, 雜以魏晉隋唐佛老·詞章之學, 亂以氐·羌·突厥·契丹·蒙古之風,[83] 非惟不識太平, 並求漢人撥亂之義, 亦乖剌而不可得,[84] 而中國之民, 遂二千年被暴主夷狄之酷政, 耗矣哀哉! 朱子生於大統絶學之後,[85] 揭鼓揚旗而發明之, 多言義而寡言仁, 知省身寡過而少救民患, 蔽於據亂之說, 而不知太平大同之義, 雜以佛老, 其道觳苦.[86] 所以爲治敎者, 亦僅如東周[87]·劉蜀[88]·蕭察之偏安而已.[89] 大昏也, 博夜也,[90] 冥冥汶汶,[91]

81 신(新)은 전한의 외척 왕망(王莽)이 권력을 찬탈하여 세운 신(新)이라는 나라를 가리키며, 흠은 유흠을 가리킨다. 유흠은 왕망과 협조하였으나 나중에 그를 죽이려는 음모를 꾸미다가 일이 누설되자 자살하였다.

82 위좌(僞左)는 『좌전』을 위조했다는 뜻이다. 유흠은 궁중의 장서를 교감하다가 선진 시대 고문(古文)으로 쓴 『춘추좌씨전』을 발견하여, 그것이 학관(學官)에 들어설 수 있게 하고 박사(博士)를 세워 『춘추좌씨전』을 보급하는 데 큰 역할을 맡았다. 이 때문에 전한 시대에 주도권을 잡았던 『공양춘추』나 『곡량춘추』 등의 박사를 중심으로 한 금문학파(今文學派)에서는 이것을 위서(僞書)라고 간주하게 대립하게 되었고, 이후 오랫동안 금문학파와 고문학파의 대립이 지속되었다.

83 저(氐)는 선진 시대부터 서쪽 변경에 근거를 두었던 티베트계 민족인 저족(氐族)을 가리키며, 강족(羌族, 羌戎) 역시 마찬가지이다. 돌궐(突厥)은 6세기 중엽부터 약 200년 동안 몽골 고원을 중심으로 활약한 투르크계 민족이고, 거란(契丹)은 4세기 이래 동몽골을 중심으로 활약한 유목 민족이다. 몽골[蒙古]은 당대 이래 몽골 고원에서 근거지를 가졌던 몽골 족을 가리킨다.

84 괴자(乖剌)는 방언으로 일을 잘못 처리한다는 뜻이라 한다.

85 대통(大統)은 국가를 통일하는 사업이나 제위(帝位)·제업(帝業)을 말한다. 절학(絶學)은 성학(聖學), 즉 성인의 학문이나 유학을 뜻하기도 하지만, 학문의 포기나 단절 또는 실전된 학문을 가리키기도 한다.

86 곡고(觳苦)는 빈약하다, 다하다는 뜻이다. 곡(觳)은 척박하다, 간루(簡陋)하다, 가난하다는 뜻이다.

87 B.C. 771년 내란과 융적(戎狄)의 침입으로 주의 도읍 호경(鎬京)이 함락되고 유왕(幽王)은 여산(驪山)에서 피살당하는데, 평왕(平王)이 다음해 도읍을 낙읍으로 옮겼다. 이때를 기준으로 서주와 동주를 구분한다.

88 유촉(劉蜀)은 유비(劉備)가 세운 촉한(蜀漢, 221~263)이다. 유비는 촉(오늘날의 사천성)의 성도(成都)에서 황제를 칭하면서 한을 계승한다는 의미로 국호를 한이라고 하였다. 여기서 촉·촉한·유한이라는 명칭이 나왔는데 정식 명칭은 계한(季漢)이다.

89 소찰(蕭察)은 후량(後梁)의 선제(宣帝, 519~562)를 말한다. 서위(西魏)의 괴뢰국인 후량을 개국한 황제이다. 서위는 550년 소찰을 양왕으로 봉한 후, 554년 강릉에 있던 양 원제(元帝)의 군을

雰霧雰雰,⁹² 重重錮昏, 皎日墜淵.⁹³ 萬百億千縫掖俊民,⁹⁴ 跂跂脈脈而望,⁹⁵ 篝燈而求明,⁹⁶ 囊螢而自珍,⁹⁷ 然卒不聞孔子天地之全, 太平之治, 大同之樂.

아! 하늘이 백성을 불쌍히 여겨 묵묵히 밝은 곳으로 깨우쳐 이끄니 그 한낮의 태양처럼 밝은 광채는 정말로 맑고 빛난다! 나는 꿈속에 예기(禮器)를 집고 서쪽으로 가다가 이 아름다운 음악이 들리는 하늘의 풍경을 보았고, 다시 종묘와 백관(百官)의 아름다움과 풍부함을 볼 수 있었다. 나갈 길을 이미 얻었으니 이에 가시밭길을 쓸어 내어 새로 길을 닦고, 안개를 헤치고 해와 달을 살펴보니, 또 다른 신천지로 더 이상 인간 세상과는 같지 않았다. 그래서 더 이상 감히 대도를 감추려 하지 않고, 문하생 몇 사람과 밤낮으로 조사·연구를 한 지 지금 이미 8년이 되었으므로, 번잡한 것을 잘라 내고 간략하게 다듬어 『공자개제고』 30권을 지었다. 같은 현 출신인 문하생 천첸추(陳千秋)와 차오타이(曹泰)는 재능이 출중하고 많이 보는 것을 좋아하며 학문을 좋아하고 생각이 깊은데 이 책의 편집·교정에 특히 노고를 쏟았다. [둘 다 1895년에 세상을 떠나] 그 무덤에 풀이 자란 지 이미 몇 년이 되었다. 그러나 대지에 대동·태평의 치세를 볼 수 있게 하였으니, 그 또한 이들 몇 사람이 편찬·교정을 한 수고로움을 저버리지 않게 된 게 아닌가!

격파하게 하고, 555년 소찰을 황제로 세워 후량을 건립하였다.
90 박야(博夜)는 긴 밤, 또는 밤중 내내라는 뜻이다. 원래 『관자(管子)』 「치미(侈靡)」 편에 나오는 구절("聖人者, 省諸本而遊諸樂, 大昏也, 博夜也.")이다.
91 명명문문(冥冥汶汶)은 아주 어둡다, 또는 어둡고도 욕되다는 뜻이다.
92 몽무분분(雰霧雰雰)은 안개가 아주 짙게 깔려 있는 모습을 형용한다.
93 교일(皎日)은 밝은 해를 말한다.
94 봉액(縫掖)은 겨드랑이 부분을 꿰맨 옷인데, 독서인들은 겨드랑이를 터놓지 않은 도포를 입었으므로 이것은 독서인·유학자를 가리키는 말이다. 준민(俊民)은 현인이나 재능이 출중한 사람을 가리키는 말이다.
95 기기맥맥(跂跂脈脈)은 앞대의 사람들이 행한 바를 모색하면서 묵묵히 중단함이 없이 이어간다는 것을 형용한다.
96 구등(篝燈)은 등잔을 대롱에 설치하는 것을 말한다.
97 양형(囊螢)은 영설양형(映雪囊螢)과 같은 뜻으로 진(晉)의 손강(孫康)은 집안이 가난하여 겨울밤에는 눈빛에 비추어 책을 읽었고, 차윤(車胤)은 여름밤에 반딧불의 도움으로 책을 읽었다는 고사에서 나왔다. 밤낮으로 지치지 않고 힘들게 공부한다는 뜻이다.

夫! 天哀生民, 黙牖其明,[98] 白日流光, 煥炳瑩晶.[99] 子小子夢執禮器而西行, 乃覯此廣樂鈞天,[100] 複見宗廟百官之美富. 門戶既得, 乃埽荊榛而開塗徑,[101] 撥雲霧而覽日月, 別有天地, 非複人間世矣. 不敢隱匿大道, 乃與門人數輩朝夕鉤撢,[102] 八年於茲, 刪除繁蕪, 就成簡要, 爲『改制考』三十卷. 同邑陳千秋禮吉[103]·曹泰箸偉,[104] 雅才好博, 好學深思, 編檢尤勞,[105] 墓草已宿.[106] 然使大地大同太平之治可見, 其亦不負二三子鉛槧之勞也夫!

---

[98] 묵유(黙牖)는 암중에 깨우쳐 이끌어 준다는 뜻이다. 유(牖)는 유(誘)와 통한다.

[99] 환병(煥炳)은 아주 밝게 빛난다, 밝고 아름답다는 뜻이다. 형정(瑩晶) 역시 맑고 빛난다는 뜻이다.

[100] 광악(廣樂)은 성대한 음악, 선악(仙樂)이나 아악(雅樂)을 뜻한다. 균천(鈞天)은 하늘의 중앙을 가리키는데, 전설의 천제(天帝)가 머무는 지방이라 제왕을 가리키기도 한다.

[101] 형진(荊榛, 荊蓁)은 가시나무와 개암나무가 우거진 수풀로, 보통 황야나 황무지의 정경을 묘사할 때 쓴다. 어려움·곤란을 비유하기도 한다.

[102] 구탐(鉤撢)은 핵심을 찾아 조사·연구하는 것을 말한다.

[103] 천첸추(陳千秋, 1869~1895)는 캉유웨이의 제자로 자가 통보(通甫) 또는 예길(禮吉)이고 호는 수생(隨生)이다. 광둥성 남해 출신으로 도광(道光) 5(1825)년 광저우성 북쪽에 창립된 서원인 학해당(學海堂)에서 수학하였으며, 1886년 『광경전석사(廣經傳釋詞)』를 저술하였다. 1891년 캉유웨이가 광저우 장흥리(長興里)에 세운 만목초당(萬木草堂)에 입학하여 그 학장(學長)으로 임명되고 캉유웨이의 저술 활동을 도왔다.

[104] 차오타이(曹泰, 1872~1895) 역시 캉유웨이의 제자로 자는 저위(箸偉, 著偉)로 동문들은 월급(越及)이라 불렀다. 광둥성 남해 출신으로 1891년 만목초당에 입학하였다. 장흥리의 10대 제자 가운데 한 사람으로 천첸추와 함께 캉유웨이가 『신학위경고』와 『공자개제고』를 저술하는 것을 도왔다. 불학에도 조예가 깊었으나 장티푸스에 걸려 일찍 죽었다.

[105] 편검(編檢)은 책을 편찬할 때 편집과 교정을 보는 작업을 뜻한다.

[106] 숙(宿)은 연령이 높다, 나이가 많다는 뜻이다.

18 「중국사서론(中國史敍論)」(選錄), 「신사학(新史學)」(選錄)

량치차오(梁啓超)

◎ 「중국사서론(中國史敍論)」

「중국사서론」은 량치차오가 1901년 9월 발표한 것으로 「신사학(新史學)」과 더불어 전통적 중국사학을 비판하면서 새로운 사학 이론의 체계를 모색한 작품으로 잘 알려져 있다. 『청의보(淸議報)』 제90·91책에 발표되었고, 나중에 『음빙실문집(飮氷室文集)』 제3책에 실렸다. 「중국사서론」은 량치차오가 중국 통사를 쓰려고 계획한 구상으로 중국사의 범위에 대해서 이론적 문제를 제기하고 이를 해석한 것이다. 「신사학」은 이 기초 위에서 더 나아가 보편적인 사학 이론의 문제에 대해 설명을 시도하여 이론적인 측면에서 보다 광범위한 내용을 갖는다. 작자는 '신사씨(新史氏)'를 자처하면서 '사계 혁명(史界革命)'을 호소하여 신사학(新史學)을 제창하였다.

◎ 「신사학(新史學)」

『신사학(新史學)』은 1902년 『신민총보(新民叢報)』 1·3·11·14·16·20호에 발표되었고 나중에 『음빙실문집』 제4책에 수록된 량치차오의 장편 논문으로, 전통 사학을 비판하면서 새로운 사학 이론의 체계의 건립을 모색한 것이다. 1902년 처음 발표된 전문은 모두 6절로 「중국의 옛 역사(中國之舊史)」, 「사학의 경계(史學之界說)」, 「역사와 인종의 관계(歷史與人種之關係)」, 「정통론(論正統)」, 「서법론(論書法)」, 「기년론(論紀年)」으로 구성되어 있다. 「중국사서론」과 내용은 다르지만 그 기본 사상은 서로 연결되어 보충하는 것으로, 양자를 함께 보면 량치차오가 서양의 진화론과 역사 철학, 사학 방법론을 운용하면서 전통 사학을 극복하고 '신사학'을 제창한 의중을 잘 파악할 수 있다.

량치차오(梁啓超)

량치차오(1873~1929)는 근대 중국의 저명한 개혁 사상가·정치가·사학가이다. 자는 탁여(卓如) 또는 임보(任甫)이며, 호는 임공(任公), 또는 음빙실주인(飮冰室主人)이다. 광동성 신회현(新會縣) 출신으로 청년 시대부터 스승인 캉유웨이(康有爲)와 함께 변법 유신(變法維新)을 제창하여 무술 개혁의 지도자 가운데 한 사람으로 꼽히는 등 근대 개혁파의 대표 인물로 뽑힌다. 무술 정변 이후 일본으로 망명하여 민권론(民權論)과 군주 입헌(君主立憲) 사상을 제창하였고, 그 전후로 『시무보(時務報)』·『청의보(淸議報)』·『신민총보(新民叢報)』 등을 무대로 한 언론 활동으로 청 말 개혁 운동에 큰 사상적 영향을 미쳤다. 신해 혁명 이후에는 위안스카이(袁世凱) 정부에 들어가 사법총장(司法總長)을 맡았다가 이후 위안스카이가 황제를 칭하자, 이에 반대하는 운동에 나서기도 하였다. 문학계의 시계 혁명(詩界革命)과 소설계 혁명(小說界革命)을 이끌기도 하였으며, 이후에는 학술 저작에 종사하여 『중국역사연구법』·『청대학술개론(淸代學術槪論)』·『중국근삼백년학술사(中國近三百年學術史)』·『선진정치사상사(先秦政治思想史)』 등 수많은 업적을 남겼다. 그 저작은 나중에 『음빙실문집(飮冰室文集)』과 『음빙실전집(飮冰室專集)』으로 이루어진 『음빙실합집(飮冰室合集)』으로 정리되었다.

18-1

「중국사서론(中國史敍論)」(選錄)

역사의 정의 [史之界說]

역사라는 것은 인간 사회 과거의 사실을 기술하는 것이다. 그렇지만 세계의 학술이 날로 진보하고 있어 근세 사가의 본분은 이전 사가들의 그것과는 달라졌다. 이전의 사가는 사실을 기재하는 데 지나지 않았으나 근세 사가는 반드시 그 사실의 관계와 원인·결과를 설명해야 한다. 이전의 사가는 인간 사회의 한 두 권력자가 흥하고 망하거나 융성하거나 교체되는 사실을 기술하는 데 지나지 않았으니, 비록 역사라고 이름을 붙였지만 실제로는 한 사람, 한 가문의 족보[譜牒]에 지나지 않았다. 근세 사가는 반드시 인간 사회 전체의 운동과 진보, 즉 국민 전체의 경력 및 그 상호 관계를 깊이 있게 고찰하지 않으면 안 된다. 이런 논리에 따르면 중국의 과거에는 일찍이 역사라는 것이 있었던 적이 없다고 해도 크게 지나친 말은 아니다.

史也者, 記述人間過去之事實者也. 雖然, 自世界學術日進, 故近世史家之本分, 與前者史家有異. 前者史家, 不過記載事實, 近世史家, 必說明其事實之關系, 與其原因結果. 前者史家, 不過記述人間一二有權力者興亡隆替之事, 雖名爲史, 實不過一人一家之譜牒. 近世史家, 必探察人間全體之運動進步, 卽國民全部之經歷·及其相互之關系. 以此論之, 雖謂中國前者未嘗有史, 殆非爲過.

프랑스의 명사인 보류는 일찍이 『러시아통지[俄國通志]』를 저술하였는데, 거기에서 이렇게 말하고 있다.

"러시아에 역사가 없다고 하는 것은 역사라는 것 자체가 없기 때문은 아니다. 그 역사라는 것이 러시아의 국민이 스스로 지은 역사가 아니라 타자(他者)로부터 받은 것이고, 능동적인 것이 아니라 수동적인 것이기 때문이다. 그 주요한 동력의 움직임은 혹은 외부로부터, 혹은 위로부터, 혹은 다른 나라로부터, 혹은 본국으로부터 시작되었다. 요컨대 모두 외부의 지배에서 비롯된 것으로 내부에서 팽창되어 생겨난 것이 아니었다.

마치 거울에 반사되는 햇빛이나 구름의 그림자처럼 헛되이 백성들의 머리 위로 휙 지나가 버릴 뿐이었다. 그러므로 왕공(王公)의 연대기는 있지만 국민의 발달사는 없으니, 이것이 러시아와 서구의 여러 나라가 서로 다른 점이다."

法國名士波留氏嘗著『俄國通志』,[1] 其言曰:

"俄羅斯無歷史, 非無歷史也. 蓋其歷史非國民自作之歷史, 乃受之自他者也, 非自動者而他動者也. 其主動力所發, 或自外, 或自上, 或自異國, 或自本國. 要之, 皆由外部之支配, 而非由內部之漲生. 宛如鏡光雲影, 空過於人民之頭上. 故只有王公年代記, 不有國民發達史, 是俄國與西歐諸國所以異也"云云.

지금 중국의 이전 역사 역시 바로 똑같은 문제에 직면해 있다. 내가 이러한 역사를 이야기할 때마다 이루 다 부끄러워하고 분노하지 않을 수 없는 점이 바로 여기에 있으며, 내가 이런 역사를 쓸 때마다 끝없는 곤경에 빠지는 것 역시 바로 이점에 있다. 독일의 철학자 헤르만 로체는 이렇게 말하였다.

今吾國之前史, 正坐此患. 吾當講此史時, 不勝慚憤者在於是, 吾當著此史時, 無限困難者在於是. 德國哲學家埃猛垺濟氏[2] 曰:

"인간 사회의 발전 양상은 모두 다섯 가지가 있다. 첫 번째는 '지력(理學과 智識의 진보는 모두 여기로 귀속된다)', 두 번째는 '산업(産業)', 세 번째는 '미술(모든 고급 기술의 진보는 모두 여기로 귀속된다), 네 번째는 '종교', 다섯 번째는 '정치'이다."

"人間之發達, 凡有五種相, 一曰:'智力(理學及智識之進步, 皆歸此門)', 二曰:'産業', 三曰:'美術(凡高等技術之進步, 皆歸此門)', 四曰:'宗教, 五曰:'政治.'"

---

[1] 파류(波留)는 아나톨 르로이 보류(Anatole Leroy-Beaulieua, 1842~1912)를 가리킨다. 그가 지은 『아국통지(俄國通志)』는 『露西亞帝國』(林毅陸 譯, 東京專門學校出版部, 1901)이란 제목으로 일본어 번역본이 나왔고, 량치차오가 인용한 부분은 이 책의 4편 『역사 및 문명의 요소』 머리 부분(pp.84~85)에 해당된다고 한다. 吉川次郎譯, 「梁啓超 中國史敍論」, 村田雄二郎編, 『新編原典中國近代思想史3 民族と國家』(岩波書店, 2010), p.279를 참조.

[2] 애맹랄제(埃猛垺濟)는 헤르만 로체(Rudolph Hermann Lotze, 1817~1881)이다. 량치차오가 이용한 부분은 로체의 저서 『미크로코스모스』(독일어 판은 1858년 간행) 제2권 제8편 「진화」에서 5개 장으로 구성되어 있다. 吉川次郎譯, 「梁啓超 中國史敍論」, 村田雄二郎編, 『新編原典中國近代思想史3 民族と國家』(岩波書店, 2010), p.279를 참조.

무릇 사서를 저술하고 사서를 읽는 사람들은 이 다섯 가지 가운데 하나라도 소홀이 해서는 안 된다. 그런데 지금 중국의 이전의 역사를 살펴보면 한 권의 책에 이 다섯 가지 항목을 모두 갖춘 것은 아주 적어 보이지 않을 정도이다. 가령 한 가지 양상에만 집중하여 상세히 다룬 것조차도 또한 거의 없다. 그저 예전의 것을 계속 이어받아 오기만 해 온 것은 오직 다섯 번째 항목인 정치뿐이다. 그렇지만 정치사라고 해도 또한 실제로는 한 성씨의 세력권을 기록한 것이라 정치의 전체적인 진상을 보여 주기에는 한참 부족하다. 따라서 지금 오늘날 중국의 역사를 짓고자 한다면 이어받아 베낄 만한 완성된 책이 거의 없을 뿐만 아니라, 고적 속에서 재료를 찾는다고 해도 또한 아주 부분적인 조각뿐이니 결코 쉬운 일이 아니다.

凡作史讀史者, 於此五端忽一不可焉. 今中國前史以一書而備具此五德者, 固渺不可見,[3] 卽專詳一端者, 亦幾無之. 所陳陳相因者, 惟第五項之政治耳. 然所謂政治史, 又實爲紀一姓之勢力圈, 不足以爲政治之眞相. 故今者欲著中國史, 非惟無成書之可沿襲, 卽搜求材料於古籍之中, 亦復片鱗殘甲,[4] 大不易易.

중국사의 범위 [中國史之範圍]

(갑) 중국사와 세계사 [中國史與世界史]

오늘날 세계사를 저술하는 사람은 반드시 서구[泰西] 각국을 중심점으로 하니, 이 점에 대해서는 비록 일본·러시아의 사가(무릇 세계사를 저술하는 사람들은 일본과 러시아에 대해서는 아주 배제하고 다루지도 않는다)라고 할지라도 역시 이의가 없을 것이다. 대체로 과거에서 현재에 이르기까지의 사이에 능히 문명의 힘을 추진하여 세계를 좌우할 수 있었던 것은 실은 오로지 서구 민족뿐으로, 다른 민족은 도저히 이와 경쟁할 수가 없다. 그렇지만 서구인들이 논하는 세계 문명의 최초 발생지는 다섯 군데가 있다. 첫 번째는 '소아시아 문명'이라 하고, 두 번째는 '이집트 문명', 세 번째는 '중국 문명', 네 번째는 '인도 문명', 다섯 번째는 '중앙아메리카 문명'이다. 그리고 어떤 두 문명

---

3 묘(渺)는 물이 아득히 넓다, 아득하다는 뜻이지만, 여기서는 아주 작다, 미소(微小)하다는 뜻이다.
4 편린잔갑(片鱗殘甲)은 조각난 비늘이나 껍질이란 뜻으로 사물의 극히 작은 부분을 비유한다.

의 지역이 서로 마주치게 되면 그 문명의 힘은 더욱 강력하게 발현된다. 지금 세계를 좌우하고 있는 서구 문명은 바로 소아시아 문명과 이집트 문명이 융합되어 이루어진 것이다. 그리고 앞으로는 실로 서구 문명과 태동(泰東) 문명, 즉 중국 문명이 서로 만나서 합쳐지는 시대가 될 것이며 오늘날이 바로 양자가 처음 교차하는 시점이다. 따라서 중국 문명의 힘은 세계를 좌우할 수는 없다고까지 단정할 수는 없으며, 중국사는 세계사 속에서 하나의 강력한 위치를 차지해야 할 것이다. 그러나 이것은 장래에 반드시 그렇게 되야 하는 바이지, 과거에 이미 거쳐 온 바는 아니다. 그러므로 오늘날 중국사의 범위는 세계사의 밖에 있을 수밖에 없다.

今世之著世界史者, 必以泰西各國爲中心點, 雖日本·俄羅斯之史家(凡著世界史者, 日本·俄羅斯皆擯不錄)亦無異議焉. 蓋以過去·現在之間, 能推衍文明之力以左右世界者, 實惟泰西民族, 而他族莫能與爭也. 雖然, 西人論世界文明最初發生之地有五: 一曰: '小亞細亞之文明',[5] 二曰: '埃及之文明', 三曰: '中國之文明', 四曰: '印度之文明', 五曰: '中亞美利加之文明'. 而每兩文明地之相遇, 則其文明力愈發現. 今者左右世界之泰西文明, 卽融洽小亞細亞與埃及之文明而成者也. 而自今以往, 實爲泰西文明與泰東文明(卽中國之文明)相會合之時代. 而今日乃其初交點也. 故中國文明力未必不可以左右世界, 卽中國史在世界史中當占一强有力之位置也. 雖然, 此乃將來所必至, 而非過去所已經. 故今日中國史之範圍, 不得不在世界史以外.

(을) 중국사와 태동사[中國史與泰東史]

태동사란 일본인이 동양사라 부르는 것이다. 태동의 주요 동력은 모두 중국에 있으므로, 태동사에서 중국 민족의 지위는 세계사 속에서 아리안 민족의 지위와 같다. 일본에서는 근래에 동양사를 저술하는 사람이 날이 갈수록 늘어나는데, 실제로는 중국사의 다른 이름에 지나지 않는다. 지금 내가 서술하는 것을 태동사라고 이름을 붙이지 않는 것은 너무 거창한 제목을 피함으로써 애매하거나 소략한 것을 피하고, 간략하고 절실한 연구를 제공하기 위함이다. 2천 년 이래 아시아 각 민족이 중국과 교류한 일은

---

5 소아시아는 현재에는 터키가 있는 아나톨리아 반도를 가리키는 것이지만 여기서는 메소포타미아 지역을 지칭하는 것으로 보인다.

아주 복잡하고도 깊숙한 것이므로 자연스럽게 중국사의 범주에 들어간다는 것도 두말할 필요도 없다.

泰東史者, 日本人所稱東洋史也. 泰東之主動力全在中國, 故泰東史中中國民族之地位, 一如世界史中阿利揚民族之地位.[6] 日本近來著東洋史者, 日增月盛, 實則中國史之異名耳. 今吾所述, 不以泰東史名之者, 避廣闊之題目, 所以免汗漫掛漏,[7] 而供簡要切實之研究也. 至於二千年來亞洲各民族與中國交涉之事最繁賾,[8] 自歸於中國史之範圍, 固不待言.

중국사의 명명(中國史之命名)

우리가 가장 부끄러워 해야 할 사실 가운데 나라 이름이 없다는 것보다 더한 일은 없다. 보통 통상적인 호칭을 보면 '제하(諸夏)'라고 하거나 혹은 '한인(漢人)', 혹은 '당인(唐人)'이라고 하는데 모두 왕조 명칭이다. 외국 사람들이 칭하는 '진단(震旦)' 혹은 '지나(支那)'라는 것은 모두 우리 스스로 지은 이름이 아니다. 하·한·당의 왕조 명칭으로 우리 역사를 이름 짓는 것은 국민사상을 존중하는 종지에 어긋나고, 진단이나 지나 등의 호칭으로 우리 역사를 이름 짓는 것은 이름은 주인에게서 나온다는 공리를 벗어난 일이다. '중국(中國)'이나 '중화(中華)'라고 하는 것은 또한 스스로를 지나치게 존중하고 크게 본다는 주변의 비난을 피하기 어려울 것이다. 그러나 한 성씨의 왕조로 나라 이름을 짓는 것은 우리 국민을 더럽히는 일이니 안 되고, 외국인이 임시로 정한 것으로 나라 이름을 짓는 것은 우리 국민을 모욕하는 일이니 더욱 안 된다. 세 가지가 모두 단점이 있기 때문에 만부득이하게 우리의 입에 가장 습관이 되어 있는 것을 써서 '중국사'라고 하지 않을 수 없다. 비록 조금 교만한 느낌이 있지만 각 민족이 각자 자신의 나라를 존숭하는 것은 오늘날 세계의 보편적인 원칙일 뿐이다. 우리 동포가 진실로 이름과 그 실제에 대해 깊이 살펴볼 수 있다면 이 또한 국민의 정신을 환기시키는 하나의

---

6 아리양(阿利揚)은 아리안 족, 즉 인도 유럽 어족에 속하는 민족 전체를 가리킨다.
7 한만(汗漫)은 애매하여 한계가 없다는 뜻이고, 괘루(掛漏)는 원래 있어야 할 사람이나 사물을 빠뜨리고 넣지 않는 것을 가리킨다.
8 번색(繁賾)은 복잡하고 심오하다는 뜻이다.

방법이 아닐 수 있겠는가?

　　吾人所最慚愧者, 莫如我國無國名之一事. 尋常通稱, 或曰: '諸夏',[9] 或曰: '漢人', 或曰: '唐人', 皆朝名也. 外人所稱, 或曰: '震旦',[10] 或曰: 支那, 皆非我所自命之名也. 以夏·漢·唐等名吾史, 則戾尊重國民之宗旨. 以震旦·支那等名吾史, 則失名從主人之公理. 曰: '中國', 曰: '中華', 又未免自尊自大, 貽譏旁觀.[11] 雖然, 以一姓之朝代而汚我國民, 不可也. 以外人之假定而誣我國民, 猶之不可也. 於三者俱失之中, 萬無得已, 仍用吾人口頭所習慣者, 稱之曰: '中國史'. 雖稍驕泰, 然民族之各自尊其國, 今世界之通義耳. 我同胞苟深察名實, 亦未始非喚起精神之一法門也.[12]

지세(地勢)

　　중국사에서 관할하는 지역은 크게 다섯 군데로 나눌 수 있다. 그 첫 번째는 중국 본토, 두 번째는 신강(新疆), 세 번째는 청해(靑海)와 서장(西藏), 네 번째는 몽골[蒙古], 다섯 번째는 만주(滿洲)이다. 동반구의 척추는 실로 파미르 고원이고 또한 파령(蔥嶺)이라고 불리기도 하는데, 거의 모든 대산맥들의 본줄기이다. 파령은 동쪽으로 뻗어 세 갈래로 퍼지는데 그 가운데 갈래가 곤륜산맥(昆侖山脈)이며 실제로 신강과 서장의 경계가 된다. 곤륜산맥은 다시 둘로 나누어져 한 갈래는 동쪽으로 다른 한 갈래는 동남쪽으로 향한다. 동남쪽으로 향한 갈래의 이름은 바얀칼라[巴顔喀喇] 산으로, 청해와 서장의 경계가 되고, 중국 내지로 들어가 사천성의 서쪽 변경을 따라 운남·광서·광동의 북부 지역에까지 뻗어나가는데 이른바 남령(南嶺)이라 부르는 것이다. 그 동쪽으로 향하는 갈래는 이름이 기련산(祁連山)으로 청해성 북부 지역에서 걸치는데, 그 줄기

9　제하(諸夏)는 중원 각지에 분봉을 한 주의 제후국들을 뜻하는데, 나아가 중원 지구나 중국을 가리키기도 한다. 화하(華夏)와도 같은 뜻이다.
10　진단(震旦)은 고대 인도에서 중국을 가리키던 명칭이라고 한다. 구주(九州)처럼 중국을 가리키는 옛 명칭이다.
11　이기방관(貽譏旁觀)은 옆에서 보는 사람의 비난과 책망을 불러온다는 뜻이다.
12　미시(未始)는 아직[未曾], 종래 한 적이 없다[從未], 없다[沒有], 반드시는 아니다[未必]는 등의 뜻이다. 부정사의 앞에 써서 이중 부정을 구성하는데, 완곡한 긍정과 비슷한 뜻을 나타내 준다. 법문(法門)은 방법을 뜻한다.

는 다시 둘로 나누어져 하나는 정확히 동쪽 방향으로 향해서 위수(渭水)의 상류를 거쳐 섬서·하남 등으로 뻗는 이른바 북령(北嶺)이라 불리는 것이다. 동북으로 향하는 갈래는 황하를 따라 장성의 내외에 걸친 하란산(賀蘭山)이 된다. 그 보다 북쪽에는 음산(陰山), 더 북쪽에는 흥안령(興安嶺) 산맥이 있어 몽골 [고원]의 동부를 종단하여 서(西)시베리아로 들어간다. 대체로 중국 전 지역 산맥의 갈래 가운데 가장 중요한 줄기는 실로 곤륜산이다.

中國史所轄之地域, 可分爲五大部: 一中國本部, 二新疆,[13] 三靑海[14]·西藏,[15] 四蒙古, 五滿洲. 東半球之脊, 實爲帕米爾高原, 亦稱蔥嶺, 蓋諸大山脈之本幹也. 蔥嶺向東, 衍爲三派, 其中部一派, 爲崑崙山脈,[16] 實界新疆與西藏焉. 崑崙山脈復分爲二, 其一向東, 其一向東南. 向東南者名巴顔喀喇山,[17] 界靑海與西藏, 入中國內地, 沿四川省之西鄙, 蔓延於雲南·兩廣之北境, 所謂南嶺者也. 其向東者名祁連山,[18] 亙靑海之北境. 其脈復分爲二, 一向正東, 經渭水之上流,[19] 蔓延於陝西·河南, 所謂北嶺者也. 一向東北, 沿黃河亙長城內外者爲賀蘭山,[20] 更北爲陰山,[21] 更北爲興安嶺,[22] 縱斷蒙古之東部, 而入於西伯利亞. 蓋中國全部山嶺之脈絡, 爲一國之主幹者, 實崑崙山也.

---

[13] 신강(新疆)은 현재의 신강 위구르 자치구를 가리킨다.

[14] 청해(靑海)는 현재의 청해성을 가리킨다.

[15] 서장(西藏)은 현재의 티베트 자치구를 지칭한다.

[16] 곤륜산맥(崑崙山脈)은 신강 위구르 자치구의 남쪽에 위치해 2,500km에 걸쳐 뻗어 있다.

[17] 파안객라(巴顔喀喇)는 바얀칼라 산맥으로 청해성 중부에서 남쪽으로 치우쳐 자리 잡고 있어서 사천과의 교계 지역까지 뻗어 있다. 몽골식 명칭으로는 '풍요로운 청색의 산'이라는 뜻이다.

[18] 기련산(祁連山)은 청해-티베트 고원[靑藏高原]의 북쪽에 연해 감숙과 청해에 걸쳐 뻗어 있다. 기련산이라는 이름은 고대 흉노의 언어에서 유래한 것으로 흉노어 중 기련은 하늘(天)을 의미하는 것이므로 다른 이름으로 천산(天山)이라고 부른다.

[19] 위수(渭水)는 황하(黃河)의 지류 중 가장 큰 물줄기로 감숙성에서 발원하여 섬서성을 거쳐 황하로 합류한다. 유역은 감숙·영하·섬서 3성을 포함하며 위수의 하류 지역에 관중평야(關中平野)가 펼쳐져 있다.

[20] 하란산(賀蘭山)의 위치는 오늘날 영하 회족 자치구와 내몽고 자치구의 교계 지역으로, 주요한 지리와 기후의 분계선이 된다.

[21] 음산(陰山)은 동으로는 하북성 서북부 지역에서 서로는 내몽고 자치구에 연결되어 있다. 내몽고 자치구의 중부를 횡단하며 황하 북부에서 천연적인 경계를 형성한다.

우리 중국이 아시아에서 저절로 하나의 큰 나라를 이루도록 한 뚜렷한 큰 경계선이 두 가지가 있는데, 둘 모두 파미르 고원에서 시작된다. 그 남쪽의 것은 히말라야 산으로 동쪽으로 티베트와 인도의 사이를 가로지른다. 그 북쪽에 있는 것은 알타이 산맥으로 실제로 중국과 러시아 사이의 자연적인 경계선이 된다. 곤륜산맥과 알타이 산맥의 가운데에서 곤륜산맥과 평행선을 그리는 것이 천산산맥인데 신강의 전 영역을 횡단하여 천산(天山) 남·북로를 나누었고 몽골의 서쪽에서 끝이 난다.

使我中國在亞洲之中劃然自成一大國者, 其大界線有二, 而皆發自帕米爾高原. 其在南者爲喜馬拉雅山, 東行而界西藏與印度之間. 其在北者爲阿爾泰山,[23] 實爲中·俄兩國天然之界限焉. 在昆侖山與阿爾泰山之中, 與昆侖爲平行線者爲天山,[24] 橫斷新疆全土, 分爲天山南北路, 而終於蒙古之西端.

중국의 큰 강이 발원하는 근본은 두 군데가 있는데, 그 하나는 중국 본토에 있는 것으로 '황하(黃河)'·'양자강(揚子江)'·'서강(西江)'·'금사강(金沙江)' 등인데, 모두 모두 신강·티베트 사이에서 발원한다. 그 두 번째는 중국 동북부에 있는 것으로 흑룡강 상류인 '오논 강[斡難河]'·'케룰렌 강[克魯倫河]', 그 지류인 '눈 강[嫩江]'·'셀렝게 강[色楞格河]'·'오르곤 강[鄂爾坤河]' 등으로 그 발원지는 모두 몽골 북부이다. 대저 여러 큰 강 가운데 중국사와 가장 관계가 깊은 것은 양자강이고 그 다음은 황하, 그 다음은 서강과 흑룡강이다. 몽골과 신강은 비록 여러 큰 강의 발원지이지만, 그 내부에는 사막들이 연이어 있고 고비 사막, 준가르의 여러 사막 등이 전체 면적의 태반을 차지하고 있다. 그러므로 강물이 대부분 사막 속으로 흡수되거나 소금 호수로 흘러 들어간다.

---

22 홍안령(興安嶺)은 흑룡강성과 내몽고 자치구에 걸쳐있는 산맥으로 두 지역의 지리적 분계점이 된다.

23 아이태(阿爾泰)는 알타이 산맥으로 신강 위구르 자치구 북부와 몽골 서부에 위치한 산맥으로 서북쪽으로 러시아 경내를 향해 뻗어 있다. 알타이라는 말은 몽골어에서 '금산(金山)'이라는 의미로 각종 광물 자원이 풍부하다. 알타이어는 이 산맥의 이름에서 유래한 것이다.

24 천산(天山)은 신강 위구르 자치구 북부에 위치하여 신강 면적의 약 1/3을 차지한다. 중국 경내에서 카자흐스탄, 키르키즈스탄과 우즈베키스탄까지 뻗어 있다. 신강 지역을 남북으로 가르는데 남쪽은 타림 분지, 북쪽은 준가르 분지이다.

中國之大川, 其發源之總地有二: 其一在中國本部者, 曰:'黃河', 曰:'揚子江', 曰:'西江',[25] 曰:'金沙江',[26] 皆發源於新疆·西藏之間. 其二在中國東北部者, 曰:'黑龍江之上流斡難河',[27] '克魯倫河',[28] 其支流之'嫩江',[29] 曰:'色楞格河',[30] 曰:'鄂爾坤河'[31]等, 皆發源於蒙古之北部. 大抵諸大川河中與歷史最有關係者爲揚子江, 其次爲黃河, 其次爲西江·黑龍江. 蒙古及新疆, 雖爲諸大河之發源地, 但其內部沙漠相連, 戈壁瀚海[32]·准噶爾之諸沙漠, 殆占全土之大半. 故河水多吸收於沙漠中, 或注瀉於鹽湖.[33]

지리는 역사와 가장 밀접한 관계를 가지고 있고, 역사를 읽는 사람이 가장 유념해야 할 부분이다. 고원은 목축업에 적합하고 평원은 농업에 적합하며, 해변과 강가는 상업에 적합하다. 한대 기후(寒帶氣候) 지역의 사람은 전쟁을 장기로 하며, 온대 기후(溫帶氣候) 지역의 사람은 문명을 낳는다. 무릇 이런 것들은 모두 지리와 역사의 공례(公例)이다. 우리 중국의 판도는 온·한·열대 세 가지 기후 지역을 포함하고 있고 아주 높은 산도 있고 몹시 긴 강도 있으며, 엄청나게 넓은 평원과 수없이 많은 해안, 굉장히 넓은 사막이 있어 농경·목축·임업·어로·공업·상업에 적합하니, 무릇 지리상의 요건과 특질 가운데 우리 중국에 없는 것이 없다. 그러므로 중국의 지리에 비추어 그 역사상의 변화를 살펴보는 것은 실로 대단히 흥미로운 일이다.

---

25 서강(西江)은 중국 남방의 큰 강인 주강(珠江)의 본류로 광서성 동부와 광동성 서부를 흐른다.
26 양자강, 즉 장강(長江)의 상류에서 여러 물줄기가 모여 통천하(通天下)를 지난 다음부터 금사강(金沙江)이라고 부르기 시작한다. 티베트와 사천성의 경계가 된다.
27 알난하(斡難河)는 오논 강의 옛 명칭인데, 몽골와 러시아에 위치한 강줄기로 흑룡강의 수계에 속한다.
28 극로륜하(克魯倫河)는 케룰렌 강으로 몽골 동쪽의 헨티 산맥 동쪽 기슭에서 발원하여 동류하다가 초이발 산 부근에서 흑룡강성의 후룬 호[呼倫湖]로 유입하는 강이다.
29 눈강(嫩江)은 몽골어로 '푸른 강'이라는 뜻이다. 흑룡강성을 흐른다.
30 색릉격하(色楞格河)는 셀렝게 강으로 몽골과 러시아의 경계 지역 중부와 동부를 흐르는 강이다.
31 악이곤하(鄂爾坤河)는 오르곤 강으로 항애산맥(杭愛山脈)에서 발원하여 북쪽으로 향한다.
32 과벽(戈壁)은 고비 사막을 가리킨다(원래 고비 자체가 사막을 뜻한다). 한해(瀚海)는 사막을 가리키기도 하고 오늘날의 바이칼 호를 가리키기도 한다. 여기서는 아마 고비 사막을 가리키는 것으로 보인다.
33 주사(注瀉)는 액체가 새거나 빠져나가는 것, 또는 흘러드는 것을 말한다.

地理與歷史, 最有緊切之關係, 是讀史者所最當留意也. 高原適於牧業, 平原適於農業, 海濱·河渠適於商業. 寒帶之民擅長戰爭,[34] 溫帶之民能生文明. 凡此皆地理歷史之公例也. 我中國之版圖, 包有溫·寒·熱之三帶, 有絶高之山, 有絶長之河, 有絶廣之平原, 有絶多之海岸, 有絶大之沙漠. 宜於耕, 宜於牧, 宜於虞,[35] 宜於漁, 宜於工, 宜於商, 凡地理上之要件與特質, 我中國無不有之. 故按察中國地理, 而觀其歷史上之變化, 實最有興味之事也.

중국은 어떻게 세계 다섯 문명의 기원 가운데 하나의 위치를 차지하게 되었는가? 이는 즉 황하와 양자강이라는 두 큰 강이 온대 기후 지역에 옆으로 길게 걸쳐 있어 평원 지역에 물을 공급하였기 때문이다. 중국 문명은 어째서 소아시아 문명이나 인도 문명과 서로 결합하여 하나의 번영하는 문명을 이루지 못하였을까? 이것은 서북쪽의 알타이 산맥과 서남쪽의 히말라야 산맥이 큰 장벽이 되었기 때문이다. 어째서 수천 년 동안 늘 남북이 나누어져 대치하는 형세가 생겨난 것인가? 이는 즉 양자강(장강)이 자연적인 장애가 되어 황하 연안과 양자강 연안의 민족이 각각 독립적으로 발생하였기 때문이다. 명대 이전에는 어째서 북방에서 일어난 세력이 언제나 계속 커지고 남쪽에서 일어난 세력은 날이 갈수록 줄어들었던 것인가? 한대 기후의 사람들은 언제나 용맹하고 온대 기후의 사람들은 언제나 문약하였기 때문이다. 동북 지방의 여러 오랑캐 종족들은 어째서 2천여 년 동안 줄곧 중국[中夏]을 침략하였던 것일까? 그들은 수렵·목축의 땅에서 자라나서 언제나 기후 및 야생 동물과 투쟁하면서 가까스로 삶을 유지하였으므로 그 성정이 호전적이고 사나워진 데다가, 또한 유목에 익숙해져서 물과 풀을 따라서 옮겨가며 살아 한군데 정착하는 것을 싫어하고 침략하는 것을 좋아하였기 때문으로, 중국 민족의 성질과는 마침 정반대였던 것이다. 저들 민족이 한번 중국에 들어오면 왜 그 본성을 잃어버리고 한인에게 동화되는가? 이 또한 땅의 성질이 그렇게 되게 만든 것이다.

---

34 천장(擅長)은 어떤 방면에 빼어나다, 장기가 있다는 뜻이다.
35 우(虞)는 산림천택(山林川澤)을 관장하던 관직을 뜻하는데, 여기서는 산림·강·연못 등에서의 채취 등 경제 활동을 가리키는 것으로 보인다.

中國何以能占世界文明五祖之一? 則以黃河·揚子江之二大川橫於溫帶, 灌於平原故也. 中國文明何以不能與小亞細亞之文明·印度之文明相合集而成一繁賾之文明? 則以西北之阿爾泰山·西南之喜馬拉雅山爲之大障也. 何以數千年常有南北分峙之姿勢? 則長江爲之天塹, 而黃河沿岸與揚子江沿岸之民族, 各各發生也. 自明以前, 何以起於北方者其勢常日伸, 起於南方者其勢常日蹙?[36] 以寒帶之人常悍烈, 溫帶之人常文弱也. 東北諸胡種, 何以二千餘年迭篡中夏? 以其長於獵牧之地, 常與天氣及野獸戰, 僅得生存, 故其性好戰狼鬪, 又慣遊牧, 逐水草而居, 故不喜土著而好侵略, 而中國民族之性質適與相反也. 彼族一入中國, 何以卽失其本性, 同化於漢人? 亦地質使之然也.

각 성의 지방 자치 제도는 어째서 그렇게 매우 이른 시기부터 발달했을까? 이것은 중국 강역의 넓이가 아주 크지만, 중앙 정부의 영향력은 항상 거기에 두루 미치지 못하였기 때문에 각자 결집하여 단체를 만들고 스스로를 정리한 것이다. 왜 수천 년 동안 군주 전제 정치 아래 복종하면서 민간에서는 스스로 국가의 헌법을 만들어 선포할 수 없었던 것일까? 역시 땅이 지나치게 크고, 단체가 너무 분산되어 있고, 교통이 불편하여 서로 연락하여 결합하는 것이 대단히 어려웠기 때문이다. 따라서 백성을 해치는 효웅 두 세 사람이 항상 그것을 조종할 수 있었던 것이다. 어째서 권력이 국외로 뻗어 나갈 수 없었던 것인가? 이는 즉 평원이 기름져서 충분히 자급자족할 만하기에 반드시 국외와의 교류에 의지해야만 생활이 가능하였던 고대 그리스와 페르시아 혹은 근대 영국과는 같지 않았기 때문이다. 그래서 모험을 하면서 멀리까지 나가려는 성질이 일어나지 않았던 것이다. 그렇다면 최근의 형세는 과거와 무엇이 다른가 하면, 예전에 주된 원동력이 되었던 것은 언제나 평원 지대의 민족이었는데 요즘에는 주된 원동력이 되는 것이 항상 해안 지역에 거주하는 민족에게 있기 때문인데, 세계의 대세가 이렇게 몰려가고 있는 것이다. 무릇 이러한 단서들은 모두 다 지리와 지극히 중요한 관계가 있지 않는 것이 없다. 그런 다음에 문명이 일어나고 역사가 만들어진다. 만약 두 가지가 서로 분리되어 있다면 문명도 없고 역사도 없다. 그 상관 관계의 중요성은 흡사 육체와 정신이 서로 결합해야만 사람이 될 수 있는 것과 같다.

---

[36] 명의 성립 이전 남방을 기반으로 성장한 정권이 중국 전체를 지배한 적이 한 번도 없었던 것을 가리키는 것으로 보인다.

各省地方自治制度, 何以發達甚早? 則以幅員太大,[37] 中央政府之力常不能及, 故各各結爲團體, 以自整理也. 何以數千年蜷伏於君主專制政治之下, 而民間曾不能自布國憲? 亦以地太大, 團體太散, 交通不便, 聯結甚難. 故一·二梟雄之民賊, 常得而操縱之也. 何以不能仲權力於國外? 則以平原膏腴, 足以自給. 非如古代之希臘·腓尼西亞·及近代之永吉里, 必恃國外之交通以爲生活. 故冒險遠行之性質不起也. 近年情形, 何以與昔者常相反? 則往時主動力者常在盤踞平原之民族, 近時主動力者常在沿居海岸之民族. 世界之大勢, 驅迫使然也. 凡此諸端, 無不一一與地理有極要之關係. 然後文明以起, 歷史以成. 若二者相離, 則無文明, 無歷史. 其相關之要, 恰如肉體與靈魂相待以成人也.

인종(人種)

종(種)의 구분은 오늘날 모든 나라들이 단연코 다투고 있는 바이다. 서구인들은 세계 인종을 다섯 가지, 세 가지, 혹은 일곱 가지로 구분하며, 우리 황색 인종을 통칭하여 몽골 인종이라고 부르는데, 이는 서구인들이 동방의 실정에 어둡기 때문에 나온 그릇된 담론이다. 지금 중국사의 범위 안에 있는 각 인종을 고찰하면 수십 종을 내려가지 않으며, 그 가운데 가장 분명한 관계가 있는 것은 여섯 인종이다.

種界者, 今日萬國所齗齗然以爭之者也. 西人分世界人種或爲五種, 或爲三種, 或爲七種. 而通稱我黃色種人, 謂爲蒙古種, 此西人暗於東方情實, 謬誤之談也. 今考中國史範圍中之各人種, 不下數十; 而最著明有關係者, 蓋六種焉:

그 첫 번째는 묘종(苗種)으로, 이들은 중국의 토착 민족인데 마치 오늘날 아메리카 대륙의 인디언이나 호주 원주민과 같다. 묘종은 선사 시대에는 일찍이 중요한 지위를 차지하였으나 한족이 점차 발달함에 따라서 곤란한 처지로 몰려 북쪽에서 남쪽으로 내려와 지금은 호남·귀주·운남·광서 사이에서 남은 숨을 유지하고 있을 뿐이고, 베트남과 미얀마 등지에도 간혹 존재한다.

---

[37] 폭원(幅員)에서 폭은 넓이, 원은 주위를 가리키므로 나아가 범위나 강역을 가리킨다.

其一苗種, 是中國之土族也, 猶今日阿美利加之紅人·懊大利亞之黑人也. 其人在歷史以前, 曾占重要之地位. 自漢族日漸發達, 苗種卽日就窘迫. 由北而南, 今猶保殘喘於湖南·貴州·雲南·廣西之間. 其在安南·緬甸等地亦間有焉.

두 번째는 한종(漢種)으로 오늘날 중국 전체에 널리 분포하고 있는 우리들이며, 이른바 '문명의 후예'이자 황제(黃帝)의 자손이다. 황제는 곤륜의 언덕, 즉 파미르 고원에서 동쪽으로 나와 중국에 들어왔다. 황하 연안에 자리를 잡은 다음 점차 사방으로 번식하여 수천 년 이래 세계에서 뛰어난 명성을 떨치고 있으니, 이른바 '아시아 문명'은 모두 우리 한종의 사람들이 스스로 씨를 뿌리고 거두어 온 것이다.

其二漢種, 卽我輩現時遍布於中國, 所謂:'文明之冑'[38]·'黃帝之子孫', 是也. 黃帝起於昆侖之墟, 卽自帕米爾高原東行而入於中國. 棲於黃河沿岸, 次第蕃殖於四方. 數千年來, 赫赫有聲於世界, 所謂:'亞細亞之文明'者, 皆我種人自播之而自獲之者也.

세 번째는 티베트종[圖伯特種]으로 현재 티베트[西藏]·미얀마[緬甸]의 땅에서 살고 있으며 은·주 시대의 저(氐)·강(羌), 진·한 시대의 월지(月氏), 당대의 돌궐(突厥), 송대의 서하(西夏)가 모두 이 종족에 속한다.

其三圖伯特種, 現居西藏及緬甸之地. 卽殷周時代之氐羌,[39] 秦漢之際之月氏,[40] 唐時之突厥,[41] 宋時之西夏,[42] 皆屬此族.

네 번째는 몽골종[蒙古種]으로 처음에는 바이칼 호수의 동쪽에서 일어났고, 점차 남하하여 현재는 내·외몽골과 천산 북로(天山北路) 일대의 땅에 분포하고 있다. 원조

---

[38] 주(冑)는 고대 제왕이나 귀족의 후사·장자 나아가 세손(世孫)·세계(世系)·후예 등을 가리킨다.
[39] 저강(氐羌)은 저족(氐族)·강족(羌族)의 합칭으로 고대의 서북 지방에 분포하던 이민족을 가리킨다.
[40] 기원전 2세기 하서회랑(河西回廊, 지금의 돈황 일대)에 융성하던 민족으로 장건(張騫)이 한 무제의 명으로 대(對) 흉노 동맹을 맺으러 간 곳이 바로 월지이다.
[41] 토번(吐蕃)은 7~9세기 현재 티베트 지역에 건립된 티베트 인 정권을 말하는데, 일반적으로는 토번이 최초의 티베트 왕조로 알려져 있다.
[42] 11~13세기 현재 감숙성과 오르도스 지방에 세워진 티베트계 탕구트 족이 세운 정권으로 본래 명칭은 대하(大夏)이지만 송(宋)에서 서하(西夏)라고 불렀다.

(元朝)는 이 종족에서 일어난 것으로 중국을 통일하고 아시아 대륙에 그 위세를 떨쳤다. 인도의 무굴 제국 역시 이 종족이 세운 것이다.

其四蒙古種, 初起於貝加爾湖之東隅一帶, 次第南下, 今日蔓延於內·外蒙古及天山北路一帶之地. 元朝卽自此族起, 混一中國, 威震全地. 印度之謨嘉爾帝國, 亦此族所建設也.[43]

다섯 번째는 흉노종(匈奴種)으로 처음에는 내·외몽골의 땅에서 번성하였는데 점차 서쪽으로 옮겨가서 지금 천산 남로에서 중앙아시아에 이르는 지역의 일대는 대부분 이 종족이 차지하고 있다. 주 이전의 험윤(獵狁), 한대의 흉노, 남·북조 시대의 유연(柔然), 수대의 돌궐, 당대의 회홀(回紇)은 모두 이 종족에 속한다. 현재 유럽의 오스만 터키 제국도 이 종족이 세운 것이다.

其五匈奴種. 初蕃殖於內外蒙古之地, 次第西移. 今自天山南路以至中亞細亞一帶之地, 多此族所占據. 周以前之獵狁,[44] 漢代之匈奴,[45] 南北朝之柔然,[46] 隋之突厥,[47] 唐之回紇,[48] 皆屬此族. 現今歐洲土耳其國,[49] 亦此族所建立也.

---

[43] 모가이(謨嘉爾)는 인도를 16~19세기에 지배했던 무굴 왕조를 가리키는데, '무굴'이라는 명칭 자체가 페르시아어로 '몽골'을 의미한다. 이들이 몽골 제국의 후예를 자처한 것은 분명하나, 인종적으로 몽골 족이었는지는 분명하지 않다.

[44] 험윤(獵狁)은 은·주 시대 서북방에 존재하던 유목 민족으로, 춘추 시대에는 융(戎) 혹은 적(狄)이라고 불리었다.

[45] 흉노(匈奴)는 전국 시대에는 연(燕)·조(趙)·진(秦)의 이북 지역에 살았고, 진(秦)·한(漢) 시대 내내 중국 왕조와 대립하였으나 후한 이후 남북으로 분열하여 북흉노는 서쪽으로 이동하고 남흉노는 후한에 귀속되었다. 동진 시대에는 전조(前趙)·하(夏)·북량(北涼) 등의 정권을 세우기도 하였다.

[46] 유연(柔然)은 4세기 말에서 6세기 중엽까지 흉노와 선비를 계승해서 활동한 북방 민족을 가리킨다.

[47] 돌궐(突厥)은 6세기 중엽에서 8세기 중엽까지 흉노의 후계 민족으로 여겨지며 유연을 멸망시키고 중앙아시아에서 만주에까지 광범위하게 세력을 확장하였다. 그러나 동·서로 분열되어 동돌궐은 당에 복속하게 되었고, 서돌궐은 서쪽으로 진출하여 이슬람화되었다.

[48] 회홀(回紇)은 744년 동돌궐로부터 정권을 이어받아 서북 지역에 위구르 제국을 세웠다. 현재 신강 위구르 자치구 위구르 족의 선조로 흉노족과는 다른 민족이나 중국 사서에서는 흉노의 후예라고 보고 있다.

[49] 토이기(土耳其)는 당시의 오스만 투르크 제국, 현재의 터키를 가리킨다. 량치차오는 흉노·투르

그 여섯 번째는 퉁구스종[通古斯種]으로 조선 북부에서 만주를 거쳐 흑룡강 부근의 땅 여기저기에 분포하고 있는 것이 이 종족이다. 진·한 시대의 동호(東胡), 한 이후의 선비(鮮卑), 수 및 초당 시기의 말갈(靺鞨), 당 후기·오대 시기의 거란(契丹), 송대의 여진(女眞)은 모두 이 종족에 속한다. 오늘날의 청조 역시 여기에서 흥기하였다.

其六通古斯族,⁵⁰ 自朝鮮之北部, 經滿洲而蔓延於黑龍江附近之地者, 此種族也. 秦漢時代之東胡,⁵¹ 漢以後之鮮卑,⁵² 隋及初唐之靺鞨,⁵³ 晚唐·五代之契丹,⁵⁴ 宋之女眞,⁵⁵ 皆屬此族. 今淸朝亦自此興者也.⁵⁶

서구 기독교들이 주장하는 바로는 "전 세계의 인류가 모두 최초의 남녀 한 쌍에서 생겨났다." 그러나 오늘날의 세계는 서로 크게 통하고 있고 인종학은 크게 발전하여 이러한 주장이 근거가 없다는 점은 거의 더 이상 말할 필요가 없을 정도이다. 그렇지만 각 인종, 각 종족이 각자 스스로 발생하고 그 수가 많다는 점은 정말로 불가사의하며,

---

크·위구르족을 흉노족이라는 하나의 틀로 묶었는데 이는 명백한 오류로 보인다.

50 통고사(通古斯)는 퉁구스 족을 가리키는데, 지리적으로는 예니세이 강 동쪽, 사할린의 서쪽, 북으로는 툰드라 지대, 남으로는 만주에 퍼져 있는 민족을 가리키며, 언어적으로 만주-퉁구스어를 사용하는 민족을 가리키기도 한다.

51 동호(東胡)는 춘추 시대에서 한 초까지 몽골 고원에 거주하던 퉁구스계 유목 민족을 가리킨다. 훗날의 오환(烏桓)·선비(鮮卑)가 동호의 후예로 알려져 있다.

52 선비(鮮卑)는 흉노의 뒤를 이어 일어난 유목 민족이자 알타이어 계통 몽골 민족으로 대흥안령 지역에서 흥기하였다. 위·진 남북조 시대에 가장 큰 영향력을 행사한 유목 민족으로 동호족에서 기원하였다고도 일컬어진다. 전성기 흉노의 피지배 민족이었다가 흉노가 쇠락하자 그 뒤를 이었다. 5호16국 시대의 연(燕)·진(秦)·양(凉)과 북위(北魏)의 탁발(拓跋)씨가 이에 속한다.

53 말갈(靺鞨)은 6~7세기경 수·당 시대에 만주 북동부에서 한반도 북부에 거주한 퉁구스계 민족을 말한다.

54 거란(契丹)은 흉노와 퉁구스계가 혼혈된 유목 민족으로 916년 야율아보기(耶律阿保機)가 부족을 통합하여 거란을 건국하였다. 926년에 발해를 멸망시키고 화북의 연운(燕雲) 16주(州)를 획득하였으며, 947년에 국호를 요(遼)로 개칭하였다.

55 여진(女眞)은 동부 만주 지역에 거주하던 퉁구스계 민족으로 아구다[阿骨打]가 여진 부족을 통일하여 1115년에 국호를 금(金)이라 칭하고, 1125년에 요(遼)를 멸망시킨 후 북중국을 지배하였다가 몽골의 공격으로 멸망하였다.

56 최초에는 국호를 금(金), 민족명을 여진(女眞)이라고 하였으나 2대 황제 홍타이지(皇太極)가 국호를 청(淸), 민족명을 만주(滿洲)로 바꾸었다.

또한 서로 뒤섞여 산 지 이미 오래되었고 서로 혼인 관계를 맺어 혈통이 뒤섞였으니 지금 어떤 인종·종족으로 확실하게 구분하는 경계선을 긋고자 한다면 그 일은 더욱 쉽지 않을 것이다. 하물며 유목 민족은 끊임없이 옮겨 다니니, 수천 년 이후인 오늘의 입장에서 역사상의 민족 가운데 어느 하나를 가리키면서 오늘날의 민족에서 하나하나 그 실체를 찾아낸다는 일은 어리석은 이야기이거나 아니면 거짓말이 될 것이다. 그러므로 오늘날 여섯 가지 종족으로 중국 내부의 인민을 포괄하는 것은 진실로 제멋대로 단정하여 허술한 부분이 많다는 비난을 피할 수 없을 것이다. 그러나 민족은 역사의 주뇌(主腦)이므로, 분석하기 어렵다고 해서 그것을 제쳐 놓고 논의하지 않은 것도 불가능한 상황이다. 따라서 역사상 가장 관계가 깊은 것들을 들어 간략하게 논의하는 수밖에 없을 따름이다.

　西敎徒所主張, 以謂:"全世界之人類, 皆由最初之一男一女而生". 但今日世界大通, 人種學大明, 此論之無稽殆不足辯. 然則各種·各族, 各自發生, 其數之多, 殆不可思議. 且也錯居旣久, 婚姻互通, 血統相雜, 今欲確指某族某種之分界線, 其事益不易易. 況遊牧民族遷徙無常, 立於數千年之後, 而指前者發現於歷史上之民族, 一一求今之民族以實之, 非愚則誣. 故今日以六種族包括中國史內之人民, 誠不免武斷掛漏之譏. 但民族爲歷史之主腦, 勢不可以其難於分析而置之不論, 故擧其在史上最有關係者, 約而論之云爾.

　지금 다시 다른 종족은 따지지 않고 우리 한족만을 볼 때, 과연 하나의 조상에서 나온 것일까? 아니면 각자 스스로 발생한 것일까? 이 또한 단정하기 힘든 문제의 하나이다. 일반적인 백성의 족보에 따르면 어느 가문도 황제를 시조로 하지 않는 경우가 없다. 그러나 강남 민족은 주 초기부터 전국 시기에 이르기까지 항상 특수한 발달의 양상을 보여 주었으며, 그 성질과 습속은 하북(河北)의 민족들과는 자못 그 정도가 다르다. 원래 황하 연안과 양자강 연안은 그 문명이 각자 발달하였으며 서로 이어받지 않았다. 또한 절강 남부와 복건·광동·광서 지역은 진한 시대에 또한 이미 상당히 번성하여 독립적인 모습을 갖추고 있었다. 만약 모두 하북 쪽에서 이동하여 내려온 것이라 하더라도 그 이주의 세월과 그 흔적은 이미 확인해 볼 수 있는 바가 아니다. 그렇지만 인종의 구분이란 본래 확정하기 어려운 것인데, 확정하기 어려운 가운데 억지로 정한 것에는 백색·갈색[棕]·홍색[紅種]·흑색 등 여러 인종이 있고, 우리는 황색 인종으로 구분된다. 거기에는 묘종·티베트종·몽골종·흉노종·만주종 등 여러 종족이 있고, 우리는 방대한 [수의] 한족이다. 4억 동포라고 호칭함에 누가 '적절하지 않다'고 하겠는가?

今且勿論他族, 卽吾漢族, 果同出於一祖乎? 抑各自發生乎? 亦一未能斷定之問題也. 據尋常百家姓譜, 無一不祖黃帝. 雖然, 江南民族自周初以至戰國, 常見有特別之發達, 其性質·習俗頗與河北民族異其程度. 自是黃河沿岸與揚子江沿岸, 其文明各自發達, 不相承襲. 而甌·閩·兩粵之間,[57] 當秦漢時, 亦旣已繁盛, 有獨立之姿. 若其皆自河北移來, 則其移住之歲月及其陳跡, 旣不可考見矣. 雖然, 種界者本難定者也, 於難定之中而强定之, 則對於白·棕·紅·黑諸種,[58] 吾輩劃然黃種也. 對於苗·圖伯特·蒙古·匈奴·滿洲諸種, 吾輩龐然漢種也.[59] 號稱四萬萬同胞, 誰曰: '不宜'?

---

[57] 구(甌)는 절강성 동남부 일대를 가리키고, 민(閩)은 복건성(福建省)의 별칭이며, 양월(兩粵)은 광동성과 광서성을 가리킨다.

[58] 종(棕)은 종려나무의 색깔(갈색)로, 주로 오스트레일리아·뉴질랜드 원주민 및 폴리네시아의 여러 인종을 포괄하는 구분이다.

[59] 방연(龐然)은 높고 큰 모습을 형용한다.

18-2

「신사학(新史學)」(選錄)

중국의 옛 역사 [中國之舊史]

오늘날 서구에서 유행하는 여러 과학 가운데 중국에 원래부터 있는 것은 오로지 사학뿐이다. 사학은 학문 가운데 가장 다루는 범위가 넓고 가장 중요한 것으로, 국민의 밝은 거울이자 애국심의 원천이다. 지금 유럽의 민족주의가 발달하고, 각국의 문명이 하루가 다르게 발전하는 데에는 사학의 공로가 그 가운데 절반을 차지한다. 그렇다면 다만 그 나라에 이 학문(사학)이 없음만을 걱정하면 될 뿐이니, 만약 사학이 정말 존재하고 있다면 그 국민이 어찌 단결되지 않을 것이며, 각종 사회 문제에 대한 처리와 조치[群治]가 어찌 진화하지 않겠는가? 하지만 우리나라 사학은 비록 그토록 흥성하였는데, 실제의 현상은 [그와는 정반대로] 이 지경이니 이것은 또 무슨 까닭인가? 이제 중국 사학의 분파에 의거하여 그것을 드러내면서 간략하게 논의해 보고자 한다.

於今日泰西通行諸學科中,[1] 爲中國所固有者, 惟史學. 史學者, 學問之最博大而最切要者也, 國民之明鏡也, 愛國心之源泉也. 今日歐洲民族主義所以發達, 列國所以日進文明, 史學之功居其半焉. 然則, 但患其國之無玆學耳, 苟其有之, 則國民安有不團結, 群治安有不進化者?[2] 雖然, 我國玆學之盛如彼, 而其現象如此, 則又何也? 今請擧中國史學之派別, 表示之而略論之.

다음의 「사학(史學)」 표처럼 중국 사학은 모두 10종, 22류로 나누어진다. 『사고전서(四庫全書)』를 한번 들춰 보면, 소가 땀을 뻘뻘 흘리면서 운반하여 방을 가득 채울 정도이고, 물안개 낀 바다처럼 넓다고 할 정도로 엄청나게 방대한 서적들 가운데 사학 범주에 속하는 서적이 열에 여섯, 일곱이 아닌가? 위로는 사마천과 반고부터 아래로는 필

---

1 태서(泰西)는 서쪽 끝을 뜻하는데, 옛날에는 서방 국가를 넓게 지칭하는 말이었으나 일반적으로 구미 각국을 가리키는 말이 되었다.
2 군치(群治)는 각종 사회 문제에 대한 해결 혹은 처리를 뜻한다.

원(畢沅)과 조익(趙翼)에 이르기까지 사가로서 이름을 떨친 사람은 수백 명 아래가 아니므로 사학의 발달은 2천 년 동안 이처럼 대단하였다. 그럼에도 불구하고 같은 산의 오소리들처럼 서로 비슷비슷할 뿐, 사학계에 새로운 영역을 개척하였다거나 사학의 공덕을 국민들에게까지 널리 미쳤다는 소리는 들어 보지 못하였는데, 왜 그런 것일까? 나는 이 병폐의 원인을 다음 네 가지로 추론하였다.

都爲十種·二十二類. 試一翻四庫之書, 其汗牛充棟·浩如煙海者, 非史學書居十六七乎? 上自太史公·班孟堅, 下至畢秋帆[3]·趙甌北,[4] 以史家名者不下數百, 茲學之發達, 二千年於茲矣. 然而陳陳相因,[5] 一邱之貉,[6] 未聞有能爲史界辟一新天地, 而令茲學之功德普及於國民者, 何也? 吾推其病源, 有四端焉:

사학(史學)	1 정사(正史)	(1) 관서(官書) : 이른바 24사를 말한다.
		(2) 별사(別史) : 화교(華嶠)의 『후한서(後漢書)』, 습착치(習鑿齒)의 『촉한춘추(蜀漢春秋)』, 『십육국춘추(十六國春秋)』·『화양국지(華陽國志)』·『원비사(元秘史)』 등으로, 기실은 모두 정사체(正史體)이다.
	2 편년(編年)	『자치통감』 등이 이것이다.
	3 기사본말(紀事本末)	(1) 통체(通體) : 이를테면 『통감기사본말(通鑑紀事本末)』·『역사(繹史)』 등
		(2) 별체(別體) : 이를테면 『평정모모방략(平定某某方略)』·『삼안시말(三案始末)』 등

---

3 필추범(畢秋帆)은 필원(畢沅, 1730~1797)이다. 필원은 자가 추범(秋帆)으로 강소성 태창(太倉) 출신인데, 청대의 저명한 학자이자 관료로 건륭 25(1760)년에 장원 급제로 진사 학위를 얻었고, 이후 섬서·산동 순무, 호광 총독 등을 역임하였다. 정치·군사·문학·고증학에 모두 큰 성취가 있었고 『속자치통감(續資治通鑑)』(220권) 등을 저술하였다.

4 조구북(趙甌北)은 앞서 나온 『이십이사차기』의 저자 조익(趙翼)을 가리킨다. 그의 호가 구북(甌北)이다.

5 진진상인(陳陳相因)은 원래 묵은 곡식이 매년 늘어서 쌓인다는 뜻인데(『사기』 「평준서(平準書)」의 "太倉之粟, 陳陳相因, 充溢露積於外, 至腐敗不可食."이란 구절에서 나왔다), 보통 낡은 것을 그대로 이어받아 새로운 창신(創新)이 없음을 비유하는 뜻으로 쓰인다.

6 일구지학(一丘之貉)은 같은 산에 살고 있는 오소리처럼 서로 비슷해서 차별성이 없는 것을 비유하는 말이다. 『한서』 권66 「공손유전왕양채진정전(公孫劉田王楊蔡陳鄭傳)」의 양운(楊惲, 양운의 모친은 사마천의 딸이다)의 말("古與今, 如一丘之貉.")에서 나왔다(p.2891).

	4	정서(政書)	(1) 통체(通體) : 이를테면 『통전(通典)』,『문헌통고(文獻通考)』등
			(2) 별체(別體) : 이를테면 『당개원례(唐開元禮)』·『대청회전(大淸會典)』·『대청통례(大淸通禮)』등
			(3) 소기(小紀) : 이를테면 『한관의(漢官儀)』등
	5	잡사(雜史)	(1) 종기(綜記) : 이를테면 『국어(國語)』·『전국책(戰國策)』등
			(2) 쇄기(瑣記) : 이를테면 『세설신어(世說新語)』·『당대총서(唐代叢書)』·『명계패사(明季稗史)』등
			(3) 조령주의(詔令奏議) : 『사고전서』에서 따로 분류하였으나, 기실은 잡사에 속한다.
	6	전기(傳記)	통체(通體) : 『만한명신전(滿漢名臣傳)』·『국조선정사략(國朝先正事略)』등
			(2) 별체(別體) : 모 황제의 『실록(實錄)』, 모인의 『연보(年譜)』등
	7	지지(地志)	(1) 통체(通體) : 각 성의 『통지(通志)』·『천하군국이병서(天下郡國利病書)』등
			(2) 별체(別體) : 기행(紀行) 기록 등
	8	학사(學史)	이를테면 『명유학안(明儒學案)』·『국조한학사승기(國朝漢學師承記)』등
	9	사학(史學)	(1) 이론(理論) : 이를테면 『사통(史通)』·『문사통의(文史通義)』등
			(2) 사론(事論) : 이를테면 『역대사론(歷代史論)』·『독통감론(讀通鑑論)』등
			(3) 잡론(雜論) : 이를테면 『이십이사차기(二十二史箚記)』·『십칠사상각(十七史商榷)』등
	10	부용(附庸)	(1) 외사(外史) : 이를테면 『서역도고(西域圖考)』·『직방외기(職方外紀)』등
			(2) 고거(考據) : 이를테면 『우공도고(禹貢圖考)』등
			(3) 주석(注釋) : 이를테면 배송지(裴松之)의 『삼국지주(三國志注)』등

史學	第一	正史	(甲)官書：所謂二十四史是也
			(乙)別史：如華嶠『後漢書』, 習鑿齒『蜀漢春秋』,『十六國春秋』, 『華陽國志』,『元秘史』等, 其實皆正史體也.
	第二	編年	『資治通鑑』等是也.
	第三	紀事本末	(甲)通體：如『通監紀事本末』,『繹史』等是也.
			(乙)別體：如『平定某某方略』,『三案始末』等是也.

第四	政書	(甲)通體：如『通典』,『文獻通考』等是也.
		(乙)別體：如『唐開元禮』,『大淸會典』,『大淸通禮』等是也.
		(丙)小紀：如『漢官儀』等是也.
第五	雜史	(甲)綜記：如『國語』,『戰國策』等是也.
		(乙)瑣記：如『世說新語』,『唐代叢書』,『明季稗史』等是也.
		(丙)詔令奏議：四庫另列一門, 其實雜史耳.
第六	傳記	(甲)通體：如『滿漢名臣傳』,『國朝先正事略』等是也.
		(乙)別體：如某帝『實錄』, 某人年『譜等』也.
第七	地志	(甲)通體：如各省『通志』,『天下郡國利病書』等是也.
		(乙)別體：如紀行等書是也.
第八	學史	如『明儒學案』,『國朝漢學師承記』等是也.
第九	史學	(甲)理論：如『史通』,『文史通義』等是也.
		(乙)事論：如『歷代史論』,『讀通鑑論』等是也.
		(丙)雜論：如『二十二史箚記』,『十七史商榷』等是也.
第十	附庸	(甲)外史：如『西域圖考』,『職方外紀』等是也.
		(乙)考據：如『禹貢圖考』等是也.
		(丙)注釋：如裴松之『三國志注』等是也.

 첫째는 '조정이 있다는 것만 알았지, 국가가 있다는 것을 몰랐다.'는 점이다.
 우리는 언제나 말한다. "24사는 역사가 아니라 24개 가문의 족보에 불과하다." 그 말은 약간 과정된 것 같지만, 그 편찬자의 정신을 보면 실제로는 확실히 헛된 이야기가 아니다. 우리나라 사가들은 천하는 군주 한 사람의 천하라고 여겼다. 때문에 그 역사 서술은 어느 왕조가 어떻게 천하를 얻고 다스리고 잃었는지 하는 점만을 서술하는 데 지나지 않았으며, 이것을 빼고 나면 남는 것이 없었다. 옛 사람이 이르기를 『좌전』은 "서로 죽이는 것만을 기록한 [전쟁사] 책"이라고 하였는데, 어찌 『좌전』뿐이겠는가? 아마 24사가 진실로 지구상에서 과거에도 없었고 앞으로도 없을 거대한 전쟁사 서적이라 할 수 있을 것이다. 비록 사마광과 같은 뛰어난 사가라 할지라도 『자치통감』을 지으면서 역시 군주가 들춰 가면서 훑어보는 데 대비하였을 뿐이었다(그 논찬은 어느 하나 군주에게 충고하는 말이 아닌 것이 없다). 생각건대 종래의 사가들은 모두 조정의 군주를 위해 신하가 된 입장처럼 사서를 편찬하였으며, 어느 한 사서도 국민을 위해 편찬

된 적이 없었다. 그 큰 폐단은 조정과 국가를 나누어 구별할 줄 모르고, 조정 외에는 국가가 존재하지 않는다고 여겼던 점이다. 그리하여 소위 정통(正統)과 비정통[閏統]의 논쟁이나 왕조 교체의 앞뒤를 따지는 필법(筆法)이 있게 된 것이다. 이를테면 구양수의 『신오대사(新五代史)』나 주자(朱子)의 『통감강목(通鑑綱目)』 등을 보면 오늘의 도적이 내일에는 신성한 성인이 되고, 갑은 천명을 받고 을은 반역자가 되니 정말로 구더기 무리가 똥을 쪼면서 그 달고 쓴 부분을 다투는 것과 같고, 원숭이가 먹이를 받으며 세 개인지 네 개인지를 따지는 꼴이라, 스스로를 속이고 남을 사람을 속이는 일이 이보다 심한 게 없다. 우리 중국에 국가 사상이 지금까지 일어나지 못한 것에 대해 수천 년 동안의 사가들이 어찌 그 허물을 피할 수 있겠는가?

一曰: "知有朝廷而不知有國家." 吾黨常言: "二十四史非史也, 二十四姓之家譜而已." 其言似稍過當, 然按之作史者之精神, 其實際固不誣也. 吾國史家以爲天下者君主一人之天下, 故其爲史也, 不過敍某朝以何而得之, 以何而治之, 以何而失之而已, 舍此則非所聞也. 昔人謂『左傳』爲"相斫書",[7] 豈惟『左傳』, 若二十四史, 眞可謂地球上空前絶後之一大相斫書也. 雖以司馬溫公之賢, 其作『通鑑』, 亦不過以備君王之瀏覽.[8] (其論語, 無一非忠告群主者). 蓋從來作史者, 皆爲朝廷上之君若臣而作, 曾無有一書爲國民而作者也. 其大蔽在不知朝廷與國家之分別, 以爲舍朝廷外無國家. 於是乎有所謂正統・閏統之爭論,[9] 有所謂鼎革前後之筆法. 如歐陽之『新五代史』, 朱子之『通鑑綱目』等, 今日盜賊, 明日聖神; 甲也天命, 乙也僭逆.[10] 正如群蛆啄矢,[11] 爭其甘苦, 狙公賦茅, 辦其四三,[12] 自欺欺人, 莫此爲甚! 吾中國國家思想, 至今不能興起者, 數千年之史家, 豈能辭其咎耶!

---

7 상작서(相斫書)는 서로 벤 것만을 기록한 책, 즉 전쟁을 기록한 사서라는 뜻인데, 많은 경우 『좌전』을 가리킨다.

8 유람(瀏覽)은 대략 살펴본다는 뜻이다.

9 정통(正統)은 유가 경전인 『춘추』에서 나온 개념으로 종주(宗周)를 정으로 삼아 선왕의 법제를 존중하여 천하일통(天下一統)을 이루었다는 것을 의미하는데, 이후의 중국 왕조는 자기 통치의 합법성을 획득하기 위해 이 개념을 근거로 삼았다. 따라서 일맥으로 이어지는 전국을 통일한 왕조의 계통을 가리키기도 한다. 윤통(閏統)은 이와는 달리 정통성을 얻지 못한 왕조나 통치자를 가리킨다.

10 참역(僭逆)은 법도를 어기고 윗사람을 해쳤다거나 혹은 그런 일을 한 사람을 가리킨다.

11 시(矢)는 화살, 맹세라는 뜻 외에도 똥을 뜻하는 시(屎)와 같은 뜻이기도 하다.

둘째는 '개인이 있는 것만 알지, 집단이 있다는 것은 몰랐다.'라는 점이다.

역사라는 것은 영웅의 무대이며 영웅을 제외하고 나면 역사가 존재할 수 없으니, 비록 서구의 뛰어난 사서라고 할지라도 또한 어찌 인물에 치중하지 않을 수 있겠는가? 그렇지만 훌륭한 사가는 인물을 역사 서술의 재료로 삼지, 역사를 인물의 초상화로 만들었다는 것은 들어 보지 못하였으며, 인물을 시대의 대표로 삼지 시대를 인물의 부속물로 만들었다는 것도 들어 보지 못하였다. 중국의 역사, 즉 본기·열전은 매 편마다 바닷가의 돌멩이처럼 어지럽게 뒤섞여 흩어져 쌓여 있으니, 솔직하게 이야기하면 무수하게 많은 묘지명을 합친 것에 지나지 않는다. 무릇 역사에서 귀중하게 여기는 점은 한 무리의 사람들이 서로 교류하고, 경쟁하고, 단결하는 이치를 서술하고, 한 무리의 사람들이 편안하고 안정된 삶을 누리면서 한몸으로 진화해 나가는 모습을 서술함으로써, 후대의 독자들이 그 무리를 사랑하고 그 무리의 마음을 훌륭하게 여기는 마음이 자연스럽게 우러나게 하는 것이다. 지금 사가들은 붕어 떼보다 많지만, 한 사람의 안광(眼光)으로 능히 이런 것을 볼 수 있었다는 이야기는 들어 보지 못하였다. 이것이 우리 국민의 집단적인 힘·지혜·덕성이 영원히 발생하지 못하였고, 진정한 집단이 끝내 성립되지 못하였던 원인이다.

二曰:"知有個人而不知有群體."[13] 歷史者, 英雄之舞臺也, 舍英雄幾無歷史. 雖泰西良史, 亦豈能不置重於人物哉! 雖然, 善爲史者, 以人物爲歷史之材料, 不聞以歷史爲人物之畫像, 以人物爲時代之代表, 不聞以時代爲人物之附屬. 中國之史, 則本紀, 列傳, 一篇一篇, 如海岸之石, 亂堆錯落, 質而言之, 則合無數之墓志銘而成者耳. 夫所貴乎史者, 貴其能敘一群人相交涉, 相競爭, 相團結之道, 能述一群人所以休養生息,[14] 同

---

12 원래 출전은 『열자(列子)』「황제편(黃帝篇)」인데 후에 『장자(莊子)』의 「제물론(齊物論)」에서도 인용하여 잘 알려진 조삼모사(朝三暮四)라는 고사성어가 되었다. 원숭이를 키우던 저공이 먹이가 모자라 도토리[茅, 橡]를 주는 것을 가지고 타협을 하면서 아침에 세 개, 저녁에 네 개를 주겠다고 하였더니 원숭이들이 반발하였으나, 아침에 네 개, 저녁에 세 개를 주겠다고 하였더니 그대로 수긍하고 받아들였다는 고사이다.

13 본문 중에 나오는 '군(群)' 또는 '군체(群體)'라는 표현은 '집단', '사회' 정도의 의미로 사용되는 것으로 보인다. 뒤에 나오는 '군학(群學)'도 현재의 용어로 한다면 '사회학'정도로 번역할 수 있지만, 당시 유행하던 용어라 그대로 사용하였다.

14 휴양생식(休養生息)은 백성들의 삶이 안정되고 부가 증가하는 것을 뜻한다.

體進化之狀, 使後之讀者愛其群, 善其群之心, 油然生焉! 今史家多於鯽魚, 而未聞有 一人之眼光, 能見及此者. 此我國民之群力, 群智, 群德所以永不發生, 而群體終不成 立也.

셋째는 '옛 사적이 있는 것만을 알았지, 현재의 임무가 있다는 것을 몰랐다.'는 점이다. 무릇 책을 짓는 데는 그 종지가 중요한데, 사서를 짓는다는 일이 단지 옛날에 죽은 몇 사람을 위해 기념비를 만드는 것인가? 아니면 옛날에 일어났던 몇 가지 사건을 위해 오페라를 만드는 일인가? 아마도 그것은 아닐 것이다. 오늘날의 사람들이 이것을 보고 거울로 삼고 판단을 내려 경세(經世)에 사용하게 하고자 하는 것이다. 따라서 서구의 사서는 근세에 가까워질수록 그 기록이 더욱 상세해진다. 중국은 그렇지 않아 왕조 교체 이후가 아니면 그 왕조에 대한 사서는 출현하지 못한다. 또한 단지 정사만 그런 것이 아니라 다른 체제의 사서 역시 그렇지 않은 경우가 없다. 따라서 사마광의 『자치통감』 역시 [송대를 다루지 못하고] 전국 시대에서 시작하여 오대에서 끝마쳤다. 과연 이와 같다면 만약 하나의 왕조가 지금부터 영원히 [황제의 성이] 바뀌지 않는다면 [왕조 교체 이후가 아니면 사서가 출현하지 못하는 중국에서] 역사는 [이 왕조 이전에서] 중단되어야 하는 게 아닌가? 가령 일본처럼 수천 년이 하나의 황실 계통으로 이어진다면, 역사라는 것을 몽땅 모아 없애 버려야 하지 않을까?

사마천은 『사기』를 지으면서 [당시의 황제였던 한 무제의] 「금상본기(今上本紀)」까지만 서술하였고 또한 서술에는 숨기거나 피하는 바가 적지 않았는데, 이것은 사가의 천직(天職) 때문이었다. 후대에 전제(專制) 정체가 날로 발전하고 민기(民氣)와 학풍(學風)은 날로 부패하면서 그 마지막 흐름은 바야흐로 오늘날에 이르러 절정에 이르렀다. 그 병의 근원이 유래한 바를 추론하면 실로 역사를 조정의 전유물로 인식하여 조정의 일을 제외하면 기록할 만한 것이 없다고 여겼기 때문이다. 그렇지 않다면 비록 조정의 일은 꺼리거나 피하는 게 있다손 치더라도 민간의 일 가운데 기록할 만한 것이 역시 적지 않을 터인데 어째서 이런 것들은 아예 존재하지 않았다는 말인가? 오늘날 우리가 [청조 성립 이래] 268년 동안의 역사적 사실을 연구하려 해도 결국 어느 책 하나 의거할 만한 것이 없고, [있더라도] 대부분 널리 선포하고 기왕의 선례를 따른다는 관청의 공문서가 아니면 세간에 떠돌지만 대부분 의심스러운 입소문[口傳]뿐이다. 때로는 외국인의 저술을 빌어 그 일부 조각을 엿보기도 하지만 갑국의 사람이 을국의 일을 논하는 경우 대체로 백에서 하나라도 건지기 힘든데, 하물며 우리나라처럼 이제까지 문을 닫아걸고 외국인들과 소통하지 않은 경우는 어떠하겠는가? 그래서 우리들은 궁색하게 말하지 않을 수 없다. [『논형(論衡)』에서 이르기를] "옛것은 알지만 지금을 알지 못하는 것을 우매한 것[陸沈]이라고 한다." 무릇 우리 국민을 우매하게 만든 죄는 실로 사가들이 감당해야 할 몫이다.

  三曰:"知有陳跡而不知有今務." 凡著書貴宗旨, 作史者, 將爲若干之陳死人,[15] 作紀念碑耶? 爲若幹之過去事作歌舞劇耶? 殆非也. 將使今世之人, 鑒之裁之, 以爲經世之用也. 故泰西之史, 愈近世則記載愈詳. 中國不然, 非鼎革之後,[16] 則一朝之史不能出現. 又不惟正史而已, 卽各體莫不皆然. 故溫公『通鑒』, 亦起戰國而終五代. 果如是也, 使其朝自今以往, 永不易姓, 則史不其中絶乎? 使如日本之數千年一系, 豈不並史之爲物而無之乎? 太史公作『史記』, 直至「今上本紀」, 且其記述, 不少隱諱焉, 史家之天職然也. 後世專制政體日以進步, 民氣·學風日以腐敗, 其末流遂極於今日. 推病根所從起, 實由認歷史爲朝廷所專有物, 舍朝廷外無可記載故也. 不然, 則雖有忌諱於朝廷, 而民間之事, 其可紀者不亦多多乎, 何並此而無也? 今日我輩欲硏究二百六十八年以來之事實, 竟無一書可憑藉,[17] 非官牘鋪張循例之言,[18] 則口碑影響疑似之說耳.[19] 時或藉外國人之著述, 窺其片鱗殘甲. 然甲國人論乙國之事, 例固百不得一, 況吾國之向閉關不與人通者耶? 於是乎吾輩乃窮, 語曰:"知古而不知今, 謂之陸沈."[20] 夫陸沈我國民之罪, 史家實屍之矣![21]

---

15 진사인(陳死人)은 죽은 지 오래된 사람을 말한다.
16 정혁(鼎革)은 정권이 바뀌어서 새로운 왕조로 교체되는 것을 뜻한다.
17 빙자(憑藉)는 믿고 의지한다는 뜻이다.
18 관독(官牘)은 관부의 공문서를 가리키며, 포장(鋪張)은 널리 선포한다는 뜻이고, 순례(循例)는 기왕의 선례나 법규를 그대로 따른다는 뜻이다.
19 구비(口碑)는 뭇 사람의 논의나 그들 사이에서 떠돌아다니는 말을 가리킨다.
20 육침(陸沈, 陸沉)은 땅이 물 없이 가라앉는다는 뜻으로 은거하거나 은거한 사람을 가리키기도 하지만, 매몰되어 남에게 알려지지 않는다, 국토가 적의 손에 넘어간다는 것을 뜻하기도 한다. 여기서는 우매하고 고집이 세서 시대의 뜻을 제대로 읽지 못한다는 뜻이다(『논형(論衡)』 「사단(謝短)」 편의 "夫知古不知今, 謂之陸沈, 然則儒生, 所謂陸沉者也."이란 기록에서 비롯되었다).
21 시(屍)는 여기서 주지하다, 담임한다는 뜻이다.

넷째는 '사실이 있다는 것은 알지만, 이상(理想)이 있다는 것을 알지 못하였다.'는 점이다.

사람의 몸은 40여 종의 요소들이 합쳐져서, 즉 눈·귀·코·혀·손·발·장기·피부·털·힘줄·뼈마디·혈액·정관(精管) 등이 합쳐져서 이루어진 것이다. 그러나 40여 종의 각종 요소들을 모아 눈·귀·코·혀·손·발·장기·피부·털·힘줄·뼈마디·혈액·정관 등을 하나도 빠뜨리지 않고 갖추었다고 해서 사람이라고 부를 수 있을까? 절대 그렇지 않다. 왜 그런가? 거기에는 정신(精神)이 없기 때문이다. 그렇다면 사학의 정신은 무엇인가? '바로 이상이 그것이다.'라고 말할 수 있다. 큰 집단 속에는 작은 집단이 있고 큰 시대의 속에는 작은 시대가 있으며, 집단과 집단 사이의 상호 관계나 시대와 시대 사이의 연속성은 중간에 다양한 변화가 있고 변화의 원리가 있다. 사서를 편찬하는 사람은 그것을 간파하여 이러한 원인 때문에 저러한 결과가 생김을 알고 기왕의 전례에 비추어 장래의 풍조를 보여 줄 수 있어야 하며, 그래야만 그 사서가 세상에 유익한 것이 된다. 지금 중국의 사서는 단지 어리석게도 "어느 날 갑이라는 일이 있었고, 어느 날 을이라는 일이 있었다."라고 말할 뿐, 이런 일이 어떻게 해서 일어났으며, 그 먼 원인이 어디에 있고 가까운 원인이 어디에 있는지에 하는 점에 대해서는 전혀 이야기해 주지 못한다. 그 일이 다른 일이나 이후 시대에 어떠한 영향을 미칠 것인지, 긍정적인 결과를 얻을지 아니면 부정적인 결과를 낳을지에 대해서도 마찬가지이다. 따라서 그토록 방대한 분량의 사서가 있어도 모두 인형 박물관의 밀랍 인형처럼 전혀 생기가 없어 이런 것은 읽어 보아야 헛되이 정신력만 소모하게 된다. 따라서 중국의 사서는 인민의 지혜를 늘리는 도구가 아니라, 인민의 지혜를 소모시키는 도구이다.

四曰: "知有事實而不知有理想." 人身者, 合四十餘種原質而成者也, 合眼·耳·鼻·舌·手足·臟腑·皮毛·筋絡·骨節·血輪[22]·精管而成者也. 然使采集四十餘種原質, 作爲眼·耳·鼻·舌·手足·髒腑·皮毛·筋絡·骨節·血輪·精管無一不備, 若是者, 可謂之人乎? 必不可. 何則? 無其精神也. 史之精神維何? 曰: "理想是已". 大群之中有小群, 大時代之中有小時代, 而群與群之相際,[23] 時代與時代之相續, 其間有消息焉,[24] 有原理

---

22 혈륜(血輪)은 혈구의 옛 명칭으로 또는 혈액을 가리키기도 한다.
23 상제(相際)는 상호 관계를 뜻한다.
24 소식(消息)은 소장(消長), 증감(增減), 성쇠(盛衰) 등의 변화를 뜻한다. 휴식이나 정지라는 뜻도 있다.

焉, 作史者苟能勘破之,²⁵ 知其以若彼之因, 故生若此之果, 鑒旣往之大例, 示將來之風潮, 然後其書乃有益於世界. 今中國之史但呆然曰²⁶ : "某日有甲事, 某日有乙事." 至此事之何以生, 其遠因何在, 近因何在, 莫能言也. 其事之影響於他事, 或他日者若何, 當得善果, 當得惡果, 莫能言也. 故汗牛充棟之史書, 皆如蠟人院之偶像,²⁷ 毫無生氣, 讀之徒費腦力. 是中國之史, 非益民智之具, 而耗民智之具也.

이상 네 가지가 실로 수천 년 동안 중국 사가들의 학식 수준이었다. 이 네 가지 폐단으로 인해 다음과 같은 두 가지 병폐가 생겨났다.

以上四者, 實數千年史家學識之程度也. 緣此四蔽, 復生二病.

첫 번째 병폐는 상세한 서술은 할 수 있지만 별다른 독창적인 견해는 내놓을 수는 없다는 점이다. 영국의 학자 허버트 스펜서(Herbert Spencer)는 말하였다.

"어떤 사람이 알려 주기를, '이웃집의 고양이가 어제 새끼를 낳았다.'라고 하였다. 사실로 말하자면 정말 사실이다. 그러나 누구도 이것이 아무런 쓸모도 없는 사실임을 모르지 않는다. 왜? 그것은 다른 일과 아무런 상관이 없고, 우리 인생의 행보에도 전혀 영향이 없기 때문이다. 역사상의 사적(事跡)은 이와 비슷한 종류가 아주 많으며, 이러한 사례로 미루어 짐작하면서 독서로써 만물을 살펴보게 된다면, 이미 태반을 깨우친 것이나 마찬가지이다."

其一, 能鋪敍而不能別裁.²⁸ 英儒斯賓塞曰²⁹ :
"或有告者曰 : '鄰家之貓, 昨日産一子.' 以云事實, 誠事實也 ; 然誰不知爲無用之事實

---

25 감파(勘破)는 간파한다는 뜻이다.
26 태연(呆然)은 어리석게, 멍청하게 라는 뜻이다.
27 납인원(蠟人院)은 프랑스 출신의 마담 투소가 런던에서 19세기 중반부터 자신의 작품을 전시하기 시작한 밀랍 인형 박물관을 가리키는 것 같다.
28 포서(鋪敍)는 상세하게 진술한다는 뜻이다. 별출심재(別出心裁)는 다른 사람들 것과는 다른 독창적인 것을 내놓는다는 뜻이다.
29 사빈새(斯賓塞)는 허버트 스펜서(Herbert Spencer, 1820~1903)로 영국의 철학자·사회 진화론자이다. 저서로 36년간에 걸쳐 쓴 대작 『종합철학체계』가 유명한데, 성운(星雲)의 생성부터 인간 사회의 도덕 원리의 전개에 이르기까지 모든 것을 진화론의 원리에 따라 조직적으로 서술하였다.

乎. 何也? 以其與他事毫無關涉, 於吾人生活上之行爲, 毫無影響也. 然歷史上之事跡, 其類是者正多, 能推此例以讀書觀萬物, 則思過半矣."[30]

여기서 스펜서는 역사 서술의 방법과 역사를 읽는 방법을 가르쳐 주고 있다. 서구의 옛 사가들도 정말로 이런 것을 피할 수 없었지만, 중국은 훨씬 더 심각하였다. "어느 날에 일식이 있었다. 어느 날에 지진이 있었다. 어느 날에 황자를 책봉했다. 어느 날에 어느 대신이 죽었다. 어느 날에 어떤 조서를 내렸다." 종이를 가득 채운 것은 모두 이런 "이웃집 고양이가 새끼를 낳았다."라는 것 같은 사실이니, 책 한 권을 다 읽어도 단 한 구절도 머릿속에 넣어 둘 가치가 없는 경우도 빈번하다. 그 가운데 『자치통감』과 같은 책은 원고를 작성하는 데 19년이 걸렸고 가장 정밀하고 훌륭한 내용만을 따로 선별하였으나, 오늘날 서구의 사서를 읽는 시각으로 읽으면 그 중에 쓸모가 있는 것은 역시 열에 두셋 정도에 지나지 않음을 깨달을 수 있다(『자치통감』은 상주문을 가장 많이 싣고 있는데, 이것은 이 책이 오로지 군주를 바로잡기 위해서 지어진 것이기 때문이다. 우리가 오늘날 읽기에는 너무 번잡하다고 할 것이다). 그러니 그 밖의 다른 책은 더 이상 따져서 무엇을 하겠는가? 이를테면 『신오대사(新五代史)』와 같은 경우 스스로 독자적인 견해를 갖추었다고 자부하였지만 실제로는 중요한 일을 모두 삭제해 놓고 오히려 "이웃집 고양이가 새끼를 낳았다."는 것 같은 내용만 남겨 놓았으니, 훨씬 더 혐오스럽지 않겠는가?

그러므로 오늘날 중국의 사학을 바로잡고자 하면 진실로 어디서부터 시작해야 할지 모르겠다는 불만을 느끼지 않을 수 없다. 『이십사사(二十四史)』나 『구통(九通)』, 『자치통감』과 『속통감(續通鑑)』, 『대청회전(大淸會典)』과 『대청통례(大淸通禮)』, 『십조실록(十朝實錄)』과 『십조성훈(十朝聖訓)』 등등 이런 책들은 절대 다 읽을 수 없다. 그렇지만 그 가운데 어느 하나를 읽지 않으면 놓치는 것이 아주 많다. 그렇다고 이 책들을 모두 다 읽고자 한다면 하루에 열 권씩 읽어도 30년, 40년 정도가 지나지 않으면 끝낼 수 없을 것이다! 하물며 단지 이런 몇 가지 책만을 읽어서는 결코 쓸 만한 것이 되지 못하니, 어쩔 수 없이 앞서 열거한 10종, 22류의 사서를 하나하나 섭렵하지 않으면 안 된다(잡

---

[30] 사과반(思過半)은 『주역』 「계사 하(下)」에 나오는 구절로 생각을 계발하는 바 있어 분명히 깨우친 것이 아주 많다, 이미 태반을 깨우쳤다는 뜻이다("知者觀其彖辭, 則思過半矣.").

사·전지·차기 등에 실린 기록은 오히려 정사보다 유용한 부분이 많은 경우가 항상 있는데, 왜 그런가? 이런 책들은 항상 민간의 풍속을 싣고 있으며, 정사처럼 오로지 제왕을 위해 가보를 만드는 것이 아니기 때문이다). 사람의 수명이 얼마나 된다고 어찌 이런 일을 감당할 수 있겠는가? 그러므로 중국에서 사학 지식이 보급될 수 없었던 것은 모두 남다른 독창적 견해를 내놓은 훌륭한 사서가 단 한 권도 없었던 것에서 비롯된다.

此斯氏敎人以作史, 讀史之方也. 秦西舊史家, 固不免之, 而中國殆更甚焉 : "某日日食也, 某日地震也, 某日册封皇子也, 某日某大臣死也, 某日有某詔書也." 滿紙塡塞, 皆此等 "鄰貓生子" 之事實, 往往有讀盡一卷而無一語有入腦之價値者. 就中如『通鑑』一書, 屬稿十九年, 別擇最稱精善, 然今日以讀西史之眼讀之, 覺其有用者, 亦不過十之二三耳(『通鑑』載奏議最多, 蓋此書專爲格君而作也,[31] 吾輩今日讀之實嫌其冗). 其他更何論焉! 至如『新五代史』之類, 以別裁自命, 實則將大事皆刪云, 而惟存 "鄰貓生子" 等語, 其可厭不更甚耶? 故今日欲治中國史學, 眞有無從下手之慨. 『二十四史』也,[32] 『九通』也,[33] 『通鑑』·『續通鑑』也,[34] 『大淸會典』[35] ·『大淸通禮』也,[36] 『十朝實錄』·『十朝聖訓』

---

31 격(格)은 바로잡다, 격탕하다, 막거나 제한한다는 뜻이다.
32 이십사사(二十四史)는 사마천의 『사기』에서부터 청대에 편찬된 『명사』에 이르기까지 역대 왕조의 정통 역사로 공인된 이른바 '정사(正史)'를 일컫는 말이다.
33 『구통(九通)』은 두우의 『통전』, 정초의 『통지』, 마단림의 『문헌통고』를 지칭하는 3통에, 청 건륭 연간에 이 형식을 모방하여 만든 『속통전』·『속통지』·『속문헌통고』(청 이전까지의 시기를 다룬다), 『청조통전』·『청조통지』·『청조문헌통고』(건륭 연간까지의 시기를 다룬다)를 더하여 지칭하는 표현이다. 여기에 청 말에 편찬된 『청조속문헌통고(淸朝續文獻通考)』를 더하면 십통(十通)이 된다.
34 『속통감(續通鑑)』은 청의 필원(畢沅, 1730~1797)이 지은 『속자치통감(續資治通鑑)』의 별칭이다. 필원은 자가 양형(纕蘅) 또는 추범(秋帆)이고 호는 영암산인(靈岩山人)으로 진양(鎭洋, 오늘날의 강소성 태창(太倉) 출신이다. 건륭 25(1760)년의 진사로 장원 급제(狀元及第)하여 한림원 편수가 되었다. 하남 순무·호광 총독 등을 거쳤는데, 경사(經史)·소학(小學)·금석학·지리학 등에 능하였다고 하며, 사마광의 『자치통감』을 이어 『속자치통감(續資治通鑑)』을 저술하였다. 『속자치통감』은 서건학(徐乾學)의 『자치통감후편(資治通鑑後篇)』을 기초로 하고, 이도(李燾)의 『속자치통감장편(續資治通鑑長編)』과 이심전(李心傳)의 『건염이래계년요록(建炎以來系年要錄)』, 섭융례(葉隆禮)의 『거란국지(契丹國志)』 등을 참고하여 편찬하였다.
35 『대청회전(大淸會典)』은 청 강희(康熙)·옹정(雍正)·건륭(乾隆)·가경(嘉慶)·광서(光緖) 연간 다섯 차례 편찬한 일종의 행정 법령집을 가리킨다. 통칭하여 『오조회전(五朝會典)』이라고도 불린다.

也,³⁷ 此等書皆萬不可讀.³⁸ 不讀其一, 則掛漏正多, 然盡此數書而讀之, 日讀十卷, 已非三四十年不爲功矣! 況僅讀此數書, 而決不能足用, 勢不可不於前所列十種二十二類者一一涉獵之(雜史³⁹·傳志⁴⁰·箚記⁴¹等所載, 常有有用過於正史者, 何則? 彼等常載民間風俗, 不似正史專爲帝王作家譜也). 人壽幾何, 何以堪此! 故吾中國史學知識之不能普及, 皆由無一善別裁之良史故也.

두 번째 병폐는 옛것을 그대로 베낄 줄은 알지만 창작은 못한다는 점이다. 중국의 모든 일은 항상 "서술하였을 뿐 지어내지 않았다[述而不作]."는 주의를 고집해 왔는데, 사학 역시 그 점을 잘 보여 준다. 지난 2천 년의 사가들을 자세히 헤아려 보면 조금이라도 창작의 재능을 갖춘 사람은 오로지 여섯 사람뿐이었다.

其二, 能因襲而不能創作. 中國萬事, 皆取"述而不作"主義, 而史學其一端也. 細數二千年來史家, 其稍有創作之才者, 惟六人:

첫 번째는 사마천(司馬遷)으로, 진실로 사학계의 조물주이다. 그의 저서 또한 언제나 국민사상을 갖추고 있으니, 항우(項羽)를 본기에서 서술한 것, 공자와 진섭(陳涉)을 세가에서 서술한 것, 유림·유협·자객·화식을 열전에서 서술한 것에는 모두 깊은 뜻이 존재한다. 그 열전에 들어간 사람들 역시 대부분 시대와 아주 밀접한 관계가 있는 인물이었지만, 후대 사람들이 이런 방식을 잘못 본받은 경우 대부분 아주 엉망이 되어 버린다!

---

36 『대청통례(大淸通禮)』(50권)는 청의 건륭 원년에 편찬되기 시작하여 약 21년이 걸려 완성되었다. 『주례』나 『의례』 등의 체제에 따라 청조의 대전(大典)·의식(儀式)과 오례(五禮)를 정리한 것이다.

37 『십조실록(十朝實錄)』·『십조성훈(十朝聖訓)』은 이 글이 쓰여질 무렵 황제였던 광서제(光緖帝) 이전에 존재했던 열 명 황제의 『실록』(『大淸歷朝實錄』)과 그 황제들의 지시만을 따로 모은 『성훈(聖訓)』을 가리킨다.

38 만불가(萬不可)는 절대 안 된다는 뜻이다.

39 잡사(雜史)는 기전체 정사나 편년체, 기사본말체 등의 사서를 제외한 다른 종류의 체제를 가진 다양한 종류의 기록들을 통칭하는 말이다.

40 전지(傳志)는 즉 전기, 인물의 평생을 다룬 문장이나 서적을 가리킨다.

41 차기(箚記)는 책을 읽고 난 다음에 남긴 글들을 모은 체제의 책을 말한다.

一曰 : 太史公, 誠史界之造物主也. 其書亦常有國民思想, 如項羽而列諸本紀, 孔子·陳涉而列諸世家, 儒林·遊俠·刺客·貨殖而爲之列傳, 皆有深意存焉. 其爲立傳者, 大率皆於時代極有關系之人也, 而後世之效顰者,[42] 則胡爲也![43]

두 번째는 두우(杜佑)로, 그의 저작인 『통전』은 사건은 기술하지 않고 제도를 기술하였다. 제도는 국민 전체에 관계가 있는 것이므로 사건보다 훨씬 중요하다. 이전에는 이런 것이 없었는데 두우가 이를 창안한 것이니 비록 그 완비됨은 [나중에 나오는] 마단림(馬端臨)의 『문헌통고』에 미치지 못하지만, 창작의 공로라는 점에서는 마단림이 어떻게 감히 두우를 쳐다볼 수 있겠는가?

二曰 : 杜君卿, 『通典』之作, 不紀事而紀制度. 制度於國民全體之關系, 有重於事焉者也. 前此所無而杜創之, 雖其完備不及『通考』, 然創作之功, 馬何敢望杜耶!

세 번째는 정초(鄭樵)로, 그의 사가로서의 식견은 천고에 으뜸가는 것이었으나 사가로서의 재능은 이를 뒷받침하기에 부족하였다. 그래도 정초의 『통지』「이십략」은 논단을 주로 삼고 서술은 보조적인 것으로 삼았으니 진실로 중국의 사학계에 한줄기 서광을 비춘 일이었다. 애석하게도 그가 사마천의 『사기』에서 설정한 테두리에 갇혀 기전체의 서술로 책 전체의 십 중 칠팔을 채워 넣어 쓸데없이 반복을 거듭한 것은 가장 큰 결함이 되었다.[44]

三曰 : 鄭漁仲, 夾漈之史識, 卓絶千古, 而史才不足以稱之. 其『通志』「二十略」, 以論斷爲主, 以記述爲輔, 實爲中國史界放一光明也. 惜其爲太史公範圍所困, 以紀傳十之七·八, 塡塞全書, 支床疊屋,[45] 爲大體玷.

---

[42] 효빈(效顰, 効顰, 效矉)은 유명한 미인인 서시(西施)가 찡그린 모습도 사람들이 예쁘다고 하자 같은 마을의 추녀(醜女) 동시(東施)도 그것을 본떠 역시 찡그리고 다녀 사람들을 놀라게 했다는 고사(『장자(莊子)』「천운(天運)」편)에서 나왔다. 잘못 모방하여 도리어 좋지 못한 결과를 낳는 것을 비유한다.

[43] 호위(胡爲)는 호작비위(胡作非爲)와 같은 뜻으로 엉망진창, 제멋대로 어지럽힌다는 것을 가리킨다.

[44] 『통지』가 「이십략」 부분을 제외하면 나머지는 대부분 정사의 기·전 부분을 베껴 쓴 것에 지나지 않는다는 점을 가리킨다.

[45] 지상첩옥(支床疊屋)은 평상을 거듭 쌓아 집을 만든다는 것으로 겹치고 반복된다는 것을 비유한다.

네 번째는 사마광으로, 『자치통감』은 또한 천하의 명문이며 그 구조의 웅대함이나 그 사료 채취의 풍부함은 후대의 통사를 지으려는 사람들에게 항상 저본이 되지 않을 수 없다. 지금에 이르러서도 이를 뛰어넘을 수 있는 것이 없으니 사마광은 역시 위대한 인물이다!

四曰: 司馬溫公, 『通鑑』亦天地一大文也, 其結構之宏偉, 其取材之豐贍,[46] 使後世有欲著通史者, 勢不能不據爲藍本,[47] 而至今卒未有能逾之者焉, 溫公亦偉人哉!

다섯 번째는 [『통감기사본말(通鑑紀事本末)』을 써서 기사본말체를 창안한] 원추(袁樞)이다. 오늘날 서구의 사서는 대체로 모두 기사본말체(紀事本末體)인데, 그 체제는 중국에서는 실로 원추가 창안한 것이니 사학계에 대한 그 공로 또한 적지 않다. 다만 그의 저작인 『통감기사본말』은 사건 사이의 상호 연관 관계를 찾아내어 그 원인과 결과를 찾아내려고 한 것이 아니라 단지 『자치통감』을 읽는 편한 방법의 하나로 이를 지으면서 그 내용을 시대별로 옮겨 쓴 데 지나지 않는다. 창작이라고는 하지만 실제로는 아무런 의식도 없는 창작이었으니, 그 책은 『자치통감』의 부속물에 지나지 않아 이를 읽은 학자들에게 특별한 이로움을 줄 수 있는 것은 아니다.

五曰: 袁樞,[48] 今日西史, 大率皆紀事本末之體也, 而此體在中國, 實惟袁樞創之, 其功在史界者亦不少. 但其著『通鑑紀事本末』也, 非有見於事與事之相聯屬, 而欲求其原因結果也, 不過爲讀『通鑑』之方便法門, 著此以代抄錄云爾. 雖爲創作, 實則無意識之創作, 故其書不過爲『通鑑』之一附庸,[49] 不能使學者讀之有特別之益也.

여섯 번째는 황종희(黃宗羲)로, 그가 저술한 『명유학안(明儒學案)』은 사가들이 일찍이 이룬 적이 없는 위대한 업적이다. 중국에는 수천 년 동안 오로지 정치사만 있었고,

---

46 풍섬(豐贍)은 풍부하고 충족된다는 뜻이다.
47 남본(藍本)은 저작의 근거가 되는 저본을 가리킨다.
48 원추(袁樞, 1131~1205)는 남송의 학자로 자는 기중(機仲)이다. 『통감기사본말(通鑑紀事本末)』(42권)의 저자로 편년체의 『자치통감』 내용을 사건을 중심으로 서술하는 새로운 사서의 체제인 기사본말체(紀事本末體)로 바꾸어 편찬하였다. 따라서 기사본말체의 창시자이기도 하다.
49 부용(附庸)은 원래 제후의 대국에 종속된 소국(小國)을 가리키는데, 나아가 부차적·종속적 지위나 그러한 단계에 있어 아직 독립하지 못한 사물을 가리키기도 한다.

그 밖에 다른 것이 있다는 이야기는 들어 본 적이 없는데, 황종희는 학술사의 영역을 창안한 것이다. 후대 사람들이 진정 그 뜻을 본받을 수 있다면 중국 문학사를 지을 수 있고, 중국 종족사도 지을 수 있으며, 중국 경제사도 지을 수 있고 중국 종교사도 지을 수 있다. 이와 같은 여러 부류가 어찌 그 수에 제한이 있겠는가? 황종희는 『명유학안』을 완성한 다음, 다시 『송원학안(宋元學案)』을 편찬하기 시작하였으나 완성하지 못하고 세상을 등졌는데, 만약 그에게 10년의 시간이 더 있었다고 한다면 혹시 『한당학안(漢唐學案)』이나 『주진학안(周秦學案)』같은 위대한 저술이 탄생하였을지도 모른다. 황종희는 진실로 우리나라 사상계의 영웅이다!

六曰 : 黃梨洲,[50] 黃梨洲著『明儒學案』, 史家未曾有之盛業也. 中國數千年惟有政治史, 而其他一無所聞, 梨洲乃創爲學史之格, 使後人能師其意. 則中國文學史可作也, 中國種族史可作也, 中國財富史可作也, 中國宗敎史可作也. 諸類此者, 其數何限! 梨洲旣成『明儒學案』, 復爲『宋元學案』,[51] 未成而卒, 使假以十年, 或且有漢唐學案, 周秦學案之宏著, 未可料也. 梨洲誠我國思想界之雄也!

그런데 이 여섯 분의 군자를 제외하면(원추는 실제로는 이 범주에 들지 못한다), 나머지는 모두 이른바 "대부분 평범하고 재주가 없어 남이 시키는 대로 따라하는 데 지나지 않는다."라는 평가를 받을 정도이다. 『사기』 이후 21사는 모두 『사기』를 베껴 냈고, 『통전』 이후의 나머지 8통은 모두 통전을 모방하였으니, 그 노예 근성이 어찌 이보다 심할 수가 있을까! 만약 거문고의 줄이 하나뿐이라면 누가 그것을 들으려 하겠는가? 그래서 매번 읽을 때마다 끄떡하면 너무 지루해서 졸지 않을까 두려워할 뿐이고, 사상은 전혀 진보할 수가 없었던 것이다.

---

[50] 황이주(黃梨洲)는 황종희(黃宗羲, 1610~1695)로 명 말 청 초의 경학가·사학자·사상가로 이름이 높고 청대 절동학파(浙東學派)의 개창자이기도 하다. 자는 태충(太沖), 호는 남뢰(南雷)이며 존경의 의미를 담아 남뢰선생이나 이주노인(梨洲老人)이라 불리기도 하였다. 『명이대방록(明夷待訪錄)』(13편)·『명유학안(明儒學案)』(62권) 등의 저자이며 왕부지(王夫之)·고염무(顧炎武)와 더불어 청초의 3대 사상가로 꼽힌다.

[51] 『송원학안(宋元學案)』은 황종희가 『명유학안』을 완성하고 난 뒤에 짓기 시작한 유학사 서적으로 전체 100권 중 황종희는 17권만을 저술한 채 사망하였고, 그 뒤에 아들인 황백가(黃百家) 등이 이어서 완성하였다.

若夫此六君子以外(袁樞實不能在此列), 則皆所謂: "公等碌碌, 因人成事."[52] 『史記』
以後, 而二十一部皆刻畵『史記』;『通典』以後, 而八部皆摹倣『通典』;何其奴隸性至於此
甚耶! 若琴瑟之專壹, 誰能聽之? 以故每一讀輒惟恐臥,[53] 而思想所以不進也.

이 여섯 가지 폐단을 합쳐서, 그것이 독자에게 끼칠 좋지 못한 영향을 살펴보면 그것은 모두 세 가지이다. 첫째는 읽기 힘들다는 점이다. 어마어마한 양의 서적들을 1년 내내 읽어도 모두 읽기 힘들다는 점은 이미 앞서 말한 바 있다. 둘째는 가려서 고르기 어렵다는 점이다. 설사 시간적 여유와 인내심을 가지고 있어 응당 읽어야 할 책을 두루 읽는다고 해도 극도로 예민한 안목과 높은 학식이 없다면 어떤 조항이 쓸모가 있고 어떤 조항이 쓸모가 없는지 가려서 고르기가 불가능하므로 헛되이 시간과 정신력만 낭비하게 된다. 셋째는 감동[感觸]이 없다는 점이다. 비록 모든 사서를 다 읽는다 치더라도 애국심을 격려하고 사회의 단결력을 자극하여 오늘날의 시세에 부응하여 중국이 만국의 대열에 우뚝 서게 하는데 충분한 것은 아예 존재한 적이 없었다. 그러므로 겉으로는 대단히 발달한 모습을 보였지만 서구의 각국 국민이 실제로 [사학으로] 받은 그 이로움을 우리 중국의 사학이 누리게 만들지 못한 것은 바로 이런 이유 때문이다.

合此六弊, 其所貽讀者之惡果, 厥有三端. 一曰: '難讀'. 浩如煙海, 窮年莫殫, 前旣言之矣. 二曰: '難別擇'. 卽使有暇日, 有耐性, 遍讀應讀之書, 而苟非有極敏之眼光·極高之學識, 不能別擇其某條有用·某條無用, 徒枉費時日腦力. 三曰: '無感觸'. 雖盡讀全史, 而曾無有足以激厲其愛國之心, 團結其合群之力, 以應今日之時勢而立於萬國者. 然則吾中國史學, 外貌雖極發達, 而不能如歐美各國民之實受其益也, 職此之由.

---

52 『사기』권 76「평원군우경열전(平原君虞卿列傳)」(p.2368)의 "公等彔彔(碌碌), 所謂因人成事者也."에서 나왔다. 진(秦)의 군대가 조(趙)의 수도를 포위하자 평원군(平原君)의 문객 모수(毛遂)가 스스로를 추천하여 초(楚)나라에 원군을 요청하러 가서 합종(合從)의 약속을 얻어 내고 나서 동료들에게 한 얘기이다. 당신들은 평범하고 특수한 재능이 없어 이른바 남이 하는 대로 일을 한다는 사람이라는 뜻이다.

53 공와(恐臥)는 아주 지루해서 졸지(드러눕지) 않을까 두렵다는 뜻이다. 원래『예기(禮記)』「악기(樂記)」편에 나오는 구절에서 비롯된 것으로 보인다("吾端冕而聽古樂, 則唯恐臥;聽鄭衛之音, 則不知倦.").

오늘날 민족주의를 제창하여 우리 4억 동포들이 저 우승열패(優勝劣敗)의 세계 속에 우뚝 설 수 있게 되기를 바라는가? 그렇다면 중국의 사학이라는 분야는 실로 나이가 많든 적든, 남자든 여자든, 지혜롭든 우매하든, 현명하든 어리석든 그런 것을 가리지 않고 누구나 모두 마땅히 중시해야 할 것이며, 마치 목이 마르면 물을 마시고 배가 고프면 음식을 먹는 것처럼 조금도 지체해서는 안 되는 일이다. 그렇지만 사학 분야의 서적 수십만 권을 두루 살펴보아도 내가 바라는 바를 배양하고 내가 찾는 것을 제공해 줄 수 있는 것은 거의 없다고 해도 지나친 말이 아니다. 오호라! 사학계에 혁명이 일어나지 않는다면 결국 우리나라는 구제를 받지 못할 것이다. 세상만사 가운데 이 일이 가장 중대한 것이다! 「신사학」이란 글을 지은 것이 어찌 내가 특이한 것을 좋아해서이겠는가? 부득이한 일이기 때문이다.

今日欲提倡民族主義, 使我四萬萬同胞强立於此優勝劣敗之世界乎? 則本國史學一科, 實爲無老·無幼·無男·無女·無智·無愚·無賢·無不肖所皆當從事, 視之如渴飮饑食, 一刻不容緩者也. 然遍覽乙庫中數十萬卷之著錄, 其資格可以養吾所欲, 給吾所求者, 殆無一焉. 嗚呼! 史界革命不起, 則吾國遂不可救. 悠悠萬事,[54] 惟此爲大! 『新史學』之著, 吾豈好異哉? 吾不得已也.

사학의 정의 [史學之界說]

새로운 사학을 창조하고자 한다면, 사학의 정의를 먼저 밝히지 않을 수 없다. 사학의 정의를 알고자 하면, 먼저 역사의 범위를 밝히지 않을 수 없다. 이제 그 조리를 분석하여 논술해 보자.

欲創新史學, 不可不先明史學之界說; 欲知史學之界說, 不可不先明歷史之範圍. 今請析其條理而論述之.

첫째, 역사라는 것은 진화(進化)의 현상을 서술하는 것이다. 현상이라는 것은 무엇인가? 사물의 변화이다. 우주의 현상은 두 종류가 있는데, 첫 번째는 '순환하는 모습을

---

[54] 유유(悠悠)는 요원하다, 장구하다는 등 다양한 뜻이 있지만 동시에 세속이나 세상, 세상 사람을 가리키기도 한다.

보이는 것'이고, 두 번째는 '진화하는 모습을 보이는 것'이다. 순환은 무엇인가? 그 진화에 일정한 시기가 있어 특정 시기에 이르면 돌아가 처음으로 복귀하는 것으로, 이를테면 사계절의 변천이나 천체 운행과 같은 것이 여기 속한다. 진화란 무엇인가? 그 변화에 일정한 순서가 존재하고 성장하고 발달하는 것으로 생물계와 인간 세상의 현상이 바로 여기에 속한다. 순환은 갔다가 다시 돌아오는 것이고 제자리에 멈춰 나아가지 못하는 것이며, 무릇 이런 종류에 속하는 학문을 일컬어 '자연학[天然學]'이라고 한다. 진화는 한번 가면 다시 돌아오지 않고 나아가되 끝이 없는 것이니, 무릇 이런 종류에 속하는 학문을 일컬어 '역사학(歷史學)'이라고 한다. 세상의 모든 일과 사물은 전부 공간 속에 존재하고, 또한 시간 속에 존재하니(공간과 시간은 불교 경전의 번역어로 일본인들이 이를 받아썼다. 중국의 옛 뜻에 의하면 공간은 '우(宇)'이고 시간은 '주(宙)'이나, 이 용어는 완전히 통용되는 것은 아니라 번역어를 사용한다), 자연계와 역사계는 실제로 이 두 가지 범주를 나누어 차지하고 있다. 자연학은 공간의 현상을 연구하는 것이고, 역사학은 시간의 현상을 연구하는 것이다. 자연계로 나아가 우주를 관찰하면, 우주는 한번 이루어지면 변화가 없는 만고불변의 모습을 보여 준다. 따라서 그 체계는 완전하고 그 형상은 하나의 둥근 원과 같다. 역사계로 나아가 우주를 관찰하면 우주는 성장이 멈추지 않고 진보하되 그 끝을 알 수 없는 모습을 보여 준다. 따라서 그 체계는 불완전하고 그 진보 또한 직선 형태가 아니라 한 자만큼 나아가면 한 치만큼 물러서거나, 크게 부풀었다가 다시 쪼그라들거나 하는 등 마치 나선(螺線)과 같은 모습을 보인다. 이런 원리에 밝은 사람은 역사의 진상을 알 수 있다.

第一, 歷史者, 敍述進化之現象也. 現象者何? 事物之變化也. 宇宙間之現象有二種: 一曰: "爲循環之狀者", 二曰: "爲進化之狀者". 何謂循環? 其進化有一定之時期, 及期則周而復始, 如四時之變遷·天體之運行是也. 何謂進化? 其變化有一定之次序, 生長焉, 發達焉, 如生物界及人間世之現象是也. 循環者, 去而復來者也, 止而不進者也; 凡學問之屬於此類者, 謂之: '天然學'.[55] 進化者, 往而不返者也, 進而無極者也; 凡學問之屬於此類者, 謂之: '歷史學'. 天下萬事萬物, 皆在空間, 又在時間(空間·時間, 佛典

---

[55] 량치차오가 제시하는 '천연'과 '천연학'이라는 것은 '자연'과 '자연 과학'에 해당하는 것으로 보인다. 그러나 '천연학'의 경우 '역사학'과 대비되는 용어로서 량치차오의 조어이므로 그대로 사용하지만, '천연' 혹은 '천연계'는 각각 '자연'과 '자연계' 등으로 번역하였다.

譯語, 日本人沿用之. 若依中國古義, 則空間宇也, 時間宙也, 其語不盡通行, 故用譯語), 而天然界與歷史界, 實分占兩者之範圍. 天然學者, 研究空間之現象者也;歷史學者, 研究時間之現象者也. 就天然界以觀察宇宙, 則見其一成不變, 萬古不易, 故其體爲完全, 其象如一圓圈;就歷史界以觀察宇宙, 則見其生長而不已, 進步而不知所終, 故其體爲不完全, 且其進步又非爲一直線, 或尺進而寸退, 或大漲而小落, 其象如一螺線. 明此理者, 可以知歷史之眞相矣.

이로 말미암아 보면 무릇 역사계(歷史界)에 속하는 학문(정치학·사회학·경제학[平準學]·종교학 등은 모두 역사계의 범주에 가깝다)은 그 연구가 보통 비교적 어렵다. 무릇 자연계에 속하는 학문(천문학·지리학·물리학[物質學]·화학 등은 모두 자연계[天然界]의 범주이다)은 그 연구가 보통 비교적 쉽다. 왜 그런가? 자연계는 이미 완전한 것이라 가고 오는 것이 빈번하지만 추산이 가능하고 상태가 일정하니 실험도 가능하다. 역사학은 불완전한 것으로 지금 이 순간에도 여전히 성장하고 발전하고 있으며 우주의 종말이 오지 않는다면 역사에는 끝이 없다. 내 삶에는 끝이 있으나 역사학에는 끝이 없다. 이런 이유로 자연학에 속하는 여러 과학은 기원도 매우 오래되고 지금 현재 이미 분명하게 완성되어 있지만, 역사에 관련된 각 학문은 그 출현도 훨씬 늦고 완비되는 것을 기약하기도 어렵다.

由此觀之, 凡屬於歷史界之學(凡政治學·群學·平准學[56]·宗敎學等, 皆近歷史界之範圍). 其硏究常較難;凡屬於天然界之學(凡天文學·地理學·物質學·化學等, 皆天然界之範圍), 其硏究常較易. 何以故? 天然界, 已完全者也, 來復頻繁, 可以推算, 狀態一定, 可以試驗. 歷史學, 未完全者也, 今猶日在生長發達之中, 非逮宇宙之末劫, 則歷史不能終極. 吾生有涯, 而此學無涯. 此所以天然諸科學起源甚古, 今已斐然大成[57]; 而關於歷史之各學, 其出現甚後, 而其完備難期也.

이러한 정의를 내렸다면, 성장하고 발달하고 진보하는 모든 사물은 역사의 범위에

---

56 평준학(平准學)은 오늘날의 경제학에 해당하며, 량치차오 자신도 뒷 문장에서 일본에서 번역된 경제학이라는 용어를 언급하고 있다.
57 비연(斐然)은 분명한 모양을 뜻한다.

속한다는 점을 알 수 있다. 반대로 역사의 범위에 속할 수 없는 것은 일정한 주기 동안 비록 성장과 발달이 있기는 하지만 그 한계에 도달하면 다시 처음으로 돌아가니, 이것은 부득불 순환으로 규정하지 않을 수 없다. 이를테면 동물이나 식물, 인류와 같은 존재는 비록 일정한 순서에 따라 태어나고 성장하지만 혹은 1년, 10년, 100년이 지나 그 한계를 채우게 되면 다시 그 처음으로 돌아간다. 한 번 태어나고 한 번 죽는 것은 진실로 순환의 현상이다. 그러므로 물리학·생리학 등은 모두 자연학의 범주이지, 역사학의 범주가 아니다.

此界說旣定, 則知凡百事物, 有生長·有發達·有進步者, 則屬於歷史之範圍; 反是者, 則不能屬於歷史之範圍. 又如於一定期中, 雖有生長發達, 而及其期之極點, 則又反其始, 斯仍不得不以循環目之. 如動·植物, 如人類, 雖依一定之次第, 以生以成, 然或一年, 或十年, 或百年, 而盈其限焉, 而反其初焉. 一生一死, 實循環之現象也. 故物理學·生理學等皆天然科學之範圍, 非歷史學之範圍也.

맹자는 말했다. "천하가 탄생한 지 오래되면 치세와 난세가 한 번씩 번갈아 든다." 이것은 역사의 진상을 제대로 이해하지 못한 데서 나온 말이다. 만약 치세와 난세가 서로 뒤바뀌면서 멈추지 않는다면, 역사의 모습은 당연히 자연계와 마찬가지로 순환하는 모습이 되어 버리고, 따라서 역사학은 성립할 수 없게 된다. 맹자의 이 말은 아마도 나선형의 모습에 미혹되어 이것을 둥근 원의 모습이라고 오해한 것 같은데, 인류의 탄생 이래 수천 수만 년의 대세를 전체적으로 종합하여 그 진정한 방향의 소재를 관찰하지 못하고, 단지 짧은 한 시대의 진보와 퇴보, 팽창과 몰락만을 보면서 역사의 실상이 이와 같다고 생각하였기 때문일 것이다. 비유하자면 황하와 양자강이 동쪽으로 흘러 바다에 합류하는 것, 그것은 대세이다. 그런데 어느 한 지역에서 우연히 강물이 거슬러 흐르거나 굽이쳐 흐르는 것만을 보고, 이로 인해 황하와 양자강이 흐르는 방향이 동쪽으로 갔다 서쪽으로, 북쪽으로 갔다 남쪽으로 간다고 한다면, 어찌 제대로 된 상황을 파악한 것이라고 할 수 있겠는가? 『춘추』학파에서는 삼통(三統)과 삼세(三世)를 이야기한다. 삼통은 순환의 현상으로, 이른바 삼왕(三王)의 도가 순환하면서 돌다가 다시 처음으로 복귀하는 것이다. 삼세라는 것은 진화의 현상으로 이른바 거란(據亂)·승평(升平)·태평(太平)의 순서로 세상이 점차 진화해 나간다는 뜻이다. 삼세는 역사적인 현상이고, 삼통은 비역사적인 현상이다. 삼세라는 뜻은 이미 치세가 이루어지면 다시는 난세가 오지 않는다는 것으로, 만약 작은 혼란이 있어도 반드시 전과 같은 혼란은 아니라고 한다. 만약 치세 다음에 난세가 온다고 한다면, 이른바 치세라고 했던 것은 진정한 치세가 아니다. 따라서 사학을 이야기하는 사람은 응당 공자의 뜻을 따라야 하지, 맹자의 뜻을 따라서는 안 된다). 우리 중국에 수천 년 동안 훌륭한 사가가 없었던 까닭은 진화의 현상을 보고도 무엇인지를 제대로 파악하기 못하였기 때문이다.

孟子曰: "天下之生久矣, 一治一亂."[58] 此誤會歷史眞相之言也.[59] 苟治亂相嬗無已時, 則歷史之象當爲循環, 與天然等, 而歷史學將不能成立. 孟子此言蓋爲螺線之狀所迷, 而誤以爲圓狀, 未嘗綜觀自有人類以來萬數千年之大勢, 而察其眞方向之所在, 徒觀一小時代之或進或退, 或漲或落, 遂以爲歷史之實狀如是云爾. 譬之江河東流以朝宗於海者,[60] 其大勢也; 乃或所見局於一部, 偶見其有倒流處, 有曲流處, 因以爲江河之行一東一西・一北一南, 是豈能知江河之性矣乎! 『春秋』家言,[61] 有三統, 有三世. 三統者, 循環之象也, 所謂三王之道若循環, 周而復始是也. 三世者, 進化之象也, 所謂據亂・升平・太平, 與世漸進是也. 三世則歷史之情狀也, 三統則非歷史之情狀也. 三世之義, 旣治者則不能復亂, 借曰有小亂, 而必非與前此之亂等也, 苟其一治而復一亂, 則所謂治者, 必非眞治也. 故言史學者, 當從孔子之義, 不當從孟子之義) 吾中國所以數千年無良史者, 以其於進化之現象, 見之未明也.

둘째, 역사는 사회[人群]의 진화 현상을 서술하는 것이다. 진화에 대한 정의는 이미 내렸다. 그렇지만 진화의 큰 이치는 비단 인류에게만 적용되는 것은 아니며, 동식물과 무기물의 세계에도 또한 항상 진화라는 것이 존재한다. 그러나 일반적으로 통용되는 역사 서술이 항상 인류에만 한정하여 이루어지고 있는 것은 무슨 까닭인가? 이것

---

58 『맹자』 「등문공 하(下)」에 나오는 구절이다.
59 오회(誤會)는 잘못된 이해라는 뜻이다.
60 조종(朝宗)은 작은 물줄기가 큰 강으로 합류해 가는 것을 비유한다.
61 여기서 말하는 춘추가(春秋家)는 량치차오의 스승 캉유웨이(康有爲)가 신봉했던 춘추공양학파(春秋公羊學派)를 가리킨다. 뒤의 이야기도 이른바 캉유웨이가 강조한 공양삼세설(公羊三世說)이다.

은 단지 우리 자신이 자기 부류만 편들기 때문만은 아니다. 사람은 진화의 최고봉이며, 그 변화하는 수많은 형상은 한계가 존재하지 않을 정도이다. 그래서 넓은 의미에서의 역사는 만물을 그 안에 포함하지 않고서는 완성될 수가 없으나, 좁은 의미에서 이야기하자면 오로지 인류만을 그 대상으로 삼는다. 하지만 비록 인류에만 한정하여 역사의 범주로 삼는다고 하더라도 인류의 모든 실제 사건을 역사에 포함시키는 것은 불가능하다. 무릇 인류 역시 동물의 일종에 지나지 않으므로, 한 번 태어나서 한 번 죽는 것은 진실로 순환의 원리를 벗어날 수가 없고 매일 먹고 마시고 말하고 행동하는 것 역시 거의 비슷한 수준에 지나지 않으므로 진화라고 할 만한 것은 없다. 따라서 진화의 흔적을 찾고자 한다면 반드시 사회에서 찾아야 하며, 인간 개개인으로 나누어 독립시킨다면 진화는 끝내 기대할 수가 없고, 역사 역시 끝내 일어날 수 없다. 대개 인류의 진화라고 불리는 것은 한 사회의 진화이지 한 개인의 진화가 아니기 때문이다.

第二, 歷史者, 敍述人群進化之現象也. 進化之義旣定矣. 雖然, 進化之大理, 不獨人類爲然, 卽動植物乃至無機世界, 亦常有進化者存. 而通行歷史所紀述, 常限於人類者, 則何以故? 此不徒吾人之自私其類而已. 人也者, 進化之極則也, 其變化千形萬狀而不窮者也. 故言歷史之廣義, 則非包萬有而並載之, 不能完成; 至語其狹義, 則惟以人類爲之界. 雖然, 歷史之範圍可限於人類, 而人類之事實不能盡納諸歷史. 夫人類亦不過一種之動物耳, 其一生一死, 固不免於循環, 卽其日用飮食·言論行事, 亦不過大略相等, 而無進化之可言. 故欲求進化之跡, 必於人群, 使人人析而獨立, 則進化終不可期, 而歷史終不可起. 蓋人類進化云者, 一群之進也, 非一人之進也.

만약 한 개인이라면 현대인이 결코 고대인을 훨씬 초월한다고 말할 수 없다. 그 육체적인 부분을 말하자면 사지와 오관의 발달은 옛날이나 지금이나 마찬가지이고, 운동 능력과 혈액의 순환도 옛날이나 지금이나 마찬가지이다. 그 정신적인 부분 역시 고대의 주공·공자·플라톤·아리스토텔레스의 지적 능력이 절대 오늘날의 사람에 미치지 못하는 게 아니라는 점은 누구나 동의할 것이다. 그러나 주공이나 공자, 플라톤과 아리스토텔레스가 알지 못한 이치와 행하지 못한 일을 오늘날의 젖비린내 나는 어린아이도 능히 처리할 수 있는 경우가 빈번한데, 이것은 무엇 때문인가? 다름이 아니라 사회의 축복을 받고 사회의 혜택을 누리기 때문으로 집단의 힘을 빌려 서로 접촉하고 비교하며, 서로 다투고 배우며, 서로 연마하고 씻어 주고, 서로 유지하고, 서로 전하고 물려 주어서 지혜가 진화하고 능력이 진화하고 도덕이 진화하였기 때문이다. 여기서 진화하는 것은 인격의 집합체이지, 일반적인 개인이 아니다(인류의 선천적인 능력이 문명의 진화에 따라서 점차 증가하는가의 여부, 이점은 쉽사리 결론을 내리기 어려운 문제이다. 만약 문명국의 어린아이가 교육을 받지 못하고 사회의 영향이나 문명의 혜택을 받지 못하면서 성장하도록 하는 실험의 대상이 된다면, 장성한 그 아이와 야만국의 아이 사이에 과연 큰 능력의 차이가 있을까? 아마도 불가능할 것이다. 동물에서 진화하여 사람이 된 것은 이미 생리적으로 진화의 극점에 이른 것이고, 어린아이가 성인이 되는 것은 이미 생리적으로 진화의 극점에 이른 것이다. 그러므로 한 개인으로서는 거의 진화가 없다고 할 수 있다. 진화라는 것은 개인을 초월하는 상위의 인격으로, 사회가 바로 그것이다). 그러므로 역사에서 가장 주의해야 하는 것은 오직 사회이며, 만약 사회와 관계가 없는 일이라면 그것이 아무리 신기한 말이나 이채로운 행동이라고 할지라도 역사의 범주에 넣기에는 충분한 것이 되지 못한다.

如以一人也, 則今人必無以遠過於古人. 語其體魄, 則四肢五官,[62] 古猶今也, 質點血輪,[63] 古猶今也. 語其性靈, 則古代周·孔·柏(柏拉圖)[64]·阿(阿里士多德)[65]之智識能力, 必不讓於今人, 舉世所同認矣. 然往往有周·孔·柏·阿所不能知之理, 不能行之事, 而今日乳臭小兒知之能之者, 何也? 無他, 食群之福, 享群之利, 借群力之相接相較, 相爭相師, 相摩相蕩, 相維相繫, 相傳相嬗, 而智慧進焉, 而才力進焉, 而道德進焉. 進也者, 人格之群, 非尋常之個人也(人類天性之能力, 能隨文明進化之運而漸次增長與否, 此問題頗難決定. 試以文明國之一小兒, 不許受教育, 不許蒙社會之感化. 沐文明之恩澤, 則其長成, 能有以異於野蠻國之小兒乎? 恐不能也. 蓋由動物進而爲人, 已爲生理上進化之極點. 由小兒進爲成人, 已爲生理上進化之極點. 然則, 一個人, 殆無進化

---

62 오관(五官)은 인체의 다섯 가지 기관, 코·눈·입·혀·귀를 가리킨다.

63 질점(質點)이란 물체가 운동 상태에 있을 때 그 크기를 고려하지 않고 물체가 단지 질량의 점만을 갖추고 있다고 생각하는데, 그것을 질점(위치 에너지)이라고 한다.

64 백납도(柏拉圖)는 그리스의 고대 철학자 플라톤(Plato, B.C. 427~B.C. 347)을 가리킨다.

65 아리토다덕(阿里士多德)은 플라톤의 제자인 그리스 철학자 아리스토텔레스(Aristoteles, B.C. 384~B.C. 322)를 가리킨다.

也:進化者, 別超於個人之上之一人格而已, 卽人群是也). 然則歷史所最當注意者, 惟人群之事. 苟其事不關系人群者, 雖奇言異行, 而必不足以入歷史之範圍也.

옛날 사가들은 많은 경우 역사를 인물의 전기 같은 것으로 보았다. 무릇 인물이 역사와 관계가 있다는 점은 너무도 분명하다. 그러나 이른바 관계라는 것은 또한 집단[一群]에 영향을 미칠 때만을 이야기하는 것이다. 중요한 것은 집단에 있지 개인에게 있지 않은데, 중국의 사서 편찬자들은 완전히 이런 목적과는 반대로 걸핏하면 아름다운 전기를 써 주는 것을 그 사람에게 영광을 베푸는 것으로 생각하였다. 몇 장을 거듭하면서 세상의 변화와 아무런 상관도 없는 사람들의 언론이나 사적을 길게 나열하여 읽는 사람들이 누워 자거나 토하고 싶게 만들었으니, 비록 수천 권에 달하는 분량이라 할지라도 여전히 자기 집단의 대세에 대해서는 전혀 모르는 것은 사학의 정의가 [개인이 아닌] 사회에 한정되어 있다는 점을 모른 데서 비롯되었다.

疇昔史家, 往往視歷史如人物傳者然. 夫人物之關系於歷史固也. 然所以關系也, 亦謂其於一群有影響云爾. 所重者在一群, 非在一人也, 而中國作史者, 全反於此目的, 動輒以立佳傳爲其人之光寵. 馴至連篇累牘,[66] 臚列無關世運之人之言論行事, 使讀者欲臥欲嘔, 雖盡數千卷, 猶不能於本群之大勢有所知焉, 由不知史之界說限於群故也.

셋째, 역사는 사회의 진화 현상을 서술하여 그 공리·공례[公理·公例]를 얻고자 하는 것이다. 무릇 학문에는 반드시 객관과 주관의 두 영역이 있다. 객관은 연구 대상이 되는 사물이고, 주관은 이 사물을 연구할 수 있는 정신이며[또는 '소계(所界)'와 '능계(能界)'라고도 하는데, '소(所)'·'능(能)' 두 글자는 불교 경전의 번역어로 명사로도 자주 쓰인다], 이 두 가지의 관점을 화합한 다음에야 학문이 생겨난다. 사학의 객체는 과거와 현재의 사실이고, 그 주체는 역사를 쓰고 읽는 사람이 마음속에 품고 있는 가치관[哲理]이다. 객관은 있되 주관은 없으면 그 사서는 형체는 있지만 실체는 없는 것이니 사학이 아니라고 할 수 있다(주관에 치우쳐서 객관을 소홀히 하는 것은 비록 잘 쓰인 책이라고 할지라도 역시 한 사람의 주장에 지나지 않고, 역사라고 할 수는 없다).

---

66 연편누독(連篇累牘)은 페이지가 많고 문장이 길다는 뜻이다.

그러므로 훌륭한 사가는 반드시 사회 진화의 현상을 연구하여 그 공리·공례가 존재하는 곳을 추구하니, 이에 이른바 역사 철학이라는 것이 출현하게 된다. 역사와 역사 철학은 비록 다른 학과이지만, 요컨대 철학적 이상이 없다면 절대로 훌륭한 역사 서술이 될 수 없다는 것은 단언할 수 있는 바이다. 그렇지만 사학이 공리·공례를 추구하는 것은 정말 쉬운 일이 아니다. 자연 과학과 같은 경우는 그 재료가 완전하고 범위에 한계가 있으므로 공리·공례 또한 쉽게 얻을 수 있다. 천문학·물리학·화학의 경우 이미 확인되어 마멸될 수 없는 공리·공례는 이미 다수에 이르고 있다. 그러나 정치학·사회학·종교학 등은 훨씬 뒤쳐져 있는데, 모두 그 현상의 복잡함 때문에 아직 종착점에 이르지 못하였기 때문이다. 그러나 그 일이 비록 어렵다고 하더라도 그 학문을 연구하는 사람은 거기에 힘을 쓰지 않을 수 없다.

　第三, 歷史者, 敍述人群進化之現象, 而求得其公理·公例者也. 凡學問必有客觀·主觀二界. 客觀者, 謂所硏究之事物也, 主觀者, 謂能硏究此事物之心靈也(亦名'所界'·'能界', '能'·'所'二字, 佛典譯語, 常用爲名詞). 和合二觀, 然後學問出焉. 史學之客體, 則過去現在之事實是也 ; 其主體, 則作史·讀史者心識中所懷之哲理是也. 有客觀而無主觀, 則其史有魄無魂, 謂之非史焉可也(偏於主觀而略於客觀者, 則雖有佳書, 亦不過爲一家言, 不得謂之爲史). 是故善爲史者, 必硏究人群進化之現象, 而求其公理公例之所在, 於是有所謂歷史哲學者出焉. 歷史與歷史哲學雖殊科, 要之, 苟無哲學之理想者, 必不能爲良史, 有斷然也. 雖然, 求史學之公理·公例, 固非易易. 如彼天然科學者, 其材料完全, 其範圍有涯, 故其理例亦易得焉. 如天文學, 如物質學, 如化學, 所已求得之公理·公例不可磨滅者, 旣已多端 ; 而政治學·群學·宗敎學等, 則瞠乎其後, 皆由現象之繁賾而未到終點也. 但其事雖難, 而治此學者不可不勉.

　대저 이전의 사가들이 이런 점에서 성과를 올릴 수가 없었던 것은 두 가지 폐단 때문이었다.
　첫째는 '부분적인 역사는 알지만, 인류 존재 이래의 전체적인 역사를 알지 못했다'라는 점이다. 혹은 한 지방이나 또는 한 시대에 국한되었고, 이를테면 중국의 경우 그 수준이 겨우 본국만을 서술할 뿐으로 본국 밖에서 일어나는 현상에 대해서는 아는 바가 없었다(이전 시기 다른 나라의 역사 또한 마찬가지였다). 그 시대는 위로는 문자가 발생한 이래로 아래로는 명 말에 이르러 멈추었으며, 그 이전이 이렇고 그 이후는 저렇다고 이야기 하는 것은 들어 보지 못하였다. 무릇 사회 진화의 진상을 추구하고자 한다면 반드시 인류 전체를 합쳐서 비교해야 하며 과거와 현재, 문명과 야만을 총괄하여 관찰할 필요가 있다. 안으로는 향촌의 법단(민간에서 결집하여 만들어 낸 하나의 인격 단체를 지칭하여 法團, 또는 法人이라고 부른다. 법인이라는 것은 법률상으로는 한 사람의 개인과 다를 것이 없다. 한 주(州)에는 주의 모임이 있고 한 시(市)에는 시의 모임이 있으며, 학교·회관(會館)·기업에 이르기까지 모두를 통칭하여 법인이라고 한다)에서 시작하여 밖으로는 오대양 육대주의 전체에 이르기까지, 위로는 상고의 화석사(지질학자들이 땅속의 화석에서 사람·사물의 진화 흔적을 고찰하였는데 이를 일컬어 '화석사[石史]'라고 한다.)에서 아래로는 어제·오늘의 신문에 이르기까지 어느 하나 객관적으로 재료로서 채택해야 할 것이 아닌 게 없다. 이를 종합하여 공리·공례를 추구한다면 비록 완비되지는 못하더라도 이미 얻는 바가 상당할 것이다. 옛 사가들에게 이런 일이 가능한 사람이 있었는지 물어보라.

　大抵前者史家不能有得於是者, 其蔽二端:
　一曰: '知有一局部之史, 而不知自有人類以來全體之史也.' 或局於一地, 或局於一時代, 如中國之史, 其地位則僅敍述本國耳, 於吾國外之現象, 非所知也(前者他國之史亦如是). 其時代, 則上至書契以來, 下至勝朝之末止矣[67]; 前乎此, 後乎此, 非所聞也. 夫欲求人群進化之眞相, 必當合人類全體而比較之, 通古今文野之界而觀察之. 內自鄉邑之法團(凡民間之結集而成一人格之團體者, 謂之法團, 亦謂之法人. 法人者, 法律上視之與一個人無異也. 一州之州會, 一市之市會, 乃至一學校·一會館·一公司, 皆統名爲法團), 外至五洲之全局; 上自穹古之石史(地質學家從地底僵石中, 考求人物進化之跡,[68] 號曰: '石史'), 下至昨今之新聞, 何一而非客觀所當取材者. 綜是焉, 以求其公理·公例, 雖未克完備, 而所得必已多矣. 問疇昔之史家, 有能焉者否也?

　둘째는 '단지 사학만을 알 뿐, 사학과 다른 학문의 관계를 알지 못했다.'는 점이다.

67　승조(勝朝)는 보통 이미 망한 바로 앞 대의 왕조를 가리키는데, 청대의 경우 당연히 이전 왕조인 명을 가리킨다.
68　강석(僵石)은 바로 화석을 말한다.

무릇 지리학·지질학·인종학·인류학·언어학·사회학·정치학·종교학·법률학·경제학[平準學, 즉 일본에서 말하는 경제학]은 모두 사학과 직접적인 관계가 있다. 그 외에 철학의 범주에 속하는 윤리학·심리학·논리학·문장학 및 자연 과학의 범주에 속하는 천문학·물리학·화학·생물학도 그 이론 역시 항상 사학과 간접적인 관계가 있으니, 어찌 하나라도 주관이 응당 빌어서 의거할 바가 아니겠는가? 여러 학문의 공리·공례를 취하여 서로 비교하고 참고하면서 증명하고 비판한다면, 비록 모두 다 적용하지는 못한다고 해도 반드시 얻는 바가 많을 것이다. 옛 사가들에게 이런 일이 가능한 사람이 있었는지 물어보라.

　　二曰:'徒知有史學, 而不知史學與他學之關系也.' 夫地理學也, 地質學也, 人種學也, 人類學也, 言語學也, 群學也, 政治學也, 宗教學也, 法律學也, 平准學也(即日本所謂經濟學), 皆與史學有直接之關系, 其他如哲學範圍所屬之倫理學·心理學·論理學·文章學, 及天然科學範圍所屬之天文學·物質學·化學·生理學, 其理論亦常與史學有間接之關系, 何一而非主觀所當憑借者. 取諸學之公理·公例而參伍鉤距之,[69] 雖未盡適用, 而所得又必多矣. 問疇昔之史家, 有能焉者否也?

무릇 반드시 그 공리·공례를 구하고자 하는 것은 이론의 아름다움을 위해서가 아니라 장차 실제적인 응용에 베풀기 위해서이며, 미래의 후손들에게 넘겨주기 위해서이다. 역사는 과거의 진화로써 미래의 진화를 인도한다. 우리가 오늘날 문명의 혜택을 누리는 것은 옛 사람들에게 대해서는 이미 얻어 버린 권리가 되었지만, 이 문명을 지속·확장·번영시키는 일은 또한 후대 사람들에게는 반드시 해 주어야만 하는 의무가 된다. 사가가 이 의무를 다하는 길은 앞서 말한 진화의 공리·공례를 찾아서 후대 사람들이 그 원리와 법칙에 따라 무궁한 행복을 누릴 수 있게 하는 것이다. 역사여! 역사여! 그 책임은 지극히 막중하고 그 성취는 지극히 어렵구나. 그러니 중국에서 이전에 진정한 사가가 없었던 일이 어찌 이상한 일이겠는가? 그리고 진정한 사가가 없었던 것은 또한 중국의 진화가 지연된 원인 가운데 하나이다. 나는 동포 국민과 더불어 온갖 어려움을 헤쳐 나가면서 이런 길을 개척해 나가고자 한다.

---

[69] 참오(參伍)는 서로 참고하여 비교하고 증명한다는 뜻이고, 구거(鉤距)는 의문을 반복적으로 제기하여 진실을 추구한다는 뜻이다.

夫所以必求其公理·公例者, 非欲以爲理論之美觀而已, 將以施諸實用焉, 將以貽諸來者焉. 歷史者, 以過去之進化, 導未來之進化者也. 吾輩食今日文明之福, 是爲對於古人已得之權利;而繼續此文明, 增長此文明, 孳殖此文明, 又對於後人而不可不盡之義務也. 而史家所以盡此義務之道, 卽求得前此進化之公理·公例, 而使後人循其理, 率其例以增幸福於無疆也.[70] 史乎史乎, 其責任至重, 而其成就至難! 中國前此之無眞史家也, 又何怪焉! 而無眞史家, 亦卽吾國進化遲緩之一原因也. 吾願與同胞國民, 篳路藍縷以辟此途也.[71]

이상으로 사학의 정의를 마쳤다. 필자는 처음 사학을 연구하는 처지라 식견이 극도로 얕으며, 그 정의가 여전히 부족하고 타당하지 못한 점을 스스로도 잘 알고 있으니, 내 학문이 장차 진화가 이루어진다면 다시 보완하여 바로잡고자 한다. 저자 씀.

以上說'界說'竟. 作者初研究史學, 見地極淺, 自覺其界說尙有未盡未安者, 視吾學他日之進化, 乃補正之. 著者識.

---

[70] 무강(無疆)은 한계가 없다, 끝이 없다, 즉 무궁(無窮)하거나 영원하다는 뜻이다.
[71] 필로남루(篳路藍縷)는 장작 수레를 타고 낡은 옷을 입고 산림을 개척한다는 뜻으로 보통 창업의 어려움을 형용하는 표현이다. 『좌전』 선공(宣公) 12년조의 기사("篳路藍縷, 以啓山林.")에 나온다.

19 『마오쩌둥선집(毛澤東選集)』「중국 혁명과 중국 공산당 (中國革命和中國共産黨)」

마오쩌둥(毛澤東)

『마오쩌둥선집(毛澤東選集)』

『마오쩌둥선집(毛澤東選集)』은 마오쩌둥의 저작 가운데 가장 잘 알려지고 가장 잘 보급된 것으로 1944년 처음 출간되었고 이후 다양한 판본이 나왔다. 건국 이후 출판된 『마오쩌둥선집』 1~4권은 건국 이전 이른바 '신민주주의 혁명(新民主主義革命)' 시기 마오쩌둥의 주요 저작을 모은 것으로 1950·60년대에 정리되어 출판되었다. 1964년 처음으로 4권을 합한 1권본 『마오쩌둥선집』이 출간되었으며, 1991년에 제2판이 출간되었다. 마오쩌둥 사상이나 중국 공산당사·혁명사 연구에 가장 중요한 참고서가 된다. 제1권은 국민 혁명과 이른바 '토지 혁명 전쟁(土地革命戰爭)' 시기의 17편, 제2권은 항일 전쟁 전기 40편, 제3권은 항일 전쟁 후기 31편, 제4권은 이른바 '해방 전쟁 시기(解放戰爭時期)'의 70편의 저작이 실려 있다. 1977년에는 1949년에서 1957년까지의 저작 70편을 모은 『마오쩌둥선집』 제5권이 출간되었다.

「중국 혁명과 중국 공산당(中國革命和中國共産黨)」

『마오쩌둥선집』 제2권에 실려 있는 「중국 혁명과 중국 공산당(中國革命和中國共産黨)」은 1939년 겨울 마오쩌둥 등이 연안(延安)에서 합작으로 쓴 교재이다. 제1장 「중국 사회(中國社會)」는 여러 사람이 기초하고 마오쩌둥이 수정한 것이고, 제2장 「중국 혁명(中國革命)」은 마오쩌둥이 스스로 쓴 것이다. 이 글은 마르크스·레닌주의에 입각한 중국 공산당의 중국 역사에 대한 입장을 가장 먼저 체계적으로 정리하여 보여 주었다는 점에서 의미가 있다. 제2장에서 다룬 신민주주의(新民主主義)의 부분은 1940년 1월에 마오쩌둥이 쓴 「신민주주의론」으로 발전하였다. 신민주주의 혁명사관(新民主主義革命史觀)은 건국 이후 중국 공산당 지배하에서 역사학의 기본 입장으로 자리를 잡았으므로, 현대 중국의 역사관을 이해하는 데에는 가장 기초적인 자료가 될 것이다.

마오쩌둥(毛澤東)

마오쩌둥(毛澤東, 1893~1976)은 자가 윤지(潤之, 潤芝)로 호남성 상담현(湘潭縣) 출신이다. 중국 공산주의 운동의 최 고지도자 가운데 한 사람으로 1911년 신해혁명기에 호남의 신군(新軍)에 참가한 적이 있으며 1914년 호남성립 제일 사범학교(湖南省立第一師範學校)에 입학하였다. 1918년 차이허썬(蔡和森) 등과 신민학회(新民學會)를 조직하였으며 8월에는 북경대학 도서관에서 조리직(助理職)으로 일하였다. 1919년 호남에 돌아와서 『상강평론(湘江評論)』을 창간하고 다음해에는 문화서사(文化書社)와 아라사연구회(俄羅斯研究會)를 조직하여 마르크스주의의 선전 활동에 종사하게 된다. 1921년 호남의 대표로 중국공산당 창립 대회에 참가하였으며 1924년에는 쑨원(孫文)이 개조한 중국국민당(中國國民黨)의 활동에 참가하여 국민당의 1·2차 전당 대회에서 중앙 후보 집행 위원으로 선발되고 『정치주보(政治周報)』 총편집, 제6기 농민 운동 강습소 소장 등을 맡았다. 1927년 3월 발표한 「호남농민운동고찰보고(湖南農民運動考察報告)」는 이후 중국 혁명의 성격을 특징짓는 역사적인 의미를 지닌다. 국민 혁명의 실패 후에는 추수 봉기(秋收蜂起)에 참가하였다가 결국 정강산(井崗山) 혁명 근거지와 홍군(紅軍)을 창설하면서 종래 소련과 코민테른의 지도에 따르던 것과는 다른 독자적인 중국적 농민 혁명의 전략을 발전시키게 된다. 1931년에는 중화 소비에트공화국의 주석직에 올랐지만 그가 중국공산당의 최고 지도권을 확보하게 되는 것은 1934년 장제스 군(蔣介石軍)의 포위 공격을 피하여 시작한 대장정(大長征) 도중인 1935년 1월의 준의회의(遵義會議)에서부터였다고 한다. 이후 연안(延安)에서의 홍군 근거지의 건설과 제2차 국·공 합작을 통한 항일 전쟁의 수행을 통해 홍군과 근거지를 재건·확대함으로써 1945년 일본의 패망 이후 재개된 국민당과의 내전을 승리로 이끌고 1949년 10월 1일 북경에서 중화인민공화국의 성립을 선언하게 된다. 아울러 그의 사상은 이른바 '마오쩌둥 사상'으로 일컬어지면서 중공의 지도 이념으로 정착하게 되지만 1950년대 후반 그가 독단적으로 추진한 대약진 운동(大躍進運動)과 인민 공사(人民公社) 운동의 실패 후 국가 주석의 자리에서 물러났으며, 결국 중국 사회주의 내지 경제 발전의 방향을 둘러싸고 류사오치(劉少奇)·덩샤오핑(鄧小平) 등 중국 공산당의 주류와 의견이 갈라지게 되자 이들로부터 권력을 탈취하기 위해 청년·학생을 동원한 '무산 계급 문화 대혁명(無產階級文化大革命)'을 일으켰다. 문화 대혁명의 결과 마오쩌둥은 이른바 '자본주의의 길을 걷는 수정주의자'인 실권파를 숙청하고 그 절대적인 지도력을 신격화시키게 되었으나 1971년 공식적인 후계자로 지목되었던 린뱌오(林彪)의 망명 도중의 사망, 그리고 그의 아내인 장칭(江淸)과 이른바 '사인방(四人幇)' 등 문혁파의 전횡은 1976년 그의 사망과 더불어 문화 대혁명이 종말을 맞이하게 하였다. 『마오쩌둥선집』 5권 등 다수의 저작을 남겼으며, 마르크스·레닌주의의 이론을 중국의 현실에 적용하여 발전시켰다고 하는 그의 사상은 나중에 '마오쩌둥 사상(毛澤東思想)'으로 불리게 된다.

19

제1장 중국 사회(中國社會)

제1절 | 중화 민족(中華民族)

우리 중국은 세계에서 가장 큰 국가 가운데 하나이고, 그 영토는 전체 유럽의 면적과 거의 맞먹는다. 이 광대한 영토 위에 광대하고 비옥한 토지가 있어 우리에게 의식(衣食)의 원천을 제공해 준다. 전국을 가로 세로로 가로지르는 크고 작은 산맥은 우리에게 광대한 삼림을 길러 주었고, 풍부한 광산을 안에 품고 있다. 수많은 강과 호수는 우리에게 배와 관개의 이익을 제공해 주며, 길고 긴 해안선은 우리에게 해외 각 민족과 교류하는 편리함을 제공해 준다. 아주 이른 고대부터 우리 중화 민족의 조상은 이 광대한 토지 위에서 노동을 하고, 생활을 하면서 번식해 왔다.

我們中國是世界上最大國家之一, 它的領土和整個歐洲的面積差不多相等. 在這個廣大的領土之上, 有廣大的肥田沃地, 給我們以衣食之源; 有縱橫全國的大小山脈, 給我們生長了廣大的森林, 貯藏了豊富的礦産; 有很多的江河湖澤, 給我們以舟楫和灌漑之利; 有很長的海岸線, 給我們以交通海外各民族的方便. 從很早的古代起, 我們中華民族的祖先就勞動·生息·繁殖在這塊廣大的土地之上.

현재 중국의 국경은 동북과 서북·서쪽의 일부에서 소비에트사회주의공화국연맹과 땅을 맞대고 있다. 정북 방향으로는 몽골인민공화국과 땅이 이어진다. 서쪽의 일부와 서남 방면에서는 아프가니스탄, 인도, 부탄, 네팔과 땅을 맞댄다. 남쪽으로는 미얀마, 월남과 땅이 이어진다. 동쪽으로는 조선과 땅을 맞대며, 일본이나 필리핀과는 근접해 있다. 이러한 지리적인 국제 환경은 중국 인민 혁명에 외부적인 유리한 조건과 곤란한 조건을 조성해 주었다. 유리한 것은 소련과 땅을 맞대어 구미의 각 주요 제국주의 국가와 비교적 멀리 떨어져 있다는 것인데, 그 주위의 국가 가운데에는 수많은 식민지·반식민지 국가가 있다. 곤란한 것은 일본 제국주의가 중국과 접근해 있다는 관계를 이용하여 시시각각으로 중국 각 민족의 생존을 위협하고 중국 인민의 혁명을 박해하고 있다는 점이다.

現在中國的國境: 在東北·西北和西方的一部, 和蘇維埃社會主義共和國聯盟接壤. 正北面,和蒙古人民共和國接壤. 西方的一部和西南方, 和阿富汗·印度·不丹·尼泊爾接壤. 南方, 和緬甸·越南接壤. 東方, 和朝鮮接壤, 和日本·菲律賓鄰近. 這個地理上的國際環境, 給予中國人民革命造成了外部的有利條件和困難條件. 有利的是: 和蘇聯接壤, 和歐美各主要帝國主義國家隔離較遠, 在其周圍的國家中有許多是殖民地半殖民地國家. 困難的是: 日本帝國主義利用其和中國接近的關係, 時刻都在迫害着中國各民族的生存, 迫害着中國人民的革命.

우리 중국은 현재 4억 5천만의 인구를 거느리고 있어 대체로 전 세계 인구의 1/4을 차지한다. 이 4억 5천만 인구 가운데 9/10 이상은 한인(漢人)이다. 이밖에 또한 몽골인·회족(回族)·티베트 인·위구르 인·묘족(苗族)·이족(彝人)·장족(壯族)·중가족(仲家族)¹·조선족(朝鮮族) 등 모두 수십 종류의 소수 민족이 있는데, 비록 문화 발전의 정도는 다르지만 모두 이미 오랜 역사를 지니고 있다. 중국은 다수의 민족이 결합하여 이루어진 광대한 인구를 가진 국가인 것이다.

我們中國現在擁有四億五千萬人口, 差不多占了全世界人口的四分之一. 在這四億五千萬人口中, 十分之九以上爲漢人. 此外, 還有蒙人·回人·藏人·維吾爾人·苗人·彝人·壯人·仲家·朝鮮人等, 共有數十種少數民族, 雖然文化發展的程度不同, 但是都已有長久的歷史. 中國是一個由多數民族結合而成的擁有廣大人口的國家.

중화 민족의 발전(여기서 말하는 것은 주로 한족의 발전이다)은 세계상 다른 허다한 민족과 마찬가지로 일찍이 몇 만 년에 걸친 계급이 없는 원시 공동체 생활을 거쳐 왔다. 그리고 원시 공동체가 붕괴되고 사회생활이 계급 시대로 들어선 그때부터 시작하여 노예제 사회, 봉건제 사회를 거쳐 오늘에 이르러서는 이미 대략 4천 년이란 오랜 시

---

1 중가(仲家)는 포의족(布依族)의 옛 명칭이다.
仲家, 布依族的一種舊稱.

* 여기서부터 이하 모든 주는 원래의 주에 따른 것이며, 역자 주라고 표시된 부분은 역자가 『마오쩌둥 선집』의 다른 부분에 나오는 주석을 찾아서 이리로 옮겨 온 것이다. 따라서 이 글의 주는 거의 모두 원주에 기초한 것이라고 할 수 있다.

간이 지났다. 중화 민족 개화(開化)의 역사에서는 비교적 발달하였다고 일컬어지는 농업과 수공업이 있었고, 수많은 위대한 사상가·과학자·발명가·정치가·군사가·문학가와 예술가가 있었고, 풍부한 문화 전적도 있었다. 아주 이른 시기에 중국은 지남침(指南針)을 발명하였다.[2] 또한 1,800년 전에 이미 종이 제조법을 발명하였다.[3] 1,300년 전에는 조판(또는 목판) 인쇄술을 발명하였다.[4] 800년 전에는 나아가 활판(활자) 인쇄술을 발명하였다.[5] 화약의 응용[6] 역시 유럽 인보다 앞서 있었다. 따라서 중국은 세계에서 문명의 발달이 가장 빠른 국가 가운데 하나였고, 중국은 이미 문자로 살펴볼 수 있는 4천 년에 가까운 역사를 가지고 있다.

---

[2] 지남침(指南針)의 발명은 중국에서 아주 이른 시기에 이루어졌다. B.C. 3세기의 전국 시대의 『여씨춘추』에 이미 "자석은 쇠를 끌어당긴다(慈石召鐵)."라는 구절이 있으므로 당시 중국인은 이미 자석이 쇠를 끌어당긴다는 점을 알고 있었던 것이다. 1세기에 후한의 왕충(王充)의 『논형(論衡)』에서도 자석 기구의 자루가 남쪽을 가리킨다고 하였으므로 당시 이미 자석이 극점을 향한다는 것을 알고 있었던 것이다. 송대의 문헌 기록에 의하면 11세기에 중국인은 이미 인조 자침(人造磁針)으로 제조한 지남침을 발명하였다. 12세기 초 송 휘종(徽宗)의 시기에 주욱(朱彧)의 『평주가담(萍洲可談)』과 서긍(徐兢)의 『선화봉사고려도경(宣和奉使高麗圖經)』은 모두 항해에 지남침을 이용하였다고 이야기하고 있으니, 당시 지남침의 사용이 이미 상당히 보편적이었음을 알 수 있다.
指南針的發明, 在中國是很早的. 公元前三世紀戰國時代, 『呂氏春秋』上有"慈石召鐵"的話, 可見當時中國人已經知道磁石能吸鐵. 公元一世紀, 東漢王充的『論衡』說磁勺柄指南, 可見當時已經發現了磁石的指極性. 根據宋代文獻記載, 在十一世紀, 中國人已經發明了用人造磁針制造的指南針. 到十二世紀初, 卽宋徽宗時, 朱彧的『萍洲可談』和徐兢的『宣和奉使高麗圖經』, 都說到航海用指南針, 可見當時指南針的使用已經相當普遍.

[3] 고대의 문헌 기록에 의하면 2세기 초 후한의 환관 채륜(蔡倫)이 이전 사람들의 경험을 집대성하여 나무껍질·삼실(麻頭)·찢긴 베(破布)와 그물을 이용하여 종이를 만들었다. 이후 이러한 종이 제조법은 점차 전국적으로 확산되었으며, 사람들은 이런 종이를 '채후지(蔡侯紙)'라 불렀다.
根據中國古代文獻記載, 公元二世紀初, 東漢宦官蔡倫集中前人的經驗, 用樹皮·麻頭·破布和破魚网造紙. 此後, 這種造紙法便在全國逐步推廣開來. 人們把這種紙稱作"蔡侯紙".

[4] 중국의 조판 인쇄술은 대략 7세기, 즉 당나라 초년에 창시(創始)되었다.
中國的刻版印刷術, 約創始于公元七世紀, 卽唐初年間.

[5] 송 인종(仁宗) 경력(慶曆, 1041~1948) 연간에 필승(畢升)이 활판(활자) 인쇄술을 발명하였다.
宋仁宗慶曆(一〇四一~一〇四八)年間, 畢升發明了活字印刷.

[6] 중국 화약의 발명은 대략 9세기 무렵이다. 송 초, 즉 10세기 후반에서 11세기 초 사이에 중국은 이미 화약을 사용하여 대포·불화살[火箭] 등의 무기를 제조하여 전쟁용으로 제공하였다.
中國火藥的發明, 大約在公元九世紀. 到了宋朝初年, 卽公元十世紀後半期至十一世紀初, 中國已經使用火藥制造火炮·火箭等武器, 供戰爭之用.

中華民族的發展(這裏說的主要地是漢族的發展), 和世界上別的許多民族同樣, 曾經經過了若干萬年的無階級的原始公社的生活. 而從原始公社崩潰, 社會生活轉入階級生活那個時代開始, 經過奴隸社會·封建社會, 直到現在, 已有了大約四千年之久. 在中華民族的開化史上, 有素稱發達的農業和手工業, 有許多偉大的思想家·科學家·發明家·政治家·軍事家·文學家和藝術家, 有豊富的文化典籍. 在很早的時候, 中國就有了指南針的發明. 還在一千八百年前, 已經發明了造紙法. 在一千三百年前, 已經發明了刻版印刷. 在八百年前, 更發明了活字印刷. 火藥的應用, 也在歐洲人之前. 所以, 中國是世界文明發達最早的國家之一, 中國已有了將近四千年的有文字可考的歷史.

중화 민족은 고통을 무릅쓰고 참아 가며 힘들게 노력하는 것으로 세상에서 유명하며, 동시에 자유를 몹시 사랑하고, 혁명의 전통이 풍부한 민족이기도 하다. 한족의 역사를 예로 들면 중국 인민은 암흑 세력의 통치를 참고 견뎌 내지 않는다는 것을 증명할 수 있고, 그들은 항상 혁명적 수단으로 이러한 통치를 무너뜨리거나 개조하는 목적을 이루어 왔다. 한족의 수천 년 역사에서 크고 작은 백여 차례의 농민 봉기가 있어 지주와 귀족의 암흑 통치에 반항하였다. 그리고 다수 왕조의 교체는 모두 농민 봉기의 역량에 의해서만 비로소 성공할 수 있었다. 중화 민족의 각 족 인민은 모두 외래 민족의 압박을 반대하였고, 모두 다 반항의 수단을 써서 이러한 압박을 제거하였다. 그들은 평등한 연합에 찬성하고, 서로 간에 압박을 주는 것에는 찬성하지 않는다. 중화 민족의 몇 천 년 역사 속에서 수많은 민족 영웅과 혁명의 지도자가 태어났다. 따라서 중화 민족은 또한 영광스러운 혁명의 전통과 우수한 역사의 유산을 지닌 민족이기도 하다.

中華民族不但以刻苦耐勞著稱于世, 同時又是酷愛自由·富于革命傳統的民族. 以漢族的歷史爲例, 可以証明中國人民是不能忍受黑暗勢力的統治的, 他們每次都用革命的手段達到推翻和改造這種統治的目的. 在漢族的數千年的歷史上, 有過大小幾百次的農民起義, 反抗地主和貴族的黑暗統治. 而多數朝代的更換, 都是由于農民起義的力量纔能得到成功的. 中華民族的各族人民都反對外來民族的壓迫, 都要用反抗的手段解除這種壓迫. 他們贊成平等的聯合, 而不贊成互相壓迫. 在中華民族的幾千年的歷史中, 産生了很多的民族英雄和革命領袖. 所以, 中華民族又是一個有光榮的革命傳統和優秀的歷史遺產的民族.

제2절 | 전통 시대의 봉건 사회(古代的封建社 會)

중국은 하나의 위대한 민족 국가이고, 땅이 넓고 사람이 많고 역사가 유구하고 혁명 전통과 우수한 유산이 풍부한 국가이기도 하다. 그러나 중국은 노예 제도에서 벗어나 봉건 제도로 진입한 다음 그 경제·정치·문화의 발전이 장기적으로 지체되고 완만한 상태에 빠져 있었다. 이러한 봉건 제도는 주·진 이래 3천 년 동안 줄곧 연속되어 왔다.

中國雖然是一個偉大的民族國家, 雖然是一個地廣人衆·歷史悠久而又富于革命傳統和優秀遺産的國家;可是, 中國自從脫離奴隸制度進到封建制度以後, 其經濟·政治·文化的發展, 就長期地陷在發展遲緩的狀態中. 這個封建制度, 自周秦以來一直延續了三千年左右.

중국 봉건 시대의 경제·정치 제도는 다음과 같은 각각의 주요한 특징으로 구성되었다.

中國封建時代的經濟制度和政治制度, 是由以下的各個主要特點構成的:

1. 자급자족적인 자연 경제가 주요한 지위를 차지하였다. 농민은 스스로 필요로 하는 농산품을 생산할 뿐 아니라 스스로 필요로 하는 대부분의 수공업 제품도 생산하였다. 지주와 귀족은 농민들로부터 수탈한 소작료를 주로 소비하는 데 이용하였으며, 이를 교환에 이용하지 않았다. 당시에는 비록 교환의 발전이 있었지만, 전체 경제 속에서 결정적인 작용을 일으키지는 못하였다.

一. 自給自足的自然經濟占主要地位. 農民不但生産自己需要的農産品, 而且生産自己需要的大部分手工業品. 地主和貴族對于從農民剝削來的地租, 也主要地是自己享用, 而不是用于交換. 那時雖有交換的發展, 但是在整個經濟中不起決定的作用.

2. 봉건적 통치 계급-지주·귀족과 황제-은 최대 부분의 토지를 보유하였고, 농민은 아주 적은 토지만을 보유하거나 아예 전혀 토지가 없었다. 농민 스스로의 도구로

지주·귀족·황제의 토지를 경작하면서 아울러 수확의 40%, 50%, 60%, 70%, 심지어는 70%나 80% 이상까지 지주·귀족·황제에게 바쳐 그들이 누리게 하였다. 이러한 농민은 실제로는 농노나 마찬가지였다.

二. 封建的統治階級－地主·貴族和皇帝, 擁有最大部分的土地, 而農民則很少土地, 或者完全沒有土地. 農民用自己的工具去耕種地主·貴族和皇室的土地, 并將收獲的四成·五成·六成·七成甚至八成以上, 奉獻給地主·貴族和皇室享用. 這種農民, 實際上還是農奴.

3. 지주·귀족·황제가 농민의 소작료를 수탈하면서 지낼 뿐만 아니라, 지주 계급인 국가 역시 농민이 공납을 내도록 강요하고 아울러 농민이 무상 노역에 종사하도록 강박함으로써 큰 무리를 이루는 관리와, 주로 농민을 진압하는 데 이용하는 군대를 부양하였다.

三. 不但地主·貴族和皇室依靠剝削農民的地租過活, 而且地主階級的國家又强迫農民繳納貢稅, 并强迫農民從事無償的勞役, 去養活一大群的國家官吏和主要地是爲了鎭壓農民之用的軍隊.

4. 이러한 봉건 착취 제도를 보호하는 권력 기구는 지주 계급의 봉건 국가이다. 이를테면 진(秦) 이전의 시대는 제후가 할거하여 패권을 노리는 봉건 국가였다면, 진시황(秦始皇)은 중국을 통일한 다음 전제주의적인 중앙 집권적 봉건 국가를 건립하였다. 동시에 일정한 정도에서 여전히 봉건 할거의 상태를 보류시켰다. 봉건 국가에서 황제는 지고무상의 권력을 가졌을 뿐만 아니라 각지에 관직을 나누어 설치하여 군사(兵)·사법(刑)·조세(錢穀) 등의 일을 장악하고 아울러 지주 신사(地主紳士)에게 의지하여 봉건 통치의 기초로 삼았다.

四. 保護這種封建剝削制度的權力機關, 是地主階級的封建國家. 如果說, 秦以前的一個時代是諸侯割據稱雄的封建國家, 那末, 自秦始皇統一中國以後, 就建立了專制主義的中央集權的封建國家;同時, 在某種程度上仍舊保留着封建割據的狀態. 在封建國家中, 皇帝有至高無上的權力, 在各地方分設官職以掌兵·刑·錢·穀等事, 并依靠地主紳士作爲全部封建統治的基礎.

중국 역대의 농민은 이러한 봉건적인 경제적 수탈과 정치적 압박 아래 가난하고 힘든 노예와 같은 생활을 보내 왔다. 농민은 봉건 제도 아래 속박되어 인신의 자유도 없었다. 지주는 농민에 대해 마음대로 때리고 욕하거나 심지어는 죽음으로 몰아넣을 수 있는 권리를 지녔고, 농민은 아무런 정치적 권리도 없었다. 지주 계급의 이러한 잔혹한 수탈과 압박이 만들어낸 농민의 극도의 가난함과 낙후는 중국 사회가 수천 년 동안 경제적·사회적으로 정체되면서 앞으로 나아가지 못한 기본 원인이었다.

中國歷代的農民, 就在這種封建的經濟剝削和封建的政治壓迫之下, 過着貧窮困苦的奴隸式的生活. 農民被束縛于封建制度之下, 沒有人身的自由. 地主對農民有隨意打罵甚至處死之權, 農民是沒有任何政治權利的. 地主階級這樣殘酷的剝削和壓迫所造成的農民的極端的窮苦和落後, 就是中國社會幾千年在經濟上和社會生活上停滯不前的基本原因.

봉건 사회의 주요 모순은 농민 계급과 지주 계급의 모순이었다. 그리고 이러한 사회 속에서 오로지 농민과 수공업 노동자만이 재부를 창조하고 문화를 창조하는 기본적 계급이었다.

封建社會的主要矛盾, 是農民階級和地主階級的矛盾. 而在這樣的社會中, 只有農民和手工業工人是創造財富和創造文化的基本的階級.

지주 계급의 농민에 대한 잔혹한 경제적 수탈과 정치적 압박은 농민으로 하여금 수없이 봉기를 일으켜 지주 계급의 통치에 반항하도록 만들었다. 진의 진승(陳勝)·오광(吳廣)·항우(項羽)·유방(劉邦)부터 시작하여,[7] 중간에 한의 신시(新市)·평림(平林)·적

---

[7] 진승(陳勝)과 오광(吳廣)은 진(秦) 말기 농민 대봉기의 지도자이다. B.C. 209년 진 이세(二世) 원년에 진승과 오광은 수졸(戍卒)을 징발하여 가던 도중 기현(蘄縣) 대택향(大澤鄕, 오늘날의 安徽省 宿縣 동남)에서 동행하던 수졸 900명을 이끌고 봉기에 나서 진의 잔폭한 통치에 반항하였고, 전국 각지에서 이에 분분히 호응하였다. 항우(項羽)와 그의 숙부 항량(項梁)은 오(吳, 오늘날의 江蘇省 吳縣)에서 기병하였고, 유방(劉邦)은 패(沛, 오늘날의 江蘇省 沛縣)에서 기병하였다. 진

미(赤眉)·동마(銅馬)와⁸ 황건(黃巾)을 거쳐,⁹ 수의 이밀(李密)·두건덕(竇建德)과¹⁰ 당의

    승·오광의 봉기가 실패한 다음 항우와 유방의 군대가 당시 진에 반항하는 주요 역량이 되었다. 항우군은 진의 군대 주력을 소멸시켰고, 유방은 관중(關中)과 진의 도성 함양(咸陽)을 함락시켰다. 진의 멸망 이후 유방과 항우는 수년 동안 상쟁한 끝에 항우가 패사하고 유방이 황제가 되어 한(漢)을 세웠다.

    陳勝·吳廣是秦末農民大起義的領袖. 公元前二○九年, 卽秦二世元年, 陳勝·吳廣往戍地途中在蘄縣大澤鄕(今安徽省宿縣東南)率領同行戍卒九百人起義, 反抗秦朝的殘暴統治. 全國各地紛起響應. 項羽和他的叔父項梁在吳(今江蘇省吳縣)起兵, 劉邦在沛(今江蘇省沛縣)起兵. 陳勝·吳廣起義失敗以後, 項羽·劉邦兩軍成了當時反秦的主要力量. 項軍消滅了秦軍的主力, 劉軍攻占了關中和秦的都城咸陽. 秦朝滅亡後, 劉項雙方相爭數年, 項羽敗死, 劉邦做了皇帝, 建立了漢朝.

8 신시(新市)·평림(平林)·적미(赤眉)·동마(銅馬)는 모두 왕망(王莽) 시대 농민 봉기군의 명칭이다. 전한 말년 각지 농민은 끊임없이 반항 활동과 무장봉기를 진행하였다. 8년에 왕망이 전한을 대신하여 신(新)을 세운 다음, '개제(改制)'를 실행하여 농민의 반항을 완화시키려고 꾀하였다. 그러나 사회 계급 모순이 날로 첨예화되고, 거기에 자연재해가 빈번하게 더해지면서 각지 농민의 반항 투쟁은 결국 대규모 무장봉기로 발전하였다. 17년 신시(新市, 오늘날의 湖北省 京山縣 동북) 출신 왕광(王匡)·왕봉(王鳳)이 굶주린 백성을 이끌고 봉기하여 녹림산(綠林山)을 근거지로 삼았으므로 '녹림군(綠林軍)'으로 불리게 되었다. 나중에 녹림군의 일부는 왕광·왕봉의 통솔 아래 북쪽으로 남양(南陽)에 들어가 '신시병(新市兵)'으로 불리게 되었으며, 나머지는 왕상(王常) 등의 통솔 아래 남군(南郡, 오늘날의 호북성 江陵縣)에 들어가 '하강병(下江兵)'으로 불리게 되었다. 신시병이 수현(隨縣)에 진입하자 평림(平林, 오늘날의 호북성 隨縣 동북) 출신의 진목(陳牧) 등 천여 명이 호응하여 '평림병(平林兵)'이라 칭하게 되었다. 18년 산동 낭야(琅琊) 출신의 번숭(樊崇)이 거현(莒縣, 오늘날의 산동성 莒縣)에서 농민 봉기를 이끌었는데, 봉기군은 붉은색으로 눈썹을 칠했으므로 '적미군(赤眉軍)'으로 불렸으며, 주로 산동·강소·하남·섬서 등지에서 활동하면서 당시 가장 큰 갈래의 농민 봉기군이 되었다. 황하 이북의 광대한 지구에는 또한 크고 작은 수십 갈래의 농민 봉기군이 있었는데, 동마(銅馬)는 그 가운데 비교적 큰 갈래의 하나이며, 주로 하북과 산동의 교계(交界) 지구에서 활동하였다.

    新市·平林·赤眉·銅馬都是王莽時代農民起義軍的名稱. 西漢末年, 各地農民不斷進行反抗活動和武裝起義. 公元八年, 王莽代漢以後, 實行"改制", 企圖緩和農民的反抗. 但是, 由於社會階級矛盾的日益尖銳, 加之天災頻繁, 各地農民的反抗鬪爭終于發展爲大規模的武裝起義. 公元十七年, 新市(今湖北省京山縣東北)人王匡·王鳳領導飢民起義, 以綠林山爲基地, 稱爲"綠林軍". 後綠林軍一部在王匡·王鳳率領下北入南陽, 稱"新市兵". 另一部由王常等率領進入南郡(今湖北省江陵縣), 稱"下江兵". 新市兵進入隨縣, 平林(今湖北省隨縣東北)人陳牧等千餘人起義響應, 號稱"平林兵". 公元十八年, 山東琅琊人樊崇在莒縣(今山東省莒縣)領導農民起義. 起義軍用紅色涂眉, 號稱"赤眉軍", 主要活動于山東·江蘇·河南·陝西等地, 是當時最大的一支農民起義軍. 同時, 在黃河以北的廣大地區, 還有大小數十支農民起義軍, 銅馬是其中較大的一支, 主要活動于河北·山東交界地區.

9 184년, 즉 후한 영제(靈帝) 중평(中平) 원년에 장각(張角) 등은 하북·하남·산동·안휘 등지의 농

왕선지(王仙芝)·황소(黃巢),[11] 송의 송강(宋江)·방랍(方臘),[12] 원의 주원장(朱元璋),[13] 명

민 수십만 명을 이끌고 봉기하였다. 봉기군은 머리에 누런 띠를 둘렀으므로 이 때문에 '황건군(黃巾軍)'이라 불렀다.
公元一八四年, 卽東漢靈帝中平元年, 張角等領導河北·河南山東·安徽等地的農民數十萬人同時舉行起義. 起義軍頭戴黃巾爲標志, 因此被稱爲"黃巾軍".

[10] 7세기 초, 즉 수(隋) 말년에 농민들이 분분히 봉기하였다. 이밀(李密)·두건덕(竇建德)은 당시 두 갈래 중요 봉기군의 수령이었다. 이밀이 이끈 하남 와강군(瓦崗軍)과 두건덕이 이끈 하북 봉기군은 수나라의 통치를 무너뜨리는 투쟁에서 중요한 작용을 하였다.
公元七世紀初, 卽隋朝末年, 農民紛紛起義. 李密·竇建德是當時兩支主要起義軍的首領. 李密領導的河南瓦崗軍和竇建德領導的河北起義軍, 在推翻隋朝統治的鬪爭中, 起了重要作用.

[11] 왕선지(王仙芝), 황소(黃巢)는 당 말 농민 봉기군의 영수이다. 874(僖宗 乾符 元年)년 왕선지는 산동에서 봉기하였고, 다음해 황소는 무리를 모아 이에 호응하였다. 『마오쩌둥선집(毛澤東選集)』 제1권의 「당내의 잘못된 사상을 바로잡는 것에 대하여(關于糾正黨內的錯誤思想)」 주 4를 참고하라.
王仙芝·黃巢是唐末農民起義軍的領袖. 公元八七四年(唐僖宗乾符元年), 王仙芝在山東起義, 次年黃巢聚衆響應. 參見本書[『毛澤東選集』. 이하 동일] 第一卷, 「關于糾正黨內的錯誤思想」注4.
【황소(黃巢, ?~884)는 조주(曹州) 원구(冤句, 오늘의 산동 菏澤) 출신으로 당 말 농민 봉기의 영수이다. 875년, 즉 당의 희종(僖宗) 건부(乾符) 2년, 황소는 무리를 모아 왕선지가 이끈 봉기에 호응하였다. 878년 왕선지가 피살된 다음 황소는 왕선지가 남긴 무리를 모아 영수로 추대되었고, 스스로를 '충천대장군(沖天大將軍)'이라 불렀다. 그가 이끈 봉기의 대오는 일찍이 산동에 여러 차례 출병하여 유동 작전(流動作戰)을 펼쳤고, 산동·하남·안휘·강소·호북·호남·강서·절강·복건·광동·광서·섬서 등의 성을 전전하였다. 880년 황소는 동관(潼關)을 공격하여 무너뜨리고 이후 곧 장안(長安)을 점령하여 제국(齊國)을 건립하고 황제를 자칭하였다. 나중에 내부 분열(대장 朱溫이 당에 항복하였다)이 일어나고 또한 이극용(李克用)이 이끄는 사타군(沙陀軍) 및 각지 군대의 공격을 받자 황소는 어쩔 수 없이 장안을 물러나 하남으로 들어가고, 다시 하남에서 산동으로 옮겨 갔다. 884년 실패 후 황소는 자살하였다. 황소가 이끈 농민 전쟁은 10년 동안 지속된 중국 역사상 유명한 농민 전쟁 가운데 하나이다. 그는 당시의 봉건 통치 계급에 대해 아주 심각한 타격을 주었으며, 가난하고 고통 받는 농민들의 옹호를 받았다. 황소 봉기군은 간단하게 유동적 전쟁만을 진행하여 비교적 탄탄한 근거지를 세우지 못하였기 때문에 봉건 통치자에게 '유구(流寇)'라고 불리게 되었다. - 역자】
【黃巢(?~八八四), 曹州冤句(今山東菏澤)人, 唐朝末年農民起義領袖. 公元八七五年, 卽唐僖宗乾符二年, 黃巢聚衆響應王仙芝領導的起義. 公元八七八年, 王仙芝被殺後, 黃巢收集王的余部, 被推爲領袖, 號"沖天大將軍". 他領導的起義隊伍, 曾經多次出山東流動作戰, 轉戰于山東·河南·安徽·江蘇·湖北·湖南·江西·浙江·福建·廣東·廣西·陝西等省. 公元八八○年, 黃巢攻破潼關, 不久占領長安, 建立齊國, 自稱皇帝. 後因內部分裂(大將朱溫降唐), 又受到李克用沙陀軍及諸道軍隊的進攻, 黃巢被迫退出長安, 轉入河南, 由河南回到山東, 于公元八八四年失敗自殺. 黃巢領導的農民戰爭持續了十年, 是中國歷史上有名的農民戰爭之一. 它沉重地打擊了當時的封建統治階級, 受到貧苦農民的擁護. 由于黃巢起義軍只是簡單地進行流動的戰爭, 沒有建立過比較

의 이자성(李自成)을[14] 거쳐 청의 태평천국(太平天國)에 이르기까지,[15] 모두 합해 크고

穩固的根據地, 所以被封建統治者稱爲"流寇". - 역자】

[12] 송강(宋江)과 방랍(方臘)은 각기 12세기 초, 즉 북송 말년 북방과 남방 농민 봉기의 유명한 수령이다. 송강이 이끈 봉기의 대오는 주로 산동·하북·하남·강소 일대에서 활동하였고, 방랍이 이끈 봉기 대오는 주로 절강·안휘 일대에서 활동하였다.
宋江和方臘分別是公元十二世紀初卽北宋末年北方和南方農民起義的有名首領. 宋江率領的起義隊伍, 主要活動于山東·河北·河南·江蘇一帶; 方臘率領的起義隊伍, 主要活動于浙江·安徽一帶.

[13] 1351년 원 순제(順帝) 지정(至正) 11년 각지의 인민은 분분이 봉기하였다. 1352년 안휘 봉양(鳳陽) 사람인 주원장(朱元璋)이 북방의 홍건군(紅巾軍) 곽자흥(郭子興)이 이끄는 봉기군에 참여하였다. 곽자흥이 죽자 주원장은 이 부대의 수령이 되었다. 1368년 그가 이끄는 부대가 각지 인민 봉기의 타격 아래 무너져 가던 원조의 통치를 쓰러뜨렸고, 그는 명조(明朝)의 개국 황제(開國皇帝)가 되었다.
公元一三五一年, 卽元順帝至正十一年, 各地人民紛紛起義. 一三五二年, 安徽鳳陽人朱元璋投入北方紅巾軍郭子興部起義軍. 郭死, 朱元璋成爲該軍的首領. 一三六八年, 他領導的部隊推翻了在各地人民起義的打擊下已經搖搖欲墜的元朝的統治, 成爲明朝的開國皇帝.

[14] 『마오쩌둥선집』 제1권의 「당내의 잘못된 사상을 바로잡는 것에 대하여(關于糾正黨內的錯誤思想)」 주 5를 보라.
見本書第一卷, 「關于糾正黨內的錯誤思想」注5.
【이틈(李闖), 즉 이자성(李自成, 1606~1645)은 섬서(陝西) 미지(米脂) 출신으로 명 말 농민 봉기의 영수이다. 1628년 명의 사종(思宗) 숭정(崇禎) 원년에 섬서 북부에는 농민 봉기의 흐름이 형성되었다. 이자성은 고영상(高迎祥)의 봉기 대오에 참여하여, 일찍이 섬서에서 하남으로 들어가 안휘에 이른 다음 다시 섬서로 돌아왔다. 1636년 고영상이 죽자 이자성은 틈왕(闖王)으로 추대되었다. 이자성이 군중에게 내건 주요 구호는 "틈왕을 맞이하면 세금을 내지 않는다(迎闖王, 不納糧)."는 것이었다. 동시에 그는 부하들이 군중을 괴롭히거나 해치는 것을 금지하면서 "한 사람을 죽이는 것은 내 아버지를 죽이는 것과 같고, 한 여성을 더럽히는 것은 내 어머니를 더럽히는 것과 같다(殺一人如殺我父, 淫一婦如淫我母)."라는 구호를 제기하여 스스로의 부대를 통제하였다. 이 때문에 그를 옹호하는 사람들이 아주 많았고, 당시 농민 봉기의 주류 가운데 하나가 될 수 있었다. 그러나 그 역시 비교적 안정된 근거지를 세우지 못하였고 결국은 유동적인 작전에 치중하였다. 그는 틈왕으로 추대된 다음 부대를 이끌고 사천(四川)으로 들어갔다가 돌아서 섬서 남부로 나와 호북을 거쳐 다시 사천에 들어갔으며, 그 후 다시 호북을 거쳐 하남에 들어갔다. 이후 곧바로 호북의 양양(襄陽)·안륙(安陸) 등지를 점령하고, 다시 하남을 거쳐 섬서를 공격하여 서안(西安)을 차지한 다음 1644년 산서를 거쳐 북경을 공격하였다. 오래지 않아 명의 장군 오삼계(吳三桂)가 청의 군대를 끌어들여 연합하여 그를 공격하면서 이자성은 결국 실패하였다. - 역자】
【李闖卽李自成(一六○六—一六四五), 陝西米脂人, 明朝末年農民起義領袖. 一六二八年, 卽明思宗崇禎元年, 陝西北部形成農民起義的潮流. 李自成參加高迎祥的起義隊伍, 曾經由陝西入河南, 到安徽, 折回陝西. 一六三六年高迎祥死, 李自成被推爲闖王. 李自成在群衆中的主要口號是"迎闖王, 不納糧"; 同時他不准部下擾害群衆, 曾經提出"殺一人如殺我父, 淫一婦如淫我母"的口號,

작은 수백 차례의 봉기는 모두 농민의 반항 운동이고, 농민의 혁명 전쟁이었다. 중국 역사상 농민 봉기와 농민 전쟁의 큰 규모는 세계 역사에서 보기 드문 것이다. 중국 봉건 사회에서 이러한 농민의 계급 투쟁, 농민의 봉기와 농민의 전쟁만이 역사 발전의 진정한 동력이었다. 왜냐하면 매 차례 비교적 큰 규모의 농민 봉기와 농민 전쟁의 결과는 당시의 봉건 통치에 타격을 주었고, 이 때문에 또한 얼마간 사회적 생산력의 발전을 추진할 수 있었기 때문이다. 단지 당시에는 아직 새로운 생산력과 생산 관계가 나타나지 않았기 때문에, 새로운 계급적 역량이 없었기 때문에, 그리고 선진적 정당이 없었기 때문에 농민 봉기와 농민 전쟁은 현재와 같은 무산 계급과 공산당의 정확한 지도를 얻을 수 없었고, 이리하여 당시의 농민 혁명은 결국 실패로 빠질 수밖에 없었으며, 결국 혁명 중, 그리고 혁명 이후에도 지주와 귀족에게 이용되어 그들이 왕조를 교체하는 도구가 되었을 뿐이었다. 이리하여 한 차례의 대규모 농민 혁명 투쟁이 마무리된 다음에는 비록 사회적으로 얼마간의 진보가 있었지만 봉건적 경제 관계와 정치 제도는 기본

來約束自己的部隊. 因此, 擁護他的人很多, 成爲當時農民起義的主流之一. 但他也沒有建立過比較穩固的根據地, 總是流動作戰. 他在被推爲闖王後, 率部入川, 折回陝南, 經湖北又入川, 又經湖北入河南, 旋占湖北襄陽·安陸等地, 再經河南攻陝占西安, 于一六四四年經山西攻入北京. 不久, 在明將吳三桂勾引淸兵聯合進攻下失敗. – 역자】

15 『마오쩌둥선집(毛澤東選集)』 제1권의 「일본 제국주의에 반대하는 책략을 논함」 주 36을 보라.
見本書第一卷,「論反對日本帝國主義的策略」注36.
【태평천국 전쟁은 19세기 중엽에 발생한 청조의 봉건 통치와 민족 압박을 반대한 농민 혁명 전쟁이다. 1851년 1월 이 혁명의 지도자 홍수전(洪秀全)·양수청(楊秀淸) 등은 광서(廣西) 계평현(桂平縣)의 금전촌(金田村)에서 봉기하여 '태평천국(太平天國)'이라는 국호를 붙였다. 1852년 태평군은 광서에서 나와 호남·호북을 공략하였다. 1853년 강서·안휘를 거쳐 남경(南京)을 점령하고 아울러 여기에 수도를 두었다. 이후로 남경에서 일부분의 병력을 내보내 북벌(北伐)과 서정(西征)을 시켰는데, 북벌군은 천진(天津) 부근까지 쳐들어 갔다. 하지만 태평군은 점령한 지방에서 공고한 근거지를 세우지 못하였고, 남경에 수도를 세운 다음에는 그 지도 집단이 수많은 정치적·군사적 잘못을 범하였다. 청조의 군대와 영국·미국·프랑스 등 침략군의 연합 공격 아래 태평천국 전쟁은 1864년에 실패로 끝났다. – 역자】
【太平天國戰爭是發生于十九世紀中葉的反對淸朝封建統治和民族壓迫的農民革命戰爭. 一八五一年一月, 這次革命的領導者洪秀全·楊秀淸等, 在廣西桂平縣的金田村起義, 建號"太平天國". 一八五二年太平軍出廣西, 攻入湖南·湖北. 一八五三年, 經江西·安徽, 攻克南京, 并在這裏建都. 隨後從南京分出一部兵力北伐和西征, 北伐軍一直打到天津附近. 但太平軍在它占領的地方都沒有建立起鞏固的根據地, 建都南京後它的領導集團又犯了許多政治上和軍事上的錯誤. 在淸朝軍隊和英·美·法等國侵略軍的聯合進攻下, 太平天國戰爭于一八六四年失敗. – 역자】

적으로 여전히 지속되었다. 이러한 상황은 최근 백여 년에 이르러서야 새로운 변화가 나타날 수 있었다.

　地主階級對于農民的殘酷的經濟剝削和政治壓迫, 迫使農民多次地擧行起義, 以反抗地主階級的統治. 從秦朝的陳勝·吳廣·項羽·劉邦, 中經漢朝的新市·平林·赤眉·銅馬和黃巾, 隋朝的李密·竇建德, 唐朝的王仙芝·黃巢, 宋朝的宋江·方臘, 元朝的朱元璋, 明朝的李自成, 直至淸朝的太平天國, 總計大小數百次的起義, 都是農民的反抗運動, 都是農民的革命戰爭. 中國歷史上的農民起義和農民戰爭的規模之大, 是世界歷史上所僅見的. 在中國封建社會裏, 只有這種農民的階級鬪爭·農民的起義和農民的戰爭, 纔是歷史發展的眞正動力. 因爲每一次較大的農民起義和農民戰爭的結果, 都打擊了當時的封建統治, 因而也就多少推動了社會生産力的發展. 只是由于當時還沒有新的生産力和新的生産關係, 沒有新的階級力量, 沒有先進的政黨, 因而這種農民起義和農民戰爭得不到如同現在所有的無産階級和共産黨的正確領導, 這樣, 就使當時的農民革命總是陷于失敗, 總是在革命中和革命後被地主和貴族利用了去, 當作他們改朝換代的工具. 這樣, 就在每一次大規模的農民革命鬪爭停息以後, 雖然社會多少有些進步, 但是封建的經濟關係和封建的政治制度, 基本上依然繼續下來. 這種情況, 直至近百年來, 纔發生新的變化.

제3절 | 현대의 식민지·반식민지와 반봉건 사회
(現代的殖民地·半殖民地和半封建社會)

　중국 과거 3천 년 이래의 사회가 봉건 사회라는 점은 앞서 이미 설명하였다. 그렇다면 중국 현재의 사회는 여전히 완전한 봉건 사회인가? 아니다. 중국은 이미 변화하였다. 1840년의 아편 전쟁(鴉片戰爭) 이후,[16] 중국은 한 걸음 한 걸음씩 반식민지·반봉건

---

16 『마오쩌둥선집』 제1권의 「일본 제국주의에 반대하는 책략을 논함」 주 35를 보라.
　見本書第一卷,「論反對日本帝國主義的策略」注35.
　【1840년에서 1842년 사이 영국은 중국인이 아편 수입에 반대하자 통상을 보호한다는 구실을 빌어 군대를 파견하여 중국을 침략하였다. 중국 군대는 임칙서(林則徐)의 통솔 아래 이에 저항하였다. 광주(廣州) 인민은 자발적으로 무장 항영 단체를 조직하여 영국 침략자들이 아주 큰 타격

적(半殖民地·半封建的) 사회로 바뀌게 되었다. 1931년의 9·18 사변 이후로[17] 일본 제국주의가 중국을 무력으로 침략한 이래 중국은 다시 식민지, 반식민지·반봉건적 사회로 바뀌었다. 이제 우리는 이러한 변화의 과정을 설명하고자 한다.

中國過去三千年來的社會是封建社會, 前面已經說明了. 那末, 中國現在的社會是否還是完全的封建社會呢? 不是, 中國已經變化了. 自從一八四〇年的鴉片戰爭以後, 中國一步一步地變成了一個半殖民地半封建的社會. 自從一九三一年九一八事變日本帝國主義武裝侵略中國以後, 中國又變成了一個殖民地·半殖民地和半封建的社會. 現在我們就來說明這種變化的過程.

제2절에서 서술한 것처럼 중국의 봉건 사회는 3천 년 가까이 계속되었다. 19세기 중엽 이후 외국 자본주의의 침입으로 말미암아 이 사회의 내부에 중대한 변화가 발생하였다.

을 받게 하였다. 복건·절강·강소 등지의 인민 역시 자발적으로 항영 투쟁을 벌였다. 1842년 영국 군대가 장강(長江)에 침입하여 부패한 청 정부로 하여금 영국 침략자와 중국 근대 사상의 첫 번째 불평등 조약인 「남경 조약(南京條約)」을 체결하게 만들었다. 이 조약의 주요 내용은 다음과 같다. 중국은 홍콩(香港)을 할양하고, 영국에게 거액의 배상금을 지불하며, 상해(上海)·복주(福州)·하문(廈門)·영파(寧波)·광주(廣州)를 개방하여 통상 항구로 하며, 영국 상인이 수출·입하는 화물에 대해 거두는 관세 세율은 중국과 영국 쌍방이 공동으로 논의하여 정한다. – 역자】

【一八四〇年至一八四二年, 英國因中國人反對輸入鴉片, 就借口保護通商, 派兵侵略中國. 中國軍隊在林則徐領導下曾經進行了抵抗. 廣州人民自發地組織武裝抗英團體, 使英國侵略軍受到很大的打擊. 福建·浙江·江蘇等地人民也自發地掀起了抗英鬪爭. 一八四二年英國軍隊侵入長江, 迫使腐朽的淸朝政府和英國侵略者簽訂中國近代史上的第一個不平等條約 – 「南京條約」. 這個條約的主要內容是: 中國割讓香港, 給英國大量賠款, 開放上海·福州·廈門·寧波·廣州爲通商口岸, 抽收英商進出口貨物的稅率由中英雙方共同議定. – 역자】

17 『마오쩌둥선집』 제1권의 「일본 제국주의에 반대하는 책략을 논함」 주 4를 보라.
見本書第一卷, 「論反對日本帝國主義的策略」注4.
【1931년 9월 18일 중국의 동북 경내에 주둔하던 일본의 이른바 '관동군(關東軍)'이 심양(瀋陽)을 공격하였는데, 중국 인민은 습관상 일본의 이러한 침략 행위를 9·18 사변이라 부른다. 사변의 발생 이후 심양과 동북 각지에 주둔하던 중국 군대는 저항을 허용하지 않는 장제스(蔣介石)의 명령을 집행하여 일본군이 신속하게 요녕(遼寧)·길림(吉林)·흑룡강(黑龍江) 3성[東三省]을 점령하게 하였다. – 역자】

【一九三一年九月十八日, 日本駐在中國東北境內的所謂"關東軍"進攻瀋陽, 中國人民習慣上稱日本這次侵略行動爲九一八事變. 事變發生後, 駐瀋陽及東北各地的中國軍隊執行蔣介石的不准抵抗的命令, 使日軍得以迅速地占領遼寧·吉林·黑龍江三省. – 역자】

중국 봉건 사회 내부 상품 경제의 발전은 이미 자본주의의 맹아를 싹 틔우고 있었으며, 외국 자본주의의 영향이 없었다면 중국 역시 완만하게 자본주의 사회로 발전할 터였다. 외국 자본주의의 침입은 이러한 발전을 촉진하였다. 외국 자본주의는 중국 사회 경제에 아주 큰 분해 작용을 일으켰으며, 한편으로는 중국의 자급자족적 자연 경제의 기초를 파괴하고 도시 수공업과 농민 가내 수공업을 파괴하였고, 다른 한편으로는 중국 도시·농촌 상품 경제의 발전을 촉진하였다.

如第二節所述, 中國的封建社會繼續了三千年左右. 直到十九世紀的中葉, 由於外國資本主義的侵入, 這個社會的內部纔發生了重大的變化.

中國封建社會內的商品經濟的發展, 已經孕育着資本主義的萌芽, 如果沒有外國資本主義的影響, 中國也將緩慢地發展到資本主義社會. 外國資本主義的侵入, 促進了這種發展. 外國資本主義對于中國的社會經濟起了很大的分解作用, 一方面, 破壞了中國自給自足的自然經濟的基礎, 破壞了城市的手工業和農民的家庭手工業; 又一方面, 則促進了中國城鄉商品經濟的發展.

이러한 상황은 중국 봉건 경제의 기초를 해체하는 작용을 하였을 뿐만 아니라 동시에 중국 자본주의 생산의 발전에 일정한 객관적인 조건과 가능성을 제공하였다. 왜냐하면 자연 경제의 파괴는 자본주의에 상품의 시장을 조성하여 주었고, 대량의 농민과 수공업자의 파산은 또한 자본주의에 노동력 시장을 만들어 주었기 때문이다.

사실상 외국 자본주의의 자극과 봉건 경제 구조의 부분적인 파괴로 말미암아 19세기 하반기, 즉 지금으로부터 60년 전에 일부분의 상인·지주와 관료들이 신식 공업에 투자를 하기 시작하였다. 19세기 말과 20세기 초에 이르러, 지금으로부터 40년 전에 이르러서는 중국의 민족 자본주의도 초보적 발전을 시작하였다. 20년 전에 이르러, 즉 제1차 제국주의 세계 대전 시기에 이르러서는 구미 제국주의 국가들이 전쟁에 바빠 잠시 중국에 대한 압박을 늦추었으므로 중국의 민족 공업 – 주로 방직업(紡織業)과 면분업(麵粉業) – 또한 한 걸음 더 나아간 발전을 이룰 수 있었다.

這些情形, 不僅對中國封建經濟的基礎起了解體的作用, 同時又給中國資本主義生產的發展造成了某些客觀的條件和可能. 因爲自然經濟的破壞, 給資本主義造成了商品的市場, 而大量農民和手工業者的破産, 又給資本主義造成了勞動力的市場.

事實上, 由于外國資本主義的刺激和封建經濟結構的某些破壞, 還在十九世紀的下半期, 還在六十年前, 就開始有一部分商人·地主和官僚投資于新式工業. 到了同世紀末年和二十世紀初年, 到了四十年前, 中國民族資本主義便開始了初步的發展. 到了二十年前, 卽第一次帝國主義世界大戰的時期, 由于歐美帝國主義國家忙于戰爭, 暫時放鬆了對于中國的壓迫, 中國的民族工業, 主要是紡織業和麵粉業, 又得到了進一步的發展.

중국 민족 자본주의의 발생과 발전의 과정은 바로 중국 자산 계급(資産階級)과 무산 계급(無産階級)의 발생과 발전의 과정이기도 하다. 만약 일부분의 상인·지주와 관료가 중국 자산 계급의 전신(前身)이라면, 일부분의 농민과 수공업 노동자는 중국 무산 계급의 전신이 된다. 중국의 자산 계급과 무산 계급을 두 가지의 특수한 사회 계급으로 보면 그들은 새로 탄생한 것이고 중국 역사에서 존재한 적이 없었던 계급이다. 그들은 봉건 사회에서 잉태되어 출현하면서 새로운 사회 계급을 구성하였다. 그들은 서로 연관되면서도 서로 대립하는 계급이고, 중국의 낡은 사회(봉건 사회)가 나은 쌍둥이다. 하지만 중국 무산 계급의 발생과 발전은 중국 민족 자산 계급의 발생과 발전에 수반되었을 뿐만 아니라 제국주의가 중국에서 직접 경영한 기업에 수반된 것이기도 하였다. 따라서 중국 무산 계급의 아주 큰 부분은 중국 자산 계급의 연령과 자격보다 좀 더 오래되었고, 그에 따라 그들의 사회적 역량과 사회적 기초 역시 좀 더 넓다고 할 수 있다.

中國民族資本主義發生和發展的過程, 就是中國資産階級和無産階級發生和發展的過程. 如果一部分的商人·地主和官僚是中國資産階級的前身, 那末, 一部分的農民和手工業工人就是中國無産階級的前身了. 中國的資産階級和無産階級, 作爲兩個特殊的社會階級來看, 它們是新産生的, 它們是中國歷史上沒有過的階級. 它們從封建社會脫胎而來, 構成了新的社會階級. 它們是兩個互相關聯又互相對立的階級, 它們是中國舊社會(封建社會)産出的雙生子. 但是, 中國無産階級的發生和發展, 不但是伴隨中國民族資産階級的發生和發展而來, 而且是伴隨帝國主義在中國直接地經營企業而來. 所以, 中國無産階級的很大一部分較之中國資産階級的年齡和資格更老些, 因而它的社會力量和社會基礎也更廣大些.

그러나 위에서 서술한 이러한 자본주의의 발생과 발전이라는 새로운 변화는 단지 제국주의가 중국을 침입한 이래 발생한 변화의 한 부분일 뿐이다. 아울러 이러한 변화와 동시에 존재하면서, 이러한 변화를 가로막은 또 다른 부분은 바로 제국주의가 중국의 봉건 세력과 결탁하여 중국 자본주의의 발전을 압박한 점이다.

제국주의 열강이 중국을 침입한 목적은 결코 봉건적 중국을 자본주의적 중국으로 바꾸려는 것이 아니었다. 제국주의 열강의 목적은 이와는 반대였고, 그들은 중국을 그들의 반식민지와 식민지로 바꾸려고 하였다.

제국주의 열강은 이 목적을 위해 일찍이 중국에 대해 다음에 이야기하는 모든 군사적·정치적·경제적 그리고 문화적 압박 수단을 채용하였으며, 아울러 계속적으로 이것을 채용하여 중국을 한 걸음 한 걸음씩 반식민지와 식민지로 바꾸어 나갔다.

可是, 上面所述的這一資本主義的發生和發展的新變化, 只是帝國主義侵入中國以來所發生的變化的一個方面. 還有和這個變化同時存在而阻碍這個變化的另一個方面, 這就是帝國主義勾結中國封建勢力壓迫中國資本主義的發展.

帝國主義列强侵入中國的目的, 決不是要把封建的中國變成資本主義的中國. 帝國主義列强的目的和這相反, 它們是要把中國變成它們的半殖民地和殖民地.

帝國主義列强爲了這個目的, 曾經對中國采用了幷且還正在繼續地采用着如同下面所說的一切軍事的·政治的·經濟的和文化的壓迫手段, 使中國一步一步地變成了半殖民地和殖民地:

1. 중국을 향해 여러 차례의 침략 전쟁을 거행하였다. 이를테면 1840년의 아편 전쟁, 1857년의 영국·프랑스 연합군의 전쟁,[18] 1884년의 청·불 전쟁,[19] 1894년의 청·일 전쟁,[20]

---

18 1857년 영국·프랑스 연합군이 일으킨 전쟁으로 또한 제2차 아편 전쟁으로도 불린다. 1856년 영국 침략군이 광주에서 중국을 향해 도발하였다. 1857년 영국·프랑스 양국은 연합 침략군을 조성하여 중국에 대해 침략 전쟁을 발동하였다. 미국과 러시아는 적극적으로 그들을 도왔을 뿐 아니라 직접 손을 뻗쳐 기회를 엿보아 중국의 권리를 가로챘다. 당시 청 정부는 전력으로 태평천

1900년의 8개국 연합군 전쟁[21] 등이다. 전쟁을 이용하여 중국을 패배시킨 다음 제국주의 열강은 원래 중국의 보호를 받던 중국 주변의 여러 국가들을 점령하였을 뿐만 아니라, 중국의 영토 일부분을 빼앗거나 '조차(租借)'하였다. 이를테면 일본은 대만과 팽호열

국 농민 혁명을 진압하느라 외국 침략자에게는 소극적인 저항 정책을 채택하였다. 1857년에서 1860년 사이 영국·프랑스 연합군은 선후하여 광주·천진·북경 등의 중요 도시를 공격·함락시키고 아울러 북경의 원명원(圓明園)을 약탈하고 불을 질러 파괴하여 청 정부로 하여금 「천진 조약(天津條約)」과 「북경 조약(北京條約)」을 체결하게 하였다. 이 조약들은 천진·우장(牛庄, 나중에 營口로 바뀐다)·등주(登州, 나중에 烟台로 바뀐다)·대만(臺湾, 臺南)·담수(淡水)·조주(潮州, 나중에 汕頭로 바뀐다)·경주(琼州)·남경(南京)·진강(鎭江)·구강(九江)·한구(漢口) 등지를 통상 항구로 개방하는 것을 주로 규정하였다. 또한 외국인이 중국 내지에서 자유롭게 선교하고, 여행하면서 통상을 할 수 있는 특권을 승인하였으며, 외국 상선은 중국의 내하(內河) 항행의 특권을 얻었다. 이로부터 외국 침략 세력은 중국 연해 각성으로 계속 확대되었으며, 동시에 내지로도 깊숙이 들어갈 수 있었다.

一八五七年的英法聯軍戰爭, 又稱第二次鴉片戰爭. 一八五六年, 英國侵略軍在廣州向中國方面挑釁. 一八五七年英法兩國組成聯合侵略軍, 對中國發動侵略戰爭. 美國和沙俄不僅積極幫助他們, 而且直接挿手, 乘機攫取中國的權利. 當時淸朝政府正以全力鎭壓太平天國農民革命, 對外國侵略者采取消極抵抗政策. 一八五七年至一八六○年, 英法聯軍先後攻陷廣州·天津·北京等重要城市, 劫掠幷焚毁北京圓明園, 迫使淸朝政府訂立了『天津條約』和『北京條約』. 這些條約主要規定將天津·牛莊(後改爲營口)·登州(後改爲烟台)·臺灣(臺南)·淡水·潮州(後改爲汕頭)·琼州·南京·鎭江·九江·漢口等處開辟爲商埠 ; 承認外國人有在中國內地自由傳敎和游歷通商的特權, 外國商船有在中國內河航行的特權. 從此, 外國侵略勢力不但擴大到中國沿海各省, 同時還深入了內地.

19 1882년에서 1883년 사이 프랑스 침략자는 월남의 북부를 침입하였다. 1884년에서 1885년 사이 다시 침략 전쟁은 중국의 광서·대만(臺湾)·복건·절강 등지로 확대되었다. 중국 군대는 풍자재(馮子材) 등의 지휘 아래 힘차게 일어나 저항하였고, 아울러 여러 차례 승리를 거두었다. 하지만 부패한 청 정부는 전쟁 승리 이후 도리어 굴욕적인 「천진 조약(天津條約)」을 체결하여 운남·광서 두 성의 중국·월남 변계 지역을 개방, 통상을 허용함으로써 프랑스 침략 세력이 중국의 서남 지구로 손을 뻗을 수 있게 하였다.

一八八二年至一八八三年, 法國侵略者侵犯越南北部. 一八八四年至一八八五年, 又把侵略戰爭擴大到中國的廣西·臺湾·福建·浙江等地. 中國軍隊在馮子材等率領下, 奮起抵抗, 并且屢獲胜利. 但是, 腐朽的淸朝政府在戰爭胜利之後, 反而簽訂了屈辱的「天津條約」, 允許在雲南·廣西兩省的中越邊界開埠通商, 使法國侵略勢力得以伸入中國西南地區.

20 『마오쩌둥선집』 제1권 「모순론(矛盾論)」의 주 22를 보라.
見本書第一卷, 「矛盾論」注22.
【1894(갑오)년에 일어난 중·일 전쟁으로 갑오 전쟁(甲午戰爭)이라고도 한다. 이 전쟁은 일본 군국주의자들이 오랫동안 뜻을 품고 도발한 것이다. 일본 군대는 우선 조선을 향해 침략을 발동함

도(澎湖列島)를 점령하고 여순(旅順)을 '조차'하였으며, 영국은 홍콩(香港)을 점령하고, 프랑스는 광주만(廣州灣)을 '조차'하였다. 토지를 할양받은 것 외에도 거액의 배상금을 빼앗아 갔다. 이렇게 하여 중국이라는 이 방대한 봉건 제국에 커다란 타격을 주었다.

과 동시에 중국의 육·해군을 도발하였고, 뒤이어 대거 중국의 동북 지역에 침입하였다. 전쟁 중 중국 군대는 영웅적으로 싸웠지만, 청 정부의 부패 및 침략을 반대하는 굳건한 준비의 부족으로 중국 측은 실패를 맛보게 되었다. 1895년 청 정부는 일본과 치욕스러운 시모노세키 조약(馬關條約)을 체결하였는데, 이 조약의 주요 내용은 다음과 같다. '중국은 대만 섬 전체 및 부속 도서, 팽호열도(澎湖列島)와 요동반도(遼東半島)를 할양하고(나중에 러시아·독일·프랑스의 삼국 간섭 아래 일본은 청 정부가 은 3천만 냥을 주고 요동반도를 '돈을 주고 되돌려 받는 데' 동의하였다), 군비 은 2억 냥을 배상하며, 일본인이 중국의 통상 항구에서 공장을 개설하는 것을 허용하고, 사시(沙市)·중경(重慶)·소주·항주 등지를 개방하여 통상 항구로 삼는다.' – 역자】

【一八九四年(甲午年)發生的中日戰爭, 也稱甲午戰爭. 這次戰爭是日本軍國主義者蓄意挑起的. 日本軍隊先向朝鮮發動侵略幷對中國的陸海軍進行挑釁, 繼卽大擧侵入中國的東北. 在戰爭中, 中國軍隊曾經英勇作戰, 但是由于淸朝政府的腐敗以及缺乏堅決反對侵略的准備, 中國方面遭到了失敗. 一八九五年, 淸朝政府和日本訂立了可恥的馬關條約, 這個條約的主要內容是: 中國割讓臺灣全島及所有附屬各島嶼·澎湖列島和遼東半島(後來在俄·德·法三國干涉下,日本同意由淸政府償付白銀三千萬兩"贖還"該半島), 賠償軍費銀二萬萬兩, 允許日本人在中國通商口岸開設工廠, 開辟沙市·重慶·蘇州·杭州等地爲商埠. – 역자】

21 1900년 영국·미국·독일·프랑스·러시아·일본·이탈리아·오스트리아 8개 제국주의 국가가 의화단의 반침략 운동을 진압하기 위해 연합으로 출병하여 중국을 공격하였고, 중국 인민은 영웅적인 저항을 진행하였다. 침략군은 선후하여 대고(大沽)·천진·북경 등지를 점령하였다. 동시에 러시아 또한 단독으로 출병하여 중국 동북 지역에 침입하였다. 청 정부는 제국주의의 조건을 받아들여 1901년 9월 7일 아주 가혹한 조건의 「신축 조약(辛丑條約)」에 서명하지 않을 수 없었다. 이 조약의 주요 내용은 중국이 8개국에게 은 4억 5천만 냥을 배상하고, 제국주의 국가가 북경·천진·산해관(山海關) 일대 지구에 군대를 주둔하는 특권을 승인하였다.

見一九〇〇年, 英·美·德·法·俄·日·意·奧八個帝國主義國家, 爲了鎭壓義和團的反侵略運動, 聯合出兵進攻中國, 中國人民進行了英勇的抵抗. 戰爭中, 侵略軍先後攻陷大沽·天津·北京等地. 同時, 沙俄又單獨出兵侵入中國東北. 淸政府接受了帝國主義的條件, 于一九〇一年九月七日在條件極爲苛刻的『辛丑條約』上簽字. 這個條約的主要內容是: 中國向八國賠償銀四億五千萬兩, 承認帝國主義國家有在北京和北京至天津·山海關一帶地區駐兵的特權.

22 영사 재판권(領事裁判權)은 제국주의 국가가 구중국 정부를 강박하여 체결한 불평등 조약에서 규정한 특권 가운데 하나로 1843년의 중·영 「호문 조약(虎門條約)」과 1844년의 중·미 「망하 조약(望廈條約)」에서 시작되었다. 이런 특권을 누리는 모든 국가의 중국에 온 교민(僑民)이 만약 민·형사 소송의 피고가 된다면 중국 법정은 재판할 권리가 없고 오로지 해당 국가의 영사나 법정만이 재판을 할 수 있었다.

一. 向中國擧行多次的侵略戰爭, 例如一八四〇年的英國鴉片戰爭, 一八五七年的英法聯軍戰爭, 一八八四年的中法戰爭, 一八九四年的中日戰爭, 一九〇〇年的八國聯軍戰爭. 用戰爭打敗了中國之後, 帝國主義列强不但占領了中國周圍的許多原由中國保護的國家, 而且搶去了或"租借"去了中國的一部分領土. 例如日本占領了臺灣和澎湖列島, "租借"了旅順, 英國占領了香港, 法國"租借"了廣州灣. 割地之外, 又索去了巨大的賠款. 這樣, 就大大地打擊了中國這個龐大的封建帝國.

2. 제국주의 열강은 중국을 압박하여 수많은 불평등 조약을 체결하였으며 이러한 불평등 조약에 근거하여 중국에서 해군과 육군을 주둔시킬 수 있는 권리를 취득하였으며, 영사 재판권을 취득하고[22] 아울러 전 중국을 몇 개 제국주의 국가의 세력 범위로 갈라놓았다.[23]

二. 帝國主義列强强迫中國訂立了許多不平等條約, 根據這些不平等條約, 取得了在中國駐扎海軍和陸軍的權利, 取得了領事裁判權, 幷把全中國劃分爲幾個帝國主義國家的勢力范圍.

3. 제국주의 열강은 불평등 조약에 근거하여 중국의 모든 중요한 통상 항구를 통제하고, 아울러 수많은 통상 항구에서 일부분의 토지를 잘라 내어 그들이 직접 관리하

領事裁判權, 是帝國主義國家强迫舊中國政府締結的不平等條約中所規定的特權之一, 開始于一八四三年的中英「虎門條約」和一八四四年的中美「望廈條約」. 凡是享有這種特權的國家在中國的僑民, 如果成爲民刑訴訟的被告時, 中國法庭無權裁判, 只能由各該國的領事或者法庭裁判.

23 19세기 말부터 중국을 침략한 각 제국주의 국가는 그들 각자가 중국에서 지닌 경제적·군사적 세력에 따라 중국의 일부 지구를 스스로의 세력 범위로 획분하였다. 이를테면 당시 장강(長江) 유역의 각 성(省)은 영국의 세력 범위로 구분되었고, 운남·광서·광동은 프랑스의 세력 범위로 구분되었으며, 산동은 독일의 세력 범위로 구분되었다. 복건은 일본의 세력 범위로 구분되었고, 동삼성은 원래 러시아의 세력 범위로 구분되었는데, 1905년 러·일 전쟁 이후 동삼성 남부는 다시 일본의 세력 범위가 되었다.

從十九世紀末起, 侵略中國的各帝國主義國家, 按照他們各自在中國的經濟和軍事的勢力, 曾經將中國的某些地區劃爲自己的勢力範圍. 例如, 當時長江流域各省被劃爲英國的勢力範圍, 雲南·廣西·廣東被劃爲法國的勢力範圍, 山東被劃爲德國的勢力範圍, 福建被劃爲日本的勢力範圍, 東三省原劃爲沙俄的勢力範圍, 一九〇五年日俄戰爭後, 東三省南部又成爲日本的勢力範圍.

는 조계를 만들었다.[24] 그들은 중국의 세관(海關)과 대외 무역을 장악하고 중국의 교통 사업(해상·육상, 내부 하천 및 공중의) 역시 장악하였다. 이 때문에 그들은 자신들의 상품을 대량으로 싼값에 팔아 치울 수 있었으며 중국을 그들 공업품의 시장으로 바꿔 놓음과 동시에 중국의 농업 생산이 제국주의의 수요에 복종하도록 만들 수 있었다.

三. 帝國主義列強根據不平等條約, 控制了中國一切重要的通商口岸, 幷把許多通商口岸劃出一部分土地作爲它們直接管理的租界. 它們控制了中國的海關和對外貿易, 控制了中國的交通事業(海上的·陸上的·內河的和空中的). 因此它們便能够大量地推銷它們的商品, 把中國變成它們的工業品的市場, 同時又使中國的農業生産服從于帝國主義的需要.

4. 제국주의 열강은 또한 중국에서 수많은 경공업·중공업 기업을 경영하여 중국의 원료와 값싼 노동력을 직접 이용할 수 있었으며, 아울러 이것으로 중국의 민족 공업에 대해 직접적으로 경제적 압박을 가하고, 중국 생산력의 발전을 직접 방해하였다.

四. 帝國主義列強還在中國經營了許多輕工業和重工業的企業, 以便直接利用中國的

---

[24] 제국주의 국가는 청 정부를 강박하여 장강과 바다 연안의 수많은 지역을 통상 항구로 개방시킨 다음 1845년 이런 지방에서 일정한 지구를 강제로 점거하여 '조계(租界)'로 만들었다. 최초에 조계는 외국인이 거류하면서 무역을 하는 특정 지구였다. 중국 정부는 조계의 행정·사법 등에 대해 간여할 권리를 보유하였고, 아울러 조계 내의 영토에 대한 주권을 보유하였다. 나중에 제국주의 국가는 조계 내에서 점차 중국의 행정 계통과 법률 제도를 완전히 벗어난 식민지 통치 제도를 실행하게 되었다. 그들은 조계를 거점으로 삼아 정치·경제상으로 직접 또는 간접적으로 중국의 봉건 매판 계급의 통치를 조종하였다. 1924년에서 1927년 사이 중국 공산당의 지도 아래 중국 인민은 조계를 회수하는 투쟁을 벌여 한구(漢口)와 구강(九江)의 영국 조계를 한 차례 회수하였다. 하지만 장제스(蔣介石)이 반혁명 정변을 발동한 이후 제국주의의 중국 각지에서의 조계는 여전히 그대로 유지되었다.

帝國主義國家在强迫淸朝政府開放了沿江沿海的許多地方爲通商口岸後, 于一八四五年開始在這些地方强占一定的地區作爲'租界'. 最初, 租界是外國人居留·貿易的特定地區. 中國政府對租界內的行政·司法等有干預權, 幷保有租界內的領土主權. 後來, 帝國主義國家在租界內, 逐漸實行完全獨立于中國行政系統和法律制度以外的一套殖民地統治制度. 它們以租界爲據点, 在政治上和經濟上直接或者間接地控制中國的封建買辦階級的統治. 一九二四年至一九二七年, 在中國共産黨的領導下, 中國人民曾進行收回租界的鬪爭, 幷于一九二七年一月, 一度收回了漢口和九江的英租界. 但是, 在蔣介石發動反革命政變以後, 帝國主義在中國各地的租界仍然被保留下來.

原料和廉價的勞動力, 幷以此對中國的民族工業進行直接的經濟壓迫, 直接地阻碍中國生產力的發展.

5. 제국주의 열강은 중국 정부에 차관을 제공함과 더불어 아울러 중국에 은행을 개설함으로써 중국의 금융과 재정을 독점하였다. 이 때문에 그들은 상품 경쟁 면에서 중국의 민족 자본주의를 압도하였을 뿐만 아니라 금융이나 재정 면에서도 중국의 숨통을 꽉 틀어막을 수 있었다.

五. 帝國主義列强經過借款給中國政府, 幷在中國開設銀行, 壟斷了中國的金融和財政. 因此, 它們就不但在商品競爭上壓倒了中國的民族資本主義, 而且在金融上·財政上扼住了中國的咽喉.

6. 제국주의 열강은 중국의 통상 도시에서부터 아주 외진 시골 구석에 이르기까지 매판적이고도 상업 고리대적인 수탈의 그물을 깔아 놓았으며, 제국주의를 위해 복무하는 매판 계급(買辦階級)과 상업 고리대 계급을 형성시킴으로써 광대한 중국 농민과 기타 인민 대중을 편리하게 수탈할 수 있었다.

六. 帝國主義列强從中國的通商都市直至窮鄉僻壤, 造成了一個買辦的和商業高利貸的剝削網, 造成了爲帝國主義服務的買辦階級和商業高利貸階級, 以便利其剝削廣大的中國農民和其他人民大衆.

7. 매판 계급 이외에 제국주의 열강은 또한 중국의 봉건 지주 계급을 자신들이 중국을 통치하는 버팀목으로 바꾸어 놓았다. 그들은 "우선 이전 사회 제도의 통치 계급인 봉건 지주·상업과 고리대 자산 계급과 연합하여 대다수를 차지하는 인민을 반대하였다. 제국주의는 도처에서 자본주의 이전 시기의 모든 수탈 형식(특히 농촌에서)을 보존하는 데 힘을 쓰고 아울러 이것을 영구화시키려 하였는데, 이러한 형식들은 바로 그 반동적 동맹자의 생존의 기초였기 때문이다."[25] "제국주의와 중국에서의 제국주의의

---

[25] 코민테른(共産國際) 제6차 대표 대회의 「식민지와 반식민지 국가의 혁명 운동에 관한 제강(提綱)」을 보라.

모든 재정·군사적인 세력은 바로 봉건적 잔재 및 그 모든 관료·군벌의 상부 구조를 지지하고, 고무하고, 재배하고, 보존하는 역량이기도 하다."[26]

七. 于買辦階級之外, 帝國主義列强又使中國的封建地主階級變爲它們統治中國的支柱. 它們 "首先和以前的社會制度的統治階級—封建地主·商業和高利貸資産階級聯合起來, 以反對占大多數的人民. 帝國主義到處致力于保持資本主義前期的一切剝削形式(特別是在鄕村), 并使之永久化, 而這些形式則是它的反動的同盟者生存的基礎". "帝國主義及其在中國的全部財政軍事的勢力, 乃是一種支持·鼓舞·栽培·保存封建殘餘及其全部官僚軍閥上層建築的力量."

8. 중국의 군벌 혼전(軍閥混戰)을 조성하고 중국 인민을 진압하기 위해 제국주의 열강은 중국의 반동 정부에 대량의 군수품과 대규모의 군사 고문단을 공급하였다.

八. 爲了造成中國軍閥混戰和鎭壓中國人民, 帝國主義列强供給中國反動政府以大量的軍火和大批的軍事顧問.

9. 제국주의 열강은 앞서 서술한 이러한 방법들 외에도 중국 인민의 정신을 마취시키는 방면에 대해서도 역시 결코 느슨하지 않았으니, 이것이 바로 그들의 문화 침략 정책이다. 기독교 선교, 학교 운영, 신문사 운영과 유학생 흡수 등은 바로 이러한 침략 정책의 실시이다. 그 목적은 그들에게 복종하는 지식 간부를 만들어 내고 광대한 중국 인민을 농락하는 데 있다.

九. 帝國主義列强在所有上述這些辦法之外, 對于麻醉中國人民的精神的一個方面, 也不放鬆, 這就是它們的文化侵略政策. 傳敎, 辦醫院, 辦學校, 辦報紙和吸引留學生等, 就是這個侵略政策的實施. 其目的, 在于造就服從它們的知識幹部和愚弄

見共産國際第六次代表大會「關于殖民地和半殖民地國家革命運動的提綱」.

[26] 스탈린의 1927년 5월 14일 코민테른 집행 위원회 제8차 전회 제11차 회의에서의 연설 「중국 혁명과 코민테른의 임무」(『스탈린전집(斯大林全集)』 제9권, 인민출판사 1954년판, p.260)를 보라. 見斯大林一九二七年五月二十四日在共産國際執行委員會第八次全會第十次會議上的演說「中國革命和共産國際的任務」(『斯大林全集』第9卷, 人民出版社 1954年版, 第260頁).

廣大的中國人民.

10. 1931년의 '9·18' 이후 일본 제국주의의 대거 침입은 이미 반식민지로 전락한 중국 땅덩어리의 큰 부분을 일본의 식민지로 전락시켰다.

十. 從一九三一年"九一八"以後, 日本帝國主義的大擧進攻, 更使已經變成半殖民地的中國的一大塊土地淪爲日本的殖民地.

이러한 상황들이 바로 제국주의가 중국을 침입한 이후 새로 나타난 변화의 또 다른 방면이며, 봉건적 중국을 반봉건·반식민지, 식민지 중국으로 바꿔 나가는 핏자국이 가득 찬 그림이기도 하다.

여기에서 명백해지는 것은 제국주의 열강의 중국 침략은 한편으로는 중국의 봉건 사회가 해체되는 것을 촉진하고 중국에 자본주의적 요소가 발생하도록 촉진하여 봉건 사회를 반봉건 사회로 바꿔 놓았으며, 다른 한편으로 그들은 중국을 잔혹하게 통치하여 독립적 중국을 반식민지, 식민지 중국으로 바꿔 놓았다는 점이다.

上述這些情形, 就是帝國主義侵入中國以後的新的變化的又一個方面, 就是把一個封建的中國變爲一個半封建·半殖民地和殖民地的中國的血迹斑斑的圖畫.

由此可以明白, 帝國主義列强侵略中國, 在一方面促使中國封建社會解體, 促使中國發生了資本主義因素, 把一個封建社會變成了一個半封建的社會; 但是在另一方面, 它們又殘酷地統治了中國, 把一個獨立的中國變成了一個半殖民地和殖民地的中國.

이 두 방면의 상황을 종합하여 이야기하자면, 우리의 이 식민지·반식민지·반봉건 사회는 다음과 같은 특징을 가지고 있다.

將這兩個方面的情形綜合起來說, 我們這個殖民地·半殖民地·半封建的社會, 有如下的幾個特点:

1. 봉건 시대의 자급자족적 자연 경제의 기초는 파괴되었다. 하지만 봉건적 수탈 제도의 근본인 지주 계급의 농민에 대한 수탈은 여전히 유지되었을 뿐만 아니라 매판 자본과 고리대 자본의 수탈이 함께 결합하여 중국의 사회 경제 생활 속에서 뚜렷한 우세

를 차지하고 있다.

一. 封建時代的自給自足的自然經濟基礎是被破壞了; 但是, 封建剝削制度的根基—地主階級對農民的剝削, 不但依舊保持着, 而且同買辦資本和高利貸資本的剝削結合在一起, 在中國的社會經濟生活中, 占着顯然的優勢.

2. 민족 자본주의는 얼마간 발전하고, 아울러 중국의 정치적·문화적 생활에서 자못 커다란 작용을 하였다. 하지만 그것은 중국 사회 경제의 주요 형식이 되지 못하였고, 그 역량은 아주 연약하며, 그 대부분은 모두 많든 적든 외국 제국주의와 국내 봉건주의에 대해 연계를 가지고 있다.

二. 民族資本主義有了某些發展, 并在中國政治的·文化的生活中起了頗大的作用; 但是, 它沒有成爲中國社會經濟的主要形式, 它的力量是很軟弱的, 它的大部分是對于外國帝國主義和國內封建主義都有或多或少的聯繫的.

3. 황제와 귀족의 독재 정권은 타도되었으나, 이를 대신하여 나타난 것은 먼저 지주 계급 군벌 관료의 통치였고, 뒤를 이은 것은 지주 계급과 대자산 계급이 연맹을 한 독재였다. 일본이 점령한 지역은 일본 제국주의와 그 괴뢰가 통치하였다.

三. 皇帝和貴族的專制政權是被推翻了, 代之而起的先是地主階級的軍閥官僚的統治, 接着是地主階級和大資産階級聯盟的專政. 在淪陷區, 則是日本帝國主義及其傀儡的統治.

4. 제국주의는 중국의 재정·경제의 동맥을 통제하였을 뿐만 아니라, 정치·군사적 역량도 통제하였다. 일본이 점령한 지역은 모든 것을 일본 제국주의가 독점하였다.

四. 帝國主義不但操縱了中國的財政和經濟的命脈, 并且操縱了中國的政治和軍事的力量. 在淪陷區, 則一切被日本帝國主義所獨占.

5. 중국은 수많은 제국주의 국가의 통치 혹은 반(半)통치 아래 있었고, 실제적으로는 장기적인 분열 상태에 있었을 뿐만 아니라, 중국의 토지 또한 방대하였으므로 중국의

경제와 정치, 문화의 발전은 극단적인 불균형을 드러내었다.

　五. 由于中國是在許多帝國主義國家的統治或半統治之下, 由于中國實際上處于長期的不統一狀態, 又由于中國的土地廣大, 中國的經濟·政治和文化的發展, 表現出極端的不平衡.

　6. 제국주의와 봉건주의의 이중 압박 때문에, 특히 일본 제국주의의 대거 침입으로 말미암아 중국의 광대한 인민, 특히 농민은 날로 빈곤해지고 나아가 대량으로 파산하여 추위와 굶주림에 함께 시달리면서 아무런 정치적 권리도 없는 생활을 견뎌야만 하였다. 중국 인민의 빈곤과 부자유의 정도는 세계에서 보기 드문 것이었다.

　六. 由于帝國主義和封建主義的雙重壓迫, 特別是由于日本帝國主義的大擧進攻, 中國的廣大人民, 尤其是農民, 日益貧困化以至大批地破産, 他們過着飢寒交迫的和毫無政治權利的生活. 中國人民的貧困和不自由的程度, 是世界所少見的.

　이러한 점들이 식민지, 반식민지, 반봉건적 중국 사회의 특징이다.
　이러한 상황을 결정한 것은 주로 일본 제국주의와 기타 제국주의 세력이며, 외국 제국주의와 국내 봉건주의가 서로 결합한 결과이다.
　제국주의와 중화 민족의 모순, 봉건주의와 인민 대중의 모순은 근대 중국 사회의 주요한 모순이다. 당연히 또 다른 모순이 있으니, 이를테면 자산 계급과 무산 계급의 모순, 반동 통치 계급 내부의 모순 등이 그것이다. 하지만 제국주의와 중화 민족의 모순은 각종 모순 가운데 가장 주요한 모순이다. 이러한 모순의 투쟁과 그 첨예화는 날로 발전하는 혁명 운동을 조성하지 않을 수 없었다. 위대한 근대와 현대의 혁명 운동은 이러한 기본 모순의 기초 위에서 발생하고 발전한 것이다.

　這些就是殖民地·半殖民地·半封建的中國社會的特点.
　決定這種情況的, 主要地是日本帝國主義和其他帝國主義的勢力, 是外國帝國主義和國內封建主義相結合的結果.
　帝國主義和中華民族的矛盾, 封建主義和人民大衆的矛盾, 這些就是近代中國社會的主要的矛盾. 當然還有別的矛盾, 例如資産階級和無産階級的矛盾, 反動統治階級內部的矛盾. 而帝國主義和中華民族的矛盾, 乃是各種矛盾中的最主要的矛盾. 這些矛盾的鬪爭及其尖銳化, 就不能不造成日益發展的革命運動. 偉大的近代和現代的中國革命, 是在這些基本矛盾的基礎之上發生和發展起來的.

20 『중국통사(中國通史)』 「도론(導論)」(選錄)

바이서우이(白壽彝)

◎『중국통사(中國通史)』

이 글은 바이서우이(白寿彝) 총주편(總主編), 『중국통사(中国通史)』 제1권 『도론(導論)』(上海人民出版社, 1989), 제3절 「통일적 다민족 역사의 편찬(統一的多民族歷史的編撰)」, pp.79~81, pp.90~98에서 나왔다.

중화인민공화국의 성립 직후 쓰이기 시작한 대규모 시리즈 중국 통사는 판원란(范文瀾)·차이메이뱌오(蔡美彪) 등저(等著), 『중국통사(中国通史)』 10권본(人民出版社, 1994년 완간, 현재는 인터넷 상에서 읽을 수 있도록 공개되어 있음)이었으며, 이것은 판원란·차이메이뱌오 두 사람이 각기 4권 6권을 담당하여 유물 사관·계급 투쟁 사관에 기초한 역사학파의 관점을 가장 잘 대표하는 것이라고 일컬어졌다.

하지만 이 중국 통사는 바이서우이(白寿彝) 총주편(總主編), 『중국통사(中国通史)』 총 22책(上海人民出版社, 1989)이 출간되면서 적어도 1,200만 자 정도 되는 분량 면에서는 압도적으로 밀리게 되었다. 백수이편, 『중국통사』는 아마 지금까지 중국에서 나온 중국 통사 중 권수가 가장 많은 책일 것이다. 따라서 자료 면에서 보다 장점을 가지고 있고, 갖가지 방면에서 각 왕조의 역사를 서술하고 있어 다른 책들과는 달리 다루는 범위가 아주 넓고 특히 과학 기술사 방면의 자료가 풍부한 것은 다른 통사들이 따라잡기 어려울 정도라고 일컬어지고 있다. 다만 여러 사람에 의해 원고 작성과 편집이 이루어진 까닭에 그 내용이나 수준이 일정하지 않고, 또한 쉽사리 읽어 가는 서술 위주의 책이라기보다는 오히려 전통적 24사(정사)처럼 역사 서술뿐만 아니라 역사 자료의 보존·정리라는 점에서도 남다른 특색이 있다. 따라서 이 책은 일반 독자용이라기보다는 역사 연구자를 위해서 쓰였다는 느낌이 강하다. 실제 이 책의 구성을 보면 전통적 기전체 정사의 형식을 상당히 모방하여 계승하고 있다는 점이 눈에 띤다. 매 책마다 갑편(甲編) 「서설(序說)」의 경우 서론과 그 시대 관련 사료·자료 및 연구 동향의 소개까지 겸하여 다루고 있으며, 을편(乙編) 「종술(綜述)」은 일반적인 역사서처럼 시대사의 종합적 서술을 담당한다. 병편(丙編) 전지(典志)는 정사의 「지(志)」와 마찬가지로 제도사의 영역을 담당하며 정편(丁編) 「전기(傳記)」는 정사의 「열전(列傳)」과 마찬가지로 그 시대 인물의 전기로 구성되어 있다. 본기·열전·표·지로 정사의 기전체가 약간의 변통을 거쳤지만 그대로 이용되고 있는 셈이라고 하겠다.

* 판원란(范文瀾)·차이메이뱌오(蔡美彪) 등저(等著), 『중국통사(中國通史)』 인터넷 URL
  http://gz.eywedu.com/zhongguotongshi/
* 바이서우이(白壽彝) 총주편(總主编), 『중국통사(中國通史)』 인터넷 URL
  http://www.xiexingcun.com/tongshi.asp
  http://www.360doc.com/ content/15/0111/19/59277_439945613.shtml

◉ 바이서우이(白壽彝)

바이서우이(1909~2000)는 현대 중국의 역사학자로, 『광명일보(光明日報)』의 창설자 가운데 한 사람인데 연경대학(燕京大學) 국학연구소에서 중국 철학사를 공부하였다. 1956년 중국 공산당에 가입하였고, 1956년부터 계속해서 전국인민대표대회의 대표를 지내기도 하였다. 문화 혁명으로 피해를 당하기 이전 중국 교통사·중국 이슬람교사·회족사·민족 관계사·사상사·사학사 등 방면에 많은 업적을 남겼다. 1980년 『중국통사강요(中國通史綱要)』를 출판하였고, 1999년에는 20년에 걸쳐 완성한 12권 22책이라는 방대한 분량의 『중국통사(中國通史)』(上海人民出版社, 1989)를 펴내기도 하였다.

20
『중국통사(中國通史)』「도론(導論)」(選錄)

제3절 | 통일적 다민족 역사의 편찬(統一的多民族歷史的編撰)

강역 문제(疆域問題)

통일된 다민족(多民族)의 역사는 연구가 필요한 세 가지 중요한 문제가 있다. 하나는 강역 문제이고, 하나는 역사 시기의 구분 문제이며, 또 다른 하나는 다민족의 통일 문제이다. 강역은 역사 활동의 무대이다. 중화인민공화국의 강역은 중화인민공화국 경내 각 민족이 공동으로 역사 활동을 진행하는 무대이자, 또한 우리가 중국의 통사를 쓸 때 이용하는 고금을 꿰뚫는 역사 활동의 지리적 범위이기도 하다.

統一的多民族的歷史, 有三個重要的問題需要硏究. 一個是疆域問題, 一個是歷史時期的劃分問題, 再一個是多民族的統一問題. 疆域, 是歷史活動的舞台. 中華人民共和國的疆域是中華人民共和國境內各民族共同進行歷史活動的舞台, 也就是我們撰寫中國通史所用以貫串今古的歷史活動的地理范圍.

이 강역은 기본적으로 한족(漢族)의 역사 활동의 지리적 범위를 포괄하고 있으나, 결코 이러한 지리적 범위에만 국한되지는 않는다. 만약 이 범위로 국한한다면, 수많은 소수 민족의 역사는 모두 배제되어 버린다. 이 강역은 국내 각 민족이 공동으로 진행해 온 역사 활동의 무대이지만, 결코 이들 민족에 속하는 외국 성원의 활동까지 포함하는 것은 아니다. 이것은 이들 민족이 국경을 사이에 두고 존재하고 있기 때문이다. 우리는 단지 이런 민족 가운데 우리 국경 내에 있는 사람들의 활동에 대해서만 쓸 뿐이지, 일반적으로는 이런 민족의 국외에 있는 사람들의 활동까지는 쓰지 않는다. 이를테면 우리가 태족(傣族)의 역사를 쓸 때는 일반적으로 태국(泰國)에 있는 태족(傣族)에 대해서는 쓰지 않는다. 우리가 신강(新疆) 위구르[維吾爾] 자치구의 러시아[俄羅斯]족에 대해서 쓸 때는 일반적으로는 소련의 주요 민족인 러시아 족에 대해서 쓰지 않는다. 우리가 조선족의 역사를 쓴다면 일반적으로 조선민주주주의공화국의 조선족에 대해서 쓰지 않는다. 이것은 우리가 외국인을 중국인으로 간주할 수 없기 때문이며, 국경에 걸쳐 있어 혈통 관계가 서로 같지만 국적이 서로 다른 사람들을 모두 우리의 역사 범위 내에 포괄할 수 없기 때문이다. 물론 이러한 민족의 원류를 다룰 때에는 응당 국가 경계라는 제한을 받지 않을 것이다. 흉노(匈奴)나 돌궐(突厥)과 같은 일부 민족은 한때 크게 번창하였으나 나중이 되면 아예 중국의 역사에서는 더 이상 보이지 않게 된다. 또한 일부 민족들은 오래된 전설이나 기록에서만 보일 뿐이다. 하지만 그들과 현재의 국내 민족과의 관계가 분명하지 않더라도 적당한 재료가 있다면 이런 민족의 역사에 대해서도 써야 한다. 그들 모두 일찍이 이 광대한 국토 위에서 생존하고, 활동한 적이 있기 때문이다. 역사상 몇몇 왕조의 판도(版圖)는 현재의 국경을 초월하고, 몇몇 전쟁이나 다른 중대한 역사 활동도 현재의 국경을 초월하였다. 어떤 때에는 일부 외국인이 중국 경내에 진입하여 각종 활동에 종사하기도 하였으며, 심지어는 외국 군대가 침략해 온 경우도 있었다. 비록 국경 밖에 있더라도, 혹은 외국인이 우리 국경 안으로 들어오면 모두 다 우리의 역사 발전과 밀접한 관계가 있으므로 또한 우리의 역사 속에 써 넣어야 한다. 본국 강역의 범위가 결코 중·외 관계의 기록을 제한하지는 않는다는 뜻인 것이다. 도리어 우리는 이 방면의 문제에 주의해야 한다.

우리 중국인 가운데에도 외국에 가는 사람이 있고, 외국에서 몇 세대나 거주하는 경우도 있지만, 그들이 인류의 진보에 대해 공헌을 하고 조국의 사업이나 위신에 대해 연결 관계를 가지고 있다면 또한 우리의 역사 속에 써 넣어야 한다.

這個疆域, 基本上包括了漢族的歷史活動的地理范圍, 但并不局限于這個地理范圍. 如果局限于這個范圍, 許多少數民族的歷史都要排擠出去了. 這個疆域, 是國內各民族共同進行歷史活動的舞台, 但并不包含某些民族外國成員的活動在內. 這是因爲有些民族是跨國境的, 我們只寫這些民族在我們國境內的這部分人的活動, 一般不寫這些民族在國外的那一部分人的活動. 例如, 我們要寫傣族, 但一般不寫泰國的傣族. 我們寫新疆維吾爾自治區的俄羅斯族, 但一般不寫作爲蘇聯主要民族的俄羅斯族. 我們寫朝鮮族, 但一般不寫朝鮮民主主義共和國的朝鮮族. 這是因爲, 我們不能把外國人算作中國人, 不能把跨國境的血統關系相同而國籍不同的人都包括到我們的歷史范圍內. 當然, 在論述這些民族族源的時候, 是不應當受國界限制的. 有些歷史上的民族, 如匈奴, 如突厥, 曾經煌赫一時, 但後來在中國歷史上不見了. 還有一些民族, 見于古老的 傳說和記載, 但弄不清楚他們跟現在國內民族的關系. 只要有適當的材料, 對于這些 民族也要寫, 因爲他們都曾在這塊廣大的國土上生存過, 活動過. 在歷史上, 有些朝 代的版圖超越現在的國境, 有些戰爭或別的重大的歷史活動超越了現在的國境. 有時 候, 有一些外國人進入中國境內從事各種活動, 甚至還有外國軍隊來侵略. 雖然是在 國境以外, 或是外國人進入我們國境之內, 都跟我國歷史的發展有密切的關系, 也都 要寫在我們的歷史內. 我們說本國疆域的范圍, 并不限制關于中外關系的記載; 相反, 我們要注意這方面的問題.

我們中國人有到外國去的, 有在外國居住好幾代的, 只要他們對人類的進步有貢獻, 跟祖國的事業·祖國的威信有聯系, 也都要寫在我們的歷史裏.

강역 문제에 관해 일부분의 역사학자들은 아직도 전통 왕조[皇朝]의 강역이란 굴레 에서 벗어나지 못하고 있다. 그들은 은·주사(殷·周史)를 황하(黃河) 유역에만 제한하 려 하고, 춘추·전국사(春秋·戰國史)를 기본적으로 황하·장강의 유역에만 제한하려 하 며, 진·한·수·당(秦·漢·隋·唐)의 판도는 어떻게 통일되었고 얼마만큼 방대하였는지 하는 점만을 이야기하려 하며, 원(元)의 판도에 대해서는 유럽·아시아 두 대륙에 걸친 다는 식으로만 이야기한다. 은·주사에 대해서는 은·주사만 이야기하고, 춘추·전국사 에 대해서는 춘추·전국사만 이야기하며, 진·한·수·당의 판도에 대해서는 진·한·수· 당의 판도만을 이야기하는 것, 이것은 모두 옳다. 하지만 가령 중국 역사 발전의 전체 과정에서 본다면 이것은 중국 각 민족 인민이 어떻게 공동으로 조국의 역사를 창조해 왔는지 설명할 수 없게 된다. 아주 분명한 것은, 전통 왕조의 강역이란 굴레를 뛰어넘 지 못한다면 대민족주의(大民族主義)의 진흙 구덩이에 빠져들게 된다는 것인데, 이것 은 이미 역사의 진실한 모습과도 들어맞지 않고, 민족의 단결에도 불리하다.

스탈린·즈다노프[1]·키로프는[2] 『소련 역사 교과서 제강(提綱)에 대한 몇 가지 의견』에

---

[1] 【역주】안드레 알렉산드로비치 즈다노프(Zhdanov, 1896~1948)를 가리킨다. 그는 소련의 중앙 정치 국원, 중앙 서기, 소련 최고 통수부 상무 고문, 상장정위(上將政委) 등을 지냈다. 1934년 소련 공산 당 17대에서 중앙 서기처 서기로 부임하여 담당하였으며 1948년 사망할 때까지 스탈린의 유력한 조수였다.

서 "우리가 필요로 하는 소련 역사 교과서는 대러시아[大俄羅斯]의 역사가 소련 기타 각 민족 인민의 역사에서 이탈하지 않는 것이다. 이것은 첫째, 소련 각 민족 인민의 역사는 전체 유럽의 역사에서 이탈하지 않으며, 또한 일반적으로 세계 역사로부터도 이탈하지 않는데 이것이 바로 두 번째이다."[3] 우리가 역사상의 조국의 강역 문제를 처리할 때에는 이러한 지도 원칙의 정신을 따르는 것이 아주 중요하다. 우리는 강역 문제가 조국 각 민족 인민과 밀접한 관계가 있다는 점에 주의해야 할 뿐 아니라, 중화 민족과 기타 민족 혹은 국가 간의 역사적 관계에도 주의를 기울여야 한다.

關于疆域問題, 有一部分歷史工作者, 還不能完全擺脫皇朝疆域的圈子. 他倆把殷周史限制在黃河流域, 把春秋戰國史基本上限制在黃河·長江兩大流域, 把秦漢隋唐的版圖要說得是如何地統一和恢廓, 把元的版圖要說成跨歐亞兩洲等等. 就殷周史說殷周史, 就春秋戰國史說春秋戰國史, 就秦漢隋唐的版圖說秦漢隋唐的版圖, 這都是對的. 但如從中國歷史發展的總過程來看, 這是不能說明中國各族人民是如何共同創造祖國歷史的. 很顯然, 不能跳出皇朝疆域的圈子, 就會掉入大民族主義的泥潭裏, 這旣不符合歷史的眞相, 也不利于民族的團結.

斯大林·日丹諾夫·基洛夫在『對于蘇聯歷史教科書提綱的一些意見』裏, 說 : "我們需要的蘇聯歷史教科書是, 大俄羅斯的歷史不脫离蘇聯其他各族人民的歷史, 這是第一, 而蘇聯各族人民的歷史不脫离整個歐洲歷史, 幷且一般的也不脫离世界歷史, 這是第二." 在我們處理歷史上祖國疆域問題的時候, 像這樣的指導原則的精神, 是很重要的. 我們旣要注意疆域問題同祖國各族人民的密切聯系, 也要注意到中華民族和其他民族或國家間的歷史關系.

··· [중략 ('역사의 시기 구분' 생략)] ···

---

2 【역주】세르게이 미로노비치 키로프(Kirov. 1886~1934)는 1920~1930년대 소련 공산당의 지도자 가운데 한 사람으로 1934년 2월부터 소련 공산당 중앙 조직국 서기와 위원, 소련 중앙 집행 위원회 주석단 위원 등을 지냈는데, 1934년 12월에 암살당하였다.
3 『스탈린문선(斯大林文選)』상책(人民出版社, 1962年版), p.21을 보라.
見『斯大林文選』上册(人民出版社, 1962年版), 21項.

다민족의 통일(多民族的統一)

"중화인민공화국은 통일적인 다민족의 국가이다." 다민족 국가의 형성은 아주 긴 과정을 거쳤다. 우리 조국에는 일찍이 각종 형식의 다민족 통일이 출현하였으며, 여러 차례 분열 거친 적도 있었으나, 분열 속에서도 또한 통일이 있었다. 우리가 거쳐 온 통일에는 단일 민족 내부의 통일, 다민족 내부의 통일과 다민족의 통일이 있었는데, 다민족의 통일 가운데에는 또한 지역성을 띤 다민족의 통일과 사회주의적이고 전국적인 다민족의 통일이 포함된다. 단일 민족 내부의 통일은 주로 민족인 부락(部落) 또는 부락 연맹으로부터 발전한 것이다. 어떤 시기에 하나의 민족이 중대한 좌절을 겪고 분산되었다가 다시 합쳐져서 이 민족 내부의 새로운 통일을 이룬다. 흉노족은 원래 몇몇 부락, 부락과 부락 사이의 관계로 매우 불안정하였다. 『사기』「흉노열전(匈奴列傳)」에는 말한다. 흉노는 "순유(淳維)에서 두만(頭曼)에 이르기까지 천여 년 동안 때로는 커지고 때로는 작아지면서 흩어져 분리되어 있었다." 나중에 두만선우(頭曼單于)와 묵특선우(冒頓單于)가 재위하던 시기에 혈연관계를 가진 수많은 부락이 연합하기 시작하여 흉노 내부의 통일을 이루었다.[4] 송첸캄포(松贊干布)[5] 시대의 토번(吐蕃)이나 아보기(阿保機) 시대의 거란(契丹),[6] 징기스 칸(成吉思汗) 시대의 몽

---

[4] 【역주】 선우(單于)는 흉노 부락 연맹의 지도자·군주를 가리킨다. 두만선우(頭曼單于)는 흉노 국가의 창립자로 그 시기 흉노는 동쪽으로는 동호(東胡), 남쪽으로는 진(秦), 서쪽으로는 월지(月氏)와 이웃하고 있었는데 진시황 32(B.C. 215)년 진의 장군 몽염(蒙恬)이 황하 이남의 오르도스[河南] 지역을 공격하여 점령하자 부족을 이끌고 북쪽으로 이주하였다가, 나중에 다시 점차 남진하였다. 진 2세(秦二世) 원(B.C. 209)년 그 아들 묵특선우(冒頓單于, B.C. 234~B.C. 174)에게 피살되었다. 묵특선우는 두만선우의 장자로 월지국에 인질로 잡혀 있었는데, 두만선우가 월지의 힘을 빌어 그를 죽이려 함을 알고 도망쳐 돌아왔고, 이후 묵특선우는 복수를 위해 부하들을 이끌고 기사(騎射) 훈련을 거듭한 다음, 두만선우를 죽이고 스스로 선우가 되었다. 이후 동호와 월지를 공격하고 아울러 몽염에게 빼앗긴 지역도 일부 되찾아 강력한 흉노 제국을 건립하였다.

[5] 【역주】 송첸캄포(Srong-btsan Sgam-po, 松贊干布, 617~650)는 토번(吐蕃) 왕조의 제33번째 찬보(贊普)로 실제적으로는 토번 왕조를 국가로서 확립시킨 군주이다. 재위 기간 중 토번 내부의 반란을 평정하고 왕조의 판도를 크게 넓혀 토번을 청장고원(靑藏高原)의 강국으로 부상시켰으며, 티베트의 정치·문화·경제·법률 등의 제도를 확립하였다.

[6] 【역주】 아보기(阿保機)는 야율아보기(耶律阿保機, 872~926)를 말하는데, 그는 요(遼)의 태조(太祖)이다. 거란의 부족을 통일하고 한인(漢人)을 임용하여 916년 거란국(契丹國)을 세우고 황제로

골은 모두 민족 내부를 통일하는 과정을 거쳤으며, 이들 모두 분산된 수많은 부락이 통일되기 시작하여 보다 높은 발전 단계에 이른 민족 공동체를 형성하였다. 누르하치(努爾哈赤) 시대의 여진(女眞)은 금(金)이 망한 다음 여진 부락이 흩어진 상황 아래서 해서여진(海西女眞)·건주여진(建州女眞) 각 부(部)를 다시 통합하여 여진족 내부의 새로운 통일을 이루었다.[7] 한족은 하나의 민족 혼합체(民族混合体)이다. 그 조상 역시 반드시 부락에서 발전해 온 과정을 거쳤을 터이지만, 이미 자세하게 살펴보기는 어렵다. 어떤 학자는 전설 속의 하나라 우임금의 치수(治水)가 반드시 수많은 부락의 참가가 있어야만 하였으므로 아마도 이 무렵에 하민족(夏民族)이 형성되었고, 한족의 근원 가운데 하나가 되었을 것이라고 가정하기도 한다. 다만 이것은 어디까지나 가정이고 아직 실증된 바는 없다.

"中華人民共和國是統一的多民族的國家." 多民族國家的形成是經過一個漫長過程的. 我們的祖國, 曾經出現過各種形式的多民族的統一, 也曾經有過多次的分裂, 但在分裂中也還是有統一. 我們經歷過的統一, 有單一民族內部的統一·多民族內部的統一和多民族的統一, 後者又包含區域性的多民族的統一和社會主義的全國性的多民族的統一. 單一民族的內部統一, 主要是由民族·部落或部落聯盟發展而來. 有時, 一個民族遭到重大的挫折, 分散了, 後來重新組合, 形成這個民族內部新的統一. 匈奴族原來是一些部落, 部落與部落間的關係是不穩定的. 『史記』「匈奴列傳」說: 它"自淳維以至頭曼千有余歲, 時大時小, 別散分离." 後來頭曼單于和冒頓單于在位的時候, 有血緣關係的許多部落連合起來, 形成了匈奴內部的統一. 松贊干布時的吐蕃·阿保機時的契丹·成吉思汗時的蒙古, 都有一個統一民族內部的過程, 都是由分散的許多部落統一起來, 形成較高發展階段的民族共同体. 努爾哈赤時的女眞, 是在金亡後女眞各部分散的情況下, 把海西女眞

즉위하였으며, 거란 문자를 창제(創制)하였다. 926년 발해(渤海)를 공격하여 다음해 멸망시키고 돌아오던 중 사망하였다.

7 【역주】 노이합적(努爾哈赤)은 청 태조 아이신교로 누르하치[愛新覺羅 努爾哈赤, 1559~1626]를 가리킨다. 청의 기초를 닦은 사람으로 25세에 군사를 일으켜 여진족 각 부를 통일하고 명(明) 만력(萬曆) 44(1616)년 대금(大金, 後金)을 세우고 천명(天命) 연호를 내걸었다. 사르후[薩爾滸]의 전투에서 명군에 대승을 거둔 다음 심양(瀋陽)으로 천도하고 요동(遼東) 지역을 석권하였다. 1626년에 영원성(寧遠城)을 공격하였으나 실패하고 머지않아 사망하였다. 청의 건립 이후 태조로 추존되었다.

和建州女眞的各部重新組合起來, 形成了女眞內部新的統一. 漢族是一個民族混合体. 它的祖先也必然經歷過由部落發展起來的過程, 但已難于詳考. 有的學者設想, 傳說中的夏禹治水, 必須有許多部落參加, 可能在這時形成了夏民族, 而爲漢族來源之一.但這畢竟還是設想, 尚無從証實.

다민족의 통일은 단일 민족 내부의 통일에 비하면 보다 높은 발전 단계라고 할 수 있다. 다민족이라고 하면 당연히 하나의 민족에 한정되지는 않지만, 다민족 가운데서 하나의 주체 민족이 있는 경우도 자주 있다. 전국 칠웅(戰國七雄)은 모두 지역성의 다민족 통일체로서, 그들은 각기 스스로의 주체 민족을 가지고 있었으며 각기 동이(東夷)·서융(西戎)·북적(北狄)·남만(南蠻) 및 기타의 민족을 통일하였다. 삼국 시대의 위(魏)·촉(蜀)·오(吳) 역시 모두 지역성의 다민족 통일로서, 그들은 모두 한족을 주체로 하여 각기 해당 지구의 소수 민족을 통일하였다. 남북조 시대 남조(南朝)와 북조(北朝)에 대해 우리는 습관적으로 그들을 한인(漢人)의 조정과 선비인(鮮卑人)의 조정이라 부르지만, 실제적으로 그들은 모두 지역성 통일을 이룬 다민족 조정이다. 남조의 주체 민족은 한족이고, 북조는 비록 선비인이 권력을 잡았지만, 이 지역의 주체 민족은 여전히 한족이었다. 진·한, 수·당, 원, 명, 청 등의 시기에는 모두 한족을 주체로 하는 전국성 다민족의 통일이 형성되었다. 원대의 최고 통치자는 몽골 귀족이었고, 청대의 최고 통치자는 만주 귀족이었으나, 한족 인민은 두 시기에 여전히 사회적 생산력의 주요한 담당자였고, 원·청 정권은 실질상으로도 몽골 귀족·만주 귀족과 한족 지주 계급이 연합하여 통치한 정권이었다.

사회주의적인 통일적 다민족 국가는 역사상 통일적 다민족 국가의 계승이지만 본질상 역사상의 통일과는 또한 근본적인 차별이 있다. 이것이 바로 중화인민공화국으로, 이 국가는 착취와 압박을 소멸시키는 사회주의 국가이며, 각 민족 인민을 주인으로 삼는 국가이며, 오로지 중국 공산당의 지도 아래서만 건립될 수 있는 사회주의 국가이다.

多民族的統一, 比起單一民族的內部統一, 可以說是較高的發展階段. 說是多民族, 當然不限于一個民族, 但在多民族中, 往往要有一個主体民族. 戰國七雄都是地區性的多民族的統一体, 它們都各有自己的主体民族, 而分別與東方諸夷·西方諸戎·北方諸狄·南方諸蠻以及其他民族統一起來. 三國時期的魏·蜀·吳, 也都是地區性的多民族的統一, 它們都以漢族爲主体, 而分別在與本地區的少數民族統一起來. 南北朝時期, 南朝和北朝, 我們習慣上認爲它們是漢人的朝廷和鮮卑人的朝廷, 實際上它們都是地區性的統一的多民族朝廷. 南朝的主体民族是漢族, 北朝盡管鮮卑人當權, 但這個地區的主体民族仍然是漢族. 秦漢·隋唐·元·明·淸等時期都形成了以漢族爲主体的全國性的多民族的統一. 元代的最高統治者是蒙古貴族, 淸代的最高統治者是滿洲貴族, 但漢族人民在這兩個時期仍然是社會生産力的主要承擔者, 元·淸的政權實質上也是蒙古貴族·滿洲貴族跟漢族地主階級聯合統治的政權.

　社會主義的統一的多民族國家, 是歷史上統一的多民族國家的繼承, 而在本質上跟歷史上的統一又有根本的區別. 這就是中華人民共和國, 這個國家是消滅剝削和壓迫的社會主義國家, 是各族人民當家作主的國家, 是只有在中國共産黨的領導下纔能建立起來的社會主義國家.

　역사의 발전이란 면에서 보면 이 네 종류 민족 통일의 형식은 순서에 따라 전진하고, 한 걸음 나가면 한 걸음 더 높아진다. 먼저 약간의 단일한 민족 내부의 통일이 출현하는데, 이를테면 하·상·주 등 족의 최초의 형성이다. 그런 다음에 지역성 다민족의 통일이 이루어지는데, 이를테면 전국 칠웅과 같은 경우이다. 그런 다음 다시 전국성 다민족의 통일이 나타나는데, 이를테면 진·한·수·당·원·명·청과 같은 경우이다. 그런 다음 사회주의적인 전국성 다민족의 통일이 나타나 중화인민공화국이 탄생하게 된다. 전국성 다민족 통일의 발전 과정에서 또한 분열이 출현하기도 하였다. 진한 이후 위·촉·오의 할거가 나타났다. 서진의 일시적인 통일을 거쳐 다시 오호 십육국의 난(五胡十六國之亂)과 남북조의 분립(分立)이 있었다. 당과 원 사이에는 또한 요·하·금과 송의 대치가 있었다. 하지만 매번 한 차례의 곡절을 거치면서 통일의 규모는 더욱 방대해졌으니, 원은 수·당보다 훨씬 더 방대하였다. 곡절에 찬 과정에서 출현한 지방 정권은 전국에 대해서 이야기하자면 할거 정권이다. 그들 자체로 보자면 또한 나름대로 그 역사적인 의의를 가지고 있다. 이러한 정권들의 통치 범위 내에서 선진적인 생산력의 영향과 통치자의 생존을 도모할 필요성 때문에 생산력 상황의 개선이 출현하는 경우도 빈번하다.

　삼국에서 남송에 이르는 시기에 중국 경제의 중심이 점차적으로 남쪽으로 옮겨간 것이 그 명백한 증거가 된다. 그 지역의 경제는 일정한 정도로 개선되어 나중에 통일 국면이 다시 형성될 때 생산이 발전하게 할 수 있는 몇 가지 조건들을 제공해 준다. 동시에 지방 정권이 해당 지구의 특수한 상황에 근거하여 국가 사무 방면을 처리하는 경험을 창조하고 축적하게 되는 경우도 자주 있다. 수·당의 관제(官制)·군제(軍制)·토지 제도[田制]는 바로 적지 않은 부분이 북조에서 장기적으로 실행하였던 제도이다. 역사의 어느 한 단면으로 보자면 확실히 분열 상태의 존재가 한두 차례에만 그친 것은 아니지만, 역사 발전의 전체적인 각도에서 보면 전국성 다민족의 통일이야말로 비로소 주류가 된다.

從歷史的發展上看, 這四種民族統一的形式, 是按着程序前進, 一步高于一步. 先是有若干單一的民族內部統一的出現, 如夏·商·周等族的最初形成. 然後有地區性的多民族的統一, 如戰國七雄. 然後有全國性多民族的統一, 如秦·漢·隋·唐·元·明·淸. 然後有社會主義的全國性多民族的統一, 有中華人民共和國的誕生. 在全國性多民族統一的發展過程中, 也出現過分裂. 秦漢以後, 出現了魏·蜀·吳的割據. 經過西晋暫短的統一, 又有五胡十六國之亂及南北朝的分立. 在唐與元之間, 又有遼·夏·金與宋的對峙. 但每經歷一次曲折, 統一的規模就更爲盛大, 元比隋·唐還要恢廓. 在曲折過程中出現的地方政權, 就全國來說, 是割據政權. 從它們本身來說, 也自有其歷史性的意義. 在這些政權的統治范圍內, 由于先進生産力的影響和統治者謀生存的需要, 往往會出現生産力狀況的改善.

自三國至南宋時期, 中國經濟重心的逐步南移是其顯明的例證. 地區經濟在一定程度上的改善, 爲後來統一局面再度形成後提供了生産發展的一些條件. 同時, 地方政權往往也能根據本地區的特殊情況, 創造和積累了處理國家事務方面的經驗. 隋唐的官制·軍制和田制, 就有不少是継承北朝長期實行的制度. 從歷史的某一片斷來看, 確切不止一次地有分裂狀態的存在, 但從歷史發展的全貌來看, 全國性的多民族統一纔是主流.

한족과 각 민족 지역의 넓이, 자연 조건의 차이, 생산 상황의 다양함은 만일 적당한 협조를 얻는다면 생산을 발전시킬 수 있는 유리한 조건으로 바뀔 수 있다. 하지만 장기적인 봉건 사회 속에서 자연 경제가 지배적인 지위를 차지하고 있었고 교통·운수는 아주 발달하지 못하였으며, 교환 경제는 단지 사회 경제의 보조적인 작용밖에 하지 못하였으므로 각 민족 지역 사이의 물자 교류는 기본적으로 잠재적인 단계에 정체되어 있어 제대로 된 작용을 발휘하면서 각 민족 사이의 단결을 강화시킬 수 없었다. 하지만 소금과 쇠[鹽鐵]의 운반·판매, 차와 말[茶·馬]·가죽[皮毛]·약재의 교역, 면화 재배와 방직의 확대, 홍수 방지[河防]과 수리 공정(水利工程) 및 도로의 건설은 여전히 다민족의 통일이 사회 경제에 가져다준 진보였다. 경제 제도 면에서 각 민족의 발전은 불균등하였다. 중원 지구에서 한민족(漢民族)의 형성과 봉건적 소유제의 형성은 기본상으로는 같은 보조로 진보한 것이라고 할 수 있다. 이 시기에 흉노는 여전히 노예제 단계에 머무르고 있었고, 서남이(西南夷)는 여전히 씨족제 사회 말기에 처해 있었다. 2천여 년이 지났지만, 인민공화국 성립 이전 우리는 여전히 봉건적 소유제, 노예주 소유제, 원시 공동체의 잔재 및 민족 자본주의와 매판 자본주의를 보유하고 있었으며, 이런 모든 것들은 모두 경제 제도 방면에서의 다민족의 표현이었다. 하지만 어떻든 간에 각 소수민족은 사회 경제의 발전 방향이라는 측면에서 모두 다 다른 속도로 한족에게 의존하게 되었다. 중화인민공화국 성립 이후 각 민족 인민은 또한 각기 다른 형식을 통해 사회주의로 나가게 되었다.

漢族和各民族地區幅員之廣大, 自然條件的差异, 生産狀況的不齊, 如果得到适當的協調, 則可轉化爲發展生産的有利條件. 但在長期的封建社會中, 因自然經濟占支配地位, 交通運輸很不發達, 交換經濟只起社會經濟的輔助作用, 各民族地區間的物資交流基本上停滯于潛在的階段, 不能很好地發揮作用, 從而加強民族間的團結. 但鹽鐵的販運, 茶馬·皮毛·藥材的交易, 植棉·紡織的推廣, 河防·水利跟工程和道路的興修, 還是多民族的統一爲社會經濟帶來的進步. 在經濟制度上, 各民族的發展是不平衡的. 在中原地區, 漢民族的形成和封建所有制的形成, 基本上可以說是同步前進的. 在這時候, 匈奴還處于奴隸制階段, 西南夷還處在氏族社會末期. 兩千多年過去了, 在人民共和國成立以前, 我們還有封建所有制, 奴隸主所有制, 原始共産的殘餘以及民族資本主義和買辦資本主義, 所有這些, 都是多民族在經濟制度方面的表現. 但無論如何, 各少數民族在社會經濟發展道路上, 都以不同的速度向漢族靠攏. 在中華人民共和國成立後, 各族人民分別通過不同的形式, 向社會主義邁進.

사상 면에서 통일에 대한 발상의 기원은 아주 일찍부터 있었다. 『시경(詩經)』「소아(小雅) 북산(北山)」에서는 "하늘 아래 모두 왕의 땅이 아닌 것이 없고, 사해 안의 누구든 왕의 신하가 아님이 없다(普天之下, 莫非王土. 率土之濱, 莫非王臣.)"라고 하였다. 이 천하(天下)가 결국 얼마나 큰 곳을 가리키는지는 헤아려 볼 방도가 없지만, 결국 시인의 눈에 비친 것은 아주 넓은 지방이었을 것이다. 이 두 구절의 시는 그의 천하 통일 사상을 드러내 주고 있다. 아마도 시인의 왕권에 대한 숭배는 너무 지극하여 상당히 과장된 것이라는 지적을 피하기는 어려울 것이다. 공자는 말한다. "천하에 도가 있으면, 예악과 정벌은 모두 천자로부터 나온다(天下有道, 則禮樂征伐自天子出)."[8] 남궁적(南宮適)은 말한다. "우(禹)와 후직(后稷)은 몸소 농사를 지었기에 천하를 가질 수 있었다(禹·稷躬稼, 而有天下)."[9] 여기서 말하는 이른바 '천하'는 아주 광대한 지역의 통일을 말하고 있다.

在思想上, 統一的想法起源甚早. 『詩經』「小雅·北山」: "普天之下, 莫非王土. 率土之濱, 莫非王臣." 這所: "天下", 究竟是指多大的地方, 無從稽考, 但總是詩人心目中很廣大的地方. 他這兩句詩, 表明了他的天下統一的思想. 可能由於詩人對王權崇拜至極, 難免有相當多的夸大. 孔子說: "天下有道, 則禮樂征伐自天子出." 南宮適說: "禹·稷躬稼, 而有天下." 這所謂: "天下", 意味着極爲廣大的地區的統一.

전국 시대에는 변란이 날로 심해지면서 인심은 안정된 치세(治世)를 꿈꾸게 되었다. 어떤 사람이 맹자에게 묻는다. "천하는 어떻게 해야 평정될 수 있습니까?" 맹자는 말한다. "하나로 정해집니다(定于一)." 맹자의 이야기는 공자의 말보다 훨씬 분명하니, 그가 말하는 것은 바로 칠국(七國)의 통일인 것이다. 전국 시대 이후에 만들어진 「우공(禹貢)」은 구주(九州)의 산천과 물산을 묘사하였다. 『사기(史記)』의 「맹자·순경열전(孟子筍卿列傳)」에서는 추연(鄒衍)의 대구주(大九州)라는 주장을 끌어다 인용한다. 큰 대주(大州) 하나마다 각기 9주가 있어 모두 81주라는 것이다. 중국은 적현신주(赤縣神州)

---

8 『논어』「계씨(季氏)」 편에 나온다.
見『論語』「季氏」.

9 『논어』「헌문(憲問)」 편에 나온다.
見『論語』「憲問」.

로 81주 가운데 하나이다. 중국에는 또한 9주가 있으니, 이를테면 「우공」에서 이야기하는 구주이다. 「우공」과 추연은 구주(九州)를 가지고 중국을 이야기하였으므로, 모두 중국을 가리켜 말한 것이지만, 이것은 모두 지리적 개념에 속하는 것으로 맹자가 말하는 '하나로 정해진다'는 것과는 다르다. 진시황에 이르러서 돌에 새겨 진의 공덕(功德)을 칭송하고, 6국을 파멸시킨 통일을 전에 없는 큰 업적으로 간주하였다. 한 초에는 공양학파(公羊學派)가 경전을 빌어 대일통(大一統)의 학설에 신성한 광채를 덧칠하였다. 이후 역대 왕조는 모두 통일의 규모를 가지고 그 시대 정치적 성취의 최고 목표로 삼게 되었다.

戰國時期, 變亂日亟, 人心思治. 有人問孟子說: "天下烏乎定?" 孟子說: "定于一." 孟子的話比孔子的話要更明白些, 他說的是七國的統一. 在戰國時期以後成書的「禹貢」, 描畫了九州山川物産. 『史記』「孟子荀卿列傳」稱引鄒衍大九州之說, 每一大州有九州, 共八十一州. 中國爲赤縣神州, 是八十一州之一. 中國還有九州, 卽如「禹貢」所說的九州. 「禹貢」和鄒衍以九州說中國, 都是指中國說的, 但都還屬于地理概念, 與孟子所謂: "定于一"者不同. 到了秦始皇, 刻石頌秦功德, 把破滅六國的統一, 看作空前的大業. 漢初, 公羊學派借助經典, 把大一統的學說涂上神聖的光影. 此後, 歷代皇朝都拿統一的規模作爲當時政治成就的最高目標.

분열의 시대에 할거 세력이 자신을 정통 왕조라고 주장하면서, 통일을 분투의 방향으로 삼는 경우도 자주 있다. 삼국 시대 위는 중원 땅을 차지하고 있었으므로 스스로를 한(漢) 왕조의 계속이라고 주장하여 전국 통일을 회복하고자 하였다. 촉은 스스로의 성이 유씨이므로 한 황실의 종친이고, 따라서 한 황실의 옛 산업을 회복하겠다고 주장하였다. 남북조 시대에 북조는 남조를 '도이(島夷)'라 불렀고, 남조는 북조를 '색로(索虜)'라고 불렀다. 그들은 모두 자신들이 거주하는 지역을 중국이라 보면서, 상대방을 무너뜨리고 전국을 통일하려 하였다. 요·금·송의 상호 대치 시기에도 이 세 나라의 조정 역시 마찬가지로 스스로를 중국의 주인으로 자처하면서 스스로 전 중국을 통치해야 하겠다고 생각하였다.

중원 지역의 경제·문화 수준과 장기적으로 누적해 온 정치적 위세는 소수 민족에게는 상당한 흡인력이 있었다. 이것은 아마도 통일로 기울어지는 새로운 요소를 형성하는데 일정한 작용을 하였을 것이다. 『자치통감(資治通鑒)』 권104 진(晉) 효무제(孝武帝) 태원(太元) 7년조에 다음과 같은 기사가 있다.

부견(苻堅)이 강동(강남) 지역을 취하고자 안달하자 양평공(陽平公) 부융(苻融)이 다음과 같이 간언하였다. "충족됨을 알면 욕을 보지 않으며, 그치는 것을 알면 위태롭지 않습니다! 자고로 군대를 동원하고 무력을 휘두르는 데 전력을 다한 경우 망하지 않은 경우가 없습니다. 또한 우리 국가는 본래 융적(戎狄) 출신이며, 천자(天子)의 정삭(正朔) 또한 우리에게 돌아오지 않을 것입니다. 강동은 비록 미약해진 채 가까스로 존속하고 있지만, 중화의 정통이니 하늘의 뜻이 반드시 이를 절멸시키지는 않을 것입니다."

호삼성(胡三省)은 이렇게 주를 달았다.

"회(會)는[10] 요(要)와 같은 뜻이다. 하늘이 적절하게 중국의 정삭이 이어지게 만들지, 이적에게 돌아가도록 하지는 않을 것임을 말하는 것이다.

진원(陳垣)은 [호삼성이 『자치통감음주』에서 은근히 토로하였던 민족의식을 발굴해 낸 저서인] 『통감호주표미(通鑒胡注表微)』에서 『자치통감』과 호삼성의 주를 인용하면서 아울러 다음과 같이 자기 생각을 덧붙이고 있다. 그는 말한다.

정삭이 이적에게 돌아가지 않는다는 것은 당시에는 일반 공론이었으며, 부융(苻融)만이 이야기한 것은 아니다. 유총(劉聰)이 죽을 당시 태자 찬(粲)이 즉위하자 늑준(靳准)은[11] 그를 잡아 죽이고 호숭(胡崇)을 안정시키며 말하기를 "자고로 오랑캐가 천자가 된 경우는 없네. 지금 전국 옥새[傳國璽]를 건네주니 진(晉)나라에 돌려주게."라고 하

---

10 【역주】 "우리에게 돌아오지 않을 것입니다(會不歸人)."라는 구절에 쓰인 '회(會)'란 글자를 가리킨다.

11 【역주】 늑준(靳准, ?~319)은 흉노족 출신으로 16국 시기 한조(漢趙, 前趙)의 외척 권신(外戚權臣)이다. 두 딸이 소무제(昭武帝) 유총(劉聰)의 황후가 되었고, 그가 죽은 다음 은제(隱帝) 유찬(劉粲)이 즉위하여 종실 대신을 도살하자 늑준은 유찬을 살해하고 아울러 유씨 황족을 도살하여 스스로를 대장군, 한천왕(漢天王)으로 칭하면서 진조(晉朝)를 향해 칭신(稱臣)하였다가 동생 등에 의해 피살당하였다.

였다. 이것이 하나의 사례이다. 요과중(姚戈仲)은 아들이 마흔두 명 있었는데 항상 아들들에게 경계하여 말하길, "자고 이래로 오랑캐가 천자가 된 적은 없었다. 내가 죽으면 너희들은 진(晋)으로 귀순하여 신하로서 충절을 다하되 불의(不義)를 저지르지 마라."라고 하였다. 이것이 또 하나의 사례이다. 오호라! 진(晋)이 은택은 실로 매우 얕은데, 어찌 이럴 수 있었던 것일까? 나아가 양성(楊盛) 부자의 일로 또 이것을 살펴볼 수 있다. 『송서(宋書)』「저호전(氐胡傳)」에 다음과 같은 구절이 있다. "진(晋) 안제(安帝)는 양성(楊盛)을 구지공(仇池公)으로 삼았고, 영초(永初) 3년 무도왕(武都王)에 봉하고 장자(長子) 현(玄)을 세자(世子)로 삼았다. 무도왕은 비록 오랑캐 출신의 신하[蕃臣]였으나 그대로 [안제의] 의희(義熙) 연호를 받들었다. 아들 현은 이에 [남조 송 문제(文帝)의 연호인] 원가(元嘉)의 정삭으로 고쳐 받들었다. 이보다 앞서 양성은 아들 현에게 이렇게 말한 바 있었다. '나는 이미 늙었으니 당연히 진의 신하가 되어야 하지만, 너는 송의 황제를 잘 모셔야 한다.' 그래서 현이 이렇게 받들었던 것이다." 그런 즉 양성의 마음에는 진과 송이 다르지 않았던 것인데, 특히 그것이 중화의 정통이 존재하는 곳이었기 때문이다. 만약 반드시 진을 위한다면, 양성은 유유가 찬탈을 하였을 때 당초에 군사를 일으켜 반역자를 토벌했어야 하든지 아니면 응당 이에 맞서 항거하여 독립을 했어야지 어찌 이처럼 순순히 대세를 따랐겠는가? 이런 사례들은 모두 부융이 한 말을 아울러 서로 인증해 주기에 충분한 것들이다.[12]

在分裂的年代裏, 割據勢力往往把自己說成是皇朝的正統, 把統一作爲奮鬥的方向. 三國時期, 魏地處中原, 把自己說成是漢朝的繼續, 要恢復全國的統一. 蜀以自己姓劉, 說自己是漢室宗親, 要恢復漢家的舊業. 南北朝時期, 北朝說南朝是'島夷', 南朝說北朝是'索虜'. 他們都自居爲中國, 要滅掉對方, 統一全國. 遼·宋·金的相峙時期, 這三個朝廷也都自命爲中國的主人, 都設想由自己統治全中國.

中原地區的經濟文化水平和長期積累下來的政治威望, 對少數民族是有吸引力的. 這可能在形成傾向統一的新的因素上起一定作用.『資治通鑑』卷一零四, 晋孝武帝太元七年記載：

秦王堅銳意欲取江東, 陽平公融諫曰：'知足不辱, 知止不殆罷!' 自古窮兵極武, 未有不

---

12 진원(陳垣), 『통감호주표미(通鑑胡注表微)』【1945年 完成. 科學出版社, 1958年 重印 - 역자】를 보라. 見陳垣, 『通鑑胡注表微』.

亡者. 且國家本戎狄也, 正朔會不歸人. 江東雖微弱僅存, 然中華正統, 天意必不絶之."

胡三省注:

"會, 要也. 言天必中國正朔相傳, 不歸夷狄也."

陳垣『通鑒胡注表微』引『通鑒』和胡注, 并加按語, 說:

  正朔不歸夷狄, 乃當時一般公論, 不獨符融言之. 劉聰卒時, 太子粲卽位, 靳准執而殺之, 謂安定胡崇曰: "自古無胡人爲天子者. 今以傳國璽付汝, 還如晉家." 此一事也. 姚戈仲有子四十二人, 常戒諸子曰: "自古以來, 未有戎狄作天子者. 我死汝便歸晉, 竭盡臣節, 無爲不義." 此又一事也. 嗚乎! 晉澤實淺, 何由得此? 更可以楊盛父子之事觀之.『宋書』「氐胡傳」: "晉安帝以楊盛爲仇池公, 永初三年, 封武都王, 以長子玄爲世子. 武都王雖爲蕃臣, 犹奉義熙之号, 子玄乃改奉元嘉正朔. 初, 盛謂玄曰: '吾年已老, 當爲晉臣, 汝善事宋帝.' 故玄奉焉." 然則盛之心無所分晉宋也, 特以其爲中華正統所在而已. 如必爲晉, 則裕之篡, 盛當興師討逆, 否亦當抗顔獨立, 胡爲委順如此, 此皆足與符融之言相印証者.

여기서 든 사례들은 소수 민족 가운데 적어도 일부 사람들은 이러한 심리를 품고 있었다는 점을 충분히 증명해 주는데, 이것은 통일을 촉진하는 데 유리하였다. 다민족 통일의 역사적 발전 과정에서 민족 사이에는 우호[和好]도 있고 다툼[爭吵]도 있다. 우호에는 또한 빙문(聘問), 조공(朝貢), 봉사(封賜), 화친(和親), 교역(交易), 민간의 각종 왕래라는 형식이 있다. 다툼은 때로는 전쟁으로 발전한다. 이 때문에 사람들은 민족 관계사는 민족 우호를 주류로 해야 하느냐, 아니면 민족 투쟁을 주류로 해야 하느냐고 묻는다. 이 문제에 대해 우리는 약간 분석을 할 필요가 있다. 첫째, 우호와 투쟁은 절대적인 것이 아니다. 어떤 시기에는 투쟁이 수단이고 우호가 목적이다. 어떤 시기에는 우호가 수단이고 투쟁이 목적이다. 어떤 때에는 개별 사건이나 지역적인 다툼이 있었어도, 민족 간의 우호를 반드시 파괴하지는 않았다. 둘째, 민족 우호에 관한 기록은 민족 간의 갈등이나 특히 민족 간의 전쟁만큼 사람들의 주목을 끌지 못하는 경우가 많다. 민족 갈등, 특히 민족 전쟁은 설사 일시적이거나 자발적인 것이라도 장기적인 우호에 대한 사람들의 인상을 뒤바꾸어 놓을 수 있다. 이렇게 역사를 뒤덮고 있어 사람들을 미혹시키는 안개를 깨끗이 제거하고 그 진실한 모습을 드러내려면 반드시 상당한 수고를 들여야만 한다.

這裏所擧的事例足以說明, 在少數民族中, 至少有一部分人抱有上述心理, 這對于促進統一是有好處的. 在多民族統一的歷史發展過程中, 民族之間有和好, 有爭吵. 和好有聘問·朝貢·封賜·和親·交易·民間的各種往來. 爭吵有時發展爲戰爭. 因此就有人問, 民族關係史是以民族友好爲主流, 還是以民族斗爭爲主流? 對于這個問題, 我們須作一些分析. 第一, 友好和斗爭都不是絶對的. 有的時候, 斗爭是手段, 友好是目的. 有的時候, 友好是手段, 斗爭是目的. 有時, 在個別事件·個別地區有爭吵, 但不一定就破壞民族間的友好. 第二, 在歷史記載中, 對于民族友好的記載往往不像記載民族糾紛·特別是民族戰爭那樣引人注目. 民族糾紛, 特別是民族戰爭, 卽使是暫時性的·自發性的, 也可以改變人們對于長期友好的印象. 廓淸歷史上所籠罩的一些迷霧, 揭示出歷史的眞實面貌, 是須下一些苦功的.

현재 우리가 접촉한 재료에 근거해서 본다면, 중국사의 기나긴 흐름 속에서 민족 관계는 상당히 곡절에 찬 것이었다. 하지만 전체적으로 보자면 우호 관계는 더욱더 발전해 왔다. 시간의 계속성이나 관계되는 지역, 관련이 되는 방면에 상관없이 모두 이러하였다. 청조의 통치자는 소수 민족에 대해서 한 손으로는 끌어당기면서, 한 손으로는 두들겼다. 하지만 청대 각 민족 인민의 반청(反淸)·반봉건(反封建) 투쟁 속에서의 연합은 그 소리와 위세가 아주 거대하였다. 신해 혁명 이후 각 민족 인민의 연합은 더욱 현저해졌다. 항일 전쟁과 해방 전쟁을 거쳐 중화인민공화국의 건립에 이르기까지 각 민족 인민은 중국 공산당의 지도 아래 민족 간의 친밀과 우호를 대대적으로 증강시켰으며, 이것은 중국의 민족 관계사에서의 주류가 새로운 역사적 조건 아래서 아주 큰 발전을 이룬 것이라 할 수 있다. 역사적으로 민족 사이에는 이런저런 불유쾌한 사정이 발생해 왔지만, 이것은 기본적으로는 반동 통치 계급과 역사적 조건의 국한성이 조성한 것이다. 우리는 오늘날을 어루만지면서도 과거를 거슬러 올라가 특별히 이러한 역사의 주류를 소중하게 여겨야 한다.

現在根據我們所接觸的材料看, 在中國歷史的長河中, 民族關系是曲折的. 但總的說來, 友好關系越來越發展. 無論在時間的継續性上, 在關系到的地區上, 在牽涉到 的方面上, 都是這樣. 清代的統治者, 對少數民族一手拉, 一手打. 但清代各族人民 在反清·反封建斗爭中的聯合, 聲勢極爲浩大. 辛亥革命以後, 各族人民的聯合更爲 顯著. 通過抗日戰爭·解放戰爭以至中華人民共和國的建立, 各族人民在中國共產黨 的領導下, 大大增强了民族間的親密友好. 這是中國民族關系史上的主流在新的歷史 條件下的很大的發展. 在歷史上, 民族之間曾發生過這樣那樣不愉快的事情, 這基本 上是由反動統治階級和歷史條件的局限所造成的. 我們撫今追昔, 應該特別珍重歷 史的主流.

우리나라 역사상의 각 방면에 대한 공헌에 대해서 각 민족 인민은 모두 자기 몫을 지니고 있지만, 이 점에 대한 우리의 연구는 아주 불충분하다. 한족에 대해서도 마찬 가지이며, 소수 민족에 대해서는 더욱 그러하다. 이를테면 화약이나 나침반, 종이 제 조, 인쇄술 등 4대 발명은 응당 대서특필해야 한다. 이 점에 대해서는 관련된 역사서 에서 모두 쓰고 있기는 하지만, 그것들이 중국 역사에 일으킨 작용이나 인류의 문화 발전에 일으킨 영향에 대해서는 진지하게 써 본 적이 거의 없다. 그것들이 나중에 서 양 각국에서 발전한 것이 왜 중국의 그것을 능가하게 되었는지, 이 문제에 대해서는 아직 진지한 연구가 없는 것처럼 보인다. 또한 이를테면 조국 국토의 개발에 대해 우 리 각 민족의 인민은 모두 각자의 공로를 가지고 있지만, 소수 민족의 공헌에 대해서 우리는 충분히 주의해 보지 않았다. 범문란(范文瀾) 동지는 이 점을 아주 잘 지적하 였다.

"역사 기록에 의하면 중국을 공동으로 개발한 각 민족은, 일반적으로 말하자면 한 족이 가장 먼저 황하 유역의 섬서(陝西)·감숙(甘肅) 및 중원(中原) 지역을 개발하였다. 동이족은 가장 먼저 연해(沿海) 지역을 개발하였으며, 묘족(苗族)과 요족(瑤族)은 가 장 먼저 장강(長江)·주강(珠江)과 민강(閩江) 유역을, 티베트 족[藏族]은 가장 먼저 청 해(青海)·서장(西藏)을, 이족(彝族)과 서남 각 민족은 가장 먼저 서남 지역을 개발하였 다. 동호족(東胡族)은 가장 먼저 동북 지역을 개발하였으며, 흉노·선비·유연·돌궐·위 구르·몽골 각 민족은 선후하여 몽골 지역을 개발하였고, 회족(回族)과 서북의 각 민 족은 가장 먼저 서북 지역을 개발하였으며, 여족(黎族)은 가장 먼저 해남도(海南島)를,

고산족(高山族)은 가장 먼저 대만(臺灣)을 개발하였다. 따라서 한족이 오늘날 거주하는 지역으로 보건대 중국 영토의 가장 큰 부분은 한족이 개발한 것처럼 보이지만, 기실 그 가운데 적지 않은 지역에서 가장 먼저 개발한 것은 이미 소실되어 버렸거나 현실적으로 존재하고 발전하는 수많은 민족들이다. 따라서 중국의 강역이 소련 다음 가는 크기이고, 인구가 세계 각국 가운데 제1위를 차지하고, 역사가 유구하면서도 연속되어 끊이지 않아 세계 각국 가운데서도 제1위를 차지하는 위대한 국가가 될 수 있었던 것이 중화 민족을 구성하는 각 민족의 남녀 노동 인민이 장기에 걸쳐 공동으로 창조해 온 성과라는 점은 너무도 분명한 것이다."[13]

對我國在歷史上的各方面的貢獻, 各族人民都有份, 但我們硏究得很不夠. 對于漢族是這樣, 對于少數民族更是這樣. 比如, 火藥·羅盤·造紙·印刷等四大發明, 是應該大書特書的. 這在有關的歷史書裏也都寫了, 但對于它們在中國歷史上所起的作用, 對于人類文化發展上所起的作用, 却很少認眞地寫. 至于它們後來在西方各國的發展, 爲什麼會超過中國, 這個問題似乎是還沒有認眞地硏究. 又比如, 對祖國國土的開發, 我國各族人民都有他們各自的功勞, 但往往對少數民族在這方面的貢獻, 我們注意得不夠. 范文瀾同志說得好:

"依據歷史記載, 共同開發中國的各民族, 一般說來, 漢族最先開發了黃河流域的陝甘及中原地區, 東夷族最先開發了沿海地區, 苗族·瑤族最先開發了長江·珠江和閩江流域, 藏族最先開發了靑海·西藏, 彝族和西南各族最先開發了西南地區, 東胡族最先開發了東北地區, 匈奴·鮮卑·柔然·突厥·回紇·蒙古各族先後開發了蒙古地區, 回族和西北各族最先開發了西北各區, 黎族最先開發了海南島, 高山族最先開發了臺灣. 所以按照漢族今天居住地區看來, 似乎中國領土上的極大部分都是漢族所開發的, 其實, 其中不少地區最先開發者, 却是已經消失了的和現實存在幷發展的許多民族. 事理很顯然, 中國之所以成爲疆域僅次于蘇聯, 人口在全世界各國中居第一位, 歷史悠久, 延續不絕, 在全世界各國中也居第一位的偉大國家, 首先必須承認, 這是構成中華民族的各族男女勞動人民長期共同創造的成果."

---

13 범문란(范文瀾)의 「중화 민족의 발전(中華民族的發展)」(『學習』 3卷 1期)을 보라.
見范文瀾, 「中華民族的發展」, 『學習』 3卷 1期【1950. 10 – 역자】.

우리나라 소수 민족은 역사적으로도 적지 않은 특출한 공헌을 하였다. 예를 들어 설명해 보자면, 완전한 철기 제조와 풀무[風箱]의 사용은 남방 민족의 기록에서 출현하기 시작한다. 『순자(荀子)』 「의병편(議兵篇)」에서는 말한다. "초나라 사람들이 완(宛, 오늘날의 南陽)에서 만든 철창은 독벌이나 전갈처럼 무시무시하다(楚人宛巨鐵鉈, 慘如蜂蠆)." 『사기』 권79 「열전 19 범휴전(范雎傳)」은 다음과 같은 진(秦) 소왕(昭王)의 말을 기록하고 있다. "내가 듣기에 초나라의 철검은 예리하지만, 노래하거나 춤추는 기예는 형편없다고 한다(吾聞楚之鐵劍利而倡優拙)." 이것은 전국 시대 말년의 이야기이다. 초나라는 '형만(荊蠻)'에 속하는 민족 계통에 속한다. 『오월춘추(吳越春秋)』 「합려내전(闔閭內傳)」은 오나라 사람 간장(干將)이 검(劍)을 만드는데, "동남·동녀 3백 명이 풀무를 움직이면서 목탄을 집어넣자 드디어 쇠가 녹아 흘러 마침내 검을 만들 수 있었는데, 숫놈 검을 '간장', 암놈 검을 '막야'라고 하였다(使童女童男三百人鼓橐裝炭, 金鐵刀濡, 逐以成劍, 陽曰: '干將', 陰曰: '莫邪')."라고 기록하고 있다. 풀무[橐]는 바로 쇠를 녹이는 데 쓰는 풍상(風箱)이고 간장과 막야는 고대 전설 가운데 아주 유명한 두 자루의 예리한 검이다. 이것은 춘추 말년의 일로서, 오나라 역시 '만이(蠻夷)'라는 민족 계통에 속한다.

我國少數民族, 在歷史上有不少特出的貢獻. 舉例來說: 完善的鐵器的制造和風箱的使用, 是開始出現于有關南方民族的記錄上. 『荀子』 「議兵篇」說: "楚人宛巨鐵鉈, 慘如蜂蠆."[14] 『史記』 「范雎傳」記秦昭王的話, 說: "吾斗楚, 鐵劍利而倡优拙."[15] 這是戰國末年的事, 楚就是屬于'荊蠻'的民族系統的. 『吳越春秋』 「闔閭內傳」記吳人干將鑄劍"使童女童男三百人鼓橐裝炭, 金鐵刀濡, 逐以成劍, 陽曰: '干將', 陰曰: '莫邪.'"[16] 橐就是冶鐵用的風箱, 干將·莫邪是古傳說中很有名的兩把利劍. 這是春秋末年的事, 吳也是屬于'蠻夷'的民族系統的.

---

14 【역주】 원문은 "楚人鮫革犀兕以爲甲, 鞈堅如金石; 宛鉅鐵鉈, 慘如蜂蠆, 輕利僄遫, 卒如飄風." 이다.

15 【역주】 원문은 "吾聞楚之鐵劍利而倡優拙." 이다.

16 【역주】 원문은 "于是, 干將妻乃斷髮剪爪, 投于爐中. 使童男童女三百人鼓橐裝炭, 金鐵刀濡, 遂以成劍. 陽曰: '干將', 陰曰: '莫邪.'" 이다.

또한 면화(棉花)나 면포(棉布)는 우리가 오랫동안 주된 의복 재료로 삼아 왔지만, 면화 재배나 방직은 주로 남방의 섬이나 신강(新疆)에 거주하는 소수 민족으로부터 확산된 것이다. 『상서(尙書)』 「우공(禹貢)」 편에서는 양주(揚州)에 대해서 "섬나라 오랑캐들은 풀로 옷을 지어 입고, 그 광주리는 패(貝)로 짠 것이다(島夷卉服, 厥筐織貝)."라고 설명하고 있다. 양주는 회수(淮河) 이남에서 남해(南海)에 이르기까지 사이에 있는 넓은 지역을 가리킨다. 패는 바로 길패(吉貝)·겁패(劫貝)·고패(古貝) 등의 약칭인데, 이것은 원래 인도에서 말레이 반도·중남 반도 등지에서 면(棉)을 가리켜 공동으로 사용하는 명칭이며, 나중에는 광동(廣東)이나 복건(福建) 등지에서도 이런 명칭을 사용하였다. 따라서 패로 짠 것이라는 뜻은 목면으로 만든 직물이라는 뜻이다. 「우공」은 나중에 만들어진 내용이지만, 그것이 쓰인 시기는 결국은 전국 시대 말년일 것이다. 이것에 의하면 남쪽 섬에 거주하는 소수 민족이 면화를 아주 일찍부터 사용하였음을 알 수 있다. 나중에 또한 신강에서도 면화가 있었는데, 아주 긴 시간을 통하여 목면은 점차 중국 전역에 전파되었고, 기존의 삼실(絲麻)이 주된 부분을 차지하였던 복장 재료의 지위를 대신하였다.

又如棉花和棉布, 是我們長期以來的主要的衣服材料. 棉的種植和織紡, 主要從南方海島上和新疆居住的少數民族推廣的. 『尙書』「禹貢」篇說揚州 "島夷卉服, 厥筐織貝." 揚州是指淮河以南, 以至南海之間的廣大地區. 貝就是吉貝·劫貝·古貝的省稱, 這原是印度以至馬來半島·中南半島等地對于棉的共同使用的名稱, 後來廣東·福建也使用這個名稱. 織貝就是用棉作成的織品. 「禹貢」是一篇後起的書, 但寫成的時期總也在戰國末年. 據此可見南方海島上居住的少數民族用棉之早. 後來又有新疆産的棉, 經過很長的時間纔逐漸傳布到全中國, 代替了往日以絲麻作主要服裝材料的地位.

또한 중국의 건축술과 같은 경우에 대해서도 양사성(梁思成)은 「우리나라의 위대한 건축 전통과 유산(我國偉大的建築傳統與遺産)」이란 글의 말미에서 북경성(北京城)이 "세계에 거의 없는 보기 드문 건축 걸작의 완전체"라고 칭송하면서, "전 세계의 중세 시대에서 찾아볼 수 없을 뿐만 아니라 설사 현재의 경우라도 가장 진보된 도시 계획의 이론과 배합시키더라도 여전히 가장 유리한 조건을 유지하고 있다."라고 지적하였다.[17] 여기서 우리가 응당 지적해야 할 점은 가장 먼저 이 위대한 걸작을 설계한 기술자는 바로 이슬람교도인데, 그의 이름은 바로 아미르 알 딘이다.[18] 이것은 진원(陳垣) 선생이 상당히 오래 전에 「원대 서역인의 중국화 고찰[元西域人華化考]」 속에서 이미 고증한 바 있다.[19] 근년 이래 북경시의 건설에는 이미 상당히 큰 변화가 나타났지만, 과거의 북경성이 건축사에서 이룬 성취는 여전히 긍정할 필요가 있을 것이다. 민족 우호의 역사적 발전과 다민족 통일의 발전은 반드시 보조를 같이 하여 발전하는 것은 아니다. 하지만 지금에 이르러 이 두 가지는 보조를 같이하여 전진하고 있다.

又如中國的建築術, 梁思成在『我國偉大的建築傳統與遺産』一文的結尾, 盛贊北京城是"世界絕無僅有的建築杰作的一個整體", "不但在全世界中古時代所沒有, 卽在現在, 用最進步的都市計劃理論配合, 仍然是保持着最有利條件的." 應該指出來, 最初設計這個偉大杰作的工程師, 正是一個回人, 他的名字叫作也黑迭兒丁. 這是陳垣先生在好多年以前, 在『元西域人華化考』裏已經考實了的. 近年以來, 北京市的建設發生了很大變化, 但昔日的北京城在建築史上的成就還是要肯定的. 民族友好的歷史發展和多民族統一的發展不一定是同步的發展. 但到了今天, 這二者是同步前進的.

'하나(一)'와 '많음(多)'은 변증법적 통일을 이룬다. '하나'는 '많음' 속에 존재하고, '많음'이 좋아지면, '하나' 역시 더욱 좋아진다. 뒤집어서 말하면 '많음'은 '하나'를 단결시켜야 하며, '많음'이야 말로 '하나'가 더욱 큰 역량을 갖게 해 줄 수 있다. 역사상의 통치자는 '하나'에 대한 중시가 '많음'에 대한 그것을 크게 능가하였다. 그들은 '많음'의 발전을 제한하면 또한 반드시 '하나'의 발전을 제한하게 된다는 것을 알지 못하였고, 알려고도 하지 않았다. 오늘에서야 비로소 이러한 과학적 인식이 가능해졌다. 우리는 다섯 손가

---

17 【역주】이 글은 원래 1951년 2월 『인민일보(人民日報)』에 발표되었다. 량쯔청(梁思成, 1901~1972)은 유명한 근대의 개혁 사상가 량치차오(梁啟超)의 아들로 중국의 대표적인 건축사가이기도 하다.
18 【역주】아미르 알 딘(Amīr al-Dīn[亦黑迭儿丁(Yěhēidié'érdīng)], ?~1312)은 원대의 저명한 건축가로 원 대도(大都, Khanbaliq, 오늘날의 北京) 궁전과 궁성의 설계자이자 공정 조직자이다. 이슬람 인[回回人]으로 조상은 아랍[大食國] 인이다. 대도의 궁전과 궁성의 건축을 맡아 중국의 고대 건축과 티베트 불교·이슬람교와 몽골 족의 건축 기풍을 융합하여 1274년 완공시켰다.
19 【역주】이 글은 1923년 10월에 완성되었다.

락 가운데 모든 손가락이 각기 그 용도가 있음을 알고 있다. 하지만 손가락을 합쳐 주먹을 쥔다면 그 힘은 훨씬 커질 것이다. 통일적 다민족 국가의 역사를 편찬하려면 그래도 한족의 역사를 잘 써야 한다. 왜냐하면 한족이야 말로 주체 민족이기 때문이다. 동시에 물론 각 민족의 역사 또한 적당하게 안배를 해야 한다. 이것은 우리가 반드시 최선을 다해 극복해야 할 난점이기도 하다. 이런 작업은 간단한 일이 아니다. 우리가 현재 이런 작업을 하고 있지만 아직은 초보적인 시도일 뿐이므로, 관련된 방면의 지지와 가르침을 얻을 수 있어 이 작업이 끊임없이 완벽해지고 개선될 수 있기를 희망한다.

'一'和'多'是辯証的統一. '一'存在于'多'中. '多'好了, '一'就會更好. 反過來說'多'要團結爲'一', '多'纔可以使'一'更有力量. 歷史上的統治者, 對'一'的重視, 大大超過了'多', 他們不懂得, 也不可能懂得, 限制了'多'的發展, 也就必然限制了'一'的發展. 只有今天, 纔可能有這樣科學的認識. 我們知道, 每一個指頭都各有用處, 但把指頭團結成拳頭, 作用就會更大. 撰寫統一的多民族國家的歷史, 還是要把漢族的歷史寫好, 因爲漢族是主體民族. 同時, 也要把各民族的歷史適當地作出安排, 這是我們必須盡量克服的難点. 這個工作, 不是一件簡單的事. 我們現在作這個工作, 還只是初步的嘗試, 希望能得到有關方面的支持和教益, 使這項工作能得到不斷地完善和提高.

출전 및 참고문헌

康有爲 著, 김동민 역, 『공자개제고』 1-5 (세창출판사, 2013)
姜義華 等 編校, 『康有爲全集』 第1·3集 (中國人民大學出版社, 2007)
金靜庵(金毓黻), 『中國史學史』 (鼎文書局, 1974. 河北敎育出版社, 2001)
신승하, 『중국사학사』 (고려대학교출판부, 2000)
李宗桐, 조성을 옮김, 『중국사학사』 (혜안, 2009)
중국사학사편집조, 김동애 옮김, 『중국사학사 1』 (자작아카데미, 1998. 간디서원, 2006)
고국항, 오상훈 등 옮김, 『중국사학사』 상·하 (풀빛, 1998)
劉節, 신태갑 옮김, 『중국사학사 강의』 (신서원, 2000)
탁용국, 『중국사학사대요』 (탐구당, 1989)
司馬光 지음, 권중달 옮김, 『자치통감(資治通鑑)』 (1-31. 도서출판 삼화, 2007~2010).
杜佑 撰, 王文錦 等點校, 『通典』 (中華書局, 1988)
馬端臨, 『文獻通考』 (中華書局, 1986)
毛澤東, 『毛澤東選集』 1-4卷 (人民出版社, 1964)
白壽彛 總主編, 『中國通史』 第1卷 『導論』 (上海人民出版社, 1989)
柏楊, 『柏楊版資治通鑑』 (中國友誼出版社, 2000)
司馬光 原撰, 張舜徽 審訂, 李國祥 譯註, 『資治通鑑全譯』 (貴州人民出版社, 1990)
司馬遷 著, 楊燕起 註譯, 『史記全譯』 (貴州人民出版社, 2001)
司馬遷 著, 許嘉璐 主編, 『(二十四史全譯) 史記』 (漢語大辭典出版社, 2004)
司馬光 編著, 胡三省 音注, 『資治通鑑』 (全20冊. 中華書局, 1956. 1986)
沈志華·張宏儒 主編, 『白話資治通鑑』 (20책. 中華書局, 1993)
안대회 옮김, 『한서열전』 (까치. 1997. 2010년 개역판)
龍必錕 譯註, 『文心雕龍全譯』 (貴州人民出版社, 1992)
劉知幾 著, 오항녕 옮김, 『사통』 (역사비평사, 2012)
劉知幾 著, 이윤화 옮김, 『사통통석』 (1-4. 소명출판사, 2013)
유홍휴 편저, 이미영 옮김, 『후한서: 범엽의 인물 열전』 (팩컴북스, 2013)
阮元 校勘, 『孟子注疏』 (十三經注疏 標點本. 中文出版社, 1971)

阮元 校勘, 『春秋左傳正義』(十三經注疏 標點本. 中文出版社, 1971)
王鳴盛, 『十七史商榷』(上海書店, 2005)
이계명, 『중국사학사요강』(전남대학교출판부, 2014)
이계명, 『중국사학사강요』(전남대학교출판부, 2003)
이민수 역, 『문심조룡』(을유문화사, 1984)
李成珪 編譯, 『司馬遷 史記-중국 고대 사회의 형성(수정판)』(서울대학교출판부, 1996. 2007)
張舜徽 審定, 『資治通鑑全譯』(貴州人民出版社, 1990)
張舜徽, 『史學三書評議』(中華書局, 1983)
張越 主編, 『中國史學史資料匯編』(北京師範大學出版社, 2009)
장은수 옮김, 『후한서 본기』(새물결, 2014)
章學成 原著, 産杰·武秀成 譯注, 『文史通義全譯』(貴州人民出版社, 1997)
章學成 著, 『新編本文史通義:含方志略例及校讐通義』(華世出版社, 1980)
章學成 著, 倉修良編注, 『文史通義新編新注』(浙江古籍出版社, 2005)
章學誠 著, 王重民 通解, 『校讐通義通解』(上海古籍出版社, 1987. 2009)
章學成 著, 임형석 옮김, 『문사통의』(책세상, 2005)
章學成 著, 임형석 옮김, 『문사통의교주』(전 5책. 소명출판사, 2011)
정범진 등 옮김, 『사기』(까치, 1994)
鄭樵 著, 王樹民 點校, 『通志二十略』(中華書局, 1995)
趙翼 著, 王樹民 校證, 『廿二史箚記校證』(中華書局, 1984)
진기환 역주, 『한서』 1·2(명문당, 2016)
村田雄二郎編, 『新編原典中國近代思想史3 民族と國家』(岩波書店, 2010)
최신호 역, 『문심조룡』(현암신서 29. 현암사, 1974)
浦起龍, 『史通通釋』(上海古籍出版社, 2009)
許嘉璐 主編, 『二十四史全譯』(88册. 漢語大辭典出版社, 2004)
홍대표 옮김, 『한서열전』(범우사, 1997)
『二十四史』(中華書局 標點校勘本 全289册. 北京: 中華書局, 1959~1974. 1982)

찾아보기

❖ 번잡함을 피하기 위해 본문에 언급된 사서의 작자와 서명 및 사학사에서 중요한 간단한 개념 몇 가지만을 중심으로 찾아보기를 작성하였다.

ㄱ

가규(賈逵) 103, 139, 338
가의(賈誼) 38, 114, 217
『간록자서(干祿字書)』 342
간보(干寶) 77, 102, 115, 116
강엄(江淹) 147, 208
『강표전(江表傳)』 76
『개성석경(開成石經)』 342
『개원천보유사(開元天寶遺事)』 271
「경적고(經籍考)」 212
『경전석문(經典釋文)』 193
경학(經學) 302, 303
『고문논어위증(古文論語僞證)』 339
『고문상서(古文尙書)』 112, 340
『고문상서위증(古文尙書僞證)』 339
『고문예위증(古文禮僞證)』 339
고문파(古文派) 338
『고문효경위증(古文孝經僞證)』 339
고사손(高似孫) 270
『[자치통감]고이([資治通鑑]考異)』 176, 190, 193, 270
고정림(顧亭林) 299
「곤충초목략(昆蟲草木略)」 164
공안국(孔安國) 101, 92
공양고(公羊高) 80, 136
공양학(公羊學) 349
공연(孔衍) 96, 97, 105
공자(孔子) 23, 28, 29, 33, 36, 49, 69, 70, 82, 83, 98, 99, 102, 120, 126, 135, 142, 157, 158, 182, 183, 188, 201, 245, 258, 259, 260, 301, 304, 308, 310, 327 334, 336, 338, 345, 349, 395
『공자가어(孔子家語)』 97
『공자개제고(孔子改制考)』 332, 351
『공자개제고(孔子改制考)』 「서(序)」 345
『과록(科錄)』 107
곽상(郭象) 292
『관자(管子)』 120
『[자치통감]광주([資治通鑑]廣註)』 193
「교수략(校讎略)」 161
『교수통감범례(校讎通鑑凡例)』 193
『교수통의(校讐通義)』 307, 320, 321, 324
『교수통의 (校讐通義)』「원도(原道)」 326
『교수통의 (校讐通義)』「자서(自序)」 322
『구경자양(九經字樣)』 342
『구북시집(甌北詩集)』 300
구양수(歐陽脩) 191, 213, 377
『구주춘추(九州春秋)』 105
『구통(九通)』 383
『국어(國語)』 36, 61, 92, 103, 105, 106, 109, 115, 135, 375
『국어위증(國語僞證)』 339
『국조선정사략(國朝先正事略)』 375
『국조통전(國朝通典)』 202
『국조한학사승기(國朝漢學師承記)』 375
『군재독서지(郡齋讀書志)』 211
굴원(屈原) 36, 61, 114

금문파(今文派) 338
『금사』 292
「금석략(金石略)」 162, 324
『급총쇄어(汲塚瑣語)』 98
「기복략(器服略)」 156
기사본말체(紀事本末體) 387
기윤(紀昀) 268, 269
기전체(紀傳體) 75, 79, 106, 109, 116, 184

『낙서(洛書)』 92, 161
『남사(南史)』 107, 208, 224, 278, 290
남사씨(南史氏) 83
『남제서(南齊書)』 286
『남천록(南遷錄)』 274
『노춘추(魯春秋)』 98, 99, 188
『논어(論語)』 135

ㄷ

단대사(斷代史) 200, 323
단원자(丹元子) 152, 225
『당개원례(唐開元禮)』 375
『당대총서(唐代叢書)』 375
『당서(唐書)』 87, 167, 168, 191, 229, 278, 280, 286, 290, 323
당현도(唐玄度) 342
『당회요(唐會要)』 204, 213
『대대례기(大戴禮記)』 209
『대청통례(大淸通禮)』 375, 383
『대청회전(大淸會典)』 375, 383
「도보략(圖譜略)」 162, 324

『도올(檮杌)』 98, 182
「도읍략(都邑略)」 153
도홍경(陶弘景) 166
『독통감론(讀通鑑論)』 234, 235, 375
『독통감론(讀通鑑論)』「서론(敍論) 1」 236
『독통감론(讀通鑑論)』「서론(敍論) 2」 245
『독통감론(讀通鑑論)』「서론(敍論) 3」 251
『독통감론(讀通鑑論)』「서론(敍論) 4」 258
『동관한기(東觀漢記)』 75, 80, 110
동중서(董仲舒) 29, 163
동형(董衝) 191
동호(董狐) 83
두빈(竇蘋) 191
두우(杜佑) 118, 119, 122, 129, 130, 168, 202, 204, 232, 386
등찬(鄧粲) 78

량치차오(梁啓超) 343, 354, 355
『러시아통지[俄國通志]』 356
린쿠이(林奎) 343

마단림(馬端臨) 118, 198, 199, 271, 386
마오쩌둥(毛澤東) 402, 403
『마오쩌둥선집(毛澤東選集)』 402
『마오쩌둥선집(毛澤東選集)』「중국 혁명과 중국 공산당(中國革命和中國共産黨)」 402
마융(馬融) 89, 338
『만한명신전(滿漢名臣傳)』 375
『명계패사(明季稗史)』 375

『명당월령위증(明堂月令僞證)』 339
『명유학안(明儒學案)』 375, 387, 388
『모시위증(毛詩僞證)』 339
모진(毛晉) 280
『[자치통감]목록([資治通鑑]目錄)』 176, 190, 193
『묵자(墨子)』 98
무왕(武王) 24, 33, 73, 94, 123, 126, 154, 158, 217, 228, 237
『문사통의(文史通義)』 306, 375
『문사통의(文史通義)』「사덕(史德)」 306, 308
『문심조룡(文心雕龍)』 66, 68
『문심조룡(文心雕龍)』「사전(史傳)」 66
문왕(文王) 24, 35, 58, 61, 68, 94, 102, 154, 157, 214, 217
『문헌통고(文獻通考)』 118, 198, 199, 207, 271, 386
『문헌통고(文獻通考)』「자서(自序)」 198, 200
「물이고(物異考)」 229

바이서우이(白壽彝) 430, 431
반고(班固) 72, 83, 102, 109, 112, 116, 137, 139, 140, 141, 142, 145, 148, 153, 169, 184, 194, 226, 283, 304, 323, 373
반표(班彪) 71, 72, 109, 140, 141, 142
방현령(房玄齡) 143
배송지(裴松之) 191, 375
배인(裴駰) 283
배자야(裴子野) 102, 116
백호통(白虎通) 90
범문란(范文瀾) 448
범엽(范曄) 142, 204
범조우(范祖禹) 189, 191

「[자치통감]변오([資治通鑑]辯誤)」 193
『별록(別錄)』 323
보류(Anatole Leroy-Beaulieua) 356
「보임안서(報任安書)」 44, 45 46, 315
「보천가(步天歌)」 152, 225
복건(服虔) 190, 194
복승(伏勝) 226
「봉건고(封建考)」 221
부현(傅玄) 80
『북사(北史)』 107, 224, 286
『북제서(北齊書)』 286
『비씨역위증(費氏易僞證)』 339
『비연외전(飛燕外傳)』 271
『빈퇴록(賓退錄)』 274

『사고전서(四庫全書)』 269, 373, 375
『사고전서총목(四庫全書總目)』 268
『사고전서총목(四庫全書總目)』「사부총서(史部總序)」 268, 270
『사고전서총목제요(四庫全書總目提要)』 268
『사기(史記)』 12, 72, 73, 77, 80, 92, 100, 102, 105, 106, 107, 108, 109, 110, 112, 114, 138, 139, 140, 141, 184, 190, 200, 221, 280, 286, 292, 302, 3043, 15, 319, 379, 386, 388, 436, 442, 450
『사기(史記)』「태사공자서(太史公自序)」 10
「사기론(史記論)」 71
사덕(史德) 310
사마강(司馬康) 191
사마광(司馬光) 172, 173, 174, 179, 186, 189, 190, 200, 263, 270, 293, 376, 387
사마담(司馬談) 14, 71
사마담·사마천 부자 38, 135

사마정(司馬貞) 340
사마천(司馬遷) 10, 22, 23, 24, 27, 28, 40, 44, 71, 72, 83, 90, 102, 106, 109, 112, 115, 140, 141, 145, 148, 183, 184, 200, 213, 283, 304, 315, 317, 373, 379, 385, 386
사마표(司馬彪) 75, 105
사부(四部) 302, 329
사승(謝承) 75
「사전(史傳)」 66, 68
사초(史炤) 191
『사통(史通)』 30, 63, 75, 86, 88, 90, 92, 112
『사통(史通)』 「원서(原序)」 86, 88
『사통(史通)』 「육가(六家)」 92
『사통(史通)』 「이체(二體)」 112
『삼경신의(三經新義)』 302
『삼국지(三國志)』 76, 110, 286
『삼국지주(三國志注)』 375
『삼대세표(三代世表)』 213
삼세론(三世論) 349
『삼역(三易)』 327
삼유(三劉, 즉 劉攽, 劉敞 및 劉敞의 아들 劉奉世) 190
『[춘추]삼전([春秋]三傳)』 103, 122, 221
『삼조기(三祖紀)』 77
삼통(三通) 118, 132, 198
『상서(尙書)』 33, 68, 78, 92, 93, 94, 96, 101, 110, 111, 120, 122, 183, 188, 200, 258, 259, 260, 262, 301, 451
『상서공씨전(尙書孔氏傳)』 340
『상서대전(尙書大典)』 165
『상서선기검(尙書璇機鈐)』 92
「상위고(象緯考)」 225
『서경(書經)』 25, 28, 30, 31, 35, 38, 110, 134, 135, 164, 182, 209, 327, 347
서광(徐廣) 102

서무당(徐無黨) 191
『서역도고(西域圖考)』 375
서원(徐爰) 116
『[희평]석경([喜平]石經)』 343
『석문(釋文)』 191, 193
「선거략(選擧略)」 165
「설문위증(說文僞證)」 339
『설문해자(說文解字)』 342
설형(薛瑩) 75
세난(說難) 36, 61
『세본(世本)』 109, 135, 302
『세설[신어](世說[新語])』 97, 375
『소련 역사 교과서 제강(提綱)에 대한 몇 가지 의견』 434
소림(蘇林) 194
소박(邵博) 274
소영사(蕭穎士) 184
『소이아위증(小爾雅僞證)』 339
소자현(蕭子顯) 293
『속자치통감(續資治通鑑)』 307, 321
『속통감(續通鑑)』 383
『속한서(續漢書)』 75
손빈(孫臏) 61
『손빈병법(孫臏兵法)』 36, 61
손성(孫盛) 76, 77, 102
『손암집(巽巖集)』 271
『송략(宋略)』 102, 116
송백(宋白) 202
『송사(宋史)』 210, 280, 323
『송서(宋書)』 116, 286, 445
『송원학안(宋元學案)』 388
송학(宋學) 338
송학파(宋學派) 339
『수서(隋書)』 96, 97, 143, 210, 225, 286
숙손통(叔孫通) 137

순열(荀悅) 102, 106, 112, 116, 184
순욱(荀彧) 76
순욱(荀勖) 302
순자(荀子, 荀況) 80, 200
『순자(荀子)』 450
『숭문총목(崇文總目)』 210
스탈린(Joseph Stalin) 434
습착치(習鑿齒) 374
『승(乘)』 98, 182
『시경(詩經)』 25, 122, 134, 135, 157, 160, 164, 169, 182, 200, 209, 283, 319, 327, 347, 363, 442
『시략(謚略)』 155
「신사학(新史學)」 354, 373, 390
『신오대사(新五代史)』 280, 377, 383
『신주자치통감(新註資治通鑑)』 180
신찬(臣瓚) 194
신학(新學) 338, 339
『신학위경고(新學僞經考)』 332, 334
『신학위경고(新學僞經考)』「서(序)」 334
심약(沈約) 116, 293, 310
『십육국춘추(十六國春秋)』 374
『십조성훈(十朝聖訓)』 383
『십조실록(十朝實錄)』 383
십칠사(十七史) 280
『십칠사상각(十七史商榷)』 279, 296, 375
『십칠사상각(十七史商榷)』「서(序)」 278, 280
십통(十通) 118
「씨족략(氏族略)」 149

『악경(樂經)』 31, 134, 327, 347
「악략(樂略)」 158
악자(樂資) 102

안사고(顏師古) 194, 195, 283, 305, 328
안영(晏嬰) 100
안자춘추(晏子春秋) 100
양(梁) 무제(武帝) 107, 146, 184
양사성(梁思成) 451
『양서(梁書)』 286, 290
『양전(梁典)』 102
양정형(楊正衡) 191
『양조사지(兩朝史志)』 225
「어람[시](御覽[詩])」 130
어환(魚豢) 76
여불위(呂不韋) 36, 61, 100
『여씨춘추(呂氏春秋)』 61, 71, 100
「여지고(輿地考)」 232
『역경(易經)』 30, 31
『역대사론(歷代史論)』 375
『역전(易傳)』 28, 315
「연력(年曆)」 166
염약거(閻若璩) 340
『염철론(鹽鐵論)』 317
『예경(禮經)』 30, 134, 327, 347
『예기(禮記)』 57, 68, 94, 167, 209, 226
「예략(禮略)」 165
「예문[유취](藝文[類聚])」 130
「예문략(藝文略)」 160, 324
『오경(五經)』 95, 106, 126, 128
『오경문자(五經文字)』 342
『오경이의(五經異義)』 338
오균(吳均) 102
『오대사(五代史)』 168, 191, 278, 280, 286, 290, 377, 383
『오대회요(五代會要)』 204, 213
오덕종시설(五德終始說) 243
『오록(吳錄)』 76
『오월춘추(吳越春秋)』 450

『오행전(五行傳)』 226
『옥촉[보감](王燭[寶鑑])』 130
왕명성(王鳴盛) 288, 278, 279
왕부(王溥) 204, 213
왕부지(王夫之) 235
왕소(王劭) 96, 97, 102
왕소지(王韶之) 77
왕숙(王肅) 93, 103, 340
왕안석(王安石) 173, 302
왕요신(王堯臣) 210
왕은(王隱) 116
왕통(王通) 184
『요사(遼史)』 280
우경(虞卿) 100
『우공도고(禹貢圖考)』 375
「우리나라의 위대한 건축 전통과 유산(我國偉大的建築傳統與遺産)」 451
우번(虞翻) 103
우부(虞傅) 76
우세남(虞世南) 143
『우씨춘추(虞氏春秋)』 100
우예(虞預) 116
『원경(元經)』 184
원굉(袁宏) 106
「원대 서역인의 중국화 고찰[元西域人華化考]」 452
『원비사(元秘史)』 374
『원사(元史)』 292
원산송(袁山松) 75
원추(袁樞) 387
원휘(元暉) 107
『위략(魏略)』 76
『위략(緯略)』 270
위료옹(魏了翁) 202
『위상서(魏尙書)』 97

『위서(魏書)』 286
위수(魏收) 310
『위씨춘추(魏氏春秋, 魏氏陽秋)』 76, 102
위요(韋曜) 103
유가(儒家) 126, 302
유반(劉攽) 189, 191
유서(劉恕) 189, 191
유씨 형제(劉攽과 劉敞) 194
유안세(劉安世) 191
유지기(劉知幾) 87, 90, 136, 306, 308, 309
유질(劉秩) 118
유향(劉向) 104, 115, 229, 248, 301, 322, 323
유향(劉向)·유흠(劉歆) 부자 161, 322, 324, 329
유현(劉炫) 340
유협(劉勰) 66
유흠(劉歆) 139, 236, 322, 323, 328, 338
육가(陸賈) 71, 100
육가(六家) 86, 92
『육경(六經)』 41, 103, 301, 327, 328, 334, 336
육기(陸機) 77
육덕명(陸德明) 193
『육략(六略)』 301
「육서략(六書略)」 150
육예(六藝) 18, 315, 319
육종전(陸從典) 146
『[자치통감]음의([資治通鑑]音義)』 191
응소(應劭) 190
『의례(儀禮)』 209
이도(李燾) 271, 274
이반(李槃) 242
『이소(離騷)』 36, 61, 317, 319
『이십사사(二十四史)』 383
『이십이사고이(二十二史考異)』 278, 290
『이십이사고이(二十二史考異)』「서(序)」 290, 292, 296

『이십이사차기(二十二史箚記)』 278, 300, 375
『이십이사차기(二十二史箚記)』「서(序)」 300
『이십이사차기(二十二史箚記)』「자서[小引]」 298
『이아(爾雅)』 148
『이아위증(爾雅僞證)』 339
이연수(李延壽) 107, 208
이체(二體) 86, 112
이충(李充) 302
이한(李翰) 130
인잉(因仍) 200
『일지록(日知錄)』 299
임천왕(臨川王) 97

『자치통감(資治通鑑)』 172, 185, 186, 193, 200, 201, 234, 263, 267, 270, 271, 293, 374, 376, 383, 387
『자치통감(資治通鑑)』「진자치통감표(進資治通鑑表)」 172, 174
『자치통감광주(資治通鑑廣註)』 180
『자치통감석문변오(資治通鑑釋文辯誤)』 180
『자치통감음주(資治通鑑音注)』 180, 181
『자치통감음주(資治通鑑音注)』「신주자치통감서(新註資治通鑑序)」 180
장발(張勃) 76, 148
장번(張璠) 102, 112
장사체(張師棣) 274
장옥(張瑩) 75
장참(張參) 342
『장편(長編)』 270
장학성(章學誠) 306, 307, 320, 321
장화(張華) 76
「재상략(災祥略)」 163
저작랑(著作郎) 77, 88

저작좌랑(著作佐郎) 88
『전(傳)』 70, 101, 112, 114, 132, 184
『전국책(戰國策)』 71, 102, 103, 104, 105, 109, 135, 375
전대흔(錢大昕) 278, 290, 291, 295, 305
정사(正史) 184, 274, 287, 292, 305
『정전(政典)』 118
정초(鄭樵) 118, 132, 133, 232, 304, 323, 386
정현(鄭玄) 338
「제계고(帝繫考)」 213
『제왕세기(帝王世紀)』 166
제자백가(諸子百家) 135, 328
『제지(齊志)』 102
『제춘추(齊春秋)』 102
조공무(晁公武) 211, 274
조대고(曹大家) 139
조여시(趙與旹) 274
조익(趙翼) 278, 296, 297, 299, 300, 304, 374
좌구명 36, 61, 62, 70, 82, 83, 101, 103, 105, 112, 115, 188, 270
좌사(左史) 88
좌씨(左氏) 136
『좌씨전위증(左氏傳僞證)』 339
『좌전(左傳)』 70, 73, 82, 92, 98, 101, 102, 105, 111, 115, 116, 135, 141, 149, 150, 188, 270, 349, 376
『주관위증(周官僞證)』 339
『주례(周禮)』 94, 209, 327, 332
『[일]주서([逸]周書)』 94, 286
『주역(周易)』 16, 36, 61, 92, 120, 122, 169, 209, 327, 347
주자(朱子) 317, 349, 377
『죽서기년(竹書紀年)』 98, 183
「중국사서론(中國史敍論)」 354, 356
『중국통사(中國通史)』 430

『중국통사(中國通史)』 「도론(導論)」 430, 432
중장통(仲長統) 73
중화 민족(中華民族) 404
『중흥사지(中興史志)』 225
즈다노프(Zhdanov) 434
「지리략(地理略)」 153
「직관략(職官略)」 165
『직방외기(職方外紀)』 375
『직재서록해제(直齋書錄解題)』 211
『진기(晉記)』 102, 115
『진기(晉紀)』 77, 78, 116
『진기(秦記)』 182
『진사(晉史)』 116
『진서(晉書)』 191, 225, 286
진수(陳壽) 76, 142, 208
진수의 『삼국지』 191
『진양추(晉陽秋)』 77
진원(陳垣) 452
「진자치통감표(進資治通鑑表)」 172
진작(晉灼) 194
진진손(陳振孫) 211
『진춘추(晉春秋)』 98
「진통전표(進通典表)」 118, 122
「집략(輯略)」 328

차오타이(曹泰) 351
채모(蔡謨) 194
채옹(蔡邕) 148
「천문략(天文略)」 152
천첸추(陳千秋) 351
『천하군국이병서(天下郡國利病書)』 375
『철언(綴言)』 286
『첩기(諜記)』 183

초주(譙周) 166
『초한춘추(楚漢春秋)』 71, 100, 135, 302
『촉한춘추(蜀漢春秋)』 374
추연(鄒衍) 243
『춘추(春秋)』 25, 28, 29, 31, 32, 33, 34, 36, 68, 697, 3, 77, 81, 92, 98, 99, 100, 101, 102, 110, 112, 113, 146, 166, 182, 184, 188, 200, 209, 223, 245, 247, 270, 301, 302, 310, 315, 319, 327, 334, 346, 347, 349
「춘추가(春秋家)」 302
『춘추내전(春秋內傳)』 103
『춘추시국어(春秋時國語)』 105
『춘추외전국어(春秋外傳國語)』 103
『춘추후어(春秋後語)』 105
『춘추후전(春秋後傳)』 102
『칠략(七略)』 161, 323, 328
「칠음략(七音略)」 151

캉유웨이(康有爲) 332, 333, 337
키로프(Kirov) 434

태사(太史) 24, 222
태사공(太史公) 15, 22, 24, 28, 33, 38, 42, 100, 141, 165, 166, 167, 182, 222, 223
『태사공서』 41, 102
「태사공자서(太史公自序)」 10, 12, 315
태사령(太史令) 28, 222, 223
『[자치]통감([自治]通鑑)』 188, 190, 191
『통감강목(通鑑綱目)』 377
『[자치]통감고이([自治]通鑑考異)』 180
『통감기사본말(通監紀事本末)』 374, 387

『통사(通史)』 107, 109, 146, 184, 323
『통전(通典)』 118, 120, 123, 128, 130, 168, 202, 203, 204, 207, 232, 386, 388
『통전(通典)』「서(序)」 118, 120
『통전(通典)』「진통전표(進通典表)」 122
『통전(通典)』「통전[원]서(通典[原]序)」 126
『통지(通志)』 118, 132, 165, 172, 173, 323, 324, 375
『통지(通志)』「총서(總序)」 132, 134
『통지(通志)』「이십략(二十略)」 386

편년체(編年體) 79, 106, 116, 184, 185, 186
필원(畢沅) 307, 321

『하도(河圖)』 92, 161
하법성(何法盛) 148, 292
『하은춘추(夏殷春秋)』 98
하지원(何之元) 102
『한관의(漢官儀)』 375
『한기(漢紀)』 102, 106, 116, 184, 302
한비자(韓非子) 36, 61
『한상서(漢尙書)』 96, 97
『한서(漢書)』 44, 46, 72, 73, 77, 80, 92, 102, 106, 109, 110, 111, 116, 184, 190, 194, 210, 221, 225, 286, 292, 304, 323, 338
한원쥐(韓文擧) 343
『한위상서(漢魏尙書)』 96
『한의(漢儀)』 137
한학(漢學) 338
한학파(漢學派) 339
『해여총고(陔餘叢考)』 300

허버트 스펜서(Herbert Spencer) 382, 383
허신(許愼) 338, 342
『형법략(刑法略)』 165
호삼성(胡三省) 180, 181, 196, 444
호인(胡寅) 304
『홍범오행전(洪範五行傳)』 163
화교(華嶠) 76, 112, 148, 374
『화양국지(華陽國志)』 374
환관(桓寬) 317
환담(桓譚) 166
황종희(黃宗羲) 387, 388
회통(會通) 134, 142, 200
『효경(孝經)』 122
『후기(後記)』 109
『후한기(後漢紀)』 75, 102, 106
『후한남기(後漢南紀)』 75
『후한상서(後漢尙書)』 96
『후한서(後漢書)』 75, 76, 168, 204, 286, 374